刘献君，现任华中科技大学学术委员会副主任，《高等教育研究》杂志主编，华中科技大学文华学院院长，教授，博士生导师，获聘"华中学者"领军岗。曾任华中科技大学党委副书记、教育科学研究院院长。主要学术兼职：中国院校研究会会长，中国高等教育学会学术委员会副主任，全国大学生文化素质教育指导委员会顾问，湖北省高教学会学术委员会主任等。

从事高教工作逾30年，被评为"全国高教研究有重要贡献学者"，享受国务院政府特殊津贴。出版专著18部，发表论文200余篇。曾获国家级教育成果一等奖、二等奖，全国人文社科图书一等奖，高校人文社科优秀成果二等奖，湖北省社科成果一等奖等，近5年主要著作有：《高等学校战略管理》、《院校研究》、《文化素质教育论》、《教育研究方法高级讲座》、《专业教学中的人文教育》等。

大学之道

刘献君教育论丛

上 册

刘献君 著

人民出版社

目　录

三、人才培养

前　言

本书取名《大学之道》，有两层含义。一是探寻大学办学的道理、规律；二是回顾自己从事高等教育研究的道路、历程。我从事高等教育研究已经三十余年，三十多年的研究，大体分为三个阶段六个方面。第一个十年研究大学德育，第二个十年研究文化素质教育，第三个十年进行院校研究。从第二个十年开始，结合我国高等教育实践和个人工作实践，还进行了高校战略发展、人才培养、管理创新等方面的研究。从1980年发表第一篇论文，到2013年12月止，共发表论文225篇，从中选取有代表性的76篇，结集出版。主要内容包括大学德育研究、文化素质教育研究、院校研究、战略发展研究、人才培养研究、管理创新研究。

大学德育研究。我自1970年大学毕业后就留校教书并从事大学生思想政治教育工作十多年，为更好地了解大学生，我结合工作实践系统地对大学生的思想、心理特征、大学生发展，大学德育的地位、作用，大学德育过程等进行了深入调查和研究，提出了一些有价值的观点和教育对策，如要注重培养学生的自我教育能力、依靠学生自己"生成"信仰、思想教育过程社会化，大学生发展的三个规律（发展阶段性规律、人格的结构性发展规律以及青年成长的自觉能动性规律），大学生第一个过渡中要解决的四对矛盾（目标失落与确立、自我冲突与认同、理论困惑与选择、学习依赖与主动），环境中偶然因素影响与教育对策等。这些对当时推动大学生思想教育工作和大学德育学科建设，起到了一定的引领性作用。

文化素质教育研究。从20世纪90年代初开始到21世纪初的十多年，我先后担任华中科技大学党委常委、宣传部长，文学院院长，校党委副书记等职，结合工作，提出并组织面向全校学生开展人文讲座，率先在全国高校中建立文化素质教育基地，承担国家教委有关文化素质教育的研究课题，在学校创建了三个层次六个方面的文化素质教育体系。通过实践探索和深入研究，提出了一些理论观点：文化素质是形成综合素质的基础，文化素质教育是推进全面素质教育的切入点、突破口，知识经济呼唤科学教育和人文教育相融合，人文教育的三个目标——让学生成人、让学生成为中国人、让学生成为先进的中国人，办大学就是要办一个氛围，渗透、协调、一体是全面推进素质教育的必由之路等。相关的实践和理论，对全国高校文化素质教育起到了引领和推动作用。

院校研究。第三个十年主要进行院校研究。进入 21 世纪，随着高等教育大众化、国际化、市场化，高等学校在管理和发展中面临大量新问题，同时高等教育法赋予了高校办学自主权，院校研究应运而生。2000年我在华中科技大学组织成立了全国第一个院校发展中心；2002 年和赵炬明、陈敏教授共同发表了第一篇倡导在我国开展院校研究的论文；2003 年组织并主持了第一次全国院校研究学术研讨会，自此，逢单年举行国内院校研究学术研讨会，探讨中国特色院校研究的理论和方法，逢双年举行国际学术研讨会，针对我国高等学校面临的重大问题，开展专题研究；2008年主编出版了全国第一本院校研究教材；推动建立了中国高等教育学会院校研究分会。在十多年的探索中，对中国院校研究的理论与实践提出了一些观点，表达了自己的认识，如：院校研究是自我研究、管理研究、咨询研究、应用研究；院校研究是高等教育研究的一个实践领域，实践具有紧迫性、动态性、模糊性、总体性；以专题研究为突破口、以案例研究为基本方法；专题研究中要解决问题偏大、资料偏虚、理论偏多、方法偏乱等问题；院校研究要从初步形成走向规范发展；高等教育研究亟待走向规范化等。院校研究的开展，开辟了我国高等教育研究的一个新领域，对于促进高等教育研究理论与实践的紧密结合，推动高等教育研究向科学化、专业化、规范化转型发展起到了积极的作用。

战略发展研究。在多年从事高校管理工作的过程中，我发现战略管理之于大学的重要性。从战略、战略规划到战略管理是一个发展的必然过程，据此，从战略管理的高度系统探索了战略规划、战略实施、战略评估。提出并论述了外向性是战略的主要特点，定位是战略的核心，舍弃是战略的精髓，战略实施是战略管理的主体等观点。围绕战略发展，论述了大学定位、办学特色、高等教育发展走向等，如：大学定位应从三个层面考察，首次提出"教学服务型大学"的概念；办学特色的内涵，特色就是水平，创建办学特色要以"类特色"为前提、在竞争中选择、在学校发展的历史和文化中生长；21世纪中国高等教育的走向是从精英高等教育到大众高等教育，从教学科研两个中心到学研产三足鼎立，从以科学教育为主到科学教育和人文教育相融合，从向过去学习到向未来学习等。战略发展研究的开展，对于引导高等学校的自主发展和特色发展，构建多元分化的中国高等教育体系具有重要的意义。

人才培养研究。人才培养是大学的核心功能，我主要从学科建设、教育理念、课程建设、个性化教育等方面切入进行研究。学科是大学的基本元素，没有一流的学科不可能建成一流的大学；学科、专业是教师、学生成长的"土壤"；学科建设的内动力和外动力；学科建设的主体分为学校、学科群、学科点，学校层面要抓住目标、结构、重点、资源、评估五个方面，学科点要抓住学科方向（基础）、队伍（关键）、项目（依托）、基地（载体）四个方面，学科群介于两者之间。大学是理念组织，教育理念在人才培养中起着引领作用。首先要确立"以学生为中心"的大学核心教育理念；要转变教育教学观念，树立多样化的教育质量观，育人为本的教育观，培养高素质人才的教育目的观，"教育过程是一个创造过程"的教育过程观。课程是教育教学活动的基本依据，是学生与学校的结合点，学校与社会的结合点，教学与科研的结点，学生个体文化与社会文化的结合点，人才培养中必须加强课程建设。重视个性化教育，在文华学院探索实践的基础上，形成了"一个中心"、"三个关键"、"五个注重"的个性化教育体系。

管理创新研究。中国高等教育进入大众化发展阶段，高校获得一定办学自主权以后，要通过管理创新促进高等教育的健康发展。在对此领域的探索过程中，陆续形成一些认识：把制度建设摆在管理创新的突出位置，制度是高校组织赖以存在发展的基础，制度影响甚至决定人的全面发展，制度是社会变革和高等学校变革之间协调的中介；中国特色现代大学制度建设，要加快大学章程建设，完善党委领导下的校长负责制，协同制衡学术权力和行政权力，增强师生民主参与力度；大学权力制约是权力运行的内在要求，大学组织中主要存在党组织系统、行政系统、学术系统和社群系统，大学权力制约需要建立分权制约、制度制约、程序制约和文化制约等机制；高校教师聘任制改革，是我国高校人事制度改革的核心和重点，高校教师聘任制的制度设计，要遵循学术职业的特点，根据学术发展的需求设置岗位，根据学术职业的特点建立职业准入制度，根据学术自由的要求开展学术评价，根据学术平等的要求规范聘任合同，根据学术公正的要求，建立争议处理机构；大学是学术组织，教学、科研是目的性活动，行政管理是手段性活动，因而要努力建设学习服务型机关。

三十多年来，我以"工作的意义"为价值追求，不以个人功利为目的进行学术研究。除撰写文章外，还到过三百多所大学作学术报告，到几十所大学进行管理咨询，产生了一定的影响和作用。例如，2007年，我在进行大学分类研究中提出"教学服务型大学"概念以后，武汉纺织大学、黑龙江科技大学、浙江树人大学、宁波大红鹰学院等高校将自己定位于教学服务型大学，有力地推动了学校的发展。"第一个过渡"中的四对矛盾提出以后，不少大学将其作为新生教育的重要内容。学科建设、大学定位、办学特色等论文发表后，发挥了较大的作用。其中，至2013年12月，《论高校学科建设》一文被引376次，下载2958次；《论高等学校定位》一文被引354次，下载2164次；《论高校战略管理》一文被引108次，下载2337次。《论"以学生为中心"》一文发表后，应邀到上海交通大学、国防科技大学、解放军理工大学、武汉理工大学等二十多所大学作学术报告，并与有关高校探讨如何实现以学生为中心的本科教育变革。《科学与人文相融——论结合专业教学进行人文教育》一文发表后，2003年，时任教育部副部长的袁贵仁同志给笔者写信，表示充分肯定，并要求《中国高等教育》刊物转载，推荐给更多的读者阅读。《"哈军工"办学战略思想探析》一文发表后，2007年，时任国防科工委主任张云川同志批文要求国防科工委所属高校领导阅读这篇文章。此外，2002年发表的《知识经济时代的人文教育》一文，被用于2012年"华约"联盟高校自主招生考试，16分的现代文阅读试题节选自该文。2012年在《高等学校个性化探索》一文中首次提出"潜能导师"概念，并对个性化教育进行了论述，中学教材《初中思品》将此引入教材。

回顾三十余年的研究和实践历程，有一些自己的心得和体会，我将其归纳为：实践研究，相互推进；相遇高手，探索前沿；化繁为简，深入浅出；学术为乐，持之以恒。

实践研究，相互推进。从工作实践中发现问题，抓住问题开展理论研究，以研究成果指导和推动实践，这是我研究、实践中的一条基本经验。三十多年来，我始终在教学和管理第一线，先后在四所大学工作过，其中在三所大学做过学校领导，当过教研室主任、系主任、院长、党支部书记、党总支书记和副书记，做过学校职能部门的负责人。工作实践中会涌现出大量问题，很多问题以偶然的方式出现，要善于抓住偶然，达到必然，走向自由。例如，1994 年 3 月我兼任华中理工大学文学院院长，当时文科力量还很薄弱，发展文科必须为理工科服务，以获得他们的支持。为此，我提出面向全校举办人文讲座。第一讲安排在一个中型教室，开讲时，人山人海，根本坐不下来，我们马上换了一间大型教室。此后，人文讲座场场爆满。为什么人文讲座如此受到学生欢迎？抓住这个问题，进行调查研究，在时任校长杨叔子院士的指导和领导下，拉开了文化素质教育的序幕。在文化素质教育实践过程中，我们不断进行理论探索，形成了一系列理论研究成果，这些成果不仅指导和推动了我校文化素质教育，而且对全国高校产生了影响。科学研究就是要运用现有的理论、知识，去解决未知的问题，从而发现规律和新的知识，"不能用无知去研究未知"。在研究、实践中，需要不断加强理论学习，除学习哲学、教育学及相关经典著作外，我通过函授学习，系统学习了社会学，并拿到了毕业证书。研究中，力图从社会学理论的视角，运用社会调查方法研究教育问题，形成自己的研究特色，并力求有一定的理论深度。

相遇高手，探索前沿。非常有幸，在学术研究的每一个阶段，我都遇到不少高手，并得到了他们的指导和帮助。大学德育研究阶段，从 1980 年开始，我参加中国社会科学院青少年研究所组织的学术会议和调查研究，相遇张黎群、钟沛璋、李景先、罗国杰、王殿卿、郑永廷、朱小蔓、王荣华、庄青、李庆善、王福霖等并和其中部分学者一道撰写我国第一本大学德育学。在当时的华中工学院，在朱九思先生领导下，作为中层干部，我负责全校学生工作八年，和姚启和、蔡克勇等先生一道工作，并参与他们主编的我国第一本高等学校管理著作的撰写，负责大学德育部分的内容。在文化素质教育研究阶段，相遇教育部周远清、袁贵仁、刘凤泰、阎志坚等同志，以及学界的张岂之、张楚廷、王义遒、胡显章、于德弘等先生，通过人文讲座相遇杨振宁、杜维明、陈鼓应、冯天瑜、孙道临、鲍国安、席慕蓉、方方、池莉等一批非教育领域的名家，和他们进行了广泛的交流。而同在一校的杨叔子、周济、朱玉泉、涂又光、张勇传、文辅相、张良皋、欧阳康、张曙光、徐晓林、何锡章、李振文、张峰、余东升、陈昌贵等先生，我则有更多机会与之进行深入探讨。兼任华中科技大学教科院院长的十年里，相遇顾明远、潘懋元、叶澜、王英杰、章开沅、曲钦岳、母国光、郭文安、卫道治、钟秉林、瞿振元、陈学飞、眭依凡、谢桂华、张应强、沈红、别敦荣、曾伟、姜嘉乐等先生，他们对教科院及本人的研究给予了极大的帮助。在社会学学习和研究期间，相遇费孝通、雷洁琼、郑杭生、刘中庸等先生。在院校研究期间，得益于有一个高水平的研究集体，十多年来，与我的同事赵炬明、陈敏、余东升、周光礼、张俊超等，共同探讨，把中国院校研究逐步推向深入。与高手相遇，他们帮助我开阔视野，提升理论思维，把握学术前沿。这种影响有时是有形的，有时是无形的。例如，20 世纪 80 年代，在大学德育研究中，我提出大学生自我教育能力，1982 年在《教育研究》中发表了"试论培养大学生自我教育能力"一文，提出自我教育能力是几种能力的完备组合，包括自我认识、自我激励和自我控制能力，并提出了提高这几种能力的教育对策。在文化素质教育研究中，深入探讨科学和人文的关系，2002 年在《高等教育研究》上发表了"科学与人文相融——论结合专业教学进行人文教育"，在大量调查研究的基础上，提出了结合专业教学进行人文教育的八种方法。即起于知识，启迪精神，渗透美育，行为互动，营造氛围，以悟导悟，以人为本，止于境界。在文华学院的教育教学中，提出个性化教育，并以此为办学特色，抓住"潜能，立志，空间"三个关键点，形成了个性化教育体系。最近，在研究和实践中发现，大学课程建设是最重要的事，又是最容易被忽视的事；大学科学决策十分重要，但研究的人甚少，因此，决定开展这两个方面的研究。

化繁为简，深入浅出。简单是人生态度、人生境界和思维方式。冰心说："你简单，世界也就简单。"化繁为简之于我体现在两个方面，一是时间安排上，二是研究内容上。我原来担任学校领导工作，又当教授，还有社会工作，很忙。如果每时每刻都把各种事情装在脑子里，那么太复杂了，心里会很烦，事情也做不好。我的方法是把它们分解，这一天干什么，这一小时干什么，这十分钟干什么。这十分钟我讲话，或写字，或听别人说话，就简单了。但是加起来，事情都做好了。在研究中，现象是复杂的，规律是简单的，如果我们研究的结论仍然十分复杂，那么这种研究还停留在现象上，没有到规律的层面。如何将复杂变成简单，镇江焦州的郑板桥读书处有一副对联"删繁就简三秋树，领异标新二月花"，说得很透。三秋应该是深秋了，经过秋风扫落叶，最后剩下留在树上的叶子，是最坚强的，最有生命力。我们工作和研究中要删繁就简，围绕立足点，抓住最主要的、最有特色的事不放，一抓到底，取得成就。而对于研究的表达，无论写文章还是作报告，则要深入浅出，平实通俗，贴近读者、听众，使他们容易理解。也就是要讲"人话"，有的大学领导、实际工作者批评部分理论工作者不讲"人话"。讲"人话"，不能仅仅讲大人物的话，别人说过的话，要讲自己的话；人既有理智，又有情感，讲人话，要讲有责任、有激情、有关怀、有温度的话。

学术为乐，持之以恒。我写论文大体经历了这么几个阶段：不会写；学会了写，但感到是一个苦差事；写得比较轻松；写作是一种乐趣、享受。几十年来，节假日，包括大年三十和春节，我全部用于学习、研究，除了觉得研究很有意义外，更主要的是感到快乐，心情舒畅，是一种精神享受。只有以学术为乐，才能持之以恒，坚持不懈。做到持之以恒，我有两点体会：一是"工作，完成，发表"，这是法拉第的座右铭，我认为非常好，因而一直坚持这么做。首先是要工作，要干；干一件事，哪怕再难，也要坚持，要干好，要完成；完成以后，要发表，因为唯有发表，才能将成果凝炼、深化、保存、积累。二是做一件事要产生多种功能。有的人做一件事就产生一种功能，但聪明的人，做一件事能产生多种功能。例如，抓一项工作，把工作做好是一种功能；总结经验是第二种功能；在工作中开展研究，写出文章是第三种功能；结交朋友，向别人学习，充实和提高自己是第四种功能……在工作中，只有发挥多种功能，彼此兼顾，相互促进，也才能做到持之以恒。有人问我，你那么大年纪了，写了几十年，怎么还有写的？我的回答是，实践，坚持。因为我始终处于教育教学和管理的实践中，实践是发展的，变化的，生机勃勃的，从实践中发现问题，抓住问题，坚持开展研究，就能不断地产生创新点，写出好文章。"一年可能干不成任何事，十年可能干成任何事。"只要选准方向、坚持不懈，总能做出成绩来。多年来，我的同事、学生，和我一道研究、探讨，互相学习，共同成长，乐在其中。他们的帮助、鼓励，也是我能坚持研究的重要原因，在此向他们表示深深的感谢。

由于篇幅较大，文选分上下两册。上册主要谈大学的教育教学，包括大学德育、文化素质教育、人才培养；下册主要谈大学的发展和管理，包括战略发展、管理创新、院校研究。文选出版，文章未经修改，原原本本地呈现给大家，也是对我多年来工作与学术生涯的一个阶段性的回顾和总结。因为年代、形势的局限，有的观点可能不一定符合现在的形势。有的调查研究不够深入，理论概括不够深刻，因而也会有各种问题存在，诚恳地欢迎大家批评指正。

刘献君

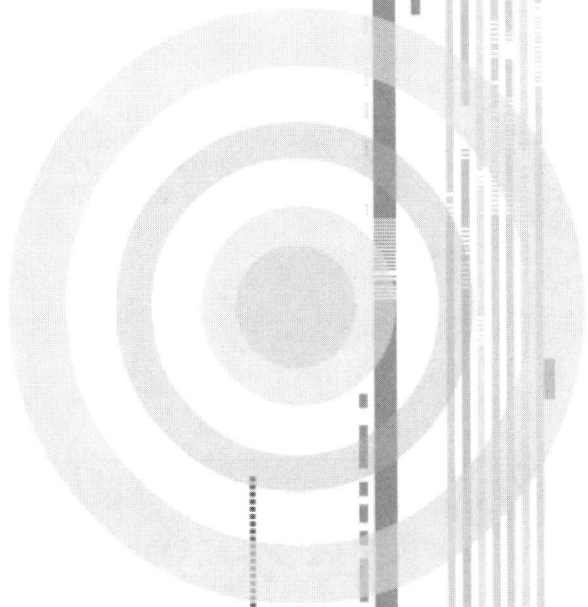

一、大学德育

大学德育过程初探

世界上任何事物都是作为一个过程展开的。研究德育，要认真探讨它的过程，揭示其规律。德育过程与教学过程，既有密切的联系，又有显著的区别。教学过程实质上是学生认识世界的过程，是掌握知识，技能和发展认识能力的过程。它主要是解决学生认识世界和改造世界的能力问题。德育过程则是教育者根据一定社会的要求，对受教育者有计划地施加影响，以养成教育者所期望的思想品德(包括政治观点，道德品质和世界观)的过程。它主要是解决学生对客观事物采取何种主观态度的问题，是解决个人和社会的关系问题。教学过程主要是依据学生的认识规律进行的，而德育过程主要是依据学生思想品德形成发展的规律进行的。

任何一种思想品德都是由知、情、意、行四个要素（或称心理成分）构成的，只有当四个心理成分都得到充分的发展，这种品德才能形成。思想品德形成过程是指受教育者的知、情、意、行从简单到复杂，从低级到高级，从旧质到新质的矛盾运动过程。人作为积极的能动的主体，在与外界环境的相互作用中，在影响改变事物的实践中，产生心理内部矛盾运动，从而形成新的思想品德。

一般来说，高等学校的教育对象是中期青年（17 岁—25 岁左右）。在大学期间，学生的生理状况和心理特征（包括人生观，社会意识，道德行为等）开始成熟或接近达到成熟的阶段。但是，目前七九、八〇级（包括今后三至五年入学的学生）大学生处于一种十分特殊的情况。从年龄来看，这两级学生处于青年前期，中期（15 岁—23 岁）。我院七九、八〇级学生入学时的年龄是：14、15 岁的 98 人，占 3.2%；16 岁—18 岁的 2635 人，占 87.3%；19 岁—20 岁的 273 人，占 9%；21 岁—25 岁的 16 人，占 0.53%。

从经历看，他们生在困难时期，长在动荡时期，学在调整时期。从知识结构来看，他们对马列主义理论，历史、地理、文学、道德等知之甚少。从思想特点看，他们开始关心国家命运，向往四化，但好走极端，看到一些社会问题之后，容易悲观失望，丧失信心；他们思想活跃，勇于思考，但由于缺乏正确的观点，缺少知识和经验，容易以偏概全，引出错误的结论；他们刻苦学习，渴望成才，但容易忽视政治学习，忽视优良品德的培养，重理论，轻实践；他们具有极大的可塑性，差异性。因此，对七九、八〇级学生来说，大学期间，正是他们世界观开始形成到初步形成的阶段。这个时期的思想政治教育，极其重要而且十分复杂，对他们今后一生的成长起着关键的作用，必须引起高度重视。本文以七九，八〇级学生为对象，就大学生在教育影响下形成新品德的过程和教育者如何组织教育活动的过程的统一，试图对大学生德育过程作初步探讨。

一　建立健全的"知识结构"，提高学生的认识能力

认识（知）是情感产生的根据，是进行意志锻炼的内在动力，是决定行为的思想基础。在大学生世界现形成的过程中，只有学习大量的历史、政治、道德等方面的知识，提高理论思维能力，发展认识能力，辩证唯物主义的世界观才有可能确立。

在国外理工科大学的课程中，人文和社会科学方面的课程一般占15%—20%，而目前我国工科大学的课程中，社会科学方面的课程还不到10%，加之不少中学取消历史、地理、生物等课程，造成学生的知识面十分狭窄。最近，我对七九、八〇级较好的100名学生进行了调查，其中不懂得基本的近代史知识的占83%；不懂得道德基本知识的占86%；古文知识一无所有的占90%以上。其他一般学生的知识面就更窄了。因此，很多学生看问题囿于环境，单凭直觉，缺乏历史眼光，缺乏理论思维，缺乏社会责任感。

知识是构成才能的基本要素，是发展认识能力的基础。"巧妇难为无米之炊"，掌握知识多了，才能进行比较、分析和思索。知识全面才能使人的思想境界开阔，站得高，望得远。各种知识融会贯通，互相促进，互

相补充，才能构成联系，活跃思想，提高逻辑思维能力，发展认识能力。知识面宽了，认识能力提高了，才能正确地评价事物，深刻地认识事物，形成自己的观点。进大学以后，凡进步比较大的学生，都有一个不断学习，加宽知识面，提高认识能力的过程。

例如，学生×××，入学时 16 岁，学习马马虎虎，生活自由散漫，觉得大学的学习生活毫无意思。正在这时，他怀着好奇的心情去听了学校组织的《相对论》讲座，讲座的内容吸引了他，相对论新颖的知识领域开阔了他的眼界，他开始钻研这门学科。经过一段时间，他写出了两篇文章，寄给了有关研究单位。这个单位的同志给他回了信，肯定了他的钻研精神，并指出这些问题别人早已解决，鼓励他继续学习。三年来，在老师指导和同学帮助下，他系统地学习了哲学、近代史、相对论等学科的知识，写出了有一定见解的论文《对宇宙的探索》、《关于理论体系的逻辑结构》、《关于封闭系统的几条规律》等。而且，在思想认识上有了提高。他说："我学习了几个派别的哲学著作，认识到马克思主义哲学才是科学的。科学家应该是哲学家。大学生要学习马列主义。""我过去认为，党和科学发展是没有联系的，搞科学的人不一定要入党。我现在才认识到，在我们中国，只有共产党才是支持发展科学的；没有党，个人的事业是不可能实现的；一个愿意为人民作更多贡献的人，应该努力成为一个共产党员。"他现在积极参加党章学习小组的学习，热心为同学工作，刻苦钻研业务，决心培养自己主动向自然进攻的能力，为发展祖国科学事业而努力。

学生×××，近一年多来，比较系统地学习了近代史，一边学习，一边思索，得出了两条结论：一是看问题不能脱离我国的国情。32 年前，我国是一个十分落后的半殖民地半封建的社会，这是现在社会上存在很多弊病的根源，不能因此责怪社会主义制度。历史已经说明，只有社会主义才能救中国。二是近代史上的有志之士，有言有行，不光发表宣言，更重要的是用自己的实际行动唤起民众，救国救民。现在，有些青年光发牢骚，责怪社会，这是错误的，每个有志青年都应以实际行动为四化作贡献。

因此，在目前及今后一段时期，大学教育中，要改革课程设置，增加文科内容，改变大学生极不健全的知识结构，弥补知识结构中的严重缺陷。理工科大学生的知识结构中，不仅要具有本专业的扎实的基础理论知

识和专业知识，相邻学科的基础知识，外语，而且要具有以下社会科学知识：哲学、经济学、科学社会主义、近代史、文学、伦理学、社会学等。要引导学生在比较、思索中全面深刻地分析事物，培养理论思维能力，发展认识能力。

二　引导学生转变思想情感，确立坚定正确的信念

要转变一个人的思想，首先要转变他的情感。一个人的认识只有与相应的情感体验一致，发生共鸣，才能对这种知识坚信不疑。知和情相结合，形成信念，有了信念，知才能转化为行。

现在，部分七七、七八级学生，十多年来经历了一段"对党坚信不疑——苦闷，彷徨——学习，思考，探索——对党更加坚信"的过程，这是大家所承认的。七九、八○级学生思想情感的变化过程如何？是否存在"肯定——否定——肯定"的过程呢？是否存在思想情感转变的问题呢？这批学生一般在1962年、1963年出生。1964年、1965年，正是我们党战胜三年自然灾害以后，政治稳定，经济繁荣的时期。"文化大革命"开始到1971年这几年中，社会上虽然比较混乱，但人们对毛主席、毛泽东思想是坚信的，尽管有些人到处搞"打、砸、抢"，但很多老工人、老干部、老党员始终坚持生产，家庭、学校对他们的影响仍然是一致的。毛泽东思想、社会主义在他们的心灵上还是留下了美好的印象。1971年，林彪自我爆炸，震动了整个社会。人们开始在家里，在知心朋友的聚会中，议论"文化大革命"，议论"四人帮"。这些议论，他们听到了。由于"四人帮"的破坏，不正之风严重存在，父母在家里对这些不正之风的种种议论，或者因哥哥姐姐下乡以后抽不上来，或因调资升不上级，亲人在家里不免要发些牢骚，这些他们也听到了。随着年龄的增长，他们又耳闻目睹了各种不健康的社会现象，在脑子里留下了很多阴影、矛盾和问题。他们的信念动摇了，对党产生了怀疑。粉碎"四人帮"以后，特别是改革高考制度，他们上了大学，视野开阔了，看到了我们党在三中全会以来，正确地总结了历史经验教训，实行了一系列的马克思主义的方针和政策，看到了社会主义建设的大好形势，思想情感又开始发生新的变化。因此，

七九、八〇级学生的思想情感变化，仍然存在着"肯定——否定——肯定"的过程，如何加速学生思想情感的转变，引导学生根据自己的切身体验，正确地对待党，对待马列主义，毛泽东思想，是摆在我们面前的一个十分重要的问题。

根据我们的工作实践，对这个问题的回答是：

一是要讲近代史、党史，激发学生的思想情感，使他们确立"没有共产党就没有新中国"、"只有社会主义才能救中国"的信念。

二是经常进行形势与任务教育，引导学生正确看待形势，积极体验现实生活，从而逐步认识到：我们党虽然走了一些弯路，但勇于改正错误，社会上有黑暗，也有光明，光明是主流，只要充分发挥社会主义制度的优越性，社会主义现代化是一定能成为现实的，前途是无限光明的。

三是教育与生产劳动相结合。要使学生认识生产劳动是人类社会赖以生存和发展的基础，人类的历史，首先是生产发展的历史，是劳动人民创造历史。要组织学生参加必要的生产劳动，体验劳动光荣，培养劳动人民的思想感情。

四是建立良好的人际关系，关心、爱护学生，把党的温暖送到学生心坎上。要在工作作风上努力恢复党的优良传统，用实际行动使青年相信，党是跟青年站在一起的，是代表青年的。同时，要组织好班级集体，使学生之间建立良好的关系，培养学生热爱生活、热爱同志的情感，看到群众的力量、集体的温暖，树立集体主义观念。

在一个人世界观形成的过程中，往往一、两件事能改变他的观点，而这些事又往往发生在他苦闷、困难或受到挫折时。例如，学生×××，过去认为人都是为自己的，一个人的学习、工作和生活都是为了个人。一次，他因病住院，班上同学去看他，给他送去水果、糖等食品，帮他抄课堂笔记，给他补课，热情地安慰他。这件事使他很受感动，他对同学们说，我过去的想法是完全错误的，人不都是为了自己的。从此以后，他学习变得刻苦了，还主动打扫卫生，为同学做好事，并把自己思想认识的转变过程编了一首诗，给全班朗读。

总之，要通过多种途径，有目的、有计划，有意识地帮助学生转变思想情感，引导他们热爱党，信赖党，一心一意跟党走。

三 帮助学生从"潜意识状态"中解放出来，树立正确的人生奋斗目标

进入大学初期，大多数学生不明确自己的学习目的，不知道自己的奋斗目标，处于潜意识状态之中。随着年龄增大，知识增长，交往增多，认识能力的提高和心理内容的丰富，自我意识迅速增强。青年人需要认识自己存在的力量，把自己作为一个主体，从客体中分出来。从大学一年级开始，"我为什么学习？""人为什么活着？""我今后要成为一个什么样的人？"这些问题在他们的脑子里会反复出现。有的积极思索，有的消极等待，有的感到茫然。

在教育中，要帮助他们从潜意识状态中解放出来，树立为人民而学习，为振兴中华献身，以天下为己任的人生目标。当然这是一个长期的教育过程，绝非一朝一夕之功。

爱国是起点。我们中华民族有热爱祖国的优良传统，革命者都是从热爱祖国，立志救国救民开始的。要使学生了解我们的国家幅员辽阔，物产丰富，山河壮丽，具有悠久的文明历史和珍贵的文化遗产。要使他们懂得，我们是社会主义国家，我国的政治制度具有无比的优越性，生活在这样一个伟大的社会主义国家应无比自豪。同时，也要使他们看到，由于我国长期处于封建社会和半殖民地半封建社会，经济落后，文化落后，振兴中华、建设祖国的责任将落在青年人，特别是现在的大学生这一批青年人的肩上，帮助大家树立民族责任感。

事业是根本。任何人的理想、奋斗目标都是与自己的事业紧密相连，通过事业来实现的。学生的主要任务是学习，主要活动是学习。大学生在校学习过程，也是他们的世界观、道德品质的形成过程。学生进入大学以后，有了一个确定的专业，基本上定下了一生从事的职业。理想、事业心和责任感的树立都要和专业教育结合起来。要不断地进行专业教育，不仅要介绍专业内容，而且要介绍本专业在国家建设中的地位和作用，现在世界上的发展水平和方向，我国的现状和差距，提出尚待解决的问题，激励学生刻苦学习、奋发图强。要认真抓好各个学习环节，严格要求学生，把现在的学习与将来的工作联系起来，培养严肃认真、踏踏实实、追根求源的精神和科学态度。开展课外学习活动、学术活动、研究活动，让他们体验科学事业的艰苦性和乐趣，培养为科学，为人民献身的崇高精神，养成刻苦钻研问题的习惯。逐步将民族责任感，上升到社会主义事业心。

榜样是力量。榜样的模范事迹中，往往把一种优良品质从动机、情感、意志和行为有机地完整地体现出来。它可以使学生具体地了解德育的要求和进步方向。青年人善于模仿，乐于选择自己崇拜的对象为一生的榜样，把他们的言论作为自己的座右铭。在入大学以前，学生已开始选择自己的榜样，但很不确定。在大学的学习期间，一般就确定下来了。据我对一年级和四年级学生进行的对比调查，20%的一年级学生有自己的座右铭，有崇拜的对象，而四年级学生中，90%的人有座右铭和崇拜对象。因此，要经常开展向英雄人物学习的活动。要向学生推荐革命领袖和科学家的传记，介绍他们的事迹。文学作品是塑造人的灵魂的，有极大的感染力，要提倡学生读一些好的文学作品。要在学生中大力表彰先进，树立典型，积极慎重地发展党员，在学生的身边树立榜样。总之，要引导学生选择自己学习的榜样，从中吸取前进的力量。

马列是指南。任何一种理想、信念、目标只有建立在科学的基础上，才能牢固。马列主义是科学，只有它才能指导一个人形成正确的世界观。目前，在对学生开设哲学、政治经济学、中共党史的基础上，在三、四年级有必要开设"科学社会主义"课，让学生了解社会主义如何从空想到科学，掌握马列主义关于科学社会主义的基本理论，从而树立共产主义远大理想和坚定信念，培养为共产主义奋斗的革命精神。

四　激发和提高学生的主观能动性，发展自我教育

德育过程不是教育者把社会的思想意识、道德规范简单地转化为受教育者个人的思想品德的过程，而是学生思想内部矛盾斗争的自我教育过程。外部的教育影响和学校的要求被学生接受时，引起他心理上的新的需要（如动机、兴趣、爱好、志向等），这种需要是学生心理发展的新的一面，学生原有心理水平是心理发展的旧的一面，这两者之间产生了矛盾。为了解决矛盾，必须将原有的心理水平提高到新增长的需要的高度，于

是，产生了主观能动性，新的思想品德得以形成。因此，在教育中，要十分注意激发和提高学生的主观能动性，发展自我教育，促进思想内部矛盾的转化。

首先，要分析学生的心理特点，把教育的措施和要求建立在学生已有矛盾的基础上。学生在一到四年级各个阶段有不同的思想矛盾。一年级学生入学时，遇到的矛盾是，想象中的大学和想象中的大学生与现实中大学生学习、生活的矛盾。第二学期开始，考虑得多的是，上了大学，有了"铁饭碗"，还要辛辛苦苦学习，究竟是为了什么？到了二、三年级，他们在学习中，在和周围同学的比较中，认识到了自己的能力、性格，开始设计自己的发展方向。四年级则开始考虑毕业分配的去向问题，恋爱问题等。学生的新的思想品德是在原有心理水平基础上产生的，教育的要求和措施一定要建立在学生已有心理矛盾的基础上，让他们自己去体验内部矛盾。对一到四年级，除统一进行形势教育、党的方针政策教育外，还要根据不同的思想情况，提出不同的教育计划。

第二，在活动和交往中，促使学生思想内部矛盾的产生和解决。学生的思想内部矛盾不是头脑中固有的，而是由外部矛盾转化来的。人是社会的人。政治的、道德的心理，只有在社会活动和交往中才能产生。学生的思想内部矛盾也只有在活动和交往中才能产生和解决。因此，要扩大活动和交往，增加生产劳动，开展集体活动。同时，在活动中，要对学生提出明确而严格的要求，促使学生产生内心冲突，以达到教育的目的。同样的活动，目的和要求不同，效果也截然不同。例如，七七级学生到农场劳动时，学校把它作为德育的一个重要环节和内容，系领导、辅导员带队，要求学生在劳动中培养热爱劳动的品德，同时，大力表扬劳动中涌现出来的好人好事，普遍反映效果比较好。而近年来对七九、八〇级安排的校内一周公益劳动，没有把它作为向学生进行教育的一个环节，仅仅把学生作为劳动力，按定额完成劳动任务了事，没有收到应有的效果。

第三，长善救失，促进思想内部矛盾的转化。青年心理特点之一是情绪极为不稳，容易激动。同时，青年的优点和缺点往往搅和在一起。因此，教育者要善于发现学生的优点，表扬优点，向学生提出更高的要求，促使学生用优点战胜缺点，长善救失，达到矛盾的转化，从而形成新的思想品德。

第四，激发和调动学生的主观能动性，主动积极地解决思想内部矛盾。主观能动性是指人类自觉地认识世界和改造世界的能力，是一种有目的、有意识、有选择的活动能力。它不是完全依附于某种影响，而是要经过自己的推理做出判断，按自己的意志做出不同的反应。主观能动性是个人发展的巨大内在潜力和动力，它可以表现为坚强的意志，坚韧不拔的毅力，是自我教育的力量。因此，在教育中，要不断地激起学生的内在需要，从而激发和调动学生的主观能动性，在正确思想指导下，进行自我修养，使学生由教育的客体转化为主客体的合一，积极参与德育过程，自己提出任务，积极地解决思想内部矛盾，主动采取实际行动来培养自己的品质。

五　提出严格要求，培养良好的行为习惯

德育的基本问题，就是使学生政治的、道德的认识转化为相应的行为、习惯问题。道德是观念上的东西，只有体现在个人的行为上，才能成为个人的品德。同时，行是认识、情感意志的集中表观，通过行可以扩大、加深和提高学生的认识，增强学生的情感，锻炼学生意志，因此，行是关键，德育不能离开对学生行为、习惯的培养。

在提高学生认识的同时，必须通过各种练习和实践，向学生提出严格要求，逐步培养学生良好的行为习惯。历来的教育家都十分重视严格要求学生。苏联教育家马卡连柯说：“教育是从要求开始的。如果没有要求，那就不可能有教育。”

由于十年浩劫，在部分青年中养成了不守纪律、不讲道德的坏习惯。要去掉坏的习惯，养成好的行为，教育任务是十分繁重的。在教育中，要严格制度，严格纪律，严格检查。对于守纪律、讲道德的学生，要大力加以表扬，对于不讲道德、违反纪律和法律的学生，都必须受到应有的处理。只有坚持一个“严”字，才能培养出合格的人才。

综上所述，德育过程是十分复杂的过程。在学生思想品德的形成发展过程中，知、情、意、行不是孤立的，而是相互渗透相互促进的。各种思

想品德在发展中也是互相渗透、互相促进、互为条件的，而且在一定的条件下彼此还可以迁移。学生生活在社会之中，思想品德的形成发展，受到各种社会因素的影响，这些因素是学校教育所不能控制的。人在接受教育中，还具有主观能动性。因此，教育工作者要努力学习心理学、教育学理论，调查学生的思想情况，研究德育的任务、内容、过程、途径和方法，才能努力把大学生培养成为有社会主义觉悟的、有专业知识和管理才能的又红又专的人才。

（原载《高等教育研究》1981 年第 4 期）

试论培养大学生的自我教育能力

所谓自我教育，是指人们为了形成良好的道德品质而自觉进行的思想转化和行为控制活动。自我教育能力是几种能力的完备组合，包括自我认识、自我激励和自我控制等能力。如果这几种能力得到充分发展，自我教育能力就能提高。本文试就培养大学生自我教育能力的必要性、可能性以及培养过程和途径作一些初步探讨。

一

培养学生的自我教育能力，在大学思想政治教育中有着特殊的重要性。这一点是由德育过程的客观规律和大学生身心发展的特点所决定的。

从目前我国实际情况来看，大学生年龄一般处于 16 岁至 23 岁之间，属于青年中期。这一时期正是一个人的思想品德、政治观点、人生观和世界观的形成时期，是人的社会化过程的重要阶段，在人的一生中具有决定的意义。因此，加强对大学生的思想政治教育是十分重要的。但是，教育者不可能把社会的思想意识、道德规范简单地直接转化为受教育者个人的思想品德。因为思想政治教育只是外因，外因必须通过内因而起作用，思想教育的过程是学生在教师的正确引导下自觉进行思想内部矛盾斗争的自我教育过程。在这个过程中，教育者的任务，不是代替受教育者去开展思想斗争，而是启发、引导、促进、加速受教育者自己思想内部矛盾的运动，充分发挥学生自我教育的作用。由此可见，自我教育是培养学生思想品德、形成人生观的必要途径。自我教育能力是大学生的必备能力。

大学生处于青年中期。青年中期是心理的"断乳"期、转折期、自我发现期。这一时期，他们产生了一种十分强烈的需要，即不仅要观察和了解客观世界，而且要总结以往的经验，形成一套比较系统的原则，用以评价事物和人（包括自己），决定自己对客观世界的态度。因此，他们表现出相当独立的倾向，要求有更多的"自主权"，希望自己的意见受到重视。他们普遍地、认真地思考各种问题，以及未来发展方向，选择自己崇拜的对象。他们不仅对于那些过去一直被要求遵循的道德规范要进行重新的估价，而且对当前的思想政治教育也要经过一番思索决定是否接受。与中学生相比，大学生的自我教育更具有系统性和计划性，其要求和水平进一步提高了。

尽管大学生表现出相当独立的倾向，但他们的思想并不成熟。青年是从少年到成年的转折时期，他们身上既有不同于少年的"大人气"，又有不同于成年人的"孩子气"；他们既希望对任何事物发表独立的见解，又希望在探索人生中得到指点。因此，在思想上表现出成熟和幼稚、稳定和可塑的矛盾。在这种情况下，有两种做法是有害的：一种是采用简单的行政命令手段，强制学生遵守学校纪律、规章制度和道德规范，而不去激发学生自觉培养良好思想品德的需要和动机，这就会导致思想政治教育上的形式主义。另一种是不对学生进行思想政治教育和严格要求，帮助他们形成内在的正确价值观和社会定向，而是放任自流，以致在各种错误、消极东西的影响下逐步形成错误的人生观。正确而有效的方法是，培养学生的自我教育能力，把学校的思想政治教育和学生的自我教育结合起来，把外因和内因结合起来，在教育者的正确引导下，促进学生自身思想的矛盾运动，按照社会需要的方向，形成良好的思想品德。

老教育家叶圣陶说，教育的目的是为了达到不教育。这深刻地说明了教育从外部向内部的转化，从学校的思想政治教育转化为学生自我教育的过程。在大学教育中，只有养成学生的自我教育能力，才能真正达到教育的目的。

首先，我们必须看到，影响大学生人生观、思想品德、政治观点形成的因素是多方面的。学生进入大学以后，对社会接触面进一步扩大，社会信息通过各种渠道影响学生，他们的思想品德状况如何，与他们所受的各种积极的和消极的社会影响分不开的。我们曾以"在你的品德、人生观形成和发展过程中，受哪种因素影响最大"为题，对 79 名大学生进行了调查，结果是：受父母、家庭及个人经历影响最大的人次数最多，有 56 人次，占总人次的 46.6%；受社会生活、政治事件影响最大的人次数列为第二位，有 33 人次，占 27.5%；受学校教育的影响最大的人次数列为第三位，有 31 人次，占 25.9%。此外，还有受文艺作品、同学、朋友、科学家、先进人物及政治家影响的。这一结果表明：个人经历、家庭、社会生活和政治事件对大学生人生观的形成有着十分深刻的影响。当然，应当看到这种影响有积极的一面，也有消极的一面。在现实中，有的学生往往从社会生活的消极因素中吸取做人的标准，形成自己的观点，并用以指导自己的行为。例如，一些学生看到社会上恢复奖金，实行超额补贴，又看到党内也存在不正之风，便认为人人都拿奖金，要补贴，党的干部也走后门，还有什么大公无私可言，"人都是自私的"。又如，知识分子政策落实以后，有的学生又从另外一面来总结经验，说什么"多年来很多东西都在变，只有一个'不变量'，那就是'有本事就吃得开'"。

任何时候，社会上总有正确与错误的矛盾，对学生也就有积极的和消极的影响。如何处理学校教育与社会影响的关系，如何抵制社会消极的影响，是一个需要认真对待的问题。为什么有时社会的消极影响难以抗拒，学校的思想教育显得软弱无力呢？其原因就是我们培养学生的自我教育能力还做得不够，没有让学生产生"免疫力"。如果我们能正确引导，不断培养学生自我教育能力，帮助他们掌握观察和分析社会的正确的观点和方法，树立正确的人生观和世界观，那么他们就能识别和抵制社会的消极影响，使自己的思想品德健康成长。反之，如果不去着力培养大学生的自我教育能力，而是把他们当作小学生看待，那么，他们就总是缺乏鉴别是非的能力，他们的思想必将随着社会思潮影响的变化而波动，学校的教育也就永远是软弱无力的，起不到应有的主导作用。

其次，我们同样应该看到，我们培养的社会主义大学生应是又红又专的合格人才，他们应该担负起改造社会、推动历史前进的重任。因此，在教育中，必须十分注重培养学生正确的政治观点，以及按照马克思列宁主义、毛泽东思想进行自我教育的能力，自觉地适应社会发展客观规律的要求，坚持四项基本原则，积极投身到社会主义四化建设中去，在改造客观

世界中进一步提高思想认识，成为社会主义物质文明和精神文明的自觉的建设者。

总之，培养大学生自我教育能力是十分必要的，必须引起我们的高度重视。

二

青少年自我教育能力的成长是与教育的影响和培养分不开的。虽然大学生已有一些自我教育能力，但是发展得还不够充分和成熟。为了使大学生的自我教育能力进一步得到发展，能自觉地按照马列主义原则、党和人民的利益进行道德修养，仍有必要根据大学生的身心发展特点和思想现状进行教育和培养。

（一）培养自我认识能力

和中学生相比，大学生的一个显著特点是自我意识随着社会地位的变化而迅速增强，更多地把眼光投向自身，探索、认识、评价自己，这为我们引导学生培养自我认识能力提供了有利的基础和条件。但是，对他们的估计不能过高，由于知识和经验不足，加之社会发展形势变化较大，目前大学生的自我评价、自我认识还很不明确，很不清晰。为了探明大学生自我教育能力的现状，我们采用分部法，对 267 名学生进行心理测验，了解他们自我评价的能力，结果如下：

类型	对自己能力做出比较明确的评价	有一定评价能力但对自己评价不清晰	自我评价比较模糊	偏于自信	偏于自卑
人数	42	124	81	7	3
%	15	46	30	2.8	1.2

上述结果表明：大学生已经具有一定的自我评价能力，其中少数学生对自己已能做出比较明确的评价。大多数学生自我评价仍然很不明确，其中部分学生对自己的性格、气质、思想、前途没有明确的认识，经常处于自相矛盾的状态。如果一个人对自己的思想、性格等缺乏清晰的认识，对自己的长处和短处缺乏真正了解，是无法进行自我教育的，因而不断提高

自我认识和自我评价能力，是不断提高自我教育能力的起点和必要条件。培养学生自我认识能力要达到这样的程度：能够清楚地意识和把握自己的心理特性和品质，掌握评价的标准，形成比较系统的对社会道德的自我评价能力。

首先，要健全班级集体，并通过集体开展批评与自我批评，指导学生自我评价，提高自我认识能力。

马克思说过："人起初是以别人来反映自己的。"人像照镜子那样，是从别人那里发现自己。大学生认识和评价自己，是从认识别人开始的，在认识别人的过程中，逐步学会认识自己。而人的能力又是和人的社会活动相联系的，只有通过社会活动才能发展人的能力。

健全的班集体，有前进的目标，正确的舆论，它能向自己的成员提出严格的要求，不仅促进其成员互相帮助，自己教育自己，而且也使他们在集体活动中互相认识，了解每个成员的社会活动能力。因此，培养健全的班级集体，开展丰富多彩的集体活动，引导学生自己教育自己，是培养自我认识的重要途径。为此，要健全集体的民主生活，对好人好事要肯定，给予表扬，对不良风气、错误行为要给予批评，要引导学生开展自我批评，通过自我评价，获得正确的自我认识。要定期召开班会，特别是在每学年末进行的操行评定，是开展批评与自我批评、提高自我认识的有效方法。根据我们的经验，在操行评定的自我小结中，90%以上的同学对自己的评价都偏高，这是大学生的优越感和青年的自尊、好强、上进的心理状态的反映，在指导自我小结时，要十分注意这一倾向。

其次，要创造"问题情境"，激发学生思考问题，推动学生思想内部矛盾的运动，以增强自我意识的能力。

人们自身的缺点和弱点总是在问题和矛盾中显露出来，对自身认识的深化和自我教育能力的增强是在解决矛盾的过程中获得的。教育者要善于了解和掌握学生在各个时期思想上的矛盾，创造问题情境，激发学生思考问题，因势利导，充分调动他们内在的积极性，让他们独立地探索社会，探索人生，探索个人的正确道路。

学生在各个不同的时期，思想上会产生各种不同的矛盾，例如，学生刚进大学时，思想上有要紧张起来、好好学习与松一口气的矛盾；自傲

（中学时代的佼佼者）与自卑（与班上同学比，有的来自大城市，有的高考分数比自己高）的矛盾；想象中的大学与现实大学生活的矛盾等。临近毕业时，学生思想又产生自信（有理论知识）与空虚（无实践经验）的矛盾；既对前途充满信心，又感到悲观失望的矛盾；想走向社会，又怕走向社会的矛盾；留恋学校生活，又害怕考试的矛盾等。我们的教育措施一定要建立在学生已有的思想矛盾基础上，激发他们思考问题，寻找解决问题的途径，从而引出正确的结论。

与此同时，还要组织学生学习马列主义理论，学习伦理学、心理学、社会学等知识，掌握评价的武器和准则。

（二）培养自我激励能力

虽然自我认识的能力是自我修养的起点，但要培养学生具有坚持不懈地进行自我教育的能力，仅仅培养自我认识能力是不够的，还必须培养他们自我激励的能力，使自我教育获得巨大的内在的动力。自我激励能力的大小强弱，取决于个人理想是否远大，以及对这一理想是否有深厚的情感，是否有信念去实现它。

一般说来，大学生都在考虑自己的未来，有自己的理想，有一定的自我激励能力。但发展是不平衡的。我们对267名学生的调查中，对自己的将来经常在考虑的有132人，占49.4%；有时考虑的119人，占44.6%；考虑不多的6人，占2.2%；10人未回答。

在对人生奋斗目标的调查中，267人的回答是：

类型	做一个高尚的人有益于社会的人	做一个有贡献的人有名的人	自由、快乐有钱、有权	未答
人数	87	111	53	16
%	32.5	41.5	20	6

调查说明，1/3左右的学生有比较正确的目标，有强烈的社会责任感，有愿意为祖国、为人民、为人类而奋斗的革命精神，其中一部人愿意献身共产主义事业。多数学生渴望成才，渴望在事业上有所建树，他们景仰科学家，佩服他们的才华，希望像他们那样成为有名的人。这就是说，大部分学生都具有一定程度的自我激励能力，鼓舞自己在人生的道路上向前

迈进。

但是，也有少数学生，上了大学，满足于铁饭碗，贪图个人的自由、快乐、舒适、安逸，幻想有钱、有势。这些人往往缺乏远大的目标，不愿艰苦奋斗，缺少自我激励的能力，从而不能自觉地抵制社会上各种错误思想的影响，不能自觉地接受党的教育，努力培养共产主义道德品质。这是一个值得十分重视的问题。没有正确的奋斗目标，就不可能自我激励。

首先，要引导学生正确处理个人与集体、与社会的关系，把个人的成才与社会主义大业联系起来，树立社会理想。列宁说："人的目的是客观世界所产生的，是以它为前提的。"只有人认识了客观世界的规律，认识了人自身的需要和客观现实间的关系，才能提出和确立合理的目的。现在，多数学生的理想停留在个人成才上，原因之一，就是没有认清个人和社会的关系，个人和人民的关系，个人和党的关系，他们以为自己是凭分数、凭本事考进大学的，认识不到党和人民对他们的哺育和培养。我们在对 267 名学生的调查中，在回答"人应有的美德是什么"时，主动提到爱祖国、爱人民、为国分忧，大公无私和集体主义精神的仅有 55 人，占20%。大多数人的回答停留在诸如诚实、礼貌、谦虚等一般的公德上。因此要十分重视对学生进行热爱党、热爱社会主义的教育，进行马列主义基本理论和中国近代史的教育，帮助他们自觉地找到人生的正确目标，树立社会理想。

其次，要启发学生去追求内心真、善、美的体验，培养高尚的情操，使道德修养成为自己的精神需要。组织学生开展社会调查，观看好的影片、优秀文艺作品，并开展影评、书评，是引导学生追求内心真、善、美的体验的重要方法之一。例如，有一个女生，性格开朗、活泼，经常爱揭别人的短处，以别人的痛苦为乐。一次，她看了日本电影《远山在呼唤》之后，沉默了好几天。她被影片主人公的善良的心地所感动。经过她在生活中体验、观察、思考，她终于认识到"人间确有善良"，"一个人对人善良，关心别人，爱护别人，才是高尚的"。从此，她再不拿别人取乐，并开始关心同学了。又有一位男生，曾经认为人都是为自己的，大公无私是不存在的。一次，他看到报刊上关于一个大学生先进事迹的报道之后，流下了眼泪，深深为之感动，心情久久不能平静下来。他开始思考、体验，感到"人要心灵美，才是真正的美"，"大公无私到处有"。此后，他开始努力关心同学，关心集体。教育者要学会利用各种有利条件，细心观察学生心灵的细微变化，引导学生观察现实，体验社会生活，追求内心的真、善、美，培养高尚的情操，使道德修养成为自己的精神需要。

培养自我激励能力，教育者还要善于将德育的一般目标加以具体化。要根据大学生不同时期的不同特点，提出不同的具体要求，并努力实施。要引导学生积极参加"五讲四美"活动，在日常生活的具体实践中，培养学生为他人、为集体的思想。学生的奋斗目标有高有低，对于不同的对象，也要从不同的起点，不同的角度去引导。特别对于具有远大目标而又脚踏实地的学生，要大力加以表扬，使他们成为广大学生的榜样。

（三）培养自我控制能力

自我控制能力，也就是意志力，它是为达到预定目的而自觉控制和调节自身行为和心理状态的能力。自我教育过程，作为思想内部的矛盾运动，和其他任何心理活动过程一样，既是认识和情绪体验的过程，也是一个意志过程，最后表现为行动，即所谓"知、情、意、行"的统一。意志集中地体现出人的心理活动的自觉能动性，因而在培养自我教育能力时，锻炼学生的意志力，即培养自我控制能力，是十分重要的。

环境（社会、学校、班级集体等）对人的思想和行为影响极大，培养学生的意志力，首先要引导学生在复杂的环境中主动地提出正确的目标，主动地采取积极行动来克服环境中的消极影响，改造环境，创造好的环境，以实现自己的目标。有一些学生看到环境中的一些消极现象后，便看不到社会主义现实生活的主流，找不到正确的目标。例如，有的同学看到班级同学中存在的一些自私自利的现象，便以偏概全，认为"人都是自私的，大公无私是不存在的，共产主义是不能实现的。"因此，在教育中，要努力建设一个好的班级集体，通过集体的力量来培养学生的意志力。同时，要教育学生不断明确大学生的社会责任，懂得党和人民对自己所寄予的希望。要使他们懂得，一个大学生不能从社会上一些消极因素中吸取"教训"，总结做人的"诀窍"，而要积极地站在改造环境、改造社会风气的前列，移风易俗，敢于向一切不良的现象作斗争，给自己的行为提出高标准。

情绪可以成为意志的动力，也可以成为意志的阻力。但是意志又有着调节功能，意志坚强则可以克服不利情绪的干扰，把行动贯彻始终；情绪强烈，意志力薄弱而消极，则会导致道德行动的半途而废。大学生情绪的最大特征是情绪的两极性，一个学生说，我情绪高涨起来，像火山爆发，情绪低下来，甚至想到死。情绪的这一特征，可能导致两种情况，一种是容易冲动，行动起来往往不顾后果；另一种是容易从热情很快变得冷淡，从充满信心变到心灰意懒，使自我教育产生反复或半途中止。要帮助学生用意志调节自己的心理状态，激发羞耻感，同情感，自尊感，义务感，责任感，集体主义、爱国主义情感，抑制各种消极情绪，实现"理智驾驭情感"，"理智战胜情感"。

意志行动的实现往往与克服困难相联系，所谓克服困难，就是意味着对行动的预定目标的坚持。培养意志力，还要培养学生克服困难的毅力。斯大林说过："伟大的目的产生伟大的毅力。"目的越远大，越崇高，就越能动员人的力量去克服遇到的困难。此外，应采取措施，锻炼毅力，例如，让学生自己提出计划，在班级之内公布自己的计划，利用班会相互检查计划的执行情况，发挥相互监督的作用。少奇同志提出的"慎独"，即独自一人，在没有监督的情况下，不做有损于人民利益的不道德的事情，这是高水平的自我控制能力。

综上所述，一个人的自我教育能力是诸种能力的完备组合，自我认识和评价，自我激励，自我控制，既有各自的功能，又有相互的联系。一个人自我教育能力水平的发展，是在受环境影响、道德规范约束和教育起主导作用的条件下，由低级到高级，由不自觉到比较自觉，由依赖到独立自主的发展过程。只要我们认真地系统地进行工作，经过大学四年的培养，学生就能掌握马列主义基础理论，树立正确的人生目标，正确评价自己，不断激励自己，自觉进行道德修养，从而具有高水平的自我教育能力。

（原载《教育研究》1982 年第 12 期）

论大学德育与社会大系统

　　现代社会是开放的信息社会。教育"面向现代化，面向世界，面向未来"，大大突破了传统思想政治教育过程的空间和时间观念。封闭，实际上已不可能继续下去。在信息充斥每个角落的现代社会里，意识形态教育必然社会化。从某种意义上说，教育过程就是个体社会化的过程。因此，我们必须逐步把教育过程变为一个开放的社会化过程，让学生自觉地在现代化建设和改革实践中汲取丰富的营养。

　　长期以来，在学校工作中，我们习惯于就德育谈德育，没有把德育看成是一种社会现象，不是把它放在社会这个大系统中加以考察；要求社会来适应德育，而不是让德育去适应社会。党的十一届三中全会以后，实行了工作重点转移，党的十四大明确提出了我国经济体制改革的目标，是建立社会主义市场经济体制。社会发生了重大的变革，向前发展了，而教育者的思想观念跟不上社会发展的客观实际，于是德育过程与社会大环境的种种不适应也就发生了。过去正常进行的德育过程，发现了许多反常现象，使德育过程问题丛生，困难重重。由于学生观念的变化往往走在前面，他们往往感到来自教育方面的某些思想观念的社会意义和价值模糊不清，开始不满意教育内容。对于一些行之有效的教育方式，学生也认为是形式主义。教育者总感到学生难教育，素质不好。德育过程内部矛盾冲突的出现，必然导致德育过程的紊乱。

　　改进和加强德育工作，不能停留在德育现象、思想现象本身，必须从社会着眼，从社会政治、经济的急剧变革着眼，把德育与社会大系统联系起来，放在大系统之中加以考察。

一 德育的产生、发展、变革是由社会的生产关系决定的

恩格斯说:"每个时代的社会经济结构形成现实基础,每一个历史时期由法律设施和政治设施以及宗教的、哲学的和其他的观点所构成的全部上层建筑,归根到底都是由这个基础来说明的。"一定社会的经济基础,是一定学校德育产生和发展的基础。影响学校德育发展变化的社会因素错综复杂,有政治的,有思想文化的,但是起决定作用的是社会的经济基础。经济基础是决定学校德育发展变化的最后的,也是最初的原因。一定学校德育的性质及其目的、任务、内容,反映了一定生产关系对人的发展的要求。

德育现象是在一定的生产关系的要求下产生的。人类社会发展史表明,德育从它产生的时候,就与一定生产关系相联系。人类的生产活动,一开始就是社会性活动。在物质生产过程中,人不仅与自然发生着关系,而且结成了以群体所有、平均分配为主要特征的生产关系;不仅积累着生产斗争经验,而且形成原始公社的社会生活经验,出现了纪律、道德、传统、习惯等社会生活规范。为了生存和发展,年老一代不仅需要把生产斗争经验传授给新生一代,而且需要教会他们适应现存的经济关系,遵守和维护群体所有、平均分配等原始公社的生活规范。这种传授原始公社生活规范的活动,就是萌芽时期的德育。原始社会的德育反映了原始社会生产关系的要求,成为维护和延续这种生产关系的手段。

随着社会的发展,生产关系不断变革,逐渐形成了阶级关系。适应生产关系的这种变化,不仅产生了专门的学校德育,而且学校德育具有了一定的阶级性。在经济关系中居统治地位的阶级,支配着学校德育。学校德育成了维护统治阶级经济利益的工具。在奴隶制社会,奴隶主掌握生产资料,任意支配生产产品,而奴隶只不过是一种"会说话"的工具。这种生产关系要求学校德育向奴隶主子弟灌输"分尊卑"等鄙视奴隶的意识和训练其具有任意蹂躏、屠杀奴隶的性格。在封建社会,地主阶级掌握着土地、牲畜等生产资料,利用地租、徭役等形式残酷地剥削农民。适应地主阶级经济利益的要求,学校德育便成为向年轻一代灌输封建等级思想、宗法意识和纲常伦理道德的主要手段。学校德育一方面通过自己的社会影

响，奴化和麻痹农民阶级，使之甘心接受封建生产关系，"不犯上作乱"；另一方面，又培养造就着维护地主阶级利益的各级统治人才。在资本主义社会，资产阶级利用资本，最大限度地剥削工人阶级的剩余劳动，不劳而获。家产万贯的资本家与不得不靠出卖劳动才能生存下去的工人之间，产生尖锐的利害冲突。建立于这种阶级利益对抗基础上的生产关系，要求学校德育一方面把工人阶级子弟训练成"既能替主人创造剩余价值又不打扰主人安宁"的大机器生产的"附庸"；另一方面培养忠于资产阶级利益的各级各类的代理人。社会主义社会建立了以生产资料公有制和按劳分配等为主体的生产关系。为了巩固、完善和发展社会主义生产关系，要求学校担负起培养有社会主义觉悟、有共产主义理想、有集体主义道德品质的一代新人的任务。上述不同社会的学校德育，之所以具有不同的性质、目的和任务，其根本原因在于各个社会的经济基础不同，生产关系及其客观要求不同，代表生产关系的阶级及其利益不同。不从经济关系出发，就不能正确揭示不同社会学校德育性质的根本区别，也就不能对不同社会条件下的学校德育的目的、任务和内容等做出科学的解释。

生产关系对学校德育的制约作用，不仅表现为一种社会形态的学校德育与另一种社会形态的学校德育根本性质的不同，而且还表现为同一社会形态的不同发展时期，学校德育具体目的、规格、任务和内容的变革。社会主义社会是向共产主义社会过渡的历史阶段。在这一漫长的历史过程中，随着生产力的不断发展，社会主义生产关系也进行着不断的变革。生产关系的变革，要求学校德育在保持社会主义性质不变的前提下，对德育目的、规格、任务和内容也要进行相应的调整和变革。50年代，我国经过各方面的准备，进行了大规模的社会主义改造，建立了社会主义公有制。建立和巩固社会主义生产关系的客观要求，促使学校德育由服务于新民主主义转向服务于社会主义。树立社会主义、集体主义思想，批判资产阶级个人主义思想，成为当时大学德育的主要任务。大学德育完成了这个任务，培养了一代具有社会主义觉悟、富有献身精神的青年知识分子，他们已成为社会主义建设各条战线的骨干力量。党的十一届三中全会以来，解放思想，完成了指导思想上的拨乱反正任务，实现了工作重心的历史性转移，确定了社会主义现代化建设的历史任务，并有计划、有步骤地进行着城乡经济体制的改革和政治体制改革，在社会主义公有制基础上对生产中的人与人的关系和分配关系进行着自觉地调整。事实表明，即使是这种生产关系的局部性改变，也是对大学德育的严峻的挑战。它要求大学德育彻底摆脱"左"的思想理论的束缚，把自己的工作重点转移到为社会主义现代化建设培养德才兼备的专门人才上；它要求大学德育在观念上不断更新，以先进的现代化观念去培养富有创新精神的一代新人。并且，它要求改革大学德育的管理体制，从根本上适应社会主义社会关系的新变革，充分发挥德育工作者的主动性、积极性和创造性。当前高等学校为适应社会主义市场经济体制所进行的德育改革，也就是要求实现从指导思想到目的、规格，从任务、内容到具体实施的相应的调整。德育改革的强大动力是生产关系变革的客观要求。如果不适应这一客观要求，不进行德育改革，那么，学校德育就将失去它赖以存在和发展的经济基础，而变成生产关系变革的障碍；如果脱离这一客观要求，德育改革就会走上邪路，那么，学校德育会成为阻碍社会主义生产关系发展的消极力量。这种种情况，都会削弱社会主义德育的社会作用，模糊社会主义德育的本质属性。

辩证唯物主义和历史唯物主义，不仅承认、强调社会经济基础对学校德育的决定作用，而且承认、重视学校德育对经济基础的能动的反作用。学校德育不是被动、消极地反映一定经济关系的客观要求，而是能动地反映一定经济关系的要求，并且给予一定经济关系以巨大的反作用。正如毛泽东同志所指出的那样："我们承认总的历史发展中是物质的东西决定精神的东西，是社会存在决定社会的意识；但是同时又承认而且必须承认精神的东西的反作用，社会意识对于社会存在的反作用，上层建筑对于经济基础的反作用。这不是违反唯物论，正是避免了机械唯物论，坚持了辩证唯物论。"

学校德育对生产关系的作用，概括地说，无非是两种形式：或者是巩固一定的生产关系，或者是破坏一定的生产关系。如果学校德育能够正确反映一定生产关系的要求，并同这种生产关系相适应，那么，学校德育对这种生产关系的巩固、完善和发展就起着积极作用；如果学校德育不能正确反映现存的生产关系的要求，同这种生产关系不相适应；或者落后于现存的生产关系，或者超越了现存的生产关系的要求，那么，它对这种生产关系就起着削弱、瓦解和破坏的作用。文艺复兴和思想启蒙运动时期，资产阶级新兴学校的德育，反映资本主义生产关系发展的要求，批判神权，鼓吹人权；批判等级森严的封建人身依附关系，鼓吹平等、自由、博爱。这一方面促进了封建主义生产关系的瓦解；另一方面也为资本主义生产关系的巩固、发展并最终代替封建主义生产关系，在思想舆论和人才上准备了条件。在旧中国，革命根据地和解放区的学校德育，批判帝国主义、封建主义和官僚资本主义，用新民主主义、社会主义和共产主义思想教育革命人民和年轻一代，促使了殖民地半殖民地经济关系的解体；巩固和发展了新民主主义的经济关系。新中国建立之后，学校德育与生产关系基本上是适应的。学校德育在促进社会主义改造，建立社会主义公有制，巩固、完善和调整社会主义生产关系的过程中，发挥过积极的作用，从而也推动了社会主义生产力的发展，成为我国社会进步不可缺少的力量。历史事实证明，学校德育对生产关系和代表这种生产关系的阶级，不是可有可无的东西，而是维护一定生产关系及其阶级利益，或者是危害一定生产关系及其阶级利益的重要武器。学校德育正是在为一定生产关系及其阶级利益的服务中，才体现了自己存在的价值，发挥着自己的社会作用。

二 社会政治经济生活对青年学生的成长发展起着决定性作用

辩证唯物主义认为，青年的思想品德不是头脑中固有的东西，而是从外部获得的，是在社会、家庭和学校教育影响下，在实践活动的基础上，通过人与人之间的交往逐渐形成的。从总体上看，有什么样的社会存在和社会客观现实，就会相应地产生什么样的思想。任何人个性的发展，都可以从其所受的社会影响中得到说明。教育实践也表明，青年思想意识的变化具有时代特征，这个时期是这种状况，另一个时期又是另一种状况。思想教育过程对这种变化可发生影响，但引起这种变化的根本原因不在思想教育过程内部，而在思想教育过程的外部。

来自社会生活过程各方面的影响，是对大学生的全面影响，即社会总影响。学生受到的社会总影响是错综复杂的。但这种总影响是一个系统，可以对它进行层次分析，找出各个层次的关系和影响作用的规律。对社会总影响，按其影响作用的特征进行分析，可划分为以下三个层次。

第一个层次，社会主义政治、经济生活的影响。这种影响具有普遍性和决定性的特征，它本身又可以划分为若干层次。首先，在社会主义政治、经济生活中，社会主义政治、经济制度的影响是带根本性的。每个大学生，不分民族、性别、居住地和生活方式的差别，都在社会主义政治经济制度下生活，无不受其影响。其次是社会主义政治、经济体制的影响。体制是制度的体现形式。制度是稳定的，体制是可以变革的，因此体制的影响是有历史性特征的。再次是社会主义政治、经济生活的运行过程的影响。运行的过程是社会结构、社会关系的运转、作用和发展演化过程，是从实践上维护、完善其制度及体制的过程。运行过程的影响是通过政治、经济生活的历史、现实的状况和发展趋势表现出来。最后是反映社会主义政治、经济生活，维护社会主义制度的社会意识形态的影响。

第二个层次，大学生具体社会生活环境的影响。大学生都生活在具体的社会环境中并受其影响，这种影响是多样化的、复杂的和曲折的。就一般情况而言，大学生的社会生活是多方面、多样式的。例如，有家庭生活、学校生活和在家庭、学校外的社会生活；有社会公共生活和个人自我修养；有学习活动和生活实践；有群体交往和个人活动；有物质生活和精神生活，等等。这些生活都是在一定的社会环境中进行的。就学生个体而言，他们都有各自特殊的社会生活环境，特殊的生活经历和特殊的认识体验。因此，大学生不仅受到社会环境的多方面、多样式的影响，而且又给这种影响打上了鲜明的个人印记。大学生所受的社会环境的影响也是复杂的，许多影响带有相互对立的性质，有的反映了社会生活的本质，有的只反映社会生活的现象；有的体现了社会主义生活的勃勃生机，有的则表现现实生活中的矛盾、甚至是社会的阴暗面；有的是积极健康的影响，有的是消极低沉的影响；有的影响是自觉的，有的则显示出自发性，等等。这些影响往往互相干扰、互相排斥，处在此消彼长、此隐彼现的经常性的动态变化中。

第三个层次，学校德育的影响。这种影响是通过有目的、有计划、有组织的德育过程来实现的。

社会政治、经济生活，大学生具体社会生活环境和学校德育三个层次的影响是相互联系，互相渗透的有机系统。其中社会政治、经济生活是社会生活的本质过程。社会制度从根本上规定了大学生一定的思想品德的社会规格和发展方向。这种决定性作用，以政治、经济制度为基础，运行过程为保障，有与之相适应的社会意识形态为其目的，并辅之以反映这种影响的广泛的信息和传播信息的各种渠道和途径，因此，这种影响是全面的、强有力的。德育只有在和社会的决定性作用的运动方向相一致时，其主动作用才能实现；特别是当社会的政治、经济发生了变化，向前发展了的时候，德育在目的、任务、内容等方面更要做出相应的调整和变化。否则，即使教育者有最好的愿望，付出百倍的努力，也不能达到目的。近几年，我国正处在社会政治、经济生活急剧变革的时期，社会的变革直接影响了学生思想意识的变化。

三 在青年学生成长过程中，德育必须发挥主导作用

既然社会政治、经济生活对大学生的成长起着决定性作用，那么，是不是可以取消德育呢？不行。德育必须发挥它的主导作用。

1.社会影响缺乏计划性、系统性。

社会的政治、经济生活是不断发生变化的，向前发展的，其影响内容、重心也时时有所调整和发生转移。而大学生正处在世界观、人生观形成时期，需要通过教育，帮助他们建立自己的知识、经验体系，帮助他们接受、整理、消化社会的影响。只有通过系统的教育，才能帮助学生确立马克思主义科学世界观。

2.社会影响，一般要经过社会总影响的第二个层次。即大学生具体社会生活环境，才能发挥作用。

第二层次的影响因素十分复杂，具有多样性、复杂性、曲折性的特点，有自觉的；也有自发的；有积极的，也有消极的；在时空上分布不均，有主有次，有先有后，有强有弱，需要德育发挥主导作用，以排除消极因素的干扰。例如，寝室内部的交谈，谈论范围很广，会对学生产生影响，只有通过开展文明寝室活动，才能进行调节、引导。

3.在学生思想内部矛盾运动过程中，需要教育者促进其矛盾向有利于学生形成良好思想品德和心理品质方面转化，控制和调节实现这种转化的外部条件，做到知和行的统一。

4.学校德育有其自身的特点。

（1）目的性。它是按照明确的目的，对受教育者进行定向影响。

（2）可控性。它对制约德育过程的条件进行了尽可能地控制，对有利条件充分利用，对不利条件进行一定的隔离，对可能发生的问题进行能动的预测。

（3）综合性。它是有领导、有组织、有计划的活动，能把校内力量统一起来，减少阻力，增加助力。

（4）科学性。它是遵循青年学生思想品德形成的规律，按照青年学生身心特点，以可以接受的形式出现的一定的影响。

发挥德育的主导作用，要建立自己的特殊的运行机制。通过运行机制，进行信息处理，包括对来自社会上的影响进行搜集、选择、加工，对零乱、分散的社会影响进行集中概括；对意义深浅不一，本质显隐不同的社会影响进行典型化。然后，根据社会要求和学生可能接受的程度，将四面八方的社会影响转换为有内在逻辑联系的、教育意义一致的内容序列，对大学生实施教育。

四 逐步实现思想教育过程社会化

要使社会政治、经济生活的决定性作用和德育的主导作用相统一，必须逐步实现思想教育过程社会化。

思想政治教育过程社会化是时代发展的必然要求。第一，生产的社会化要求教育社会化。因为生产社会化离不开人的社会化，社会化的大生产需要社会化的人才；而社会化的人才又只有在社会化的教育过程中才能成长起来。德育的基本规律，要求它必须适应社会政治、经济、文化发展和人的精神发展的需要。因此，在社会化大生产的条件下，德育应当反映和体现社会化大生产的发展要求以及人的社会化发展的需要。

第二，商品经济、市场经济的发展，要求思想政治教育社会化。市场经济是开放的、动态的。随着商品经济的发展，"过去那种地方的民族的自给自足和闭关自守状态，被各民族的各方面的互相往来和各方面的互相依赖所代替了"。在市场经济发展的条件下，社会各个领域的联系越来越紧密，越来越不可分，社会各个方面所表现出来的互存性、制约性、互动性、整体性和全球性等特点在不断强化。思想政治教育作为社会大系统中的子系统，与社会其他子系统之间的联系也必然日益强化，依赖社会其他领域的程度也必然日益提高。在市场经济条件下，思想政治教育如果脱离社会领域，既不可能，也无法进行，更谈不上取得良好的效果。

第三，开放的环境要求开放的教育。改革正在使我国的社会面貌发生着急剧的变化：经济形式由单一转为多样，经济结构由静态变为动态，精神生活由多年禁锢转为百花争妍。尤其是对外开放、对内搞活，大大扩展了社会生活的空间，开阔了人的视野。在原先那种封闭和单一化的社会环境中，人们被人为的地域分割所束缚，只能得到纵向的信息，主要接受自上而下的教育，受教育者的选择余地很小，对教育内容和形式的多样性和开放性的要求不迫切。而在一个开放和思想活跃的环境中，信息渠道大大增多，信息传递迅速，横向交流增加，受教育者处于一种主动选择信息的地位。尤其是大学生，处在社会信息交流的前沿，他们往往是在各种信息的对比中做出选择。在这种情况下，封闭式的教育必然要被环境的变化所打破。开放的环境要求开放的教育。开拓教育信息传递的通道，面向社会，面向世界，充分发挥各种信息在思想政治教育中的作用，这些都是摆在我们面前的迫切而艰巨的任务。因此，思想政治教育必须从封闭到开放，必须打破传统的小生产的教育观念以及"条块分割"的教育体制，形成社会化大教育的体系和信息网络。思想政治教育只有充分体现社会化特征，才能使其与社会发展同步，也才能使思想政治教育真正充满活力。

回顾以往的情况，我们的学校思想政治教育社会化的程度是比较低的。例如，思想政治教育的低、中、高过程脱节；学校教育与家庭教育有时不一致；学校教育与社会现实生活脱离；学校教育与社会现实反差强烈，等等。加强和改进思想政治教育，要逐步实现其过程的社会化。

第一，一定要把德育放到社会大系统中加以考察，打破封闭的教育系统，克服思想政治教育过程脱离社会、脱离实际和落后于时代变革的弊端。要大力倡导学校与社会、理论与实际、读书与参加变革实践相结合，让学生在复杂的社会生活中受到真实的而不是虚假的、全面的而不是过分"理想化"的教育，以达到对社会和人生的科学认识，完成个体社会化的任务，成为一个既能适应社会，又能积极投身社会变革实践的优秀人才。苏联教育和心理学家鲁宾斯坦认为，"教育的主要任务恰恰就在于，通过各种途径把人和生活联系起来，要从各个方面向他提出使他感到有意义的、有吸引力的任务，使他把这些任务当作自己的任务并去解决这些任务。这一点比什么都重要，因为一切道德弊端，一切越轨行为的主要根源，在于人们心灵上的空虚。当一个人对于周围现实生活漠不关心，置身于现实生活之外，感到自己只是对一切都无所谓的生活的旁观者的时候，他就会产生这种空虚感，就会对什么都不在乎。"现在，一些青年学生思想空虚，政治上迷失方向，其重要原因之一，就是社会实践少，脱离社会现实生活，不了解工农，不懂得国情。教训十分深刻。

大学生接受社会实践锻炼，参加变革现实的活动，正是大学生获得感性经验并使之从经验上升到理论的过程。社会实践是大学生接受政治、思想、道德教育，由知到行的必经途径。缺乏社会实践锻炼，大学生就会失去了解社会、变革社会的条件，就会成为思想贫乏、感情冷漠、缺少社会适应能力的书呆子，是不可能形成健康的思想品德的。

第二，要综合治理，优化社会环境。思想政治教育要依赖于国家经济的发展，要依赖于家风、校风、党风和社会风气的根本好转。社会化教育的环境有大环境、小环境、局部环境、具体环境之分，不同的环境可以起到不同的作用。一方面，党和政府要坚持"一个中心，两个基本点"，加强对全民的思想政治教育，形成良好的大气候；另一方面，学校领导和教师要治理校园，优化育人环境，形成良好的小气候。大气候和小气候的关系，也是一个长期争论不休的问题。毫无疑问，大气候是十分重要的，因为它决定了德育的实现目的和运行方向。但小气候也有其存在的相对独立性。它具有影响过程的自觉性、计划安排的科学性、教育引导的积极性等特点，可发挥其优势。因此，我们必须十分重视小气候的建设。

第三，德育过程既要开放，又要保持内部系统结构的稳定，实现两个

方面的平衡。为了保持德育过程内部结构的系统稳定性，要逐步建立起目标体系、教育体系、管理体系、评价体系，等等。这些体系都应是开放体系，与社会系统保持密切联系，不断交换信息，力求保持平衡。

（原载《高等教育研究》1986 年第 4 期，新华文摘全文转载）

大学生党员思想发展过程的调查与分析

　　高等学校学生思想政治工作的任务是坚持用马克思主义教育青年，使他们逐步树立正确的人生观和世界观，成为有理想、有道德、有文化、有纪律的德、智、体全面发展的合格人才。为了分析影响八十年代大学生成长的主要因素，进而探索学生接受马克思主义、成为四有人才的成长规律，我们选择了华中工学院 1987 年应届毕业生中 100 名党员进行了一次个案调查。通过调查和分析，我们认为，党中央关于在大学生中培养一批具有共产主义觉悟的先进分子的指示，是十分正确的，也是完全可能的；在大学生中，一批初步具有共产主义觉悟的先进分子正在成长；这些大学生党员的成长，尽管有其鲜明的个性特征，但又有其成长发展的共同规律。

　　我们的调查是在 1987 年 5、6 月份进行的。选择的调查对象都是毕业班党员中比较优秀的，占应届毕业生党员总数的 23.5%，其中男生 82 人，女生 18 人。这些学生党员在临近毕业时有可能对自己在校四年的思想、学习、工作进行一次较为客观、全面的总结。总结学生中这些先进分子的成长过程，更有利于我们分析影响大学生成长的主要原因，探索其成长规律，推进学生思想政治工作。

　　调查方法是问卷、面谈和笔谈相结合。为防止主观臆断，还访问了这些党员学生的辅导员、班主任及其同班同学。根据调查的目的，除要求调查对象填写我们设计的问卷外，还要求以"记对我影响最深的一个人或一件事"为题，写一份书面材料。我们根据调查所得的以上材料，进行分析、整理，得出了一些带规律性的认识。本文仅就影响大学生党员成长的主要因素，作以下初步的分析。

（一）良好的家庭教育为他们的成长打下了必要的基础。

在调查中，我们强烈地感觉到，家庭教育对这 100 名党员的思想、学习、生活有了很大的影响。进入大学以后，尽管他们与家庭的联系减少了，但家庭从小在他们心田上注入的影响仍然起着作用。例如，回答"对自己世界观形成影响最大的因素是家庭"的有 50 人，居影响因素的首位（见表 1）。在回答入党动机萌发的原因时，填受家庭影响者占 43%，而其他各种因素的影响都远低于这个比例（见表 2）。在回答学习动力产生的原因时，有 44% 的人是来自父母的期望（见表 3）。

表 1　对你世界观的形成影响最大因素

内容	家庭教育	班级同学	大学教育	中学教育	国内外大学	政治书籍	文艺作品	其他
频数频比	50 0.29	6 0.04	43 0.25	11 0.06	15 0.09	22 0.13	18 0.11	5 0.03

表 2　入党愿望产生的原因

答案	人数
1. 政治课影响	7
2. 学习理论和思考	4
3. 家庭影响	43
4. 中学教育	9
5. 大学辅导员、班主任的教育	19
6. 社会影响	2
7. 大学同学的影响	16

表 3　你学习的动力主要来自

内容	父母的期望	同学间的竞争	朋友的鼓励	老师的督促	伟人的榜样	事业心的激励	其他
频数频比	44 0.28	15 0.09	7 0.04	4 0.02	13 0.08	80 0.47	8 0.06

这些学生大多有一个比较好的家庭环境。其中父亲是党员的 54 人，母亲是党员的 18 人。父亲文化程度在大学以上的 34 人，相当于中学水平的 39 人，两者共 73 人。我们在调查中进一步发现，家庭教育主要是通过环境、榜样、严格要求来进行的，而且大多是潜移默化的。其中特别在具备良好的思想素质方面，良好的家庭影响有特殊作用，在他们的人生起步时，显得尤为重要。有一个党员在谈到对自己影响最深的人时说："我崇拜雷锋、张华、徐良，但这些英雄人物都逐渐成了我心目中的偶像，印象虽深，却很少能活生生地感动我。……这里，我要谈的是一个和我关系密切而又从不和我交换思想的人。一个饱经风霜、不懈工作的人，也是一个有私心而爱面子的人——我的父亲。他 1957 年被打成右派，1978 年才得到平反。父亲平反后的第一件事就是写了入党申请书。我开始不理解，父亲快 50 岁了，为什么对党那样忠诚。1957 年的'反右'，几乎断送了他的大半生，但他没有牢骚、没有灰心。平反之时，他没有向组织索要被克扣掉的万余元工资，也没有要求组织照顾，有的只是向党组织递交了一份入党申请书，再就是加倍的工作。父亲终于入党了，他不断在信中鼓励我要求进步。临近毕业，父亲又在信中告诫青年人应该有所作为，党员应是楷模，要以专业为重，少顾家事。"从这一事例，我们可以看出，家长的言行对子女的影响是极大的。

还有一位学生党员，他来自湖北农村，1 岁时父母相继双目失明。这以后他们全家的生活完全靠党组织照顾。他靠着国家的补助，上完了高中，又上了大学，他弟弟也上完了高中。在访谈中，他谈到自己的成长过程时说："小时候，无论我走到哪里，别人都说我是托了共产党的福才能读书。因此，我从小就感到了党的温暖，就下决心要为党为人民多做工作，将来要报答党。我的爸爸也经常要求我，告诫我要时刻牢记党的恩情。尽管这种对党的感情是朴素的，但这正是我产生入党愿望的基础。"

在调查中，我们也发现，在进入大学前，除家庭影响外，中小学教育也对这些学生的成长起着很大的作用。因为中小学阶段，正是一个人一生起步和启蒙时期，老师的指导起着尤为重要的作用。特别是一些党员教师和班主任，既教书又育人，给学生留下了深刻的印象.在调查中，有 11 人认为对自己世界观影响最大的因素是中学教育（见表 1）。

以上情况可以说明两个问题：一是大学生的健康成长需要社会、家庭、学校共同努力，只有影响方向一致，才能有好的教育效果。随着改革和开放的进一步深入，学校不可能再是一个封闭系统，社会和家庭的影响日益增强，因此若不从社会整个大系统考虑对学生的综合教育，学校的教育将可能被抵消。二是人的成长是一个发展过程，大学教育不是孤立的，是在家庭教育和中小学教育的基础之上进行的。例如，在这100名学生中，有23人在上大学前就萌发了入党愿望（见表4）。

表4　入党愿望产生时间

答　　案	人　　数
1.上大学前	23
2.大学一年级	51
3.大学二年级	26

因此，大学教育工作者要了解大学生的家庭教育和中小学教育的情况，了解这些教育给学生留下了什么样的影响。大学政工干部和班主任的教育，对他们的成长起了"加温"、"淬火"的作用。

（二）大学政工干部和班主任的教育，对他们的成长"加温"、"淬火"的作用

近几年来，一些调查资料似乎给人这样一种印象：政工人员和班主任是"救火队"，"保姆"，对学生的教育尽管苦口婆心，但并未起到多大作用。但在这次调查中，我们发现，那些政治素质好，兢兢业业为党工作的政工干部和班主任，得到了学生的高度赞扬。这些党员的健康成长，大大得益于他们的辛勤培育。虽然，现在这样的政工干部和班主任，为数不是太多，但我们从中看到了思想政治工作的作用。学生进入大学后，犹如一块需要冶炼的矿石，在成长的过程中，需要"加温"、"淬火"，而目前承担这一任务的主要是政工干部和班主任老师。

在调查中，回答"对你世界观的形成影响最大的因素是大学教育"的占47%，仅次于家庭影响（见表1）。所谓大学教育，是一个综合概念。在大学教育中，什么因素对学生影响最深呢？这是我们所关心的。在调查中，有 25 人认为是学校的政工干部和班主任。其比例远高于其他各项（见表 5）。而回答产生入党的动机的原因是大学辅导员、班主任影响的有 19 人，仅次于家庭的影响（见表 1）。

表5 对自己成长影响最深的人

答　案	人　数
1.大学的政工干部、班主任	25
2.大学专业课老师	3
3.英雄、名人、伟人	13
4.大学同学	14
5.中学老师	5
6.家长	7
7.未谈	33

在总结四年大学生活时，一位学生党员说："我认为一个人的成熟，关键在于思想成熟，而政治上的成熟则是思想成熟的重要方面或是更高的一个层次。我的成熟经历了大学四年的飞跃。在促使我飞跃的人中，给我印象最深的便是我系的分团委书记。她不仅对我进行了高温冶炼，而且对我进行了淬火加工。"

一位学生说："由于社会上的不正之风，我对'政工'有看法。但现在临近毕业，细想一下大学四年的学习生活，我认为对我影响最大、最值得我怀念的是辅导员。他在我人生旅途的关键时刻，给了我力量，指引了方向。辅导员对我的帮助和教育，我平时感觉不到，有时甚至产生厌烦，而当我们要离开学校、踏进社会之时，才感到了它的珍贵和重要。"

这些情况说明，在大学生探索人生、确立世界观的过程中，急需要有人指点、帮助。大学与中学不同，从学生本人看，大学阶段正处在一个人的世界观、人生观形成的极为重要的阶段，而且大学生远离父母，专业课老师也不可能具体地指导每一个学生。学生想些什么，干些什么，需要些什么，是我们实施思想教育的出发点。因此，与学生朝夕相处的辅导员、班主任的工作就显得十分重要了。在大学教育中，学生政工干部是一支不可替代的十分重要的教育力量，他们起着教育学生、稳定学校正常秩序、沟通学校和学生联系的重要作用。

（三）党内教育和马克思主义理论学习，使他们的思想得以升华。

党内我们在调查中发现，比较优秀的党员政治上的成熟、思想上的升华，大多在入党以后。入党前，大学生党员在各方面的认识还是比较肤浅、模糊的。例如，在面谈中，我们向表5对自己成长影响最深的人询问了他们的入党动机。（见表6）

表6　入党动机

答　案	人　数
1. 崇拜共产党，共产党好	29
2. 要改变党内的不良现象	4
3. 自我完善	18
4. 更好地为人民服务	8
5. 为共产主义奋斗	16
6. 入党可以受重用	1
7. 未谈	24

从表6可以看出，学生开始萌动的入党动机是多种多样的，许多只是停留在朴素的感情这样一种较低的层次上。由于学校的不断教育，特别是党内教育的深化和马克思主义理论的学习，才使他们的思想得到升华。一些党员说："在申请入党时，对党的感情是朴素的，认识是朦胧的。当时只知道共产党好。入党后，通过党的基本知识的学习，参加组织生活会，对党的认识加深了。我开始认真思考：共产党为什么伟大？为什么一定要由共产党来领导？我开始从理论上认识了共产党的性质，更热爱党，并决心做个好党员，维护党的威信。"

为什么大学生党员在入党以后，能够更好地接受党的教育，比较自觉地学习马克思主义理论呢？在调查中，我们从主客观两个方面对这一问题进行了分析。

从主观方面看，共产党员的光荣称号，使他们产生了一种自豪感、责任感，从而更加严格地要求自己。一名党员说："入党后，自豪感充实着我，提高着我，只有做得一好再好，才能无愧于党组织的培养，无愧于共产党员这一光荣称号。"同时，入党以后，党员感到一种无形的压力。面谈中，有38人感到自己最苦恼的是不被人理解，不能处理好和同学的关系。一些同学仅仅是通过看电影、小说，在心目中形成了"共产党员的形象"，因此经常出现用挑剔的眼光看学生党员的现象，而且，个别学生还把对党内不正之风不满的牢骚，发泄在党员身上。面对这种情况，一部分党员严格要求自己，刻苦学习马列主义，坚定信仰，提高理论水平，以努力说服同学，维护党的威信。一名党员说："入党后浑身不自在，总觉得全班同学都在盯着我，一种无形的压力产生了，我开始尽力去做。"在调查中我们也发现有个别党员只注重"保护"自己，不敢坚持原则，对一些背离四项基本原则的言论听之任之，或者孤芳自赏，脱离群众。

从客观方面看，入党以后，党组织加强了对党员的教育。在调查中，学生党员普遍认为，学校对新党员的鉴定会开得比较成功，使他们能深刻地认识自己的不足，甚至终生难忘。支部的组织生活会也是促进党员思想进步的极好机会。有的党员说："党内畅所欲言，互相之间毫无保留的批评和自我批评，在党外是无法享受的。"

（四）积极的生活态度，使他们能够克服困难，不断进取。

这100名学生党员大多从小就一直受到表扬和肯定——从小学开始就是三好学生，担任学生干部——良好家庭环境的熏陶，使他们逐步形成了比较积极的生活态度。例如在回答对不良环境的态度时，认为应创造条件去改善的83人次，调整自己去适应的27人次，两者加起来110人次；而认为应躲避，寻求安逸的只有2人次（见表7）。在对待毕业分配的态度上，首先考虑挑选生活条件优越，离家近的13人次；首先考虑到落后边远地区，参军打仗，专业对口的47人次。在调查中，他们所列举的66条人生格言中，积极进取，自信自强的就有46条，约占70%。例如："能战胜自己的人是不可战胜的。""真正的强者不是压倒一切，而是不被一切所压倒。""只要努力，没有做不到的事。""人生就是奋斗。""干什么事都不要退却。""自信可以征服一个世界。""坚强的毅力能征服世界上任何一座高山。""走自己的路，自强不息。"正是这种积极的生活态度，使他们能较好地接受教育，在各种环境中不断地调整自己的思想和行为，不断完善自我，从而适应环境，始终保持追求、进取的精神状态。一名党员说："我从小一直是三好学生，当过长时间的班长，有很强的进取心。有的同学对自己要求不高，要求不严，往往容易走下坡路。"有的党员工作任务很重，为了搞好工作，同时学习又不能落后，经常一个学期不看一场电影。我们调查的100名党员，全部担任了院、系、年级和班级的主要学生干部，但是在他们中学习成绩为上等者41人，中上者38人，中等16人，较差的只有5人，其中有12人被推荐为免试研究生。

表7 对不良环境，你的态度是：

答　　案	频　数	频　比
1. 躲避、寻求安乐	2	0.02
2. 无所谓	5	0.04
3. 调整自己去适应	27	0.22
4. 创造条件去改善	83	0.68
5. 其他	5	0.04

大学阶段，是人生发展的飞跃阶段，是青年人的生理、心理不断趋于完善、走向成熟的过程，是人生观、世界观逐渐建立和稳定的过程。许多党员学生在谈到大学四年思想和心理发展变化时说：自己成熟了。有的党员把自己四年的成长过程归纳为三个阶段：无知、彷徨到成熟。例如，有个党员在总结自己的思想时说："我四年来最大的变化是认识水平提高，思想方法趋于合理。第一学年、第二学年的思想方法是处于一种迷茫状态。到了第三学年有所改变，第四学年则趋于合理。"从调查结果看，他们大都经历了从幼稚、好奇——迷茫、彷徨——思考、成熟这样一个过程。而在这个过程中，影响他们成长的因素是多方面的。因此，加强学生思想政治工作亦应从社会大系统和学校教育系统总体考虑，运用综合教育方法，各种教育力量互相配合。

（原载《高等教育研究》1987年第4期，张晓明、张平、李少白等同志参与调研）

大学生"第一个过渡"主要矛盾分析

学生从中学到大学,是人生的一个重大转折点。他们面临着生活上的自理、管理上的自治、学习上的自觉、思想上的自我教育、目标上的自我选择等一系列问题,心理和思想将发生急剧变化。因此大学一年级时期,是他们一生的重大转折点。把握这一时期的发展内容,认清在发展过程中可能碰到的主要矛盾和障碍、帮助学生顺利完成"第一个过渡",即从中学到大学的过渡,是大学教育工作者十分重要的任务。

我们从 1987 年 9 月开始,追踪调查了 87 级一个学生班,并对 200 多名一年级学生进行了访谈和问卷调查。经过认真研讨,我们认为,帮助学生顺利地完成"第一个过渡",主要应抓住目标失落与确立、自我冲突与认同、理论困惑与选择、学习依赖与主动等四个方面的问题。

一 目标失落与确立

在中学阶段,学生有一个具体、实在、确定的目标——考大学。一些成绩优秀的学生更是把全部注意力放在应付高考上。考上了大学,学生的社会地位发生了显著的变化,面临的环境和主导活动也发生了变更,因而产生了新的需要,面前出现了许多新的问题。随着"上大学"这个直接浅近目标的实现,他们开始寻找新的目标作为自己的学习动力。大学阶段是人生观的发展、确立阶段,是人生观形成的关键时期。因此,确立人生目的和学习目标,是一年级大学生发展的重要内容之一。然而,确立目标的过程,是一个痛苦思索的过程,在这一过程中,不少学生产生失落感,危机感。

1."理想的大学"和"现实的大学"的矛盾，使学生产生目标失落感。

大学，是中学生十分向往的地方。中学生觉得"过了独木桥，太阳也会更亮堂"，在他们心目中，大学就是一座金碧辉煌的殿堂，大学生活充满诗情画意。跨进大学，实实在在的大学生活展现在他们面前。许多人最初的心理感受是复杂的，兴奋、轻松、愉快，种种体验集于一身。大学的一切确实是新鲜的，大学生活也是令人激动的。然而，兴奋与冲动之后，随之而来的是一些学生的郁闷与不满，生活平淡、枯燥，寝室——教室——食堂，三点一线，无限循环；教室并不那么窗明几净，图书馆也没有想象中的雄伟壮观；期盼人们对自己的理解和友谊，却偏偏碰到师生、同学、老乡等诸多人际关系上数不清的烦恼；意欲在大学里轰轰烈烈大显身手，却往往遭遇意想不到的挫折……一些学生感叹："生活就像没有放盐的汤，清淡无味。""这就是大学生活吗？""为什么书本上写的、师长们介绍的大学，与现实中的大学差距如此之大？"等等。学生们向自己提出了一个又一个的问题。于是，理想与现实的天平发生了倾斜，目标失落感陡增。我们在对 148 名 87 级新生的调查中，129 人（占 88%）认为，现实的大学不如想象中的大学。有的说：想象中的大学是"空中乐园"，"天天玩，跳舞"、"学习轻松，时间充裕"，现实中的大学是："学习紧张"、"管得太严"、"压抑"，"失望"。15 人认为"差不多"，只有 4 人认为比想象中的好。

2. 高校培养目标的"空"和"高"，使学生对目标无法把握。

一般而言，高等学校的教育目标应该高于现行社会政策的要求，这一方面是学校的性质和任务决定的；同时，也只有如此，才能使大学生具有改造社会现实的活性和潜力。但是，教育目标决不能脱离社会现实。我国工科专业的培养目标的提法一般是——德智体全面发展的高级工程技术人才。各个专业的教学大纲也都是将这句话照搬过去。所造成的后果是：学生对此感到可望而不可即，无法按它来塑造自己；目标的内容比较空洞，学生无法把握，很难发挥实际效应；目标的阶段性也不明确。因此，学生很难按照培养目标来设计和规划自己。

3. 价值观念的冲突，使一部分学生在目标选择上无所适从。

经济体制和政治体制的改革以及科学技术的迅猛发展，使人们的观念发生了重大变革。我们正处在新旧两个价值体系交汇冲突的时期。加之在改革过程中，由于与其配套的各项政策制度不尽完善，因此不可避免地产生诸多矛盾。这些冲突和矛盾也会深深地影响着大学生。学生 T1987 年以优异成绩考取了上海某大学，但入学 3 个月就自动退学了。他和他父亲算了这样一笔账：4 年大学要花费 2000 多元，毕业后每月工资只有 60 多元，攒 10 年也不够结婚费用；如果去做工则每年可挣 2000 多元，两下一合 10 年算净亏 1 万多元。据报道，上海某著名大学 87 级本科生退学 200 人，研究生退学 50 多人，占学校总人数的 2%。也有的学生认为，大学毕业，虽然钱拿得不多，但容易找到一个比较称心的工作，精神生活比较充实。在这个问题上，他们看法不一。"社会到底需要什么样的人？""我应该走怎样一条路？""上大学合不合算？""现在学的知识，将来是否有用？""我今后究竟干什么"等一系列问题，困扰着学生，一些人感到迷茫、困惑，无所适从。

从人的发展来看，大学阶段，特别是一年级时期，正是确立人生目的和学习目标的时期。1987 年 9、10 月份，我们对 152 名 87 级新生进行调查，在询问他们在中学对自己一生的目标有什么设想时，48 人回答"没有考虑，到大学以后再说"，65 人的回答很模糊、肤浅，如"胡思乱想，无固定看法"，"走一步看一步"、"只用攀登不问高"，"找个好工作，干点事"，等等。两者共 113 人，占 74%。

进入大学以后，"人生目的"、"人为什么活着"等问题摆在大学生面前。一位学生说："大学一年级，我追求自由，追求高分，对政治活动和集体活动一概不问。可是渐渐地我的内心变得空虚极了，整天有一种失落感"。湖北省曾对 1042 名大学生进行调查，当问到"你感到最难以解决的问题是什么"时，回答是"探索人生和社会"的 458 人，占 44%；回答是"学习"的 296 人，占 28.9%；其他是"恋爱"、"同学关系"等。可见，引导一年级大学生确立自己的人生目标十分重要。

首先，教育者要根据社会主义初级阶段的特点、教育的社会功能和人才成长的规律，实事求是地具体地确定培养目标。培养目标制约着学校教育的各个方面，从总体上影响着学生。要帮助学生根据培养目标的总体要求，来设计和调整自己的具体目标和规划。

其次，要对学生进行理想教育和形势教育，使学生认清时代、国情和自己所肩负的责任，把个人前途和时代、祖国、人民联系起来考虑，树立崇高的社会理想。

再次，帮助学生实现目标的具体化，一方面使目标与主体结合起来；另一方面，使目标内容有能与主体共鸣的成分，能对主体发生指导效应。既要有远大的目标，又要有中间层次的目标和近期目标；既要有政治目标，又要有学习目标、生活目标，确立一个互相融合的多层次的目标体系。

二　自我冲突与认同

从中学到大学，学生突然从半个大人（在人们的心目中，中学生充其量只是半个大人）变成了一个大人。社会地位、角色的变化，产生了一种深刻的自尊和自我设计的需要。"自己塑造自己，即是残缺也心甘情愿"；"如果沿用中学那一套，永远也长不大"；"走自己的路，自强不息"……不少学生向自己提出了这些问题。然而，正确设计自己，首先要正确认识自己。值得注意的是，一年级学生在认识自我中，可能产生种种冲突。

首先，是自豪感与自卑感的交织。高考竞争中的取胜，突然意识到自己的确有些"本事"，自信心、自豪感油然而生。但是，来到"群英荟萃"的新集体中，不少人慢慢发现自己原来在中学的优势不复存在了，而摆在面前的是一种重新分化的"危险局面"。原来的第一、二名，可能一落千丈，甚至考试不及格。3/4以上的学生在中学担任过干部，总是指挥别人，现在，却只需四分之一的人出来当干部，不少人要被人指挥……这些同学感到自己由一条"龙"，突然变成了一条"虫"。自豪与优越感遭受了挫折，转而产生了自卑和焦虑。学生开始把目光投向自我，向自己提出了一个又一个的问题："我是谁？""中学名噪一时的'我'难道是此刻平平常常的我吗？""我还能成功吗？"等等。

其次，是社会整体角色期待模式和个体角色行为的冲突。社会和学校对大学生的角色期待，必然影响一年级新生，他们的举止试图尽可能符合大学生的行为模式。但是，由于他们对大学生角色的把握还很肤浅，内在素质也不可能一下达到要求，对角色的理解和对自我的认识常常发生困惑、冲突。

帮助学生从"自我冲突"中走出来，达到自我认同，正确把握自己，可以从三方面着手：

1. 明确自我认识的内容。

自我认识的内容很广泛，对于一年大学生来说，自我认识的主要内容是：正确认识自己在社会中的位置和历史责任；正确把握自己的长处和短处；正确了解自己的成才方向。

2. 掌握自我认识的方法。

认识自我需要有严酷解剖自己的勇气，需要有深刻反思自身的能力，需要有正确的途径和方法。大学生认识自我，一般可以采用三种方法：把自己与他人比较，从而认识自己的优劣与长短；把自己的现实同自己的历史作比较，从而认识自己进步的速度；把自己的现实与自己的未来目标作比较，从而发现自己现实状况和未来目标之间的差距。

3. 克服骄傲自满情绪，纠正对自己过高的评价。

尽管一年级大学生中出现了自豪感与自卑感的交织，但对多数人来说，对自己评价过高是问题的主要方面。在调查中，90%以上的学生对自己"有远大前程，能干一番事业"持肯定态度。在学生中，认为自己是凭本事上大学的，因而互相瞧不起。只有帮助他们克服自满情绪，纠正对自己的偏高估价，才能正确认识自我，达到自我认同。

三 理论困惑和选择

大学生求知欲旺盛，好胜心强，不满足于对问题的认识流于直觉判断；对目标、社会、自我等一切问题都希望在某种理论指导下，弄清来龙去脉，用自己的语言描述问题的结论。在这一过程中，可能碰到以下矛盾和困难。

1. 供求矛盾。

学生在思考人生和社会时遇到一系列的矛盾和问题，希望从理论中找

到明快、直接的解释。但实际上却很难办到。一方面，长期以来，在我们思想政治工作中，对马克思主义理论的研究，大多还停留在解释上，很少运用马克思主义理论，研究各种具体的问题，得出一种在马克思主义理论指导下，去解决一些具体问题的"中间层次"理论。另一方面，在改革中，由于发展速度快，领导者、理论工作者和实际工作者往往同步进行，"摸着石头过河"，对很多问题还来不及进行理论研究。这种"供求"矛盾，使一部分学生产生理论饥饿感。

2. 各种社会思潮的影响。

改革开放以来，国外各种文化和理论蜂拥而入，各色各类的杂志，一套套丛书，一个个的文库，与日俱增的新科学……形成文化大会餐。一般而言，能否接受不同甚至相对立的文化刺激，能否在比较中进行选择，是一个人发展创造能力，形成理论观点的重要条件之一。但由于一年级学生，在中学阶段形成的旧的知识观改变了，尚未形成新的知识观。对新理论的认识只是停留在支离破碎的阶段，对新学科感兴趣但缺乏了解，爱好广泛但庞杂而不系统，喜欢买书却没有时间看书……饥不择食，生吞活剥对新概念、新术语的随意套用，对西方理论的盲目认同；对于理论的特定历史背景，各种理论的关系等等，不少学生并不了解，也来不及了解。因而造成一部分学生理论困惑，个别学生甚至走得更远。北京某大学一女生读了几本尼采的书后，如痴如醉，一个人擅自离校出走到敦煌。尼采"重新评价一切"，她则对社会横竖看不顺眼。尼采写超人，她也写超人，撰杂文曰"我是狗"，结果被学校勒令退学。

3. 主体的思维弱点。

从一年级大学生主体来看，由于特殊的心理、社会特征，思维容易产生自身的弱点：(1) 受情感左右。学生在知识经验尚不丰富或不完善的情况下，往往借助于情感作思考的中介，有时甚至为情感所左右。(2) 思维的片面性和简单化。理论思维离不开全面丰富的知识经验，尤其要有赖于大量的直接经验。一年级大学生的直接经验少于间接经验，而且由于资历短，无论是直接经验还是间接经验都比较单薄肤浅，对于复杂事物的认识还停留在表象或感知阶段。因此，还不善于全面、发展、辩证地看问题，容易得出简单、片面的结论。(3) 盲目的求异性。大学生喜欢"标新立异，与众不同"。这种思维倾向可能促进创造性发展。如果形成盲目性，失去自觉性，则可能轻信错误思潮，陷于思维的困境。

大学生崇尚独立思考，对于在生活和学习中碰到的大量问题，渴望从理论上找到答案。但是，由于上述种种原因，使学生产生理论困惑。帮助他们在困惑中做出正确选择，确立正确的理论观点，逐步形成革命的世界观，是十分重要的。

首先，高校的理论工作者，要有理论研究的勇气，克服那种"绕难题、抄报纸"的讲课方式，敢于面对学生提出的尖锐的现实问题，开展研讨，回答学生思想上的难题。一时回答不了，也不应该回避，抱着实事求是的态度，和学生共同讨论。

其次，引导学生学习马克思主义，掌握辩证唯物主义和历史唯物主义的基本观点。只有进行马克思主义理论教育，大学生的政治观、人生观和道德观才能建立在科学的认识基础之上，才能掌握认识社会和改造社会的强大思想武器，才能透过现象抓住事物的本质，才能获得行动的自由。

再次，要帮助学生，克服思维障碍，获得正确的思想方法，提高鉴别能力，善于对各种社会思潮进行比较分析，从而做出正确的选择。

四 学习依赖与主动

与中学教育相比，高校教学进程的显著特点之一是：学生具有更多的主动性、独立性与创造性。中学的学习方式是以教师讲授为主，学生依赖教师和课本，从教师教学中寻找答案；而大学的学习方式是在教师指导下以自学为主，学生发挥主动性，从课本及参考书中寻找答案。

我们在对87级一个班的追踪调查中发现，克服学习依赖性，掌握大学的学习方式和学习方法，是一年级学生碰到的最直接、最突出，也是最广泛的问题。由于学习上的不适应，出现了种种现象：觉得老师讲得太快，一堂课就讲十多页书，思路跟不上去；认为大学老师讲课时，来龙去脉交代不详细，不能在课堂解决问题，大学老师不如中学老师；也有不少学生反倒轻松自在，时间很宽裕，没有中学时那种学习的紧张感，但考试起来，成绩不佳；有的新生提出，"老师上课很少，下午大多没课，不知干什么好。"由于学习上的不适应，也影响到目标确立、自我认同及理论选择。在老师的正确引导下，通过一个多学期的学习，该班 50% 以上的学生，认为自己最大的收获是学习上比过去"主动"、"踏实"了，即开始掌握学习的主动权，适应大学的学习方法。

在"第一个过渡"的教育中，要向学生介绍高等学校教学过程的特点，帮助他们掌握正确的学习观；要使学生明确，掌握某门学科的学习方法本身就是高等教育的目标之一，从而积极探索适合于自己的学习方法；通过开《学习法》课程，老师和高年级同学介绍学习方法，召开学习方法研讨和交流会等方式，帮助学生尽快地由依赖性的学习转向主动创造性的学习。

在完成"第一个过渡"中，学生还会碰到认识社会、人际关系、适应环境等问题，在此，就不赘述了。

（原载《高等教育研究》1988 年第 3 期，张晓明、杨兴国、张国安等同志参与调研）

试论青年社会化的特征

社会化是一个人接受社会教化，取得社会成员资格，发展社会性的过程。在人的整个社会化过程中，青年社会化是决定个体基本社会面貌的关键阶段。青年的社会化过程，是青年与社会的互动过程，是在社会教化的基础上，寻找、选择和追求个体生活目际的过程。因此，青年社会化有其自身的特点。

一　青年社会化的过程呈现明显的阶段性

人的发展过程既是连续的，又具有阶段性。少年的生理发育、心理发展是一个渐进过程，进入成年之后，人的生理发育成熟，心理形成了较为稳定的结构。相对而言，青年的生理急剧变化，心理发展处于急风暴雨式的波动时期，面临的社会环境亦在逐步扩展，青年的社会化过程，明显地呈现出概括社会化、角色社会化、目标社会化三个阶段。

1. 概括社会化。

不少社会学家和社会心理学家都认为："青年最重要的问题是，找出他与他所生活的时代与文化背景的社会现实之间的关系。"[1] 而完成这一重要人生课题的基础，则是认识自我与认识社会。对于 13 至 15 岁这年龄段的早期青年来说，他们的生理迅猛发育，体质加强，性意识萌发，并以十分奇特的眼光，将注意中心转向自我的身体变化和对诸种情绪的细微体

---

[1]　[荷] 勃纳德·利维古德：《人生的阶段》，沈凡、王绍玉译，新华出版社 1986 年版，第 46 页。

验，产生了强烈的内倾意识。由于他们的生活空间仍然是家庭、学校，以及交往对象的限制，面临的社会关系和所承担的社会角色仍然是简单和稳定的，依旧处于一种惯性衡态之中。更为广阔的、充满矛盾的社会现实还不是他们注意的中心。他们的最大的敏感在于捕捉心尖上的每一丝青春悸动，并急于秘密地表述出来。如翻开早期青年的日记，人们都会领受到一种清新纯真的气息。他们的情感、兴趣变化多端，行为也动摇不定。因此，青年早期的社会化，是概括社会化，是进一步社会化的全面准备阶段。概括社会化，最大限度地依赖情绪基础，自然的生理发展因素起主要作用是这一阶段规律性的表现。对于个体，这是一个随意的过程，带有很大的盲目性。因而社会对这一过程应负十分重大的责任，必须积极地、科学地教育、引导他们，控制早期青年的社会化过程，帮助他们顺利地渡过"多事之秋"，从而健康地发展。

2. 角色社会化。

16 岁至 20 岁，青年的发展进入了一个新的关键性阶段。16 岁前后，他们不愿与长辈过多相处，力图进入社会，独立生活。步入高中后，功课成倍增加，升学的忧虑，考试的压力，经济的不能自立，家长"望子成龙"的压力，学校的压力和自我的压力，使他们的成人意识更为明确。18 岁以后，他们或是进入了大中专院校学习，或是参加了工作，这在客观上使他们与社会之间形成了一定的稳固关系，即社会对新一代的一种初步认可。这种认可，对青年具有十分重要的意义，它促使青年对社会态度的转化，获得必需的总体归宿感，产生"我是社会或群体的某种角色"的意识。不同于青年早期，中期青年已开始从现实生活着眼，进入追求一种社会角色，达到个体与外界的初步心理和谐的阶段。他们开始涉入爱河，开始以谋得收益为目的的活动，开始出于生活目的的实用知识的学习等。因此，青年中期社会化，主要是角色社会化，是一种内容广阔深刻，在社会——自我之间进行的，具有剧烈冲突的社会化。但是，这一时期的角色社会化，是一种概括的角色社会化，这一时期的角色意识，是一种"成人角色"意识，即以社会提供的成人角色为基础，再加进自我所进行的总体构建。这种角色认识，没有基本衡定的关系基础，仅仅从社会的基本状况出发，具有极大的概括性。这一时期的青年，既"迷惘"，自负清高，与社会可能产生种种冲突，又对自己和世界开始有了相当的了解，在矛盾的冲突中开始形成理性的意志自我，追求独立的人格。因而社会一方面应从社会、政治和哲学的角度，对青年进行社会教化，帮助他们解决对社会和人生认识中的种种问题，同时，不要把青年囿于社会之外，要让他们更多地接触社会，参加实践活动，直接去认识和了解社会。

3. 目标社会化。

青年晚期，以核心家庭、职业为基础的各种社会关系进入了现实状态，社会化的内容，与个体终身性具体社会内容或环境联系紧密，重点突出出来了。面对无可改变的总体生活方向，应该选择一条怎样的道路，采取什么样的手段，达到怎样的目的，即成为这一时期青年社会化的核心内容。在重大事件，乃至日常生活琐事的处理上，青年们开始严格区别地对待了。凡是与人生关联在一起的事物，青年不再主要是从情感，而主要是从利益出发来对待。自我的基本完善，标志着理智自我的建立。处于目标社会化阶段的青年，开始表现出"长者风度"，思维具有全面性，能够对心理进行自我调节，十分注意与社会建立各种以利益为基础的稳定联系，发展意向的确定，具有多参数性，而不仅只依赖于个体的好恶。但由于非理性为主的情感仍起作用，使他们还处于超越自我的演进中。因此，社会应给青年的目标选择提供指导，并给广大青年创造平等竞争的机会。

二　青年社会化的过程充满了剧烈的矛盾和冲突

从社会化的主体特征看，青年社会化在自我意识、自我评价中进行，在摆脱外在控制与依赖的心理矛盾中进行，在同辈的相互教化中进行。同时，在青年社会化的过程中，还面临着生物要素和社会要素的整合，自我意识和社会意识的整合，多元文化的碰撞。因此，在青年社会化的过程中，充满了剧烈的矛盾和冲突。

首先，人作为一个系统，是生物要素与社会要素构成的统一体。人的社会化，本质上是由生物人向社会人的转化过程。在人生发展过程中，生物要素在人生初期对人的作用表现得十分强烈，儿童的行为在很大程度上受生理规律的制约。但随着年龄的增长和社会活动的扩大，社会要素日益渗入人的自然生命过程，并逐步超越生物规律而成为人的行为的主控力量。在成年、老年人身上，人的社会属性明显占优势地位。青年期，两种成分则表现出一种均势，一种对峙，一种蕴含于中而随时可能爆发的冲突和对抗。青年期不断增长的生物要素与日趋成熟的社会要素之间相互影响，相互促进的状况，构成了青年本质发展的主基调。因此，无论是爱与恨，信赖与猜疑，同情与敌意，狂喜与悲哀，激情与颓丧，依恋与攻击等人性中的本能特征，在青年身上都能找到印证。事实表明，只有当青年的社会成熟水平超越生物性而在人格结构中占据较大的优势时，才能获得行为的社会自觉，青年期内部的冲突和紧张状态才能真正得到缓解。但这时，也就意味着青年时代的结束，成人生活的开始。

其次，青年社会化是青年与社会的一种互动过程，社会影响青年，青年反作用于社会，推动社会的发展。青年的社会性正是在青年与社会的这种互动过程中形成和发展起来的。现实社会是成人的社会，是一个有成熟的文化体系的社会，它要求青年首先接受它，适应它，尔后才可能接收这些新的社会个体。但是，青年人不是消极地适应社会，而是积极地通过自己的体验来接受社会规范，根据自身的经验来选择社会规范，进而通过参与和青年文化来改造社会。在这一过程中，必然造成现实社会与青年间的种种冲突，这种冲突的实质，是两种文化观念的冲突。

再次，改革开放以来，国外各种思潮，文化涌入国内，形成了一种多元文化的格局。儒家文化与西方文化，马克思主义与西方哲学，封建文化与资本主义文化，校园文化与大众文化，理想文化与现实文化，无不进入青年头脑。在社会化的过程中，青年面对多元文化，有一个选择，吸收的过程。这一过程引起了思想、心理上的冲突、困惑与苦恼。这些冲突与困惑主要表现在：

（1）价值观念的冲突。

在不少青年头脑中，存在着价值观念的冲突，在价值取向上产生困惑。他们说，"知识有用，但知识分子不值钱，重金钱太狭隘，名利双收最实惠"，"要多赚钱，但不能因赚钱而剥夺人生的乐趣"，"父母一辈子勤劳、诚实，很佩服，但不想学他们"，"希望平等，但害怕竞争"。

（2）道德困惑。

青年在道德上的困惑是多方面的，但反映在与人交往和爱情方面比较突出。与人交往时，他们觉得在理论上应诚实待人，但在现实生活中又不能太诚实。一位大学生说，在大学"学会了吹牛不脸红的气魄，但说实话的'恶习'又难改，十分痛苦"。在爱情上，一方面追求真挚的感情，希望多与些异性交往，但谈了一个朋友之后，又不敢与其他异性接触，害怕周围的舆论。在西方文化和封建文化影响的冲突下，有的大学生采用"谈一个换一个"的方式，达到既广交了异性朋友，又不受舆论谴责的目的，实现某种满足。

（3）人生态度上自主与依赖的矛盾。

青年一般有上进心，希望自主、自立，自己决定自己的命运。但现实生活中的诸多矛盾（如择业上的艰难，经济上的困难，爱情上的苦恼）往往使他们信心不足，甚至悲观厌世，退避三舍，觉得活着没有什么意思。女青年的矛盾更为突出，她们一方面希望自主，在事业上有所建树，同时，又觉得社会更容易接受"贤妻良母"式的女性，加之女青年求职难，产生了更多的苦恼。

（4）民主的渴望与困惑。

青年追求民主，渴望民主，但对实现民主没有信心，"国家这么大，人口这么多，素质又低，很难实现民主"。因此，有的甚至认为，现在中国缺少"铁腕人物"，"对中国人不能讲民主，只能实行独裁"。

青年社会化中的冲突，必然给青年带来诸多矛盾、苦恼，还可能出现负向社会化。因此，社会要理解青年，帮助青年，引导青年。

三　青年社会化的形式经历了一个由感性内化到理性内化，再回到外化体验的过程

从受化形式看，青年社会化的形式经历了一个由感性内化到理性内化，再回到外化体验的过程。青年早期的社会化形式更多的带有儿童的特征。由于自身知识贫乏，社会生活不丰富，推理和判断力不足，因此，他们大都通过感性经验的反复强化而内化为理性的知识经验。但是，作为青

年，他们自我意识已经萌发，知识也比少年有了相当的积累。于是，随着知识结构日趋合理，判断和推理能力相应提高，到了青年中、后期，他们已不再满足于被动地接受外界的选择和教化，更多的是靠自身的内化能力去选择教化和接受教化，呈现出理性内化的状态。随着年龄进一步增长，青年已纷纷踏入社会，置身于具体的工作环境之中。一方面，青年个体要学习新的文化、规范，另一方面，个体内化的知识还必须通过适当的方式"外化"——即通过角色的扮演表现出来，以接受实践的检验，并在这种不断"外化检验，检验外化"的反复过程中体验，升华，从而完成"社会化形式的理论型向实践型的过渡"。

从教化的形式看，青年社会化的形式经历了由强制、单一到平等、丰富的过程，随着青年内化能力的迅速提高，社会化内容逐步丰富和复杂，社会教化的方式也必须发生相应的变化，否则，难以收到良好的教化效果。教化形式的变化主要是：变强制灌输为平等讨论，注重说理引导，变简单地罗列结论为方法论的传授，注重理论启迪，变强行的定向为引导的定向，注重启发自觉。这种生动活泼、形式多样的教化方式，才能受到青年的欢迎，使健康、科学、文明的社会化内容，为青年所接受。

青年作为社会的新生力量，是决不会满足于对现有社会的一味适应的。他们在努力适应社会的同时，更关注着对社会的改造，有很强的参与感和随时准备付诸实践的愿望和要求。古往今来的历史证明，在改造社会的全部力量中，最富于开拓和创造的是青年。从适应到改造，边适应边改造，显示出的正是青年从社会客体到社会主体的发展变化轨迹，因此，青年社会化的过程，还是一个由适应社会到改造社会的过程。

四 学校教育对青年的社会化起着极为重要的作用

根据社会需要来培养人，重视社会影响在个人发展中的作用，是社会化的重要特点之一。考察青年社会化的环境，我们可以发现，青年社会化环境的重点逐渐向社会转移，即由家庭、学校转向学校、社会，再由学校、社会转向社会。综观青年社会化环境变化的全过程，学校教育对青年的社会化起着极为重要的作用。这是因为：

1. 随着社会的变迁、时代的进步、教育的普及，个体接受学校教育的时间逐代延长。

在发达国家，青少年整个成长阶段几乎都在学校接受教育。学校成为青少年从家庭向社会过渡的桥梁。

2. 青年在接受学校教育的时期，正是发育期，也是可塑性最大的时期。

学校是以传授知识才能为基础来实现人的社会化的，它为个体日后进行各种活动奠定知识、学术基础，以增强其认识社会改造社会的能力。

3. 教育的目的之一是实现人的社会化。

教育作为一种社会现象、一种培养人的活动，它的最基本的社会职能，就是促进人的社会化。法国社会学家杜尔杰姆认为，教育的目的就是个人社会化，将其塑造成为一个社会性的人。人的社会化水平，往往在学校教育阶段基本上分出了高低。正由于此，世界各国都把发展教育作为提高人的素质的根本措施，作为推动经济和社会发展的基本国策。

（原载《青年研究》1989 年第 10 期）

高校德育目标与人的发展规律

确立高校德育目标，不仅要考虑社会发展对人才素质的要求，而且要考虑受教育者个体发展在大学阶段的特定要求。个体的发展是内部过程和外部条件（含教育）的特殊的结合，这种结合，既制约着相应年龄期间的心理发展动力，也制约着这个年龄段结束时产生的质的、特殊的、新的心理形成物。思想是人脑对主体自身的社会存在的反映。如果一个人的某种意识反映的客观内容不包含自己，不是他自己与周围环境的关系，而纯属外在的东西，这种意识就不是他的思想，而只是文化知识。因此，教育不能只从教育者的主观愿望出发，仅仅把学生看作"教育对象"，而应将学生当作发展主体。笔者认为，在确立培养目标时，要遵循关于人的发展方面的三个规律。

一　人的发展的阶段性规律

早在古希腊，柏拉图就对人的发展进行过研究，拟订了三套循序发展的课程，即：小学，进行审美教育，将真、善、美的故事，编成协调美好的音乐，诱出灵魂中最美好的欲望记忆。中学，通过学习数学，唤醒意志中的理念，使意志发展为勇气。最高阶段，通过思辨理念世界，发展理性，培养哲学家。

现代心理学研究表明，人的发展是分阶段的，处在不同发展阶段上的人们，对外界信息的吸收、消化、处理有很大的差别。人的任何一种心理现象都是一个从量变到质变的发展过程。这是因为：

首先，心理是脑的机能，脑和神经系统的发育，是心理发展的直接前提和物质基础。而人脑和神经系统的发育，青春期初步成熟，而达到完全成熟，则要到 20 至 25 岁左右。因此，人的心理发展呈现出阶段性。

其次，人生观、世界观等的形成要有认识前提，即掌握一定数量的极其重要的知识，以及个体进行抽象的理论思维的能力。而知识的积累和思维能力的发展，都有一个循序渐进的过程。以思维为例，它的发展，都要经过直观行动思维，到具体形象思维，再到抽象逻辑思维的过程。

近几年来，我们通过多种方式对人的发展状况进行了研究，研究表明，学生的品德、人生观、理想发展的过程是：

中学阶段是一个人道德品质形成、发展，甚至于定型、成熟的重要阶段，良好的或不良的品德都在中学阶段形成并获得初步成熟；大学阶段和就业阶段，对中学时形成的品德结构可以进行部分调整，特别表现在提高道德认识和培养道德情感方面，可使其品德进一步完善，上升到一个新的道德境界。

中学阶段是人生观萌芽和初步形成时期；大学阶段是人生观的发展、确立阶段，是人生观形成的关键时期；就业后，人生观进一步发展、稳定。

中学时期，学生的生活理想、职业理想开始形成，理想的表现形式大多为比较肤浅、模糊的具体形象和综合形象；大学时期，外在动机内化，道德理想、社会理想开始形成，理想结构趋向完整、稳定；就业后，理想和现实的结合更为紧密，通过奋斗去实现自己的理想。

一般而言，一个人的性格、品德、人生观在一生中都在发展变化，但其形成发展有各自的关键时期，抓住这一时期，加强教育，则能收到事半功倍的效果；错过这一时期，教育则要困难得多。因此，确立培养目标时，必须充分考虑人的各个发展阶段的发展内容和特点。

二 人格的结构性发展规律

人格是人的社会化的状态，指个人的一些与意识倾向性相关联的气质、性格、品德、操行等多种因素的总和。人格是以某些先天素质为自然前提，通过后天的实践和社会环境的作用而逐步形成的。健康的人格具有整体性。人格的形成发展，是人格结构生成、变化、发展、完善、稳定的过程，人格的发展，是一种结构性的变动（如图）。

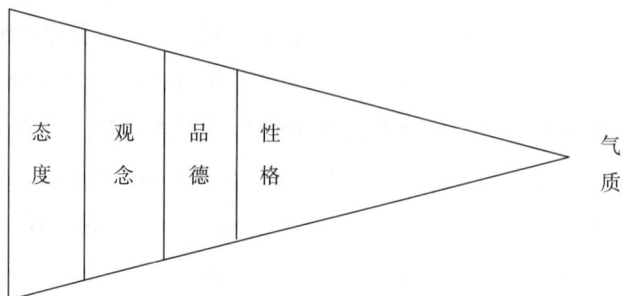

1. 人格结构是逐渐生成的。

气质带有先天倾向性，与人的神经类型有关，是一个人最先生成的较稳定的结构部分，其他人格素质在此基础上生成。性格以气质为自然基础，是对现实特定的态度及与之相适应的典型活动方式，在社会现实生活中形成。随着年龄增长，生活经验丰富，受教育程度的提高，社会生活接触面扩展，人的品德、价值观、人生观逐步形成；到成年，则形成了基本稳定的完整的结构。

2. 人格内部各要素相互作用，相互影响，人格结构的变化是整体性的变化。

人格结构内的每一要素都以某种方式影响其他要素，也被所有的其他部分所影响。外界环境变化，首先影响人的社会态度，进而影响观念、品德、性格、气质，越是人格的深层结构部分（气质、性格），所受外界影响越小。内部不断运动的结果，迫使各部分基本趋于一致和协调。因此，人格结构的变化是整体性的变化。

3. 环境的"涨落"对人格结构产生重大影响。

结构、功能、环境三者之间，环境的涨落是非决定性的、随机的。在人格结构尚未形成稳态时，环境中的某一偶然因素，进入人格系统后，通过涨落，发生正反馈，影响人格结构，进而影响人的一生。这种影响，可能是正向的，也可能是负向的。

4. 完整的人格结构较为稳定，具有变化之后复原的趋势。

人格的结构处于生长期，尚未形成稳态时，容易受外界环境的影响，发生变化。完整的人格结构一经形成稳态，则不容易受外界干扰。例如，成人的某种遭受创伤的体验，往往对人格结构只有极为短暂的影响，然后人格结构就可能通过自组织系统自发地调整回到以前的状态。只有长期、恶劣的外部状况，才可能在一个健康、完整的人格结构中造成永久性的变化。

系统论的研究表明，社会和学校对学生的影响是整体的，因此，在确立培养目标时，要整体考虑。一方面，培养目标的结构应是立体网状式的；另一方面，要创立一种让学生得到整体的、多方面发展的教育模式。

三　青年成长的自觉能动性规律

外部影响总要通过人的自我意识才能作用于个性，思想反映的内容总是包括主体"自我"，包含着"我"或群体的需要和利益。任何一次心理活动，也不是仅仅限于对当前事物的反映，而且包括过去长期经历的影响所起的作用；任何一次心理活动所形成的结果，都会对以后的心理活动产生影响。人在思索之中，根据自己以往的经验，对环境和教育的影响进行筛选，不断调整自己，使人格结构不断发展、成熟。青年的成长具有自觉能动性。

在对大学生的多次调查中，我们认为，大学生活是学生对自己认识、调整、设计的过程。当向大学生询问"经过大学学习，你感到身上发生的最大变化是什么"时，不少学生的回答是："大学给了我许多机会，锻炼的机会、改过的机会、思考的机会"；"大学给了我探索未知世界的钥匙，了解自身的方法"；"大学提供了一个比较宽松的环境，从中能找到一定的发展空间"；"学会了用自己的大脑，指挥自己的脚迈向前方"。在谈到学校的影响时，大家认为学校作为一个整体的文化氛围多方位、多角度影响着学生。他们说："大学的教学方式本身就是一种影响"；"我们生活在知识的海洋里"；"与各种性格、特点的同学相处，能够从他们那儿汲取长处，丰富自己"；"影响我的东西太多太多，有的是一些细微小节，有的甚至是校园中的小景物"。

大学生每时每刻都处在一种对世界和自身的思考过程中。他们根据周围的各种影响，校正认识，调整价值观，改造和完善自己的性格，发展各种兴趣和能力，选择今后的职业和人生道路。

因此，在考虑培养目标时，不能仅仅把学生视为"教育对象"，当作一种装知识的"容器"，不能光考虑教育内容和教育结果，而应把学生当作发展主体，并且考虑教育的过程。教育过程应注意以下几点。

1. 教育要激发学生的追求，培养积极的生活态度。

追求是人类行为的巨大动力。当人追求某种东西时，他的精力就被发动起来，他感到自己是"积极的"，"生气勃勃的"。处于没有追求的状态时，精力就静止下来。教育要使学生主动从生活、教育中汲取养料，不断充实和完善自我。

2. 教育要有导向功能。

现实生活所提供的学习内容是相当丰富而复杂的，尤其是当社会处在一种急剧转变的时期，复杂纷纭的现实社会生活，必然使人们受到各种思潮的冲击，各种行为模式的影响，从而把人们的发展诱导到不同方向。因此，教育应具有导向功能，给学生以思想、行为导向，给学生以人格结构的发展导向。否则，教育，特别是思想教育就失去了它应有的意义。

3. 教育要注意培养学生的自我教育能力。

思想教育要十分重视培养学生的认识能力、评价能力、选择能力、内化能力等。在现代社会中，要特别注意培养学生的选择能力。美国威斯康星大学校长魏佛说："教育最大的需要，是要使每个人准备好去应付不可避免的变迁，而更需要准备应付变迁的加速。"环境中的各种因素，都会影响学生，特别是面对千变万化的社会现象，学生要迅速做出选择，改变自我，适应社会。一位 1984 级毕业生谈到他大学的一段经历时说："我在高中时，学雷锋、做好事，获得同学们的好评。进入大学生以后，我同样这样做，结果却遭到了异议，有人说我'没有独立的人格'。面对这件事，有三种选择方式：一是坚持下去，不管周围舆论；二是干脆不做；三是既坚持，又适当变换方式。我选择了第三种方式，这样做，同学们也能接受了。"这件事告诉我们，帮助学生掌握评价事物的标准，提高选择能力，是思想教育的十分重要的任务。

（原载《高等教育研究》1989 年第 3 期）

论德育在大学生思想品德形成中的作用

德育在学校教育中，在社会发展中，在学生品德形成中，究竟起什么作用？有多大的作用？弄清这个问题，是我们正确认识德育，摆正德育位置，确立德育内容、途径、方法的前提和思想基础。

对于这个问题，历来存在两种认识：一种认为，社会环境的影响是学生思想品德形成和发展的决定性因素，特别是现代社会，社会影响力已大大超过学校教育的影响力，因而学校德育对于学生的思想品德无能为力，起不到什么作用。另一种则认为，学校教育具有目的性、可控性、综合性和科学性等特点，学校德育可以解决学生思想品德形成中的一切问题，学校教育可以代替社会教育。笔者认为，这两种结论，都有一定的片面性。

德育是学校按照一定的社会要求，有目的、有计划、有步骤地培养受教育者，使其具有一定的政治、思想和道德品质的活动。德育的独特功能，是把社会的政治原则、思想体系、道德规范转化为学生的精神财富。应该实事求是地承认，从总体看，有什么样的社会客观现实，就会产生什么样的思想；任何个性的发展都可以从其所受社会生活条件的影响中得到说明；社会环境的影响是学生思想品德形成和发展的决定性因素。但是，我们也必须看到，社会影响是极其复杂的，既包含有积极的因素，又有消极的因素，而且这种影响缺乏计划性、系统性。学校德育可以以其自身特有的优势，对社会影响进行有力的调节和控制，促进学生思想内部矛盾向有利于形成良好思想品德方面转化，在学生思想品德形成过程中发挥主导作用。

德育在大学生思想品德形成中的作用，主要体现在以下几个方面。

（一）正确的导向作用

学校德育是一种社会现象，它离不开社会的影响。我们是社会主义国家，从总体和本质上看，整个社会给人的发展创造了极为有利的物质和精神条件，社会影响的主流是好的。但是，我们也必须看到，社会的消极因素仍然严重存在：帝国主义亡我之心不死，他们采取种种和平演变的手段，向青少年灌输资产阶级思想，与无产阶级争夺接班人；几千年的私有制遗留下来的消极影响，如自私、封建等，还不可能在短期内消除；改革开放以来，国外各种思潮、文化涌入国内，形成了一种多元文化的格局，儒家文化与西方文化、马克思主义与西方哲学、校园文化与大众文化，无不进入大学生的头脑，激起他们思想的冲击波。

正处在人生观、世界观形成的关键时期的大学生，每个人都有一个十分丰富的活生生的内心世界，每时每刻都处在一种对世界和自身的思考过程中。他们根据周围的各种影响，校正对自我的认识，调整自己的价值观，选择自己的政治方向，改造和完善自己的性格，确立今后发展的道路。面对复杂的社会矛盾和社会思潮，他们的思维也往往充满矛盾和困惑。一位大学生，回顾大学生历程时说："进入大学后，一切的感觉都是那么新鲜，那么色彩斑斓。然而，一与同学接触，听着他们侃侃而谈，发现自己原来那么无知，单纯，知识面那么狭窄。于是，我开始不分良莠阅读各种书籍。在这种'享受'之中，我的成绩单上亮起了红灯。我难过极了，空虚、迷惘几乎淹没了我，吞噬了我。我终于走下坡路了，我和同学们一道谈论女人，谈论性。强调'自我'。遇到一点小事，便大动肝火，以显示自己的自我意识是多么强烈。曾几何时，也跟着别人大喊民主自由，然而，什么是民主、什么是自由，自己只有一个如同朦胧诗一样的答案……"

人的一生是一个发展过程，这种发展既有连续性，阶段性，又有广阔性，促使哪些方面发展，是一个价值取向问题。从某种意义上说，教育的实质是对素质发展的一种价值限定。价值的判断、价值的取向，主要不是智力问题，而是政治立场问题，功利、动机问题，人生观问题，因此，只能依靠德育来完成。

生活中充满先进与落后、正确与错误。现实生活所提供的学习内容是相当丰富而复杂的，尤其是当社会处在一种急剧转变的时期时，各种思潮，各种行为模式会把人们的发展诱导到不同的方向。因此，大学德育的第一个作用，就是要给大学生思想发展以正确导向，引导他们信仰马克思主义，拥护党和社会主义，树立全心全意为人民服务的人生观。这种导向，主要包括：（1）政治导向，即要把坚持正确政治方向的教育放在首位，进行"一个中心，两个基本点"的教育，批判资产阶级自由化，帮助学生确立坚定的社会主义信念。（2）理论导向，即对学生进行强有力的马克思主义理论教育，帮助他们确立马克思主义的科学世界观，做一个坚定的清醒的青年马克思主义者。（3）价值导向，即引导学生摆脱"从个人思考个人"的怪圈，从社会现实出发，思考个人在社会中的位置；从国家建设的前途出发，考虑个人的前途和命运；从明天的社会需要出发，把握个人的今天。

（二）促进转化的作用

辩证唯物主义认为，青年学生的思想品德不是头脑里固有的东西，而是从外部获得的，是在社会、家庭和学校影响下，在实践活动基础上，通过人与人的交往逐渐形成的。德育的独特功能，就是把社会的政治原则、思想体系、道德规范转化为大学生的政治立场、人生观和道德品质。这种转化，是一个十分复杂的过程。

首先，要将社会对大学生思想、政治素质的要求，转化为德育目标。德育目标是社会和学校德育之间联系的中介和纽结，也是德育活动的起点和归宿。德育目标制约着德育活动的方向。大学德育目标具有导向、激励和价值选择功能。我们在确定大学德育目标时，既要使其根植于社会主义初级阶段的土地上，又要符合社会发展的总趋势，使之具有现实性和理想性；要考虑目标的层次性及具体化，建立一个目标体系，以便于各类学生把握，将目标转化为自身发展的诱因。

其次，要将德育目标和德育要求，转化为学生的思想品德。这个转化过程是：当学校的德育要求被学生接受时，就会引起其心理上的新的需要（如动机，兴趣，爱好、志向等），这种需要是学生心理发展的新的一面，学生原有心理水平是心理发展的旧的一面，这两者之间产生了矛盾；为了解决矛盾，必须将原有的心理水平提到新增长的需要高度，于是，产生了主观能动性，新的思想品德得以形成。因此，德育的作用在于激发和提高学生的主观能动性，促进学生思想内部矛盾的转化。要促进这种转化，可从以下几方面考虑：

1.分析学生的心理特点，把德育的措施和要求建立在学生已有矛盾的基础上。

学生在一至四年级各个阶段有不同的思想矛盾。例如，一年级大学生遇到的主要思想矛盾有：目标失落与确立、自我冲突与认同、学习依赖与主动等。学生新的思想品德是在原有心理水平基础上产生的，教育的要求和措施一定要建立在学生已有心理矛盾的基础上，让他们自己去体验内部矛盾。

2.在活动和交往中，促使学生思想内部矛盾的产生和解决。

马克思和恩格斯指出："一个人的发展取决于和他直接或间接进行交往的其他一切人的发展……"受教育者的思想品德是在活动与交往中形成和发展的，同时也是通过活动与交往表现出来的。学生的思想内部矛盾在活动和交往中才能产生和解决。没有教育活动与交往，社会的思想品德规范也不可能实现它的影响作用，更不可能转化为受教育者的思想品德。因此，在德育实施中，要增加社会实践活动和集体活动，扩大活动和交往，在活动中，要对学生提出明确而严格的要求，促使学生产生内心冲突，以达到教育的目的。

3.激发和调动学生的主观能动性，主动积极地解决思想内部矛盾。

主观能动性是个人发展的巨大内在潜力和动力，它可以表现为坚强的意志，坚韧不拔的毅力，它是自我教育的力量。在德育中，要不断地激起学生的内在需要，从而激发和调动学生的主观能动性，在正确思想指导下进行自我修养，使学生由教育的客体转化为主客体的合一，积极参与德育过程，自己提出任务，积极地解决思想内部矛盾，自觉地培养良好的思想品德。

4.帮助学生掌握评价标准，提高选择能力。

学生在思想转化过程中，要对周围所遇到的事物进行评价，从而决定取舍。每个人的评价都是依据一定的评价标准进行的。这种标准一方面取决于学生自身的价值观，另一方面取决于教育者对人、对事评价的态度和原则。因此，在德育过程中，教育者一定要展示一种正确的评价标准，从而引导并帮助他们掌握评价标准，提高选择能力。

（三）合理的建构作用

思想品德是一个整体结构。思想品德的形成发展过程，是其结构生成、变化、发展、完善、稳定的过程。思想品德的发展，是一种结构性的变动。

思想品德结构是逐渐生成的。思想品德结构具有层次性，其各种因素有深层与浅层之分。最深层的气质带有先天倾向性，与人的神经类型有关，是一个人最先生成的较稳定的结构部分，其他素质在此基础上生成。如性格以气质为自然基础，是对现实特定的态度及与之相适应的典型活动方式，性格最终在社会现实生活中形成。随着年龄的增长，生活经验的丰富，受教育程度的提高，社会接触面的扩展，人的品德、价值观、人生观逐步形成。到成年，则形成了基本稳定的完整的结构。

思想品德结构的变化是整体性的变化。结构内的每一要素都以某种方式影响其他要素，又被其他要素所影响。外界环境变化，首先影响人的社会态度，进而影响观念、品德、性格、气质，越是思想品德结构的深层部分，受外界影响越小。内部不断运动的结果，迫使各部分基本趋于一致和协调。

良好的道德行为，需要几种良好的素质共同作用才会实现。人的思想品德是由各方面素质有机构成的统一体，某一方面素质有缺陷，就会影响品德的和谐发展。例如，自尊心与虚荣心都表现为希望得到别人的承认和尊重，但自尊心必须同时具有要强心，即肯努力学习，肯检查自己的不良行为，并加以改正；而虚荣心则缺乏这种素质，它企图自己不努力而得到别人的尊重。又如丰富的想像力，无论对于文艺创作或科学研究，都是宝贵的品质，但是如果缺乏勤奋和毅力素质，缺乏把独特的构思变为实际行动的能力，那么这种想象就不利于个性的发展。

在大学生思想品德结构形成、发展的过程中，德育可以起到合理的建构作用，例如，可根据思想品德结构是逐渐形成的这一特点，设计出大学生身心发展需要的德育内容。人的身心发展是有阶段性的、不平衡的。如果能够对大学生身心发展的客观状态和规律进行比较深入的研究，抓住大学生思想品德结构发展的关键因素（如人生观的形成和发展），采取有力教育措施，就能促进其健康成长。

德育工作者应深入了解教育对象，分析每个大学生思想品德结构的状况、帮助他们认识自己个性中的长处和短处，从而自觉地扬长避短、长善救失；如以勤奋、顽强来弥补机敏的欠缺等。这些都是德育对大学生思想品德和谐发展的合理建构。

（四）优化环境的作用

社会环境对学生的成长起着十分重要的作用，但是，这种影响要以学校教育环境为"中介"。教育环境是教育者把社会所要求的道德规范、社会意识和政治原则传导给受教育者的桥梁。这种直接和具体的环境，即教育工作者依据一定的教育目的，有计划地选择、加工和创造对受教育者以感染、激励、鼓舞、促进作用的环境，对学生掌握社会的规范和价值观念，对于形成自己的个性，具有不可忽视的影响。教育环境作为一个整体的文化氛围，无时无刻不在影响着学生。一些学生在回顾大学生活时说："大学的教学方式本身就是一种影响"，"我们生活在知识的海洋里"，"与各种性格、特点的同学相处，从他们那儿吸取长处，丰富自己"，"老师的教育，党课教育，辅导员的帮助都曾给我启示"，"影响我的东西太多太多，有些是一些细微的小节，有的甚至是一些校园中的小景物"。

社会主义大学，要求培养的学生具有集体主义价值观，成为集体主义者。而要形成一个人的集体主义价值观，光背诵伦理原则是无济于事的，重要的是要置身于一定的集体关系之中。学校德育工作要有意识、有目的地形成一种"特殊环境"，在这个特殊环境里，人们有共同的奋斗目标，有正确的社会舆论，有坚强的核心，有自觉的组织纪律，有团结互助的同志情谊。

大学生生活在现实社会之中，接触着各色各样的社会情景，各色各样的行为榜样。德育的优势和作用正在于为学生创造一种良好的教育环境，这个环境，对于受教育者要比任何其他环境具有更大的吸引力，其提供的情景和榜样，对于学生的心理过程所起的作用居于优势。这种环境要具有感召力，能陶冶人的情操，使人在潜移默化之中受到教育。这种环境要具有促进力，促进和帮助人们形成良好的思想品德。这种环境要具有约束力，助长积极健康进步的因素，使正气上升；谴责、纠正消极的和错误的东西，约束一些人的言行，促进和教育那些有错误的人幡然醒悟。这种环境还应该是一种开放、稳定、发展的环境，即与外界在物质、能量、信息方面紧密联系，成为一个开放的系统；这种环境能保持自身的稳定，具有抗干扰的能力，在开放中能实现动态平衡。

总之，教育环境需要教育工作者去设计，去优化。优化环境的内容，教育需要什么样的环境，不同的教育阶段应设计什么样的环境，都是有待探索和研究的问题。

（原载《高等教育研究》1991 年第 2 期）

德育系统工程浅议

辩证唯物主义关于联系、发展的观点认为：各种事物相互联系、相互作用，形成系统，构成运动，事物便在运动的过程中发展。学生生活在学校、社会之中，与学校、社会构成了一个相互联系的、立体的、动态的复杂系统。学生在不断地与这个复杂系统交换各种信息的过程中，接受影响，增长才干，形成思想品德。在系统中，影响学生思想品德形成的因素极为广泛，在社会生活的一切领域（从物质到精神）和一切实际关系中，都渗透着这种影响。因此，德育工作者必须树立系统观念，运用系统思想和方法，建立德育系统工程。

一

为什么要将德育作为一个系统工程来加以考察和研究？这是因为：

1. 开放的环境，要求开放的教育。

现代社会是开放的信息社会，教育要面向现代化，面向世界，面向未来。这就大大突破了传统德育过程的空间和时间观念。封闭，实际上已不可能。传统的、单一的德育模式、途径，很难取得理想的育人效果。

改革，正在使我国的社会面貌发生着深刻的变化，经济形式由单一转为多样，经济结构不断调整，精神生活千姿百态。尤其是对外开放、对内搞活，大大扩展了社会生活的空间，开阔了人们的视野。在封闭和单一化的社会环境中，人们被人为的地域分割所束缚，获得的大多是来自纵向的信息，接受的主要是自上而下的教育，受教育者的选择余地很小，对教育内容和形式的多样性和开放性的要求不迫切。但在开放和思想活跃的环境中，信息渠道大大增多，信息传递迅速，横向交流增加，受教育者处于一种主动选择信息的地位。尤其是大学生，处在社会信息交流的前沿，他们往往是在各种信息的对比中做出选择。在这种情况下，封闭式的教育必然要被环境的变化所打破。开放的环境要求开放的教育。开拓教育信息传递的通道，面向社会，面向世界，充分发挥各种信息在思想政治教育中的作用，发挥德育的导向功能，这些都是摆在我们面前的迫切而艰巨的任务。因此，德育必须从封闭走向开放，必须打破传统的小生产的教育观念以及"条块分割"的教育体制，建立系统工程。

2. 从德育自身的规律来看，它对学生的影响是整体的、潜移默化的。

环境是整体的，学校对学生的影响也是整体的。在我们对大学毕业生的调查中，不少毕业生认为，学校的各种教学活动、教师的言传身教、同学间的相互感染以及校风、学风、校园环境等，都对他们的思想品德产生了重要影响。德育与智育互为条件，互相促进。提出著名的"教育性的教学原则"的德国教育家赫尔巴特认为，德育和智育、教育和教学是密不可分的。"教学如果没有进行道德教育，只是一种没有目的的手段，道德教育如果没有教学，就是一种失去了手段的目的。"这就是说，在进行科学文化知识教学的过程中，必须进行道德教育；而道德教育也只有在科学文化知识的教学过程中，才能收到更好的效果。只有建立协调、有序、整体的德育体系，才能优化德育系统的功能，增强教育的有效性。

3. 从现实情况来看，把德育仅仅变成学校党委的事、政工干部的事，必然严重影响德育的效果。

在学校教育这个整体中，教学是最基本的活动，所占时间最多；教师是最基本的队伍，人数最多，对学生产生的影响也最大。但以往，我们在考虑学校思想教育时，往往只重视日常思想政治工作，把教学活动排除在外，这是违背教育规律的。在教学中进行思想教育，是高校思想教育的最大特点，也是其最大优势。抓不住这个特点和优势，就很难做好学校的思想政治工作。因此，从现实情况出发，我们也必须整体考察，建立起德育系统工程。

二

所谓德育系统工程，就是在德育中，以唯物辩证法关于全面的观点、联系的观点和发展的观点为指导，运用系统方法，建立全方位、全过程、全员参与的"三全"德育有机体系。这种德育有机体系，主要体现在以下三个方面：

1.全方位考察，使德育的空间结构层次具有协调性。

所谓全方位考察，就是围绕德育目标，使学校教育、家庭教育、社会教育，思想政治教育、业务教学、管理教育，马克思主义理论教育、思想品德课教学、党风教育、日常思想政治工作等各种教育形式和谐配合、协调同步。为此，我们必须建立一种开放式的网状教育结构，即从领导体制、课程设置、第二课堂、教师工作规范、干部岗位责任制，到专业实践、社会调查与咨询等总体考虑、总体设计，根据培养目标，明确各自的教育内容、要求，并以法律或纪律的形式将其固定下来，让各种信息在结构内部流动。这种开放式的网状结构，把家庭、社会和学校联系起来，把中学与大学教育衔接起来；把德育与智育、体育结合起来；把学校内部党、政、工、团、学等各种力量统一起来，使之相互配合、相互补充、相互渗透。例如，我校在安排第二课堂活动时，将其与教师的教学、科研工作结合起来，形成教研室的科研项目、研究生的论文、本科生的毕业设计和低年级的课余科研活动一条龙，统筹安排，使学生从中受到了极大的启示和教育。

2.全过程考察，使德育的时间演化具有有序性，使德育工作从学生入学到毕业首尾衔接、承前启后、协调发展。

从大的方面来说，我们要从小学、中学、大学到毕业后教育连贯地考察德育。对青少年的教育，中小学是基础，要加强中小学的德育工作；同时，从整体考察，确定大学德育的目标、内容、途径和方法。基于这一考虑，我校在大量调查和实践的基础上，提出抓好"两个过渡"。一是抓好从中学到大学的过渡。我们针对大学一年级新生中存在的"目标失落与确立，自我冲突与认同，学习依赖与主动，理论困惑与选择"等心理、思想矛盾，运用开设课程、讲座、以老带新等多种教育方式，帮助他们顺利完成从中学到大学的过渡；与此同时，还分地区、按中学建立生源库，每年都给中学寄送学生的跟踪教育资料，帮助中学了解自己培养出来的学生的状况，以促进中学教育。二是抓好从大学到社会的过渡。我校通过组织毕业生调查、分企业建立人才库等方式，了解社会对大学生的要求以及对我校毕业生的反映，在此基础上，对毕业生进行多种方式的教育，帮助他们掌握认识和适应社会的基本理论、基本经验，为完成从大学到社会的过渡作好思想、认识和能力上的准备。

3. 全员参与，把德育工作作为全体人员的职责，注意加强全员育人意识，使德育具有整体性，合力育人。

全员参与，首先要注重调动教师教书育人的积极性。列宁指出："学校的真正性质和方向并不是由地方组织的良好愿望决定的，不是由学校委员会决议决定的，也不是由教育大纲决定的，而是由教学人员决定的。"学校要通过多种途径，采用多种方式，如教师兼任班主任、导师，建立教师联系学生班制度，在教学中严格要求学生，组织教授报告团，请教授给学生作报告等等，发挥教师教书育人的作用。同时，学校要建设好一支稳定的、强有力的德育骨干队伍。这支育人队伍主要包括四个方面的力量：（1）马克思主义理论队伍　这支队伍包括马克思主义理论课教师、德育课教师、部分文科骨干教师等。他们对学生起理论上的导向作用。（2）专职学生政工队伍　这支队伍包括党委学生工作部和校团委干部、党总支分管学生工作的副书记、分团委书记和专职政治辅导员等。他们是青年学生的直接教育者，大学德育活动的组织者，学生自我教育的指导者，大学德育的研究者，在大学德育实施中发挥着十分重要的作用。（3）兼职学生工作队伍　这支队伍包括兼职辅导员、班主任和导师等。他们直接面对学生，集教育与管理于一身，工作好坏，对学生影响极大。（4）学生骨干队伍　这支队伍包括学生中的党员、校、系、年级和班级的主要学生干部等。加强德育，必须紧紧抓住和依靠这支队伍。学校应采取一系列措施，加强对他们的培养和教育。

三

在确立德育系统工程和德育体系运行的过程中，应注意抓住以下三个

环节：

1. 明确德育目标，建立多层次的目标体系。

社会主义经济和社会发展对德育的要求，首先体现在学校的德育目标上。德育目标是社会大系统和学校德育系统之间联系的中介和纽结，它具有导向、激励和价值选择功能。要使德育系统成为开放式的系统工程，首先要考虑德育目标。现在，党和国家提出了明确的大学德育目标——坚持正确的政治方向，培养德智体全面发展的合格的社会主义事业的建设者和接班人。因此，一方面，我们要组织师生员工通过学习，明确德育目标；另一方面，要针对各学科、各年级、各层次学生的具体情况以及"德"的各个不同方面，提出具体目标，建立多层次目标体系，使学校各项工作体现德育的要求，让学生自觉地按照目标的要求塑造自己。

2. 建立德育系统的内部机制，发挥系统机制的自我调节、应变作用。

系统的机制是指系统本身渗透在各个环节中的一种自动调节、应变的能力。就德育系统而言，以往功能单一，缺少多种、多层次功能的"应变器"，更没有把这些"应变器"与学生的利益相联系。因而德育系统缺乏内部的相互作用和制约，不能有效地实现对优良因素的选择和促进，也无法对种种不利因素加以限制和淘汰。尽管德育工作者在控制和管理上做了大量工作，但由于没有健全、操纵和利用其内部机制，因此德育效果仍然不佳。在近几年的德育工作中，人们开始重视建立各种"应变器"，如建立奖学金制度、贷款制度、优秀毕业生分配办法、优良学风班评比制度、勤工助学制度等等。这样做的结果是，有利于学生将参加集体活动、学习、生活与自身利益结合起来，调动了学习的积极性，促进了学生健康思想的形成。与此同时，我们还必须健全各项制度，如奖励性制度、规范性制度、惩罚性制度以及检查、督促制度等等。德育工作应根据制度来管理，使教育者和被教育者的一举一动，都有法可依、有章可循。此外，还必须通过学生代表大会制度、领导与学生对话制度、接待学生制度等，建立反馈和监督机制。有了反馈和监督机制，才能实现控制，使整个系统更好地运行。

3. 在系统运行过程中，一段时期必须抓住一个主要矛盾，集中全力以解决，牵一发而动全身，从而推动德育工作向前发展。

例如，在1989年政治风波后的一段时期，学生情绪不高，学风一度滑坡，文明水平下降，违纪现象增多。针对这种状况，我校集中力量抓学风，学风好转以后，其他不良现象亦随之减少，学生的精神面貌大为改观。

(原载《高等教育研究》1992年第3期)

环境中的偶然因素影响与教育对策

　　马克思主义认为，社会关系决定个人的发展程度，一个人的发展取决于和他直接或间接进行交往的其他一切人的发展，环境对人的发展起着决定性制约作用，这是客观必然规律。然而，必然性寓于偶然性之中。事物发展的必然性是在偶然中并通过偶然事件表现出来。因而环境中的偶然因素对人的发展起着至关重要的作用。

　　在一定的社会物质生活条件的决定性影响下，教育在人的发展中起着主导作用。但作为教育对象的人，是能动的发展主体，他们每时每刻都处在一种对世界和自身的思考过程中和能力。在这一过程中，环境中的某一偶然因素，如教育者的一句话、一件事，像"触发器"一样，能改变正在形成、尚未进入稳态的心理结构、人格结构，进而影响人的一生。这种影响，可能是正向的，也可能是负向的。教育中的大量事例说明，偶然因素对人的成长起着十分重大的作用。因此，研究教育中偶然因素对人的发展的影响以及教育对策，是一个十分有意义的课题。

一　探讨偶然因素对人的发展影响的规律性

　　在教育中，同一件事对不同的人，同一件事对处在不同的心态下的同一个人，影响是极不相同的。研究环境中偶然因素与教育的关系，首先要研究偶然因素对人的影响的规律。

　　1.人的发展的哪一阶段容易受偶然因素的影响

　　人的发展是阶段性与连续性的统一，处在不同发展阶段上的人，对外界信息的吸收、消化、处理有很大的差别。儿童和青少年的人格结构处于生长期，尚未形成稳态，当环境中某一偶然因素进入人格系统后，通过涨落，发生正反馈，影响人格结构。到了成年，完整的人格一经形成稳态，则不容易受外界因素干扰。例如，成年人的某种遭受创伤的体验，往往对人格结构只有极为短暂的影响，然后人格结构就可能通过自组织系统自发地调整回以前的状态。只有长期、恶劣的外部状况，才可能在一个健康、完整的人格结构中造成永久性的变化。因此，一般而言，处在成长发育时期，没有社会生活经验的儿童和青少年容易受环境中偶然因素的影响。例如，我校一名17岁的女大学生，学习没劲头，觉得人生没有意思，产生了自杀的念头。后来，在深入交谈中，我了解到，她产生这种想法的原因是：在中学，班主任经常教育学生要做诚实的人，她对班主任极为信任。可是，有一次政治学习时，班主任坐在教室门口，让大家做数学题，并说："如果校长来了，我就让你们将政治书拿出来。"这位女生说："我最信任的老师都说假话，世界上哪还有真话可言，既然世界上的东西都是假的，那么做人还有什么意思。"

在人们对教育的认识上，存在一种误解——"儿童早期不需要教育"，认为小孩五、六岁前还不懂事，只要他们吃好、穿好、玩好就行了。事实上，婴儿呱呱落地，就开始接受来自各个方面的教育影响。我在心理咨询中接触到的存在心理障碍、心理疾患的青年学生中，不少人都可以从早期的生活经历中找到病因。婴、幼儿不可能对周围的人际关系的性质做出判断，却完全能够体会到那种人际关系所带来的气氛和情绪。苏联著名教育家马卡连柯曾告诫家长们说："你们是在生活的每时每刻，甚至你们不在场的时候，也在教育儿童。你们怎样穿戴，怎样同别人谈话，怎样写，怎样读报——这一切对儿童教育都有着重要的意义。"童年时，受到环境中某种不良因素的强烈刺激，这种刺激深藏于潜意识中。在后来成长过程中，意识上虽不能忆起，可并没有完全消失。在某种特殊的情境中，这种刺激的影响却可以显现出来，造成自责、自卑、抑郁，产生罪恶感，甚至染指恶习，导致犯罪。

2. 人处在哪种心态下容易受环境中偶然因素的影响

人的心态是指在外部刺激和主客体相互作用下，人对外部刺激和自身状况所表现出的心理反应状态，它比较明显地表现为某种情绪和心理倾向。人的心态多种多样，变化多端。人处在不同心态下，对外界刺激的反应是不同的。一个人处在哪种心态下容易受环境中偶然因素的影响呢？

首先，当人遇到困难，遭受挫折，处于苦闷、自卑心态时，容易受环境中偶然因素的影响。因为处在这种心态下，渴望同情、关怀、理解，对外界事物的反应极为敏感。例如，我的一位学生由于家庭出身不好，在"文化大革命"期间，在同学中抬不起头，事事谨慎，处处小心。下乡插队后，抱着听天由命的想法，埋头干活，对人生失去了信心，内心极为苦闷。招工时，大队、公社都推荐了他。可是，到了县里，为了把一名干部子弟招走，要把他的名字换下来，但遭到了公社书记的坚决抵制，因而回了城。他说："我至今不认识这位书记，但这件事，却成了我一生的转折点。它使我认识到，世上有正义、有光明，党没有嫌弃我。"从此，他完全变了一个人。

其次，在人生的转折关头，如由中学升入大学，由乡村到城市，处于探求心态时，容易受环境中偶然因素的影响。因为处于这种心态下，渴求了解周围的一切，寻求适应环境的途径、方法，重新认识自我，探索新的人生目标，对外界的一切事物感到新奇。例如，一位女大学生，以高分考入我校，第一学期期中考试，学习成绩又居全年级第一。这时，她感到："我已经到头了，别人都不如我，还有什么可和别人比的呢？"但这时，当她参加学校组织的英语学社，看到别的同学能说一口流利的英语，而自己却张不开口，这才恍然大悟，"山外青山楼外楼，比自己强的人多着呢!"从此，她调整了对自我的认识，积极参加集体活动，努力学习别人的长处。毕业时，由于成绩优秀，被免试推荐为研究生。

3. 偶然因素对人格结构中哪些心理因素影响最大

人格是人的社会化的状态，指个人的一些与意识倾向性相关联的气质、性格、品德、操行、态度等多种因素的总和。气质带有先天倾向性，与人的神经类型有关，是一个人最先生成的较稳定的结构部分，处于人格结构的深层，其他人格素质在此基础上生成。性格以气质为自然基础，是对现实特定的态度及与之相适应的典型活动方式，在社会现实生活中形成。态度处于人格结构的最表层，最容易受环境中偶然因素的影响。在现实生活中，领导和师长廉洁、公正、勤奋，关心人、尊重人，就容易造成青少年对党、社会和人生的积极认同，形成正确的态度。哪怕是一件小事，一个关怀，几句话或者一个微笑，都可能像年轮似的刻在人们的脑子里，留下永远的记忆。如果领导、师长言行不一，专横跋扈，任人唯亲，凡事专替自己打算，那么，哪怕是一件小事，都可能使人们产生对党、对社会、对人生的错误、消极态度，形成不信任感，影响教育的进行。因而，人们的社会态度、人生态度容易受环境中偶然因素的影响。

容易受偶然因素影响的第二个方面是，人们自信心或自卑感的形成。一个人自信或者自卑，是根据周围人们对自己的评价、态度以及自己在学习、工作过程中是否取得成功来确立的。1987 年至 1989 年，我和同事们曾先后对 100 名优秀党员大学生和刚入学时高考分数最高的 100 名大学生进行过深入调查，了解他们的成长过程。我们发现，这样的学生都有一种自信、自强、进取、不甘落后的良好的人格素质。正是这些良好的人格素质，使他们能较好地接受教育，在各种环境中，调整自我，战胜困难，适应环境，始终保持良好的精神状态。在深入了解他们自信心形成的过程中，大多数学生都能说出对自己影响极深的一两件事。例如，一名学生回顾自己在小学五年级之前，贪玩，学习成绩平平。上小学五年级的时候，他看见做中学教师的爸爸的桌上有一份数学卷子，出于好奇，他做了起来。越做越有兴趣，竟将题做出来了。父亲看到后十分惊讶。此后，他爸爸逢人便说，"我孩子聪明，有出息"，他自己更是乐滋滋的。从这以后，他完全变了一个样，学习成绩每学期都成为全班第一名。相反，如果生活中某一件事，导致青年自卑，丧失自信，则会丧失成功的机会。在学校，一批智力和能力相差无几的学生被无情地拉开了差距，不应该忽视因自信不足而造成的影响。

二 创造良好的教育环境，增进环境中的积极影响因素

环境，是指作为自然界与社会的主体所享有的外部条件的综合。环境对人的发展起着决定性制约作用。社会环境是复杂、多变的，既存在有利于学生发展的积极因素，又存在不利于学生成长的消极因素。教育者的职责在于，将教育意志转化为无处不在的教育环境，使教育的目标和教育的

内容成为学生的生活环境中不可分割的一部分，通过有意设计的环境导向与环境渗透成为学生所理解、所接受、所习惯的社会现实，从而达到教育的目的。

1. 创设健康的学校文化氛围

学校作为一个整体的文化氛围，对学生的影响是全方位、多角度的，是潜移默化的，是无时无刻不在进行着的。一些大学生毕业后回顾大学生活对自己的影响时说："大学的教学方式本身就是一种影响"；"我们生活在知识的海洋里，像海绵吸水一样，吸取着知识"；"与各种性格、特点的同学相处，从他们那儿吸取长处，丰富自己"；"试图能用双手牢牢抓住这平淡中一切痛苦和幸福的体验，从平淡中激起一两朵浪花，都使我感兴趣"；"影响我的东西太多太多，有的是一些细微的小节，有的甚至是一些校园的小景物"。学校作为一个教育环境，要从总体上进行设计，从校园布局、房屋建筑、美化绿化到教学设备、生活设施；从教育目标确立、教学大纲制订、图书馆建设到每个教学环节的设计、教材的编写；从校风、教风，到班风、学风；从第一堂课到第二堂课……都要精心考虑，形成一个整体的良好文化氛围，让学生在各种心境下，都随时随地受到环境中积极因素的刺激。

2. 增进教育者的示范性

教育工作者的示范性是环境影响中最鲜明的因素，它会强化受教育者在道德感知中所形成的价值观念，提高认知水平；会激发受教育者追求真善美的动机，提高情感水平；会使受教育者以教育者的行为为自己学习的参照系，提高行为水平。在教师的生活中，开学、放假，上课、下课，迎来、送往……循环往复。但正是在这"四平八稳"的生活中，造就了国家的栋梁，民族的精英，勤劳、朴实的劳动者；产生了人类的败类，社会的渣滓；也导致了一些人的身心残缺、心理不健康。一位青年在回顾老师的影响时说："老师的一句微不足道的话，很可能是我们人生的转折点。"教师要教给学生知识，更应教会学生做人。为此，既要给学生以理论启迪，又要通过自己的一言一行、一举一动，给学生以人格的感染。"人只能由人来建树"，"能力只能由能力来培养，志向只能由志向来培养，才干只能由才干来培养"。学生的品学，取决于教师的德才。

3.创建一个学校、家庭、社会三者协调的大环境

人生活在现实社会中，学校、社会、家庭都对学生的发展产生重要的影响。前苏联著名教育家苏霍姆林斯基打了一个形象的比喻，他说："我想把我们开始教育和培养的儿童，比作一块大理石，几个雕塑家带着自己的刀子同时来到它旁边，要把它塑造成一座雕像，使它具有灵性，体现人类的理想。"学校、社会、家庭为学生所提供的影响有时一致，有时不协调，甚至相互矛盾和对立，造成学生心理上的冲突。为青年学生成长创造一个相互协调、和谐的大环境，是一个亟待解决的十分艰难的教育课题。

三 创造教育时机，促进心理矛盾转化

环境影响总要通过人的自我意识才能作用于个体，思想反映的内容总是包括主体"自我"，包含着"我"或群体的需要和利益。任何一次心理活动，也不是仅仅限于对当前事物的反映，而且包括过去长期经历的影响所起的作用；任何一次心理活动所形成的结果，都会对以后的活动产生影响。人在思索之中，根据自己以往的经验，对环境和教育的影响进行筛选，不断调整自己，使人格结构不断发展。教育的作用在于，为受教育者创造教育时机，促进心理矛盾向有利于健康人格发展的方向转化。

1.扩大青少年的生活面

人只有在社会交往中，在实践中，才能广泛接触环境中各种因素的刺激，观察生活、体验生活、学会生活。实际生活，是一种微妙的、多层次的、体验性的东西，只能从生活中学会生活。例如，爱的情感只有在给予中，在交流中，在体验中，在理解中，才能获得。因此，要努力扩大青少年的生活面，在生活中、实践中，根据不同的教育对象，创设不同的教育时机，如对自卑感强的学生委以重任；对过于自信的学生提供有某种他不具备的特殊能力的榜样；对因受到挫折而悲观失望的学生给予热情的关怀；在某种特殊的情境中提出相应的人生警句；给学习、生活条件优越的学生创造某种艰苦的经历等等，让他们去感受、体验。

2.帮助受教育者牢牢抓住环境中有价值的偶然因素

在我们的社会，光明的一面是主流，生活给人们的馈赠是丰富的、珍

贵的。但很多宝贵的东西，能引起青少年积极情绪体验的偶然因素，在他们的脑际一晃而过，不能成为自己的精神财富。在教育中，教育者要创造某种教育时机。例如，一项集体活动后让学生自我小结，以"我最难忘的一件事"等题目让学生作命题作文；针对环境中出现的某一件事组织学生开展讨论等方式，让学生在生活中细心观察，认真体验，牢牢抓住各种有价值的东西加以放大，在某些偶然事件中，顿悟人生的真谛。

3. 提高受教育者的评价能力、选择能力

现实的社会生活是丰富多彩的，也是纷繁复杂的，人们既要全身心地去感受光明、美好，也要有承受、应付各种挫折、打击的能力。社会生活每时每刻都在发生大大小小的，急剧或缓慢的变动，永远摆脱不了社会生活的现代人时时刻刻处在社会生活事件的包围之中。对于社会生活经验不足，生活阅历短的青少年，迅速做出正确判断和选择，是一件十分困难的事。因此，帮助受教育者掌握评价事物的标准，提高选择能力，进而完善自我，适应社会，是教育工作的一项重要任务。

（原载《学校思想教育》1993 年第 2 期）

论加强高校德育的有效性

1994 年底，湖北省思想政治教育课程建设研究会在本省 10 所高校中就大学生爱国主义思想状况作了一次广泛调查。调查结果表明，各校均已采取多种形式开展爱国主义教育，但大多数学生对爱国主义教育并不满意，并不满足。调查中，对当前爱国主义教育表示相当满意的 45 人，占 4.1%，满意的 181 人，占 16.4%，两者累加仅为 20.5%；而不太满意的有 336 人，占 30.5%，不满意的 152 人，占 13.8%，两者累加为 44.3%；另有 1/3 的学生选择一般。这一结果令人深思。

现在，中央十分重视精神文明建设，重视德育，发出了加强精神文明建设和学校德育工作的一系列文件。大政方针已定，关键在于落实。我们正处在由计划经济向市场经济过渡的转型时期，出现了很多新情况、新问题、新矛盾。青年学生生活在新中国成立以来最开放，大众传播媒体发达，也是人们的价值冲突最显著、最激烈的时期。因此，德育工作者要保持清醒的头脑，转变德育观念，努力分析新情况，研究新问题，探索德育规律，提高教育的有效性。我们正以此为课题进行广泛、深入的研究，这里谈谈目前的几点粗浅认识。

一　深化教育内容，是提高有效性的基础

大学德育的内容主要是向学生进行爱国主义、集体主义和社会主义教育，这是十分明确的。现在的问题在于，面对转型时期出现的新情况，怎样深化教育内容，取得教育实效，这是提高德育有效性的基础。我认为以下几点是十分重要的。

　　首先，要帮助学生掌握邓小平建设有中国特色社会主义理论的科学体系，正确认识有中国特色的社会主义。党的十四大对邓小平建设有中国特色社会主义理论作了新的概括、系统阐述和科学评论，并郑重地将其确定为长期指导我们思想和工作的理论基础，把它和马克思主义、毛泽东思想并列写到了党的旗帜上。特色理论是当代中国的马克思主义。学习特色理论，是大学思想教育最核心的内容。但是，现在对这一理论的学习，仍没有引起足够的重视。在工作计划中，往往写在指导思想上；在教育中，常常挂在口头上；甚至有人十分错误地认为它"一看就懂、一学就会"，没有花大气力组织学习。因而，一些根本的思想认识问题，得不到有效的解决。对特色理论的学习，一是要弄清它的由来，产生的历史必然性，在马克思主义发展史上所处的历史地位及其深远的理论意义和实践意义。二是要弄清它的科学体系。这一理论系统地正确回答了在中国建设、巩固、发展社会主义的一系列基本问题——社会主义的道路、发展阶段、根本任务、发展动力、外部条件、政治保证、战略步骤、领导力量和依靠力量等，对此应有充分的了解。三是要抓住它的首要的基本问题——什么是社会主义，怎样建设社会主义，学深弄透。特色理论学好了，很多问题可以迎刃而解。

　　其次，要帮助学生实现观念的整合。教育社会学家张人杰教授指出，当前德育的难点是实现观念的整合，这很有道理。建立市场经济体制，必然要求确立与之相应的观念体系。但这些观念与社会主义精神文明的要求，与我国的传统观念之间，既有一致性，也有不一致性。这就必须实现三者的统一、整合，才能形成一个有机的观念体系。例如，竞争是商品经济的一般规律，商品经济的活力在于竞争。在商品经济中，"只有通过竞争的波动，从而通过商品价格的波动，商品生产的价值规律才能得到贯彻，社会必要劳动时间决定商品价值这一点才能成为现实"[1]。竞争可以迫使企业讲求经济效益，促进企业的技术进步；竞争有助于促进企业经营机制的转换，增强社会经济的活力；竞争有利于人才的发现、使用和成长。但无论怎样公正、公开的竞争，都难免带来消极现象，造成对一些人的伤

---

[1] 《马克思恩格斯全集》第二十一卷，人民出版社1965年版，第215页。

害。因此，竞争与我们倡导的合作如何实现整合，这是值得认真研究的。又如，市场经济必然以利益为导向，引导人们追求最大的利益，这与社会主义要求的奉献精神如何整合；市场经济要求人们树立效率观念，这与公平观念如何整合，等等，这些都是摆在我们面前的新问题。如果不正视这些问题，学生头脑中的观念就会产生冲突，造成困惑，教育就难以收到好的效果。

第三，要帮助学生提高选择能力和创造能力。相对于计划经济而言，在市场经济条件下，社会在职业选择等方面给人们提供了更大的自由，在取得个人成就方面要求人们有更强的创造力。然而，我们的不少毕业生对此很不适应。原因之一，是以往的教育总是停留在教育学生"应该怎样"，"应该干什么"上，却很少考虑学生在"想什么"，"想干什么"，"根据我的性格、特长，我能够干什么"以及"在现实社会中，怎样去实现自己的理想"。学生应该尊重父母，关心他人；应该热爱祖国，热爱人民；应该树立远大理想，为社会做出自己的贡献……，这些当然是必不可少的。但是，社会现实是复杂的。家庭、企业、国家对人才的要求有一致的地方，也有不一致的地方；各个企业、单位对人才的要求更是千差万别。因此在教育中，既要进行"应该"的教育，又要进行"能够"的教育，才能帮助学生正确认识社会，认识自我，提高选择能力和创造能力。在计划经济向市场经济转变的过程中，青年的角色适应有一个从被前辈规范行为的从属者向自我规范行为的主动者转化的过程，把握自己，选择未来，是十分重要的。

二　引导学生参与教育过程，是实现有效性的关键

教育界有人提出："教育是由他人教育和自我教育构成的统一体，也就是说，教育活动是由教育者的施教和求教者的自教这种双边活动共同组成的。"[①] 我认为这是非常正确的。以往的教育效果欠佳的原因，首先在于部分教育工作者将教育仅仅理解为他人教育，严重忽视受教育者的自我教

---

① 　张晓静：《自我教育——当代学校教育的主题》，《教育研究》1994 年第 10 期。

育，不重视让学生参与教育过程。

为什么在德育工作中要十分强调学生的自我教育呢？

首先，每个受教育者都是能动的主体，都有着十分丰富的活生生的内心世界。过去我们往往把受教育者看作被动的客体，教育活动仅仅从教育者的主观愿望出发，认为"我打你通"，"我说了，你就接受，就照着去做"。但实际情况却相去甚远。学生会以自身已有的认识和体验对学校德育的要求进行分析，筛选和加工，甚至加以抵制，而不可能像一张白纸那样任教育者描绘。学生每时每刻都处在一种对自身和世界的思考过程中，他们根据周围的各种影响，经过自己的思考和判断，校正对自我的认识，调整自己的价值观，选择自己的政治方向，改造和完善自己的性格，确定今后的发展道路。

其次，德育不仅具有发展功能，而且具有享用功能。过去我们强调发展功能，帮助受教育者掌握并遵循社会主义的道德规范，要求他们为社会做出牺牲、奉献，这无疑是正确的。但是，正如南京师范大学鲁洁教授指出的，"德育对每个个体来说，除具有发展的功能以外，还具有一种享用的功能。"[1]"所谓德育的享用功能，即是说，可使每个个体实现其某种需要、愿望（主要是精神方面的），从中体验满足、快乐、幸福，获得一种精神上的享受。"[2]人是由物质和精神两个东西支撑的，二者缺一不可。特别是随着社会的发展，人们越来越需要从各种善行、善念中，从各种理想、信仰中寻找精神上的寄托，理念上的超脱，道德和道德教育也就越来越具有精神的价值，自我享用的价值，这是历史发展的必然趋势。同时，随着年龄的增长，个体的充分发展，人们对道德自身的需要也越强烈，从而能够在不断获得的道德提高、人格完善中感受到精神上的极大满足。因此，在道德教育中，不仅要激起学生的内在心理矛盾、思想斗争，而且也应该使他们从内心体验到，从中感受到愉快、幸福与满足，得到自我的充分发展与自由，得到唯独人才有的一种最高享受。另外，我们还应认识到，只有个体在德育过程中不断发展，德育的享用功能才能得以产生和深化；也只有不断地使德育的享用功能得以发挥，个体的道德发展、人格完

---

[1][2]　鲁洁：《试论德育之个体享用性功能》，《教育研究》1994年第6期。

善才能得到最内在的动力，并产生积极的效果，德育的最高发展性目标才能得以实现。认识到了这一点，将有助于进一步加深我们对自我教育的必要性与可能性的认识，使德育成为人们乐于接受的教育，从而提高教育的有效性。

第三，开放的社会环境为学校引导学生进行自我教育提供了充分的条件。开放是现时代的显著特征，市场经济的确立为自我的确立和自我教育的发展提供了可能。市场经济的确立不仅标志着一种新的经济时代的到来，而且也意味着开放的政治体制的确立和人的思想的解放。正是在市场经济条件下，我们确立了经济生活作为社会生活的主体；确立了法制化、文明化的生活和思维模式；确立了参与和竞争的地位以及多元价值的存在，从而使得主体利益、自我意识、自我修养、自我参与、自我判断与选择成为重要的概念和现时代的突出特征，并成为学校教育重心转向自我教育的重要契机。也正是从这个意义上说，市场经济的发展为学校引导学生进行自我教育提供了广阔的天地。

那么，在新的形势下应怎样加强学生的自我教育呢？

首先，要了解教育对象，把教育的立足点放在"启迪"上。如前所述，以往的教育在"应该"上着力比较多，但却很少考虑教育对象在想什么，他们怎样看待这些问题，他们的看法为什么是这样以及他们能够干什么，因而教育缺乏针对性。因此教育一定要建立在对学生的充分了解上，教育内容应立足于启发学生去思考，去自己分析问题、解决问题，并得出判断和结论。

其次，要引导学生参与教育过程，主动积极地接受教育。教育目标、教育内容要转变为学生的思想、意识，必须以实践、思考为中介。而学生自觉参与的教育活动则是最为有效的实践活动。在参与中，受教育者由教育客体转变为主体，由被动转变为主动，从而积极吸收教育信息，自觉体验现实生活中的甜酸苦辣，形成自己正确的认识和观念，例如，某校组织学生举行周末座谈会，教师和学生围绕大家关心的某些问题，在一起各抒己见，收到了良好的效果。一位学生说："在那争辩声中，即使你一声不吭地做听众，思想也会得到升华，精神也会得到填补，令你自觉不自觉地卷入辩论中去了。"另外，教学实践是学校最主要的实践活动，如何吸引

学生参加教学过程，在教学过程中实施思想教育，也是一个值得十分重视的课题。

再次，要重视受教育者所受环境影响或人生体验等"偶发性学习"。青年学生处在社会生活之中，并参与社会生活，改造社会生活。而社会生活作为一个整体的文化氛围，又无时无刻不在影响着青年，这种影响是全方位、多角度的。在这一过程中，有时教育者或长者的一句话，身边的一件小事成一个刺激，会像"触发器"一样，改变学生正在形成但又尚未稳定的心理结构、人格结构，进而影响他们的一生。因此，在教育过程中，我们应十分重视偶发性因素的影响，帮助受教育者牢牢抓住一个个关键的人生瞬间，促使他们自觉进行人生体验，从现实生活中吸取有益的营养，从而不断丰富自己，完善自己。

三 正确面对社会影响，是提高有效性的重要环节

在当前的思想教育中，大家感到困惑的一个问题是，面对强大的社会影响，学校教育该怎么办？有的同志惊呼，"6+1 = 0"，即六天的学校教育，全被一天假日的社会影响抵消了。为此，提高教育的有效性，就必须认真研究学校教育和社会影响的关系，特别是要弄清社会影响的特点、学校教育的作用、面对强大的社会影响学校教育怎么做才能有所作为等问题。

人生活在社会之中，任何人都不可能脱离社会的影响。社会影响的特点主要表现在：首先，大学生处在一个开放和思想活跃的、处于社会信息交流前沿的环境中，与中学相比，大学的信息渠道大大增多，信息传递迅速，横向交流增加，因而社会对大学生产生的影响是强有力的。其次，社会影响缺乏计划性、系统性。社会政治经济生活是不断变化、发展的，其影响的内容、重心也经常在变化和转移。第三，这种影响具有多样性、复杂性和曲折性的特点。有自觉的，也有自发的；有积极的，也有消极的；在时空上分布不均，有主有次，有先有后，有强有弱。

学校德育具有目的性、可控性、综合性和科学性等特点，但这些特点都不可能在脱离社会影响的情况下实现。苏联教育家 A.T. 哈尔切夫说：

"教育，作为一种有意识的、有一定目的的行为，它的使命不是代替客观的社会影响，而是要从这种影响错综复杂的过程中，揭示那些对于塑造所需个人'模式'最有利的因素，并借助于整个教育手段体系加强这些因素的教育作用，尽可能地克服那些于教育目的不利的影响。"[1] 这一论述很有见地。它十分清楚地说明了面对强大的社会影响，学校教育应该做什么，能够做什么。

　　首先，要扩大青年学生认识的时空范围，使他们历史地、国际地、全面地把握社会现实，加强对社会认识的深度。青年人，由于生活空间的局限，总是用局部的、感性的认识来衡量、分析社会现实，这就难免带有片面性。因此，帮助学生树立国际眼光、历史眼光，正确把握社会的本质和主流，就显得十分重要。例如，对当前社会上存在的腐败、分配不公、社会治安不好等问题，如果就事论事，则说不清楚。这就要求我们必须通过教育，帮助青年学生清醒地认识到，现在我们正处在由计划经济向市场经济转轨的特殊转型时期，这一时期存在以下特点：（1）两种体制并存，既不是计划经济也不完全是市场经济，因而带来很多很复杂的问题；（2）市场经济尚处于初始阶段，还不成熟，还存在诸如机会垄断、竞争初始条件不平等等现象；（3）市场经济是法制经济，但现在法则、规则还没有完全建立起来，因而有空子可钻；（4）思想观念处于激烈变动之中，道德约束减少，因而犯罪、不道德行为猛增。这些问题的解决，有赖于社会主义市场经济体制的逐步建立，特别是相关的法规、规则的建立。另一方面，从历史上看，现在是中国几千年历史上少有的太平盛世。如果我国由传统社会向现代化迈进的时间从 1840 年算起的话，那么，近 10 多年则是加速转型时期，这 10 多年创造的财富，给国家带来的变化，超过了以往 140 年的总和。从国际上看，我国改革的成功是获得国际公认的，由于经济的迅速发展，中国的国际地位已大大提高。对社会的准确、全面的认识，是正确接受社会影响的前提。

　　与此同时，要运用邓小平建设有中国特色社会主义理论来研究社会现实，得出若干中程理论，用以说明现实问题，提高理论对社会现实问题的

---

[1]　[前苏联] A. T. 哈尔切夫：《论教育过程辩证法》，《哲学研究》1991 年第 1 期。

解释力；要组织学生参加变革现实的活动，接受社会实践锻炼，这是他们接受政治、思想、道德教育，由知到行的必经途径，否则就会失去了解社会、变革社会的条件，成为思想贫乏、感情冷漠、缺乏社会适应能力的书呆子；要提高教育者自身的素质，并营造一个良好的学校教育氛围，对学生实施潜移默化的教育。

（原载《高等教育研究》1995 年第 4 期）

迎难而上推进思想政治教育进网络

一　充分认识思想政治教育进网络的复杂性、艰巨性

网络作为传播媒介，它的开放性、时效性、匿名性及个体参与性等特点，决定了它是一柄双刃剑，其影响是双重的，呈现出矛盾性。具体表现为以下几个方面。

1.开放与封闭。网络是一个开放的系统，通过它，人们可以及时高效地了解全球范围内的最新信息，可以和世界上任何一个地方的任何人交流。但另一方面，它局限于网络世界，从这个角度看，它又是一个封闭的系统。如果沉迷于网络世界，与真实世界交往减少，就会成为人们通常所说的"网虫"。

2.虚拟与现实。网络技术为人们提供了多媒体仿真画面，使人们犹如身临其境。一些网上行为，如聊天、交友，能够满足人们的现实需要。但虚拟世界不等于现实。有新闻报道，一个博士生上网一周后竟不知自己为何物。这说明，如果沉溺于虚拟世界，会导致人格的异常和心理障碍。

3.平等与垄断。网络为人们提供了平等的文化参与机会。表面看来，在网上人人平等，但在网上具有优势地位的一方实际上起着控制作用。信息时代的斗争，很大程度上体现在信息的交锋上，谁能让自己的信息最大限度地进入人们的头脑，谁就赢得最后的胜利。目前国际互联网上的90%信息为英文信息，西方文化正借助这一语言优势，渗透到世界的各个角落，传播其价值观。

4.共享与独占。网络上的信息可同时为众多的使用者所共有，给人们带来同样的选择和机会。但是，有机会接触网络、经常享受网络传输的

人，实际上成为网络的独占者，这造就了他们与那些知识程度低、接触网络机会少的人之间的距离的增大；国家与国家、地区与地区之间鸿沟的拉大。

5. 自由与自律。网络给了人们充分的自由，网络的隐蔽性、虚拟性易使一些缺乏自制与道德的人走入破坏性发泄的误区，导致高科技犯罪；网络尤其要求人们具有高度的自律，只有遵守共同的道德和法则才能保证信息的安全与网络的可靠，从而获得真正意义上的自由。

互联网中呈现的这些矛盾特点充分说明，在网络世界，思想政治教育工作完全大有可为，它为思想政治工作提供了新的机遇。

1. 网络使得思想政治工作的社会化程度得到大大地提高。过去传统的大学思想政治教育往往局限于课堂教育，校园文化对学生的影响占主导部分。网络的出现，把学生带入到一个更为广阔的天地，通过网络，学生了解到社会乃至世界上的各种社会现象、思想观点、文化思潮、学术流派，使得思想政治教育的社会化程度得以大大提高。过去，我们常常说，半年学校思想教育的成果，一个假期就被冲垮了。网络拆掉了学校与社会之间的围墙，学生不再生活在象牙塔中。因此，只要我们加以正确引导，思想政治教育的效果将会更为坚实。

2. 网络可以使我们了解到更为真实的学生思想动态，从而使思想政治工作更加具有针对性。特别是一些受到普遍关注的校园和社会热点问题，同学们都会在网上发表各自的观点、意见，进行交流、讨论，这都是学生真实思想的流露。我们可以通过收集、整理、分析，找出对策。

3. 网络世界大容量的信息可以丰富思想政治教育的素材；网络传播的多媒体（文字、画面、声音）特性可以使思想政治教育更具有艺术的感染力；网络传播的即时性可以使得思想政治教育更具有时效性。

4. 将网络思想政治教育与实践教育相结合，可以优势互补，提高教育的实效。

如何利用网络加强思想政治教育？我们认为三十六计，"上"为上。

在少数人还在拒绝计算机、拒绝网络时，学生和青年教师已经走在我们的前面。据统计，在重点大学，学生上网率已达到62%，有的青年教师在利用网络查询资料，从网络上获取信息，还有的已开设了自己的网站。在利用网络进行思想政治教育方面，部分院校已进行了有益的探索。华中科技大学党委宣传部开办的"华中大新闻网"，坚持以正确的舆论引导学生，受到广大师生的欢迎。开办以来，已有30万人次的访问量，平均每天达2000人次。尤其是他们首次在网上进行华中科技大学成立大会现场直播，为并校的顺利进行做了有益的宣传工作。全国大学生文化素质教育基地网站，利用我校文化素质教育丰富的资源进行网上人文教育，传播文化素质教育信息，在校内外产生了较大影响。图书馆结合学校开展的读书活动，建立了"读书网"，指导读书活动，同时，也为学生在网上进行读书心得交流提供阵地。此外，如计算机系的"阳光创意网站"、电力系学工组的网站、交通学院的"华通网"、宣传部的BBS论坛等，都吸引了众多大学生，收到了良好的教育效果。

二 思想政治教育进网络要有切实措施

认识是根本，措施是保障。为了加强网上思想政治教育，学校进行了认真研究，决定进一步加强领导，采取措施，争取思想政治教育进网络工作有一个崭新的发展。

第一，完善网络，建立一批有影响的网站。

学校已经做出规划，加大投入，分批建设，2002年实现学生宿舍全部连入互联网，逐步形成网络化校园。同时要建设一批有影响力的站点。特别要集中力量建设好一批有基础、有特色的站点，使之成为利用网络进行思想政治教育的领头羊。这些网点包括"华中大新闻网"、"华夏读书网"、"校长信箱"、"连心桥"、"全国大学生文化素质教育基地网"、"学工在线"等。

第二，精心策划，开展丰富多彩的网上活动。

网站的生命力在于内容，在于特色，在于充分发挥网络传播的优势，而不能简单地将传统的思想政治教育的模式移植到网上。如果不能结合网络传播的特点进行创新，站点再多也没有吸引力，学生访问人次少，点击率不高，思想政治教育进网络就很难达到预期的效果。

1.坚持网上有党、团组织的声音。当前，尤其是要注重学习邓小平理论、江泽民同志关于"三个代表"的讲话精神，确保思想政治教育进网络工作有一个正确的理论导向。同时要围绕一些重大的政治问题、意识形态敏感问题、影响稳定大局的问题，旗帜鲜明的发表评论，进行积极的引导。对错误思潮要敢于开展批评。

2.要传播介绍优秀的民族传统文化和国外的优秀文化成果，使学生进一步树立民族文化的认同感和自豪感，同时，使他们了解世界各民族的优秀文化，拓宽视野。做到既积极加以介绍，又注意加以正确引导。

3.要使网络成为沟通学校与学生之间的桥梁。既要让学生通过网络表达自己的意见、观点，又要注意收集这一方面的信息，及时加以整理、分析。化解矛盾，维护稳定大局。

4.要根据网络传播的特点，开展丰富多彩、生动活泼的网上教育、交流、讨论等活动。要精心策划，开展融思想性、知识性、趣味性于一体的网上校园文化活动，如可开设网上论坛，对重大问题、热点问题进行讨论，并加以正确引导，利用重大节日、重要事件等契机，在网上开展富有冲击力的思想教育活动。

第三，完善规章，加强网络道德教育，保证网络宣传的健康发展。

1.加强对网络的监控，注意收集、分析网上信息。领导干部要经常上网，通过网络了解师生的思想动态。对于有益的信息，要采取措施，扩大影响，使更多的学生从中受益；对于不同的声音，要进行分析，加以正确的引导；对于有害的信息，要坚决予以删除，决不允许其在网上流传、泛滥；对于问题严重、危害较大的网站，要严格依据法律法规，坚决予以关闭。

2.要结合本校、本单位的实际，出台网络管理的纪律、规章，使网络管理做到依法办事，有章可循。为此，我校制定了"华中科技大学学生使用校园计算机网络管理办法"，学校颁布了"关于严肃网络纪律的通知"，宣传部下发了"归口管理学校各网站新闻信息的通知"，以规范网上秩序，严肃网上纪律。其中规定了不得泄密、不得制作、复制、传播各种违反宪法、法律和行政法规的信息，不得从事危害网络安全的活动，规定了处罚办法。同时规定，任何学生组织或个人未经学校批准，不得私设网络服务器。

3.要加强网络道德教育，建立网络道德规范。网络世界是一个新的道德领域，其中出现的道德问题尤其值得注意。由于网络传播具有匿名性，为一些人传播不负责任的信息，甚至进行人身攻击提供了便利条件，例如，黑客，盗用他人账号，甚至出现了网络犯罪。对此，要引起足够的重视。一方面，要采取监控措施，对网络犯罪进行打击，另一方面，要加强网络道德教育，使大家明白，网络世界也是自由与责任相统一的世界，是一个有着道德规范的世界。加强网络法制、责任、政治、安全意识教育，本身也是网络思想政治教育的一个重要内容。

（原载《中国高等教育》2001 年第 3、4 期）

深刻认识和充分发挥社会实践在大学生
思想政治教育中的重要作用

大学生社会实践是指按照高等教育目标的要求，有组织、有计划、有目的地引导大学生深入实际、深入社会、深入生活，从而提高其全面素质的一种教育活动。大学生社会实践是高等教育的重要环节，特别是在大学生思想政治教育中具有重要的作用。做好社会实践教育工作，要充分认识社会实践教育的重要意义，研究社会实践教育的特点，探索社会实践教育的途径。

一　认识社会实践教育的意义和作用

实践性是马克思主义哲学的最本质、最重要的特征之一，是马克思主义哲学区别于和超越于一切唯心主义和唯物主义的最根本之点，是马克思主义哲学保持自己的科学性、革命性和批判性，从而能够不断自我更新、自我发展的根本动力。马克思主义认为，人的社会生活在本质上是实践的。一方面，作为一种感性的现实的人类活动，实践是人与外部世界进行物质、能量和信息变换的最基本方式。但实践又是有意识、有目的地进行的，是人的理智、情感、意志等内在本质力量的对象性表现，也是人的自觉性和自由精神运动的最现实表现。实践是借助于一定的工具而展开的中介性活动，它集中地体现着人类理性的机巧，实现着由客体的自发运动形式向人的自觉活动形式的转换；它是实现人的内在认识和外在事物的尺度的统一的现实过程。实践又是一种革命的批判的活动，是人批判地处理自己同外部世界的关系、参加自然界的辩证运动过程、能动地创造自己的社会历史存在和社会生活、建构自己所追求的理想世界的最根本最现实的途径，因而是人的创造本质的具体表现形式、实现形式和确证形式。

另一方面，马克思强调从实践方面来理解人的内在本质和人的价值，认为对现存世界的理论批判和实践批判，对未来理想世界的观念建构和实际建构，是人的最本质的功能特征，也是人的社会价值之所在。人正是通过自己的批判和创造性实践，参加并影响着现存感性世界及其发展方向，促成了它向着人的世界的生成运动。

社会实践是高等教育中不可缺少的有机组成部分，是重要的教学形式，是高等教育的专业性要求，也是世界高等教育发展的共同趋势。^① 社会实践对大学生思想政治教育更具有十分重要的意义。"教育活动就是通过人的主体选择把人的发展中所蕴含的某一种（或几种）符合教育目的的可能因素从人的现实的发展结构中呈现出来，并使它在整个发展运动中起支配作用，改变自然状态下的发展过程，以期形成目的所规定的理想品质。"^② 社会实践，正是完成这种转换、构建的中介。"实践是主观世界和客观世界的一种转换器，它所实现的是两种转换：一方面，客观世界通过实践转换为主观世界，实现主观世界与客观世界的同化，即在改造主观世界的实践中，每个个体通过与一定历史时代人所创造的人化世界交互作用而获得相应的规定，获得人类社会所共有的智慧；而另一方面，实践按其本质而言所主要实现的却是另一种转换，那就是将人的理想存在转换为现实存在。"^③

党和国家十分重视大学生社会实践。小平同志指出："列宁之所以是一个真正的伟大的马克思主义者，就在于他不是从书本里，而是从实际逻辑、哲学思想、共产主义理想上找到革命道路……"^④ 早在 1953 年，政府就制定了《关于加强高等学校与中等学校学生实习工作的决定》，强调实践环节对国家建设人才培养的意义；1987 年国务院批转了原国家教委

---

① 王荣党：《大学生社会实践的理论渊源》，《学术探索》2000 年第 3 期。

②③ 鲁洁：《教育：人之自我建构的实践活动》，《教育研究》1998 年第 9 期。

④ 《邓小平文选》第三卷，人民出版社 1993 年版，第 292 页。

95

《关于改进和加强高等学校实习和社会实践工作的报告》，指出"青年学生只有在学习科学文化知识的同时，积极参加社会实践，更好地了解社会建设和改革开放的实际，了解人民群众的思想感情，才能逐步锻炼成社会主义建设所需要的德才兼备的合格知识分子。"1999年，中共中央、国务院《关于深化教育改革全面推进素质教育的决定》中指出："实施素质教育，就是全面贯彻党的教育方针，以提高国民素质为根本宗旨，以培养学生创新精神和实践能力为重点，造就有理想、有道德、有文化、有纪律的德智体美全面发展的社会主义建设者和接班人。"中央16号文件强调："社会实践是大学生思想政治教育的重要环节，对于促进大学生了解社会、了解国情，增长才干、奉献社会、锻炼毅力、培养品格、增强社会责任感具有不可替代的作用。"社会实践对大学生成长的重要作用表现在：

1. 了解社会、了解国情，增强社会责任感。

热爱祖国，献身社会，前提是要了解社会，了解国情。大学生由于从学校门到学校门，十分缺乏社会实践体验，容易造成认识的片面性、思维的局限性。他们往往用理想主义的眼光来看待社会和人生，对改革开放事业抱有很高的期望，但对改革和建设的复杂性和艰巨性认识不足；当事业取得成就时，兴奋无比，当事业遇到困难时，则垂头丧气，甚至产生不满情绪；缺乏艰苦创业精神和应有的社会责任感。通过组织社会实践，让大学生走出校门，到工厂、农村，去感受、体验，可以使他们既充分了解社会主义建设所取得的巨大成就，又看到由于多种原因所造成的发展不平衡，特别是部分农村的贫困状况，学习工人、农民善良、纯朴、勤劳的优秀品质，从而真正了解社会，了解国情，增强社会责任感。一些大学生对贫穷落后的农村地区进行社会调查后，在调查报告中写道："通过考察，我们亲眼看到了部分农村贫困落后的状况，改革发展不可能是一蹴而就的。我们以前在学校里一味坐而论道，评头品足，甚至发牢骚，现在，现实唤醒了我们，我们应当成为改革建设的参与者，应对社会尽一份责任。"一些学生看到西部、山区贫困的状况后，更是下定决心，毕业后志愿到这些地区工作，以实际行动报效社会和人民。

2. 锻炼毅力，培养品格。

爱因斯坦认为："一个人为人民最好的服务，是让他们去做某种提高思想境界的工作，并且由此间接地提高他们的思想境界。"① 亚里士多德说："理智的美德由教学产生和发展，道德的美德由习惯而来。我们首先是通过练习道德的美德才能获得它们；由于实行公正的行为我们才变得公正，由于实行节制和勇敢，我们才变得节制和勇敢。"我国思想家、教育家王夫之提出："德者，行焉而有得于心之谓也，行而有得谓之德。"这些论述都说明，人的思想品德形成离不开实践。任何思想品德都是由知、情、意、行四个因素构成，只有这四个因素都充分发展了，良好的思想品德才能形成。实践是认识的源泉，是认识发展的动力，是检验认识真理性的唯一标准，也是认识的最终目的。大学生从书本上学到的知识，有待于在实践中加深理解，同时，在实践中还可以学到很多从书本上学不到的丰富、生动、鲜活的知识。情感培育、意志锻炼、行为训练更离不开实践。大学生亲自在实践中经过多次尝试，亲自感受和证明某一认识的正确性，才能产生情感和信念。在火热的生活中感受，在感受中感动，在感动中净化心灵。实践是意志形成的关键。一个人意志从脆弱到坚强必须通过实践活动的具体化、对象化的过程，在成功与失败的磨炼中得以实现。人的道德品质只有在行动中才能养成，才能体现。知道为智，体道为德。一个人只有用自己的言行、习惯将自己选择的"道"体现出来，才称得上德。大学生通过社会实践，置身于具体活动环境中，耳濡目染，将社会公认的法律制度、道德规范、价值观念等因素吸收到个人思想中，内化为个人人格的重要组成部分；同时，个体内化的知识通过适当的方式"外化"，在与他人的互动过程中体现出来，实现对社会的认同感，形成自己的个性。

3. 增长才干，奉献社会。

教育学家叶澜教授指出："教育主题是如何使孩子发展、成长好，而这样的成长和发展绝不是在教师、家长培育、扶植下的发展和成长。教育应该使孩子在独立面对世界的时候，学会同世界对话，学会从周围的环境中汲取营养，能够面对困难、抓住机遇，找到自己的幸福。……今天的世界变得越来越复杂，很多问题的解决不仅要靠知识，更要有智慧。从知识

---

① 《爱因斯坦文集》第三卷，商务印书馆 1979 年版，第 32 页。

向智慧转化，必须具备多种知识相互沟通和融合的能力。"① 面对复杂多变的世界，大学生需要智慧、能力，而智慧能力的形成离不开社会实践。在社会实践中提高大学生能力，增长才干，突出表现在三个方面。一是提高认识能力、选择能力。智力的核心是认识能力。人的认识要经过感性认识上升到理性认识，必须在实践的基础上占有丰富而真实的感性材料。大学生通过社会实践，主观认识见之于客观，在发现问题、分析问题和解决问题中，将主观认识系统与行为系统有效地连接起来，达到知与行的统一，从而推动认识能力的提高。人的一生是选择的一生，提高大学生的选择能力十分重要，而选择能力也只有在实践中、在比较中，才能逐步提高。二是培养社会活动能力、独立工作能力、社会适应能力。社会实践具有开放性、社会性。大学生在社会实践中，通过独立设计实践方案，与各方面人士广泛交往，多次反复试验，解决实际问题，总结实践成果等，其社会活动能力、独立工作能力、社会适应能力等得以提高。三是培养创造、创业能力。大学生创新、创业是时代发展的要求。创造能力是指创造者利用已积累的丰富知识，在头脑中独立地创造新形象、提出创见和做出发明的能力。它包括提出问题、发现规律的能力，创造性地分析问题和解决问题的能力，发明新技术、创造新产品的能力等。社会实践中遇到的一系列问题，迫使学生深入思考，综合分析，激发创造灵感，创造新的成果，改变了他们被动接受知识、实践机会少，因而动手能力差、创造能力低的状况。创新、创造是创业的前提，通过到企业公司兼职、助工助学、创办企业和注册公司等方式，可将自己所学知识、创造成果应用于社会，从而培养创业能力。社会实践应双向受益，一方面，大学生从社会实践中得到锻炼，另一方面，通过社会实践，回报社会，奉献社会。

二 研究社会实践教育的特点

充分发挥社会实践在大学生思想政治教育中的作用，必须弄清社会实

---

① 《教师素质决定教育未来》，《光明日报》2002 年 9 月 19 日。

践的性质和特点。与教学、科学研究训练及其他活动相比，社会实践以社会为课堂，以人民为教师，以社会生活为教材，以学生自觉能动参与为主要教育途径。具体而言，社会实践具有如下特征：

1. 自觉能动性。

实践唯物主义认为，人改变着环境，环境也改变着人；而环境的改变和人的活动一致，只能被理解为革命性实践。也就是说，改变着环境又因此自我改变着的人的活动，在本质上是实践的。实践意味着人的活动是自觉自为的感性对象性活动，意味着人作为主体，外部世界作为对象（客体）的相互生成和相互规定。实践这一人的感性对象性活动，一方面否定并超越着人与外部世界及其关系的既定性状态，另一方面则肯定和实现着人与外部世界及其关系的新的可能性，从而发挥创造和建设功能。人与世界的相互作用，相互转化，生生不息，发展日新，正是经实践不断实现的。可见，实践不仅是人的自我肯定、自我发展的手段、途径，同时也是人和人的世界得以同生同荣的机制、根据。大学生通过社会实践，在改变环境的过程中，认识自我，认识社会，认识自我和社会的关系，从而树立正确的奋斗目标和价值取向，认清形势，明确使命，增强社会责任感，达到改变自我的目的。

2. 社会性。

"人生而无知无能，他不是生而就能成为实践主体的，因为任何人的实践都不是个体孤立的活动，而是社会性的实践，实践只有在社会中才有可能。"① 按照马克思主义的观点，社会是人们相互交往的产物，是各种社会关系的总和。马克思说："社会——不管其形式如何——究竟是什么呢？是人们交互作用的产物。"② 他又说："生产关系总合起来就构成所谓社会关系，构成所谓社会，并且是构成为一个止于一定历史发展阶段上的社会，具有独特的特征的社会。"③ 社会是由人们互相交往而产生的，以物质的生产关系为基础，有着一定的行为规范、组织结构和文化制度的人类共同生

---

① 鲁洁：《教育：人之自我建构的实践活动》，《教育研究》1998 年第 9 期。
② 《马克思恩格斯选集》第四卷，人民出版社 1995 年版，第 532 页。
③ 《马克思恩格斯选集》第一卷，人民出版社 1995 年版，第 345 页。

活的群体。社会实践具有社会性，大学生自己看书学习、思考、听课、考试等，不能称之为社会实践。只有在社会中（包括学校社会），以社会生活为教材，以人民为教师，在与他人的交往中改变环境，而又自我改变的活动，才称之为社会实践。

3.开放性。

社会实践包括改造外部世界的实践和改造主观世界的实践。教育在某种意义上说，首先是要改造人的主观世界。鲁洁教授指出，人的主观世界的改变与发展不是一种纯主观状态下的活动，而是通过主客体之间所建立的特定关系、所进行的特定活动而实现的。在这种相互作用的活动中，客体以信息变换的方式经过改造而作用于主观世界，主体通过自身的足够活动将之纳入自身的心智结构而获得发展。主客体关系的变化与发展是实现主观世界发展的一个重要方面，它说明主体的发展不是在一种自身封闭的体系中完成的，而是在主客观世界相互关系中实现的。实践是主观世界和客观世界的一种转换器、中介。首先，它在主客之间相互开放。同时，社会实践的内容、范围也是开放的，它不局限于课堂，而是面向校园的方方面面，面向国内各行各业，面向世界各国。

4.专业性。

高等教育是以培养高级专门人才为宗旨的专业教育，其教学内容有一个显著的特点是专门化程度较高，职业定向性较强，学生毕业后多数人都需要在社会各个实践领域从事与自己专业相关的职业活动，为社会服务。学科、专业作为一种亚文化，对人的发展起着定向和规范作用。它引导人的道德品质的定向发展；影响学习者的价值观、思维方式；对学习者的性格施加一定的影响。正如培根所言："史鉴使人明智；诗歌使人智慧；数学使人精细；博物使人深沉；伦理之学使人庄重；逻辑与修辞使人善辩。"古人云："学问变化气质。"因此，社会实践的内容方式受专业的制约、影响，是一个不可忽视的重要方面。

此外，社会实践还有内容、途径、方式的多样性、广泛性、分散性，需要较高投入等特点，亦需要引起我们的重视。

三　探索社会实践教育的新途径

1.拓宽视野，丰富社会实践活动的内容。

社会丰富多彩，学生千差万别。社会实践活动的方式和内容不同，教育作用不同。例如，社会调查、社会考察能丰富学生对国情的感性认识，使之受到形势政策教育；科技文化服务、挂职锻炼有利于学生在参与实际工作的过程中加深对人民群众的了解，同人民群众建立感情，增强社会责任感，提高解决问题的能力；生产劳动有利于学生增强劳动观念，培养艰苦奋斗的精神；助工助学活动有利于培养学生的自强自立精神，等等。

社会实践的方式、内容可以从多方面考虑，例如，与专业学习相关的科学试验、生产实习、科技发明、创办公司和企业等；与服务社会相关的志愿服务、科技咨询、成果开发、实用技术培训、挂职锻炼、公益劳动、手拉手活动、资助贫困儿童上学等；与学校、教师相关的助研助管、公益劳动、文明校园建设、校园网、校报、校电视台建设、送温暖活动等；与了解社会、了解国情相关的社会调查、社会考察、参观、访问，等等。总之，要拓宽视野，不断丰富社会实践的内容和形式。

2.将社会实践纳入学校教育教学总体规划。

要走出社会实践是大学生课外活动，仅仅由团委、学生会管理的误区，将社会实践纳入学校教育教学总体规划和教育大纲，规定学时和学分，并使之贯穿于教育教学的全过程，即在专业设置、课程安排、实习锻炼等各个环节都要有所体现。

从国外情况看，世界各国特别是发达国家的高校，都将社会实践纳入教学计划。例如，前苏联在本科五年教育计划中规定了 24 周的实习时间；德国的一些高校规定学生必须在工厂实习两次，每次 6 个月；近年来，美国一些工科大学实施"合作教育"，其中有些四年制学校安排不少于 9 个月的劳动和工作。一份资料显示，美国几乎所有的本科生都要参加一些工作，有的则创办了自己的公司。

国内一些大学也开始将社会实践纳入教学计划。例如，华中科技大学为了推动社会实践，1997 年起，将"社会调查"作为本科学生的必修课。这门课程由课堂讲授、暑期社会调查、总结评比表彰三部分组成。时任校长的周济同志在亲自主持召开的"社会调查"课程建设会上，发表了五点意见：第一，充分认识开这门课的重要意义，高度重视这门课的课程建设，要精心组织好配套环节的暑期社会调查与社会实践活动。这既是时代发展对人才培养、质量的要求，也应成为我校加强大学生文化素质教育工作的一大特色，同时，这门课程的建设，对社会学系的发展也大有好处。第二，课程建设的方法可以是社会学系与学生口、教务口共建，其目标是用3年左右时间将这门课程建设成精品课，并为进入21世纪后申报国家级教学改革成果奖做准备。第三，普及与提高相结合，对面上的学生要有课程学习的基本要求，要有考核，要确定课程考试与调查报告的合理比例；同时，对拔尖的学生可考虑开设高级班，通过选修课和再调查的形式使其进一步提高。第四，学生的（专业）生产实习原来只注重专业性，应该增加社会实践与社会调查的任务，要在生产实习任务书中明确提出这两方面的要求。第五，要运用现代化教育手段提高教学效果，"社会调查"课程要考虑制作播放一些对学生有吸引力的电教片，同时教室的扩音和投影设备也要尽快落实到位。在规划社会实践活动时，有的学校实行点、线、面结合的方式，即点上活动以学校组织为主，讲求一个"精"字，组织精细，安排周密；线上活动采取学校资助、各院系组织的方式，讲求一个"特"字，各具特色，百花齐放；面上活动是对全体学生的明确要求，讲求一个"广"字，要求每个学生结合自己的情况，联系家乡的实际寻找合适的方式，参加社会实践活动。这种方式亦值得借鉴。

3.高度重视社会实践基地建设，提高社会实践的质量和效果。

社会实践基地可以起到聚集人才、优化资源、示范辐射的作用。应本着社会与高校共同建设、共同管理，服务社会和服务高校实践教学相结合的原则，建设社会实践基地。社会实践基地可由国家、地方、高校三级建设，三级管理。

首先，建立起示范作用的国家级社会实践教育基地。2000年，教育部提出政策措施，支持大学生社会实践教育基地建设。根据中国长江三峡工程开发总公司和第一汽车集团两家大型企业的申请，教育部决定分别在两个单位设立"国家大学生教学实习与社会实践教育基地"。基地以"实践育人"为出发点，建立了比较完备的教学管理机构和后勤保障机制，聘请了一批兼职指导教师，建立了规范的管理制度。实践证明，利用国家重点工程和国有大型企业的人才优势、资源优势，设立大学生实习和社会实践基地，是提高社会实践质量和效果的有效途径。今后，要进一步推进国家级社会实践基地建设。

其次，建设一批规模化的地方性社会实践基地。各省、市、区、县，应根据本地的特色，发挥地方优势，有计划地建立一批地方性社会实践基地。2002 年，杭州市教委和市农业局、林业局分别建立了占地 13000 亩的大观山素质教育实践基地和占地 20000 余亩杭州世贸长乐青少年素质教育基地。杭州市学生可以到基地进行参观游览、考察访问、调查研究、工业活动、农业活动、科普科技活动、环境与生态保护活动、社会服务、就业培训等。基地建设为学生的健康成长提供了一个规范化的社会实践教育场所，也走出了一条全社会关心和支持学校教育的新途径。

再次，高校应根据实际和专业特点，与地方、单位、社区共建社会实践教育基地。近几年来，不少高校已经与企业、公司、乡镇等签订协议，共建基地，取得了明显的效果。例如，浙江大学主动与企业签订"实习基地共建协议"，利用学校的智力优势，为企业服务，借助高科技园区开拓新的实习内容和场所。在基地建设中，总结了"主动合作，智力输出，互惠互利，实现双赢"的经验。基地建设不仅加强了大学生的社会实践教育，而且促进了学校产学研结合。

4. 创新管理体制，建立大学生社会实践保障体系。

大学生社会实践教育是一个复杂的系统工程，涉及学校工作方方面面，目前学校的管理体制难以适应新形势的需要。创新学校管理体制要从两方面考虑：

首先，要建立相应的管理机构。这种管理机构要能发挥以下作用：统筹规划，使社会实践与专业学习、服务社会、助工助学、择业就业、创新创业相结合；积极引导，引导大学生走出校门，到基层去，到工农群众中去；科学指导，指导大学生正确对待社会实践，掌握正确的方法，从实践中汲取丰富的营养以提高自己；提供保障，为社会实践提供必要经费和其他物质条件；合理评估，提出对院系组织实施社会实践、教师指导社会实践、学生参与社会实践的评估考核方案，并组织实施。机构的设置及运作

方式，有待大家共同探索、创造。

其次，要建立大学生社会实践的有关制度，这些制度应涉及对大学生社会实践教育的要求、实施、保障、评估等方面的内容。

大学生社会实践离不开社会的支持，各级政府、全社会都应给予关心、支持。通过逐步建立有关法规，积极与学校共同建立基地，主动接纳大学生社会实践等方式，推进大学生社会实践工作。学校领导、教师更要主动宣传，积极争取社会各方面的支持。

（原载《高等工程教育研究》2005 年第 5 期）

准确理解教育内涵
加强和改进大学生思想政治教育工作

思想政治教育是教育的一部分，加强思想政治教育工作，首先要科学、准确地理解教育。学校可以培养人才，也可能毁灭人才，关键在于我们对教育的科学把握。

在我国，"教育"二字连用成词，最初见于《孟子·尽心》上篇"得天下英才而教育之，三乐也"一语中。按《说文解字》："教，上所施，下所效也；育，养子使作善也。"《礼记·学记》篇："教也者，长善而救其失者也。"《礼记·大学》篇中第一句话，开宗明义："大学之道，在明明德，在亲民，在止于至善。"《荀子·修身》说："以善先人者谓之教。"

在国外，不少教育理论家都阐述了自己对教育的认识。被大家称为"教育学之父"的夸美纽斯认为，人人俱有知识、德行和虔信的种子，但这种子都不能自发地生长，需要凭借教育的力量，"只有受过恰当教育之后，人才能成为人"。[1] 英国教育家洛克说："人类之所以千差万别，便是由于教育之故。"德国教育家赫尔巴特提出，教育目的就是"德行"，同时"通过教学来进行教育"。因此，他认为，不存在"无教学的教育"和"无教育的教学"。[2] 前苏联教育家加里宁说："依我看来，教育是对于受教育者心理上所施行的一种确定的、有目的的和有系统的感化作用，以便在受教育者的心身上，养成教育者所希望的品质。"美

---

① [捷] 夸美纽斯：《大教学论》，傅任敢译，人民教育出版社 1984 年版，第 39 页。

② [德] 赫尔巴特：《普通教育学：教育学讲授纲要》，人民教育出版社 1989 年版，第 12—13 页。

国教育家杜威主张"教育即生长",他说:"教育就是经验的改造或改组。这种改造或改组,既能增加经验的意义,又能提高指导后来经验进程的能力。"①

我国学者对什么是教育也从各种角度进行了探索,有代表性的观点是:《中国大百科全书·教育》中阐述:"教育是培养人的一种社会现象,是传递生产经验和社会生活经验的必要手段。"《教育大辞典》中认为,教育是"传递社会生活经验,并培养人的社会活动"。南京师范大学教育系编《教育学》:"广义的教育是泛指一切增进人们知识、技能、身体健康以及形成或改变人们思想意识的活动。"潘懋元主编《高等教育学》:"教育是一种社会活动,它区别于其他社会事物的本质属性,是人的培养。"

社会是发展的,随着时代的进步,人们对教育的认识逐渐加深,不同职业、身份、学科的人,对教育的认识也存在差别。但我们在理解教育时必须把握几个基本点:其一,教育的目的在本质上首先是培养人,是"育人"而非"制器"。学生既要成人,又要成才,成人是成才的基础。其二,教育是一种社会实践活动,这种活动由教育者、受教育者、教育环境(教育影响)三个基本要素构成。三者关系是动态的,"在幼儿期,儿童的生存能力还很差,知识极有限,教育者的作用就很大。随着儿童的年龄增长和相随的知识和能力的增长,受教育者的主体作用逐渐增长"②。其三,人是活生生的生命体,有思想、有感情、有个性、有精神世界,教育要以人为本,把人作为主体,以精神提升人,高度重视人的创造性。其四,教育过程是培养学生知、情、意、行的过程,只有知、情、意、行四个因素都发展好,良好的思想品德才能形成。

在实际的教育工作中,人们往往存在对教育的种种误解,准确理解教育必须消除对教育的误解。根据大学教育的现实状况,准确理解教育要着重把握以下三个方面。

---

① [美] 杜威:《民主主义教育》,王承绪译,人民教育出版社 1992 年版,第 159 页。
② 顾明远:《对教育定义的思考》,《北京大学教育评论》2003 年第 1 期。

一 既要重视知识传授，更要重视思想、 灵魂、智慧的培育和塑造

在高等学校的教育中，严重存在重知识传授，忽视思想、灵魂、智慧培育和塑造的现象。学生上大学，认为"我是来学知识的，学专业的"。上大学的目的就是学习专业，将思想政治教育、学会做人，当作外在强加于他的事情。因而，在一部分学生中造成这样一种现象，每学一门课，首先要问，"有没有用？""能否帮我找到理想的职业？"即使学习思想政治教育课程，也是如此。一位思想品德课教师告诉我，上课前，学生问她："你这门课有没有用，能不能帮助我去对付那些极端自私的人？"而教师一般则认为："我是教知识，教专业的，学生思想政治教育是辅导员、政治课教师的事。"我做学生工作时，一位教师对我说："我那个课堂，学生纪律不好，让辅导员来管一管。"我告诉他，作为一名教师，连课堂纪律都管不好，是不合格的教师。

在大学生思想政治教育中，教育效果不理想，教师、学生对教育目的的误解是一个重要原因。一位教育学教授说，毛泽东强调抓关键要牵牛鼻子，现在，德育是关键，我们也牵牛鼻子。但我们是将牛鼻子割下来牵，牛鼻子牵跑了，牛没有动。这个比喻很生动。如果我们强调重视德育，仅仅在加强政治辅导员、政治课教师工作上下功夫，将广大教师、职员排除在外，思想政治教育工作是无法做好的。

中央16号文件的一个重要特点是，从把握教育内涵出发，从整体考虑，加强思想政治教育工作。例如，加强和改进大学生思想政治教育的几条基本原则，第一条就是"坚持教书与育人相结合"。文件进一步指出："高等学校各门课程都具有育人功能，所有教师都负有育人职责"，"要把思想政治教育融入到大学生专业学习的各个环节，渗透到教学、科研和社会服务各个方面"，"要深入发掘各类课程的思想政治教育资源，在传授专业知识过程中加强思想政治教育，使学生在学习科学文化知识过程中，自觉加强思想道德修养，提高政治觉悟"，"把德育与智育、体育、美育有机结合起来，寓教育于文化活动之中"，"要把大学生思想政治教育摆在学校各项工作的首位，贯穿于教育教学的全过程"，"校长要对大学生德智体美

全面发展负责，把思想政治教育与教学、科研、社会服务工作结合起来，同时部署，同时检查，同时评估"，等等。文件说得十分深刻、具体。

贯彻中央16号文件精神，准确把握教育目的，推动领导、教师、职员，特别是广大教师关心、参与学生思想政治教育工作，要解决认识和方法两个方面的问题。

从认识方面看，我们要深刻认识"大学生是十分宝贵的人才资源，是民族的希望，是祖国的未来"。人是一个整体，德、智、体、美不可分割，而德是方向，是人生发展的关键。大学生既要成才，又要成人，成人是成才的前提。同时，教师和学生接触最多，影响最大，不管你自觉不自觉，总在影响学生，问题是好的影响还是坏的影响。一位学生回顾自己的经历，深有感触地说："他们（指教师）生活得四平八稳，都总在影响人的一生。"教师对学生的影响往往是偶然的，潜移默化的。这里举一个例子。

我经常找学生谈心，一次我问一个大学四年级即将毕业的学生，让他说出一件大学四年中印象最深的事。他说，一次上课，教室坐满了学生。教师刚开始讲课，一位学生推门进来。学生进来后，老师出去了。一会儿这位老师搬来了一张凳子，对学生说："同学，请坐，以后不要迟到了。"这位学生的眼泪顿时流了下来。大学四年，我很多事情忘了，但这件事刻在我心里。

从方法方面看，我们要从教师教书育人的实践中进行总结。为了探索教师结合专业教学进行人文教育、思想道德教育的途径、方法，我曾组织教育学的博士生、硕士生对我校一百多位教书育人做得比较好的教师进行深入采访，在采访的基础上，总结出八种方法。这一研究，得到了教育部袁贵仁副部长的充分肯定。这八种方式是：

1.起于知识。科学和道德的最大关联，在于讲实话，帮助人类弄清各种各样的真相。如科学告诉人们：地球是圆的，不是太阳东升西落，而是地球在绕太阳旋转等。只有建立在真实基础上的道德，才是最可靠的道德。为此，教师们在讲授专业的同时，应力图"扩展专业的内涵，将之与广阔的生存空间相连"。如讲授学科、专业发展史，让学生了解所学理论的社会价值；介绍学科发展中优秀科学家献身真理的感人事迹，以激发学生崇高的正义感和责任感；介绍学科中与当前国计民生密切关联的知识，以激发学生献身于造福人类与社会的热情。

2.启迪精神。结合专业教学，培养学生的自我观照、自我领悟、自我理解的反省精神、合作精神、献身精神等。以反省精神为例，一个没有反省精神的人算不上一个高素质的人，没有自我反省，没有确立自我，就谈不上自尊与自律。教师在专业教学中，要注重"让学生反观自身，在自省中提高"，"教师最关键的是要启发学生从自身存在的问题出发去完善自我。"

3.渗透美育。"懂得美便懂得丑，懂得丑便有羞恶之心。""美育可以潜移默化，使人眼界放开，心胸扩大。"教师在教学中，应重视结合科学教育进行美育，挖掘科学中美的因素，让学生体验美；将所传授的知识组织在一幅优美和谐的图画中，让学生感受美；挖掘科学中的艺术价值，让学生的精神在美的意境中升华。

4.行为互动。学生良好思想品德和习惯的养成，严谨治学态度和作风的培育，除了学习知识外，还要靠实践、靠行动，靠教师与学生、学生与学生之间的互为行动。教师在教学中，要严格要求学生，要将自己的言行作为教育、影响学生的特殊教材；同时，还要让学生组织起来开展活动，在活动中相互合作、相互影响，培养团队精神。

5.营造氛围。教学中教师要努力营造一种平等、和谐、民主、宽容、向上的氛围，让学生去感受、体验，这主要体现在：欣赏、鼓励，营造学生主动发现自己价值的氛围；走进学生心里，了解学生，能用"学生的话"与学生交流，造成一种平等、信任的氛围。

6.以悟导悟。教师要以自己对人生的体验、感悟去引导学生感悟，达到教师与学生之间灵魂的碰撞、心灵的沟通。学生只有经过体验、感悟，才能形成良好的思想品德。

7.以人为本。以人为本，就是在教学中尊重学生、相信学生、关心学生，把满足学生多方面的兴趣和要求作为教师工作的出发点，把学生的全面发展作为教育的目的。为此，要把学习的主动权交给学生，不把学生当作加工的原料；让学生做学习的主人，尊重学生的主体性，把导师的指导作用变为引导作用；树立为学生服务的思想，积极创造条件，尽可能为学生的学习和生活提供方便。

8. 止于境界。科学和道德的结合，起于知识，但不能停留在知识层面，只有到了觉悟、理想、境界的层面，才能真正融合起来。这种境界是为人类的自由和解放而奋斗，它是人类最崇高的理想，又是科学作为一项与人类的前途和命运息息相关的社会活动所体现的根本性的文化精神，教学中要努力去提升学生的精神、境界。

二　既要重视认知过程，又要重视情感体验、意志锻炼和行为训练

在教育和教学过程中，严重存在着只重视认知过程，而忽视情感体验、意志锻炼和行为训练的倾向。一些教师以为，"只有讲道理才是教育"。教育当然要讲道理、要提高学生的认知水平，但认为教育就只是讲道理，只有讲道理才是教育，则是片面的，这是对教育的一种误解。我曾兼职做过几年心理咨询，从对大学生的心理咨询中发现，有心理障碍的学生，出身知识分子家庭的多于出身工人、农民家庭的。原因之一，就是部分知识分子对教育的一种误解，自认为教育就是讲道理，从小开始就给自己的小孩讲道理，忽视其他的教育环节。工人、农民，则没有那么多的道理讲，对自己的小孩，该骂就骂，该亲就亲，这体现了一种"情"，这恰恰是教育的重要方面，特别是对小孩教育的一个很重要的内容。任何一种思想品德都是由知、情、意、行四个因素构成，只有这四个因素都发展好了，良好的思想品德才得以形成。在教育中，特别是思想政治教育中，既要重视认知过程，又要重视学生的情感体验、意志锻炼和行为训练，发动知、情、意，发展德、智、体。

中央 16 号文件中，注重全面把握教育过程，强调各个教育环节的"结合"。例如，在谈到思想政治教育的基本原则时强调"坚持政治理论教育与社会实践相结合"，"坚持解决思想问题与解决实际问题相结合"，"坚持教育与管理相结合"。在谈到充分发挥课堂教学在大学生思想政治教育中的主导作用时强调："把传授知识与思想教育结合起来，把系统教学与专题教育结合起来，把理论武装与实践育人结合起来。"在谈到加强社会实

践时强调"积极探索和建立社会实践与专业教学相结合，与服务社会相结合，与勤工助学相结合，与择业就业相结合，与创新创业相结合的管理体制"。在谈到建设校园文化时强调"要善于结合传统节目、重大事件和开学典礼、毕业典礼等，开展特色鲜明、吸引力强的主题教育活动"，等等。因此，在加强大学生思想政治教育过程中要把握全面性和针对性。

首先，要把握实施思想政治教育过程的全面性，全面关心和培养大学生思想品德中的知、情、意、行，对他们晓之以理，动之以情，导之以行，使四者相辅相成、全面和谐地得到发展。

要坚持不懈地用马克思列宁主义、毛泽东思想、邓小平理论和"三个代表"重要思想武装大学生，深入开展党的基本理论、基本路线、基本纲领和基本经验教育，开展中国革命、建设和改革开放的历史教育，开展基本国情和形势政策教育，开展科学发展观教育，开展中华民族优良传统和中国革命传统教育，进行公民道德教育，开展文化素质教育，使大学生正确认识社会发展规律、国家的前途命运、自己的社会责任以及社会对大学生的要求，提高识别是非、善恶、美丑、公私和荣辱的能力，形成正确的认识。

列宁说："……没有'人的情感'就从来没有也不可能有人对真理的追求。"① 情感是一种巨大的力量，它能推动认识转化为行为，发展为信念。感受，是人类最基本的需要，是人的生命过程。要让学生在学习先进人物过程中，在了解、参与社会主义建设的火热生活中，在广泛的社会实践中，去感受，在感受中产生感动，在感动中培养民族自豪感、对工作的责任感、对正义的崇敬以及对党和祖国的热爱，在感动中净化心灵。

意志是一种巨大的精神力量，只有意志坚强的人才能坚持不渝地履行自己的义务，排除各种干扰和障碍，朝着自己选定的目标坚持下去。要让学生在刻苦学习中、在研究探索中、在勤工助学中、在创新创业中锻炼自己的坚强意志，培养顽强的毅力，从而能从严锻炼自己，克服种种困难，为社会主义事业贡献自己的力量。

王夫之给德有一个明确的界定——"德者，行焉而有得于心之谓也，

① 《列宁全集》第二十卷，人民出版社1958年版，第225页。

则凡行而有得谓之德。"一方面，良好的品德，只有在活动中、实践中才能形成；另一方面，行为是衡量一个人思想品德、道德修养水平的重要标志。因此，要让学生在学习研究、社会实践、遵守学校纪律和社会道德规范中深化认识和情感，锻炼意志，增强信念，形成良好的习惯和作风。

其次，要把握实施思想政治教育的针对性，增强教育的有效性。学生是千差万别的，在思想品德的发展中，知、精、意、行四个因素的发展往往不平衡，有的快、有的慢，容易出现落后环节，导致各因素之间的不协调和严重脱节。因此，在思想政治教育中，要充分了解学生，有针对性地加强教育。

三　教育教学过程是教师学生双向交流的过程

在教育、教学方法上，往往注重教师对学生的单向传授过程，忽视教师与学生之间的双向交流过程，一些教师认为"我不讲，学生就不懂"，误以为只要老师讲了，学生就接受了，学生懂的内容，都是老师讲的，把学生看成是知识的被动接受者。学生学习知识是个人与外部环境之间的建构，个体总是通过原有的认识结构以达到对新知识的理解与获得。学生是活生生的生命体，教学过程是人的生命历程，是双向交流的过程。在教学中，对教师而言，上课是与人的交往，而不是单独的劳作；是艺术创造，而不仅是教授；是生命活动和自我实践的方式，而不是无谓的牺牲和时光的耗费；是自我发现和探索真理的过程而非简单地展示结论。

人有很多功能，其中最基本的有两个：消化、内化。人吃牛肉不长牛肉，吃猪肉不长猪肉。假如我午餐吃块牛肉，身上长一块牛肉；晚餐吃一块猪肉，身上长出一块猪肉，那就麻烦了。为什么不是这样呢？因为人有消化功能，我们吃进去的东西，经过消化，变成了营养，化成了血、肉。小孩，哪怕是刚生出来的婴儿，消化都要靠自己，父母代替不了。人为什么看了伟人的书，不一定能伟大，看了平庸的书，不一定就平庸，因为人有内化功能。人看到、听到的各种知识，经过内化，形成自己的知识结构，化成自己的思想、智慧、灵魂。这个过程是谁也代替不了的。学生是活生生的、每时每刻都处于思考之中的生命体，都处在内化之中。内化是素质形成过程中渐变与突变、渐悟与顿悟的统一，是一个主体建构的过程，是"认识、感受、体验的过程，是再创造的过程"。[①]

教学是教师、学生双向互动过程。在教学过程中，决不能自己懂什么就讲什么，心里怎么想，嘴上就怎么说，而要针对学生的反应，用心视察学生的反应，有针对性地进行教学。

首先，要了解学生。了解他们原有的知识结构、思想水平；了解他们的思维方式，思维习惯；了解他们的人生观、价值观、世界观的形成状况及取向；了解他们的困惑以及在知识学习过程中遇到的难点；了解他们的个性、爱好、兴趣，等等。为此，要通过个别谈心、座谈、参加学生的活动、阅读学生的作品等多种方式，用心去体察、感受他们的需要、渴求，了解他们的心理、思想以及学习状况，发现他们的特长和短处，特别是身上的闪光点。

其次，教育教学要针对学生的状况来进行。最为有效的方式是"长善救失"，发现学生身上的积极因素，让学生自己将其生长、放大，以其去克服自己身上的消极因素。同时，要针对不同特点的学生，采取不同的教育方式。在这一方面，教育家孔子为我们做出了榜样。

《论语·先进》篇有言：子路问："闻斯行诸？"子曰："有父兄在，如之何其闻斯行之！"冉有问："闻斯行诸？"子曰："闻斯行之。"公西华曰："由也问'闻斯行诸'，子曰'有父兄在'；求也问'闻斯行诸'，子曰'闻斯行之'。赤也惑，敢问。"子曰："求也退，故进之；由也兼人，故退之。""闻"是闻道，是懂得一个道理。子路名由，冉有名求，公西华名赤。问同一个问题，孔子的回答却有不同，甚至相反。为什么？孔子的解释是：冉求退缩不前，所以促进他；仲由勇猛过人，所以促退他。这是值得我们借鉴的。

再次，要探求教学规律，懂得教师在教学过程中的责任所在，能够做什么，不能做什么。教师的魅力在于激发学生的欲望和兴趣。教育是一棵

---

① 刘献君：《论加强文化素质教育与全面推进素质教育的关系》，《高等教育研究》1999年第6期。

树摇动另一棵树，一片云推动另一片云，一个灵魂撞击另一个灵魂。教育是点燃学生心灵的火苗，燃烧则是学生自己的事。教学是教师的生命历程，让我们用整个生命去对待教学，对待我们的学生。

（原载《国家教育行政学院学报》2005年第9期，新华文摘转载）

建国 50 年大学德育研究的回顾与展望

建国 50 年来，党和政府十分重视大学德育工作。在马克思列宁主义、毛泽东思想、邓小平理论的指导下，广大德育工作者对大学德育工作展开了研究。党的十一届三中全会以后，思想政治教育作为一门科学的地位得以确认。围绕大学德育，德育工作者开展了深入、系统的研究，探索其内在规律，从而加强了德育工作，加速了德育队伍建设，促进了教育改革，推动了德育学科建设。

一 建国 50 年来，大学德育研究的基本情况

（一）建国初期的大学德育研究

从共和国成立到 1956 年基本完成社会主义改造的 7 年时间里，我国高等教育顺利地实现了由新民主主义教育到社会主义教育的转变。这一时期，大学教育面临改造旧教育、创造新教育的双重任务。这一时期大学德育研究的特点是：党和政府有组织地进行研究探索；大学德育功能得到较好发挥，德育工作取得了明显成效。

这一阶段，大学德育研究和德育工作取得的主要成果是，在总结、继承和发扬老解放区学校教育的优良传统的基础上，确立了新民主主义的教育方针和大学德育的任务、内容。这具体表现在：确立大学德育的基本任务。根据《中国人民政治协商会议共同纲领》，确定建国初期大学德育的基本任务是：彻底肃清帝国主义、封建主义和官僚资本主义的反动思想，树立全心全意为人民服务的世界观，努力提高学生的思想文化素质。

清除国民党反动的政治教育，确立马克思主义政治理论课在学校德育

中的地位。根据政务院的有关规定，决定在大学取消"国民党党义"和"军事训练"等反动课程，开设《新民主主义论》、《政治经济学》、《辩证唯物主义与历史唯物主义》三门马列主义公共必修课。

组织学生参加各项社会政治运动，在实践中进行思想政治教育。如组织高校师生员工积极参加土地改革、抗美援朝、三反、五反等，结合这些政治运动，在高校师生中进行了一次集中的思想改造运动。这一运动由北京大学校长马寅初在北大师生中首先发起，教育部决定先在京、津进行试点，取得经验后，向全国推广。

按照"三好"的要求开展大学德育工作。1953年6月30日，毛泽东在接见青年团第二次全国代表大会主席团成员时提出："青年团要照顾青年的特点，……青年人和成年人不同，女青年和男青年也不同，不照顾这些特点，就会脱离群众。"[①]他号召全国青年要做到："身体好、学习好、工作好。"从此，高等学校把实现"三好"作为大学生的奋斗目标，把开展"三好"活动，评选三好学生，作为学校进行思想政治教育的重要内容、途径和方法。

开展共产主义道德教育，抵制资产阶级腐朽思想的侵蚀。面对资产阶级腐蚀青少年的严酷事实，中央多次发文，要求在全国青少年中开展群众性道德教育运动，使青年学生认识到自己不是生活在"红色保险箱"里，而是处于被争夺的"拉锯箱"中。强调教师对学生的全面发展负责，把思想政治教育与专业知识教学紧密结合起来。高等教育部在《1954年的工作总结和1955年的工作要点》中明确提出，应树立教师对学生全面发展负责的思想，通过课堂讲授及各教学环节、课外辅导、教学实习、生产实习、个别谈话和课外活动等方式，每个教师都应有向学生进行文化科学和道德品质教育的责任。

（二）10年社会主义建设时期的大学德育研究

1956年—1966年，史称10年社会主义建设时期，也是我国积极探索自己的发展道路的重要时期。这一时期大学德育研究的特点是：在党和政府组织研究的同时，部分学者和德育工作者开始对大学德育中的一些问题

---

① 《毛泽东著作选读》，人民出版社1986年版，第71页。

进行探索；大学德育在为国家培养德、智、体全面发展的社会主义建设人才的过程中发挥了重要作用，同时，由于党在指导思想上出现的"左"的错误，导致大学德育出现了许多失误和挫折，大学德育经历了曲折发展的过程。

这一时期，党和政府在总结、研究教育规律，反思教育失误的过程中，提出了一系列大学德育的正确原则、途径和方法。

1957 年 2 月，毛泽东在《关于正确处理人民内部矛盾的问题》中明确提出："我们的教育方针，应该使受教育者在德育、智育、体育几方面都得到发展，成为有社会主义觉悟有文化的劳动者。"他要求青年学生"在思想上要有所进步，政治上也要有所进步，这就需要学习马克思主义，学习时事政治。没有正确的政治观点，就等于没有灵魂"。他还说，对学生的"思想政治工作，各个部门都要负责任。共产党应该管，青年团应该管，政府主管部门应该管，学校的校长、教师更应该管"。① 毛泽东对学生德、智、体全面发展的论述，对德育的地位与作用、德育的领导与管理的论述，是对新中国成立以来我国德育思想的重大发展，是社会主义大学德育的重要理论基础。

1958 年 1 月，毛泽东在《工作方法六十条（草案）》中提出了又红又专的问题。他说："红与专、政治与业务的关系，是两个对立物的统一。一定要批判不问政治的倾向。一方面要反对空头政治家，另一方面要反对迷失方向的实际家。""政治和经济的统一，政治和技术的统一，这是毫无疑义的，年年如此，永远如此。这就是又红又专。"② 这同样是十分重要的德育思想。

1958 年 9 月 19 日，中共中央、国务院正式发布《关于教育工作的指示》，强调教育为无产阶级政治服务，教育与生产劳动相结合，要求在所有学校中进行马克思列宁主义的政治教育和思想教育，培养学生的阶级观点、群众观点、集体观点、劳动观点和辩证唯物主义观点。这对大学德育的目标和内容做出了明确规定。

1959 年 6 月 17 日，中共中央批转共青团中央《关于对学生进行政治

①② 《毛泽东著作选读》，人民出版社 1986 年版，第 780—781 页，第 803 页。

教育中几个问题的报告》。该报告在对大学德育工作中的问题进行深刻反思之后，提出了改进学校思想政治工作的四点意见：一是学校工作以教学为中心，思想工作应当有利于教学工作的进行，有利于在学生中造成认真读书、刻苦钻研的风气，不能事事搞运动，天天搞运动，而应当经常地进行深入细致的思想教育工作；二是要善于运用各种思想工作阵地、多方面地对学生进行教育；三是要具体分析，区别对待，严格区分两类不同性质的矛盾，在进行教育的时候坚持说服的方法，不能采取简单粗暴的压服办法；四是要注意在学校中造成民主的、自由争论的风气，培养学生敢想敢说敢干，勇于坚持真理、修正错误的精神。高等学校贯彻以上指示精神后，德育工作中的"左"倾错误初步得到纠正。

1961 年 9 月 15 日，《教育部直属高等学校暂行工作条例（草案）》（简称《高教六十条》）经中共中央批准试行。《条例》对高等学校政治教育的任务、内容、原则、方向等问题，都做出了明确的规定，强调指出，凡属人民内部的问题，都应根据团结—批评—团结的原则，采取民主的方法，和风细雨的方法，自我教育的方法来解决。

与此同时，部分学者和德育工作者对大学德育开始进行研究。这些研究主要是为解决德育工作中的问题，提高德育工作的效果来展开的。1956年，林枫在"八大"的书面发言中，强调要正确贯彻全面发展的方针，注意学生的个性发展。这一期间，《人民日报》、《光明日报》、《中国青年报》、《北京日报》等报刊发表了部分关于大学生思想政治工作研究的论文。这些文章提出："高等学校思想政治工作的主要对象是教师和学生，不论对教师或学生，都应当从他们的实际情况出发，根据他们的不同特点去进行工作。""思想政治工作和别的工作一样，应该从多数人的思想实际出发，照顾到少数人的觉悟水平。""任何事物都有它的积极因素和消极因素，我们对人对事不应该只看到消极的一面，而应该更多地看到积极的一面"。[①]"放手发动组织各种自愿结合的社团。现在的社团全部由团组织发起，或是全校性的或是全系全班性的，往往不能满足学生更多样的要求。我认为可以让学生根据爱好采取自由结合的办法组织社团。""指导学生个

---

① 《谈谈高等学校的思想政治工作》，《人民日报》1962 年 1 月 6 日。

人活动和独立生活的能力，从平凡生活里寻找不平凡的乐趣，在琐细的生活里培养优良的情操和高尚的理想。"① 这些论述都是很有见地的。

这一时期，大学德育工作有其自身的特点。这主要表现在：第一，以提高学生的社会主义觉悟为德育的中心任务，强调政治教育。一是把阶级和阶级斗争教育作为德育的重要内容，大力强化学生的阶级斗争意识；二是用政治统帅德育的一切工作；三是经常组织师生参加社会主义教育活动和社会政治运动。

第二，组织学生参加经常性生产劳动，促进其思想革命化。在这一时期，生产劳动比任何时候都更受重视。

第三，广泛开展榜样教育，以英雄精神激励青少年一代。这一时期，学校广泛、深入、持久地宣传一系列的典型英雄集体和英雄人物：一是各条战线涌现出来的英雄人物，如为祖国创业而吃苦耐劳的"大庆人"和"北大荒人"，"全心全意为人民服务"的雷锋、王杰、欧阳海式的战士；"心中装着全体人民、唯独没有自己"的焦裕禄式的共产党员；"到祖国最需要的地方去"的董加耕、邢燕子、侯隽等知识青年。二是青少年的楷模，如刘文学、草原英雄小姐妹等。三是电影、戏剧、文学作品中的革命者，如卓娅和舒拉、牛虻、保尔·柯察金、江姐、许云峰等，他们的思想和人格都深深地影响着五六十年代的青少年。应该指出的是，在那一时期众多的榜样教育中，学习雷锋的活动规模最大，持续时间最久，产生的影响最深。

10 年社会主义建设时期，学校德育工作收到了较好的成效，积累了有益的经验。但由于当时的学校德育受到特定时期政治、经济的影响，其发展带有明显的历史局限性。其主要表现是：

第一，当时的大学德育主要强调为无产阶级政治服务，而把政治又仅仅理解为"阶级斗争"和"政治运动"，因而造成德育与政治教育成了同义语，只突出了德育的政治功能，而忽视了德育的经济功能、文化功能、个性发展功能等。同时，把学校德育工作与社会政治运动混为一体，德育围着形势转，来什么运动就搞什么教育，政治泛化混淆了道德问题、心理

---

① 《大学生思想的新课题》，《中国青年报》1956 年 1 月 29 日。

问题与政治问题的界线，给大学生的身心发展带来了某些方面的伤害。

第二，片面强调集体主义教育而忽视学生的个性培养。强调个体的一切要溶化于集体之中，个人的需要，个人的自由发展，个人的性格，个人的权益，个人的自主意识，个人的感情和欲望通通被视为个人主义的东西。在道德教育上，提倡做革命的"驯服工具"、"螺丝钉"。

第三，在教育方式上，采用群众运动的方式来解决问题。对有缺点、错误的学生采用鸣放、辩论、出大字报专栏等方式，实质上形成了批判、斗争，对一些学生的感情及其后来的成长与发展产生了伤害。

（三）"文化大革命"期间大学德育遭到严重破坏

从1966年5月到1976年10月的"文化大革命"，是一场给党和国家带来严重灾难的内乱。"文化大革命"中，大学德育受到灾难性破坏，无论从指导思想上还是在工作方针和方法上，都存在严重的"左"倾错误。推行极"左"路线，全面否定新中国成立以来大学德育的优良传统，取消系统的政治理论课和正常的思想政治教育，利用青年学生的单纯和热情，鼓吹"停课闹革命"，"踢开党委闹革命"，用大批判开路，煽动红卫兵起来冲击党政军机关，打击革命干部和群众。在所谓"斗、批、改"的幌子下，全面破坏党的教育方针，篡改大学的培养目标，把大学生培养成为"头上长角，身上长刺"，"敢于斗走资派"的所谓战士。这一时期，高等学校党的组织被冲垮，思想政治工作机构和队伍彻底瘫痪，大学德育受到严重破坏，其教训是十分深刻的。在此期间，周恩来、邓小平批判极"左"思潮，整顿教育，大学德育曾出现过两次转机。尽管这两次转机都好景不长，但仍然起到了一定的作用，特别是对粉碎"四人帮"以后大学德育的研究和工作，有很大的启发作用。

（四）改革开放20年的大学德育研究

1976年10月粉碎"四人帮"以后，我国经过拨乱反正，进入了改革开放的新的历史时期。这一时期大学德育研究的特点是：党和政府推动研究与广大德育工作者自觉主动探索相结合；将思想政治教育和大学德育当作一门科学来研究；大学德育研究，无论在理论建设方面，还是在实践探索方面，都取得了前所未有的进展。

在这一历史时期，党和政府对大学德育工作十分重视，发布了一系列的文件和指示。在 1978 年 3 月 18 日和 4 月 22 日分别召开的全国科学大会和全国教育工作会议上，邓小平作了重要讲话，大大推进了高校德育工作的拨乱反正。1978 年 12 月 22 日召开的党的十一届三中全会，坚决批判了"两个凡是"的错误方针，确定了"解放思想、实事求是"的思想路线，果断地抛弃"以阶级斗争为纲"的口号，做出了工作重点转移到社会主义现代化建设上来的决策。从此，大学德育工作也同党的其他工作一样，进入了全面发展的新时期。1979 年 3 月，邓小平在党的理论工作务虚会上提出，我们要实现四个现代化，必须在思想上坚持四项基本原则。1983 年 10 月 1 日，邓小平给北京景山学校题词："教育要面向现代化，面向世界，面向未来。"此后，邓小平做出"学校应该永远把坚定正确的政治方向放在第一位"，"要教育全国人民做到有理想、有道德、有文化、有纪律"等一系列指示。同时，中共中央颁布了《关于改进和加强高等学校思想政治工作的决定》、《爱国主义教育实施纲要》、《关于社会主义精神文明建设指导方针的决议》、《中共中央关于进一步加强和改进学校德育工作的若干意见》等文件。在学习、贯彻邓小平同志指示和中央文件精神的过程中，在对大学德育探索的基础上，提出并确立大学德育是一门科学。

最早提出要研究思想政治教育的历史发展及其优良传统的是邓小平。他于 1978 年 6 月在全军政治工作会议上的讲话中明确提出："这次全军政治工作会议要着重解决什么问题？从部队存在的问题和实际情况来看，最重要的，就是要研究和解决在新的历史条件下，怎样恢复和发扬政治工作的优良传统，提高我军战斗力的问题。"1981 年夏季，教育部在北京召开了全国学校思想政治教育工作会议。会议正式宣布，对学生进行思想政治教育是一门科学，并号召广大教育工作者认真总结经验，探索规律，逐步把这门科学建立起来。同年 10 月，中国社会科学院青少年研究所在昆明召开了大学生思想政治教育即大学德育科学研究规划会议，会议不仅制订了大学德育科学研究的规划，还明确提出要"组织起来，开展研究"。1984 年底，在中共中央宣传部、国家教委的领导下，在上海正式成立了中国高等学校思想政治教育研究会，制订了 1985—1990 年的科学研究规划，会后开始出版会刊《思想教育研究》。从此，在我国高等教育战线上，掀起了一个研究大学德育，实现大学德育科学化，建设大学德育学的热潮。

为什么在这一时期提出德育科学化的问题？这是因为：

第一，在新的历史时期，我们的环境、任务、对象发生了极大的变化，大学德育面临许多新情况、新问题、新要求。正如中共中央宣传部副部长曾德林 1984 年 12 月在全国高等学校思想政治教育研究会成立大会上讲话中指出的：“我们过去的思想政治工作，基本上是沿袭五十年代的方法，继承老解放区的一些传统。当时的主要任务是进行社会主义革命，并要清除新中国成立前长期留下来的帝国主义、封建主义、国民党反动派的反动思想影响，要对广大青年进行马列主义的启蒙教育。而现在，全国人民的思想觉悟有了较大提高，敌对阶级作为阶级已经消灭，加上处在开放的环境和世界新的技术革命浪潮中，就必然不能完全袭用老办法，而应当研究新的观点和做法。过去的全局是‘以阶级斗争为纲’，思想政治工作为政治运动服务，而现在则是以经济建设为中心，搞‘四化’，翻两番，思想政治工作要服从、服务于这个中心，对思想政治教育的要求当然也应当有所变化。我们的教育方针是培养德智体全面发展的有社会主义觉悟的有文化的建设者和劳动者，从我党今后的总任务和总目标来看，这样的表述似乎也不行了。现在我们要通过教育（包括思想政治教育），大力培养青年的进取精神和创造精神。只有这样，他们才能适应和担当起新时期的总任务和总目标的重任。”[1]“八十年代的大学生，与五六十年代的大学生相比，有许多新特点。五十年代的大学生对党抱有很纯朴的信念和感情，但眼界不宽，对社会主义实践中的许多问题也缺乏认识，现在的大学生接触的信息增多，思想活跃，喜欢独立思考，迫切要求祖国实现四个现代化，成为社会主义强国；但是，一方面十年内乱的余毒对他们的影响还未完全肃清，另一方面他们对广泛接触的国内外各种信息和思潮缺乏分析能力。面对这样的对象，思想政治教育应当如何做，需要很好地进行研究。”[2]

第二，德育工作有它自身的规律，只有遵循规律，工作才能取得成效。任何事物，任何工作都有它自身的规律。大学生思想、心理特点及其

---

[1][2] 《中国教育报》，1985 年 11 月 8 日。

发展变化的规律，思想品德形成的规律，大学德育过程的规律，大学德育实践的规律，等等，都十分复杂。1980 年代初，在关于思想政治教育是否是一门科学的讨论中，北京师范学院的王殿卿提出：研究一个人的牙齿都是科学，研究一个人的丰富的精神世界却不算科学，这太没有道理。这种比较，很有说服力。总结我们新中国成立以来的大学德育工作，凡出现偏差，造成失误，重要原因之一就是违背了德育工作的规律，德育工作往往从社会意志、长官意志和个人的主观臆断出发。

第三，十一届三中全会以后，我国社会科学的繁荣，为德育科学化提供了良好的条件。由于解放思想、实事求是的思想路线的确立，社会科学得以迅速发展。长期被打入冷宫的社会学、心理学得以恢复，经济学、法学、伦理学、教育学研究大力开展。这些学科的发展，为大学德育研究提供了条件。

20 年来，广大德育工作者围绕新时期大学德育的目标、规格、地位和作用，学校德育和社会的关系，学校德育和人的发展，大学生的心理、思想特点及其发展变化的规律，大学德育过程的客观规律，大学德育的任务、内容、途径和方法，大学德育队伍建设，大学生思想品德考评，大学德育科学管理，国内外大学德育比较，中国优秀传统道德，德育科学研究方法，中国德育史，大学德育学科建设等一系列问题，开展了大量的研究工作，共发表论文 1000 多篇，出版著作、教材 500 多本，有力地推进了大学德育的实践。

二 改革开放二十年来大学德育研究取得的丰硕成果

（一）关于大学德育对象的研究

围绕大学德育的对象——大学生这个特殊青年群体的思想、政治、道德、心理、生活方式的状况及其形成、发展变化的特点与规律，国内外各种社会思潮对大学生的影响，大学各种思想行为"热点"以及学潮与政治风波等方面的问题，对大学生进行了集中的、综合的、纵向跟踪和滚动研究。

在研究中碰到的第一个问题是怎样正确认识大学生群体。"文化大革命"以后，在拨乱反正的过程中，一方面，大学生思想活跃，重视学习，对社会问题十分关注，另一方面，部分学生对四项基本原则产生动摇，出现信仰、信心、信任危机，致使问题丛生。1981年，中国社会科学院青少年研究所组织人员对大学生进行了一次全面调查，得出了"大学生主流是好的，问题是严重的，责任不在青年"①的结论，得到大家认可。有学者进而提出，大学生的基本社会特点在政治、思想和道德方面的表现是：具有感受时代精神的敏锐性，参与社会生活的积极性，群体成员的互动性和内部结构层次的复杂性。②

学者们对大学生的心理以及价值观、人生观、政治观的状况和特点，进行了长期、深入的调查研究。北京师范大学章志光教授将大学生的心理特点归纳为："需要的高层性和自我实现的困惑，思维的开放式和认知、信息冲突的增多，情感的深化与情绪的两极波动。"在对价值观、人生观、政治观的研究中，学者们提出要把握两点：一是大学生的价值观、人生观、政治观具有多样性和选择性；二是其主流是积极向上的。特别是在转型时期，大学生的价值观复杂而不成熟，承续着长辈传来的文化与价值，又在自身的实践中把这个时代新的文化与价值纳入到自己的价值结构中，充满矛盾与烦恼，因而急需正确引导。

对大学生在从一年级到毕业的各个学习阶段特点的研究中，华中理工大学提出，应抓好大学生的"两个过渡"，即从中学到大学为第一个过渡，从大学到社会为第二个过渡。刘献君教授提出，"在'第一个过渡'中要解决好大学生面临的四对矛盾：目标失落与确立，自我冲突与认同，理论困惑与选择，学习依赖与主动。"③

人的发展既有连续性，又有阶段性，学者们对大学生阶段发展特点进行了研究，提出了"人的发展的阶段性规律，人格的结构性发展规律，青年成长的自觉能动性规律"，并提出，大学阶段是大学生人生观发展的关键时期。

---

① 钟沛璋：《造就大批继往开来的人才》，《青年研究》1982年第33期。
② 李景先等主编：《大学德育学概论》，湖南人民出版社1986年版，第77页。
③ 刘献君：《大学德育论》，华中理工大学出版社1986年版，第74页。

王殿卿教授等对改革开放 20 年来，大学生经历的成才热，改革热，参政议政热、经商热、休闲热、出国热等进行了追踪研究，探索大学生思想发展变化的脉络和轨迹，从而进一步探索了大学德育的社会适应性问题。学者们提出："大学德育只有适应社会发展的要求，才能保证德育对象能够具有当代社会所倡导的政治信念、价值观念、道德规范和行为方式，才能保证大学生个体社会化得以圆满完成。"①

（二）关于大学德育的功能及社会价值研究

围绕大学德育的功能及其社会价值，对大学德育在社会主义精神文明建设，在稳定、维护社会主义秩序和制度，反对资产阶级自由化、反对和平演变，在培养和造就社会主义事业的建设者和接班人，以及它在高等教育整体中的首要地位等方面，进行了广泛而深入的研究。

在对大学德育的社会价值研究中，学者们从大学德育与人的价值、大学德育与精神文明建设、大学德育的经济价值、政治价值等方面进行了探索。第一，大学德育能够提高、扩展人的价值。孙喜亭教授在研究中提出，大学德育对人的发展的价值在于"提高、扩展人的价值，在于使人活得更有意义，能最大限度地发挥他的创造才能，更有人的尊严，人格更高尚，意识到自我存在的意义。德育最高的价值应是使人的内心达到'至善'"。②

第二，大学德育本身体现着精神文明的程度，同时，它也是选择、传递和发展精神文明成果的手段和途径。实践表明，通过大学德育，不仅能使学生的精神面貌发生深刻的变化，而且对改变社会风气也能产生积极的影响。学者们认为，自 80 年代以来，清华大学学生提出过"从我做起，从现在做起"的口号，北京大学学生提出过"振兴中华"的口号；涌现出第四军医大学学生张华舍身救农民和华山救险英雄群体等先进事迹；大批学生走向社会，开展咨询、为民服务、把知识献给人民等活动，不仅使大学生自身受到了教育，也为推动社会主义精神文明建设发挥了积极的促进作用。

---

① 龚海泉主编：《当代大学德育史论》，华中师范大学出版社 1997 年版，第 143 页。

② 孙喜亭：《人的价值·教育的价值·德育的价值》，《教育研究》1989 年第 4 期。

第三，劳动者的素质是发展生产力、推动经济增长的决定性因素。教育部副部长周远清同志提出，人的素质包括思想道德素质、专业素质、文化素质、身心素质，其中思想道德素质是根本，文化素质是基础。由此可见，德育对经济发展可以产生重要影响。

第四，教育具有阶级性，大学德育的政治价值任何时候都不可忽视。因而，强调要确立大学德育的首要地位。1989年江泽民在国庆40周年的讲话中，针对淡化和取消德育所造成的"最大失误"，再次强调指出："各级各类学校不仅要建立完备的文化知识传授体系，而且要把德育放在首位，确立正确的政治方向。"这体现了以江泽民同志为核心的党中央对学校德育的高度重视。对于德育首要地位，学者们从不同角度进行了研究，认为，把德育放在首位，就是要从办学指导思想上确立社会主义政治方向。把"德育放在首位"，与"以教学为主"是两个不同角度和层次的概念。前者在政治方向上规范办学思想和行为，强调培养学生的政治思想素质。后者是在学校时间和空间上，规定了教学的地位和价值，强调学生要把在校的主要精力和大部分时间用于学习科学文化知识。把德育放在首要地位，是一种教育思想，它是教育客观规律的体现。有意或无意地违背这一教育规律，都要付出历史的代价。

学者们还对大学德育的主导地位、功能、作用，大学德育地位的历史演变等进行了研究。有的学者提出，大学德育具有灌输、塑造、矫正、保证四个功能。有的学者提出，大学德育在大学生思想品德形成中的作用是：正确导向的作用，促进转化的作用，合理的建构作用，优化环境的作用。有的学者认为，新形势下大学德育地位的走向是：坚持德育为经济建设服务的宗旨，建立服务型德育；树立大德育观念，建立渗透式德育；坚持高校德育相对独立的实体地位，实现德育工作科学化。[①]

（三）关于大学德育的实践过程研究

围绕大学德育的实践过程，对大学德育的目标、规格与素质，大学德育的内容层次与结构，大学德育过程的多种途径与方法，大学德育的领导体制、机构设置、队伍建设以及考核与评估等方面，进行了大量有实践价

---

① 龚海泉主编：《当代大学德育史论》，华中师范大学出版社1997年版，第48页。

值的探索。

　　培养什么人的问题是德育工作的根本问题。大学德育目标，对选择大学德育的内容，实现大学德育的任务，具有不容忽视的指导意义。学者们认真考察了新中国成立以来大学德育目标的确立与发展过程，从中探寻确立德育目标的基本原则，主要有：先进性原则、时代性原则、层次性原则、相对稳定性原则。在此基础上，学者们进一步提出，要站在历史的高度，确立跨世纪人才培养的德育目标：坚持把建设有中国特色社会主义理论作为大学德育目标的理论基础；必须强调爱国主义、社会主义、共产主义目标的统一性、一致性；注重培养大学生的现代观念和超前意识；继承和发扬中华民族的传统美德。

　　80 年代初，德育工作者开始探索大学德育过程的规律。1981 年，刘献君发表《大学德育过程初探》一文，提出大学德育过程自身的特点为：大学德育过程突出了自我教育过程；大学德育过程是与专业教育密切结合的过程；大学德育过程必须重视社会影响过程。1985 年，高金发的文章，从大学德育过程与社会环境的关系，大学德育过程与智育过程的关系，大学德育过程中教育者与受教育者的关系三个方面，对大学德育过程作了初步探讨。此后，学者们从各个角度，对德育过程作了比较深入的探索。

　　在研究新中国成立以来大学德育内容的历史发展，科学总结实施德育内容的基本经验的基础上，学者们在构建适应社会主义市场经济所需要的德育内容体系时提出：马克思主义基本理论教育是社会主义大学德育的灵魂；爱国主义、集体主义、社会主义教育是大学德育的主旋律；理想和人生观教育是大学德育内容的精髓；民主与法纪教育是大学德育的重要组成部分；道德教育是大学德育的基础内容。理论研究推动了大学德育内容向深度和广度发展：一是马克思主义理论课的改进和思想品德课的开设；二是在大学生中开展文化素质教育，特别是强调学习优秀传统文化和开展社会实践活动。

　　此外，德育工作者和研究者对德育系统工程、校园文化建设、大学生人格发展、环境中偶然因素的影响、大学德育考评、德育队伍建设等诸多方面进行了认真研究。

（四）关于大学德育的学科建设研究

围绕大学德育的学科建设，对大学德育学科的基本范畴、基本理论和规律，对大学德育的历史发展以及国内外大学德育的比较等方面，进行了比较系统、深入的研究。

20年来，大学德育工作者和研究者，对大学德育学科建设进行了认真的探索。1986年，李景先、肖约之、李庆善主编的《大学德育概论》，由湖南人民出版社出版。该书作为哲学社会科学"六五"期间国家重点项目，由中国社会科学院青少年研究所组织全国部分学者，历经三年时间，在研究探索的基础上撰写的。该书对大学德育科学的学科特性，大学德育的社会本质、作用、对象、原则、内容、方法等进行了研究，提出了一些有见地的观点。

1988年，王殿卿教授撰写的《大学德育学》问世。1993年，他再著《新编大学德育学》。这两本书是作者在总结10多年来高校德育理论和实践的基础上，深入研究后写成的，是我国大学德育学的代表作。该书对大学德育观、大学德育的理论基础以及大学德育的价值、规律、对象、规格、内容、原则等进行了论述，提出了很多独到的见解。此后，又有多本有关大学德育学的论著问世，进一步丰富了大学德育学科建设。

国家教育部在部分高等学校设立思想政治教育专业，推动了大学德育的学科建设。1984年教育部连续发出3个文件，在一部分高等学校设立思想政治教育专业，开办本科、第二学士学位班、大专起点本科班。1987年5月29日，中共中央《关于改进和加强高等学校思想政治工作的决定》要求有关院校在办好思想政治教育专业的基础上，"创造条件培养这方面的硕士和博士研究生，为造就从事思想政治教育的专门人才开辟一条新路"。到目前为止，全国已有60多所院校开办了思想政治教育专业，20多所院校获得这个专业的硕士学位授予权。这些院校为国家输送了数千名思想政治教育专业的毕业生，使大学德育师资队伍不断壮大，素质不断提高。1996年，经国务院学位委员会正式批准，在北京和武汉首批建立了两个思想政治教育专业的博士点。

大学德育研究的丰硕成果推动了德育工作的加强和德育学科的建设。20年来，大学德育的研究，为党和政府制订相应的决策提供了部分依据，推动了教育改革和发展，加强了大学德育工作，加速了大学德育队伍的成长和建设。

1. 推动了高等教育的改革和发展。

大学德育是高等教育的重要组成部分，研究大学德育离不开对整个高等教育的研究，同时，大学德育的研究者大多在教育第一线，他们在对德育的研究过程中提出的一些观点和思路，有力地推动了高等教育的改革和发展。

早在 80 年代初，德育研究工作者开始提出学生个性发展，自我教育，受教育者在教育系统中的"客体—主体"地位，培养学生的创造精神，提高大学生的素质等问题。谈松华发表在《上海高教研究》1985 年第 1 期上的《新技术革命挑战与大学生思想教育的改革》一文指出："培养全面发展的创造型人才应该成为大学生思想教育的中心任务。"新技术革命对人口素质的影响，表现在"精神文化方面，生产小型化，传播工具的非群体化，使社会精神文化生活越来越趋于多样化，势必影响人的心理和性格，人与人之间在统一性的前提下，呈现更大的差异性。因此，人的个性的发展既是社会前进的要求，也是信息社会的重要特征之一"。"我们培养的大学生要能迎接世界新技术革命的挑战，担当起建设具有中国特色的社会主义的历史重任，就不能墨守成规，因循守旧，而要在马克思主义指导下，敢于探索，勇于实践，大胆改革，开拓前进。"有的学者在 80 年代后期，在对大学毕业生进行系统调查之后提出，"大学，主要是培养人的综合素质。"这些对推动教育观念的转变，建立新的教育模式，产生了较大作用。例如，树立新学生观，进行创新教育、素质教育的教育观，建立"师生共同学习、双向交流"的教育模式，"学生主动参与、师生平等对话"的咨询性教育模式，家庭、学校、社会相结合的教育系统工程等。

近几年在高校影响很大的文化素质教育，首先也是德育工作者提出来的。在新的形势下，如何加强大学德育工作，学者们认为，要从文化素质抓起。正如邓小平在 80 年代初所提出来的："现在这么多青年人犯罪，无法无天，没有顾忌，一个原因是文化素质太低。"[①]青年人历史感、道德

---

① 《邓小平文选》第三卷，人民出版社 1993 年版，第 163 页。

感、社会责任感的提高，要有丰富的人文底蕴，人的成长，需要各方面知识的启迪、支撑；人文教育能使学生的情感获得陶冶，思想产生升华，因而人文教育拓宽了德育视野。

同时，以文化素质教育为突破口，带动了高校整个课程体系改革和教学改革。清华大学、北京大学、南京大学、华中理工大学、北京科技大学等已建立新的课程体系。现在，文化素质教育已在各个高校推开。1998年11月，在教育部高等学校文化素质教育指导委员会成立大会上，周远清副部长明确提出，今后大学文化素质教育的任务是：提高大学生的文化素质，提高教师的文化素养，提高大学自身的文化品位。

2.加强了大学德育工作。

20年来，党中央召开了两次全会，讨论精神文明建设，并做出相应的决议。同时，发布了一系列关于加强高等学校德育工作的文件，为德育工作指明了方向，规范了内容。这些决议、文件的形成和制订，广泛吸收了德育工作者的理论研究和实践成果。例如，培养社会主义"四有"新人的要求，思想政治工作的指导方针，务实求效、尊重人、开放性、层次性、继承与创新的原则，民主、责任制、科学管理、工程建设、自我批评与教育、言传身教的工作方法等。

"两课"是德育的主阵地、主渠道。其中，思想品德课程是德育工作者在研究和工作中创立的。1980年，大连理工大学的庄青在学校党委支持下，首先在学校开设了"思想修养课"。以后，北京、上海、江苏、湖北等地也不定期地开设了这一课程。1982年10月，教育部发出《关于在高等学校逐步开设共产主义思想品德课程的通知》，从此，思想品德课在各高等学校广泛开设，成为对学生有计划地进行理想、道德、人生观教育的一门课程。1984年9月，教育部在总结各校开课经验的基础上，正式发出《关于高等学校开设共产主义思想品德课的若干规定》，对课程的任务、内容、教学原则、师资队伍和体制做出了具体规定。思想政治教育课程的开设，有效地对学生进行了爱国主义、集体主义和社会主义思想教育，对促进大学生德智体全面发展起了重要作用。

在德育内容方面，在马克思主义理论课中，增加了邓小平理论概论和毛泽东思想概论，加上原来开课的马克思主义政治经济学和马克思主义哲学，形成了马克思主义理论教育的完整体系，明确了爱国主义、集体主义和社会主义教育为大学德育的主旋律，加强了道德教育、法纪教育和优秀传统文化的教育。从而大大开拓了教育内容的广度和深度。

在对大学生思想形成规律、德育过程规律研究的基础上，在德育途径上有不少创新，突出表现在开展校园文化建设，开展社会实践活动和心理咨询方面。

学者们对校园文化进行了多方面的研究。涂又光教授提出"泡菜"理论，认为，泡菜水的味道，决定泡出来的白菜、萝卜的味道；一个学校的校园文化决定其学生的精神风貌和性格特征。这十分形象地说明了校园文化的重要性。校园文化作为大学德育的重要载体，可以使有形教育向无形教育转化，有意识教育向无意识教育转化，外在教育向自我教育转化。

王军在《校园文化的历史回顾、现状与对策》一文中指出，"伴随着中国 20 世纪 80 年代那股波澜壮阔的'文化热'，在中国高等教育的编年史上，'校园文化'于 1986 年首次提出，校园文化建设的热潮也随之兴起。校园文化建设激发人们从文化意义上去构建校园的物质环境和精神氛围，并从文化的高度把握和统帅各种校园现象。校园文化是指依托并通过高校这个载体来反映和传播各种文化现象，是社会主体文化的亚文化，是社会的变化作用于学生的中介。它作为社会文化的一部分，从诞生开始就发挥着一般文化的共同职能，即通过一定的物质环境和精神氛围，使生活在其中的每个成员都有意无意地在思想观念、心理因素、行为准则、价值取向等方面与现实文化发生认同，从而实现对人的精神、心灵、性格的塑造。"他在分析了校园文化的现状后提出，要"加强校园物质环境的建设"，"重视校园精神文化的建设"，"加强个人与集体意识的培养"。学者们还从各个不同角度对校园文化进行了研究。现在，多数高校都开始重视校园文化建设。

社会实践活动是以大学生为主体的一种认识世界和改造世界的实践活动。社会实践活动具有社会灌输、事实疏导、自我教育、自觉服务等德育功能。李学谦在《瞭望》1991 年第 28 期发表的《高校社会实践活动十年》一文中指出，社会实践活动是"不可替代的教育形式"，是"思想教育的有效途径"，是"提高业务素质的课堂"。加强社会实践活动要遵循教育的

规律，"把握特色，精心指导"。华中理工大学已将社会实践纳入教学计划，并从 1997 级学生开始，开设《社会调查方法》必修课，将实地社会调查和实践作为课程的重要环节，使大学生在社会实践中不断成熟起来。

心理咨询作为大学德育的一种新的运作方式，已经进入越来越多的高校，并在实践中愈来愈显示其生命力。这是因为，"健康稳定的心理状态，是形成良好政治、道德品质的基础"，"开展心理咨询是现实给我们提出的严肃课题"，"与其他教育形式相比，咨询教育有其自身的特点——咨询教育中，咨询者与咨询对象处于完全平等的地位；在教育信息传递方法上，咨询教育是从被教育者到教育者，从个体到社会，体现了个体对社会的主动适应；咨询教育解决的是个体的个别性问题，重视个性的千差万别"。[①]现在，各地的心理咨询所、心理咨询中心纷纷建立，全国已有许多高校创建了咨询服务机构。

建立大德育体系，也是德育工作中研究比较多的问题。学者们认为，在学校内部，建立大德育体系要"全方位考察，使德育的空间结构层次具有协调性"；"全过程考察，使德育时间演化具有有序性，使德育工作从学生入学到毕业首尾衔接，承前启后，协调发展"；"全员参与，把德育工作作为全体人员的职责，注重加强全员育人意识，使德育具有整体性，合力育人"。学者们进而提出，要面向社会，实现高校德育过程社会化。

在德育研究和实践的过程中，还创造了很多新的途径、方法，这里不一一列举。总之，所有这些研究成果，加强了德育工作，使德育工作逐渐取得了实效。

3. 加速了大学德育队伍的成长和建设。

德育科学研究的开展，德育课程的开设，德育学科、专业的建立，大大加速了大学德育队伍的成长和建设。朱新均在《二十年高校党建和思想政治工作回顾》一文中指出，高等学校中从事党务和思想政治教育工作的专职人员，同其他专业人员一样，都属于高校教师队伍的一部分。1987年，《中共中央关于改进和加强高等学校思想政治工作的决定》做出明确规定，从事学生思想政治工作的专职人员，是教师队伍的组成部分，应列

---

① 刘献君：《大学德育论》，华中理工大学出版社 1996 年版，第 153 页。

入教师编制，实行教师职务聘任制。《决定》规定了思想政治教育在学校教育中的应有地位，受到了高校广大思想政治教育工作者的热烈拥护，进一步激发了他们的工作热情。①

"为适应新的历史时期思想政治工作的需要，教育部（原国家教委）从 1984 年开始在部分高校设置思想政治教育专业，采取正规化的方法培养大学生、本科生和第二学士生等各种规格的思想政治工作专门人才。到 1998 年为止，全国共有 70 所高校设置了思想政治教育专业，形成了从本科生到博士生的专业教育体系。培养了大批高校和社会急需的高素质人才。从 1989 年开始，原国家教委陆续选派 200 余名优秀思想政治教育骨干，以访问学者身份到国外进修或作短期考察，增进对国外情况的了解，吸收和借鉴国外的有益经验，思想政治教育工作队伍的素质不断优化，工作水平和科研水平不断提高，有力地促进了思想政治教育队伍自身的建设。"②

德育工作者在德育研究和实践中迅速成长，到 1997 年止，全国共有德育教授 119 名，副教授 282 名。德育工作者的形象大为改变，工作实效不断提高。在新的历史时期，大学德育队伍建设和发展的趋势是："从小德育队伍向大德育队伍转变"，"从'管理型'向管理者和学者相结合的'复合型'转变"，"从'单肩挑'向'双肩挑'转变"。③

三 面向 21 世纪大学德育研究展望

高校德育研究虽然取得了很大的成绩，有了较好的基础，但随着形势的发展变化，新问题、新困难不断增多，研究任务仍然十分艰巨。

首先，我们即将跨入 21 世纪，进入知识经济时代。1996 年，亚太经合组织提出：知识经济是以知识为基础的经济，也就是"建立在知识和信息的生产、分配和使用上的经济"。知识经济是高新技术，特别是信息技

---

①② 朱新均：《二十年高校党建和思想政治工作回顾》，《学校党建和思想教育》1998 年第 6 期。

③ 龚海泉主编：《当代大学德育史论》，华中师范大学出版社 1997 年版，第 26 页。

术迅速发展所产生的结果。创新性是知识经济的首要特征，是知识经济的灵魂。知识经济对高等教育，特别是对大学德育提出了新的要求。

其次，我国经济体制、政治体制的改革，社会主义市场经济的建立，对社会生活，对高等教育和大学德育产生了深刻的影响，提出了新的要求。正如《中共中央关于加强社会主义精神文明建设若干重要问题的决议》中指出的："从1996年到2010年，是建设有中国特色社会主义事业承前启后、继往开来的重要时期。在这个时期，要巩固和发展十一届三中全会以来取得的伟大成就，促进经济体制和经济增长方式的根本转变，推动经济发展和社会全面进步；要面对世界范围各种思想文化相互激荡和科学技术的迅猛发展，迎接综合国力剧烈竞争的挑战；要在前进道路上战胜各种困难，坚持党的基本路线不动摇。这一切，不仅要求物质文明有一个大的发展，而且要求精神文明有一个大的发展。"

再次，大学德育是高等教育中的主导部分，研究德育离不开对整个教育的研究。现在，教育观念的转变，教学和课程体系的改革，教育制度和教育管理体制的改革，对大学德育将产生重大影响。

因此，面向21世纪的知识经济时代，面对高等教育的改革和发展，大学德育研究可从以下几方面进一步展开。

（一）面向未来，研究新情况、新问题，继续探索大学德育适应社会发展的特点和规律

我国经济体制发生了重大变化，各种经济成分、分配方式并存。在国际上，一方面和平与发展已成为时代的主题，另一方面，国际共运形势发生变化，社会主义处于低潮。在这样的社会历史条件下，必定会有各种不同的价值取向和思想意识产生和存在，并不断影响学生。在德育工作中，要研究如何既坚持德育方向的正确性，又尊重学生在价值取向上的选择性，既坚持社会主义意识形态的主导性，又承认思想观念的层次性，从而坚持德育的正确导向。

邓小平指出："实行改革开放政策必然会带来一些坏的东西，影响我们的人民，要说有风险，这是最大的风险。我们使用法律和教育这两个手段来解决问题。"现在，在对外开放格局已经形成的情况下，我国将在更广泛的领域，更深层次上同国外交流，包括与西方国家的高校德育进行更深入的比较研究。因此，在学习、借鉴西方发达国家有益经验的同时，如何认识国情，正确对待中国文化传统和现代革命传统，克服崇洋媚外心理和民族虚无主义倾向，将是德育面临的一个难题。在德育研究中，还要深入探讨德育的民族性问题。

社会主义市场经济体制，提出了许多新的反映时代特点的道德要求，如自我意识、竞争观念、法制观念、效益观念等，这些是推动学生成长的积极因素。同时，市场经济也存在负面影响，导致一些学生道德选择的多样化和对集体、国家责任感的淡化等。因此，大学德育要研究在市场经济条件下，特别是新旧体制转换过程中，如何帮助学生确立正确的世界观、人生观、价值观，培养学生良好的道德品质。在人民生活水平有了较大改善和提高的情况下，学生的物质文化生活以及道德水平也会得到相应改善和提高。面对生活水平的提高，特别是地区、行业以及人与人之间生活水平的较大差距，大学生可能产生意志消沉、私欲膨胀和不满足感。因此，大学德育工作者要研究在这种形势下新的教育内容和方法，培养学生的顽强意志和奋斗精神。

（二）面向学生，深入探讨大学德育的内在规律

关于大学生身心发展内容、特点和规律的研究。人的发展既有连续性，又有阶段性，有其内在规律。对人的发展的研究，也是我国德育研究中十分薄弱的环节之一。在对大学生进行思想教育的过程中，曾经出现过由于没有准确把握大学生身心发展的特点和规律，而把中小学的教育内容和毕业以后需要到社会生活中逐步加以解决的问题，都纳入大学教育的情况，似乎大学教育可以解决一切问题。实际上，由于没有把握大学生的内在要求，大学生思想发展中需要解决的很多问题并没有得到解决，教育效果较差。因而要深入学生，下力气探索大学生身心发展的内容、特点和规律。

关于大学生思想品德内化机制的研究。知道为智，体道为德。如果一个人的某种意识反映的客观内容不包含自己，不是他自己与周围环境的关系，而纯属外在的东西，这种意识就不是他的思想，而只是文化知识。因此，德育工作中，十分重要的问题是如何使学生将外在要求内化为自身的素质、信念。德育研究中，要重视内化机制的研究。在这个过程中，要重

视对"生命的整体性","人的发展能动性"的研究，将教育视为生命与生命交往与沟通的过程，而不只是现有知识的直接传递过程。

关于大学德育过程特点和规律的研究。德育的目的、任务、内容、途径、方法等一系列教育因素在过程的起点上，还是属于教育的主观因素，正是在德育过程中，这些教育的主观因素才被客观化、对象化和综合化。因此，研究德育过程的规律十分重要。要对大学德育过程与中学小德育过程，德育过程与智育过程、德育过程与社会影响过程的联系与区别，以及教育者与受教育者交互作用等进行深入探究。

（三）面向现代化，研究德育方法和手段

现代科学技术既向德育提出了现代化、科学化的迫切要求，又为德育现代化和科学化提供了条件和手段。现代高科技已经渗透到学生的学习、生活的各个方面，从而拓宽了学生学习、生活的视野，丰富了学习生活的内容，提高了学习、生活的质量。在德育过程中，学生不会满足于传统的老方式和老办法，他们在有限的时间内，更追求德育的高质量和高效率，更向往具有现代气息的德育。因此，如何应用现代科学技术，变革德育方法和手段，是德育研究的重要任务。德育方法和手段现代化，主要是收集处理德育信息手段的现代化。中山大学郑永廷教授指出："德育信息传播现代化，德育环境和德育场所建设手段现代化。只要德育有效地综合地利用了现代技术，就会创造出新的教育感化力量，也会创造出富有时代气息的育人环境。"[①]

研究方法对于科学研究工作能否取得成效至关重要。大学德育研究要取得突破性进展，还要在探索德育研究方法上下功夫。在探索中，要掌握德育研究具有体验性、综合性、动态性、革命性等特点，借鉴现代技术方法和人文社会科学的研究方法。在研究中，要做到宏观研究与微观研究相结合，纵向研究与横向研究相结合，现实研究与历史研究相结合，群体研究与个体研究相结合，正常学生研究与异常学生研究相结合，主体研究与客体研究相结合，定量研究与定性研究相结合，等等。

---

① 郑永廷：《关于高校德育研究的回顾与展望》，《中国高教研究》1997 年第 2 期。

（四）进行古、今，中、外的综合、比较研究，完善大学德育理论体系

大学德育理论体系的框架已经初步建立，但须进一步完善。在完善大学德育理论体系过程中，要进行中、外，古、今的综合、比较研究，在吸收中国优秀德育传统理论、国外可供借鉴的先进德育理论、总结建国 50 年来大学德育理论成果的基础上，进行整合，构建新的面向 21 世纪的大学德育理论体系。

（原载《高等教育研究》，1999 年第 4 期）

二、素质教育

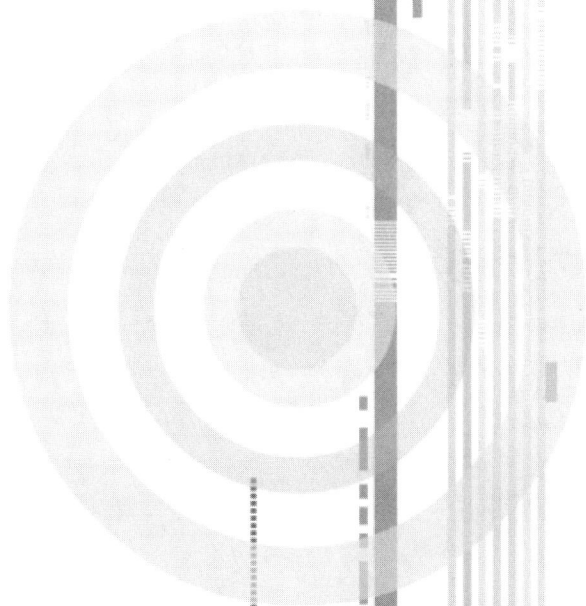
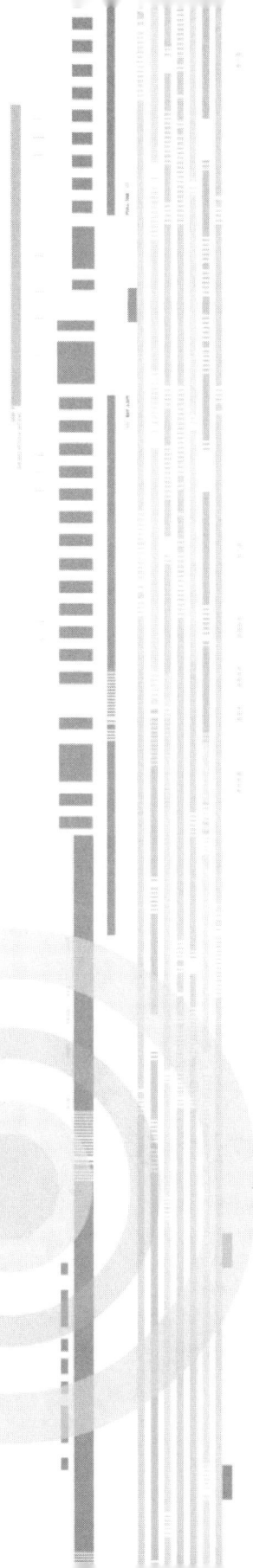

论加强文化素质教育与全面推进
素质教育的关系

《中共中央国务院关于深化教育改革全面推进素质教育的决定》中明确指出："高等教育要重视培养大学生的创新能力、实践能力和创业精神，普遍提高大学生的人文素养和科学素质"，"要有针对性地开展爱国主义、集体主义和社会主义教育，中华民族优秀文化传统和革命传统教育，理想、伦理道德以及文明习惯养成教育，中国近现代史、基本国情、国内外形势教育和民主法制教育。把发扬中华民族优良传统同积极学习世界上一切优秀文明成果结合起来"，"高等学校应要求学生选修一定学时的包括艺术在内的人文学科的课程"，学校教育要"使诸方面教育相互渗透、协调发展，促进学生的全面发展和健康成长"。这些，为高等学校进一步加强文化素质教育，全面推进素质教育指明了方向。本文仅就加强文化素质教育与全面推进素质教育的关系谈谈自己的意见。

一　文化素质是形成综合素质的基础

经过几年的实践和讨论，尽管认识上仍然有些不同，但多数同志形成了一个共识：文化素质是形成综合素质的基础。

1. 这是素质自身的性质所决定的。

近 20 年来，我国的教育经历了一个从重知识，重能力，到重素质的发展过程，这反映出我们对教育本质的认识在不断深化。相对于知识、能力而言，素质的最重要的特点是内在性，是内在的素养与品质，要经过内化，知识真正流入到你血液中，才成为素质。人为什么吃牛肉不长牛肉，

吃猪肉不长猪肉？因为人有消化能力。为什么人们看了毛泽东的书，不一定是毛泽东的思想，看了蒋介石的书，不一定是蒋介石的思想？因为人有内化能力。正如人的消化系统将各种食物转化为人体所需要的各种营养一样，人的内化机制将知识转化为人的素质。人的内化过程是认识、感受、体验的过程，是再创造的过程。而人的内化机制的形成和发展，离不开人文素质，离不开人文底蕴。

首先，人文学科除了具有知识性的一面，还十分注重感受性和体验性，可以说，文、史、哲、艺等学科都具有感受性和体验性的特点。相对于自然科学而言，人文学科的教育对培养人的内化机制发挥着更为重要的作用。

其次，内化机制的形成，需要底蕴，需要氛围，需要激发、启迪。底蕴的建立，氛围的形成，激发的产生，靠什么？靠人文教育，靠人的人文素质。人的人文底蕴越深，视野越宽，融会贯通的能力、再创造的能力才会越强，内化的能力也才会越强。

人的内在和外在环境、氛围，如泡菜水影响所泡的白菜、萝卜一样，深深地影响着人的内化。这种影响主要表现在，深层的文化，能提高人感受和体验的深度、内化的深度。高中毕业以后，一群思想文化水平大体相当的学生，进入不同层次的大学，经过四年的大学生活，各自的认识水平、精神风貌，乃至于性格、风度，都有很大的差别，就是一个例证。

体验、内化，还需要激发、启迪。人是活生生的，每时每刻都处于思考过程中。但思考什么，怎么思考，需要外界文化的因素来启迪。我校人文教育，给了学生很多这方面的启迪，例如，一些学生听了人文讲座以后说："平时我们埋头学习，考虑比较多的是个人的出路、毕业就业等等。听了人文讲座，了解到世界的天地这么广阔，国内外还有这么多问题需要解决，打开了视野，跳出了个人圈子。""听了市场经济与大学生的选择，没想到给我很大触动，发现自己原来的人生坐标太狭窄了，对社会长远的发展根本没有考虑过，或者很肤浅，听后我开始有意识地扩大知识视野，形成自己独立的思考，培养高品位情趣。"

2.人文精神为科学启迪方向。

人文的内容是人认识自己，科学的内容是人认识外物。张岂之先生认为，人文精神是人实现自身价值的精神，一种高尚的精神境界；科学精神是探求未知问题，实事求是，经得起实践检验的精神。人文与科学，两者相辅相成，互相促进，都十分重要，但其性质有很大差别。

一般而言，科学文化没有民族性，价值中立，主要提供工具理性，解决不了信仰、伦理、终极关怀等问题。人文文化则具有民族性，因为它的对象是研究人文世界，回答"应当是什么"，具有价值导向作用，提供价值理性。在科学文化上，我们可以大胆引进西方的先进科学技术，这有利于我们的发展。但在人文文化上，却不能全盘西化，尽管我们也要学习西方人文文化中积极的东西。我们中华民族就是靠我们民族的人文文化来维系和支撑的。如果我们的人文文化也全盘西化，那么，中国人将只是一个种族的概念，生理、生物的概念，而非民族的概念。

3.人文素质是形成综合素质中其他素质必不可少的条件。

素质主要包括思想道德素质、文化素质、专业素质、身心素质。作为综合素质中一部分的文化素质，是形成其他素质必不可少的条件。

思想道德素质是根本，是最重要的素质，但思想道德素质的形成，离不开文化素质。正如李岚清同志所指出的："没有一定哲学和人文知识的多方面的积累，对辩证唯物主义和历史唯物主义的一些内容就很难真正理解；不懂得中国和世界历史，就很难把握世界发展的大趋势和增强爱国主义。"同时，人文文化使我们的情感得以陶冶，心灵得到升华。人文学科具有体验性、教化性和评价性相统一的特点，对人的精神有陶冶和鼓励的作用。古今中外先哲的名言、优秀的诗篇、文学名著、名曲、名画，都能令人激动、振奋，能够净化人的心灵，提升人的精神境界。人文文化可以给我们很多直接和间接的人生体验和人生哲理，帮助我们了解世界、自己以及对社会的责任。

培养大学生的创新能力，是高等学校素质教育中十分重要的任务。创新能力从何而来？对于这个问题我们无须做过多的论述，爱因斯坦说得十分明白。众所周知，爱因斯坦是物理学家，又十分喜爱小提琴，他认为，物理给了他知识，艺术给了他想像力，知识是有限的，想像力概括着世界的一切，是无限的。没有想像力，就不可能有创造性，而想像力的培养，恰恰需要人文教育。

文化底蕴不足，还带来心理素质的脆弱。任何心理问题都不可能是纯心理问题，必然受到社会环境因素的影响。但环境本身并不能使人们快乐或不快乐，人们对周围环境的反应才能决定自己的感觉。同样，这种对环境的反应，取决于一个人的人文底蕴。

二 文化素质教育是实施全面素质教育的切入点、突破口

1995年9月，国家教委在我校召开的加强高等学校文化素质教育试点工作会议上，周远清同志提出，在高等学校开展文化素质教育，"切中当前的时弊"，"是世界各国高等教育改革都在探索的热点"，"符合党的教育方针"，"探索教育思想、教育观念和人才培养模式的改革"，对开展文化素质教育的重要性、必要性，作了十分精辟的论述。

实施全面素质教育为什么要从文化素质教育入手，以其为切入点、突破口？这是因为：

1. 顺应了社会经济、科技、教育发展的趋势。

纵观历史，人类经历了农业经济、工业经济社会，现在开始步入知识经济社会。不同的经济形态有不同的核心要素，相应地在科学和教育上，也有不同的要求和表现。

农业经济的核心要素是土地。反映在科学上，就是科学尚处在一种朴素的高度综合化阶段。因此，在古希腊，自然哲学这一学科就包含了今天称之为数学、天文、物理、化学等学科的内容；在古代中国，许多科学思想、发明创造都蕴含在哲学甚至宗教思想之中。反映在教育上，这个时期的人文教育比较突出，哲学、宗教、历史、文学、艺术等人文学科比较繁荣。

工业经济的核心要素是资本。在科学上，它表现为学科的高度分化，在农业经济时代尚处于混沌的综合化学科被分化为有着不同研究对象和任务的具体的各种各样的门类学科。在教育上，它以科学教育为主。

知识经济的核心要素是知识。在科学上，它表现为学科在高度分化的基础上形成了高度综合化。大量的交叉学科、横断学科和边缘学科的出现，是这种综合化的表征。在教育上，它要求人文教育与科学教育并重，

两种教育必然要走向融合。

纵观历史的发展，每一次经济形态的转变，对人才的知识结构也会有不同的要求。农业经济对人才的要求是以经验为主，工业经济则以专业技术为主，知识经济要求的人才必须是人文素质与科学素养相结合的人才。

在高等教育中，重视人文教育，高举人文素质教育的大旗，并使人文教育与科学教育相融合，正是顺应了社会经济、科技、教育发展的大趋势，走在了时代的前面。

2. 是社会现实向我们提出的严肃课题。

在我国，多年来忽视精神文明建设，在教育上重理轻文，长期忽视人文教育，带来了不少的问题。

从社会上看，由于精神失落，信仰危机，导致法轮功这样的邪教的影响遍布全国，使不少人身心受到严重伤害；吸毒、卖淫等腐朽的沉渣泛起，毒害社会；腐败现象在部分干部中严重存在；社会风气不好，道德水准下降，等等，这些都不能不令人深思。

从教育情况来看，社会对大学毕业生的思想道德水准、人文素质，评价不佳。1996 年，北京科技大学在参加一项全国性的对"文化大革命"后大学毕业生的调查后，着重对其人文素质方面进行了总结，归纳为：（1）知识结构方面，人文社会科学知识贫乏，工程意识不强，经济观念淡薄，组织管理知识空白。（2）能力结构方面，汉语表达能力差，口语表达羞于启齿，言不及义，书面写作，文法不通；社会能力差，不善于处理人际关系，我行我素；不懂创新，无创新能力。（3）素质养成方面，缺少敬业精神，缺少理想，缺少责任感；心理承受能力差，经不起挫折，容易消沉；期望值过高，缺乏脚踏实地的奋斗精神；缺乏强烈的求知欲与上进心。（4）在思维方法上，没有社会的、国际的、人类的视角，不会从宏观、战略、哲学的高度把握问题。

社会有识之士、用人单位，都呼吁大学加强对学生进行人文素质教育。

3. 是更新教育观念的需要。

教育改革，首先要更新教育观念。长期以来，在我们的干部、教师中形成的重科技轻人文，重智育轻德育，重理论轻实践，重专业轻基础等观念根深蒂固。这与现代化大学的要求，与世界一流大学的要求，与社会的要求相去甚远。

要转变教育观念，学习是重要的。但光靠学习不行，必须让广大教师、干部在实践中提高。我校开展文化素质教育5年来，最大的收获有两个方面，一是改变了学校的文化氛围；二是不少干部、教师的教育观念开始转变。1994年，刚开始推行文化素质教育时，一些同志不理解，认为学校领导是哗众取宠，不务正业，将钱花在这上面，不如多买一点设备……现在，通过几年的实践，文化素质教育开始显现效果，大多数同志开始重视、支持、参与文化素质教育工作，这是我校文化素质教育进一步深入的必不可少的条件。

4.引发了教育思想讨论，推动了教育改革。

从抓文化素质教育入手，牵一发而动全身。通过了解大学生文化素质的现状，分析造成这种状况的原因，到形成加强大学生文化素质教育的目标、规格、模式、途径、方法，进而导致对整个教育思想、教育体制、课程体系的反思，1997年前后，在全国高校开展了一场教育思想大讨论。与此同时，教育改革取得前所未有的成果。

例如，按照江泽民同志的要求，建设若干所世界一流大学和一批重点学科，已经取得实质性进展。

根据"共建、调整、联合、合并"的八字方针，逐步理顺学校、政府、社会三者的关系，初步打破了条块分割、重复办学的格局，使学校的学科结构更加合理，办学效益进一步提高。拓宽专业口径，改变专业结构，本科专业总数由504种减到249种，为培养高素质人才创造了条件。

进行课程结构、体系改革的探索。清华大学、华中理工大学、北京科技大学等，将人文素质教育课程纳入课程体系，在素质教育上取得了实质性进展。

总之，实践证明，以文化素质教育为切入点、突破口，有力地推动了全面素质教育和教育改革。

三 渗透、协调、一体——全面推进素质教育的必由之路

第三次全教会决议指出："学校教育不仅要抓好智育，更要重视德育，

还要加强体育、美育、劳动技术教育和社会实践，使诸方面相互渗透、协调发展，促进学生的全面发展和健康成长。"怎样认识素质教育，怎样开展素质教育，文件自始至终贯彻"渗透、协调、一体"六个字，这给我们极大的启示。

1. 素质是一个渗透、协调、一体的结构。

周远清同志指出："素质包括四个方面：思想道德素质、文化素质、业务素质、身心素质，其中思想道德素质是根本，文化素质是基础，业务素质是本领，身心素质是本钱。"在这里，明确指出了素质是一个结构，这个结构由四个部分组成，每个部分在结构中处于相应的地位。四者相辅相成，融为一体，四者相互作用，一个因素的变化，会引起其他因素的变化，其他因素的变化也会引起这个因素的变化，最后趋于相对稳定、平衡。只有这四个因素都得到了较好的发展，一个人良好的素质结构才能形成。

未来文化发展的总趋势是综合，其内涵趋向于相互渗透以致融合。这种综合，不仅表现为人文社会科学、自然科学系统内部的综合，而且表现为人文与科学之间的综合。例如，科学发现，一旦用于满足人的需要，实现人的希望，就成了人文。而且，任何学科都是人创造的，其中充满了人文精神，很多文化资源蕴藏于丰富的学科知识中。如高等数学这门学科，蕴含着数学史、数学哲学、数学文化、数学与社会的关系等丰富的文化内涵。可见，文化亦是一个渗透、协调、一体的结构。

任何一种品德，都是由知、情、意、行四个因素构成的。形成一种良好的品德，需要掌握大量的文化知识，要有充分的认知。要进行情感陶冶，培养健康的情感，正如马克思所说："激情、热情是人强烈追求自己的对象的本质力量。"要锻炼意志，要经过长期痛苦的磨炼，"苦其心志，劳其筋骨，饿其体肤，空乏其身"。要进行行为训练，行之、体之，将自己有选择的道用自己的生命、行为体现出来。

由此可见，素质结构的形成不是单一、孤立的过程，而是各要素相伴相生，相交相融。素质的形成以丰富的文化知识、文化意识为基础，日积月累，持之以恒，决非一日之功。

2. 渗透、协调、一体是高校实施文化素质教育的主要方法。

高等教育阶段是青年大学生树立正确的世界观、人生观的关键时期，也是继承民族优良传统、形成精神支柱的重要阶段。学校对学生的影响是整体的、潜移默化的。因此，提高大学生的素质，必须着眼于教育的全过程，全方位设计，力求全员参与。

周远清同志提出的"三提高"，已经为我们指明了方向。提高大学生的文化素质，进而促进人才培养质量的全面提高，是教育的根本目的。为此，必须提高教师的人文素养。因为教师在人才培养中占主导地位，教师对学生的影响最为直接，是以其言传身教来教化学生、培养人才的。学校是人才成长的熔炉和摇篮，具有较高文化品位的学校才能陶冶和塑造一代代新人。

因此，在学校教育中，要把素质教育的思想渗透到专业教育中，贯穿于人才培养的始终。学生品德形成、素质提高，很大程度依靠教学过程。因此，要改革课程结构，使文化素质教育课程在课程体系中占有应有的位置。华中理工大学从 1997 年开始，实行工科、文科前三个学期打通，加强人文和自然科学基础教育，开始取得较好效果。要提高教师的文化素养，在专业教学中渗透文化素质教育。为了推动这一工作，华中理工大学一方面组织教师学习，例如给每位教师赠送《中国大学人文启思录》，同时，已在组织总结这方面的典型案例，编印发给全校教师。要十分重视学生的实践环节，一方面通过改革实验教学、实习和毕业设计，增强学生的动手能力，增加他们接触社会的机会。同时，面向每个学生，开设社会实践课程，以加强这一方面的集中训练。

要德、智、体、美相互渗透，协调发展。要重视智育，更要重视德育，抓紧体育、美育。江泽民同志指出："思想政治素质是最重要的素质。不断增强学生和群众的爱国主义、集体主义、社会主义思想，是素质教育的灵魂。"华中理工大学对此十分重视，由党委书记、校长亲自抓邓小平理论"进教材、进课堂、进学生头脑"工作。学校体育课部将体育当作一种文化，体育文化，不断改进教学内容和方法，提高学生的体质和文化素养。通过开设大量选修课，组织文化艺术节，组织各种社团，开展丰富多彩的活动，加强美育。

要产、学、研结合。就高等学校而言,产、学、研结合应该被当作一种重要的办学思想,加以努力推进。产、学、研结合是高等教育发展中的一种必然趋势和新的走向,绝不是权宜之计。只有在产、学、研结合中,才能更好地培养学生的创新能力、实践能力。只有在创新中才能培养创新能力,在实践中才能培养实践能力。

3.宏观考察,总体设计,全面推进素质教育。

大学教育只是人生教育中的一个阶段,一个重要方面,全面推进素质教育,还必须宏观考察,总体设计。

积极发展高等教育,扩大招生规模是实施素质教育的重要前提。在这次以素质教育为主题的全教会上,将积极发展高等教育、扩大招生规模作为重大决策之一,是十分正确的。过去,在"千军万马过独木桥"的情况下,中学的"素质教育喊得轰轰烈烈,应试教育抓得扎扎实实"。在这种情况下,提高中学生的素质是很困难的。中学生素质基础不好,大学实施素质教育就增加了很大难度。同时,只有逐步实现高等教育大众化,接受大学教育的人越来越多,国民素质才有可能进一步提高。

实施素质教育,各级各类学校要协调考虑。要改变过去那种大、中、小学各自为政、互不联系,大学教师对中学教育的内容、中学生的状况不了解、不熟悉的局面。因为人的发展既有阶段性,又有连续性,而且这种发展具有不可逆性。从人的发展来看,有些问题是在小学解决的,有些问题是在中学解决的,有些问题是在大学解决的。我们的教育,要统筹研究,明确各自的任务和教育的重点。

实施素质教育,家庭、学校、社会要形成一个整体。学校教育当然占据主导地位,但家庭、社会教育的重要性也不容忽视。过去,我们对家庭教育,特别是高等教育中的家庭教育注意不够,也很少有人去研究,几乎是一个空白。实际上家庭教育对人的影响至深,要建立家庭教育学。社会教育也很重要。要充分利用社会上的教育资源,如请社会上各界著名人士,利用爱国主义教育基地、历史遗陈、博物馆等等,对学生进行教育。

总之,根据第三次全教会精神,我们认为,加强大学生文化素质教育是高等学校全面素质教育的一个重要组成部分,无论从素质教育的精神,还是从素质教育的方法来看,文化素质教育都是高校素质教育的基础,是切入点，是突破口。文化素质教育的深入发展，必然迎来全面素质教育的新阶段的到来，全面素质教育的开展，也必将有力地推动文化素质教育的深入发展。5 年来加强大学生文化素质教育的工作，无论是从思想上，还是理论上，实践上，都为高校开展全面素质教育作了充分的准备，打下了扎实的基础。同样，我们有充足的信心，在即将到来的 21 世纪，随着素质教育的深入开展，我国的高等教育事业将进入一个崭新的历史发展阶段，在祖国的现代化建设事业中不辱使命。

（原载《高等教育研究》1999 年第 6 期）

论人文教育与大学德育

　　世纪之交，高等教育面临两大内涵改革任务：一是学科结构的改造；二是德育内容和形式的改革。这两大改革任务完成的好坏，直接关系到21世纪我国高等教育的发展。对于理工科大学来说，两者都与人文教育密不可分。就德育而言，人文教育拓宽了德育的内涵、视野，既是德育工作的题中应有之义，又为加强和改进德育工作开拓了新的领域。本文拟探讨人文教育的重要性、人文教育对加强大学德育和学生思想品德形成所产生的作用以及理工科大学如何加强人文教育等问题。

一

　　现在，加强人文教育，提高大学生的人文素质，已经成为世界各国高等教育改革中探索的热点。例如，美国国家工程院主席 Norman R.Augusfine 在《工程教育》一文中指出："今天，多数工程项目受到社会、政治、经济考虑的限制，正如它们受到自然定律的限制一样。"但是，从学校毕业的工程师"缺少书面和口头交流技巧，缺少作为工作组一个成员进行工作的能力，缺少对如何进行业务工作的理解，甚至对与工程项目生死攸关的政治过程也缺乏基本的理解"，从而呼唤进一步加强人文教育。日本高等工程教育改革中，为了使学生了解日本和世界的历史，当代社会政治、经济、文化、教育现状与发展，增强学生的使命感与社会责任感，培养适应社会的能力与素质，十分强调加强人文教育，要求学生至少从人文社会科学课程中选修20学分课程，占学生4年必修、选修总学分（136学分）的15%。在我国，从1995年开始，国家教委将抓大学生文化

素质教育作为教学改革中的两项主要任务之一。1995 年 9 月 20 日至 22 日，国家教委主持的"加强高等学校文化素质教育试点工作研讨会"在我校举行，49 所试点学校的代表出席了会议。很多学校对此十分关注，多种形式的人文教育活动在各校蓬勃展开。提高大学生的人文素质成为世界各国高等教育改革探索的热点，绝不是偶然的，有其深刻的历史必然性。

1. 来自学科发展的要求。

从人类认识世界的历史来看，科学发展至今大体经历了 3 个主要阶段：混沌、分析、综合。人们开始只可能以整体的面貌来认识世界，这种认识很模糊、混沌。随着对世界认识的加深，人们采取分析的方法，将事物逐一分解，对各个局部作深入剖析，从而产生了很多分支学科。以社会学为例，派生出教育社会学、城市社会学、工业社会学、农业社会学、家庭社会学等几十个分支社会学。从本世纪 80 年代开始，科学的发展又产生了一个新的飞跃，即在高度分化基础上的高度综合。人们进一步从整体上认识世界，包括对自然、社会、人类、自我的综合认识，使得自然科学与人文社会科学的联系愈来愈紧密。未来的世纪，将出现大学科时代。我们培养的大学生，仅仅具备单一的学科知识，远远不能适应时代的要求。

2. 来自社会发展的要求。

随着现代科学技术的发展和工程系统复杂性的不断增加，工程与社会、政治、经济、环境、法律、文化等联系愈来愈紧密。在我国，由计划经济转变为市场经济，这也意味着由产品经济转向区域经济。产品经济相对而言比较单一，而区域经济比较复杂，要求工程技术人员能对大规模复杂系统进行分析和管理。我国的社会经济发展，还面临着一个由追赶经济到可持续增长经济的转变过程。追赶经济主要靠廉价劳动力和进口技术的结合，靠利用自然资源的粗放经营，但可持续增长经济则要求独创性、发明创造能力、想像力、创业精神，要求科技工作者具备很高的综合素质。因此，工程技术人员、科学家，不仅要了解本专业，而且要深刻了解所处的社会背景——经济、社会、环境和国际背景，善于从政治上观察和考虑问题。例如，某种燃料燃烧时的化学特性研究，其结果不会因研究者而发生变化。但是，这种燃料能否应用，越来越少考虑它内在特性或理论上的重要性，而越来越多地取决于他对环境产生的作用、成本、可调制程度以及其他一些社会因素。

建设有中国特色的社会主义，更要求我们的大学生讲政治。树欲静而风不止，西方敌对势力要"西化"、"分化"我们，要把他们那套"民主"、"自由"强加给我们，将来要担负国家各方面重任的大学生，不懂政治、不懂人文社会科学是不行的。

3. 来自对教育的反思。

在历史上，古典文科教育曾占绝对优势。随着科学技术的迅速发展，19、20 世纪，科学教育独领风骚。科学教育和科学技术的发展，迅速地改变着世界，有力地推动了社会的发展，具有很大的进步意义。但是，科学教育备受重视的同时，带来了人文教育的弱化，其负面影响越来越明显。特别是在我们国家，这一方面的问题显得更为突出。一是中学教育变成了应试教育，为了追求升学率，文、理分科，准备考理工科的学生，很少学习历史、地理及其他人文学科。二是 1952 年，在全面学习前苏联的背景下，进行院、系调整，照搬前苏联的做法，将文科与工科，文科与理科分家，致使我国大陆没有一所学科齐全的综合性大学，文化素质教育与高等工程教育严重脱节。因此，理工科大学生，专业知识丰富，但人文知识十分贫乏。人文教育淡化的结果，是许多学生对人类的文化遗产知之甚少，尤其对中华民族悠久灿烂的历史文化缺乏应有的了解，缺乏在本民族文明熏陶下所具备的文化艺术气质和情操品格，因而，人的理想、信念、奉献、德性、教养也随之淡化了。现在，社会、学生、未来都在呼唤人文教育，下个世纪将是高科技水平和高文化素质并重的世纪。

二

人文教育的重要性，北京师范大学顾明远教授说得十分透彻。他说："人文科学教育之所以重要，是因为它告诉人们，人类的文明是怎样产生的；人类社会是怎样组织和发展的；人对自然，人对社会，人对他人，人对自己应该有什么态度；什么是正义，什么是邪恶？什么是高尚，什么是卑劣？什么应该捍卫，什么应该扬弃？总之，人文科学可以使人们了解世界，了解自己，了解人对社会的责任。"下面结合我校人文教育的情况，谈谈人文教育对改进大学德育和学生思想品德形成所产生的作用。

1.人的成长，需要各方面知识的启迪、支撑。

一个中级和高级专门人才的成长，需要各方面知识的启迪、支撑。五十多年前，还在抗战时期，朱自清先生应用他擅长的流畅笔调写了一本《经典常谈》，介绍中国古代的一些经典与文化常识。按他的说法，"在中等以上的教育里，经典训练应是一个必要的项目"；也就是说，读一些中国古典文化书籍，是中学以上文化程度的中国人的必修课。因为"经典训练价值不在实用，而在文化"。"文化"看不见摸不着，也不能转化为实际效益，但它是一种知识与智慧，当然也是一种涵养，一种气度。

人的文化背景越宽，思维领域越广，他的精神生活才会越充实，对社会和自我的认识才会越深刻，也才越有可能进入科学的前沿。

首先，只有了解才能热爱；只有比较才能鉴别。我们要培养学生热爱祖国，热爱社会主义，就必须毫不动摇地进行马克思主义理论、有中国特色社会主义理论教育，这是毫无疑问的。但是，与此同时，要进行广泛的人文教育，特别是历史教育。在与学生座谈人文讲座时，一位学生说了一句"只有了解才能爱"，给我印象十分深刻。一位学生在听了关于我国古代科技文明的讲座后说："我听说过中国文明十分伟大，但就是不知道它为何伟大。今天，听了讲座后，我认为我以及我们这一代人都不应该在西方文明的冲击下，不负责任地、感情用事地漠视、批判、摒弃我们的传统，而一个劲地推崇西方。"一个不了解中国历史、文化的知识分子，其爱国主义思想是无源之水；没有对国际背景的深刻了解和思考，一个人的爱国主义思想也难以形成。

其次，人文教育可以帮助学生开阔眼界，激起对社会、自我的思考，在思考中走向成熟。人对人生目的、对自我的认识，要靠"悟"，人文教育正好能启迪悟性，启迪人们对社会、历史以及对自己过去的反思。在听了人文讲座之后，我校一些学生说："平时我们埋头学习，考虑多的是个人出路，毕业分配等，听了人文讲座，了解到世界的天地这么广阔，国内还有这么多问题需要解决，打开了视野，跳出了个人圈子。""考虑的问题更多、更广、更深，而且不相干的问题能相互联系，举一反三。""原来考虑过的问题现在有了新思路。"

2. 人文教育能使学生情感获得陶冶，思想产生升华。

人文学科具有体验性、教化性、评价性。《周易》、《老子》中，有对的哲学思想，孟子的"富贵不能淫，贫贱不能移，威武不能屈"，范仲淹的"先天下之忧而忧，后天下之乐而乐"，文天祥的"人生自古谁无死，留取丹心照汗青"，李白、杜甫的诗，读起来，令人激动、振奋，能净化人的灵魂，丰富人的精神生活。

3. 人文教育拓宽了德育视野。

1994 年 3 月，我校文学院成立不久，便向全校推出了人文社会科学系列讲座。在近两年的时间里，讲座盛况空前，听众热情一浪高过一浪，成为一大人文景观，影响了学生卧谈会的内容，老乡、朋友的交往方式，改变了学校氛围，不少学生思想受到启迪。究其原因，主要有：这种人文教育内容新、充实，富有启迪性；主讲者大都在某一领域有深入的研究，不少是国内外知名学者，他们对学生能产生一种人格的吸引力、感染力；学生自愿参加，教育形式比较活跃。听讲者大都经历了这样一种过程：抱着试试看，看看热闹的心情前往听讲；被讲座热烈的情绪、气氛感染；激发自己对某些问题的思考；探讨思考问题的方式，在各种思想碰撞中，形成自己的结论。人文讲座的成功，给了我们启示、信心：思想教育不是可有可无，而是非抓不可；思想教育是可以取得好的效果的，关键在于教育内容和教师的思想、业务水平。

三

高等学校，特别是理工院校如何加强人文教育，是一个值得认真探讨的问题。结合我校的初步探索和研究，我认为可以从以下几个方面着手。

1. 确立人文社会科学在理工教育体系中的基础性地位，建立人文社会科学课程体系。

加强人文教育，首先要将其纳入整个学校教育的课程体系之中。在这一方面，尽管近年来，许多高校作了大量的努力和有益的尝试，为理工科学生开设了一些相应的人文社会科学课程，但总体的教育格局并未改变，一些关键性问题并未解决。这些问题主要有：人文社会科学教育的基础性地位尚未确定；适合国情的人文课程体系尚未形成；课程模式单一，教学方法陈旧，难以与整个理工教学互补融合。

针对以上问题，我们应从世界高等教育的发展趋势，从历史的角度，从面向 21 世纪社会对工程人才、科学人才全面素质的要求的深远背景上，立足于当前我国高等工程教育的现状，对人文教育在高等工程教育中的基础性地位，重要作用及人文社会科学课程设置、体系、内容进行全面的、整体的研究，从而确定适应社会主义市场经济、有中国特色的人文科学课程体系。这一研究难度很大，但意义深远。

2. 提高教师的人文素养。

人文教育要立足于提高学生的文化素质，其中人文知识教育是十分重要的。但是，知识不等于素质，素质的形成，还要靠学生自己的社会实践和体验，需要教师人格的感染、启迪等等。《礼记》中说："善歌者，使人继其声；善教者使人继其志。"著名教育家苏霍姆林斯基说："形象地说学校好比一种精致的乐器，它奏出一种人的和谐的旋律，使之影响到一个学生的心灵——但要奏出这样的旋律，必须把乐器的音调准，而这种乐器是靠教师、教育者的人格来调音的。"教师人格的教育力量不容忽视。因此，提高学生的文化素质，首先要提高教师的人文素养，从而增大专业课程教学中的文化含量，增强教师在教学中人格感染的力量。

提高教师的人文素养，要靠大家自学，有计划、有目的地阅读一些人文书籍，同时举办一些人文方面的讲习班、研讨班，也会收到良好效果。1995 年 12 月，我校文学院和湖北省德育课程建设研究会，联合举办了中西文化比较讲习班，全省 22 所高校和我校文学院的中青年教师近 100 人参加了学习。讲习班，邀请湖北省几位著名学者讲课，收到了很好的效果。一位教师说："5 天的学习，受益匪浅，思维顿时清晰了许多，对过去百思不得其解的问题，有了顿悟。……这次大家均有一种耳目一新之感，为什么原因很简单，我们的教师中，潜心做学问，一心传授知识的人太少太少，教师自身修炼还很欠缺，这难免使我们的思想教育流于形式。"

3. 营造浓厚的文化氛围。

营造浓厚的文化氛围，培养大学生的人文精神，是教育客观规律的要求。学校对学生的影响是整体的、潜移默化的，其中良好的学术氛围对学生影响尤为深刻。特别是一流大学，培育一流人才，教育者必须努力营造一种科技、文化交融，生气勃勃的学术氛围。这种氛围对人的作用，看不见，摸不着，但让人可以实实在在感受到。如前所述，在我国，由于文理分家，大学，包括国内一流大学，学术氛围、学校风气是一种残缺不全的，不完整的氛围和风气，这些给所培育的人才打上了深深的烙印，造成了严重的不良后果。

营造浓厚的文化氛围，一是要从多方面着手，如学科的改造，课程体系结构的完善，大量开设人文、科技讲座，倡导学生社团，推荐书目等等；二是要持续不断，坚持数年，一种风气、氛围的营造，习惯的形成，决非朝夕之功，需数年不间断地坚持下去。

4.注意文化的格调和品位。

文化是有倾向性的，既有健康的、高格调的，也有低格调的、甚至腐朽的。我们的人文教育，应以马列主义、毛泽东思想和邓小平建设有中国特色社会主义理论为指导，服务于、服从于培养合格的社会主义建设者和接班人的需要。

我校把人文教育作为一项长期的、渐进的、深层的精神文化建设，我们对其定位为高格调、高品位的人文精神。人文讲座一开始，我们就亮出了自己的口号：以浓厚的人文精神与现代科技对话，以自信的民族传统与西方文化对话，以高远的大学文化与社会生活对话，以广阔的知识视野与专业体系对话。这些口号体现了举办者、主讲者努力追求的一种气度、风格。高格调、高品位的讲座离不开高水平的主讲者，需要高层次的主题来支撑。我校人文教育坚持以爱国主义教育为主旋律，以培养社会主义建设需要的合格人才为目标，边探索、边总结，努力走出一条新路子来。

（原载《高等教育研究》1996年第4期）

提高认识　研究难点　推进文化素质教育

　　1995 年 9 月国家教委在华中理工大学召开了"加强高校文化素质教育试点工作研讨会",并确定了部分高校作为首批试点学校,我校亦为其中之一。近一年来,在校党委、校行政领导下,我校成立了若干研究小组,针对理工科院校的特点,对如何拓宽文化素质教育途径,加深教育内容,解决教育中存在的难点等问题,进行了广泛的调查、探索和尝试。

一　调查研究,提高对文化素质教育重要性的认识

　　我校在前几年调查研究的基础上,着重进行了两项大的调研。一是关于理工科大学生文化素质调查。通过对 5000 名大学生的调查,初步掌握了理工科大学生文化素质的基本状况,了解了他们的需求,加深了对文化素质教育重要性的认识。二是关于国外高等工程教育中人文教育状况的调查与分析。通过对美国、英国、日本、加拿大、韩国、新加坡等国的近100 所有代表性的大学的人文社会科学教育状况的调查、研究,从中得到了很多启示,特别是进一步加深了认识。

　　首先,我们考虑比较多的是如何通过教育帮助学生学会做人。因为人文学科具有体验性、教化性、评价性,能够为学生启示方向、陶冶情感,帮助其了解世界、了解自己、了解人对社会的责任。

　　其次,我们认为文化素质教育关系到民族的兴衰。文化分为科学文化和人文文化。一般而言,自然科学是一个知识体系,价值中立,可以提供理论,但解决不了人们的政治信念、伦理规范、终极关怀等。人文科学既是一个知识体系又是一个价值体系,研究对象为意义世界、价值世界,它

要回答"应当是什么"，具有价值导向作用。中华民族靠我们自己的人文文化维系、支撑，如果我们的民族文化完全西化，那么中国人仅仅只是一个空壳、一个种族概念，而不是民族概念。大学是民族文化继承、发扬、传播的最重要场所之一，因此，人文教育具有极其重要的作用。

第三，我们还认识到，进行文化素质教育有利于帮助学生做事。因为人的文化背景越宽，融会贯通的能力越强，越有可能进入科学前沿。古今中外的科学家，如墨子、张衡、李时珍、戴震、钱学森、爱因斯坦等，都是文理相通的大师。对此，爱因斯坦说得非常透彻：从艺术使我比从物理那里获得更多的东西，从艺术中获得的想像力比知识更重要，因为知识是有限的，而想像力概括着世界上的一切，推动着世界进步，并且是知识进化的源泉。同时，随着时代的发展，自然、人文、社会多学科交叉、综合的趋势越来越明显。随着现代科学技术的发展和工程系统复杂性的不断增加，工程与社会、政治、经济、环境、法律、文化等联系愈来愈紧密，在实际工作中，知识系统和背景的作用日益突出，因而对工程技术人员人文素质的要求也相应提高。

二　不断拓宽教育途径，深化教育内容，探索和建立文化素质教育的体系

我校开展文化素质教育经历了一个由自发到自觉，再到深化的阶段。

在 70 年代末、80 年代初，我校开始重视和加强学生的人文教育。为了改变学科单一的状况，加强学科交叉、文理渗透，70 年代末，我校在全国工科大学中率先创办了文科。到现在，在人文社会科学和管理学科中，有博士点 2 个，硕士点 16 个，本科专业 17 个，教授 58 人，副教授 132 人。其中张培刚、涂又光教授等，在国内外学术界享有很高的声望。创办文科为开展文化素质教育打下了良好的基础。80 年代初，我校首次在国内提出并开展第二课堂活动，通过开设选修课，举办讲座和读书活动，组织各种校园文化活动，以增进学生的人文知识，弘扬民族人文精神。

1986 年 5 月，受当时国家教委高教二司委托，我校组织进行了工科

本科生基本规格的调查研究，在调查报告中明确提出要着力培养学生的"基本文化素养"，将其与基本政治素质、专业素质和身体素质并列，作为工科毕业生必须具备的基础素质写进了《工科本科生基本规格（建议稿）》。

1994年以来，在国家教委的领导和支持下，我校将加强大学生文化素质教育作为一项教学改革课题，以文学院为依托，在全校范围内进行研究与实践，并建立了一套教育模式。这个模式包括五个方面：建立并实施文化素质教育课程体系；实行人文学科辅修专业制和双学位制；开设人文选修课和举行中国语文水平考试；举办人文社会科学系列讲座；开展多种形式的校园文化活动。

近一年来，我校以机械学院作为将文化素质教育纳入课程体系改革的试点单位。经过半年多的调查研究，反复讨论，制订了《华中理工大学机械学院文化素质教育课程体系和教育计划设置方案》，并在机械学院96级学生中开始试行。这一课程体系由核心课程（必修）和选修课程两大系列组成，教学学时为464，共计29学分，占总学时（按2600计）的17.08%，其中核心课14学分，选修课15学分。整个课程分为7大系列，每个系列包含1—2门核心课程和若干门选修课程，彼此互相呼应，以达到文化素质教育的基本目标。

下面简要介绍试点方案中文化素质教育的基本目标和课程设置的基本原则。

文化素质教育的基本目标是：（1）树立爱祖国、爱人民、爱社会主义的信念，培养对中华民族文化的认同感；（2）从各方面认识人类社会传统和制度，激励学生作为个体、专业技术人员和社会成员为实现美好生活而丰富情感，施展才能；（3）增长人类历史和现代文化知识和能力，开阔眼界，形成良好的国际视野和环境意识；（4）开拓价值观、道德观、审美观的深度和广度，培养良好的工程伦理道德。

课程设置的基本原则是：

（1）"两课"教育与文化素质教育相结合。两者在教育功能上有联系又有区别，不能相互代替，也不能毫无联系。两者结合的原则是：围绕教育目标，突出重点，合理分工，功能互补。

（2）民族性和国际性相结合。文化是一个民族历史发展的产物，它代表着一个民族的传统，体现着民族的个性。同时，在处于世纪之交的现代社会，我们绝不可能关起门来，与世隔绝，培养的学生要有国际眼光。不弘扬民族的优秀传统文化，就不可能很好地吸收外国文化；不吸收外国文化，民族则很难生存、发展。

（3）渐进性和综合性相结合。文化素质教育要循序渐进，一至四年级，从史入手，到经济、法律、古典文学、哲学，再到人、自然、社会等综合学科。同时，要考虑综合性，一是与专业教育综合考虑，二是开设综合性课程，如伦理学与现代生活，市场经济与法制，法律与环境保护等。

（4）"少而精，要管用"。要在不大幅度增加学时的前提下，达到教育的目标。这体现在量和质的两个方面。所开设的课程既要有利于学生思想觉悟提高，又要有利于学识水平提高；课程体系既要与社会发展需求相一致，又要有利于个体的发展；课程内容既要有现实性，又要能对社会、个人的发展发挥长期效用。

为了加强文化素质教育，我校校务会议决定，建立华中理工大学文化素质教育文科基地，学校每年投入不少于 50 万元的经费。

三　研究和解决教育中的难点，不断推动文化素质教育的深入

文化素质教育涉及教育思想、观念的转变，整个教学体系的调整乃至中小学的教育，难度很大，需要抓住难点，认真研究，推进解决。

1. 定位问题

我们认为，要"确立人文社会科学教育在理工科教育体系中的基础性地位"。这是最关键的问题。数、理、化为什么在课程体系中的地位谁也动摇不了，因为它们是公认的基础。现在外语、计算机课程也获得了公认的基础性地位。人文社会科学课程的基础性地位主要表现在：理科是工科的基础，文科是理科的基础，人文具有导向作用。因此，要确认其基础性地位，创造条件，逐步将其纳入课程体系。

2. 教育的规格问题

人文社会科学浩如烟海，怎么确定在理工科应该开设的课程，要从目

标、规格出发，要确立基础性地位。如何确定规格，我们在研究中发现，国外人文社会科学课程内容有四个特点可以借鉴。这四个特点是：民族性、国际性、导向性、综合性。

3.教育模式问题

在国外高等教育中，人文社会科学教育的模式，主要有三种：大学一年级不分专业，开出共同基础课；列出必修、选修课程，成立专门教学机构，课程分散在一至四年级开设；给理工科学生开设人文社会科学的辅修专业或第二学士学位。在教育中，我们可以根据自己的情况，选取其中一种或综合运用。

4.如何将人文知识转化为人文素质

人文知识有助于修养人文精神，但不等于人文精神。"知道为智，体道为德。"将人文知识转化为为人文精神要靠实践行动。

5.师资问题

理工院校文科教师少。理工科教师本身有一个提高人文素质的问题。人文有倾向性，内容的选择要教师去把握。为了提高教师的人文素养，我校利用周六为中青年教师开设了《老子》、《论语》等读书班，收到了一定的效果，但问题远远没有解决。

在教育中，还有一些难点，如人文教育与专业教育有机结合问题，课时问题，等等，在此不一一赘述。

（原载《高等教育研究》1997年第1期）

国外高等工程教育中的人文教育

为了推进文化素质教育的改革与发展，我们采取直接与间接收集资料、实地考察等方式，美国、英国、日本、加拿大、韩国、新加坡等国的近100所有代表性的大学的人文社会科学教育状况进行了为期1年的调查、研究，现将初步分析的情况汇总如下。

一 国外高等工程教育中人文社会科学教育的现状

从法国波旁王朝在1747年创办以培养土木工程师为目的的土木学校开始，现代意义上的工程教育已有250年的历史。随着两个半世纪科学技术日新月异的发展，工程教育发生了翻天覆地的变化，其教育思想、教学内容、教学计划、教学方法几经变迁，改革的浪潮一个接着一个。二十世纪以来，世界范围内工程教育的新一轮改革有两个明显特征：一是工程教育基础化，其内涵为工具性基础和知识性基础；二是工程教育非技术化，其内涵为不断充实人文社会科学及管理科学等教育内容。现在，加强和重视人文社会科学教育，已经成为世界各国高等教育改革和发展的一个共同趋势。

近几十年来，美国高等工程教育为了适应日新月异的科学技术和急剧变迁的社会，曾有6次大的改革。这6次大的改革中，每次都提出要加强工程教育中的人文与社会科学（Humanitities and Social Science，以下用H&SS表示）教育。例如，1934年《威肯顿报告》明确建议在工科课程中增加更多的人文社会科学内容；1944年《哈蒙德报告》建议，工程教育应当沿着科学技术和人文社会科学两条路径齐头并进；1955年《格林特

报告》的结论为人文社会科学应作为工科教育课程的重要基本部分；1968年《工程教育的目标》报告中的重要结论之一，就是"未来工程师将被要求参与解决与日俱增的复杂的社会问题"；1979年哈佛大学发表《核心课程报告》，制订了著名的《公共基础课程目录》，其重要内容之一就是，不同年级的学生除主修课目外，都必须学习一定数量经过特别设计，以西方文化为中心的6个核心领域的人文社会科学课程；1984年，美国全国人文学科基金会发表题为《必须恢复文化遗产应有的地位》的报告，呼吁加强和改进人文社会科学教育；1988年，美国大学协会发表题为《未完工的设计：本科工程教育中的人文学和社会科学》的报告，着力于解决面向工科学生的应用文科教育问题。80年代中期，美国曾就"通识教育"（General Education）展开过非常广泛而热烈的讨论，并发展成为"课程改革运动"，其影响至今犹存。

近年来，美国高等工程教育改革着重强调两个方面，一是增强动手能力，二是加大H&SS教育。在加大H&SS教育方面，1995年，美国国家研究理事会发表了《工程教育：设计与适应性系统》报告；同年，美国工程技术认可委员会ABET（Acereditation Board for Engineering and Technology）提出了高等工程教育中H&SS教育的最低时间要求，以保证H&SS教育。其规定指出：工程教育包括至少3年的学习，学习内容包括数学、科学基础、H&SS、工程论题；其中至少1年时间的数学和科学基础教育，至少半年时间的H&SS教育，一年半时间的工程学习（1年的工程科学，半年的工程设计）。ABET还特别指出，H&SS的学习不仅仅是为了拓宽工程专业学生的知识，更重要的是通过H&SS教育达到工程教育的目的。因此，H&SS课程的设计必须反映一种教育理念，或者符合工程专业的目标以及体现学校自身的特色。为了使工程师充分意识到他们的社会责任并在决策中更好地考虑其相关因素，学校必须把H&SS课程视为工程教育的有机部分。为了满足这种要求，学校为工程专业学生提供的H&SS课程必须既要有一定的广度，又要有一定的深度，而不能仅仅设置一些介绍性的课程。

美国工程技术认可委员会还对H&SS的具体课程作了规定，他们认为所提供的H&SS课程必须满足下面的定义：人文科学是研究人与文化知识的分支学科；社会科学是对人与社会关系的研究。根据上述定义，传统的 H&SS 是哲学、宗教、历史、文学、美术、社会学、心理学、政治科学、人类学、经济学和外语等；非传统的 H&SS 指技术与人类行为、技术史、专业伦理与社会责任等。一般来说，有关文化价值的课程可以作为 H&SS 的课程，而有关个人技巧的实践课程不能作为 H&SS 课程。由此，涉及表演性的课只有与其理论和历史结合起来才能满足 H&SS 课程的要求。美国工程技术认可委员会对这些交叉性的、边缘性的学科也作了说明，有些课程，如会计、工业管理、金融、人事行政管理、工程经济、军训等，既可作为必修课也可作为选修课以满足工程专业学生的不同要求，但是，这些课不能替代 H&SS 课程。

美国著名大学对 H&SS 课程的学分要求不尽相同，不同的学校、专业有不同的要求，一般 H&SS 课程学分占总学分的比例在 13.3% 和 25% 之间分布。如美国排名在前 50 名的工科大学中，卡内基梅隆大学计算机专业的 32 门课程中有 8 门 H&SS 课程，占 25%；在麻省理工学院(MIT)，H&SS 的学分要求不少于 72，占总学分的 20%；密歇根大学的 H&SS 的学分占 16%；加州大学伯克利分校的人文和社会科学课程的最低要求是 18 学分，占总学分的 15%；在伊利诺伊大学土木工程专业要求本科生的 133 个学分中，H&SS 的学分不少于 18 学分，占 13.6%；威斯康星大学要求 16 学分的 H&SS 课程，占总学分的 13.3%；斯坦福大学要求至少有 11 门 H&SS 课程。

在日本战后初期的教育改革中，针对战前高等教育为适应军国主义的需要而重视专业教育、轻视一般和普通教育的状况，同时，也由于受美国的影响，在高等教育中强调教育民主化，加强普通教育，并采取了一系列措施。例如，为了使学生在人文、社会科学、自然科学等方面打下广阔的基础，大学增设教养部，学生进入大学后，首先在教养部学习 1—2 年，完全不接触专业，两年以后再进入专业教育阶段。1956 年还颁布了《大学设置基准》，对讲授科目作了详细规定，规定毕业所需条件为：学习 4 年以上，必须修得 124 学分以上，其中，一般教育科目（含人文、社会和自然科学 3 个领域），36 学分；外国语科目，8 学分；保健体育科目，4 学分；专门教育科目，76 学分。到 60 年代，由于日本强调以发展经济为主

要目标，使得以普通教育为主要内容的教育受到轻视，理工科教育得到进一步的加强。70 年代以来，日本重新提出加强普通教育、尊重个性的教育，经过一系列的准备，进入 90 年代以后，开始具体实施。例如，1995 年以后，东洋大学机械学科对本科毕业生要求修满 130 学分，其中共同综合科目（含一般教养科目、外语、体育），28 学分；工科共同科目（含专业英语、数学、物理、化学、信息），25 学分；专业科目，40 学分；选择科目，37 学分。与对 1995 年以前毕业学生的要求相比，总学时减少（由 138 学时减为 130），专业教育减少，基础教育和教养课程增加，学生选择的自由度加大。名古屋大学 1994 年废止教养部，1995 年正式开始在全校推行 4 年一贯制教育，面向全校学生开出共同科目。在其教学计划中，设置了以人文社会科学为主要内容的公共课程 122 门，共 283 学分，学生从中选修 20 学分的课程，占学生 4 年必修选修总学分（136）的 15%。

韩国在高等教育中非常重视对学生进行人文素质教育。所有的大学课程均由教养课和专业课两大部分组成，学习方式分为必修和选修。教养课中的必修课由教育部确定，占总学分的 30%，内容包括国民伦理、国文、国史、外国语、哲学、文化、自然科学入门和体育。此外，学生还要分别在人文科学、社会科学和自然科学三个领域中，分别选修 1 门以上课程。例如忠南大学化学工程学院，学生获学士学位至少要修满 140 学分，其中人文和基础学科（必修）必须在 37 学分以上，而专业必修课只要够 18 学分即可。

英国在教育改革中提出，当今西方世界存在自然科学与人文科学的严重分裂，因此在高等教育改革中，要加强文理交叉，拓宽学生学业基础面，推迟专门化时间。剑桥大学的专家认为："现代世界理科和文科的裂缝必然用科技人文科学来黏合。"

二 国外高等工程教育为什么十分重视人文社会科学教育

世界各国普遍重视人文社科教育，有着深刻的社会背景，这主要表现在以下两个方面。

1.经济繁荣、科技进步一方面推动着社会向前发展，同时又带来一系列严重的社会问题，社会呼唤人文教育、人文精神。

日本学者认为，在日本经济、科技、教育飞速发展的同时，教育存在危机和弊端，而且这些问题随着教育的发展而表现得越来越深刻和严重，以至于阻碍经济、社会的发展，也阻碍了教育自身的发展。日本《关于教改的第一次咨询报告》中指出："近年来，激烈的入学考试竞争、'恶作剧'、逃学、校内暴力、青少年不良行为等被称为教育荒废的现象越来越严重，事态的发展很令人们忧虑。这种现象的根源很深，且相互牵连，又同家庭、学校、社会的现状等复杂地缠绕在一起。"这种现象主要表现在：经济和教育发展的同时，也助长了偏重学历的风气，以进一流学校、一流企业为目标的考试竞争变得尖锐，家长、学生、教师全部卷入偏重知识、忽视个性和道德教育的浪潮之中；学校、教育、学生之间缺乏协调，家庭教育的职能减退，社区作用降低，大众传媒产生了不良影响等。日本教育界认为，要认真考虑教育荒废的种种病理现象及其根本原因，面向未来，恢复教育生机，从根本上重新认识整个教育，从新观点出发，大胆、细致地推进教育改革。日本财界也呼吁："现在的学生，不论是文科还是理科，均缺乏文字表达能力等基本的能力，而且还缺乏主动性、说服力、创造性及挑战精神，要大力加强普通教育。"

美国国家工程院院士、主席 Norman R. Augustine 在《工程教育》一文中提出："工业的招聘人员和行政人员不断地抱怨，说毕业的工程师缺少书面和口头交流技巧，缺少作为工作组一个成员进行工作的能力，缺少对如何进行业务工作的理解，甚至对与工程项目生死攸关的政治过程也缺乏基本的理解。"

韩国学者认为，二战以后，西方文化和技术的大规模涌入，使韩国旧的风俗习惯受到破坏，为追求现代工业文明，甚至不惜损害优秀的传统价值观念，这给韩国社会造成很大的混乱。因此，韩国的教育改革要大力提倡恢复民族传统，吸收儒家文化，将加强人性修养，提高学生人文素质作为首要任务。韩国韩东大学校长金冰吉在《具有竞争力的教育》一文中说："科学技术虽然能够给人类的生活带来方便，但是并不意味着给人类带来幸福。现在过于强调科学并将其偶像化，物质万能主义正在摧毁伦理和道德，这种趋势到 21 世纪还将加快。因此，应该强调培养学生的爱心和服务精神，使之成为真正的社会的人。"韩国教育改革委员会在 1994 年 5 月递交给总统的一份报告中指出："由于家庭、社会教育的缺乏和入学考试为主的教育，使人性和道德教育失去应有的地位"，"学校教育与其说培养团结，不如说造成利己的竞争，学校文化和国民情绪正在走向颓废，其共同体意识越来越淡漠"。为此，必须"实行有品位的人性教育"。首先，大学的录取标准要参考学生过去的创造能力和道德品行的评价资料，而非单纯依赖于高考分数。从 1993 年起，韩国大学入学总成绩中 40% 为高中推荐成绩（含文化课和在校品行两部分）。另外，要对学生实行系统的人性教育。韩国的人性教育分阶段进行，幼儿园至小学三年级为礼貌、基本秩序（如交通秩序）、共同体意识等教育；小学四年级至初中为民主公民教育（尊重他人、公共法律秩序、合理的意识等教育）；高中以上特别是大学重点放在世界公民的教育和帮助学生正确地理解多元化、当今国际关系、世界和平教育、国际礼仪和外国语的教育以及环境与人类社会等。

2. 21 世纪的挑战、时代的发展和社会的变迁，对教育，对人的素质，提出了新的要求。

美国学者认为，随着人类社会的发展和科学技术的进步，愈来愈要求从事具体领域工作的人员，具有全面的大系统的观念和能力，这是实现社会可持续发展的一个基本条件。这就要求工程教育必须从教育的观念、教育的模式、教育的内容与方法上做一系列的改革。随着现代科学技术的发展和工程系统复杂性的不断增加，工程与社会、政治、经济、环境、法律、文化等的联系愈来愈紧密，在实际工作中系统和背景的作用日益突出了。这种背景包括企业的和组织的背景，也包括顾客的愿望和希望，包括社会的、政治的、经济的、环境的和文化的因素。因此，不能仅仅让学生学习一些工程科学的理论和知识，还应该"让学生接触到大规模的复杂系统的分析和管理，这不仅是指对有关技术学科知识的整合，而且包括对更大范围内经济、社会、政治和技术系统日益增进的了解"。"当代一个有教养的人，必须能够清楚而有效地思考并做出书面表述，应当能对文学和艺术、历史、社会科学、哲学进行分析并做出判断性评价，掌握自然科学和生物科学方面的数学与实验办法，对其他时代的知识有所知晓，应当对于伦理道德问题有所认识，应当在某些学科上具有高深的知识。"

韩国总统金泳三在其《开创 21 世纪的新韩国》一书中认为，新时代的韩国人应具有三种心理素质："第一是细腻而精巧的精神；第二是充满多种多样的个性，又富有把它们合而为一的强大的凝聚力；第三是坚韧不拔而善始善终的精神。"他要求韩国人应具备高度的科技文化知识和良好的教养，成为"一流国民"，而且要遵守社会的"规则和规范"，要具备一颗正直而诚实的心。韩国教育改革委员会将 21 世纪韩国人的新形象设计为：（1）具有很高的道德意识和集体意识的"与众共生的人"；（2）创造新的知识和信息以及技术的"智慧的人"；（3）主导国际化、世界化时代的"开明的人"；（4）认识到劳动的价值而勤奋"劳动的人"。

日本学者认为，现代社会向高速化、复杂化、国际化、情报化急速发展，变化速度增加，流动性加快。这种社会的变化，要求学校培养的人才具有相应的知识和能力，有综合自主的判断力，有丰富的人性，面对社会诸事物充满自主探求心和创造性，身心健康。因此，学校教育除了专业教育之外，要大力加强人文社会科学教育。

三　国外高等工程教育中人文社会科学课程的特点

课程体系的改变相对教育思想的发展总是具有一定的滞后性。但它是推进人文教育的核心、关键、要害。建立课程体系，首要的问题是，面对浩如烟海的人文社会科学，学校应当选择什么样的课程内容。由此产生的一个问题是："学生应该懂得什么？"即哪些知识是学生所必需的。对这个问题的回答见仁见智，不尽统一。在美国的讨论中，比较有代表性的看法是：学生必须理解西方文明；英美欧的著名文学作品；哲学史；外语；非西方文化；科学技术史。有的学者（William Bennett，1984）列出若干题目，认为是每个学生都必须学习的，如符号的运用，团体和机构的成员；生产和消费行为与自然的关系；时间、价值观和信仰感。还有的学者（Lynne Cheney，1989）更是具体地把通识教育作了划分，提出在学士学位的 120 个学分中，应该分 50 个给通识教育。其中一学期文明的起源；一年西方文明；一学期美国文明；两年外语；一年数学；一年实验科学；一年社会科学。

由于对学生到底应该懂什么知识的争论激烈，意见不一，于是有人把问题变换了一下："学生应该能够做什么？"这就涉及到技能问题。有的学者认为，既然没有什么课程能使学生终生受用，那么大学所能做的就是训练学生的各种技能。如训练学生使问题更清晰化的能力；识别基本假设的能力；思考复杂主题的能力；寻找相关证据的能力；估价对各种选择的解释和主张的能力；做出合理的选择的能力，等等。由技能的训练又引发出受教育者的个人素质问题："我们想要造成具有什么素质的个人？"有的学者提出，个人素质应当包括自我意识，对他人的同情心，好奇心，以及公民责任感，等等。

纵观各个学校开设的课程，虽然五花八门，各有特色，但具有民族性、国际性、导向性、综合性等几个共同特点。

1. 民族性。

文化是一个民族历史发展的产物，它代表着一个民族的传统，体现着民族的个性。不弘扬民族的优秀传统文化，也就不可能很好地吸收外国的文化成果。在人文教育中，各国都十分重视弘扬本民族的传统文化。例如，由韩国政府在1978年创建的精神文化研究院，十分明确地提出了自己的宗旨——"研究民族文化的精髓；坚定主体的历史观和健康的价值观；探索未来社会发展的坐标，弘扬民族振兴的精神，为民族文化的畅达做出贡献。"

国外高校工程教育中人文社会科学教育方面的课程内容设置多以本民族文化为主，这些课程或规定为必修，或规定为核心课程。例如，美国哈佛大学强调要求学生熟悉"西方文化遗产"，并以此为课程核心。美国南佛罗里达大学在历史透视类6个学分的课程中，要求学生必须主修西方文明史3个学分。在日本工业大学全校公共课科目表中，有关日本社会与历史、政治构造等科目占相当大的比重。美国MIT将人文社会科学课程分为五大类：第一类，文学与文章研究，在12门课中，西方文学占半数以上；第二类，语言、思想和社会准则，在14门课程中，西方文化有7门；第三类，视觉艺术和表演艺术，在13门课中，西方音乐、建筑、戏剧等是其核心内容；第四类，文化与社会研究；第五类，历史研究，其中有关西方文明、历史等课程占绝大多数。在东亚华人文化圈中，人文社会科学教育则以中国文化为核心设置课程。例如，新加坡南洋理工大学1994年面向理工科学生开设的人文社会科学课程中，中华文史及南洋华人问题为两大核心内容。

各个国家还十分重视本国语文的学习。在美国，几乎所有的高等工程院校都异乎寻常地重视工科学生语言表达和写作能力的培养。加州伯克利理工学院制订了3个系列课程，校方要求学生必须至少选择1门英文阅读与写作课程，而且要求必须达到及格以上。南佛罗里达大学的英文学习和写作课的最低要求是6个学分，学生必须在第二个学期修完且必须及格；与此同时，校方还积极倡导口头表达和书面写作能力应贯穿于每门专业课和基础课之中，在各门课程的教学过程中应经常提供让学生口头表达思想的机会。MIT制订了严格的、分阶段的、4年一贯制的公共写作课程，到了三年级，学生还必须进行专业化格式写作的能力训练。其方法之一就是写一篇10页（2500字）或10页以上的有关学生专业领域一般性介绍的短文，文章必须由导师和评审教师审阅并认为满意。值得注意的是，在MIT，这类语言学习和写作课的学分还不在人文社会科学选修课的72学分之内。

2. 国际性。

世界发展到今天，人们深深感到，地球越来越小，各国间的相互依存性越来越强。哈佛大学学者认为："一个受过教育，生活在世纪之交的美国人，不能眼光狭窄，以致对其他国家的文化和过去的时代一无所知。现在，我们不再可能与世隔绝地关起门来过日子。一个受过教育和未受过教育的人的关键性区别，在于前者生活经验的视野较后者更为广阔。"现在，在教育改革和课程内容改变中，各国都十分重视国际性，并力图将民族性与国际性统一起来。在这一方面，日本显得尤为突出。日本提出的教育改革的理念中，第一条是"适应国际化社会"。他们认为，迎接国际化时代，立足于国际化观点进行教育改革，是关系到国家存在和发展的重要问题。要怀着对本国文化的深刻认识和崇敬，对异国文化的广泛理解和宽容，积极做出国际性的贡献，取得国际信赖。日本中央教育审议会第二小组委员会提出的关于为使教育适应社会变化应采取的措施方案中，在分析未来社会变化时，提出社会变化的趋势有四个方面：国际化；信息化；科学技术发展；环境问题的日益严重。认为为适应国际化，教育改革中，应用世界性的视野理解异质文化；确立作为日本人的主体意识；培养外语沟通能力。

韩国总统金泳三在 1993 年上台执政后大力推行韩国"世界化战略"，这就是：在新时代即将到来的 21 世纪，韩国要积极参与信息化潮流，并努力成为信息化发展的先导国家。但世界化不是一元化，世界化的同时必须坚持多样化，即在参与世界共同发展的同时，又能保持自己的价值观、文化和传统。与这一世界化战略相适应，韩国总统教育改革咨询委员会于 1995 年 5 月 31 日制订了关于《建立新教育体制的教育改革方案》。方案强调了加强世界化、信息化教育的重要性。要求从初中开始就加强计算机、英语、汉字、世界文化史的教育。在大学，扩大学士课程学生赴海外研修和出国留学的机会，同时相互承认学历和建立校际关系，鼓励、支持通过个人电脑通讯、人造卫星与外国学生的各种学术交流，政府对各大学根据自己的学校特点在本校专业领域里建立具有特色的数据库提供支援。同时，为了增强大学生的世界公民的素质、素养，加强了课程中关于国际理解及和平教育的内容。改革外语教学，将外语教学从以语法为中心改为以会话为中心，提高学生外语会话的评分比重。

3. 导向性。

从调查分析中，我们发现，各个大学的人文社会科学教育都有明确的目的。如美国 MIT 人文教育的目的是：培养人际交流的技能（口头的和书面的）；增长人类历史和现代文化知识，以了解两者之间的相互影响；加深对影响人类活动的理论、观念、思想体系的了解；认识不同社会制度的社会、政治和经济背景；最终能灵活地、艺术地进行人际交流和自我表达。美国南佛罗里达大学认为，人文社会科学教育能有效地提高创造性的思维技艺、书面和口头的表达交际能力；能开拓学生价值和道德观的深度和广度；能形成学生的环境意识和国际视野；能深刻理解种族和人类冲突、性别冲突的根源和所应具有的态度。美国普渡大学认为，人文社会科学课程包容了人类的历史经验和文化的过去与现在，包括个人行为、社会和政治结构、普遍价值观、交流方式和原动力、哲学和伦理思想认识过程。这些课程的学习能使工科学生在生活和工作中，评价和认识整个世界，帮助他们作为受过良好教育的公民用自己的职业行为为社会做出积极的贡献，为他们洞察世界、评价人生提供一个基本的框架。

巴黎理工学校是这样陈述人文社会科学教育目的的：在科学飞速发展的时代，理工学校必须给它的全体学生普遍而高深的科学文化知识。人文社会科学教育是一种"入世教育"，这种教育能引导学生发展处世立身之品德，防止学生偏于理科知识而损害自己的平衡。

人文社会科学不同于自然科学的一个重要特点是：它既是一个知识体系，又是一个价值体系。人文学科研究的对象是精神世界和文化世界，是意义世界和价值世界，它回答"应当是什么"。人文社会科学教育不仅是传播知识的教育，而且是传播和引导一定的社会价值观念的教育。因此，很多学校在考虑人文社会科学的内容时，十分注意它的导向性，引导学生树立教育者所期望的价值观和道德观。如前所述，美国对人文社会科学课程有明确的要求，有关文化价值的课程才可以列为 H&SS 课程，有关个人技巧的实践课不能作为 H&SS 课程，涉及表演性的课程，只有与其理论和历史相结合才能满足 H&SS 课程的要求。

4.综合性。

课程的综合性，是不少高校课程设置的一个突出特点。很多学校开始设置文、理、工等学科相互渗透和跨学科的综合性课程。如美国部分学校开设的工程伦理、通讯交流和艺术、科学和环境变化、非洲美国人研究、农业与资源经济学等，日本部分学校开设的地区文化、人类的发展等。究其原因，主要有以下两个方面：

一是当今新的科技革命的一个重要特点是科学、技术和生产的日益一体化，以及自然科学和社会科学的结合。以美国工程伦理课程的开设为例，工程伦理教育是工程与社会、自然关系发展的客观要求。在现代，工程对社会和自然的影响越来越大，从而要求工程师对公众和自然切实负起伦理义务的呼声日益高涨，同时，在工业的复杂环境中，工程师既要对公众和自然负有伦理义务，又要对雇主、顾客和工程专业负有伦理义务。复杂多样的有时互相矛盾的伦理要求很容易引发一系列伦理问题，如利益冲突，对公众健康和安全的责任，贸易秘密和专利信息，承包商和其他人的送礼，研究和测试中的诚实，环境污染和防治，等等。工程师不管从事何种工作，已经难以也不容回避这些伦理问题，应取的对策是提高伦理道德修养，以便做出独立的深思熟虑的抉择。因此，综合性课程——工程伦理便应运而生。

二是课程内在连贯性的要求。美国许多学者认为，理想的大学课程不仅应当具有严格的内容，而且应当是连贯一致的。课程的整体大于部分之和。然而，遗憾的是，支离破碎、不连续、不完整，却是通识教育中大多数课程的主要问题。在"美国大学协会"1985年发表的《大学课程的完整性》报告中，作者指出了一种独特的现象：课程已经被市场哲学所统治；它变成了一个超级市场，学生是学问的购买者，而教授则是知识的销售者。时尚与流行，时髦与成功的要求进入到智慧和经验应该盛行的地方，市场哲学拒绝建立共同的观念和规范。这种不负责情况的另一个牺牲品就是美国大学本科生的通识教育，即专业以外的制度化的课程要求。1989年，一位学者对25000名学生的手稿进行了系统分析后得出结论，1985的《大学课程的完整性》报告中所述事实完全正确：大学的通识课程，确实存在着明显的结构和一致性的断裂。解决问题的办法是，对人文、社会、自然和专业课程综合考虑，使之建立有机联系。

四　国外高等学校中人文社会科学教育的模式

国外高等学校中人文社会科学教育的模式五花八门，从纳入课程体系的方式来看，主要有以下几种。

1.大学一年级不分专业，开出"共同基础课"。

美国部分大学，无论理、工、文、管、农、医，一年级不分专业，根据人文教育的目标，开出"共同基础课"，到二年级再分专业，进行专业教育。例如，哈佛大学用9年时间进行教学改革，提出了影响全美的共同基础课。其共同基础课包括5类课程：文学和艺术；历史研究；社会分析与伦理道德问题的研究；科学；外国文化。这些课程均在一年级开课。个别学校，如雷维尔学院，集中两年，在一、二年级，1/3的时间学习数学和自然科学，2/3的时间学习人文、社会科学、外语、美术。三、四年级集中进行学术训练。

2. 列出必修、选修课程，成立专门教学机构，课程分散在一至四年级开设。

韩国教养课中的必修课由教育部确定，各校根据自己的情况，增加选修课，两者构成人文社会科学教学的课程体系。学校设置专门教育机构，负责面向全校各院、系开设这些课程，课程根据教学计划，分散在一至四年级，各院、系只负责专业课的教学。日本在第二次世界大战后的教育改革中，各大学纷纷建立教养部，所有一、二年级学生集中在教养部，进行普通教育，学习人文社会科学和自然科学课程。有些学校，如东洋大学甚至校园也是分离的。在第三次教育改革中，总结专业教育和普通教育明显缺乏有机联系的弊端，提出取消教养部，现在，日本多数大学按第二种模式设置。

3. 给理工科学生开设人文社会科学的辅修专业或第二学士学位。

美国、加拿大等一些国家的部分大学，要求理工科学生都必须辅修一个人文社会学科的专业，接受较为系统的人文教育，以改变知识结构。

4. 本科学习工程学科，研究生（硕士生）学人文社会学科。

美国加州大学伯克利分校校长田长霖教授，从更广阔的视野来考察，提出一种教育模式，即大学本科学习工程学科，接受工程基础训练；硕士研究生学人文社会学科。这样培养的人才，具有较为理想的知识结构。

参考文献

〔1〕[美] 杰里·G.加夫：《大学课程的新生机——对通识教育改革成就及其进展的评价》，乔塞贝斯出版社1991年版。

〔2〕中国社会科学院韩国研究中心：《当代韩国》（季刊，1995—1996）。社会科学文献出版社出版。

〔3〕于胜利：《面向二十一世纪：韩国高等教育的改革方向》，《比较教育研究》1995年第3期。

（本文还参考了美国哈佛大学、麻省理工学院、加州大学克利分校、密歇根大学、威斯康星大学、卡内基梅隆大学、南佛罗里达大学及日本名古屋大学、东洋大学等校的有关资料）

（原载《高等教育研究》1997年第4期，李光玉、洪明、周长城、张小玲、张晓明、程红、毛羽等同志参加调研）

努力推进文化素质教育

编者按　1997 年 5 月 12—15 日，国家教委高教司在武汉华中理工大学召开了 52 所文化素质教育试点院校经验交流会。会上，华中理工大学、清华大学、南京大学等介绍了实施文化素质教育的经验和做法，反映了文化素质教育向广度和深度推进的可喜景象。为了让更多的院校借鉴，本刊特将刘献君同志在大会上的发言略加修改整理，予以发表。

一　从调查研究入手

1994 年以来，在国家教委的领导和支持下，我校将加强大学生文化素质教育作为一项面向 21 世纪的教学改革课题，以文学院为依托，在全校范围内进行研究与实践。三年来，我们组织若干研究小组，分别研究了以下课题。

1. 加强大学生文化素质教育的目的、意义研究。在研究中，着重提出了"要确立人文社会科学在理工科教育体系中的基础性地位"，并以此来统一全校的思想认识。

2. 受国家教委高教司委托，我校对 93 级至 95 级 5000 名理工科学生的文化素质状况进行了一次调查分析。

3. 我校为 11 所学校参加的《工科院校人文社会科学课程教学内容与课程体系改革的研究与实践》项目的牵头单位，在这一项目的第一阶段研究中，我校负责国外高等工程教育中人文社会科学教育现状研究。通过对美国、日本、加拿大、韩国、新加坡等国近 100 所高校的研究后，对这些国家重视人文教育的背景、教育思想以及人文教育模式、规格、教学方式、教材等有了全面的了解。

4.高等工程教育中人文社会科学教育的基本规格研究。通过研究，提出了对理工科大学生从 5 个方面进行人文教育：以弘扬爱国主义精神为主要目的的我国历史与民族文化教育，以集体主义为核心的价值观与道德观教育，以社会主义为核心的公民教育，以马克思主义哲学为主要内容的世界观与方法论的教育，以陶冶高尚情操为主的文学与艺术教育。同时提出和建立了文化素质教育的基本目标、课程体系等。

5.文化素质教育和大学德育关系研究。我们认为，文化素质教育同"两课"教育都是为了提高学生的综合素质，它们既不能截然分开，也不能互相代替。

杨叔子校长经常强调："我们的高等教育，一要教会学生如何做人，二要教会学生如何思维，三要教会学生掌握必要的科学技术和人文社会方面的知识与运用这些知识的能力。"这已经成为学校教育工作的出发点和大学生努力追求的目标。具体来说，我校加强文化素质教育的根本目的在于：

1.帮助学生做人。由于我国不少高中在教育后期实行文、理分科，准备报考理工科的学生，很少学习历史、地理及其他人文学科；在大学教育中，由于 1952 年的院系调整，将文科、理科与工科分家，文化素质教育与高等工程教育严重脱节，因此，理工科大学生，专业知识丰富但人文知识贫乏，许多学生对中华民族悠久灿烂的历史文化缺乏应有的了解，缺乏在本民族文明熏陶下所应具备的文化艺术气质和情操品格。人文学科具有体验性、教化性、评价性，因而能够为学生启示方向，陶冶情感，帮助其了解世界，了解社会，学会做人。设想一下，如果一个对中国历史、文化与优秀传统一无所知或知之甚少的人，他的思想、感情与爱国主义难以密切结缘，又怎么能成为源头不竭之水。

2.帮助学生做事。学科发展已经达到"在高度分化基础上的高度综合"阶段，既高度分化，又高度综合；工程技术问题的解决，科学技术的创造发明，也离不开人文学科。人的文化背景越宽，融会贯通的能力、发现发明的创造性才会越强，思维方式才会越灵活，才越有可能进入科学技术前沿。任何技术问题都不是孤立的，有其背景——经济、社会、环境和国际因素。科学研究与工程技术人员必须善于从政治上，从其他相关的方面考虑问题。

二 从自发到自觉

我校开展文化素质教育经历了一个由自发到自觉的过程。为了改变学科单一的状况，加强学科交叉、文理渗透，70 年代末，我校在全国工科大学中率先创办文科。到现在，在人文社会科学和管理学科中，有博士点 2 个，硕士点 16 个，本科专业 17 个，教授 58 人，副教授 132 人，其中张培刚、涂又光教授等，在国内外学术界享有很高的声望。

80 年代初，我校首次在国内提出并开展第二课堂活动，以增进学生的人文知识，弘扬民族文化精神。

1987 年，我校兴建了音乐艺术中心，进一步开展文学艺术教育。同年，我校推出首届校园精神文明建设系列活动。在此基础上，1990 年第一届大学生文化节、1991 年首届大学生科技节应运而生。以后，以"提倡高雅向上的校园文化，抵制低级庸俗的文化"为主题的文化节，以"崇尚科学、追求真知、勤奋学习、迎接挑战"为主题的科技节每年举行一次。

1994 年文学院成立，1995 年 5 月，经杨校长提议，校务会议一致通过，决定对 1995 年及以后进校的学生进行中国语文水平达标测试。

1996 年上半年，学校决定，在机械学院和提高班进行将人文社会科学课程纳入课程体系的试点，从 1996 级新生起，按照新的课程体系组织教学。

1996 年底，党委常委做出了两项决定：一是将文化素质教育作为学校精神文明建设的重要内容，纳入《华中理工大学社会主义精神文明建设"九五"规划》之中。二是建立文化素质教育基地，每年拨款 100 万元，用于基地建设。基地的主要任务是：(1) 研究文化素质教育的重大理论问题；(2) 推动学校文科各专业学科质和量的发展；(3) 协调各院系、各学术团体的文化素质教育工作；(4) 资助有关文化素质教育的项目，领导与开展若干重要的文化素质教育工作("中国语文考试"、"人文讲座"等)；(5) 通过理论研究和教学实践的结合，不断总结新经验，分析新情况，力求产生一批在全国有影响的教学成果。

三　构建文化素质教育体系

在 20 来年实践的基础上，经过 3 年多的集中探索，我校的文化素质教育已形成了一个完整的体系。这个体系由以下五个部分构成。

第一，文化素质教育课程体系。学校成立了以杨叔子校长为组长的试点工作领导小组，确定在机械学院和提高班进行改革的试点工作。经过半年多的调查研究，反复讨论，制订了《华中理工大学机械学院文化素质教育课程体系和教学计划设置方案》，并在机械学院 96 级学生中开始试行。这一课程体系由核心课程和选修课程两大部分组成。核心课程共 6 门，包括思想道德修养、中国革命和建设史、政治经济学、法律基础、中国古典文学、马克思主义哲学与现时代。核心课程均为必修。每门核心课程配置了 5 门相关的选修课程，分为伦理道德、历史、经济、政法、语言文学艺术和哲学等 6 大类。学生在学习某一门核心课程的同时，须在其相应的某类 5 门选修课中任选 1、2 门修读。教学学时为 480，计 29 学分，占总学时（按 2600 计）的 17.7%，其中核心课 14 学分，选修课 15 学分。

第二，人文学科辅修专业制和双学位制。学校面向全校学生开设中文、哲学、经济法、管理、经济、科技英语等辅修专业。近几年来，每年都有 40% 左右的理工科学生参加辅修。同时在辅修专业中，开出部分双学位班。例如，经济法辅修班，从 92 至 94 级共有 800 人参加学习，从中选拔了 6 门功课都在 80 分以上的学生 150 人进入双学位班学习。他们再学习 9 门课，完成毕业论文，便可以拿到法学学士学位证书。从 97 级起，由机械学院与管理学院合作，联合培养或者是有工程背景的管理人才或者是有管理背景的工程人才。

第三，人文选修课和中国语文水平达标测试。学校规定，没有实施文化素质教育课程体系的理工科本科生，4 年中要选修 6 个学分的人文选修课，否则不能拿毕业证书和学位证书。经过多年的努力，已向学生开出人文选修课 100 多门，其中有《东方文化》、《唐宋词赏析》、《公共关系学》等选修课。1996 年上半年，我校京剧社为学生开出"京剧艺术欣赏"选修课，报名者达400多人，今年继续开这门课，报名者达1000多人，师生共同欣赏、学唱京剧。从1995年开始，学校决定对新入学的研究生、本科生、专科生进行中国语文水平达标测试，不及格者要补考。毕业前补考仍不及格者，研究生与本科生不发给学位证书，专科生不发给毕业证书。1995年9月17日，对全校3511名各类新生进行了考试，总分150分，90分为及格。考试结果，总平均成绩为95.73，26.3%的人不及格。考试结束后，我们对考试情况进行综合分析，并组织中文系教师编写了《中国语文》讲义。今后学生进校一年后，再举行语文水平考试，考试时间在每年6月份第一个星期六上午。

第四，人文社会科学系列讲座。从1994年3月起，学校拨出专款，招聘主持人，利用晚上时间，面向全校学生开设人文社会科学系列讲座。到1997年4月止，讲座已达300多期，听众逾10万人次。它以时间之持久、内容之丰富、听众之广泛成为我校实施文化素质教育极具特色的第二课堂。机械学院师汉民教授说："现在一些学术会议听者寥寥，而这里却是座无虚席，真令人欣慰！"清华大学徐葆耕教授在《华夏文化》上发表一篇题为《逼上讲坛》的文章，文章在谈到我校人文讲座时说"晚上躺在床上，疲惫而兴奋。教书30多年，面对如此激情的听众似乎是第一次"。

第五，多种形式的校园科技、文化活动。采取的主要措施是：每年上半年举行文化节，下半年举行科技节。学生举办人文学社、诗社、剧社、棋社以及书法、摄影、天文协会等各种社团。在人文讲座的带动下，各个方面分别举办"自然科学讲座"、"博导系列谈"、"院士系列讲座"、"院长系列谈"、"十日谈"、"现代女性系列讲座"等。目前，有关部门还准备开出"厅局长讲座"、"企业家讲座"等。在讲座上，老师与演讲人和学生共同参加的以"增长知识、交流思想、陶冶情操、提高素质"为宗旨的周末读书会，向学生推荐优秀书目，开展多种形式的社会调查活动等。

四 营造浓厚的文化氛围

文化素质教育要有长远眼光，其作用是渐进的，潜移默化的。文科的建立、发展，本身就实实在在地改变了校园文化，发展了校园文化。文化素质教育活动的广泛开展，更起到了催化作用。例如，听过人文讲座的学生把新的话题、新的思路带到班级，带到宿舍，带到平常的人际交流之中。宿舍熄灯后常有的"卧谈会"的主题常常与讲座内容有关。朋友、老乡相聚，高年级老生给新生传经送道，也少不了谈到人文讲座。这无形中在营造着一种文化氛围。一位学生说："缺乏深层次文化底蕴对大学生最直接的影响是心灵空虚，就会出现沉溺于游戏机、录像、舞厅中的大学生，就有人在课桌、厕所里涂写脏话来发泄内心的躁动。我们高校不仅是知识的殿堂，更应是学生们精神文明的家园。我们学校——华中理工大学就是凭着独具特色的人文讲座从西三门外（录像厅、游戏机房、台球室的集中地）拉回了大量的学生。"

不少学生认为："中国光辉灿烂文化是能激起任何一个中国人的豪情壮志的，我们学生缺乏的只是接触这些文明精华的机会。"人文教育正是给学生们提供了这样一种机会。在人文教育中，我们始终强调以爱国主义教育为主旋律，要高举爱国主义旗帜，让爱国主义教育与文化建设同步。通过人文教育，从国际、历史、现实等多种角度，向学生展示中华民族的五千年历史的光辉与伟大。一位学生给主讲教师写信说："我知道中国文明十分伟大，但就是不知道它为何伟大。今天，听了你的报告后，我认为我以及我们这一代人都不应该在西方文明的冲击下，不负责任地、感情用事地漠视、批判、摒弃我们的传统，而一个劲地推崇西方。"一个风雨交加的夜晚，国际问题专家刘洪潮向数千名师生讲述了两个多小时的国际问题报告。刘教授纵论时局，分析了中美关系的现状与发展趋势以及有关台、港等国际上关注的焦点问题。当谈到美国政府对华政策时，刘洪潮教授义正辞严地表示，中国人民永远不会接受美国的人权观，台下掌声一片，欢声雷动。

学生从人文教育中受到的启示是多方面的。他们说："平时我们埋头学习，考虑多的是个人的出路，毕业分配等，听了人文讲座，了解到世界的天地这么广阔，国内外还有这么多问题需要解决，开阔了视野跳出了个人圈子。""考虑的问题更多、更深，而且不相干的事，能相互联系，举一反三原来考虑过的问题，现在有了新思路。""我就是在'讲座'上才明白自己的无知和知识的贫乏，于是赶紧读书，让各种知识、信息充实我的脑子，往日的浮躁之气、无所事事被冷静的思考、体验所取代。朋友相聚都说我成熟了很多。"

对教师的影响也值得注意。文科教师在主讲或听讲座（在人文讲座中开设了教师听席，经常有教师去听）的过程中，有两个突出的感受，一是感到自己知识的不足，有的年轻教师在听了一些著名学者的演讲后说："对比之下，自己简直还是一张白纸。"二是对讲好文科课程，特别是政治理论课，增强了信心。

理工科教师也开始关心人文教育。一批教师登上人文讲坛，讲述自己对自然科学的哲学思考，对社会和人生的理解，深受学生欢迎。一些教师告诫学生："在大学里，不应是只学知识，更重要的是要学会思维，这对你们的一生都大有裨益。因此，要从专业学科的狭隘思维中解放出来，将自己置于一个更广阔的思想空间，特别是将科学思维与人文学科结合起来，努力提高自己的文化素质，成为具有深厚的文化修养、创造思维、广阔的知识视野和扎实的专业技能的人。"

（原载《教学与教材研究》1997 年第 4 期）

科学与人文相融

——论结合专业教学进行人文教育

1994 年开始，华中科技大学在全国率先开展大学生文化素质教育，通过举办人文讲座，举行中国语文水平达标考试，设置文科、管理学科等辅修专业，调整教学计划、增设人文社会科学课程，组织学生开展社会调查，广泛开展读书活动和社团活动等，使学生扩大了知识面，精神面貌有所改观，学校的文化氛围也开始改变。但是必须充分认识到，文化素质教育中还存在不少问题和不足，素质教育有待进一步深化。我们认为，突出的问题主要有两个方面：一是文化素质教育大多还停留在知识层面，在如何将人文知识内化为人文精神方面探讨不够；二是发动广大教师参与不够，特别是对如何结合专业课教学进行人文教育重视和探索不够。为了解决第二个问题，我们组织华中科技大学教育科学研究院的博士生、硕士生，就"结合专业教育进行人文教育"的议题，对部分教师进行了较为深入的采访，并在此基础上，进行了专题研讨。大家认为，教师和学生接触最多，对学生影响最大，依靠全体教师进行素质教育是深化素质教育的关键。马毓义教授[①]说得好，倾盆大雨，只能雨过地皮湿，只有经常下毛毛雨，地表才能湿透。本文就科学与人文的关系、教师结合专业课教学进行人文教育的主要方式以及如何提高教师自身的文化素质等问题，谈谈自己的一些认识。

---

① 本文所提到的教授均为华中科技大学教授。

一 正确认识科学和人文的关系

解决结合专业课教学进行人文教育的问题，首先要弄清科学和人文的关系。科学和人文的关系，我认为，应从以下四个方面来理解。

1. 两者的研究对象和性质不同

"科学是人类探究客观世界本质的认识活动及其成果的统一。"[①]《辞海》对"人文"一词的解释是："人文指人类社会的各种文化现象。"世界由人和物两大方面组成，科学研究的对象是物，是客观世界，而人文研究的对象是人，是主观世界。科学回答"是什么"，其成果具有世界性，没有民族性和地域性。人文回答"应当怎样"，因而具有价值导向，其成果具有民族性和本土性。"是什么"具有唯一性，因而科学是逻辑的、实证的、一元的；"应当怎样"不具唯一性，因而人文往往是非逻辑的、非实证的、非一元的。

2. 两者是相通的

人既是一切社会活动的起点，也是它的归宿。科学、人文都是人自己的事业，是同一个主体的两种要求、两方面表现和两手选择。既然科学是人创造的，科学中必然渗透着人文精神。

首先，科学技术不仅改变着世界，更改变着人类自身和人们对世界的认识。"人类在认识自然界中获得了系统的科学知识，这是确立正确的自然观、宇宙观、世界观和科学观的基础，由此，才能正确地认识人类自己及其在宇宙中的地位。"[②] 例如，近代生理学的发展证明了"灵魂不死之说"的虚妄；近代天文学的发现颠覆了"地球中心说"，宣告了上帝的存在是人类有史以来最大的谎言。自动化和信息化技术的发展，把人从繁重、单调的劳动中解放出来。只有在科学技术高度发达的条件下，才有可能使人的劳动真正成为自由的活动，成为吸引人的活动，成为个人的自我实现的途径，才有可能不断扩大社会交往和社会联系等，使人成为"世界历史性

---

① 关士修等：《自然辩证法概论》，高等教育出版社1994年版，第25页。

② 李喜先：《论精神文化》，《中国学者心中的科学·人文（科学人文关系卷）》，云南教育出版社2002年版，第283页。

的、真正的普遍的人"，才有可能使人拥有充裕的自由时间，来发展自己和完善自己。

其次，人文在增进知识，开阔视野，解放思想，升华境界，乃至推动科学发展方面有着巨大的、不可替代的作用。以文艺复兴为例，文艺复兴的指导思想是人文主义，以人为中心，使经受了长达一千年之久的宗教禁锢和封建束缚的人在思想上得到解放，从而使人的智慧得以充分地发挥出来，创造出空前的精神文化和物质文化，诞生了近代自然科学，以致引发出三次科学革命。

再次，从认识活动来看，对真理和知识的追求，体现了自由探索精神、勇于批判精神、大胆创新精神、严谨求实精神等科学精神和人文精神。

3.近代产生了两者分裂的状况

正如吴国盛在《科学与人文》[①]一文中指出的，由于四个方面的原因，近代出现了科学和人文分裂的状况。这四个方面的原因是：自然科学和技术愈演愈烈的学科分化和扩张，使人文学科的领地日渐狭窄；学问普遍的科学化倾向和功利化，导致了社会科学的兴起，也使人文学科的地位进一步下降；重视培养专业人才的教育体制，人为地造成了科学与人文之间的疏远和隔绝；自然科学自诩的道德中立，使得科学家心安理得地拒绝人文关怀。

4.知识经济呼唤两者的融合

农业经济社会对人才的要求是以经验为主，工业经济社会则以专业技术为主，而知识经济要求的人才必须是人文素质与科学素养相融合的人才。知识经济是以高新技术为基础的经济，高新技术研究要求多学科的综合；知识经济是基于知识创新和技术创新的经济，培养创新能力需要科学、人文的融合；知识经济是可持续发展的经济、世界一体化的经济、决策知识化的经济，要求具有复合知识结构的人才。这次我们进行的"结合专业教育进行人文教育"的调查研究的结果也表明，两者融合既是必要的，

---

① 吴国盛：《科学与人文》，《中国学者心中的科学·人文（科学人文关系卷）》，云南教育出版社2002年版，第346页。

又是可能的。

二　探索结合专业课教学进行人文教育的方式

实现人文教育和科学教育的融合，需要从多方面入手，专业教师结合专业课教学进行人文教育是其中重要的方面。总结我们访谈的五十来位教师的教学实践，结合专业教学进行人文教育主要有以下：

1. 起于知识

科学和人文相融，要从知识入手，学习自然科学的学生要学点人文知识，学习人文学科的学生要学点自然科学知识。科学和道德的最大关联，在于讲实话，帮助人类弄清各种各样的真相。如科学告诉人们：地球是圆的，不是太阳东升西落，而是地球绕太阳旋转等。只有建立在真实基础上的道德，才是最可靠的道德。为此，教师们在讲授专业的同时，介绍学科专业中所涵合的丰富的人文知识和人文精神，力图"扩展专业的内涵，将之与广阔的生存空间相连"（邱建荣）。如讲授学科、专业发展史，让学生了解所学理论的社会价值；介绍学科发展中优秀科学家献身真理的感人事迹，以激发学生产生崇高的正义感与社会责任感；介绍学科中与当前国计民生密切关联的知识，以激发学生献身于造福人类与社会的热情。官文超教授在讲授《高分子化学》课的第一节课时，主要讲学科发展史，"从几千年前人类对棉、麻、丝、毛、皮等天然高分子材料的使用和粗糙的物理—机械加工，讲到 20 世纪上半叶高分子化学学科的建立和塑料、橡胶、纤维的人工合成，一直讲到 20 世纪 50 年代以来，现代高分子化学工业的蓬勃兴起，以及由此而引起的材料革命。目的是使学生通过对学科发展的学习，了解高分子化学这门课与人类社会生产和生活的密切关系及其在现代社会生产和生活中的重大作用，激发学生学习的兴趣和信心"。邱建荣教授在讲授燃烧理论时说："燃烧是人类文明的基石，正是人类祖先学会了用火，学会了利用或创造燃烧，人类才能够告别茹毛饮血的野蛮时代，才能够真正走向文明；燃烧技术的进步直接推动了工业和科学革命，促进了人类的发展；燃烧更与个人的生存相连，没有了燃烧，生命将难以继续……"刘伟教授在讲授《传热学》这门课时说："热是同生命相连的，热是生命的象征——连热都没有了，还有生命吗？因此，研究热的问题，实际上是对生命的关注，对热增加一点理解，就是多了一步向生命意义的接近。"所有这些，在帮助学生掌握人文知识方面，都起到了很好的作用。

2. 启迪精神

人文精神是人的自我观照，自我领悟，自我理解，其核心是反省精神。一个没有反省精神的人算不上一个高素质的人；一个不能正视自己的历史和现状，缺乏反省精神的民族，也算不上高素质的民族。没有自我反省，没有确立自我，就谈不上自尊与自律。教师们在专业教学中，要注重"让学生反观自身，在自省中提高"（陈培峰）。"教师最关键的是要启发学生从自身存在的问题出发去完善自我。"（马毓义）李柱教授要求学生在学过一些知识，做过一些事情之后，从哲理高度去总结自己的经验体会，认识反省自己，从而在学习和工作中超越自我，并将此作为论文、作业不可缺少的一部分。有两名学生在自己的论文中总结道："学科交叉的边区正是科学研究丰收的园地，不同学术思想的碰撞是点燃创造动力的火花；理论与应用结合是最有效的研究手段；站在理论的高处，应用空间更广阔；位于应用的前沿，理论研究更丰富；理论与应用珠联璧合，相得益彰。""突破科学研究的难点，可以从易处着手，积易成难，难关自破。多寓于少，大寓于小，难藏于易；从少、小、易入手，何惧多、大、难？作为一名科技工作者，应善于分析问题，掌握正确的思想方法，不畏困难，最终一步步地去解决问题。"这，不正是人文精神吗？谢长生教授也认为，要在科学研究的过程中帮助学生养成自省精神。科研是一个相对真理向绝对真理逼近的过程，在这一过程中，学生应有一种勇于接受"批判"的开阔的心态，不能认为自己的研究不能让人家批评，这不行。另外一些教师，还注意通过教学培养学生的合作精神、献身精神以及社会责任感等。

3. 渗透美育

"懂得美便懂得丑，懂得丑便有羞恶之心"，"美育可以潜移默化，使人眼界放开，心胸扩大"（张良皋）。科学与美的关系十分密切，如 F=ma，在物理学家看来，美，结构美，简洁美，非常之美。教师们在教学中，十分重视结合科学教育进行美育。一是挖掘科学中美的因素，让学生体验美。黄志远教授认为："数学的魅力在于用最简单的语言表达最复杂的事物。这就是美。学术研究中有一种审度美、挖掘美的因素存在。因为自然界中总是有着更理想的东西，更理想的东西就值得追求和欣赏，就显得格外漂亮。从某种意义上讲，追求科学的完善就是追求理想的完善。这完全可以构成学者日夜不停地思考和钻研，进而达到'为伊消得人憔悴'境界的一种动因。"二是将其所传授的知识组织在一幅优美和谐的图画中，让学生感受美。胡适耕教授认为："科学因其逻辑力量的内在和谐、理论架构的奇妙想象而具有极大的美学力量。教师应将学生吸引到这一充满情趣的殿堂，令其于赏心悦目中与科学结下不解之缘。但科学所固有的美感唯有在教师的主动演示下，才能真正展现在学生的眼前。"刘伟教授也认为，"美存在于课堂的每时每刻。"一些教师则以语言的流畅、丰富多彩，语调的抑扬顿挫、富于节奏感，来丰富自己的语言表达，给学生以很强的美感。还有一些教师则注意将板书、画面设计得非常漂亮，富于美感，给学生以强烈的美的感受。三是挖掘科学中的艺术价值，使学生产生美的升华。谢长生教授认为："目前，人们谈到科技，主要是强调它的一个功能，就是实用功能，用创造多少经济价值来衡量其成果。其实，科学还有艺术价值、美的价值，科学中蕴涵了美。对科学的追求，即使是报酬很少，他也会乐在其中，那种美的享受是难以言喻的。这一点，我在教学中，经常给学生强调。"

4. 行为互动

王夫之给"德"下了一个明确的定义："德者，行焉而有得于心之谓也"，"行而有得谓之德"。学生素质的养成，除了学习知识外，还要靠行动，靠实践。教师在教学中，要以自己的行动来影响学生的行为。何仰赞教授认为："一节课讲下来，课程内容学生不一定都能记住，但教师的学识、教学态度、教学方法，教师的为人会在学生心里留下深刻持久的印象。""在专业课程中渗透人文教育，最有效的方法是严格要求自己，首先做一个好老师，用认真负责的精神感染学生，为学生做一个榜样。"要做到行为互动，教师们一般要从三个方面入手。一是将自己的言行作为教育、影响学生的特殊教材。姚宗干教授认为："无论在课堂教学中还是在课堂外，教师是否具有民族自豪感和社会责任感，是会对学生产生影响的。比如，在介绍所教课程内容时，教师一口气讲下来的东西全是外国的，赞美之意溢于言表，同时又对我国自己的某些不足大加调侃，甚至惹得哄堂大笑，言辞中丝毫没有流露出对中国在某些方面落后的忧虑，只会给学生造成一种'中国人就是不行'的错误观念，久而久之，就会使学生失去青年人应有的社会责任感和自信心。"王乘教授认为："在教学过程中，教师的言行肯定会对学生的社会责任感和协作精神等人格因素产生影响，这就需要教师注意潜移默化的作用。要以老师的行为，制造一种'品牌效应'，无声而真实地影响学生的精神。"二是注重严格要求学生，培养学生严谨的治学态度和习惯。如在批改作业的过程中，若发现有错别字，或文法、句法、章法上的问题，要在作业本上注明，要求学生自己去发现问题，自己纠正错误，然后再交来批改。三是让学生组织起来开展活动，培养学生的团队精神。邱建荣教授在教学和研究中，将学生分成几个小组，既强调小组内的分工协作，讨论交流，又强调小组间的相互帮助，资料共享。她强调："开放性思维不仅是研究所需要，也是与人相处所需要。一个人只有具备开放式的宽阔胸怀，才能坦诚地向他人表达自己的思想，才能虚心向前辈、他人学习，才能不断进步。"

5.营造氛围

聂进教授从有机化学反应中，体验出条件、氛围的重要性。同样的两种物质，既可以产生正反应，又可以产生逆反应，原因在于反应条件。营造一种平等、和谐、民主、宽容、向上、不唯专业的氛围，让活生生的学生去感受、体验，是不少教师着力尝试的一种重要方式。"正是在这种平等的课堂气氛中，学生产生了对科学的热爱和兴趣，接受了蕴含着人文精神的专业教育，养成了活泼、宽容的品行，强化了民主、团结精神，'人文'随知识渗透到了学生的人格中。"（姚宗干）营造氛围的方式主要有：一是欣赏、鼓励，营造学生主动发现自己价值的氛围。刘玉教授采取"点名表扬激励法"、"有奖征答"、"以问倒刘老师为快"等方式，激励学生。在课堂上，无论特优生或学习成绩差的学生，只要发现闪光之处，就公开点名表扬；对于难度较大的一些问题，举行"有奖征答"，只要回答正确，期末总分就加2分；常常引导学生挑书上的毛病，并以自己为靶，号召大家"都来抓刘老师的'bug'"，对提出老师讲授错误的学生，平时成绩一律给满分。由此而造成的课堂氛围，大大增强了学生的自信和自尊，发现自己的价值，从而对生活、学习都产生了一种向上的充满希望的态度。二是走进学生心里，造成一种平等、信任的氛围。教师要了解学生，能用"学生的话"与学生交流，因材施教，有针对性地帮助学生。陆晓华教授十分重视尊重学生的兴趣和个性差异，根据各自的特点，有针对性地开展教学。她说："有的学生很聪明，但很贪玩，个性散漫，这样的学生就需要我们加压力，进行引导和督促。有的学生一门心思搞专业学习，智商有余、情商不足，社交能力、组织能力很差，而现代社会需要的是能自由表现自我、推销自我的人才，对这类学生我放手让他们去独立完成某些项目，培养他们在工作中有效组织、协调的管理能力。还有一种学生，心理受挫承受能力很差，受到一点委屈就想不开，整天牢骚满腹，心浮气躁，对这类学生不是要尽量提供他们顺利进行学习的环境，正因为他们从小到大生活得太顺利了，在大学里独立生活中稍遇挫折就束手无策，因此作为教师，我首先不是交给他们具体解危的方法，而是怎么对待困难的态度。"

6. 以悟导悟

学生人文精神的培养，要靠体验、感悟。教师要以自己的体验、感悟去引导学生感悟，达到教师与学生之间灵魂的碰撞、心灵的沟通。教师要把自己的人生经历、体会，贯穿在讲课的过程中。任佳刚教授在教学中，经常注意给学生讲自己的一些人生体验，例如，从打乒乓球体验出来苦练基本功的重要性。他说："小时候参加公社的乒乓球队的训练，当然后来没有打出来，但当时学过一篇文章，对我后来的影响较大，这就是庄则栋的《我怎样打乒乓球》。他在文章中强调，打好乒乓球的关键是从小练好基本功——推挡。并且说，他小时候每天都是成百上千次地练推挡。要当世界冠军，必须苦练基本功。我是把这当成了我学习和工作的座右铭。在我看来，练好了基本功就有了感觉。会打乒乓球的人都知道，打球很多时候是要凭感觉的，对方一挥拍，你就要及时做出判断，做出反应。而这全凭感觉。如果没有感觉，非要等球过来后你才能判断，才能反应，那你永远也打不好球。我相信科学研究也是一样，练好基本功，找对感觉，这是做好一切事情的前提。因此我一直注意自己在这方面的训练，现在当了教师，也十分注意要求学生打好基础。"还有一位外语教师尽力让学生与她一道分享快乐，感悟生命、生活、社会。一次，她在去教室的路上，看到新发的绿叶，心情十分愉悦。上课前三言两语用英语介绍自己的感受，顿时使课堂里的气氛活跃起来。她假期回家，看到 80 多岁的祖母不能像以前那样干活了，只能晒晒太阳，在屋内走走，心有所感。在课堂上，她把自己的感悟告诉学生：人的生命是有限的，人到 60 岁退休，我们 20 岁的人也走过了 1/3，我们要抓住每一天，抓住一分一秒。这些三言两语的感悟，一定会给学生留下深刻的印象。生活处处充满美好，充满哲理，不少人视而不见，这就需要教师去点拨。

7. 以人为本

人文精神以追求真善美等崇高的价值理想为核心，以人的自由和全面发展为终极目的。人文精神，说到底是以人为本的精神。加强人文教育，在专业教学中要坚持以人为本的原则，要求学生树立以人为本的思想。以人为本，就是在教学中，要尊重人、相信人、关心人，把满足人的多方面的兴趣和要求，作为教育工作的出发点，把最大限度地实现人的价值和自由作为教育的目的，一切为人的发展服务。叶鲁卿教授认为："在教学中要克服'只见物，不见人'的错误倾向，如在教育的目标上，我们常常强调把学生当作满足社会政治、经济或文化等某一方面需要的工具来培养，忽视人的主体性；在教育的对象上，我们只是把学生当作接受知识的容器来看待，不重视人的能动性；在教育的过程中，我们偏重于把学生当作同一型号的产品来加工，无视人的创造性，所有这一切都是与以人为本的人文精神格格不入的。"他还提出，"坚持以人为本，作为教师要把握以下几点：把学习的主动权交给学生，不把学生当作加工的原料，让学生做学习的主人；尊重学生的主体性，把导师的指导作用变为引导作用；高度重视学生的个性差异，切实做到因材施教；重视教师的人格影响，努力以自己的高尚人格、良好师德去熏陶、感化学生；树立为学生服务的思想，积极创造条件，尽可能为学生的学习和生活提供方便。"

8. 止于境界

科学教育和人文教育的融合，起于知识，但不能停留在知识层面，只有到了觉悟、理想、境界的层面，才能真正融合起来。这种境界，是为人类的自由和解放而奋斗，它是人类最崇高的理想之一，又是科学作为一项与人类的前途和命运息息相关的社会活动所体现的最根本的文化精神。爱因斯坦在《悼念玛丽·居里》一文中提出："在像居里夫人这样一位崇高人物结束她的一生的时候，我们不要仅仅满足于回忆她的工作成果对人类已经做出的贡献。第一流人物对于时代和历史进程的意义，在其道德品质方面，也许比单纯的才智成就方面还要大。即使是后者，它们取决于品格的程度，也远超过通常所认为的那样……她的坚强，她的意志的纯洁，她的律己之严，她的客观，她的公正不阿的判断——所有这一切都难得地集中在一个人的身上。"①这就是科学家的理想人格，也是科学给予人类的崇高的道德境界。师汉民教授认为，文学家的境界和科学家的体验在某种程度上也是相通的。正像王国维所说的，古今之成大事业、大学问者，必经过三种境界。刚接课题，茫茫然，恰似"昨夜西风凋碧树。独上高楼，望尽天涯路"之第一境界也。坚持下去，花大力气，好比"衣带渐宽终不悔，为伊消得人憔悴"之第二境界也。经过长期努力，成果出来了，又像"众里寻他千百度，蓦然回首，那人却在，灯火阑珊处"之第三境界也。陶渊明的《桃花源记》说："山有小口，仿佛若有光，便舍船从口入。初极狭，才通人；复行数十步，豁然开朗。"与科学家探索问题，不断追求，寻找真理的过程是相似的。不少教师在教学过程中，为提高学生的境界确实作了不少努力。

三　着力提高教师自身的人文素养

调查表明，"提高教师自身素质，是在专业教学中渗透人文教育的必要前提"（何仰赞）。人文精神广大而深邃，无所不在，它和教师的经历和学识融为一体。本立而道生，加强人文教育，关键在于提高教师的素质。

1. 要深入研究教育，准确理解教育

什么是教育？怎么教？怎么学？这是教育的基本问题。办学校不等于办教育，有了校舍，有了教师，有了学生，办起了学校，是不是就等于在办教育呢？不一定，学校可以兴教育，也可以灭教育，"文化大革命"就是一个例证。台湾的一些学生家长抱怨："在台湾，谁上过学，他就学会

---

① 《爱因斯坦文集》第一卷，商务印书馆 1978 年版，第 339 页。

了不提问题，大脑得到了不思考的训练。想像力和判断力停滞不前。"问题在很大程度上来自于我们对教育的理解。教育有其自身的科学意义，但在现实理解上，发生了偏差。在对教育目的的理解上，重知识、重专业：学生上大学，"我是学知识的，学专业的"；教师教书，"我是教知识的，教专业的"；忽视智慧、思想、灵魂的培育。在对教育过程的理解上，重视认知过程，误认为只有讲道理才是教育，忽视情感体验、意志锻炼和行为训练。这种理解的后果是，将德育、素质教育变成了少数政治辅导员、德育教师的事，广大教师游离在外，因而教育效果甚差。

教学具有学术性，教学过程是人的生命历程，是师生互动的双向过程，同样需要去探索。"教学本身有它的规律性，需要教师自己用心去揣摩，照本宣科的教学，肯定吸引不了学生，何谈素质教育。"（何仰赞）

2. 要广泛阅读，扩大自己的知识面

凡在结合教学进行人文教育方面做得比较好的教师，都十分重视阅读，扩大自己的知识面。

首先，要充分看到不断扩大自己的知识面的重要性。刘玉教授认为，"常言说，'要给学生一杯水，自己要有一桶水'，可这一桶水不能老用多年前的陈水、死水，而要不断更新，水才有活力！"师汉民教授则从现代科技的特征来论述扩大知识面的重要性，他认为："现代科技具有重要性、综合性和动态性三大特性。由重要性得出，我们要做知识上的巨人，努力读书，认真实践，不投机取巧；由综合性得出，我们要努力拓宽知识面，勿固守专业疆域；由动态性得出，我们要终身受教，活到老，学到老。"

其次，要学习优秀传统文化，特别要学习经典原著。优秀传统文化，是我们文化发展的根、基础，而优秀传统文化主要体现在经典原著中。我认为，作为中国大学的教师，《道德经》、《论语》是必读的。同时，根据自己的兴趣和需要，还可以涉猎其他方面的知识。

再次，要形成自己的知识结构。任何事物，只有形成了结构，才能产生功能。一大堆知识在脑子里杂乱无章，不成结构，是没有什么作用的。这种结构必须是开放式的，随时随地吸收新鲜知识，以充实、完善自己的知识结构。

做一名大学教师，在专业教学中渗透人文精神，要精通本专业，要有甘坐冷板凳的精神，进行扎扎实实的学术研究，力图接近本学科的最高峰、最前沿，以一流的学术水平进行教学，这是基础和前提。

3. 要有高度的责任感

教师对学生的影响是十分深刻的。一名学生说："他们（指教师）生活得四平八稳，却总在影响人的一生。"意思是说，教师的生活：上课、下课、寒假、暑假，周而复始，但其言行，一个动作，一句话，甚至一个微笑，一个惊讶，都会影响学生，这种影响可能是好的，也可能是不好的。"任何科学知识的传授过程都必然同时传递着一种人文信息——来自于教师的引导而激发学生对科学的追求，对科学价值的正确理解。"（王乘）官文涛教授认为，"教师要严于律己，以身作则，要求学生做到的，首先自己必须做到；如果让学生学会'关心'，自己首先必须善于'关心'，关心学生，关心同事，以心换心；要培养学生的科学精神，自己首先要尊重科学，实事求是，治学严谨；要教育学生学会创新，自己就必须富有创新精神，敢于拼搏，善于创新。"刘玉教授深情地说："面对这群可爱而懂事的后生们，我有什么理由不竭尽全力教好他们呢？在大多数并不宽裕的家庭为子女日益高涨的学费而四处筹措时，我有什么理由敷衍他们的后代呢？在高校加快改革、竞争日益激烈的环境中，要求生存、求发展、求得个人价值的社会肯定，我们怎能坐吃老本，得过且过呢？"教书与育人是一个统一的过程，在教学的过程中，必然渗透着对学生思想、灵魂的影响。因此，广大教师应有对学生全面负责的高度责任感和敬业精神。

（原载《高等教育研究》2002 年第 2 期）

知识经济时代的人文教育

最近，有一位记者在采访我时问道："现在是以信息科学为主的知识经济时代，大家都在忙于学习电脑，为什么你们学校还要大力倡导开展人文教育呢？"这可能是很多人都会有的一个疑问。之所以会产生这样的疑问，我想，主要还是大家对知识经济和教育的本质理解有所不同。本文先从知识经济的本质特征和教育的理念两个角度谈一谈知识经济时代加强人文教育的重要性和必要性，然后谈一谈我所理解的人文和人文教育。

一　知识经济呼唤加强人文教育

什么是知识经济？1996年，亚太经合组织指出，知识经济是以知识为基础的经济，也就是"建立在知识和信息的生产、分配和使用上的经济"。显然，知识经济是与农业经济和工业经济相对而言的。农业经济的核心要素是土地，工业经济的核心要素是资本，而知识经济的核心要素是知识。也就是说，当代经济的发展、社会的进步，越来越取决于科技的进步，知识发挥着越来越大的作用，甚至起着主导性作用。据世界银行统计，20世纪，科学技术因素在推动经济增长中所占比例不断上升。20世纪之初，经济增长主要依靠人力、物力和资金的投入，科技因素所占比重仅为5%—10%；20世纪50年代—70年代，这一比重发展为49%；而到了20世纪80年代，在发达国家，这一比重高达80%以上。进入20世纪90年代，美国经济持续高速增长近10年，也主要得益于以信息技术为主的高科技。因此，1996年，一些人士据此认为，知识经济时代即将到来。

知识经济是以高新技术产业为基础的，而高技术需要以人文作为导

向。所谓高科技，是建立在最新科学成就基础上的一系列新型尖端技术的泛称。而高技术产业，则是指一种技术密集度高，技术创新速度快，具有高附加值，节约能源并能对相关产业产生较大波及效果的新型产业。高技术领域包括电子信息技术、新材料技术、新能源技术、生物技术、海洋技术和空间技术。应该看到，高技术在促进经济发展、社会进步的同时，也带来了一系列的负面影响，带来了许多新的人文问题，如能源短缺、资源枯竭、自然生态失衡、环境污染等等。高科技运用于军事，也使得人类时刻面临着毁灭性的灾难。要解决这些问题，科技要么能力有限，要么根本无能为力。因此，加强人文文化建设，以人文作为高科技的导向，就显得十分重要。21世纪将是信息科学和生命科学的世纪，下面仅以信息技术和生命科学为例，予以简单说明。

首先，知识经济与信息技术关系十分密切（但这并不意味着知识经济就是信息技术经济），特别是网络对人类社会产生了极为重大的影响。可以说，信息技术正渗透到当今社会生活的每一个角落，一个用新的先进的高科技改造旧的事业的时代已经到来，这种改造将是全方位的，席卷所有领域的方方面面。这种变革仍在进行中，其发展趋势难以预料。但是，当我们在享受网络化技术带来的信息和知识的同时，我们还不得不面对这一虚拟世界中的种种"垃圾"，诸如色情、不负责任的言论等等，我们还不得不时常担心"黑客"，担心那些人为制造的计算机病毒对我们电脑的侵入。网络世界给人们带来了一个巨大的想象的空间，但也使得一些人整天沉溺于虚幻的世界中，而现实感日渐衰退。

其次，生命科学的发展，带来的人文问题更为突出。"克隆"技术、转基因技术，使得社会伦理和环境伦理问题更为突出。如果我们不能及时地应对这些新的人文问题，人类几千年来形成的价值体系、道德伦理观念甚至会坍塌。

归根到底，科学技术还只是工具理性，它能否正确发挥作用，从而造福人类，不取决于科学技术本身，而取决于掌握科学技术的人。在科技的作用日益巨大的今天，我们要警惕唯科学主义思潮的泛滥，那种以为科学就能解决一切问题的观点，会给人类造成灾难性的后果。伟大的科学家爱因斯坦早就指出："我们的问题不能由科学来解决，而只能由人自己来解决。""如果你们想使你们自己的一生的工作有益于人类，那么，你们只懂得应用科学本身是不够的。关心人本身，应当成为一切技术上奋斗的主要目标；关心怎么样组织人的劳动和产品分配这样一些尚未解决的重大问题，用以让我们科学思想的成果去造福于人类而不至于成为祸害。"美国未来学家约翰·奈斯比特去年出版了一本专著，书名为 *High Tech, High Touch*，即《高科技，高情感》，也就是强调在发展高科技的同时，要注重人的情感世界，注重人文文化的建设。

发展高科技，发展经济，最终目的是为了人，为了满足人们日益增长的物质、文化需求。而为了使高科技能更好地服务于这个最终目标，我们就要在发展高科技的同时，加强人文文化的建设，以人文文化作为高科技的向导。例如，在发展信息科学、加快网络化建设过程的同时，建设计算机文化和网络文化；在发展生命科学的同时，注重生命科学中的伦理学问题，等等；更为重要的是，要加强对掌握高科技的科技工作者的人文教育。只有这样，我们才能使高科技真正服务于人，而不至于将手段异化为目的，迷失我们真正的目标。

创新是知识经济的灵魂，而创新能力的培养，则离不开人文素养。作为知识经济基础的高技术产业，其一个重要特征就是产品生命周期短、技术创新速度快。以个人计算机（PC）为例，自 IBM PC 机问世后，个人计算机开始以每两三年换一代的高速度发展。1982 年，Intel80286 问世，两年后这种新型微处理机的个人计算机上市；1985 年，Intel80386 微处理机问世；1989 年，Intel80486 问世。进入 20 世纪 90 年代，Pentium 问世并很快流行，在短短的几年内，实现了由 PentiumI 到 Pentium Ⅲ 的升级。而这一切，距 1946 年世界第一台电脑 ENIAC 问世不过 50 年的时间。

如此快的产品更新速度来源于高技术产业对研究和开发的高度重视。根据美国政府商务部的定义，所谓高技术产业，其研究与开发费用在总附加值中所占比重为 10% 以上，其科技人员在总职工中所占比重也达到 10% 以上。

对研究和开发的高度重视，实际上也就是对技术创新的高度重视。可以说，创新是知识经济的灵魂。而创新能力的培养，则缺少不了人文文化的滋润。

创新不仅需要具有科学知识，同时还需要具备良好的非智力因素；不仅需要有逻辑思维，还需要有想像力，有直觉思维。关于这一点，爱因斯坦讲得非常透彻。作为伟大的物理学家，他同时也精通音乐，尤其擅长小提琴艺术。他认为，物理学给了他知识，而艺术给他想像力；知识是有限的，而想像力是无限的，它可以概括一切。爱因斯坦创立相对论，就是从想象开始的：人类如果以与光速相等的速度飞行，那将是一种什么样的情形？然后，他用了七年的时间，进行数学推论，创建了黎曼几何，最终创建了相对论。科技史大量的史料证明，良好的人文修养，对培养想像力，培养直觉思维，培养非智力因素，起到了关键性的作用。

创新同样离不开多学科的综合，其中，人文社会科学的作用也十分突出。以生命科学为例，人的生命现象是世界上最神奇、最复杂的现象，它不仅是生理现象，也是社会现象。比如说人的大脑有 140 亿个神经元细胞，其信息储存量非常之大，而人的一生实际开发的则只是很小的一部分。这 140 亿个神经元在胚胎发育 3 个月后就已基本长成，但它们彼此是孤立的，没有建立起连接。这一连接是在人出生以后，依靠突触才完成的。它是靠电信号（即电位差形成脑电流）和化学信号（蛋白质）两者的结合，在社会环境的作用下，脑电波产生共振，于是形成了脑细胞的连接。其中，早期教育尤为关键。可见，要揭开脑科学的秘密，需要多学科的综合，其中当然少不了人文社会科学。

二 人文教育是教育的基本主题

从教育的角度来看，人文教育一直是教育的基本主题。

什么是教育？从不同的角度来分析，有不同的答案：有的更为注重教育在塑造人的心灵方面的作用；有的则更为注重教育在培养技能、传授知识方面的作用，更为强调教育的实用价值。在我们看来，教育的功能是多方面的，但人文教育是教育的基本主题，也是教育的基本内容。

从人类发展的历史来看，人文是文明的初始问题，也是教育的永恒主题。人，不仅仅是生理现象，也是文化现象；他既有自然生命，也有文化生命。"狼孩"就只具有人的自然生命，而不具备人的文化生命。日常生活中，我们常常听到这样的指责：某某不是人，某某形同禽兽……这些批评并不是在否定其自然生命，而是一种文化意义上的否定。

人脱胎于自然界，从动物进化而来，这就意味着人永远具有自然属性，即使是现代人，也随时都存在着堕落为动物的危险，而且人性恶的一面一旦发展到极致，其行为甚至不如动物。因此，广义的教育，包括家庭教育、学校教育、社会教育就具有赋予人文化生命的重要作用。

考察中外文明史，人与动物的区别一直是古代圣贤思考的首要问题，理性、道德伦理、灵与肉的区别等等，就成为人类文明初始阶段最为关注的问题。人文，从教育的角度来看，实际上就是"文人"，即赋予人的文化生命。"文"，在古汉语中，是指"纹"，即形式和外表。《易经》说："观乎天文，以察时变；观乎人文，以化成天下。""化"，就是教化、教育的意思。人文文化，就是要通过教育的方式，使人具有"人"的形式和外表，也就是要成为文化意义上的"人"。

今天，人类文明高度发达，但这并不意味着人文问题已经一劳永逸地解决了。每一个新的自然生命的诞生，教育都承担着赋予其文化生命的重任。即便是那些已初步形成文化生命的人，也时刻存在着精心呵护、不断深化其内涵的重任，因为人稍不留意，就有重新堕落为动物的可能。现实生活中，这种堕落、蜕变的例子并不少见。

因此，人文教育，是教育的初始问题，也是教育的永恒的主题，是基础。但是，正如万丈高楼，人们看到的只是顶层的辉煌，而往往忽视掩藏在地底下的基础一样，人文教育的基础性作用，也往往为教育的其他功能所遮蔽。今天，我们强调人文教育，从某种意义上讲，实际上也是回归到教育的基本主题。

从高等教育的发展来看，加强人文教育，实现人文教育和科学教育的融合，是当今世界高等教育界的共识。如前所述，20世纪后半叶，科技在经济发展、社会进步中发挥着举足轻重的重要作用，与此相应的是，作为科学技术研究的主力军，作为高层次科研人员培养的基地，高等教育的重要性也日益为人们所认识，知识经济将高等教育从社会的边缘推向了社会的中心。在这一背景下，高等教育的经济功能被扩展到极致，急功近利的实用主义思想在滋生蔓延。

实际上，在高等教育界，一直存在着两种对立的教育理念：一是理性主义的观点，认为人的本质是理性，高等教育必须永远培养这种理性，为此，知识必须与市场、政治相分离；一种是工具主义的观点，它虽然也强调知识，但更主要地把知识看作是手段，是解决商业、工业、经济、政治、社会问题的手段。在我看来，这两种不同的高等教育理念，反映了知识经济时代之前的农业经济和工业经济对高等教育的不同要求。

农业经济、工业经济和即将到来的知识经济这样三种经济形态，因其内涵的不同，科学发展的形态不同，对高等教育的要求也有所不同。

在农业经济时代，其经济的核心要素是土地。反映在科学上，就是科学尚处在一种朴素的高度综合化阶段。例如，在古希腊，自然哲学这一学科就包含了今天称之为数学、天文、物理、化学等学科的内容。在古代中国，许多科学思想、发明创造都蕴含在哲学甚至宗教思想之中。同时，这一时期人的问题十分突出，因此，反映在教育上，这个时期的人文教育比较突出，哲学、宗教、历史、文学、艺术等人文学科比较繁荣。在教育的理念上，形成了以探索真理、追求知识、突出人文教育为特征的理性主义教育思想。

工业经济的核心要素是资本。科学的发展，表现为学科的高度分化。在农业经济时代尚处于混沌状态的综合化学科被分化为有着不同的研究对象和任务的具体的各种各样的门类学科。从社会需求来看，近代社会的工业化和资本主义市场经济的形成，需要大量的专业人才，因此，在高等教育上，科学教育、分门别类的专业教育，甚至是职业教育的重要性被突显出来，形成了以强调实用主义、服务社会为主要特征的工具主义教育思想。这一思潮以美国的经验主义教育思想为典型代表。

知识经济的核心要素是知识。在科学上，它表现为学科在高度分化的基础上的高度综合化。大量的交叉学科、横断学科和边缘学科的出现，是这种综合化的表征。从社会需求来看，知识经济需要大量的具有较高的人文素养和科学素质的人才，是"博"与"专"的统一，是在通识教育基础上实行的专业培养。在教育理念上，它要求对理性主义和工具主义两种教育思想进行整合，从而做到人文教育和科学教育相融合。实际上，理性主义和工具主义这两种教育观也并不是截然对立的。一方面，面对当今世界，高等教育要完全脱离社会、自我封闭是不可能的；另一方面，高等教育服务于社会进步和经济发展，又是有其特殊的途径和方式，如果忽视这种特殊性，结果只能是适得其反。

综观当今世界高等教育，加强人文教育，实现人文教育和科技教育的融合，是高等教育发展的历史潮流。由于在工业化阶段，人文教育被严重忽视，因此，加强人文教育，尤其受到重视。即使是在美国这样一个以经验主义教育思想为主导的国家，高等教育中的人文社科类课程的比重仍达到了 1/3 以上。世界上许多高等学校都成立了通识教育机构，专门负责人文教育。在我国，在教育部的倡导和组织下，北京大学、清华大学、华中科技大学等一批高校也在积极探索，开展以人文教育为主要内容的、加强大学生文化素质教育的工作，取得了丰硕的成果，对促进教育观念的转变、全面实施素质教育起到了有利的推动作用。

三 人文的三层内涵，人文教育的三个目标

什么是人文？我们今天需要进行什么样的人文教育？我认为，人文有三个层次的内涵，我们的人文教育要从这三个层面来开展。相应地，人文教育也有教人成人、成为中国人、成为先进的中国人三个目标。

超越历史、社会形态的，具有普适意义的人文精神。人类社会经过几千年的文明发展，逐步形成了一些具有普遍意义的人文精神，这些人文精神在世界各民族文化中均有不同形式的表现。不管世界上文化传统的差异有多大，无论是每一个人，还是每一个民族，都会面临一些具有共同性的人文问题，从而形成了一些具有共性的人文文化。比如说，人之所以成为人、人区别于动物的基本特征，一夫一妻制的家庭结构，基本的道德伦理规范，等等。这些人文精神，我们认为它具有普适意义，是超越历史和社会形态的。普适意义的人文精神，目前已成为国际学术界关注的一个问题，如全球伦理、普遍文明、普适文明等，都属于这一范畴。

具有普适意义的人文精神，包括以下几个方面的内容。

从个人的角度来看，它包含：个人的基本人格修养，个人的基本道德修养，个人享有的基本权利和应承担的基本义务，富有同情心和爱心，

等等。

从人与社会的角度来看，要努力在个人与社会之间建立起良性互动的关系。从社会方面讲，社会有其基本的规范和价值观念，如基本的道德规范，尊老爱幼、救死扶伤、关心弱势人群等以人为本的人道主义精神，平等、公正、民主等价值观念，等等。从个人的角度来看，社会是由个体组成的，社会的规范和价值观念的建立与维护，又依赖于每一个社会成员的努力，只有当每一个社会成员都自觉地遵守社会规范，自觉地维护社会价值观念，才可能真正形成良好的社会风气。

从人与自然的角度来看，要根据现代社会的发展，建立起新型的人与自然的关系。自然是人类社会的母体，也是人类社会赖以生存和发展的前提条件。过去，在"人类中心主义"思想的支配下，人类以征服自然为最高追求，从而造成了人与自然关系的高度紧张。自然资源匮乏，自然生态被严重破坏，令人触目惊心。资料表明，过去的25年，人类对自然生态的破坏，是自恐龙灭绝以来最为严重的25年。保护自然资源，维护生态平衡，建立新型的人与自然的关系，从而实现真正的可持续发展，是当今世界普遍关心的话题，也是当代人文文化建设的重要任务。

加强具有普适意义的人文精神教育，更主要地是一种"成人"教育，使一个自然生命具有基本的文化生命，并使其精神世界更为完善。

人文文化具有民族性，是形成民族凝聚力的主要源泉。人文文化是一个民族历史发展的产物，它代表着一个民族的传统，体现着民族的个性。与只是一种工具理性的科学不同，人文文化不仅是知识体系，同时还是价值体系。正如有的学者指出的，民族更主要的是文化，尤其是人文文化的概念，而不仅仅是一个种族的概念。按照美国学者亨廷顿的观点，人的属性是由文化决定的，国籍、种族并不是其主要的属性。比如说，一个人可能是混血儿，也可能拥有双重国籍，但他很难成为半个天主教徒半个伊斯兰教徒。同样，一个人拥有某一民族的血统，但如果他不认同本民族的文化，那么，他只能从种族的意义上说是这一民族的一员，而不能从文化的意义上成为这一民族的一员。所以，文化尤其是人文文化是民族的标识，对民族文化、人文文化的认同，是形成民族凝聚力的主要源泉。中华民族之所以具有伟大的爱国主义传统，其根源就在于中华民族具有悠久的人文文化。

正因为如此，当今世界各国的大学，都十分重视加强对学生进行本民族的人文文化的教育。中国是世界文明古国，有着悠久的人文文化传统。在人文教育中，加强中华民族优秀传统人文文化的教育，使年轻人增强对本民族文化的了解，培养民族文化的感情，从而增强民族凝聚力。而民族凝聚力是综合国力的重要组成部分。

如果说前一个层次的人文教育其主要目的在于"成人"，那么加强民族人文文化的教育，其目的就在于使年轻的一代成为文化意义上的——而不仅仅只是种族意义上的——中国人。

当代中国的人文文化建设和教育必须体现出"三个代表"重要思想的精神，使我们的人文文化成为先进文化的组成部分。作为价值体系的人文文化，同时还具有很强的意识形态性，它与政治思想、信仰、人生观、价值观紧密相连，因此，人文文化还具有明确的导向性。那么，当代中国的人文文化建设和教育，应该体现出什么样的导向性呢？

江泽民同志 2000 年 2 月在广东考察工作时提出了"三个代表"的重要思想，其中关于"先进文化的代表"的思想，是当代中国人文文化建设和人文教育的指导思想和核心内容。

所谓先进文化，是人类文明进步的结晶，是推动人类社会进步的精神动力和智力支持，是健康的、科学的、向上的，代表未来发展方向、推动社会前进的文化。我们认为，以"三个代表"重要思想为指导，建设当代中国人文文化和加强人文教育，要从以下四个方面入手。

首先，思想政治教育是人文教育的方向和灵魂，要把人文教育和思想政治教育结合起来。思想政治教育为人文教育导向，而生动活泼的人文教育又可以为思想政治教育奠定坚实的基础。因此，在我们的人文教育中，要始终坚持以马克思主义、毛泽东思想、邓小平理论和江泽民"三个代表"的重要思想为指导，把思想政治教育的内容渗透到人文教育中，做到"随风潜入夜，润物细无声"。通过两者的结合，使年轻的一代真正树立起正确的世界观、价值观和人生观。

其次，我们的人文教育和人文文化建设，要建立在科学的基础上，要从科学思想、科学方法、科学精神中汲取营养，从而真正做到人文（教育）

和科学（教育）相融合。前面我们讲到人文为科学导向，但同时我们也要看到，人文文化需要以科学作为坚实的基础。如果没有坚实的科学基础，人文文化就有可能流为幻想，流为虚妄，它不仅不可能为科学导向，甚至会相反，成为反科学的东西。在这方面，中国历史上是有惨痛教训的。

第三，以民族人文文化为基础的开放性和现代性。人文文化具有民族性的特性，注重人文文化的民族性，是当今世界人文教育的共同点。毫无疑问，我们的人文教育要以中华民族几千年的优秀人文文化为基础，但是，这并不意味着我们的人文教育是封闭的，相反，它是开放的，要广泛地吸纳世界各民族的优秀人文文化，因为它们是人类的共同财富。同时，我们的人文教育要面对当今中国现实，面对当今世界面临的共同的人文问题，它的指向是现实和未来。

第四，面对现实，面对未来，也就是说，我们的人文文化建设和人文教育要在继承的基础上不断创新。科学技术发展的突飞猛进，提出了许多新的人文问题，市场经济也对传统的价值观提出了挑战，如何应对？固守传统，抱残守缺，是没有出路的，只有不断创新，才可能适应现代社会发展的需要。科学技术需要创新，同样，人文文化也需要创新。

如果说，前两个层次的人文教育的目的在于使年轻一代"成人"——"成为中国人"，那么，以"三个代表"重要思想为指导思想和核心内容的人文教育，其目的就在于使我们的年轻一代"成为先进的中国人"。

当然，人文文化建设和人文教育的三个层次和三个目标的划分，更主要是出于理论分析的需要，在具体实践过程中，它们是完整的整体，不可分割。

（原载《中国学者心中的科学·人文（人文卷）》，云南教育出版社 2002 年版，该文曾被选择为高考试题）

办大学就是要办一个氛围

校园文化，是指大学在长期办学实践中形成的，直接或间接影响师生员工学习、工作、生活状态的校园物质财富与精神财富的总和，校园文化的内核是校园精神。在高教生态系统中，文化特色是大学的生命所在。办大学，就是要在整合校园物质文化、制度文化、行为文化和精神文化的基础上，营造文化氛围、积聚文化合力、打造文化品牌，创出中华民族高等教育的文化特色。

一 孕育育人环境、营造办学氛围关乎高校发展全局

大学是社会的产物，更是文化的产物。孕育育人环境、营造办学氛围的工作是一个事关高校命运的战略性问题。我们不难发现，越是在重点大学，校园文化的生命力越强，校园文化越是像一根结实的纽带；越是在重点大学，师生员工之间、校友之间就越能够在共同情感、道德、信仰、价值观念上形成身份认同、相互吸引、相互结合，形成互动。

1.大学的生成即文化的成长

大学从创建初始，就一直在孜孜不倦地营造校园氛围，培育校园文化，突出校园特质。例如，中国著名高校在选址上往往都颇有讲究。或远离都市，避其喧嚣；或入市而不入俗，与市井文化若即若离；或依山而建，或择水而居，或拥山环水。山赠予了大学名气，水赐予了大学灵气。未名湖虽不大，却润泽了北大，使其倍添灵秀。厦门大学依海而建，秀色可餐，建筑散落云雾之中，若蓬莱仙境。武大群星璀璨，当然离不开珞珈山的钟灵毓秀。华中科技大学背倚喻家山、头枕东湖水，华中师范大学坐拥

桂子山，中国地质大学紧靠南望山——可谓"虎"借山势，山壮"虎"威。有了校园，随后便有了芳草茵茵，有了花红柳绿，有了亭台楼阁，有了风华正茂，有了琅琅书声。再其后，在大学教师的影响下，在师生的互动中，在理想与现实的交锋中，在校园与社会的交互中，诞生了人文掌故，延续了校园传统，积淀了校园文化，砥砺了校园精神。

哈佛大学之所以卓尔不群，是因为她始终坚持"探求真理和学问是大学的核心价值"。"与柏拉图为友，与亚里士多德为友，更要与真理为友"是哈佛建校以来一直所信奉的做人和做学问的准则。斯坦福大学区别于很多世界其他大学的特点，就在于校园里到处弥漫着创业的精神和不断冒险的精神。所以斯坦福大学和美国硅谷形成了鸡与蛋的关系。在创业精神的激励下，惠普、雅虎、Google等一大批高科技公司得以孵化。剑桥大学着力帮助学生塑造一种"英国绅士"的形象。该校从自然资源到人文资源，学院的每一个部分都突出了文化品位。"每一个学院都是一个独立的建筑群，风格各异。三一学院的沉稳厚重，似乎象征博大精神；国王学院的雍容华贵，似乎诉说曾经的显赫历史；而圣约翰学院的清秀文雅，似乎与其历史上多出诗人、文学家的院风相符。"[1] 从中国的顶尖大学来看，北大、清华也以她们的文化个性傲视群雄、魅力四射。八十多年前，蔡元培出任北大校长后，"兼容并包"办北大，几年间便培植了中国现代文化和民族精神。北大一百多年来积淀形成了以"爱国、进步、民主、科学"为特质的大学精神，一直影响着中国高校前行的方向和中国先进文化的方向。

2. 人文兴则大学兴

办大学不等于办教育。大学可以兴教育，也可以灭教育。大学培养出的也并非都是真正意义上的人才。根据马克思主义关于人的全面发展理论，我们强调大力加强素质教育，培养"全人"。在育人过程中，相对于知识、能力而言，学生的素质显得更具持久的生命力。素质的重要特点是内在性，是内在的素养与品质，要经过内化，知识真正流入血液和灵魂中，才成为素质。内化机制的形成，需要底蕴，需要氛围，需要启发、启迪。底蕴的建立，氛围的形成，启发的产生，靠什么？靠教育环境，靠

---

① 《培养绅士的剑桥》，《资料卡片杂志》2004年第9期。

教育理念，靠人文熏陶，靠人文教化。欧文曾说："人是环境的产物。"文化的作用相当巨大，这里的环境就是文化。所以，大学教育必须强调环境建设，强调人文精神，突出文化品位。

《大学》有曰："大学之道，在明明德，在亲民，在止于至善。"意思是说，真正的大学之道，在于你能否明白你那颗晶莹透明的真心，在于你能否用那颗真心去对待身边的每一个生命，在于你能否到达本性纯洁的至善境界。这一观点启发我们，教育尤其是高等教育，必须对受教者施以人文教化，人文兴则教育兴。

大学需要科学，亦需要人文，人文与科学的水乳交融才真正体现了大学的精神之美。"正是那些看似'无大用'的人文学科能够给予学生广博的视野、自由的精神、活跃的风气，给予学生强烈的社会责任感和历史责任感，以及永恒的道德精神，并最终能使那些'务实'之'术'免于流入浮泛和庸俗。"①

3."泡菜理论"的启示：办大学就是要办一个氛围

华中科大涂又光老先生很早就提出了"泡菜理论"，其意思是，泡出来的白菜、萝卜的味道，取决于泡菜水的味道。我们常说，大学可以没有围墙，但大学不能没有氛围，说的也是这个道理。即在某种意义上来讲，大学的校园文化氛围将决定所培养的学生的素质。

我们不妨将北京大学、清华大学的学生和其他大学的学生进行对比。我们不难发现，这些高校大学生所学的课程、所用的教材大同小异，但毕业后，一般而言，素质有较大差别。原因何在？关键在于学生感受的环境和条件大相径庭。"一所学校的力量更主要地来源于它深厚的文化能使学生产生深层感受和体验的强度。"②

在育人中，我们必须认识到，青年学生都是一个个活生生的主体，生活在特定的环境中，在与环境的信息交流中，不断感受、体验、思考，提高自身素质。办人民满意的大学，首先就必须营造一个人民满意的校园环境和人文氛围。

---

① 蒋树声：《大学精神与办学传统》，《南京大学报》2004年第19期。

② 刘献君：《大学之思与大学之治》，华中理工大学出版社2000年版，第57页。

"得天下英才而教之固然是可喜，孕育一个良好的育人环境，形成良好的校风、教风、学风，更具普遍的人文价值和深远的影响。"①

办大学就是要办出一个氛围来！

二　校园文化氛围是多种文化要素相互作用的结果

校园文化氛围的形成是一个多种文化要素久经磨砺、相互影响、产生文化积淀并最终凝炼成独特的价值观念和精神气质的过程。影响校园文化氛围的主要因素包括以下几点：

1. 党委书记和校长们的"舵手效应"

有人说，一个有战斗力的党委就是最好的舵手，一种先进的办学思想就是一面旗帜，一个好的大学校长就是一所好的大学。朱九思教授的办学思想、治校风格深深影响了华中科大办学风格的形成。以朱九思为首的学校党委在当时的历史条件下，高瞻远瞩地提出要办综合化大学；提倡科研走在教学的前面；强调从严治校，因而赢得了"学在华工"的美誉。在他的影响下，学校形成了"爱才"与"人和"的传统。杨叔子院士担任校长期间，大力倡导人文教育与科技教育相融合，高举起了文化素质教育的大旗。周济院士担任校长期间，创造性地提出"育人为本，学研产三足鼎立"，强调"实力是根本，发展是硬道理"，使学校的发展又跃上了一个新的台阶。

陶行知先生在总结哈佛大学的成功之道时说："最重要的经验之一，是校长的成功，是成功的校长们对学校、对教育、对学术的忠诚，对世事变迁的把握，是他们全身心地领导这个'王国'去实现学校伟大目标的决定和能力。"②

耶鲁大学校长莱温认为：现代大学校长的定位，是在更高层面上做好资源的调配者、制度的设计者，而不是把眼光仅仅盯在日常事务上。这就是他的治校风格。

---

① 居平安：《试论大学文化生态与环境育人》，人民教育出版社网站、高等教育研究栏目。
② 参见《陶行知全集》第一卷，湖南教育出版社1984年版。

2. 知名学者的"磁场效应"

在高校，知名教授和大师级学者都会产生一个"场"，散发出巨大的"场能"，他们的学术思想和治学风格深刻影响着学校的氛围，影响着学生的成长。

西南联大时师资队伍优秀，其中有 200 多名各时期归国的留学生，在 170 名教授中，有 100 人以上获得博士学位。知名教授有梅贻琦、朱自清、闻一多、冯友兰、陈省身、华罗庚等。在这些教授"场能"的影响下，"联大把蔡元培开创的'兼容并包'的办学思想，发展成为'和而不同'、'自由教学'的校风"①。

华中科大在上世纪 70 年代末、80 年代初引进了 600 多名教师，他们大多来自不同学校，拥有不同学术背景。这样有助于推动学术自由，有助于形成不同学派、不同观点自由交锋的氛围。作为医学教育家，华中科大裘法祖院士就有巨大"场能"。他数十年如一日，用他的大视野、大智慧、大胸襟的"裘氏风范"影响了几代人，如今已是"弟子海内外，桃李满天下"。华中科大至今举办人文讲座已达 1000 余期，每一次人文讲座几乎场场爆满，这也验证了知名学者所产生的"磁场效应"。

3. 多学科的"生态效应"

学科是大学的基本元素。学科是培养高素质创造性人才的摇篮，是推动知识创新、推进科技成果向现实生产力转化的基地。世界一流大学一般都经历了一个由单科性、多科性到综合性大学的发展过程。例如，牛津大学、剑桥大学、耶鲁大学从以人文学科为主，发展到文、理、法、管、医、工相结合的综合性大学；麻省理工学院、加州大学伯克利分校则从以技术学院为主，发展到理、工、文、管相结合的综合性大学。

近几年来，在创办世界一流大学的过程中，国内的一些著名大学已开始将自己的学科朝综合化方向发展。例如，南京大学从以文、理为主，通过延伸、扩展、分化、发展、交叉、综合等多种方式，有选择地创建新学科、建设学科群，而发展成为一所综合性大学；北京大学、浙江大学、华中科技大学、吉林大学、四川大学等，则通过合并和自己创办新学科的方

---

① 喻本伐、熊贤君著：《中国教育发展史》，华中师范大学出版社 2000 年版，第 571 页。

式，走向综合性大学。

理、工、文、管、医等多学科的综合交叉，有利于形成良好的学术生态环境，实现学科的生态平衡。华中科大在原来只有工科的基础上，经过20年的艰苦努力，办文、理、管等学科，后又通过合校融入了医科。这在改变学校文化氛围方面，已开始发挥积极的作用，理工、文工、医工、医理等学科相互交叉、碰撞，产生了很多新的学科生长点。

4.学生精英的"示范效应"

杰出校友往往会对在校生产生强烈的示范作用。走进南开校园，迎面矗立着周恩来的巨大塑像，塑像底座上镌刻着周恩来手书的六个大字——"我是爱南开的"。周恩来作为南开大学杰出的校友，已经成为南开的象征。他"为中华之崛起而读书"的理想已经深深植根于南开学子心中。他的崇高风范已经融入南开校风、南开精神。

一代人必定有一代人心目中的精英。近些年，大学生创业的精英人物就激励和引领着高校大学生的创业狂潮。例如，中国首富、成都电子科大学子丁磊和他创办的网易，"软件奇才"、清华大学学子张朝阳和他打拼出的搜狐网站，中科大学子杨元庆和他挂帅的联想，等等。他们的冒险精神、挑战精神深深地影响着所在高校大学生的创新思想和创业实践。

此外，在校园文化建设中，学生既是受教育熏陶的客体，又是引领潮流的主体。学生精英的积极参与对校园精神的传承起着积极的推动作用。

5.教育管理的"制度效应"

校园的制度文化时常体现两面性：一方面，一个学校要正常运转，就必须实施各种规范手段，运用奖励或者惩戒措施，来强化师生员工对于学校规范的遵从；另一方面，高校又与生俱来地鼓励创新、崇尚学术自由，必然要给教师的专业发展和学生的个性发展以宽松的氛围。

从严格管理来看，我国高校非常注重对大学生实施有组织的管理。我们的学生被编入了各级党团组织、班级组织、学生会、社团等组织。学生被要求集体住宿、集体生活。在组织管理下，他们在集体中找到了归属感。大学生的集体意识、团队意识得以增强。高校政治辅导员制度则将管人、管事、管思想结合起来，辅导员往往与学生同吃、同住，经常面对面地做耐心细致的思想工作，与学生结下了深厚友谊。在教学中，淘汰制引进教学管理后，给了学生压力，也给了他们前进的动力。淘汰制也有利于营造勇于竞争、追求卓越的风气。

从鼓励个性来看，高校赋予了学生越来越多的自主权。学分制、转专业制度及各类社团的建设，让学生对大学的资源有了较大的自主选择权，使大学生发展兴趣爱好、培养个性成为可能。华中科大建立了机械类、电气类、信息类、文科类、土建环类等五个学科大类平台，鼓励学生在同一学科平台内自主选课、自主选专业，向打破"一考定终身"迈出了坚实一步。

6. 政党文化的"浸润效应"

世界上大多数国家都是以党治国。高校的大学生将成为未来的执政者。帮助大学生了解执政党的历史和革命传统，增强对执政党的信心，吸引优秀青年入党，掌握执政党的执政本领，这也应该成为高校的重要职责之一。

党风是校风的灵魂。党风不正则校风不正，校风不正则教风不正，教风不正则学风不正。因此，发挥党风建设的龙头作用，对于纯洁和净化高校的校风、教风和学风意义重大。我国高校担负着培养社会主义合格的建设者和可靠的接班人的重任，更应该责无旁贷、旗帜鲜明地宣传中国共产党的纲领、主张，加强在青年学生和高知群体中发展党员的力度。

7. 校园环境的"熏陶效应"

有些大学校长很注重从美学出发建设校园，斯坦福大学首任校长乔丹就是其中之一。他曾在开学致辞中说："这些长廊连同它们华贵的圆柱，也将对学生的培育起到积极的作用。每一块砌墙的石头必定会给学生以美和真的熏陶。"[1] 前苏联著名教育家苏霍姆斯基曾说："我们努力做到使学校的墙壁也能说话。"可见，校园内的每一件教学、科研、文化、体育、生活设施都蕴藏着丰富的人文内涵。

经过人们精心设计的校园布局、楼房、绿化、美化、人文景点等等，能够在自然环境中融入人文含量，从而形成能使学生产生美好感受与体验的自然文化。逛北大校园，就如同参观一座中国高等教育博物馆。因为这

---

① 秦国民：《大学校长熏陶下的校园文化》，《科学时报》2003 年 4 月 29 日。

里的历史遗迹、人文景观已经成为中国高等教育发展和中国文化复兴史的缩影,给人以启迪。华中科大非常注重种树、种花、种草,已经成为名副其实的"森林大学",置身其间,如沐春风。该校还修建了世界文化名人园、建校纪念碑、中华科技园、喻园草堂、智慧泉等数十个人文景点,有意识地去改变学校的自然文化,烘托校园文化。

总之,"校园文化氛围是多种文化要素趋于整合的结果。上述文化要素的和谐共进又趋于整合,铸就了校园文化的整体特征"。①

三 营造校园文化氛围应处理好的几个关系

1."墙内文化"与"墙外文化"的关系

中国的大学,大多是先圈地、筑墙,而后兴土木、建学府。"墙文化"成为中国大学文化的外在特征之一。墙文化反映了中国大学从它成立之日起,就在追求着一种特立独行的文化特质,同时也反映出大学在时时警惕着社区文化、世俗文化、功利文化对它的同化和冲击。

目前,大学虽没有勇气完全拆倒围墙,但都在努力改造围墙,越来越多的校门呈现开放式,院墙实现了通风透绿。这表现出大学积极融入社会的试探性努力,但也透露出大学在市场经济中的隐忧和徘徊。于是乎,便出现了1993年北大为了推进"产学研一体化"推倒南墙建起商业街,而2001年为了"整治大学周边环境"又重树南墙的故事。②这样一种校园和社会的若即若离的关系正是现代大学定位和大学精神的现实写照。

当前高校也面临着一个办学效益的问题,既要讲学术效益,又要讲经济效益,这关系到高校的存亡。在这种条件下,大学该如何处理"墙内"文化与"墙外"文化的关系呢?美国教育学家富来兹纳认为:"现代的大学,应当和教会、政府以及慈善机构一样,编制在一般社会网之中,而不应当超然地立在社会网之外。"③所以说,独处象牙塔固然精神可贵,但融入社

---

① 刘献君、刘继文:《校园文化与一流大学创建》,《煤炭高等教育》2004年第6期。

② 陈平原:《我看北大百年变革》,《南方周末》2003年7月10日。

③ 腾大春:《由学术观点谈大学教育——介绍富来兹纳论美英德三国大学》,载《外国教育史和外国教育》,河北大学出版社1998年版,第297页。

会、服务社会、造福大众亦显得尤为可贵。这既是大学生存的需要，也是大学发展壮大的出路。

应该欣喜地看到，现代大学已经越来越由社会的边缘进入社会的中心。大学已经不再固守其"研究高深学问"的创建初衷，而是以人才培养、科学研究、社会服务为己任，在社会发展中发挥着越来越重要的作用。"大学的文化推动与市场的经济推动，分别构成现代进程的内在动力和外部动力。"①

2. 文化继承与文化创新的关系

科学研究表明，文化在其成长发展过程中，单靠自身的自然积累，发展演变将很缓慢，最终将走向萎缩和衰亡。"如果在与异质文化接触过程中能够吸收自己没有而又适合本民族发展的成分，则其生命力将更加旺盛，最终走向辉煌。"②文化继承是文化创新的垫脚石，文化创新是在文化继承基础上对传统的超越。没有继承，文化发展只能是"无源之水、无本之木"，没有创新，文化又只能走向枯萎。

在校园文化建设上，高校必须不断增强鉴别良莠、吐故纳新的能力。对于新合并的高校，能否尽快增强师生员工的向心力、凝聚力方面，能否妥善处理文化继承、文化整合与文化创新的关系显得更为紧迫和重要。

例如，华中科技大学合校后，及时抢救、搜集和挖掘原来四个学校的校史、校风、名家大师的思想。学校投入巨资建设了馆藏丰富的校史展览馆、科技成果展览馆。每年开学，参观这些展馆都被列为新生入校教育的重要一课。校领导、院士还会为新生讲授学校的校史、校风、名人掌故等。青年教师入校，校长都会为他们讲解学校办学传统，传授教书育人、弘扬师德的经验。每逢校庆活动，该校都会及时推出总结学校办学精神、反映学校发展脉络的校史、画册、光盘、校报特刊、校庆网站。学校还对校训、校徽、校标、校旗、校歌都进行了精心设计、包装和宣传，并在公众场所和大型活动中进行推介和宣传。目前，"明德、厚学、求是、创新"的校训和"取法乎上、拼搏进取、团结务实"的校园精神已经深深植根于

---

① 姚国华：《文化立国》，海天出版社 2002 年版，第 18 页。
② 许嘉璐：《高校校园文化建设漫议》，《求是》2004 年第 18 期。

华中科大师生心中，并日益成为该校校园文化的内核。

3."硬件"建设与"软件"开发的关系

校园文化是学校物质文化与精神文化的总和。其中，物质文化是看得见、摸得着的，属于校园文化"硬"的方面，容易把握和感知；精神文化则往往无法直接感知和触摸，只能靠师生去感悟和体验，属于校园文化"软"的一面，不易感知。校园文化建设必须两手抓，做到"软""硬"兼施，不可厚此薄彼。

从"软"的建设来看，华中科大致力于建成一所人文大学。该校非常注重宣传学校的办学思想，总结和凝炼群众中生动鲜活的语言，使之上升为学校精神和办学理念。如"实力是根本，发展是硬道理"，"以改革求发展，以创新求发展"，加快发展"一靠创新、二靠团结、三靠实干"，"兴学习之风，兴团结之风，兴实干之风"，"一心一意谋发展，踏踏实实搞建设"，"学在华中大"，"今天我以华中科大为荣，明天华中科大以我为荣"，"异军突起、出奇制胜"，"创新是后来居上的唯一选择"，"应用领先、基础突破、协调发展"，等等。为了提升校园文化品位，华中科大坚持举办人文讲座 10 年不辍，成为全国耀眼的文化绿洲之一。

从"硬"的建设上看，华中科大致力于"绿色校园"和"数字校园"的建设。学校绿化覆盖率已经达到 70% 以上。全校所有道路都翻修一新，行走其间，宽阔而平坦。华中科大的教学、科研、文化、娱乐、体育设施建设都力求赋予教育意义。该校四季有花景，形成了"春天桃花似火，夏天荷花映月，秋天桂花飘香，冬天梅花傲雪"的人间美景。在华中科大校园建设规划方案中，主校区以"森林式校园"见长，校园内树木葱茏、碧草如茵、环境幽雅、景色秀丽，是读书治学的好去处。同济校区定位为"都市花园式校园"。在华中科大 7000 亩土地上，一座现代化的大学城已经拔地而起。电话线、宽带网络线全通入了学生宿舍，闭路电视覆盖了全部学生食堂。在校园中生活学习，扑鼻而来的都是时代的气息。

综上所述，办大学就是要办出一个氛围来。高校就是在校园文化的浸润下一步步走向成功、迈向一流。

（原载《校园文化研究》2006 年第 1 期，和刘继文共同撰写）

论大学生先进文化教育的意义与方法

大学生是国家和民族的希望与未来，是中国特色社会主义事业的建设者和接班人，大学生的文化素养、价值观念等影响着他们的世界观和人生观，影响着他们的行为方向和价值选择，进而直接关系到国家与民族的前途与命运。因此，如何引导他们积极学习和正确吸收先进文化，自觉鉴别和抵制各种腐朽落后的思想文化，不仅关系到大学生能否健康全面发展，而且事关中华民族的复兴伟业。

这里的先进文化是指以马克思主义为指导的，对东西方文化在扬弃和选择基础之上形成的理性成果，是人类文化的精华。

一　大学生先进文化教育的必要性

1.对大学生开展先进文化教育是构建社会主义和谐社会的需要

建设和谐文化，是构建社会主义和谐社会的重要任务。党的十六届六中全会做出构建社会主义和谐社会的重大决策，特别把提高全民族的思想道德素质、科学文化素质和健康素质，进一步形成良好道德风尚、和谐人际关系作为一项重要任务提出来，进一步明确了文化建设和文化体制改革的任务，为发展社会主义先进文化指明了方向。社会主义和谐文化建设作为一个长期、复杂的系统工程，需要全社会的关心和支持，更需要千千万万掌握着先进科学文化知识的大学生的参与。因此，科学有效地引导大学生的文化选择方向，使他们主动、积极地学习和正确吸收人类优秀文明成果，自觉鉴别和抵制各种腐朽落后的思想文化，不仅是他们健康成长的需要，而且是构建社会主义和谐社会的需要。

基于此，必须坚持马克思主义在意识形态领域的指导地位，牢牢把握社会主义先进文化的前进方向，弘扬民族优秀文化传统，借鉴人类有益文明成果，倡导和谐理念，培育和谐精神；必须用马克思主义和马克思主义中国化的最新成果作指针，用建党 80 多年特别是改革开放 30 年来火热的革命、建设实践和丰富的文化积累为依托，以社会主义核心价值体系建设作为根本，引导大学生正确吸收人类文化的先进成果。

2. 对大学生进行先进文化教育是国家文化安全的需要

今天，以科技进步和知识经济为依托的经济全球化，使各个国家、各个地区之间的经济联系和相互依存越来越密切，对世界经济格局和各国经济发展产生着深刻的影响，同时，也对世界政治秩序和文化关系产生着重要的影响。生产、商贸、投资和金融的全球化，以及伴随而来的席卷全球的信息革命，正改变和影响着世界经济、社会、文化的结构与运行方式，进而改变和影响着人们的思维方式与价值观念，影响到不同地域、不同民族文化的交往和各个民族文化的发展。

诚然，西方文化有其先进与合理的一面，但是也有落后与糟粕甚至是腐朽、反动的成分。经济全球化进程，一方面促进了各地区、各民族文化的交流与交汇，使人们的文化视野更加开阔，可以更广泛地吸纳人类优秀的文化成果；另一方面，发达国家凭借其在全球化进程中经济竞争和支配信息资源能力的强势地位，向处于弱势地位、被动地位的发展中国家输出他们的政治理念、文化精神和价值观念。这种文化输出与价值渗透的过程，对发展中国家的民族文化、价值观念产生了巨大的冲击和影响，使广大发展中国家在经济发展和文化发展上都面临着严峻的挑战。文化安全问题在今天已成为发展中国家亟待解决的一个重要问题。

文化安全是一种特殊的安全，维护文化安全是一场没有硝烟的战争。它是一个国家稳定发展的精神保障，其底线是国家的指导思想、意识形态、核心价值观念等不受侵犯。在我国，文化安全是要防止充斥着西方意识形态的他国文化对我国人民的价值观念、行为方式和评判标准的改变和重构。当今世界，文化与经济、政治相互交融，在综合国力竞争中的地位和作用越来越突出，国与国之间的竞争也越来越表现为文化的竞争。面对激烈的竞争，我们必须高度关注我国的文化安全问题，这是关系到我国占主导地位的意识形态和价值观念是否会被改变，进而关系到我们的国家是否会被"西化"和"分化"的大问题。

我们必须充分认识到，西方发达国家对我国进行文化渗透的最终目的，是极力推行资本主义的意识形态、文化精神和价值观念，从根本上摧毁我们的民族文化和民族精神，瓦解我们的民族凝聚力，从而实现对社会主义中国的"不战而胜"。[①] 所以，文化建设必须提高到维护国家安全的高度。

改革开放以来，中国在引进西方当代科技知识和社会科学知识方面取得突出成就，同时也潜伏着危机。如在建立、健全一整套继承本土文化、融合外来文化以促进自身发展、合理吸收外国文化等安全战略机制方面就存在诸多问题。在经济全球化和西方强势文明的强大冲击下，民族文化的淡化、东西方文化在价值观和人生观之间的冲突日益明显。在这种情况下，一些大学生却把"现代性"等同于西方制度、理念与价值的普遍性，凡事以西方制度、秩序、价值为参照，这就容易导致对民族传统缺乏自信，对社会主义制度产生怀疑。

面对文化主权遭受削弱和侵蚀的严峻现实，我们应认真思考自身的文化安全问题。文化安全不是孤立的，它与一个国家的政治安全、军事安全、经济安全是相互联系、相互作用的，没有文化安全就没有全方位的国家安全。所以要综合运用多种手段抵制外来腐朽落后文化的渗透，确保我国先进文化在大学生思想中占主导地位。

3. 推进大学生先进文化教育是高校实现教育目标的需要

"培养造就千千万万具有高尚思想品质和良好道德修养、掌握现代化建设所需的丰富知识和扎实本领的优秀人才，使大学生能够与时代同步伐、与祖国共命运、与人民齐奋斗，这对于确保全面实施科教兴国战略和人才强国战略，确保我国在激烈的国际竞争中始终立于不败之地，确保实现全面建设小康社会、进而实现现代化的宏伟目标，确保实现中华民族的伟大复兴，具有重大而深远的战略意义。"[②] 大学以育人为本，育人以德为先，这是社会主义大学的特点，也是高校的重要使命。为了实现高校培养

①　参看肖长富：《全球化背景下弘扬和培育民族精神的几点思考》，《探索》2004 年第 3 期。
②　《十六大以来重要文献选编》（中），中央文献出版社 2006 年版，第 633 页。

社会主义事业的建设者和接班人这一教育目标，必须确保大学生文化选择的正确方向。

随着改革的不断深入和对外开放的进一步扩大，我国经济社会正经历一场广泛而深刻的变革，面对着复杂多变的社会现实，加上上学收费、自主择业、学制弹性化、后勤社会化等高校管理体制改革的影响，使得当代大学生的价值取向、道德观念、文化选择也趋于多样化，给校园文化的建设带来了新的冲击和挑战。同时，随着改革开放的深入，西方资本主义的各种文化观念、思潮正通过各种方式和渠道渗透到我们的校园，影响着高校的文化环境和价值观念，影响着教育目标的达成。

社会主义市场经济的确立使人们的思想发生了巨大的变化，市场经济的负面效应对学生确立正确的世界观、人生观、价值观产生了令人堪忧的冲击。社会竞争日趋激烈，由个人主义和不正当竞争所衍生出来的损人利己、唯利是图、金钱至上以及享乐主义等价值观在大学生中也产生了不同程度的负面影响。

高等教育必须以培养千千万万社会主义事业的接班人和建设者为根本目的，没有先进文化作保证，没有正确的思想教育为基础，是不可能实现这一光荣而艰巨的任务的。从另一方面说，继承传统绝不意味着"复古"和"保守"，要清除其思想弊病，做出创造性的选择和诠释，以符合中国特色社会主义文化的需要，这也正是我国社会主义大学的职责。[1]

4. 实施先进文化教育是大学生自身健康成长的需要

大学生思想活跃，思维敏捷，特别是在社会主义市场经济条件下，吸纳并初步形成了许多积极向上的新思想、新观念。如对开拓意识、竞争意识、平等意识等思想观念的推崇，对因循守旧、不思进取等陋习的摒弃等等，都体现了新形势下大学生对文化价值观念的新探索、新追求。但是，由于种种原因，大学生自身的文化素质也存在某些方面的不足：一是文化素养上起点低。由于中学阶段一些学校把提高升学率作为硬任务，先进的文化教育处于可有可无的地位，导致一部分中学生文化鉴别水平偏低。二

---

[1] 参看邱占勇：《在多元文化交融下培养青年学生的文化自觉》，《思想政治教育研究》2005年第3期。

是理论素养和社会实践锻炼欠缺，看问题往往不能全面认识和准确把握事物的本质，缺乏文化自觉能力。三是文化认识上的不成熟性和矛盾性，这使他们往往陷入两难境地：对各种文化的好奇与自身文化鉴别能力偏低之间的矛盾；西方腐朽文化的诱惑性与自身抵抗力不足的矛盾；社会历史责任与自我中心、自我意识之间的矛盾，等等。

由于东西方文化交流与碰撞的速度加快，在这个大环境下，大学生因心智尚未完全成熟，往往产生困惑，以致一些人迷失方向。一些大学生由于没有树立起正确的世界观、人生观，加上价值观的冲突，在很多时候内心世界处于彷徨之中，无法找到正确的人生方向。他们感到，一方面传统文化教育的影响力越来越弱化，另一方面西方一些文化产品日趋泛滥。在对传统文化与现代西方文化的抉择中，他们处于两难的困境，不能对这种冲突进行正确的解释，文化救助的不力在相当大的程度上也影响了大学生对先进文化的选择、理解和吸收。

面对市场经济和西方文化大潮的冲击，大学生自身文化素质不良导致的消极影响是深远的。一是集体观念淡化，利己主义和个人本位主义抬头。一些大学生在个人与社会的关系上不讲奋斗、贡献和牺牲，只强调自我塑造、自我设计、自我实现和向社会索取。二是物质欲望膨胀。有些大学生认为人生最重要的东西就是享乐，及时行乐就是幸福，艰苦奋斗已经过时。他们片面地脱离现实的物质生活条件来追求奢华。三是引发无政府主义行为和对民族文化、历史传统的虚无主义。有的大学生认为纪律、制度、法律是对人权的侵犯，妨碍了选择自由。他们轻视、否定中国传统文化，盲目崇拜西方文化。四是政治观念和道德观念淡漠。一些大学生崇尚一种庸俗、功利的价值取向，[①] 这也对大学生的健康成长产生了不可忽视的负面作用。

二 大学生先进文化教育的主要方法

引导大学生既积极学习和正确吸收先进文化，又自觉抵御各种腐朽落

---

① 参看言玉梅：《全球化背景下西方文化对我国青年价值观的影响》，《湘潭师范学院学报》2003 年第 9 期。

后的思想文化，是重建民族文化自觉，建设中国特色社会主义文化的要求。总的来说，我国当代大学生文化教育是较为成功的，方向是正确的，方法是可行的，成绩是有目共睹的。这与党中央的一贯高度重视与战略安排分不开。但是也应当看到，随着改革开放的深化，市场经济的发展，高等教育的大众化，互联网的普及以及国内外形势的不断变化，大学生文化教育在认识、目标、内容、手段、举措等方面还存在着一定的问题，在某种程度上制约着当代大学生对先进文化的吸收，影响着社会主义和谐文化的建设，所以，必须与时俱进地通盘考虑大学生的先进文化教育问题。

1. 积极建设社会主义先进文化，维护国家文化安全

维护国家文化安全不是全盘拒绝外来文化，而是保障和促进民族文化沿着先进性的方向发展。保持较高的文化先进性是保障国家文化安全的关键。文化的先进性程度越高，文化的安全度也越高。

首先，文化创新必须紧跟时代步伐，把握时代脉搏，反映时代特征和要求。先进的文化总是善于把握和引导时代前进的方向。其次，应按照科学发展观的要求，根据客观实践的发展，在文化观念、文化形式、文化管理、文化政策等方面大胆创新，探索文化发展的新思路、新途径、新措施。最后，要为文化创新发展创造开放性文化环境。开放性是先进文化的本质属性，也是文化创新的重要条件，封闭的环境注定产生不了先进的文化。经济全球化促进了文化的交流和繁荣，使各种文化相互激荡，相比较而存在，相竞争而发展，有利于新文化形态的生成。当今世界，文化赖以发展的物质基础、社会环境、传播条件发生了深刻变化。我们要深入研究新形势下我国文化建设面临的新情况新问题，善于在更加开放的环境中建设中国特色社会主义文化。

此外，文化安全立法是维护我国文化安全的重要途径，要增强文化安全的法治意识，通过立法维护我国文化安全。应对西方文化产业的巨大冲击，必须大力加强我国文化产业的建设，尤其是打造中华民族品牌的文化产业，增强我国文化的融合力、同化力和凝聚力，有效抵御西方腐朽文化的侵蚀。

2. 努力拓展文化教育的有效途径，充分发挥课堂主渠道作用

一是充分发挥高校思想政治理论课的主渠道作用。思想政治理论课担

负着培养大学生正确世界观、人生观和价值观的重任。加强传统文化教育，正确对待西方文化，积极开展有中国特色的社会主义先进文化教育也必然成为思想政治理论课教学的重要内容，高校一定要充分利用好这个主渠道、主阵地加强对大学生文化吸收的正面教育和引导。

二是大力加强大学文化课程的科学设置和管理。英美等国高校在这方面的经验似可借鉴，如美国哈佛大学的"共同基础课"五类课程中，文学与艺术和外国文化是其中的两类。牛津大学一直坚持在学生中开展古典文化知识的学习。从促进民族文化发展的高度来看，高校应该像重视英语、计算机等课程那样重视文化课，加强投入，纳入制度化管理，实行统一考试，考试结果与授予学位挂钩。《国家"十一五"时期文化发展规划纲要》已开始重视对传统文化的教育，规定高等学校要创造条件，面向全体大学生开设中国语文课。为了促进学生对传统文化的持续学习和有效利用，高校还可以根据学校实际情况构建大学语文等级考试体系。

三是努力实现文化教育与专业课程教学的有机融合。可以根据课程性质、课程目标的要求，将文化教育融入专业课程教学之中，实现二者的有机融合。这种融合，不是形而下的知识、方法、器物、技术层面的融合，而是形而上的精神、思想层面的融合。在精神、思想层面，科学与人文相通，现代与传统相通。通过这种融合，促进我们对传统文化教育的理解和正确认识。

在这个过程中要注意处理好两个关系：一是处理好批判与继承的关系。必须客观、审慎地区分传统文化的良莠，认真做好去伪存真、去粗取精的工作，做到批判地继承。二是中国文化与外国文化的关系。要以开放的心态有选择地学习、吸收外国优秀文化成分，只有将本土文化与外国优秀文化进行交流整合，才有助于我们民族文化的自我反思、自我批判与自我发展，实现民族文化的自我超越。

3.大力加强校园文化建设，提升大学的文化自觉程度和大学生的文化选择能力

提升大学的文化自觉程度是增强大学生文化选择能力的关键。大学的文化自觉意识包括两个方面：其一，自觉地认识到大学应当是先进文化的

研究者、传播者和创造者之一。其二，对大学文化应持有全面的自觉认识。大学培养全面发展的高素质人才，不仅要有一技之长，而且要有美好的精神境界。有学者提出，大学应成为文化中心，用先进文化去影响社会，促进社会发展。① 因此，在高校加强文化宣传教育活动，提升大学的文化自觉程度和大学生的文化选择能力就显得至关重要。

高校是引导当代大学生学习和吸收人类优秀文明成果的园地，我们应该积极推动丰富多彩、内容健康、思想向上、为广大师生所喜闻乐见、具有较高审美情趣的文化活动在校园内的传播，要将对源远流长的传统文化的学习寓于各种具体校园活动之中。②

学校在开展校园文化活动时，一要加强引导，弘扬主旋律。广泛深入地进行爱国主义、集体主义和社会主义教育，抵制个人主义、功利主义、享乐主义、实用主义等对大学生的消极影响，帮助大学生树立科学的文化价值观。二要尊重大学生在文化选择中的主体地位和自我意识，承认大学生在文化价值、文化思维及文化生活方式上的差异性和多层次性。

引导大学生既积极学习和正确吸收人类优秀文明成果，又自觉抵御各种腐朽落后的思想文化，也是弘扬中华民族精神、培养民族自尊心与自信心的必然要求。一般来说，民族精神孕育于民族文化之中，民族文化是民族精神的直接来源，有什么样的民族文化，就会产生什么样的民族精神，抛开中国传统文化，也就等于抛开了中华民族的民族精神，会直接导致民族精神的滑坡、导致民族自尊心与自信心的失落。

4.不断加大文化宣传与建设力度，营造全社会共同关注的整体合力

当前中国社会正处于一个特殊的社会转型期，既是黄金发展期，也是矛盾凸现期。现代科学技术的不断发展，使学生每天都接受大量的信息，优秀的文明成果和各种腐朽落后的思想文化一同涌入，复杂的社会环境对大学生的影响越来越大。因此高校要积极引导处于成长中的大学生增强文化鉴别力、判断力。

要以各级党委和政府为主导，调动社会各方面力量，增加投入，努力

---

① 张岂之：《我们的大学需要什么？》，《中国高教研究》2002 年第 10 期。
② 张岱年、方克立：《中国文化概论》，北京师范大学出版社 1994 年版，第 229—232 页。

形成覆盖全社会的较完备的公共文化服务体系，充分发挥广播电视、报刊杂志的文化宣传功能，努力满足当代大学生的文化需求，完善大学生文化教育体系。各级政府和企事业单位要鼓励和支持面向大学生的公益性文化活动。坚持不懈地开展"扫黄、打非"活动，努力控制腐朽落后文化对大学生的侵蚀，组织实施弘扬人类优秀文明成果的大学生重点文化出版工程。文化部门和艺术团体要进一步推进高雅文化进校园活动，丰富校园文化生活，提高学生艺术修养。

（原载《高教理论战线》2008 年第 7 期，与孙华共同撰写）

论文化育人

党的十八大报告指出："文化是民族的血脉，是人民的精神家园。"这一论述对文化、文化育人的意义，阐述得十分深刻、透彻。贯彻十八大精神，我们要进一步加深对文化、文化育人的认识，努力推进文化育人和文化建设。文化育人的含义十分丰富，人们对文化育人的理解也各不相同。笔者认为，文化育人是指在文化传承与创新的过程中，引导人们进行正确的文化选择，使社会文化转化为个体文化，从而实现人的自我完善与自我超越的过程。本文就文化育人的意义，文化的特点，文化育人的规律及有效途径，谈谈自己的认识。

一 从时代和战略的高度，认识文化育人的意义

"文化育人"是中国本土生长的概念。20 世纪 80 年代，我国学术界兴起文化热，触发了教育理论界对文化与教育关系的关注，有的学者开始提出文化育人。1990 年 4 月，在中国高等教育学会、团中央宣传部联合召开的首次校园文化研讨会上，时任团中央书记处书记李源潮在发言中提出："随着中国社会现代化的进步，文化育人的特征越来越明显。"1995 年开始，我国高校开始开展文化素质教育，这一举措得到了中央领导、高校师生的广泛认同。2002 年，时任教育部副部长袁贵仁指出，大学是通过文化培养人才的；所谓教书育人、管理育人，服务育人、环境育人，说到底都是文化育人。[①] 2011 年 4 月 24 日，时任中共中央总书记胡锦涛在清

---

① 袁贵仁：《加强大学文化研究　推进大学文化建设》，《中国大学教学》2002 年第 10 期。

华大学百年校庆大会上的讲话中明确提出："要积极发挥文化育人的作用，加强社会主义核心价值体系建设，掌握前人积累的文化成果，扬弃旧义，创立新知，并传播到社会，延续到后代，……推动社会主义先进文化建设。"[1] 但是，从现实情况来看，文化育人并没有引起高度重视，重要原因之一是，人们对文化育人的意义还缺乏深刻的认识。推进文化育人，首先要从时代和战略的高度，认识文化育人的意义。文化育人的意义，主要体现在以下几个方面。

1. 增强国家文化软实力

20 世纪 90 年代，哈佛大学教授约瑟夫·奈在《美国定能领导世界吗》一书中首先提出"软实力"（soft power）的概念，特别指出文化软实力对促进民主、人权和开放市场等至关重要。[2] 现在，文化软实力得到越来越多的国家认同。

一个国家的综合国力，既包括由经济、科技和军事实力等表现出来的"硬实力"，也包括以思想文化和意识形态吸引力体现出来的"软实力"。当今世界，各国之间综合国力竞争日趋激烈，而在这一过程中，文化越来越成为民族凝聚力和创造力的重要源泉，成为综合国力竞争的重要因素。先进、健康的文化能极大地促进社会的发展，影响人们的交往行为和交往方式，影响人们的实践活动、认识活动和思维方式，优秀的文化能够丰富人的精神世界，增强人的精神力量，促进人的全面发展。而且，文化与经济、科技的紧密结合，能有效地推动经济、科技的发展，转化为强大的物质力量。

纵观历史，放眼世界，我们会发现，重视文化建设，通过文化提升国民素质，培育民族精神，实现文化强国，既是大国崛起的历史经验，也是当今世界的大趋势。例如，日本早在 20 世纪 80 年代就提出了从经济建设为中心向重视文化建设转变的发展思路。

1996 年 7 月，日本政府公布实施《21 世纪文化立国方案》，更是提出了将文化立国作为日本致力于 21 世纪国家发展的根本思想。韩国也在

---

① 《中国青年一代应该大有作为》，《人民日报海外版》2011 年 4 月 25 日。

② ［美］约瑟夫·奈：《软力量——世界政坛成功之道》，吴晓辉、钱程译，东方出版社 2005 年版，第 7—16 页。

1986 年提出了文化发展与国家发展同步化的政策目标；1988 年，为应对亚洲金融危机，又正式提出文化立国战略。另一个亚洲"四小龙"成员新加坡，20 世纪 80 年代就开展了儒学运动，2000 年进一步制定了"文艺复兴城市计划"，力图把新加坡打造成 21 世纪国际文化中心城市。[①] 改革开放以来，特别是党的十七大以来，中国共产党和中国政府始终将文化发展视为提升国家竞争力和意识形态吸引力的"软实力"，并做出了一系列战略部署。

国家文化软实力并不是一种自我确认、自我命名的文化属性，而是一种需要对文化资源进行深度开发与能量转化，并且通过传播之后才能实现的力量。大学通过文化建设、文化育人，在增强国家文化软实力中发挥着关键性作用。

因此，重视文化建设和文化育人，是大国崛起历史经验的总结，是对世界发展潮流的顺应，更是增强国家文化软实力、凝聚中国力量、实现"中国梦"的需要。

2. 维护国家文化安全

在政治领域，文化育人的意义受到高度重视，政治家从国家政策方面强调文化育人对加强民族凝聚力的作用。

1992 年，美国里根政府的教育部长威廉·贝内特（William Bennett）在《美国价值的贬抑：为我们的文化与儿童而战》一书中指出，要防止国家政体受到外来价值观和世界观的侵蚀，美国教育目标应"坚定地立足于美国文化与历史"，"要保持美国不被分裂甚至爆发战争，我们就要拥有统一的文化，它是公民的'黏合剂'"。[②]

在全球化背景下，世界各国文化之间的交流与碰撞日益频繁，文化融合成为一种不可逆转的趋势。但与此同时，不同文化之间的冲突也愈演愈烈，文明冲突成为国家战略考量的重要因素。尤其值得注意的是，一些奉行霸权主义和强权政治的西方国家，出于政治和经济目的，始终不放弃文

---

① 杨爱华：《外国如何繁荣文化》，《人民日报海外版》2011 年 12 月 9 日。

② William Bennett, *The Devaluing of American: The Fight for Our Culture and Our Children*, New York: Summit Books, 1992. 转引自董守生：《略论美国新保守主义的多元文化教育立场》，《外国教育研究》2011 年第 10 期。

化殖民政策，坚持以西方强势文化渗透他国民族传统文化，已经造成了后现代国家传统文化逐渐式微的后果。而且，随着数字技术和网络技术的发展，文化传播时空大大拓展，文化传播模式日益走向多样化，文化自身的特点及其对社会发展的作用呈现出崭新的特点。因此，如何在文明冲突和文化竞争中确保民族传统文化的传承，已成为关涉国家文化安全的重要问题。当前，我国正处于价值冲突剧烈的社会转型时期，面对文化竞争，我们必须弘扬优秀民族传统文化，确立社会主义核心价值体系，汇聚民族精神，不断增强民族文化认同。在这一过程中，大学的文化建设、文化育人将发挥不可替代的作用。

3. 文化是教育之根

教育与文化的关系十分密切。在某种意义上说，教育即文化，教育的本质是人与文化之间的双向建构。

在我国，文与化的联用，最早见于《周易·贲卦》之"观乎天文，以察时变；观乎人文，以化成天下"。古人讲"化成天下"、"人文化成"，这里的化，指教化、感化。文化对教育的作用具有直接作用和中介作用。直接作用指文化影响教育价值观、教育目的、教学内容和方法，影响甚至决定学生的成长，等等。中国和美国教育思想、方法有很大的区别，关键在于两国有不同的文化传统。中介作用是指经济、政治、社会制度等对教育的作用，通过文化这个中介来实现。大学的生长即文化的成长，人文兴则大学兴。

文化对教育的作用和意义还体现在以下几个方面：第一，文化既是教育之根，也是教育的手段。华中科技大学学者提出"泡菜理论"，"办大学就是要办一个氛围"，讲的就是文化的作用。学校文化的品质、品格、品位，随时随地影响着学生，这种影响是整体的，潜移默化的。第二，文化是学校制度实施的重要保障。制度是学校发展的核心要素，制度的实施关键靠文化，即制度文化。一切学校制度都形成于一种特定的文化，因而，学校文化能使师生员工形成价值认同。文化可以激励好的行为，也可以抑制不好的行为。第三，"软件"更新也依靠文化。社会发展了，进步了，学校不仅"硬件"要更新，"软件"也要更新。例如，计算机更新了很多代，但我们的软件仍停留在 Windows95，那么行呢？在教育教学中，我们

的教育思想、观念，教育方式、手段，都要更新，否则学校的教育教学就吸引不了学生。而"软件"的更新，就是学校的文化建设。

二 在理论上深刻认识文化的特性

教育与文化的关系如此密切，文化育人如此重要，但人们在教育实践中往往缺乏文化视野，忽视文化的作用，甚至背离文化的要求。

缺乏文化的视野，主要表现在：在教育目标上，不注重人的全面发展，重视成才，忽视成人；重视工具性、知识性、技能性，忽视思想、灵魂、智慧的培育。在教育内容上，重视专业性，忽视通识性；重视知识运用，忽视自由创造；重视科学教育，忽视人文教育。在教育形式、手段上，重视显性教育，忽视隐性教育；重视他人教育，忽视自我教育；重视共性教育，忽视个性教育。

背离文化的要求，主要表现在：在教育观念上，以应试教育作为教育理念，一切以应试为目的，学生接受教育仅仅是为了考上好大学，找个好工作，出人头地。据《光明日报》报道，北京市一位中学生家长，为了儿子能上一个好高中，四处奔波，她说："上不了好高中，好大学、好工作就会都没有指望。这学不就白上了。"一些中小学为了应试教育，打出了背离文化的"励志"口号，如"考过高富帅，战胜官二代"；"只要学不死，就往死里学"；"提高一分，干掉千人"；"生时何必久睡，死后自会长眠"，等等。在教育思想上，忽视人的个体性存在、自由性存在、创造性存在，不尊重学生的人格，背离了教育的根本目的和基本要求。在教育方法上，采用物质引诱、棍棒教育，严重伤害了学生的心灵和身体健康。由此可见，尽管学校每天都在上课，学生每天都在学习，但并不等于文化育人。

造成以上问题的原因，除了对文化育人意义认识不足以外，还有对文化、文化的特点缺乏认识。推进文化育人，必须深刻认识文化的特点。

《现代汉语词典》释文化为人类在社会历史发展过程中所创造的物质财富和精神财富的总和。由于文化的复杂性，对文化的内涵可以做出多种解释，但我们必须深刻把握文化的本质。文化的本质可以说是"人化"和"化人"。"人化"，即人按照自己的方式改变、改造世界，使任何事物都带上人文的性质。也就是说，文化是人化的自然，凡是被人染指的都是文化。"化人"是用这些改造世界的成果来培养人、武装人、提高人，使人的发展更全面、更自由、更深刻。文化是"人化"和"化人"的统一，它既是名词，更是动词。

认识文化，应该对文化的表现形态、形成机制，文化与人的关系，有进一步的了解。文化是共有的，它是一系列共有的概念、价值观和行为准则；文化是学习得来的，不是通过遗传而天生具有的；文化是一种架构，包括各种内隐或外显的行为模式，通过符号系统获得或传递；文化具有清晰的内在结构，有自身的规律；文化既是自己的生存活动，也是前人活动的结果；每一个人出生以后，都处在某种文化环境之中，都是在文化中生存并参与文化的创造；人的行为受人自己获得的文化的支配。个体进入社会的机制是文化的传承，人为了顺应社会，就必须掌握一定的文化；人为了改造社会，就必须创造一定的文化。文化具有时代性、民族性和实践性。

认识文化，还应该认识文化的鲜明特点。正是由于文化的这些特点，使我们对文化往往难以把握。文化的主要特点体现在以下方面。

1."有而无在"

一方面，文化是一种有，是一种真实的存在，随时随地都存在于我们的周围。但同时文化又是一种"无形"的"有"，是一种弥散性的"有"，看不见，摸不着。如同水中盐，看不见，摸不着，但一喝就知道它的味道；如同空气，也看不见，摸不着，但没有空气，我们一刻也活不下去；如同经济领域中的市场，虽是"一只无形的手"，却能成为调节国家经济活动的有力杠杆；人的素质的高低是不同的，与其接触，我们能实实在在地感受到，但也只是一种"无形"的存在，无法直接观察到。文化具有永恒的内在力量，是统摄、驾驭其他具体社会要素的特殊存在。因此，文化从内容上看，具有抽象性和普遍性；从功能上讲，具有迁移性和隐匿性；从影响力而言，对个体行为具有极强的导向性和制约性。

2."整体性"存在

文化的"整体性"存在主要表现为文化是有机的整体，情境性的整体，而不是一种机械式的整体。对于机械式的整体，可以拆开，对局部逐

一加以分析，探求局部之间以及局部和整体之间的关系。例如，一辆汽车出了毛病，我们可以把它拖到修理厂，将其拆开，找出毛病，然后更新零件，直到将它修理好。而文化作为有机整体，局部之间、局部和整体之间的关系如水乳交融，并受到情境的制约，不可分离。我们平时根据研究、工作、教育的需要，可以对文化进行种种划分，如科学文化、人文文化；精神文化、物质文化、行为文化、制度文化；主流文化、精英文化、大众文化；信息文化、行为文化、成就文化；企业文化、校园文化、社区文化；先进文化、保守文化、低俗文化，等等。但是，在现实中，文化是一个水乳交融的整体，不可分离。

3."差异性"存在

每一个人的天赋不同，经历不同，所处的情境不同，即使是对同一事物、同一过程，处于同一文化之中，人们的感受、体验及赋予的意义和价值是不同的，"一千个读者有一千个哈姆雷特"。例如，我们听一场报告，作报告的人只有一个，报告内容是相同的，但由于每一个人的历史经历不同、知识结构不同、关注点不同、听报告时的心情不同，报告内容与每一个人交互作用所产生的结果、形成的个体文化则大不相同。

4."渗透性"存在

文化是一种"渗透性"存在，文化的核心是价值观和思维方式，以知识为载体，渗透在人类的一切活动及其成果（包括物质世界）之中，渗透在人的血脉之中。例如，对同一事物，不同国家、民族的人们，认识不同，因为其文化不同。在不同的单位，同一制度在有的单位可以执行，而在另一单位不能执行；在同一单位，有的制度可以顺利实施，而另一些制度则不能顺利实施，因其自身的文化传统、特点所致。各类建筑，或以媒介形式，通过自身的外在形态表达难以用语言表达的文化，如深圳大学在建校初期通过与众不同的学生宿舍，试图传达一种倡导学生自由、创新的文化；或以场所的形式，提供能够激发活动主体情感并与其行为模式适应的环境设施，如学校的礼堂、广场、三角地等。因此，渗透性存在，也是文化的一个重要特点。

正因为文化具有"有而无在"、"整体性"、"差异性"、"渗透性"等特点，人们容易忽视文化的重要性和作用。这一点，应该引起我们的高度重视。

三　从历史发展中探寻文化育人的特点和规律

亨廷顿认为，文化是指人类生产或创造的，而后传给其他人，特别是传给下一代人的每一件物品、习惯、观念、制度、思维模式和行为模式。[①] 文化的发展有一定的历史连续性，文化既是自己的生存活动，也是前人活动的结果。文化育人贯穿于人类历史的过程之中，考察历史发展过程中，特别是社会转型与文化转型的关键历史节点上文化育人的状况，有助于我们探索文化育人的特点和规律。下面首先简要考察西方及我国在几个关键历史节点上的文化育人状况。

中世纪以基督教思想为核心的文化育人。欧洲中世纪属封建时代，在这一时期，基督教占据了文化和意识形态的统治地位，基督教文化成为欧洲中世纪文化的主体。基督教文化的精神主流是罪感意识和救赎意识，爱的精神，禁欲主义以及骑士精神。基督教文化传播和渗透的主要载体是教会，教会在罗马帝国衰亡时期的普遍混乱中，担负起了重建、传播、创新文化的重任。教会传播文化的主要途径之一是设立学科，开办大学，如最早的意大利的博洛尼亚大学、法国的巴黎大学，此后英国的牛津大学、剑桥大学，德国的海德堡大学、科隆大学等。这些大学创办之初都是一种小规模的、远离社会的、"修道院式"的小型学院，办大学的初始宗旨主要是培养牧师和僧侣。后来，这些大学大都发展成为现代大学。教会通过开办大学及其他形式，将基督教文化渗入西方文化的血肉之中，深刻地影响着西方人的精神世界。

文艺复兴时期的人文主义文化育人。14 至 17 世纪欧洲的文艺复兴，作为一种文化、文学和教育运动，与中世纪神学相对立，以讲授希腊、罗马的古典学问为特征，以有益于人的现实生活为职志。这一时期文化的主要精神是人文精神、个人主义和新教精神。人文主义文化育人的主要形式是，在对古典文化模仿、研究和继承的基础上，吸取古典文化传统与基督教神学传统中的某些思想营养，创造性地以"借神颂人"的理论形式来阐

---

① [美] 塞缪尔·亨廷顿、劳伦斯·哈里森：《文化的重要作用——价值观如何影响人类进步》，程克雄译，新华出版社 2010 年版，第 8—9 页。

发自己的理想，以吸引人，解放人，丰富人的精神。人文主义文化育人的主要手段是，一批"人文主义者"通过语法、诗歌、历史及道德哲学等人文学科，进行人文教育，以培养人、提升人。

儒家文化的文化育人。儒家文化是中华文化的精髓之一，中华文化的复兴，以儒家文化为核心。儒家文化的精神主要体现为积极进取的入世态度，以人为本的道德精神，天下为公的大同构想，和而不同的兼容气度，天人合一的哲学理念，躬行践履的实干作风，格致诚正的精微体验，修齐治平的博大情怀，克己安人的自律仪范，重义轻利的仁侠风微。[①]儒家文化历史悠久、源远流长，拥有一套全面渗透的传播机制，如中国古代的教育考试选拔机制、排斥异端邪说的抑制机制、以注经为主线的损益机制、儒道佛互补机制等。儒家文化正是通过这些机制和丰富的具体途径进行传承和创新，逐渐凝结、沉淀为稳定、持久、牢固的民族文化心理，成为人们普遍遵守的价值观念、思维方式、审美情趣和生活准则。

红色文化的文化育人。红色文化是在革命战争年代，由中国共产党人、先进分子和人民群众共同创造并极具中国特色的先进文化，蕴含着丰富的革命精神和厚重的历史文化内涵。在革命战争年代，中国共产党人肩负着抗日救亡、推翻国民党反动统治、建立新中国的崇高的历史使命、繁重的战斗任务，需要在整合、重组、吸收、优化古今中外的先进文化的基础上，以马克思主义的科学理论为指导而创生革命文化，即红色文化。红色文化育人的基本经验，是形成一种鲜明的、内容丰富的精神，如井冈山精神、长征精神、延安精神、西柏坡精神，以动员人民、鼓舞人民、团结人民。红色文化传播的主要手段是：榜样示范，共产党人身先示范，吃苦在前，享乐在后，为群众做出榜样；宣传动员，动员群众从自身的处境、感受出发，认识革命的必要性和意义；情绪感染，通过革命歌曲，如《义勇军进行曲》、《黄河大合唱》等，以及其他多种方式，激发情绪、鼓舞斗志。

基于对以上几个关键历史节点上文化育人典型案例的考察和对文化特

---

① 杨淯:《中华文化复兴的理性思考》,《新华文摘》2008 年第 11 期。

点的分析，可以对文化育人进行规律性探索。归纳起来，文化育人具有以下特点和规律。

1. 围绕育人的三个目标

有人提出，文化是普遍存在的，每时每刻都在对人产生影响，为什么还要提出文化育人呢？文化总在对人们产生影响，这是客观事实。但这种影响是弥散性的，无意识的，而且，既有好的影响，也有不好的影响。从中世纪以基督教思想为核心的文化育人、文艺复兴时期的人文主义文化育人、儒家文化的文化育人、红色文化的文化育人几个典型案例中可以看出，文化育人有明确的目的、具体的目标。人格结构是一个协调的整体，具有层次性，因而文化育人的目标亦具有层次性。概言之，我们今天文化育人目标的层次性，即体现为成人，成为中国人，成为先进的中国人。成人，就是使人由一个自然生命到具有文化的生命。成为中国人，就是使人具有民族精神，热爱祖国，确立社会主义核心价值观。成为先进的中国人，就是使其中一部分人愿意为社会、国家、人类的发展而奋斗，甚至献身，成为中华民族伟大复兴的中坚力量。文化育人要围绕以上三个目标来开展。

2. 重视民族精神和核心价值

在以上几个关键历史节点上的文化育人，都有一个共同的特点，即十分重视民族精神和核心价值。保持文化的民族性，保持文化的民族认同，是文化自觉的前提。民族精神是民族文化中维系、协调、指导、推动民族生存和发展的精神思想，是一个民族赖以生存、共同生活、共同发展的核心和灵魂。民族精神是团结人民、支撑国家生存发展的精神支柱。人们总是从一定的价值观出发提出问题、判断问题、解决问题的。如西方的基督教思想、人文主义、理性精神等，都是西方文化的核心价值。因此，要重视文化的核心价值。

社会主义核心价值体系是民族精神和核心价值的高度统一。在文化育人中要十分重视对社会主义核心价值体系的学习。提出社会主义核心价值体系建设，是我们党重大的理论创新。党的十八大提出"要深入开展社会主义核心价值体系学习教育，用社会主义核心价值体系引领社会思潮、凝聚社会共识"，并对社会主义核心价值体系进行了精辟概括，即三个倡导，

在国家层面倡导"富强、民主、文明、和谐",在社会层面倡导"自由、平等、公正、法治",在个人层面倡导"爱国、敬业、诚信、友善"。我们要根据党的十八大精神,在文化育人中努力推进社会主义核心价值体系建设。

3. 在文化传承与创新中育人

知识和技术,可以通过学习和实践,逐渐掌握;文化则需要通过学习和创造,才能逐渐形成。创造性是文化的重要特征之一。知识是概念术语的集合,文化是精神传承的结果。创造、创新必须在传承的基础上进行。文化育人,应该在文化传承与创新中育人。文化人类学家怀特指出,文化的重要特征之一在于,它是通过社会机制而不是通过生物学方法传递的,是以社会遗传方式进行的超生物、超肉体的传递。[①]

文化必须传承,即在横向上得到传播,在纵向上得到传递,不然,社会就不能生存和发展。而文化的传承是通过教育进行的,通过教育来实现。教育正是通过文化的教与学,发展人的文化创造能力,使文化得以实现社会的遗传。文化传承的过程也是文化创新的过程。在文化传承中,教师首先要对文化进行研究,从而选择教育资料,给学生导向;在教学过程中要激活知识,引起学生的兴趣,促进学生的思考,通过内化,实现文化的转化。同时,学生在学习的过程中,"温故而知新",即在学习旧知识时,能有新体会,新发现。大学具有科学研究的职能,通过对文化的研究,提出新认识,探索新规律,从而不断创造新文化。总之,教师、学生在共同进行的文化传承、创新中,进行文化选择,不断成长、发展,达到育人的目的。

4. 渗透性教育,融入教育目标

渗透性是文化的重要特点之一。文化不是孤立存在的,文化育人也不可能脱离其他教育形式而孤立地进行。在国家的政治建设、经济建设、社会建设、文化建设、生态建设中,都要融入文化育人的教育目标,体现文化育人的基本要求。进而,文化育人应渗透于全社会的公民教育、道德教

---

① 参见[美]怀特:《文化科学:人和文明的研究》,曹锦清、杨雪芳等译,浙江人民出版社1988年版。

育、理想教育、法制教育、历史教育、科学教育、技术教育之中。就学校教育而言，文化育人应体现在学校的使命、理念，课程结构及实施，校园物质建设和文化建设，学校的其他一切活动之中。文化育人的方式应该是隐性、间接、渗透式的。

5.协同性教育，营造环境文化

文化对人的影响是整体性的，潜移默化的。文化是一种存在着的"精神氛围"，是人民的精神家园。文化育人，首先要建设好自己的精神家园。家园的精神健康、积极、向上，家园中的人们则会受到精神感染，健康成长，幸福生活。对于学校而言，则应发挥家庭、社区、大众传媒以及特定社会组织的作用，使其与学校共同协作，把教育因素、社会因素和自然因素结合起来，形成教育合力，培育良好的文化氛围。

四 遵循文化育人的规律，努力推进文化育人

推进文化育人，要有文化自觉，文化视野，遵循文化的特点和规律，运用文化的方式，才能提高文化育人的有效性。

1.将文化育人作为一种信念

信念是意志、行为的基础，是个体动机目标与其整体长远目标相互的统一，如果没有信念，人们就不会有意志，更不会有积极主动的行为。文化育人关涉国家软实力的强大，关涉国家文化安全；通过文化育人能够凝聚民族文化与价值观，促进文化对人的永恒力量；文化育人传承公民的共同文化与共同标准，具有道德教育的价值，是达成一切教育目的的基础。因此，我们不能仅仅将文化育人当作一种一般的教育方式和手段，而应当将其当作一种信念，坚定不移地推进和实施。

当前，在文化育人中，我们应以坚定的信念推进社会主义核心价值体系建设。社会主义核心价值体系由一系列的价值原则、价值观念和价值指向所构成，是指引社会前进的精神旗帜。社会主义核心价值体系是社会主义先进文化的精髓，决定着中国特色社会主义的发展方向，是兴国之魂。社会主义核心价值体系是我国文化软实力建设的核心和根本，构成了我国文化软实力建设的重要内容和途径。社会主义核心价值体系是社会主义文

化之魂，也是文化育人之魂。因此，我们要探索建立以社会主义核心价值体系为中心的文化育人的知识体系、价值体系、实践体系，切实提高社会主义核心价值体系建设的成效。

2. 将文化育人作为一种原则、一套行为准则

任何社会活动，都必须有一定的原则、行为准则。否则，社会活动就会偏离方向、目的，收不到应有的效果。文化不能直接转化为行为活动，但文化对个体思想观念的渗透，能通过意识的能动作用指导行为。从文化与行为的关系看，文化影响着人的行为判断，个体行为的性质、利益、方式等，主要依赖于对文化的认知。"文化"赋予"行为"以方向、目的和一致性。个体不能接受的文化，在行动上就会有所控制；而被认同、内化了的文化则会成为固有的意识，对外部变化产生强大的抵御力。

文化育人意味着通过延续重要的传统、习惯和经验，努力促进文化对人的永恒力量。我们要将文化育人作为一种原则、一套行为准则，超越学校、课堂、书本，将其视为一种更宽广的范畴，引导来自不同背景的人们在观念、信仰、态度和行为上相互影响和相互作用。

不同的领域有不同的文化，首先要弄清楚本领域最本质的文化属性，并从最本质的文化属性出发，确立自己活动的原则和行为准则。以大学为例，大学最本质的文化属性是学术自由与大学自治。那么，学校要从此出发，确立自己的使命、理念和行为方式。教师则应"将学术的严肃，对学术的热爱，传达给愿意接纳的学生，启发与滋养他们的慧命"。① 教师要以整个生命去对待教学、对待学生。学生则应该在相应的文化境界、文化视野下认真思考，从大学的最本质的文化属性出发，自己站在什么高度、层次去想问题，做什么事最有价值，如何使自己从比较狭窄的视野提高到广阔的视野。

3. 将文化育人作为动态的社会文化运动过程

马克思认为，人在本质上是一切社会关系的总和。社会是复杂的巨系统，是文化的大熔炉，其文化成分十分复杂，其文化内涵处于动态的发展

① 王明辉：《何为法学》，中国戏剧出版社 2005 年版，第 123 页。

变化之中，其影响人的机制也十分复杂。人生活在社会中，无时不在受到社会文化的影响。实际上，人的社会化就是个体对特定社会文化的接受过程，是个人价值目标与社会价值目标的共性取向。但是，社会文化对人的影响，既可能是积极的，也可能是消极的，更为重要的是，社会文化对人的影响往往是无意识的。因此，文化选择，是文化育人社会机制中最为重要的机制。文化育人的过程，是人在动态的社会文化运动过程中不断进行文化选择的过程。

文化育人是人类的生存战略，是一个动态的过程。人、社会与文化的关系，简单地说，人在交互作用的过程中创造社会和文化，人在生存过程中离不开社会、受到社会文化的制约，人在发展过程中不得不适应社会、改造社会、发展文化。从文化战略的角度看，文化育人的中心法则为"人脑——文化——教育——生产——社会"①，即人及其文化通过教育施加影响，从而提高生产力及整个社会在发展中存在的意义。在文化育人的过程中，我们要努力探索社会文化运动的规律、人们在动态的社会文化运动过程中进行文化选择的规律。

4. 将文化育人作为一种心理建构的机制

文化塑造人的心灵，它提供了一种工具，这种工具不仅构建了世界，还建构了人的自我观念和力量。② 就个体而言，文化育人主要体现在价值导向、思维方式、情感陶冶、人格建构等方面。从心理学的角度分析，文化育人，就是人的文化心理结构的建构，是文化图式的建构。文化建构人类心灵与视野的特有事物，学习、记忆、谈话、想象等，都有文化的参与。

人的心理和行为是一定社会文化环境的产物，是文化熏陶、感染、教化的结果。人从生物人到社会人，靠文化教养；人们千差万别的个性、气质、情操、风格，靠文化培养；人们的欢乐和痛苦、高兴与悲伤、幸福与不幸以及崇高与卑俗、伟大与渺小诸如此类的情感，靠文化赋予；人们或

① ［荷］C. A. 冯·皮尔森：《文化战略》，刘利圭等译，中国社会科学出版社 1992 年版，第 3 页。

② J. Bruner, *The Culture of Education*, Cambridge, MA: Harvard University Press, 1996, pp. X–XI .

赴汤蹈火，纵九死而犹不悔，或卿相尊位、千金重利而丝毫不为所动，各种各样的人生观、价值观，靠文化确立。大量事实充分说明，在同样的社会条件下，在同一文化层次上，在同样的自然条件下（比如双胞胎），人的个性仍然是千差万别，各不相同的。^①因而，在文化育人过程中，我们要努力研究探索外在的文化是如何转化为个体内在的心理结构的，转化的机制是什么。这是推进文化育人，提高文化育人的有效性，培养大批高素质人才的重大课题，需要我们去探索。

5. 将文化育人作为大学的基本功能

雅斯贝尔斯在《大学之理念》中将大学的目标划分为三个方面的功能：研究、传播知识和文化教育。大学肩负着为国家、社会培养高素质人才，创造新理论、新思想以引领社会的重任。文化育人无疑是大学的基本功能。大学怎样实现文化育人的基本功能呢？

第一，学校的文化总量及其品质格调是文化育人的前提。学科是大学的基本元素，首先要加强学科建设，改善学科结构，提高学科水平，建设学科文化，形成"肥沃"的文化土壤。加强图书馆、展览馆、实验室、人文景点等的建设，形成丰富的文化资源。重视办学理念、使命、校训、校歌等的研究和确立，形成学校特色和品牌。加强校风、教风、学风等的建设，形成学校的品位和风格。

第二，学生的文化参与、文化融入是文化育人的基本途径。文化育人，最终要经过学生自己的选择，融入心理结构，形成自己的思想。学校要尊重学术自由，尊重学生，以一种开放的心态，让学生走入学校的方方面面，走入教师的心灵，走入同学的心灵。要通过开展民族精神基本经典教育，建设课堂文化，建设学生社团，建设生态校园，形成有文化的细节等多种形式，实现学生的文化参与、文化融入。

第三，学校政策鼓励引导学生通过文化参与达到文化融入，是实现文化育人的保障。学校要通过建立相应的机制和制度，如学分的灵活性、学分互换、学分要求，表彰奖励等，鼓励和引导学生的文化参与，从而提高文化育人的效果。

---

① 刘献君：《青年社会学》，光明日报出版社 1989 年版，第 24 页。

总之，我们要站在文化的高度，要有文化自觉，文化视野，遵循文化的特点和规律，运用文化的方式，努力探索文化育人的途径和方法，提高文化育人的有效性。

（原载《高等教育研究》2013 年第 2 期）

实践研究　相互推进

——华中科技大学 10 年文化素质教育回顾

以 1994 年 3 月 3 日举办第一期人文讲座为标志，至今，我们华中科技大学开展文化素质教育已达 10 年。我作为文化素质教育工作的参与者、组织者之一，回顾 10 年经历，感慨万千。

10 年来，我校在全国首先有组织、有计划地开设人文讲座，持续不断，已达 1000 期，现在全国多数大学已开设人文讲座；最早将人文讲座的精华整理、结集成《中国大学人文启思录》出版，发行近 50 万册，受到广泛好评；第一个在大学生中举行中国语文水平达标测试，从 1995 年起每年举行一次，本科生、硕士生、博士生，中国语文水平测试不合格，不能授予学位证书；率先着手将人文科学课程纳入课程体系的研究、试点工作，现在，理工科学生学习人文社会科学课程，文科学生学习自然科学课程，已成为教育部对高等学校本科教育的基本要求；率先将《社会调查》确定为本科学生的必修课程，通过实践，推动大学生将人文知识内化为人文精神；率先提出结合专业教学进行人文素质教育，推动全体教师参与文化素质教育；率先提出每位教师每年至少要听 1 门人文社会科学课程，或者读 1 本人文社会科学名著，或者听 5 次以上人文讲座的要求，以提高教师的文化素养；第一个在高校设立文化素质教育基地，现在教育部已在全国各高校设立了 32 个国家大学生文化素质教育基地，我校基地已成为首批国家级基地之一；率先提出应确立文化素质教育的基础性地位，素质教育是一种教育思想、教育观念，科学教育与人文教育相融合，文化素质教育是实施全面素质教育的切入点、突破口，内化是大学生素质形成的关键，办大学就是要办一个氛围，人文教育具有三个目标等教育思想和观念。经过 10 年努力，文化素质教育由造势到自觉，由形式单一到形式多样，由局部试点到全面推开，初步形成了科学与人文相融、通俗与高雅相通、课内与课外互补、教师与学生互动这样一种新的局面。

文化素质教育，作为近 10 年来我国高等教育的一项重大改革，转变了师生的教育观念，推进了课程体系的改革，改变了大学的文化氛围，促进了办学水平的提升，提高了大学生的全面素质。对于我们华中科技大学而言，除了以上效果以外，由于在全国率先开展文化素质教育，成功地创造了一些经验，因此，10 年间，教育部召开的全国性的关于文化素质教育的大会四次在我校召开，文化素质教育大大提高了我校在全国的知名度和影响力。北京一位著名学者认为，10 年前，华中科技大学仅仅在同类学校中有知名度，现在，不仅在国内高等教育界而且在全社会都具有很高的知名度和影响力，这与文化素质教育是分不开的。回顾 10 年，我们的基本经验和做法主要有以下三个方面。

（一）审时度势，顺势而行

提出并开展文化素质教育，不是出于某个人的良好愿望和一厢情愿，而是基于对高等教育发展的历史、现状和趋势，教育的本质，以及人类社会发展趋势的深刻审视提出来的，我们的认识也是逐步深化的。

1. 对教育现状的反思

认识教育，就要反思教育。早在 20 世纪 80 年代，我校曾组织过两次大型调研。一次是由姚启和、文辅相教授等承担的教育部关于高等教育目标系统研究的课题，这次调研针对实践中存在的问题，提出了加强大学生的文化素养教育和素质教育。一次是 1987 年由我组织部分教师、学生对我校毕业生进行了一次大规模调查，通过对调查材料的分析，我们得出结论，重视大学生素质教育势在必行。

进入 20 世纪 90 年代，我们进一步反思，为什么 30 多年来，我校的毕业生中，当工程师的多，从事一般管理工作的多，缺少大师级的学者和政府部门的领导；为什么用人单位反映，毕业生的业务基础好了，能力强了，但责任感、事业心差了……学生责任感、道德感差，创造性不强，原因很多，其中的重要原因之一是文化素质太差。邓小平一语中的："现在这么多青年人犯罪，无法无天，没有顾忌，一个原因是文化素质太

低。"① 在谈到大学生闹事时，邓小平说："青年人不了解这些历史，我们要用历史教育青年，教育人民。"② 不懂得中国历史，爱国主义就是无源之水，无本之木。爱因斯坦也说得十分透彻。他认为，物理给他的是知识，艺术给他的是想像力，知识是有限的，想像力是无限的，概括着世界的一切。没有想像力，不可能产生创造力。

1949 年以来，我们的教育取得了巨大的成绩，但同时也存在不少问题。问题之一是，20 世纪 50 年代的院系调整，设置了大量的专门性高等学校，全国没有一所真正意义上的综合性大学，造成学生的专业口径和知识视野十分狭窄；高考升学的压力导致中学文理分班，造成学生的基础知识不完整；"文化大革命"不加分析地蔑视、批判传统，造成学生不读经典，人文知识薄弱。因此，在大学生中开展文化素质教育逐步成为共识。

2. 对教育真谛的领悟

教育的基本问题是，什么是教育，怎么教，怎样学。对此，人们一直在苦苦思索。20 世纪 70 年代，针对"四人帮""知识越多越反动"的谬论，人们开始重视知识学习，"知识就是力量"成为响亮的口号。80 年代，人们开始认识到，仅有知识不行，还要有能力，于是开始重视能力培养。进入 90 年代，人们进一步认识到，素质是比知识和能力更本质的东西，教育要重视人的素质的提高，这是对教育深刻认识的结果。美国学者劳厄认为，素质就是在所学的知识都遗忘以后所剩下的东西。陈至立同志刚担任教育部长时到我校，她说自己在复旦大学学物理，学习了很多公式，现在都忘了，但有两样东西没有丢，一是刻苦的精神，二是思维方法。我认为，这就是素质。人文是文明的初始问题，也是教育的基本主题。

3. 对社会经济、科技、教育发展趋势的把握

教育随着社会经济、科技的发展而发展，有其自身的规律。我们在研究中认识到，农业经济社会的核心要素是土地，对应的学科特点是高度综合，反映到教育观念和内容上是以人文教育为主；工业经济社会的核心要

---

① 《在全体人民中树立法制观念》，《邓小平文选》第三卷，人民出版社 1993 年版，第 163 页。

② 《用中国的历史教育青年》，《邓小平文选》第三卷，人民出版社 1993 年版，第 206 页。

素是资本，对应的学科特点是高度分化，反映到教育上是以科技教育为主；现在开始进入知识经济社会，核心要素是知识，对应的学科特点是在高度分化基础上的高度综合，反映到教育上则是科技教育与人文教育的融合。科学教育与人文教育的融合，是教育发展的一种趋势，世界各国都顺势而行，大力加强通识教育、文化素质教育。

（二）全校上下，同心协力

文化素质教育是一项系统工程，单靠几个人的努力是绝对不行的。10年文化素质教育凝聚着我们全校师生员工的智慧和心血，充分体现了华中科技大学"团结"的校风。

杨叔子院士以他院士、校长的身份，深厚的人文底蕴，对宣传优秀传统文化的极大热忱，当之无愧地担当起文化素质教育的旗手。对文化素质教育，他积极倡导，身体力行，坚持不懈。他利用各种场合，满腔热忱地宣传文化素质教育的意义。文化素质教育刚开始时，一些教师不理解。有些人对他说，"杨校长，你把钱花在文化素质教育上，不如多买几台实验设备"，也有人认为他"不务正业"，但杨院士耐心地说服他们。他多次亲自走上人文讲坛，给学生作人文讲座。他的"一个国家，一个民族，没有科学，一打就垮；一个国家，一个民族，没有人文，不打自垮"的演讲，震撼了无数学生的心灵。他认为学生来到大学，要做三件事，"一是学会如何做人，二是学会如何思维，三是学会掌握必要的知识及运用知识的能力"[①]，这已成为很多学生的座右铭。他要求自己的博士生读《老子》，读《论语》。他用自己的稿费、讲课费，购买《中国大学人文启思录》，送给学生。他经常和教师、学生探讨人文问题。他到全国各地，给大学生、中学生、机关干部作人文讲座达 300 多场。他首先提出举行中国语文水平达标测试，推进文化素质教育进课堂，建立中国第一个文化素质教育基地……提倡绿色教育，强调人文教育的基础性地位，倡导科学教育与人文教育相融合。叔子院士是一个很平和的人，但遇到影响文化素质教育的问题，无论他担任校长或卸任后，都一抓到底，十分"固执"。我从叔子院

---

① 杨叔子：《永必求真，今应更务善》，《中国大学人文启思录（二）》，华中科技大学出版社 1998 年版，第 1—19 页。

士身上学到了不少东西，首先是做人。他的成功，第一位的是人格的力量。一位学生在网上评价我校的历任校长，谈到杨叔子校长时，他说，我看到杨校长在路上匆匆走着，突然停下来，将地上的废纸捡起来，丢到垃圾箱，然后又匆匆走了。这位学生感叹："圣人也莫过如此。"学生是从每一件小事来认识、评价自己的校长、老师的。一件一件的小事，体现着叔子院士的精神。

周济院士，对文化素质教育做出了很大贡献。他在担任校长期间，至少有三件事可圈可点。一是高度重视人的作用，重视人文教育的作用。这首先体现在他提出的"育人为本，三足（教学、科研、服务社会）鼎立"的办学思想上。其次，他提出将科学教育与人文教育相结合中的"结合"改为"融合"。一次学校党委常委会讨论文化素质教育，我们提出"科学教育和人文教育相结合"，周济同志说，"结合"还是两张皮，要融合，将两者变为一体。一词之改，境界截然不同。自此，我们学校将"科学教育与人文教育相融合"作为办学的指导思想之一。现在，"科学教育与人文教育相融合"已成为全国认同的一种教育思想。二是提出并亲自推动在本科生中开设《社会调查》必修课。人文教育不能仅仅停留在知识层面，要将人文知识内化为人文精神，实践是中介。因此周济校长十分重视社会调查，他亲自主持会议，亲自抓落实。1998 年 6 月 5 日，周济校长主持召开《社会调查》课程建设会议，他在会上发表了五点意见："第一，要充分认识开这门课的重要意义，这既是时代发展对人才培养质量的要求，也应成为我校加强大学生文化素质教育工作的一大特色；第二，课程建设的方法可以是社会学系与学生口、教务口一起共建，其目标是用三年左右时间将这门课程建设成为精品课；第三，普及和提高相结合，对面上的学生要有课程学习的基本要求，要有考核，对拔尖学生可考虑开设高级班；第四，学生的生产实习原来只注重专业性，应该加进社会学习与社会调查的任务；第五，要运用现代化教育手段提高教学效果。"他提出的要求很高，而且全面、具体。此后，他又多次督促这一工作。三是支持编写《高等学校科学教育丛书》，担任该丛书编委会主任，并给丛书作序。经过 3 年努力，2002 年上半年，该丛书由中国电力出版社出版。丛书出版后，受到普遍好评。此外，周济院士带头学习《邓小平文选》、毛泽东著作和人文经典原著，为大家做出了榜样。有一段时间，他出差时，都随身携带《中国大学人文启思录》，一有空闲，便认真阅读。担任教育部长以后，周济同志依然十分重视文化素质教育，多次做出批示和指示。

朱玉泉同志在这 10 年中有 8 年担任学校党委书记，他对文化素质教育的支持可以用四个字来概括——"有求必应"，对文化素质教育的开展给予了极大的支持。樊明武院士在担任校长以后，首先充分肯定文化素质教育，给予支持，同时亲自登上人文讲坛，讲授自己做人、做学问的亲身体验，受到学生们的好评。先后分管学生工作的党委副书记杨志光、冯友梅同志，亲自抓大学生读书活动，参与文化素质教育工作。先后分管教学工作的副校长邹寿彬、秦忆、冯向东同志，对将文化素质教育纳入课程体系十分支持，亲自组织研究、实施。校领导李德焕、梅世炎、姚宗干、王乘、李培根等同志，都曾亲临人文讲座，从各方面支持文化素质教育。

老院长朱九思同志，早在 20 世纪七八十年代主持学校工作时，就倡导、领导开办文科，重视历史教育，给每个学生发一本胡绳主编的《从鸦片战争到五四运动》，组织学生学习中国近代史。他虽然年事已高，但 10 年来曾多次晚上赶到人文讲座现场听讲座，对人文讲座给予了热情支持。

我校一大批教师，10 年来积极支持、参与文化素质教育工作。教育科学研究院的涂又光、文辅相教授，在文化素质教育理论研究方面做出了重要贡献。文辅相教授指出，素质教育是一种教育思想、教育观念；涂又光教授提出了教育发展三阶段（人文、科学、科学·人文）的观点和泡菜理论等。这些思想不仅在校内，而且在国内产生了重大影响，对文化素质教育的健康发展起到了理论支撑作用。哲学研究所的欧阳康、张曙光教授等，积极参与文化素质教育的理论研究和实践工作，并将文化素质教育工作与哲学学科建设紧密结合，取得了显著的效果。特别值得一提的是，一批理工科、医科的老教授对文化素质教育倾注了极大热情，给予了深切的关心和支持，如裘法祖、张勇传、马毓义、程良骏、张良皋、龚非力、李柱、费奇、张端明、师汉民、黄乃瑜教授等。最让我难忘的是，年近九旬的裘法祖院士亲自登上人文讲坛，用一个半小时讲述自己的人生体验，然后回答学生的问题。主持人担心裘老的身体，想让他少回答几个问题，但裘老坚持热情地回答完学生的问题才结束讲座。还有一大批中青年教授、

教师，热情支持、参与文化素质教育工作，这里难以一一列举。很多教师关注、关心文化素质教育，他们不时提出一些好的建议，或推荐人文讲座的主讲人等。如中文系的傅隆基教授，在赤壁参加完一个学术活动后，遇到电视剧《三国演义》中曹操的扮演者鲍国安，千方百计把他请到学校，作了一场生动的"我演曹操"的讲座，深受学生的欢迎。

学校的中层干部以及很多行政管理人员都参与了文化素质教育工作，学校办公室、党委宣传部、教务处、学生工作处、财务处、科技处、出版社、后勤集团等，为文化素质教育工作提供了很多帮助。1994 年成立的我校文学院的领导，如党总支书记李振文、副书记徐晓林、汪佩伟、何锡章，哲学系副系主任张峰，院长助理李光玉等积极参与组织工作，组织人文讲座，对《中国大学人文启思录》第一卷，大家分头整理，修改稿件，付出了努力。出版社负责《中国大学人文启思录》的出版、发行工作，图书馆主动配合读书活动，做了大量行之有效的工作。

我校广大学生积极支持、参与文化素质教育工作，其中部分学生配合做了大量具体的事务性工作。

10 年文化素质教育，一批具体的工作人员无私奉献，做了大量工作。年轻教师姚国华、周长城同志应聘首任人文讲座主持人，主持讲座。特别是姚国华同志，满腔热情，想方设法推进人文讲座，举办人文沙龙，并提出了出版《中国大学人文启思录》的建议，做了很多创造性的工作。国家大学生文化素质教育基地主持日常工作的副主任余东升同志，以他的学识、人品，出谋划策，组织领导，埋头苦干，同时在校内外广泛结交有识之士，为推进文化素质教育无私奉献。近几年来，郭玫同志具体负责人文讲座，工作做得很好，邀请了一大批高水平学者，形成了一个讲座者群体。过去，我要经常操心讲座事宜，担心讲座不能按时举行。她负责这一工作之后，我完全用不着操心了。张俊超同志来国家大学生文化素质教育基地工作后，积极组织在教师中举办经典名著读书班，组织课题研究，进行宣传报道，工作也很出色。其他同志也都做了大量工作。

回顾 10 年文化素质教育，我们不能不提到教育部和兄弟院校同志们的支持、帮助。周远清同志在担任教育部副部长期间，领导全国文化素质教育工作，为文化素质教育工作的开展指明了方向，同时十分关心我校文化素质教育工作，多次来校指导，每一阶段都提出过指导性意见。教育部高教司原副司长刘凤泰、文科处处长阎志坚同志，对我校文化素质教育工作提出了很多宝贵的指导性意见，给予了极大的帮助。知名学者张岂之、王义遒、胡显章、张楚廷、母国光教授等，给予的无私帮助和支持，我们永远不会忘记。

（三）**实践研究，相互推动**

在 10 年文化素质教育中，实践和研究紧密结合，相互推动，相互促进，是我们的一条基本经验。结合实践，开展研究，我们主要从三个方面来展开。

1. 针对文化素质教育实践，进行经验层面的实证研究

1994 年 11 月 21 日，我校文学院举行"人文讲座开讲 50 期座谈会"，对 50 期讲座的情况进行回顾、总结，提出人文讲座要定位明确，要提高品位、水平，内容要进一步扩展，要与文科的学科建设相结合等。1995年，当人文讲座主办 100 期时，我们又召开了 100 期座谈会。1999 年上半年，当人文讲座至 500 期时，文化素质教育基地面向全校学生组织了大型的"人文讲座 500 期调查"，以了解学生对讲座的感受、意见和建议，并对调查结果进行归纳分析和研讨，提出了改进的意见。此后，我们又对人文讲座进行了多次座谈、调研。

文化素质教育基地建立以后，根据文化素质教育实践中提出的问题和教育工作的需要，每年列出 3—5 个项目，在校内招标，组织研究，如"物理学作为理工学科加强素质教育重要内容研究"，"实验物理学与人文科学一体化教学体系和模式的探讨"，"面向 21 世纪英语现代化教学模式研究"，"大学生闲暇生活中的素质自我社会化"，"专业教学中实施人文教育研究"等，都取得了比较好的效果。

例如，物理系在研究过程中，着重探索在实践教学中注重人文精神的培育，并设计出了新的教学体系。改革后的教学，获得学生好评。

外语系在研究过程中，对大学英语教学模式、课程设置、教学方法、教学手段及教材内容等进行了全面改革，加重了文化素质教育的分量。

围绕"专业教学中实施人文教育研究"这项课题，文化素质教育基地组织教育科学研究院的博士、硕士研究生对 100 多位优秀教师进行了专题

访谈，将其经验整理成案例，印发给全校每个教师，同时从中总结出结合专业教学进行人文教育的八种方式：（1）起于知识；（2）启迪精神；（3）渗透美育；（4）行为互动；（5）营造氛围；（6）以悟导悟；（7）以人为本；（8）止于境界。[①] 这些经验和做法，对推进我校和全国高校的文化素质教育工作，起到了较好的作用。

2.面向国内外教育实践，对文化素质教育进行全面系统的研究

10年来，我们面向国内外教育实践，对文化素质教育进行了两次全面、系统的研究。

第一次系统研究起于1996年1月，止于2000年11月，历时5年。这次研究，由我校牵头，四川大学、北京科技大学、西北工业大学、北京轻工业大学参加，以教育部立项资助的研究课题《人文社会科学课程教学内容课程体系改革的研究与实践》为契机进行。这次研究，以调查为基础，分别进行了"国外高等工程教育中人文教育的调查"、"美国普通高等学校艺术教育的调查"、"近百年来中国高等理工科院校人文社会科学课程设置的调查"、"全国普通高校艺术教育状况的调查"、"社会对高等工程人才文化素质要求的调查"、"理工科大学生文化素质状况的调查与分析"、"文化素质教育目标的专家调查"等专题调研。在系统调查的基础上，我们进行深入分析，对文化素质教育的定位、目标、规格、模式，文化素质教育课程特点、课程体系、课程方案等问题，提出了有益的建议。例如，提出应确立文化素质教育的基础性地位，人文社会科学课程具有民族性、国际性、导向性、综合性等特点，人文社会科学课程设置的基本原则是"两课"教育与人文教育相结合、民族性和国际性相结合、渐进性和综合性相结合、"少而精，要管用"等，对指导文化素质教育的全面开展具有重要价值。

第二次系统研究起于2000年6月，研究持续至今。这次研究主要是立足于对我国开展文化素质教育的现状进行比较系统的调查、分析和总结。这次研究仍然从调查入手，研究课题主要有："不同层次、不同类型的高等学校推进素质教育的途径、方法、效果与问题"、"文化素质教育课

---

① 刘献君编：《专业教学中的人文教育》，华中科技大学出版社2003年版，第Ⅳ—Ⅻ页。

程体系建设与教学效果"，"大学教育与大学生发展"，"国外大学通识教育课程体系建设的思想与经验"，"华中科技大学人文讲座的影响"等。通过研究，一方面比较系统地总结了经验，另一方面进一步认清了文化素质教育的现状和问题。如：（1）在专业课程的设置与教学中，起主导作用的依然是传统教育思想，教学目标的核心依然停留在为学生建立系统的知识体系上，对科学思维与科学精神的训练与陶冶效果极为有限，对开拓和创新素质的培养远未达到应有的高度，而且，很少进行根本性变革。在这种模式中，"教师中心"、"书本中心"和"课堂中心"的现象依然普遍存在，学生的主体性、能动性和创造性很难得到真正体现。（2）大学教师自身素养不高，是深入推进素质教育亟待突破的瓶颈。相当一部分大学教师在学术水平、教学方法、道德情操和人格魅力上的欠缺，直接导致他们在素质教育探索上的主动性与自觉性不足，这是大学素质教育难以取得实质性进展的根本原因。（3）大学生的发展具有不完备性、非同步性、多倾向性和较大可塑性，在影响大学生素质形成和提升的诸因素中，大学氛围及学生在校期间的活动是最为重要的因素。（4）文化素质教育课程的教学主要限于知识层面，学生的思维品质、精神境界和行为能力的提升没有得到应有的重视，其改进程度也极为有限。（5）教学管理虽然已进行了一定的改革，但总的说来没有与时俱进，各种过于僵硬死板的规定和条例极大地约束了学生的自主学习，等等。针对这些问题，我们提出了改进的对策。

3. 积极探索，对文化素质教育进行理论层面的深入研究

文化素质教育的深入开展，需要理论的指导，要进行理论层面的研究。这一研究，我们主要依靠教育科学研究院、人文学院的教师和学生进行。10 年来，我们进行了教育部立项的"培育和弘扬民族精神"、"文化素质教育的难点与对策"、"国家大学生文化素质教育基地建设评价研究"、"培养当代大学生人文精神问题研究"等项目的研究，以及我们自己组织的"人文精神研究"、"大学生内化问题研究"等课题的研究。通过研究，提出了以下一些理论、观点：（1）素质教育是一种教育思想、教育观念；（2）文化素质是形成综合素质的基础；（3）文化素质教育是实施全面素质教育的切入点、突破口；（4）人文教育与科学教育相融合；（5）内化是大学生素质形成的关键；（6）办大学就是要办一个氛围；（7）人文教育具有

三个目标。这些理论、观念，来源于文化素质教育工作的实践，是实践经验的提炼和升华，同时又对文化素质教育实践的深入开展提供了理论指导。理论与实践互动，是我校文化素质教育保持持久而旺盛的生命力的重要保障。

10年，在历史长河中，只是一瞬。文化素质教育10年，应该说，还仅仅是素质教育的起步。我们的文化素质教育虽然取得了一些进展，但还存在不少问题，还有大量的理论和实践问题需要我们去探索。不久前下发的《中共中央国务院关于进一步加强和改进大学生思想政治教育的意见》，让我们看到了今后的发展方向。文化素质教育工作大有可为！

让我们共同努力，在下一个10年，取得更大的进步！

（原载《高等教育研究》2005年第6期）

三、人才培养

论高校学科建设

学科建设是高校工作的龙头，十分重要。抓学科建设，必须明确学科建设的意义，掌握学科建设的基本环节，研究和解决在新形势下学科建设中面临的新情况、新问题。

一 认识学科建设的意义

从高校的实际情况看，学科建设这项最重要的工作，却往往得不到应有的重视。很多学校，没有校领导分管学科建设，也没有一个职能部门归口管理学科建设工作。究其原因，这是因为学科建设是一项综合性很强的工作，需要各个方面通力合作；工作难度大，而且不易见成效；工作复杂，难于考核。因此，学校领导要充分认识学科建设的意义，用主要精力抓学科建设，院、系领导要将学科建设作为自己的主要工作任务。高校学科建设的意义主要体现在以下几个方面。

1.学科水平决定一所大学的水平

学科是人类在认识和研究活动中针对认识对象，而将自己的知识划分出来的集合，是相对独立的知识体系。学科的基本特征是学术性，具体体现在：单元独立，保持张力，注重实效，自由探索。大学的主要任务是研究高深学问，培养高级人才。因此，学科是大学的基本元素。

学科发展水平，是一所大学在国内外地位的主要标志。世界一流大学，首先是因为它有一流的学科。例如，美国 1999 年大学评估中，加州理工学院排名第一，超过了哈佛大学和麻省理工学院，主要原因之一是它的实验物理和航空技术成为世界顶尖的学科。正如田长霖先生所说："加

州理工学院为什么会变成这么著名的大学？它的腾飞就是靠两个教授，一个是密立根，物理诺贝尔奖获得者，他使这个学校的实验物理迈进了世界一流；然后是冯·卡门，钱学森先生的老师，他把美国的航空技术带起来了。有了这两个人，加州理工学院就世界知名了。"

科学研究的水平取决于学科发展的水平。高水平的科学研究，首先要能抓住学科前沿。前沿是学科的生长点，前沿的突破就是创新；前沿是改革和发展的突破口，突破前沿，学科就向前发展了。能否抓住学科前沿，对于学科来说，是学科自我评价能力成熟的标志；对于个人来说，是一个学术带头人最重要的品质。只有在高水平的学科，才能洞悉学科前沿，抓住学科前沿。

科学研究中重大问题的解决要靠强大的学术实力。只有高水平的学科，才可能聚集一批高水平的教授，建设高水平的基地，形成浓厚的学术氛围。只有高水平的学科，社会才能对其产生认同感、信任感，因而也才有可能承接重大的科研项目。由此可见，没有一流的学科，不可能建成一流的大学。

2.学科是教授们成长、活动的土壤

高等学校组织结构的重要特点是事业单位与学科组成的矩阵结构。一方面，教授们在学校的院、系等事业单位中活动，另一方面，又活跃在与国内、国际密切相联系的学科领域。教师与学校、社会的联系主要通过学科，因而，他们对学科的忠诚大于对学校的忠诚。

一流的学科，才能培养一流的学者。中国有一句俗话，叫"水涨船高"。综观我国各大学的院士，一般集中在某一两个高水平的学科。例如大连理工大学的院士主要产生于力学学科，吉林大学的院士主要产生于化学学科，华中科技大学的院士主要产生于机械学科，中南大学的院士主要产生于材料学科。1998、1999两年评选出的全国百篇优秀博士论文，大多产生于国家重点学科。因为一流的学科有大师举旗，在高层次的研究与碰撞中，学者们耳濡目染，学术水平自然能够得到较快的提升。

一流的学科，才能吸引一流的学者。现在各大学都在竞相引进人才，在引进人才的过程中，我们发现，没有一流的学科，很难吸引一流的学者。假如你这个学科没有博士点，不能培养博士，高层次的人才不愿意来。有的单位不惜重金，聘到了一两个水平较高的教授，但由于学科水平太低，最终也很难留住人才。

3.学科、专业对人的发展起着定向和规范的作用

每个学科，通过自己特有的语言、工作习惯和生活方式，形成自己的学科文化。这种学科文化对人的发展起着定向和规范作用，主要表现在：

引导人的道德品质定向发展。多数的学科、专业，将对应一定的职业。每一种职业都有自己的职业道德要求。例如，教师应"热爱学生，诲人不倦"，医生应"救死扶伤，实行革命的人道主义"，工程技术人员要重视"百年大计，质量第一"，养成严谨的作风。这些要求，无时无刻不在影响着学生。

影响学习者的价值观和思维方式。每个学科、专业都有自己的衡量事物价值的标准，思考问题的方式、习惯。例如，文、理科，注重学术性、理论性，讲究思想的高度，观点的新颖，并以此来衡量、评价别人的成果。工、医、农科，则注重实用性，往往以"有没有用"来衡量事物。因而，对某一件事，往往文科学生问"为什么"，理科学生问"是什么"，工科学生则问"怎么操作"。

对学习者的性格施加一定的影响。在这方面，培根作了透彻的分析，他认为："史鉴使人明智；诗歌使人智慧；数学使人精细；博物使人深沉；伦理之学使人庄重；逻辑与修辞使人善辩。"我国古人也有"学问变化气质"一说。

对人的未来成熟有着重要的关系。学生进入大学，确定了专业，自己今后的发展就与这个专业联系在一起。学科、专业"授人以'能'"，培养他今后谋生的能力；"激人以'动'"，激发他今后献身专业、奉献社会的动力。未来也是一种教育因素。这种与学科、专业相联系的对未来的构想，将影响学生的成长。

二　明确学科建设的基本环节

加强学科建设，必须十分明确其基本内容和主要环节。我认为，高校学科建设主要包括学科方向建设、学科梯队建设、基地建设和项目建设四

个方面。

1.学科方向建设是学科建设的基础

学科体系结构，大体包括学科门类、一级学科、二级学科和学科方向。国务院学位委员会颁发的《授予博士、硕士学位和培养研究生的学科、专业目录》中，把学科分成 12 个门类（文、史、哲、经、法、教育、理、工、医、农、管、军事），74 个一级学科和 321 个二级学科。这是以学科的知识体系为主，兼顾行业的特点对学科进行的归类。一级学科由若干二级学科组成，二级学科由若干学科方向组成。因此，学科方向建设是学科建设的基础。

一个学科有多个方向，一所学校不可能去建设所有的学科方向，因而，学科建设中首要的任务是选择、调整学科方向。在选择和调整学科方向时，应把握以下几点：

（1）在学科的本体部分，要设立研究方向。现在有一种趋向，有的学科，为了适应市场经济的需要，为了生存，完全放弃学科的本体部分，如历史学科转向旅游，先进制造学科只搞数控和 CAD，等等。在设立学科方向时，在学科的本体部分，至少要有一个方向，否则，本学科难以发展。

（2）要确立有特色的学科方向，并以此为重点加强建设。学科建设中，应审时度势，采取"异军突起，出奇制胜"的策略，选择能在国内外产生重大影响，或者独一无二的研究方向。例如，英国剑桥大学卡文迪什实验室，第二次世界大战后，果断地从核物理研究转到天文和生物的研究，结果发现了基因双螺旋结构，此发现成为 20 世纪人类几个重大科学发现之一。特色方向的选择，可以在主体部分，也可以在非主体部分。例如我校理论物理以引力研究为特色，新闻学科以信息传播为特色，都取得了好的效果。

（3）要不断寻找新的生长点。现在，学科发展变化很快，只有不断地寻找新的生长点，学科建设才能焕发生机。生长点具有时代性、灵活性和不稳定性等特点。这就要求不断追踪学科发展的前沿，在学科前沿，寻找新的生长点，努力创新。

2.学科梯队建设是学科建设的关键

清华大学老校长梅贻琦先生说："所谓大学者，非谓有大楼之谓也，有大师之谓也。"大师，对一所大学而言，是实力的象征，地位的象征，声望的象征。学科建设，关键靠教师，特别是大师级的学者。一个学科，往往学科带头人在，学科在；学科带头人走了，这个学科也就垮了。其道理不言而喻。

在学科梯队建设中，应注意着重解决以下三个问题：

（1）建立合理的学科梯队结构。不同的学科，对其梯队结构的要求不同。一般而言，学科梯队中要确定一位在本学科水平最高、影响最大的教授为学科带头人；每个学科方向，要有一至二位在本学科方向上学术地位比较高的教授为学术带头人；每个学术带头人下面，还要配备职务、年龄等结构合理的若干名助手。

（2）要着力培养学科带头人和学术带头人，提高他们的素质。学术带头人要有本学科坚实的理论基础，较宽的相关学科的知识面，很强的研究能力；要有开阔的视野，善于把握和抓住学科前沿，带领本学科始终走在学科建设的前列。一些学术带头人，工作勤奋，成果不少，在学术界也有一定的地位和影响，但是，未能形成有重大影响的课题和成果，离院士的要求相去甚远。其重要原因之一是视野不开阔。学术带头人还要有十年磨一剑的坚韧不拔的毅力。一个大学者，一生也只能解决一个重大问题，最多两三个，因此，每个教授都应该集中考虑自己一生主攻的方向、问题。这个问题必须是重大问题，必须是社会需要解决的问题，同时也必须是自己有可能解决的问题。学术带头人要站在"会当凌绝顶，一览众山小"的高度，有宽阔的胸怀和气度，善于团结和带领学术梯队的同志共同奋斗。

（3）要处理好学科带头人和学科负责人的关系。学科建设的重点是学术水平的提高，要加强学术管理，同时学科建设又涉及人、财、物等方方面面，要加强行政管理。因此，一个学科，既有学科带头人，又有学科建设负责人，如所长、系主任等。有的学科，二者合而为一，一位教授，既是学科带头人，又兼任所长、系主任，是学科建设负责人。在这种情况下，二者之间没有矛盾，主要的问题是配备好助手，减轻其负担。但多数学科，因为学科带头人年龄较大，或者学术研究任务太重，或者组织能力欠缺，另外配备了学科建设负责人。在这种情况下，团结显得十分重要，两者要互相尊重。特别是学科建设负责人，要多听取学科带头人的意见，不能仅仅把他们当牌位，冷落了他们。

3. 基地是学科建设的依托

现代学科建设离不开基地。世界各国一流大学的学科建设，都十分重视和下大气力投资建设高水平的基地。我国为加速基地建设，设立了国家重点实验室、国家专业实验室、国家工程中心、文科研究基地、教学实验基地、产业化基地等等。这些基地的建立和建设，有力地推动了学科的发展。

我国高校的基地建设中，普遍存在两个问题。第一，各个院、系，教研室都追求小而全，致使有限的资金分散，造成设备重复，利用率低。而现在科学技术发展很快，设备更新换代很快，有的设备用不了几次就过时了，造成了极大的浪费。同时，资金分散的结果，造成只能购置水平较低的设备，不可能集中购置重大设备，因而基地的水平不高。第二，实验室队伍建设与学科建设的要求相差甚远。本科以上的毕业生不安心实验室工作，通过考研，转到教学岗位，纷纷离开实验室岗位；部分在岗人员业务素质不高，很难胜任高水平基地建设的需要；实验室人员不愿承担服务性的工作，致使领材料、报销等具体事务都落到了教授们身上，教授们不能集中主要精力进行学术研究工作。

在基地建设中，要全校，甚至全省统一规划，集中有限资金，建设若干开放式的高水平基地，并制定相应的规定，做到资源共享。要建设一支高素质、少而精的实验室队伍，制定相应的政策和措施，解决他们的提高、专业技术职务晋升、待遇等问题，使他们安心为基地建设做出自己的贡献。

4. 项目是学科建设的载体

现代科学研究，首先要立项。通过立项，明确研究的目的、内容和重点创新之处，筹集资金，组织队伍。实践证明，只有通过大的项目的研究，才能出大的成果，获大奖，培养和锻炼高水平的学者，提高学科的整体水平。项目建设是学科建设的十分重要的环节。

争取重大项目，首先要组织起来，联合作战。现代科学技术的重要特点是在高度分化基础上的高度综合，要争取和完成大项目，靠单兵作战是不行的。组织工作是院、系领导和学科带头人的责任，院、系领导要用主要精力抓学科建设和师资队伍建设，其中的一项重要内容就是组织大项目。要发动教授，特别是有学术思想的教授、教师，经常"碰撞"，寻找新的生长点，构想新的课题。因此，要花力气做好项目设计和争取工作。在这一过程中，组织学术梯队很重要。

争取大项目，要进行相应的政策调整。专业技术职务的评聘、评奖、科研提成等，都要有利于团体作战，有利于鼓励争取大项目。

三 研究和解决学科建设中面临的新情况、新问题

学科发展和建设既受内动力作用，又受外力作用。内动力指学科逻辑的自主发展的规律，外力主要指社会需求。现在，学科自身发展和社会需求，都在发生极大的变化。

首先，学科发展呈现出新的趋势。各门学科，各层次分支学科将不断地交叉，同时又加速地综合，使科学朝着一个领域内不断地深入和多个领域综合交叉的整体化方向发展。如在考古、遗传、动物、医学、化学、数学等学科综合、交叉的基础上产生了生命科学；自然科学和社会科学进一步综合并定量化，产生了系统科学、科学法学、工程伦理等学科；科学和技术形成共生关系，协同发展，导致产、学、研一体化；科学与社会之间发生强相互作用，社会发展越来越以科学为基础，社会需求将决定科学发展的规模、速度；科学共同体进一步国际化，科学研究需要有国际眼光，了解世界研究的现状、前沿。

其次，社会也在发生极大变化。知识经济时代的到来将高等学校从社会的边缘推向社会的中心；两个根本性转变对学科发展提出了更高的要求；高等教育大众化和高教体制改革给学校和学科提供了更大的发展空间和机遇。

以上两个方面的发展、变化，对学科建设提出了新的要求，因此，在学科建设中要着力研究、解决遇到的新情况、新问题。

1. 要给自己学校的学科发展定位

长期以来，我国高等教育属精英型高等教育，带来的问题之一是，学校往往都盲目追求高水平，大多数学校处于一个层次，形成一种办学模

式，缺乏个性。高等教育大众化，从全国来看，需要形成研究型、教学型、单科性、职业技术教育等多种层次的高等教育机构，以满足各种生源入学的需要和培养社会需要的各种类型人才。面对这种情况，每所大学都要给自己的发展重新定位，以求得自己生存和发展的空间。

创办高水平研究型大学，在学科结构上，要比较齐全，力争办成综合性大学。世界著名大学一般都经历了一个由单科性、多科性到综合性大学的发展过程。例如，牛津大学、剑桥大学、耶鲁大学从以文为主，发展到文、理、法、管、医、工相结合的综合性大学；麻省理工学院、德国工业大学、加州大学伯克利分校则从以技术学院为主，发展到理、工、文、管相结合的综合性大学。我国的著名大学也在朝着这个方向发展。例如，南京大学从以文、理为主，通过延伸、扩展，分化、发展，交叉、综合，有选择地新建学科，建设学科群等多种方式发展成为综合性大学；北京大学、浙江大学、复旦大学、武汉大学、华中科技大学、吉林大学、四川大学等，则通过合并和自己创办新学科的方式，走向综合性大学。

创办高水平研究型大学，在学科体系上，要形成基础学科、主干学科、支撑学科和新兴交叉学科组成的体系。其中特别要重视基础学科。因为基础学科是人类文明进步的动力，是科技与经济发展的源泉和后盾，是新技术、新发展的先导，是培养和造就人才的摇篮。没有高水平的基础学科，其他学科就不可能高水平地发展。正如有的教授指出的，工程技术研究有多深，取决于你的数学基础有多深。

创办高水平研究型大学，在学科建设的布局上，要尽可能按一级学科建设，建设一级学科博士点。

其他类型的学校，则应根据社会需要和自身的特点，合理建设学科体系，以应用、交叉学科为主，突出自己的特色，在同类学校中争创一流，培养高素质的人才。

2.要突出重点，建设具有自身特色的学科

世界一流大学，也不可能使其每个学科都成为世界一流的学科，但必须有一个或几个学科是世界顶尖的学科，一批学科是世界一流水平的学科。一所大学，如果有一个或几个一流的学科，或独具特色的学科，这所学校就会在国内乃至国际产生影响，就能在社会上立足；同时，也可以使其他学科的教师感受到什么是一流水平，什么是特色学科，从而带动整个学校学科的发展。

华中科技大学，近20年来，一方面发展机械、电力等自己的重点学科，使机械学科的综合水平达到国内第一，同时又集中人力、财力发展激光专业，使激光成为独具特色的学科，为"武汉·中国光谷"的建设和发展，打下了良好的基础。新的大学组建以后，华中科技大学又提出了"从多科性大学向文、理、工、医、管相结合的综合性大学转变"和"以信息学科、生命学科为龙头带动其他学科发展"的学科建设思路，大力发展信息和生命学科。

突出重点，建设具有自身特色的学科，就是要根据国内外学科发展状况，自身学科发展的历史和现状，教师队伍的结构，选准自己重点建设和发展的学科。一旦选准，就要"有所不为，有所为"，集中人力、物力建设重点学科。例如，加州大学伯克利分校，在经费上，给重点建设的学科增加3%—5%，其他学科则减少3%—5%。在进人指标、教授晋升、房屋分配等方面，都应向重点学科倾斜。同时，要建立竞争机制，在学科建设中，形成你追我赶的态势。

3.要促进产、学、研协调发展

科学与技术形成共生关系，协调发展，已经成为一种世界趋势。在相当长的历史时期，知识传播，知识发现，知识物化，相互独立。随着生产方式的发展，到19世纪，以电机、内燃机的产生为标志，科学进入生产，知识传播与知识发现，教学与科研开始结合。现在，随着信息技术、生物技术的发展，多层次变革出现以后，知识传播、知识发现与知识物化相结合，教学、科研、产业相结合，高等教育进入了一个新的发展阶段。因此，学校重视产业决非权宜之计。

现在的学科建设，不能仅仅考虑教学和科研，还要考虑产业，考虑技术创新。前面论及项目建设是学科建设的基本环节之一，如果离开产业基地的建设就很难争取到大项目，也很难去完成大项目。

北大方正，对北京大学信息学科的发展，起到了极大的推动作用。华中科技大学经过近几年的探索，提出了三个层次，三条主线的产、学、研发展模式，在国内产生了一定的影响。三个层次是指，校内产、学、研，

社会产、学、研，国际产、学、研；三条主线是指，人才培养，科学研究，产业开发。产、学、研的协调发展，有力地推动了华中科技大学的学科建设。

4. 要重视制度创新

学科的交叉、综合是学科发展的重要趋势，也是学科建设中面临的重大问题。新的创造、新的生长点，往往产生在学科的交叉处。多学科交叉发展，在组织制度上，首先碰到的困难是原有组织结构形式的约束，因而往往迈不开步子。这是全世界大学都遇到的一个难题，也是大家都在寻求解决办法的一个问题。

华中科技大学在学科建设中，学习、借鉴麻省理工学院的做法，采取建立中心的方式，集中相关学科的力量，建设新的学科。例如，为了发展 IC 设计，成立以沈绪榜院士为学科带头人，吸收图像所、电子科学与工程系等单位的研究人员参加的 IC 设计中心，运作良好。为了发展信息学科，建立包括计算机学院、电信系、控制系、光电系等院系的"信息特区"，制定特殊政策，成立相应的机构，统筹信息学科的建设。这些组织方式，都起到了较好的作用。

事业单位和学科组成矩阵结构，这是高等学校组织结构的最大特点之一。大学组织制度的创新，要充分考虑学科建设的特点；推进学科建设，要努力实现制度创新。这一方面还有大量的工作需要去做。

5. 要建设有利于学科发展的环境、氛围

直到 19 世纪末，世界科学中心仍然在英国，本世纪初，德国发展成为世界科学中心，直到第二次世界大战以后才转到美国。德国当时并不是世界上经济最发达的国家，1925 年左右，经过第一次世界大战后的德国经济困难，科学家的生活条件很差。为什么在这种情况下，德国仍然能够成为世界科学中心？这主要源于其学术传统、环境和氛围。德国有开放和吸引人才、注重积极培养和选拔青年、重视哲学、数学领先等等传统，这些传统、氛围，促进了德国科学的发展。推进学科建设，同样要创设良好的环境、氛围。

首先，要使学校的师生员工充分认识学科建设的意义，高度重视学科建设。学校领导和院、系负责人，要把学科建设作为自己的首要任务；广大教师要积极参与学科建设；各职能部门和职员，要为学科建设的顺利进行创造良好环境，提供一流的服务。

其次，要形成尊重知识、尊重人才的良好氛围。学科建设的关键是梯队建设，特别是学术带头人的培养。要尊重和依靠学术带头人，充分发挥他们的作用。对他们要扬长补短，扬长避短，有时候还要扬长"护短"。

再次，要有充分的学术自由。学术上要创新，必须给予创新者以充分的学术自由，让学者们在自由探索和碰撞中产生新的思想，形成新的理论，从而推进学科建设。

最后，要造成积极向上、不甘落后的氛围。建设和发展学科，是一项十分艰苦的工作，需要付出极大的努力。现在，学科发展非常快，竞争激烈，稍一放松，就会落后。因此，需要形成一种积极向上、不甘落后的氛围。对学科的贡献，也就是对国家、民族的贡献。近几十年来，我国在科学技术上虽然有很大发展，但正如周光召同志指出的，我国"没有完全领先、开时代之先河、开创性的科研成果和重大的科学发现，特别是基础研究领域"。在 21 世纪，我们要加速学科建设，创造出开时代先河的重大科研成果，为中华民族的伟大复兴贡献我们的力量。

（原载《高等教育研究》2000 年第 5 期）

没有一流的学科就没有一流的大学

1998年5月4日，江泽民同志提出了建设世界一流大学的重大任务，在全国高教界产生了强烈反响。如何建设一流大学成为高教界共同关心的问题。纵观世界一流大学的发展与建设，我们可以清楚地看到，一所大学的教学、科学研究、社会服务三大社会功能发挥得如何，直接反映出该校的整体办学水平，而这三大功能的基础则是学科建设。学科是大学的基本元素。一流的学科是培养高素质创造性人才的摇篮，是推动知识创新、推进科技成果向现实生产力转化的基地。因此，没有一流的学科，就不可能建设一流的大学。结合我国的实际情况，在加强学科建设方面应着重解决以下几个问题。

一　实现学科的综合性

现代学科发展的一个重要趋势是，各门学科、各层次分支学科将不断地交叉、综合，学科朝着在一个领域内不断深入，同时在多个领域综合交叉的整体化方向发展。世界一流大学的学科建设，要适应这一趋势，实现学科的综合性，形成学科发展的"生态平衡"。

创办世界一流大学，在学科结构上就要比较齐全，力争办成综合性大学。世界一流大学一般都经历了一个由单科性、多科性到综合性大学的发展过程。例如，牛津大学、剑桥大学、耶鲁大学从以人文学科为主，发展到文、理、法、管、医、工相结合的综合性大学；麻省理工学院、加州大学伯克利分校则从以技术学院为主，发展到理、工、文、管相结合的综合性大学。近几年来，在创办世界一流大学的过程中，国内的一些著名大学已开始将自己的学科朝综合化方向发展。例如，南京大学从以文、理为主，通过延伸、扩展、分化、发展、交叉、综合等多种方式，有选择地创建新学科、建设学科群，而发展成为一所综合性大学；北京大学、浙江大学、华中科技大学、吉林大学、四川大学等，则通过合并和自己创办新学科的方式，走向综合性大学。

有了多学科，不等于就形成了综合性，至少还要在形成学科体系和实现学科间交叉融合上下功夫。创办世界一流大学，要形成由基础学科、主干学科、支撑学科和新兴交叉学科所组成的学科体系。其中特别要重视基础学科，因为基础学科是人类文明进步的动力，是科技与经济发展的源泉和后盾，是新技术、新发明的先导，是培养和造就人才的摇篮。没有高水平的基础学科，其他学科就不可能高水平地发展。正如一些教授所说的，工程技术研究的深度，最终取决于数学基础如何。同时，还要通过多种形式促使多学科之间教师和学生的交流，组织多学科联合攻关，真正实现学科的综合性。

二 突出重点，建设一批具有世界一流水平的学科

世界一流大学尽管不可能使其每个学科都成为世界一流的学科，但必须有一个或几个学科是世界顶尖的学科，一批学科是世界一流水平的学科。一所大学，如果有一个或几个一流的学科，或独具特色的学科，这所学校就会在国内乃至国际产生影响，就能在社会上立足，同时，也可能使其他学科的教师感受到什么是一流水平，什么是特色学科，从而带动整个学校学科的发展。例如，在美国 1999 年大学评估中，加州理工学院排在第一，超过了哈佛大学和麻省理工学院，其主要原因之一是它的实验物理和航空技术成为当时世界顶尖的学科。

长期的办学实践表明，学科建设是学校最重要的、最关键的工作，它涉及学科方向建设、师资队伍建设、实验基地建设、教学建设和学术研究等学校工作的方方面面。要建设一流的学科，就要开辟出新的学科方向，建设一流的师资队伍和实验基地，创造一流的研究成果。只有这样，才能提高学校的综合实力和办学水平，促进学校的全面发展，扎扎实实地向着

世界一流大学的目标前进。

要建设一批一流学科，一是要制定一个高水准、高质量的学科建设规划，瞄准学科发展前沿和世界一流水平，把握本学科的优势和特色，有所为，有所不为，勇于开拓，敢于创新，选准学科突破方向，提出切实可行的措施，力求异军突起，出奇制胜。二是要采取超常规的措施加强师资队伍建设，努力培养和引进高水平的学科带头人和学术骨干，建设一支结构合理、有创新精神的高素质师资队伍。三是要集中资金和力量，搞好基地建设，建设先进的教学基地、科研基地、产业化基地、人才培训基地。四是要组织力量，联合作战，承担科研大项目，在完成大项目的过程中锻炼队伍，培养和造就高素质的创造性人才队伍。五是要坚持产学研一体化，形成教学、科研、产业协调发展的良性循环。一所大学，只要建设了一批一流的学科，就为建设一流大学打下了坚实的基础。

三　要重视制度创新

事业单位和学科组成的矩阵式结构是高等学校组织结构的重要特点之一。每位教师既处于一个事业单位之中，如某某院、某某系，又处于一个学科之中，通过学科与国内外发生广泛的联系。

学科的交叉、综合是学科发展的重要趋势，也是学科建设中面临的重大问题。新的创造、新的生长点，往往产生在学科的交叉处。多学科交叉发展，在组织制度上首先碰到的困难是原有组织结构形式的约束，因而往往迈不开步子。这是全世界大学都遇到的一个难题，也是大家都在寻求解决的一个问题。目前，比较普遍采用的办法大体有两种：一是扩大院系所包含学科的范围，例如，按一级学科，甚至按学科门类建立院系，以利于统筹人力、物力；二是采取建立中心的办法，围绕某一重大项目，集中相关学科的力量，联合攻关，建设新的学科。例如华中科技大学在学科建设中，学习、借鉴麻省理工学院的做法，采取建立中心的方式，集中相关学科的力量，建设新的学科。他们为了发展IC（集成电路）设计，成立了以沈绪榜院士为学科带头人，吸收图像所、电力科学与工程系等单位的研究人员参加的IC设计中心。同时，他们为了发展信息学科，建设了包括计算机学院、电信系、控制系、光电系等院系的"信息特区"，制定特殊政策，成立相应的机构，统筹信息学科的建设。这些组织方式，对学科发展都起到了较好的推动作用。

四　要建设有利于学科发展的环境氛围

上世纪初，德国发展成为世界科学的中心，直到二战以后这一中心才转到美国。德国当时并不是世界上经济最发达的国家。

1925 年左右，第一次世界大战后的德国经济困难，科学家的生活条件很差。为什么在这种情况下，德国仍然能够成为世界科学中心？这主要源于其学术传统和环境氛围。德国有开放、吸引人才、注重积极培养和选拔青年、重视哲学、数学领先等传统，这些传统氛围促进了德国科学的发展。因此，在推进学科建设的过程中，创建良好的环境氛围同样十分重要。

首先，要使学校的师生员工充分认识学科建设的意义，高度重视学科建设。学校领导和院、系负责人，要把学科建设作为自己的首要任务；广大教师要积极参与学科建设；各职能部门和职员，要为学科建设的顺利进行创造良好环境，提供一流的服务。

其次，要形成尊重知识、尊重人才的良好氛围。学科建设的关键是梯队建设，特别是学术带头人的培养。要尊重和依靠学术带头人，充分发挥他们的作用。对他们要扬长补短，扬长避短，有时候还要扬长"护短"。

再次，要有充分的学术自由。学术上要创新，必须给创新者以充分的学术自由，让学者们在自由探索和碰撞中产生新的思想，形成新的理论，从而推进学科建设。最后，要形成积极向上、不甘落后的氛围。建设和发展学科，是一项十分艰苦的工作，需要付出极大的努力。现在，学科发展非常快，竞争激烈，稍一放松，就会落后。总之，对学科的贡献，也就是对国家、民族的贡献。在 21 世纪，我们要加速学科建设，创造出开时代先河的重大科研成果，为中华民族的伟大复兴贡献我们的力量。

（原载《求是》2002 年第 3 期）

论高校学科建设中的几个问题

2000 年 5 月，笔者曾在《高等教育研究》发表《论学科建设》一文，就学科建设的意义、基本环节以及面临的新情况、新问题进行了论述。在近十年学科建设研究与实践中，深感加强学科建设，还必须关注学科建设的阶段、内容、重点突破、内动力与外动力等问题。

一 高校学科建设的阶段性问题

任何事物的发展既有连续性，又有阶段性。在发展过程中，每一阶段有其确定的发展内容，而且前一阶段发展好了，后一阶段才能顺利发展。高校学科建设同样如此，有其阶段性。考察若干高校学科建设过程发现，高校学科建设大体有三个阶段：起步、发展、提高。起步阶段，主要是将学科建起来，明确发展方向、重点，达到一定规模，需 10 年左右。发展阶段，主要是扩大规模、建立平台，在若干点上有所突破，需 10 年左右。提高阶段，重在提高学术水平，在已有平台、重点突破的基础上实现全面提高，也需 10 年左右。

以华中科技大学文科发展为例，1979 年开始创办文科，经过起步、发展，现在已经开始进入提高阶段。

1. 起步阶段（1979—1993 年）

1979 年，学校率先在全国理工科大学中创建了第一个文科研究机构——中国语言研究所，从国内和校内中文专业毕业的教师中找了几位老师，开始语言研究。此后，从政治理论课部找了几位老师，分别开始办社会学、经济学、科技哲学等专业，从新闻界调了几位有新闻实践经验的同志，开始办新闻专业。到 1993 年，完成了文科发展的起步，有了一定的规模，而且办得比较好。起步阶段的主要经验是：学校领导者有改革创新的勇气、胆略和决心。工科大学办文科，当时是一个重大突破，从上到下阻力重重。以朱九思同志为首的领导班子敢于担当，千方百计冲破阻力，把文科办起来了，实属不易。而且，在创办文科的过程中，敢于创新，走自己的路。例如，从数学系将林少宫、李楚霖等高水平的数学教师调至经济学系，共同创办数量经济学科，田国强、艾春荣、谭国富等经济学家都是我校数量经济专业本科毕业的。从《湖北日报》、《襄樊日报》将汪新源、程世寿等同志调至学校，领导新闻系，使新闻专业一开始便重视实践环节。

2. 发展阶段（1994 年至今）。

1994 年以经济学院和文学院成立为标志，步入了发展阶段。1994 年，学校文科的大体状况是，没有博士点，有 7 个硕士点；教师中具有博士学位的 2 人；科研经费每年 20 多万元；文科基本上挤在一个楼（东七楼）。经过 10 多年历任校领导和全体文科教师的努力，现在文科状况是：有 2 个国家重点学科，9 个湖北省重点学科；26 个博士点，6 个博士后流动站，64 个硕士点，28 个本科专业；2008 年科研经费达 2000 多万元；教师中具有博士学位者 150 多人；8 栋文科大楼。这种发展速度，不能不说是一个奇迹。

发展阶段主要有以下三条经验值得肯定：（1）每个学科选择自己独特的发展方向。学科建设，首先是学科方向的建设。学校要求每个学科根据本校的学科传统、优势，兄弟院校学科发展以及自身的发展状况，在学科交叉点选择独特的学科方向，实现重点突破。例如，新闻学院以新闻传播学与信息学科大跨度交叉，开辟"网络新闻传播"方向；经济学院突出数量经济、发展经济学；公共管理学院突出数字化城市管理、电子政务；法学院突出科技法学；中文系将语言学与计算机技术交叉融合，开辟了新的发展方向；教科院重点抓院校研究，通过院校研究将中国高等教育研究推向了一个新阶段，高等教育学成为国家重点学科。（2）着力引进高水平学科带头人。学科建设的关键是要有高水平的学科带头人。文科的发展阶段，学校采用多种方式，千方百计引进高水平学科带头人，他们发挥了重要作用。例如，公共管理学院聘请中山大学夏书章教授为名誉院长，法学院聘北京大学法学院博士生导师罗玉中为院长，哲学研究所聘武汉大学欧阳康教授、河南大学张曙光教授为主任、教授，新闻学院聘中国社科院新闻所原所长孙旭培教授为学科带头人，等等。(3) 开展文化素质教育工作。由文学院发起组织人文讲座，到在全校并在全国推动开展文化素质教育工作，对文科的发展也起到了推动作用。

3. 提高阶段（从现在开始）

学校文科已经历起步、发展阶段，现在开始步入提高阶段。经过起步、发展，文科已建立起了发展平台（学科布局完成，大多数学科有了硕士点、博士点和本科专业），形成了发展规模（教师数量、学生数量达到了较大规模），学科的优势、特色（特色学科方向）开始显现，为学科水平提高打下了基础。但是必须清醒地看到，学校文科发展走到了一个新的节点，一个十字路口。尽管具备了发展基础，但缺少大师级学者，高水平学者不多；学科、专业水平不高，有的学科、专业甚至在国内排名排到了50 名以后；重大成果、有影响力的论文不多，有的学科甚至还很难在本学科国内最高水平的刊物上发文，更谈不上国外高水平刊物；政府决策咨询很少有本校学者的声音；社会知名度不高，高考高分学生很少报考本校文科；社会影响力小，文科学生就业还不理想；近几年文科发展，有的处于一种徘徊，甚至停滞状态，等等。文科发展进入提高阶段，不能沿袭发展阶段的做法，要从战略上考虑，要有突破，有新的思路和重大举措，如采取各种措施，加强高水平师资队伍建设；加强文史哲基础学科建设；在交叉综合中产生重大成果，等等。否则，文科发展将会停滞不前。

在学科建设、学校发展中，每一代人（每一届班子）只能做他所能够做的事。因此，在学科建设中，首先要明确自己的历史方位、把握学科建设所处的阶段，适时调整发展思路，采取重大措施并狠抓落实。

二 高校学科建设的内容问题

一所高校的学科建设，从建设主体来看，有学校、学科群、学科点（一个一个学科）三个层面，三者应明确各自的任务、内容和重点。学校层面应关注目标、结构、重点、资源、评估五个方面；学科点层面（院系）应抓住学科方向、队伍、项目、基地四个方面；学科群层面则介于两者之间。以往很多高校的学科建设，过多地关注学科点建设的内容，而忽视了学校层面应重视的主要内容。关于学科群、学科点建设的任务与内容，在《论学科建设》[①] 一文中有论述，本文侧重论述学校层面学科建设的内容。

为什么学校层面的学科建设应关注目标、结构、重点、资源、评估等方面的内容呢？首先，学科是人类认识世界、发展学术的一种工具、手段，但一个一个的学科在其建设中，往往过多关注自身的建设，容易把手段变成目的，而且现有学科发展中无法归类的知识将失去其合法性，得不到应有的重视，因此需要从学校层面统一考虑。其次，从历史发展看，学科从高度综合、高度分化，现在走到了在高度分化基础上的高度综合，新的学术成果往往产生在多学科的交叉点。学科之间交叉融合，单靠某一个学科难以实现，需要学校层面调整组织结构，制订新的制度、机制。再次，学科建设还需要科学规划，以建立合理的结构，确立发展重点，筹措和配置资金等。

学校层面如何抓学科建设呢？笔者从 2008 年起组织部分教师、博士生与 HS 大学有关人员组成课题组，做该校学科建设规划，对学校学科建设的内容以此为例加以说明。

分析学校发展的优势、机遇、困难与挑战。通过环境扫描和 SWOT 分析，课题组对 HS 大学的发展形成了比较客观的认识。发展优势主要表现在：学科布局的结构优势，特色鲜明的行业优势，潜力强劲的发展优势，得天独厚的地缘优势。发展机遇表现在：国家政策优势，区域经济建设优势，从学校自身发展来看，经过合校十余年的建设，通过实施"人才强校、特色立校、开放办学"三大战略，HS 大学形成了门类比较齐全、特色比较鲜明的学科体系，创建了结构比较合理、富有创新能力和创新精神的教师队伍，构建了符合河北现状的产学研体系，其拥有的发展优势为学校进一步加强学科建设，创建"地方一流的教学研究型大学"提供了巨大的发展机遇。面临的困难与挑战表现在：学科发展不平

① 刘献君：《论高校学科建设》，《高等教育研究》2005 年第 5 期。

衡，学科资源整合不够，缺乏高水平学科平台，高水平的学科带头人少，学科建设的投入不足。以上是我们制订学科发展规划和开展学科建设的基础。

明确学科建设的指导思想与基本原则。指导思想是一个战略规则的灵魂，能够起到凝聚人心、指导行动、推进发展的作用。课题组在对 HS 大学的教育思想、观念、办学方针、发展思路等进行综合概括和反复凝炼后，形成了该校学科建设的指导思想：坚持以科学发展观为指导，以培养高素质人才、服务国家经济社会发展为使命，强化学科建设与地方经济社会发展的结合，进一步融入环渤海经济圈的京津冀一体化建设，按照"统筹规划，整体提高，扶优扶强，重点突破"的学科建设总体原则，优化学科专业布局，整合学科资源要素，构建以工科为主体的，多学科互相支撑、协调发展的学科体系，为把 HS 大学建设成地方一流的教学研究型大学奠定坚实的学科基础。在此基础上，制订出学科建设五项基本原则：合理布局，协调发展；扶优扶强，重点突破；突出特色，错位发展；校企合作，共生共赢；以人为本，人才强校。

确立学科建设的总体目标。总体目标要根据学校的发展定位和内外环境的变化来确定，并且要有具体的时间和确定的内涵。根据 HS 大学将"建设成为地方一流的教学研究型大学"作为自己的发展定位，以及学校与地方经济建设、社会发展紧密结合的办学思路，我们将该校的学科建设总体目标确定为：围绕制药、装备制造、钢铁和纺织等行业，逐步形成化工制药、装备制造、纺织工程"三足鼎立"的学科群格局；优化学科结构，全面提升学校学科发展的整体水平，形成"面向社会、重点突出、特色鲜明、结构合理"的学科体系。重点建设的优势学科要实现突破性发展，达到国家重点学科水平；加强建设的传统学科要实现错位式发展，力争成为省级重点学科；扶持建设的新兴学科要实现跨越式发展，争取成为省级重点学科。到 2020 年，学校有 1—2 个学科居全国领先，3—5 个学科进入全国前 30 名，所有学科的水平都有较大提高。

落实学科建设的具体任务。在确定学科建设的总体目标后，又将其分解成能逐步实现的具体任务，使规划具有较强的层次性和可操作性。（1）实施"学科攀登计划"。要继续加强化工制药学科群建设，鼓励和促进化工、环境、生物工程等领域的交叉融合；继续加强冶金机电学科群建设，鼓励和促进材料、机械、电气、信息技术领域的交叉融合。优势学科的建设思路是：紧紧围绕行业需求，加大资源整合力度，建设大学科平台，加强跨学科研究和创新团队建设，提升参与行业内重大科技攻关的能力，实现博士点零的突破。（2）实施"学科振兴计划"。纺织学科是该校的传统学科，但由于种种原因，学科基础比较薄弱，发展始终没有突破瓶颈。信息技术学科也是该校的传统学科，其中电子信息工程、计算机科学与技术、通信工程专业、管理工程学科是河北省起步较早的专业，但是与国内同类专业水平相比，学术梯队、科研实力相对薄弱。振兴传统学科的基本思路是：按照经济和社会发展要求对传统学科进行改造，凝炼学科方向，突出特点，实现错位式发展。（3）实施"学科培育计划"。新兴学科是该校发展的后发力量，在某种程度上反映着该校的潜力，是该校学科建设新的增长点。抓住全社会高度重视食品安全的重要机遇，积极培育食品科学与工程学科；抓住"石家庄国家动漫发展基地科技开发园"落户 HS 大学，以及河北与京津地区文化产业对接的历史机遇，加大投入培育动漫等艺术学科；结合大学生素质教育和河北省经济社会发展的实际需要，建设以学生全面发展需求和社会需求为导向的应用型特色文科体系。培育新兴学科的思路是：入主流，重交叉，创特色，大力加强师资队伍建设，瞄准市场需求，异军突起，实现跨越式发展。

实施学科建设的主要措施。目标的实现要靠具体措施来保证。一个战略规划的成功实施与实现，战略措施是关键。为使措施具有较强的现实指导性，我们围绕总体目标和具体任务，制定出一个 5 年（2010—2015 年）行动方案。（1）实施重点学科建设工程：形成"三足鼎立"学科群格局；设立学科特区；实施"进阶式"学科发展战略。（2）实施质量立校工程：优化本科专业结构；提高人才培养质量；完善学位与研究生教育体系；提高科技创新水平。（3）实施人才强校工程：推进教师博士化；引进和培养高水平学科带头人；培育高水平创新团队；优化用人机制。（4）实施社会服务工程：积极培育应用型科研项目；打造科技成果转化平台；培养高素质应用型人才。（5）实施管理创新工程，营造有利于学科建设的制度环境和文化环境。

三 高校学科建设的重点突破问题

学科建设要实现重点突破，这是世界一流大学发展的成功经验，也是我国发展比较好的大学的一条成功经验。重点突破，越来越成为高校开展学科建设的共识。

学科建设为什么要实现重点突破呢？首先，这是办学资源的有限性和学科发展的无限性的矛盾所决定的。一个学科的建设，需要大量的投入，建设基地要投入，引进和培养高水平师资要投入，开展国际和国内学术交流要投入，但任何学校的办学资源都是有限的，不可能同时重点建设所有的学科；即使是世界一流大学，也只有个别学科处于世界领先水平。例如，哈佛大学的经济学与商学、数学、工程学，剑桥大学的化学、生物科学、临床医学，牛津大学的神学、哲学、法律，东京大学的物理、化学、生物学及生物化学，等等。其次，一流学科的示范作用。一所学校，重点建设一两个学科，使之成为一流。这些学科就成为学校学科建设的"标杆"，从而影响和带动其他学科的建设。例如，徐州医学院地处不是很发达的非省会城市，在比较困难的情况下，学科建设发展比较好。这是因为他们在国内办了第一个麻醉本科，选择麻醉学科作为重点，加以建设，使麻醉学科达到了国内一流。麻醉学科的发展，带动了其他学科的发展。再次，重点学科建设是我国政府推动高校学科建设所采取的一项基本策略。20世纪中期开始，教育部组织重点学科评审，1993年开始"211工程"建设，1998年开始"985工程"建设。这些建设，都落脚在重点学科的发展。通过重点建设，得到支持的学科不仅办学条件发生了根本性好转，而且其人才培养、科学研究和社会服务的功能也得到了较大的增强，学科竞争力、影响力明显提高。与此同时，重点学科建设还带动了学校整体学科布局的调整，学科规划的制定以及学科基地、学科队伍的建设。

重点突破应该成为学校领导、教师和管理人员的共识，否则难以推进。突出重点，学校资源势必会向这些学科倾斜。学科建设是一个整体，相互支撑，相互影响。以华中科技大学为例，处在国内前列，在国际上有一定影响的学科是机械、电气、普外（医学），学校对这些学科投入的力度大，但正由于这几个学科发展好，使得整个学校在国内排名一般处于前十名。其他学科有的发展比较慢，在国内排名靠后，但在招生、毕业生就业、争取科研项目等方面，享受了由于这些重点学科发展所带来的学校声誉。

重点突破首先要善于选择重点。学校层面，应从全校学科出发，从中选择一两个作为重点加以建设。学科点层面，则应从若干学科方向中，选择一个方向，重点突破。在选择的过程中，一是要了解社会发展需要和同类学校学科的发展状况，把握比较优势；二是要从本校历史发展出发，发挥自身优势；三是重视学科的交叉、融合，把握学科发展前沿，选择有发展潜力的学科和学科方向。例如，河南科技大学（原洛阳工学院）根据洛阳市工业结构、优势以及本校发展历史，选择"轴承"作为重点，创办"轴承设计与制造"本科专业（后改为专业方向），将"轴承设计与制造"办成全国高校中的一流，以至于谁要这方面的人才找他们，谁要解决这方面的技术难题也找他们。"轴承设计与制造"水平上去了，带动了其他相关学科的发展。

重点突破要突出重点。突出重点，就是要在学科资源的配置和学科制度的安排上，保证重点的突出位置。学科建设的重点一旦确定，就要敢于打破所有学科一视同仁、同步发展的旧格局，尤其是在学科资源的配置上，要坚决摒弃平均分配的陈旧观念，坚持"有所为、有所不为，有所多为、有所少为，有所先为、有所后为"的指导思想，集中有限的资源，重点投资，重点建设，改善其实验条件，提高其装备平台，充实其学科队伍，务必使重点得到充分的人力、物力、财力和政策的保障。20 世纪 80年代初，华中工学院（现华中科技大学）瞄准了"激光"，决定重点发展。为此，撤销了"电器设计与制造"等专业，将全校相关专业的优秀教师集中，划出场地，拨给专款，加以建设，因而使"激光"专业在全国很有影响，产出了重大成果，培养了一批优秀人才。

四　学科建设的内动力与外动力问题

学科建设的动力是多元的，既有内动力，又有外动力。内动力是学科逻辑自主发展的规律；外动力是指学科发展的社会需求。学科建设是内外

动力综合作用的结果。

学科建设的内动力表现在学科发展的内部矛盾运动。首先，学科发展的突破是通过科学实验、科学理论，以及两者之间的内部矛盾运动来实现的。在实验层次上，新的实验工具和方法导致新的实验结果和发现；在理论层次上，则表现为假说的大胆提出和不断更替，逻辑的内在演绎与展开以及理论自身内在逻辑统一性的探索和追求。这两个层次都各自有着相对独立的矛盾运动。一个时期科学进化往往要在实验上发展，处在观察和实验直接得出经验规律上；另一个时期科学又常常集中在理论层次上发展，从具体的经验规律上升到普遍的理论原理，从普遍性较窄的原理扩张为普遍性更广的原理。这两个层次又是相互作用、相互促进的。实验层次的新发现，暴露出理论层次内在的新矛盾；理论层次的新发展，又规定着实验层次研究的新方向。这种实验和理论、实验和实验、理论和理论的矛盾运动就是学科建设的强大内动力之一。

其次，学科之间由"不平衡—平衡—不平衡"的循环运动引导着学科发展。科学发展的历史表明，各门学科的发展并不是齐头并进的，而是处于一个由"不平衡—平衡—不平衡"的循环运动过程中。在这个过程中，不平衡是绝对的，平衡是相对的。学科之间发展的不平衡主要有四种表现形式：一是同一学科在不同时期发展状况不平衡。比如物理学在1730—1790年期间，它的发展速度几乎处于停滞状态，没有任何起色，可以说是物理学的"冬眠期"。但到了19世纪原子层次的电磁运动发现后，物理学又重新腾飞。其他学科也都如此。二是不同学科在同一时期发展状况也不平衡。新中国刚成立之后，由于面临着紧迫的经济恢复和发展任务，使得国家对与经济发展关系比较密切的理工学科关注和投入较多，理工科获得了突飞猛进的发展。人文社会学科由于不能带来直接的经济效益，没能引起国家足够的重视，在同一时期，没能得到相应的发展。三是同一学科在不同国家发展不平衡。如德国与法国人擅长哲学思辨，他们的数学学科一直处于主导地位；英国自近代以来以"航海帝国"著称，故英国的天文学科世界领先。学科发展的这种不平衡性，促进着学科不断地由不平衡向平衡发展，当学科的发展达到平衡状态以后，又会因有的学科率先取得突破而造成新的不平衡。学科就是在这种由"不平衡—平衡—不平衡"的循环往复运动过程中不断向前发展的。

再次，学科的交叉、综合性特点促进着学科建设。从学科发展的历史来看，在经历了原始的混沌统一到专业的精细分化之后，各门学科的发展出现了明显的学科协同效应。这种效应表现为不同学科之间日益交叉、渗透、融合，即通过知识对流、模式组合、方法碰撞等，形成学科的协同共生效应。

这种效应可分为三种类型：一是综合效应。在学科群中，通过采各学科之长，集各学科理论之精华，走综合创新之路，在条件成熟的情况下，建构出自成体系的新学科，如环境科学的产生就得益于学科的综合协同效应。二是交叉效应。在学科群中，多门学科研究共同的问题时，最容易产生交叉学科，也就是说一旦跨学科的研究课题确定下来，相应地交叉学科的产生也就初见端倪了。在跨学科活动中，最初要建立起一系列立足于某一交叉地带的概念、关系、方法以及评价标准等。三是横向效应。学科群中多门学科以多方面特定的共同点为研究对象，撇开事物现象、过程的具体特征，用抽象的方法研究事物共同的运动规律，反映多学科领域共同的事实，使许多不同学科领域拥有共同的概念、原理和方法，产生许多新知识颗粒，改变了整体的学科格局，形成新的交叉学科。

学科建设的外动力表现为社会需求的推动力。高校作为社会系统的一个重要组成部分，一方面受社会系统的发展制约；另一方面也在社会发展中发挥着重要的作用。"社会依靠高等学府作为获得新知识的主要机构，并作为了解世界和利用它的资源改进人类生活条件的手段。"[①] 社会对高校的这种需要既是高校存在和发展的前提，也是高校发展的强大动力。社会对高校的这种动力作用是通过高校的学科建设来实现的，因为学科建设是高校培养人才、科学研究和服务社会的结合点。尤其是当科学和技术对一个国家的经济、政治、军事、安全等方面的影响日益巨大并成为综合国力的核心组成部分时，社会需求对高校学科建设的推动作用就更为显著。恩格斯早在一百多年前就指出：社会一旦有技术上的需要，则这种需要就比

---

① [美]约翰·S.布鲁贝克：《高等教育哲学》，王承绪等译，浙江教育出版社1994年版，第99页。

十所大学更能把科学推向前进。

社会需要的推动首先来自于国家需要。例如：1957年，前苏联成功地发射了第一颗人造地球卫星，引起了全美朝野上下的极大震惊。许多政界要人、商业巨头和科技精英纷纷发表论著，抱怨美国的科学技术已经落后在苏联的后面，同时指责美国学校教育水平的落后，特别是忽视科学和技术训练的状况。在美国上下要求改革的一片呼声中，美国国会于1958年9月通过了《国防教育法》。这是美国第二次世界大战后颁布的第一个教育大法。该法明确宣告："国家的安全需要最充分地开发全国男女青年的脑力资源和技术技能。"该法要求应让更多的青年学习自然科学、数学和现代外语（即"新三艺"）。该法规定，从1959年到1962年，由联邦政府拨款8亿多美元作为对各级各类学校的财政援助，以便加强普通学校的"新三艺"教学；资助高校提高教学和科研水平；发放大学生学习贷款，建立"国防奖学金"，以鼓励清寒子弟努力学习和优秀学生从事研究。[1]《国防教育法》的颁布和实施，极大地促进了美国的自然科学、数学和外语学科的发展。美国高校的基础学科研究水平较高，在很大程度上与政府的这种"作为"有关。甚至可以说，正是美国政府的这种政治推动，才促进了大学相关学科的快速发展。

社会需要的推动作用还表现在经济发展、文化发展、军事竞争对学科建设所产生的作用。例如：美国的麻省理工学院（MIT）就是在军事竞争中迅速崛起的。第二次世界大战时期，MIT还是一所以工科为主的技术学院。为了适应战争的需要，MIT积极投身于战时的科研，不仅建立了理学院，还建立了"辐射实验室"，承接了75项、总金额达11 700万美元的科研合同项目，研制了150个系统的各式各样的雷达，从侦察机到投射瞄准，海陆空俱全，应有尽有，完成了从"科学概念→技术原理→产品设计→样机试制→大量生产"的艰巨任务，为赢得战争胜利提供了有力的技术保障。战后，MIT利用战争期间遗留下来的科研设备和研究条件，以及聚集的大量科研人才，顺势发展，积极开展导航仪器、计算机和微波领域的科学研究，并努力使其转化为产品，兴办了许多高科技产业，不仅

---

① 腾大春：《外国教育通史》（第六册），山东教育出版社1994年版，第88—91页。

创造了可与"硅谷"相媲美的"128 号公路"奇迹，而且还促进了学科建设可持续发展。

高校学科建设是一个系统工程，涉及面广，十分复杂，在建设的过程中，我们只有不断地去发现问题，从理论与实践结合中解决这些问题，学科建设才能取得好的成效。

（原载《中国地质大学学报·社科版》2010 年第 4 期）

论独立学院的学科专业建设

根据教育部"积极鼓励,大力支持,正确引导,依法管理"的原则,我国独立学院快速发展。作为高等教育大众化产物的新生事物,独立学院发展过程中面临着诸多困难和问题。解决这些问题,使独立学院健康、持续发展,关键在于加强学科专业建设。笔者就此谈谈自己的一些认识。

一 独立学院学科专业建设的意义

学科是大学的基本元素。一流的学科是培养高素质创造性人才的摇篮,是推动知识创新、推进科技成果向现实生产力转化的基地。[①] 对于高等学校而言,学科专业建设十分重要。独立学院是公办高校(申办学校)利用自身的无形资产及教育教学优势,与其他组织合作创造的独立设置的具有法人资格的新型办学实体。[②] 近几年来,独立学院在我国迅速发展,到 2006 年年底,全国共有 318 所,当年招生 54.3 万人,在校学生 146.7 万人,为中国高等教育大众化做出了特殊的重大贡献。由于独立学院的特殊性,其学科专业建设具有自身特殊的意义。

1. 从"带土移植"到"去土留根"。

独立学院是依靠申办学校的学科专业优势和投资方的资金优势而创办的。创办初期,学科专业建设基本照搬申办学校的做法,"带土移植",这

---

① 刘献君:《没有一流的学科就没有一流的大学》,《求是》2002 年第 3 期。
② 秦惠民、王大泉:《关于"独立学院"属性及相关问题的思考》,《中国高教研究》2005 年第 4 期。

主要表现在：专业设置从申办学校移植过来，移植时主要考虑三个因素。一是能支撑当时招生的人数，满足扩大规模的需要；二是办学条件要求不太高，办学成本比较低；三是好招生，好就业，首选热门专业。专业的教学计划和课程体系基本照抄申办学校，仅做一些小的删减。授课教师大多来自申办学校，他们按照在校本部授课的同一模式，为独立学院学生授课。由于实验室建设跟不上学校发展，一些必要的实验也在申办学校的实验室进行。教学管理制度也基本上照抄申办学校的制度。

在创办初期，这是独立学院的必然选择。但是，必须清醒地认识到，这只是权宜之计，必须及时地对申办学校的资源进行改造和吸收，根据自身情况进行学科专业建设，创立具有独立学院特色的学科专业体系。这是因为：两者性质不一样，一是公办学校；一是民办学校。公立高校更多地受计划体制和行政组织的影响，而民办高校则更多地受市场机制和企业组织的影响。两者定位不一样：一是教学研究型、研究型；一是教学型，主要是面向实践部门培养应用型人才。两者生源不一样：一是按"一本"招生；一是按"三本"招生。"一本"学生和"三本"学生入校时的高考分数差别很大。两者经费来源不一样：一是包括政府投资、学费、自行创收等多种渠道；一是完全靠学生缴费，而且学费中还有一部分要上交申办学校。

因此，独立学院在学科专业建设中，要"去土留根"，保留、吸收申报学校在长期办学过程中形成的学校精神、学校专业优势；同时，根据自己的实际情况，在调查研究的基础上，形成自己的学科专业体系。

2.建校阶段的学科专业建设将对学校发展产生深远的影响。

笔者在华中科技大学抓学科建设，特别是文科建设多年，同时考察多所大学的发展，深深体会到，一所学校、一个学科的发展，大体经历起步（建校）、发展、提高三个阶段，每个阶段需要10年左右。当然起步中也有发展，发展中也有提高，这里指每一阶段的主要任务。不仅如此，起步（建校）阶段是奠基阶段，办学理念、思路、校风、学科方向、学科重点、学科文化，基本上在这一阶段形成。如果这一阶段路子走得比较好，一般而言，这所学校、这个学科发展就比较好；如果在这一阶段形成了一些不好的理念、风气，在以后的发展中要改正过来相当困难，有的甚至很难

逆转。

全国独立学院一般建立已 10 年左右，正处于建校之中。独立学院的建设者要有一种历史责任感，把握好学科专业建设的方向，扎扎实实地建设一批学科专业，特别是要努力建设品牌专业。

3.学科专业建设决定着独立学院的生存发展。

在高等教育体系中，独立学院是新生事物，是中国高等教育工作者在发展高等教育中的一种创造，没有现成的经验，前进中遇到了众多的困难和问题。独立学院能否健康发展，关键在于学科专业建设。这是因为：学科是大学的基本元素，学科专业水平决定一所高等学校发展的水平，有高水平、特色优势的学科专业，这所学校才能生存发展。学校的根本是培养人才，培养社会需要的在社会经济、文化建设中发挥作用的人才，而人才的培养水平，取决于学科专业的水平。因为学科专业的状况和水平决定学生的知识和能力结构，学科专业对人的发展起着定向和规范作用。学科专业是教师成长、活动的土壤。高水平的学科专业才能吸引、培养高水平的教师，有特色的学科专业才能吸引、培养有特色的教师。因此，要通过加强学科专业建设，推进独立学院的健康、持续发展。

二　独立学院学科专业建设的内涵

根据独立学院起步时间不长的特点，笔者认为，首先要理解学科、专业、课程的内涵及其相互关系，然后从中认识学科专业建设的内涵。

1.什么是学科、专业、课程。

学科，在英语里称为 discipling。伯顿·R.克拉克认为："学科明显是一种连接化学家与化学家、心理学家与心理学家、历史学家与历史学家的专门化组织形式。它按学科，即通过知识领域实现专门化。"①《汉语大词典》中把学科解释为"按照学问的性质而划分的门类。或指学校教学的科

---

① ［美］伯顿·R.克拉克：《高等教育系统——学术组织的跨国研究》，王承绪等译，杭州大学出版社 1994 年版，第 34 页。

目"。有的学者将学科定义为"相对独立的知识体系"①。学科是一个发展的概念，从不同角度有不同的理解。从高等学校学科建设的角度看，学科是人类在认识和研究活动中，针对特定的对象，依据一定的客观标准，对其进行人为的划分和界定出来的相对独立的知识体系。简言之，学科是相对独立的知识体系。学科的本质属性是学术性。

专业，《国际教育标准》称之为课程计划（program），美国高校称之为主修（major），我国《教育大辞典》称之为"中国、苏联等国高等教育培养学生的各个专门领域"。近几年来，我国学者比较倾向于将专业解释为"课程的一种组织形式"。

课程，在英语里称之为 curriculum，来源于拉丁文 racecourse，原意为"跑马道"。后来用在教学上，指学校为学生所开设的，学生所应该学习的各种教学科目。②

2.学科与专业的联系和区别。

学科与专业是非常接近的概念，因而人们常常将这两个概念相混淆。学科与专业是两个既有联系又有区别的概念。

学科与专业的联系主要表现在：学科和专业都具有人才培养的功能，都与一定的知识相联系，都以一定的组织机构为依据，都是师生活动的主要领域。同时，学科是专业的基础，专业是学科知识的运用，一个学科可以包含多个专业，一个专业也可能涵盖多个学科的知识。

学科和专业的区别主要表现在：(1) 从结构上看，学科的构成要素是知识单元，专业的构成要素是课程；(2) 从发展过程来看，学科发展的核心是科研，专业发展的核心是教学；(3) 从发展动力来看，学科发展的动力是多元的，如社会需要、政府需要、学者的好奇心等，而专业的发展动力仅仅来自社会需要；(4) 从形成过程来看，一个新学科的形成主要表现为学科知识体系的成熟与完善，而一个新专业的设置则主要取决于学者对该专业社会需要的价值判断；(5) 从人才培养的功能来看，目前，学科主要用于研究生以上的专业教育，而专业主要适用于本科生及以下的专门

---

① 丁雅娴:《学科分类研究与应用》，中国标准出版社 1994 年版，第 38 页。
② 罗云:《中国重点大学与学科建设》，中国社会科学出版社 2005 年版，第 40—41 页。

教育①。

3.学科专业建设的内涵。

学科建设是指学科主体根据社会发展的需要和学科发展的规律，结合自身实际，采取各种措施促进学科发展和学科水平提高的一种社会实践活动。专业建设则是指专业建设主体根据一定的社会需要和现代科学技术发展的需要，更新专业设置，完善专业结构，提高专业人才培养质量的创造性活动。那么，什么叫学科专业建设呢？对此，似乎尚未形成一个统一的认识。一般而言，学科专业是强调专业以学科为基础，落脚点是专业。笔者认为，对独立学院而言，一方面，学科建设是今后发展的目标，但目前开展学科建设条件还不成熟；另一方面，学科具有培养人才的功能，是专业的基础，进行专业建设应有学科意识。因此，在独立学院，提学科专业建设较为合适。

学科专业建设的内涵包括两方面：一是学科专业体系建设；二是提高学科专业水平。学科专业体系包括专业发展目标、专业结构、重点和特色专业、资源配置、制度建设等方面。学科专业水平的提高涉及专业方向的选择、课程体系、教师队伍、专业装备等诸多方面。

三　独立学院学科专业建设的原则

独立学院虽是按民办机制运行的高等学校，但仍具有公益性，属非营利组织，因此，学科专业建设要在"育人为本，质量第一"的方针指导下，结合自身的特点开展，其指导原则主要体现在：

1.人才市场需求导向。

专业是与职业相联系的，培养的人才要适合社会的需要，专业设置主要取决于学者和管理者对专业的社会需求的价值判断。高等教育的竞争，在很大程度上表现为人才培养质量的竞争。独立学院能否生存与发展，取决于其人才培养质量，取决于毕业生能否满足社会需求，能否顺利就业。"就业是硬道理"，如果独立学院的学生就业率低，学校就办不下去。因

---

① 罗云：《中国重点大学与学科建设》，中国社会科学出版社 2005 年版，第 40—41 页。

此，独立学院的专业结构、专业设置要以人才市场需求为导向。

独立学院起步时，考虑的主要是如何将学校办起来，如何扩大规模，因而专业设置带有一定的盲目性，这主要表现在：大量设置"热门专业"，如信息与计算机科学等，以招揽更多的学生，而没有考虑未来人才市场的实际需求及学生家长的根本利益；主要设置人文社科和经济管理专业，以降低办学成本，多数独立学院设有法学、新闻学、中文秘书、会计学等专业，造成毕业生大大超过社会人才市场的需求；许多社会急需而具有持久生命力的专业，如机械、电力、材料、船舶制造等传统专业，由于投入高、成本高，而未能设置，它跨度大，同一学科门类的专业数少，专业之间不能互相支撑，影响人才培养质量。

独立学院学科专业建设中，完善专业结构和设置专业时要充分分析社会人才市场需求，特别是地方、区域经济文化建设发展的实际需要，要考虑申办学校的学科专业优势，要考虑生源状况及学生家长的意愿。

2. 培养应用型人才。

我国社会职业技术岗位的分工不同，行业和地区之间存在的不平衡性，决定了人才需求的多层次、多类型、多规格。人才的层次，大体可以分为学术型人才和应用型人才。独立学院根据自身的办学基础和办学条件，毫无疑问应该培养应用型人才。在学科专业建设中，提高专业水平，首先要确定人才培养的目标。应用型人才培养的目标主要体现为：具有良好的人格、扎实的理论基础、较强的实践能力、组织管理能力和人际协调能力。应用型人才培养模式应以知识为基础，以能力为重点，以服务为宗旨，注重知识、能力、素质协调发展，学习、实践和职业技术能力相结合。[①]

培养应用型人才，要着力培养学生的实践能力、组织管理能力和人际协调能力。独立学院由于起步时间不长，资金有限，校内实验、实训基地没有完全建立起来，校外实习基地不多，因此，在学科专业建设时，课程体系中要增加实习、实训课程的比例，加速校内实验、实训基地的建设，扩大与社会方方面面的联系。在这里，美国一些高校的经验可供借

---

① 孔繁敏等：《建设应用型大学之路》，北京大学出版社 2006 年版，第 56 页。

鉴：(1) 在设计课程时不仅要从理论上考虑，还要考虑各行业的需求；(2) 通过咨询与科技会议同产业界保持联系；(3) 鼓励学生到各行业实习；(4) 鼓励学生拜访雇主；(5) 帮助学生进行自我推荐；(6) 鼓励产业界的科学家和工程师进入学术性实验室短期工作，学习新技术。

3. 培育学科专业特色。

特色是一个事物的优势所在，有了优势，才谈得上水平，因此特色就是水平。高等学校是高度趋同的社会组织，越是趋同，越要同中求异，创立自己的特色。对于任何学校而言，资源都是有限的。实力雄厚的大学，不论其如何强大，不可能在一切时空都占优势；任何规模小，层次低的大学，不论实力如何小，但在一定的时空条件下也可能占有某种相对优势。我国独立学院是在几百所公立大学创办了几十年，甚至一百年的格局情况下创办的，而且自身办学资源有限，生源不理想，办学历史短，在这种情况下发展，更应在学科专业上创造自己的特色，办出品牌专业，否则很难生存和发展。在这一方面，一些地方大学提供了可供借鉴的经验，例如：徐州医学院，大胆创新，创办了中国第一个麻醉学本科专业，集中力量发展，使之走在全国前列。麻醉学科的发展，又带动了医学影像学等学科专业的发展。青岛科技大学以橡胶专业发展为特色，培养具有"橡胶品格"的高素质人才，在全国产生了重要影响。

4. 为学生服务，让学生满意。

学生既是教育对象，又是服务对象，学生的需求和满意是学校工作、发展的出发点和落脚点。对于独立学院而言，学生即顾客，学校完全依靠学生缴费办学。没有学生，没有学生交的学费，学校办不起来；学生培养质量不高，不能就业，学校就办不下去。因此，"为学生服务，让学生满意"，更具有特殊重要的意义。

在学科专业建设中，除了解社会需求，遵循教育规律外，要重点了解学生的反映，如学的东西是否有用？教学是否有针对性？课程是否太多或太深？对学习是否有兴趣？等等。在教学的过程中，要经常了解学生的反映，帮助教师提高教学水平。在教育中，要根据独立学院学生的特点进行，如帮助他们树立自信心，增强责任感，培养理论学习的兴趣，等等。

四　独立学院学科专业建设规划的思考

独立学院乘中国高等教育大众化的大势，抓住国家发展独立学院的机遇，利用申办学校的优势，取得了初步的成功，这属于"机会成功"。独立学院要进一步发展，必须由"机会成功"走向"战略成功"。"战略成功"则要依靠自己的力量，站在战略的高度，进行理性思维，在数量和质量上有更高层次的追求。就学科专业建设而言，则要根据自己的特定环境，学生的实际情况，已有的实践，未来的发展目标，重新审视自己的定位，在此基础上制定学科专业建设规划。

华中科技大学文华学院办学实践 4 年后，于 2007 年暑假举办了学科专业建设规划研讨会。由于研讨会前院校研究所进行了大量的调研，提供了比较充分的资料，研讨十分有成效。研讨认为，制定独立学院学科专业建设规划要着重探讨以下问题：

1. 社会对人才的需求。

了解社会对人才的需求，是学校专业建设的前提。对人才需求的了解，不能停留在口头上、想象上，大而化之，而是要实实在在地进行深入调研。为此，决定进行两项工作：一是对 2007 年第一届毕业生的就业去向进行一次系统、详细的分析，包括毕业生就业的区域分布、职业分布、待遇状况、学生满意度等。二是各学部对所属专业的社会需求状况进行一次调研。调研要深入到相关区域、行业，了解他们对各层次人才的需求状况，从而找到自己的发展空间。

2. 完善专业结构。

这是学科专业建设的基础。独立学院的专业建设和企业建立生产线一样，一定要考虑市场、资源、成本和收益，因为没有人会给学校承担财务风险。要根据劳动力市场分析、学生愿望调查、办学资源情况、实施工作计划四项基本内容，进行专业设置，形成自己的专业结构。

关于专业结构，华中科技大学文华学院根据自己的情况，在研讨中提出了"优势工科＋新型文科"的模式。华中科技大学有强大的优势工科，学院要充分利用这种优势，与有关院系合作，发展机械、造船、电力、材料等学科专业，形成优势和重点。文科不仅社会需要，而且相对而言办学成本比较低，同样要发展，但不能走传统文科的老路，而要发展新型文科。现在，国家提出建立和谐社会，建设社会主义新农村、学习型社会，实现城市化，社会进入老龄化，需要大批新型的服务和管理人员。另外，随着生活质量的提高，对社会服务水平的要求也相应提高了，因而一些岗位对人才需求的层次提高了，例如空姐、导游、高尔夫球场管理、家政、保健等岗位，都开始要求本科毕业生。因此，要研究未来社会发展趋势和岗位对人才需求的变化，创设新型文科。

3. 课程建设。

课程建设是学科专业建设的核心。专业是课程的一种组织形式，学生学完专业所包括的全部课程，就可以形成一定的知识与能力结构，获得该专业的毕业证书。学科专业建设中，课程建设是核心。

关于课程结构，研讨中提出了"基本理论＋特色专业方向"的模式。"大学本科不是中级教育和职业教育，不是培养特定岗位的专门人才，而是培养有坚实丰富基础知识的某一方面的通才，适应性强，到了一个岗位后由于具备继续学习的强大基础，结合工作实践或经过继续深造，可以成为某一方面的专家。"[①]独立学院的本科，同样要重视基本理论、基本知识和基本方法的学习。同时，根据学院自身的定位和培养面向，要开设出特色专业方向的课程，供学生选择，从而使学生进一步掌握某一方面的知识，培养相应的能力，以满足岗位的需要。

关于课程建设，研讨认为，"课程建设无奇迹"，要回到基础，把握教师、教材、教法、实验室（实训基地）、教研室（课程组），这五个基本方面，提高课程质量和教学水平。与此同时，要抓住学生参与、新的教学技术、新的教学资源三个基本要素，探索新的教学方式和方法，创造新的教学模式，以提高教学效果，降低教学成本，使学校的教学跟上信息时代的步伐。

4. 师资队伍建设。

师资队伍建设是学科专业建设的关键。至 2007 年 6 月，文华学院共有教师 619 人，其中专职教师 204 人，占 33％，兼职教师 415 人，占

---

① 龚振伟：《应用型本科应重视创造性的培养》，《江南论坛》1998 年第 3 期。

67%。师资队伍建设中存在的问题主要是专职教师方面，表现在：数量偏少；工作量过大，33%的专职教师要完成45%的教学工作量，因而缺少时间研习课程与教学法；年龄结构不合理，两头大，中间小，缺少35—55岁年龄段的教师；队伍不稳定，一些青年教师"骑着马找马"；缺乏水平较高的学科专业建设带头人。研讨中，一致认为，加强学科专业建设，教师队伍建设是关键。

独立学院的学科专业建设要创新，这种创新主要依靠专职教师队伍。通过引进和培养，努力建立一支认同独立学院学科专业建设发展方向，理论和实践能力强，愿意为民办教育事业贡献力量，与专业发展相适应的专职教师队伍。文华学院拟采取实施"名师工程"、"博士工程"、"教师福利工程"，加快"双师型"队伍建设，建立学科专业和课程负责人制度，鼓励教师开展科研等措施，提高教师水平，促进教师成长。

对于独立学院而言，兼职教师队伍仍然十分重要。这支队伍的来源主要有两方面：一是高校及相关单位的退休人员；二是各行各业的精英人物。要通过制度建设，推进兼职教师队伍的发展。

5. 实验、实训基地建设。

实验、实训基地建设是学科专业建设的依托。加强学生实践能力培养，必须加强实验和实训基地建设。建校4年来，文华学院花了很大力气，建成了26个公共实验中心，17个专业实验室，14个计算机基础实验室，19间语音教室，141间多媒体教室，实验基地建设迈出了可喜的一步。但是，专业实验室仍然严重不足，没有建立校内实训基地，校外实习基地满足不了学生实习要求。因此，董事会决定，5年内投入3亿元人民币，其中1亿元用于添置教学仪器和实训设备，2亿元用于建设实验、实训基地及图书馆等基础设施。实验、实训基地建设要高起点，统一规划，共同使用，严格管理，充分发挥其在培养学生实践能力方面的作用。

在上述调查研究的基础上，院校研究所和教务处共同研制华中科技大学文华学院学科专业建设规划，提交董事会研究、决策。

（原载《中国高教研究》2007年第11期）

华中科技大学文科跨越式发展的战略思考

一　文科走跨越式发展之路是形势发展的必然

21 世纪知识经济的发展将高等学校从社会的边缘推向社会的中心，对高等教育的发展提出了很高的要求。我国高教体制改革的进一步深化，使我校发展，特别是文科的发展面临着十分严峻的挑战。在新的形势下，我校文科必须走跨越式发展之路。首先，这是今后我校战略发展全局的必然要求。2000 年由四校合并组建的华中科技大学，确立了向综合性大学转变的办学格局；确立了到 2020 年将我校建设成为世界知名高水平大学，到 2050 年建成世界一流大学的战略目标；确立了"以文科、理科为基础，以工科、医科、管理学科为主导，以生命、信息学科为龙头"的学科建设思路。全校上下认识到，没有强大的文科、理科，不成其为高水平的一流大学；没有高水平的文科、理科，应用学科的水平也难以充分提高。重视文科、发展文科，已成为全校的共识。但是，并校虽然使我校的综合实力增强，特别是医科、生命学科、环境学科、建筑学科的实力大大增强，但是文科的实力基本上没有得到加强。因此，文科建设必须立足于自己，采取超常规措施，实现跨越式发展。

其次，这是在新形势下提高我校文科在全国高校中的地位的必然要求。由于全国高等教育体制改革的深化和国家有关高等教育的重大政策的出台，我校文科发展所面临的挑战十分严峻。少数重点理工科大学由于得到重点资助，大力引进人才，文科力量迅速加强；部分综合大学与工科院校合并后整体实力更加强大。这一变化使得我校文科在全国高等院校中的相对地位有所下降。比如，浙江大学与杭州大学等高校合并后，新浙江大学的文科发展取得了历史性的跨越，其实力足以与其他综合性大学相媲美。清华大学得到国家重点投资后，在文科发展上显示出雄心勃勃的气势，发展步伐迅速加快。吉林大学、山东大学、武汉大学等综合大学与其他院校合并后，综合优势更加明显，学科结构更加合理，整体实力更加强大。与之相对照，不管是在校内还是在全国，我校文科的地位都有明显下降。因此，为了迎头赶上，文科必须实现跨越式发展。

再次，这是我校进一步深入开展素质教育的必然要求。我校率先在全国开展人文素质教育，在分析、研究教育发展趋势、规律的基础上，提出人文教育与科学教育相融合，并以此作为我们的办学思想之一。近几年来，我校在加强大学生文化素质教育方面做了大量工作，也取得了一定的成绩，但离党中央、国务院关于"高等教育要重视培养大学生的创新能力、实践能力和创业精神，普遍提高大学生的人文素质和科学素质"的要求，还有很大的差距。进一步深入开展素质教育，必须解决人文社会科学和自然科学课程进入教学体系，教师结合教学进行素质教育，帮助学生将人文知识内化为人文精神等问题。而这些问题的解决，都有赖于文科的学科水平和教师素质的迅速提高。

同时，我们还必须看到，虽然我校文科经过 20 多年的发展，积累了一定的办学实力和办学经验，但是，仍然存在不少差距和问题。这主要表现在：由于历史短、底子薄，我们对文科的办学规律还缺乏全面的把握，导致我校文科发展时快时慢，有些很好的机遇没有能够抓住；在学科建设上，基础文科发展迟缓，部分学科特色不明显，发展后劲不足；在师资队伍建设上，整体水平还不高，名师很少，大师更少，中青年学科带头人严重不足，一部分干部和教师安于现状，不思进取，缺乏良好的精神状态；在教学和科研方面，教学水平和教学质量还有待提高，重大、重点科研项目偏少，有影响的学术成果不多；在图书资料方面，文科图书资料匮乏，甚至连不少学科的基本图书都收藏很少，外文书籍奇缺，外文期刊订数非常有限；在管理方式上，还没有形成一套行之有效的符合文科发展规律和现代文科发展趋势的管理制度和管理机制，还存在着简单套用工科管理模式管理文科的问题，等等。所有这些，都严重地制约了我校文科的发展上水平、上台阶。

国外一位学者曾经说过，"虽然落后国家被迫跟随着发达国家，历史落伍者的特权……容许甚至自己采纳任何地方、任何时期已经完成的发展样式，从而越过居间的等级系列"。同样，我校文科虽然暂时落后于一些综合性大学，但我们的历史包袱少，完全可以采取跨越式发展的方式，迎头赶上。否则，我们将永远落在别人后面。跨越式发展，是我校文科发展的唯一选择。所谓跨越式发展，主要表现在：第一，在学科建设上，从高起点研究入手，先创办硕士点、博士点，尽快进入学科前沿；第二，采取超常规措施，从国内外大力引进大师级学者、中青年学术骨干，集中建设若干个高水平的国内一流学科；第三，加大投入，迅速建设文科大楼、图书资料基地、实验基地；第四，紧紧依托我校工科、医科十分强大的优势，走学科交叉之路，以特色取胜，等等。

二　文科 20 年的建设为跨越式发展奠定了基础

我校率先在全国理工科大学中创办文科至今，已有 20 多年的历史。20 多年来，文科建设所取得的进展是十分明显的，并积累了一定的经验。从 70 年代末到 80 年代末，我校文科的建设从无到有，初具规模，适应并促进了我校从单科工程技术学院向多科性大学的转变。对此，1987 年召开的学校第一次文科工作会议，已经作了全面总结。90 年代以来，在校党委、校行政的领导下，我校文科的发展又取得了新的突破。

（一）我校文科建设和发展取得的成绩

第一，学科布局日趋完善。从 1989 年人文学部的建立，到 90 年代文学院（后调整为人文学院）、经济学院、新闻与信息传播学院的相继成立，再到近年内成立的法学院、公共管理学院、教育科学研究院，表明我校文科的发展基本实现了规模上的必要拓展，拥有了法学、经济、哲学、文学、教育、历史等 6 大学科门类；现有全日制在校本科生 2560 人（占全校本科生总数的 10.99%），硕士研究生 461 人，博士研究生 90 人。这样的文科教育规模，在全国同类高校中是不多见的，为我校建成综合性大学打下了基础。

第二，学术水平有所提高。90 年代以来，我校实现了文科博士点"零"

的突破，目前拥有高等教育学、西方经济学、语言学与应用语言学等 3 个博士点，20 个硕士点和 12 个本科专业。在师资队伍建设方面，教师数达 385 人，其中在岗正教授 50 人（含博士生导师 9 人）；教师中的博士数，由 5 年前的 2 人（张培刚、林少宫教授），增加到 32 人（近半年多来又引进了一批博士、教授——编者注）。在教学和科研方面，出现了一批优秀人才和优秀成果，部分教授和中青年教师已成为国内学术界的知名学者，部分成果荣获国家级、省部级优秀成果奖。承担国家社会科学基金项目课题的数量，由 80 年代"六五"、"七五"规划的几项，发展到 90 年代承担"八五"、"九五"规划项目 20 多项。全校文科科研经费 1999 年第一次突破 100 万元，（2000 年突破 200 万元——编者注）。文科专业历年的毕业生，受到用人单位的普遍好评，特别是 2000 年毕业的以"2+2"模式培养的新闻传播学专业的毕业生，供不应求，均进入国家和省市重要的新闻传媒机构。

第三，学术影响逐步扩大。首先是我校文科自身的影响越来越大。比如，新闻学科向传播学的快速发展，使我校在高校新闻学教育体系中，占有了重要地位。西方经济学（特别是发展经济学）、高等教育学、语言学、马克思主义哲学、科技法学等学科或学科方向，在国内学术界也异军突起，颇具特色。现在，人们只要提到国内以工科为主的高校的文科，就不能不提到清华和华中科技大学。1994 年我校文学院成立后，率先在全国理工科大学中高举文化素质教育的大旗，先后举办了 600 多期人文讲座，出版了《大学人文启思录》和《文科学术丛书》，建立国家大学生文化素质教育基地，设计文化素质教育课程体系，并成为教育部大学生文化素质教育指导委员会的主任和秘书长挂靠单位。所有这些，不仅提高了我校的声誉和影响力，而且在促进我国高等教育思想的转变和高教体制的改革中，也起到了一定的作用。

（二）我校文科建设和发展积累的经验

经过 20 多年的实践，我校文科建设和发展也积累了一定的经验。我们的基本经验是，高举邓小平理论的伟大旗帜，贯彻党的十一届三中全会关于解放思想，实事求是，勇于实践，改革创新的基本精神，坚持"发展是硬道理"和"隔几年上一个新台阶"的工作方针，不断推动文科的建设和发展。这一条基本经验与目前学校形成的三个工作指导方针，即"实力是根本，发展是硬道理"，"以改革求发展，以创新求发展"和"兴学习之风，兴实干之风"，是完全一致的。

我校文科建设取得的经验还具体体现在以下几个方面：

第一，依托学校强大的理工科背景和优势，发展具有自身特色的文科。我校文科发展从一开始就注重从学校校情出发，依靠学校理工科的科学与技术优势，发展科技哲学、新闻传播学、工业社会学、科技英语、西方经济学、高等教育学等学科专业，形成了颇具特色的发展经济学、高等教育学、新闻传播学等优势学科专业。

第二，文科各学科不等不靠，艰苦奋斗，开拓进取，致力于自身实力的增强。实力是根本，发展是硬道理。文科各学科广大教师和干部急学校之所急，想学校之所想，顾全大局，自力更生，努力创造各种办学条件，教师队伍建设常抓不懈。正是因为有了广大文科教职工的这种艰苦奋斗，开拓进取的精神，我校文科发展才出现了不断上水平、上台阶的可喜局面。

第三，在师资队伍建设上，大兴引进人才之风，搞五湖四海。我校文科底子薄，非大力引进人才不足以使其在较短的时间内实现大的发展。因此，在师资队伍建设上，我们在高度重视师资培训的同时，特别重视引进各方面的人才，以此增进各种学术思想的交流、融合、碰撞，为新思想、新智慧的产生创造条件，促进了文科的迅速发展。

第四，学校领导重视文科的发展。对于文科在高等教育体系中的地位和作用，学校领导的认识是不断加深的。80 年代初，学校提出"以理工为基础，理、工、文、管相结合"。到 1986 年，学校第四次党代会提出"以工为主，理、工、文、管相结合"。合校以后，校党委、校行政提出"以文科、理科为基础，以工科、医科和管理学科为主导，以信息学科、生命学科为龙头"。这一进程，表明校党委、校行政领导对高等教育办学和发展规律的认识，达到了新的、应有的高度。在管理方面，1997年以来，学校在教务处、科技处分别设立了分管文科工作的副处长；合校以后，校党委决定尽早召开文科工作会议，研究文科的进一步发展问题；2000 年的校机关改革中，又专门成立了人文社会科学办公室。这几年，学校在教学、教改基金，研究生培养基金，科学研究基金和文科人才引进等方面，都加大了力度。加强领导，是文科实现跨越式发展的关键。

正因为文科经过 20 年的发展，达到了一定的水平，积累了一定的经验，从而为我校文科的跨越式发展奠定了必要的基础。

三　明确文科跨越式发展的指导思想、目标和任务

在 21 世纪的第一年，我国将开始实施第十个五年计划。对于我校文科的发展来讲，"十五"是至为关键的时期。我们要充分认识文科发展的战略意义。文科的发展与全校的发展息息相关。在全校的学科专业发展中，文科不是可有可无，而是建设高水平的、一流的综合大学所必需的；文科也不是可以维持低水平发展的，文科的发展必须达到与全校其他学科相协调的水平；文科的发展不能按部就班地缓慢发展，缓慢发展不仅会延误文科发展的时机，而且将直接延缓我校创建国内一流和世界高水平综合大学目标的实现。

我们要坚持以邓小平理论和江泽民同志关于"三个代表"的重要论述为指导，坚持"两手抓、两手都要硬"的原则，进一步解放思想，更新观念，继续发扬"敢想、敢干、敢为天下先"的传统，以高度的紧迫感和历史责任感，大胆开拓创新，抢抓历史机遇。要巩固现有学科优势，培植新的学科生长点，大力改善办学条件，不断增强学科实力，努力探索我校文科的跨越式发展道路，开创文科建设的新局面。

（一）我校发展文科的指导思想

1. 坚持以马克思主义为指导。

人文社会科学具有导向性、教化性、民族性、体验性。文科建设必须坚持以马克思主义、毛泽东思想和邓小平理论为指导，在指导思想上决不能搞多元化，这是一个基本原则问题。对一些反马克思主义的观点和言论，要理直气壮地进行揭露和批评。要着力加强"两课"建设，十分重视文化素质教育。文科发展要以育人为本，为培养社会主义建设所需要的合格人才服务，为繁荣社会主义文化服务，为社会主义精神文明建设服务。

2. 要按照文科的规律办文科。

与自然科学不同，人文社会科学的研究对象主要是人和人类社会，其目的是要解决人的发展和社会发展，以及两者的关系问题。文科发展有其自身的特点。比如，研究的形式一般来说主要是个体劳动；文科的产品不仅仅是科学知识，更主要是思想，思想越新、越深，就越有成就；文科的成果形式主要是论文和论著；文科的研究对象主要是人而不仅仅是物，因而研究不能靠在实验室内进行，而且研究周期也比较长；文科的研究具有体验性，等等。面对知识经济和网络时代，现代文科还有很多新的特点。这些特点，要求我们为文科的发展提供宽松的环境和自由探索的学术氛围，提供充分的图书资料和社会实践机会，形成有别于理工科的评价标准和管理制度等。

3. 整体规划，重点突破，协调发展。

人文社会科学是一个相互联系的整体，建设高水平的文科，必须学科门类比较齐全，特别是文、史、哲等基础学科必不可少。但是，任何一所大学的学科建设，都必须确立发展重点，形成自己的特色，异军突起，从某几个学科领域突破，从而带动其他学科的发展。因此，首先要进行整体规划，实现文科各学科的合理布局，协调发展，同时又要重点突破。确立发展重点，一是要考虑学校的整体优势，充分考虑自身的特点；二是要考虑我校文科20年来发展的历史；三是要考虑国内，特别是本省兄弟院校文科发展的状况，从中找到发展的空间。我们要继续坚持"加强基础，面向社会，交叉见长，特色取胜"的发展思路。

4. 走开放式发展之路。

文科与社会的联系十分广泛，我们决不能关起门来搞学科建设，必须走开放式发展之路。首先，要面向国民经济建设主战场，为社会经济政治发展服务，每个学科，都要经过创新，推动国内相关方面、行业的发展。其次，要面向世界，大力加强国际合作，广泛开展国际交流。同时，要借助国内外一切可以借助的力量，通过引进、双聘、合作、联合建立研究机构等多种方式，吸引高水平的学者，帮助我们发展文科。

（二）我校文科发展的目标和主要任务

为适应创建国内一流、世界知名的高水平综合大学的总体目标的需要，我校文科发展的目标是，到 2020 年文科要整体上达到国内一流水平，部分学科（3—5 个）要达到国际知名；"十五"期间，要实现文科发展的第一次跨越，为文科的持续、高速发展奠定坚实基础。具体目标是：文科的办学规模要有较大发展，到 2005 年，本科专业达到 20 个左右，在校本科生达到 4500 人，研究生达到 1500 人，硕士学位授权点达到 30 个以上，博士学位授权点达到 10 个以上，10 个左右的学科、专业达到国内一流水平。

为实现我校文科发展的总目标，"十五"期间文科发展的主要任务是：紧紧围绕建设一流文科的需要，坚持人文教育与科技教育相融合的原则，以人为本，加强师资队伍建设，调整文科院系布局，完善学科专业方向，改善软硬件办学条件，为发展一流文科奠定坚实的基础。

1. 在文科学科布局上，根据文科发展的方向和我校文科的实际，完成文科现有各学科及专业方向的调整、改造、更新、重组。根据整体规划、协调发展、重点突破的原则，在巩固西方经济学、高等教育学和语言学及应用语言学等 3 个博士学位授权点在全国的学术地位的同时，马克思主义哲学、新闻传播学、数量经济学、社会学、公共管理、法学和马克思主义理论与思想政治教育等 7 个学科，应发展成为我校文科新的优势学科，力争获得博士学位授予权。另外，增设历史学、心理学等学科，新增学科的开办应以研究生教育和高质量的科学研究为突破口，实现高起点、高层次、高水平发展。

2. 在文科师资队伍建设上，首先要加强现有教师队伍的培养提高，文科重点建设学科的博士化率要达到 60% 以上，全校 35% 以上的文科教师应具有博士学位，45 岁以下的中青年教师应全部具有硕士以上学位；加大人才引进力度，引进 10 名以上一流的学术带头人（博士生导师或知名教授）来校工作，引进 100 名以上具有博士学位的中青年骨干教师，特别要注意引进名校的毕业生和名家弟子。

3. 在文科教学和科研上，要建设 10 门校级优秀课程；各院系要加大教改力度，建立自己的优质课程，普遍提高各个办学层次的教学水平和教学质量。争取承担 30 项以上的国家级社会科学基金或自然科学基金项目，到校科研经费年均增长率达 20% 以上，发表论文数、出版专著数、获省级以上奖励项目数均应明显高于"九五"期间。要产出若干项在人文社会科学领域有重大影响的研究成果，每个学科方向都应有标志性的成果出现。

4.文科各学科的办学条件和图书资料应当有一个明显的改善。学校将尽快建成文科大楼，并逐步完成文科图书馆、多功能文科文献资料中心、新闻演播厅、模拟法庭和证券交易实验室等的建设。文科图书资料建设要有大的发展，几个重点发展的学科专业的图书资料系统应达到研究级标准。

四　采取超常规措施，实现文科的跨越式发展

要实现跨越式发展，就必须遵循文科发展的规律，采取超常规措施，经过几次跳跃，赶上和超过别人。我们采取的主要措施是：

1.确立我校文科发展的重点学科，集中财力、物力，加以建设。

世界一流大学，不可能使其每个学科都成为世界一流的学科，但必须有一个或几个学科是世界顶尖的学科，一批学科是一流水平的学科。一所大学，如果有一个或几个一流的学科，或独具特色的学科，这所学校就会在国内乃至国际产生影响，就能在社会上立足；同时，也可以使其他学科的教师感受到什么是一流水平，什么是特色学科，从而带动整个学校学科的发展。所以，我校文科建设一定要突出重点，没有重点，就没有政策，就没有区别，就都上不去，大家一定要看到大局，要顾全大局。

我校文科发展，要建立历史学科，要把这个重要的文科基础学科门类建立起来，还要建立心理学科，要加强现有的 3 个博士点和准备申报的 7 个博士点学科的建设，在此基础上，要确立 4—5 个学科，作为"十五"期间建设的"重中之重"。这些学科的确定，要考虑社会的需要，考虑我校文科发展的历史和现状，还要考虑文科各学科的建设规划的水平和教师、领导的精神状态。一定要明确一条，有所不为才能有所为。为了加强重点学科建设，学校每年将投入 300 万元。

重点建设学科和其他学科，都要在认真分析本学科现状的基础上，制订出高水准的学科建设规划，包括确立学科方向，建立学科梯队，加强基

地建设和项目建设，等等。

2.狠抓师资队伍建设。

文科建设的重要特点之一是，关键在人，在高水平的学术带头人。经过20年的建设，我们已经培养了一支素质较高的教师队伍，其中有的人已成为国内知名学者，我们应十分重视现有教师队伍的提高。要加大力度，实施师资"博士化工程"和"出国进修工程"。要设立10个左右的专职研究教授岗位，围绕学科建设和重大科研选题进行重点攻关。同时，还必须大力引进人才。"十五"期间，以校内特聘教授岗位从国内外引进10名以上高水平的、有重大影响的学术带头人；采取特殊政策，引进100名左右博士；设置10个以上特殊研究岗位，用于特聘校内外已经退休、在学术界有重大影响的资深教授。人才引进要与建立重点学科和申报博士点相结合。有几位教授提出引进新人要引进比自己水平高的教授，并做了大量工作，其思想境界和精神值得肯定、发扬。我们每一位同志都要积极参与引进工作，尽最大努力去寻找高水平教授。

我们每位教师都要振奋精神，明确方向，立足于自己，克服等、靠、要的思想，制订自己的发展规划，尽快提高学术水平。学校将尽快推行教师聘任制度和一系列奖励制度，鼓励冒尖，反对平庸，鼓励创新，反对守成。要打破"铁饭碗"和人才单位所有制，实现能上能下，能进能出，造成你追我赶、奋发向上的氛围和局面。

3.狠抓图书资料建设。

图书资料对文科建设有极其特殊的重要性。我校文科图书从无到有，已经形成了一定的规模，但仍然存在数量不多、结构失衡、基础书籍缺乏等问题，还没有一个学科的文献达到研究级水平。为此，学校要集中建立文科图书馆和文献中心，集中全校文科图书资料，要建立指导委员会，统抓图书资料建设。近一年内先集中投入200万元，用于购置文、史、哲等基础学科的基础工具性书籍；今后将每年从图书经费中划拨一块，专门用于文科图书资料建设，并逐年有所增加。同时，将尽快建成文科大楼，并逐步建设若干具有标志性意义的文科教学和科研设施。

4.建立和健全适应文科发展规律的教学、研究管理制度。

必须按照文科的规律办文科，包括建立和健全适应文科发展规律的教

学、研究管理制度。20 年文科建设和发展的实践说明，第一，工科学校可以建设和发展文科；第二，工科学校办文科十分艰难。难的表现之一，体现在学校领导和管理人员对文科的认识上，以及工科的一套工作制度、习惯的转变上。我们往往习惯于用工科的方式管理文科。现在，我校确立了向综合性大学转变的办学格局，我们的领导、干部的头脑要由"工科脑袋"转变为"综合性脑袋"。否则，文科、理科难以办好。

要组织全校干部、教师学习教育理论，掌握教育规律，转变教育观念。同时要采取相应的措施，如学校设立文科发展指导委员会，负责与文科发展有关的重大问题的审议或决策，文科发展指导委员会办公室与校人文社会科学办公室合署办公；完善文科科研成果的奖励制度，对发表于权威期刊的论文和产生重大社会效益的研究成果，学校将给予重奖；逐步建立适应文科特点，有利于文科发展的一整套管理制度。

5.加强领导，确保文科跨越式发展目标和任务的实现

学校各级领导应当从我校创建世界一流、高水平综合大学的战略高度认识文科发展的重大意义，要转变观念，要有危机意识，要有时不我待的紧迫感；凡是有利于文科发展的事情，都要积极主动地支持和关心，切不可因我们工作的失误而延误文科发展的机遇；要统一思想，精诚团结，胸襟开阔，甘当伯乐，不拘一格广揽贤才；要充分依靠全体文科教职员工，振奋精神，不断进取，为开创我校文科各学科发展的新局面，为实现文科的跨越式发展而努力奋斗。

（原载《高等教育研究》2001 年第 5 期，系作者于 2000 年 10 月 19 日在华中科技大学文科工作会议上所作的报告，发表时有删节）

大学核心理念：意义、内涵与建构

大学生命中潜藏着一条以核心理念为基础的运行法则，它是一切大学发展的灵魂，建构核心理念对中国大学而言至关重要。

一 大学核心理念建构的必要性

大学核心理念是指导大学发展的最高纲领，凝聚着整个学术共同体的核心价值观，是实现学校战略目标必须遵循的客观原则，体现了学校在发展进程中应反复实践和始终坚守的基本信念。

（一）大学核心理念的重要性源于对大学的理性认识

大学首先是一个理念组织、一个思考的社团、一块精神园地。在这里，非权力性因素远比权力性因素影响力大。教授和学生最信从的是真理，是学术水平与学术自由，而非权力。理念的影响在非权力影响中最为重要，它是无声的召唤，无形的旗帜，无影的灯塔。[①] 当前，我国大学的主要问题不是缺乏理念，而是没有形成自己的核心理念。

大学核心理念通常隐含在大学教育的方针、制度、措施、使命、校训及精神等诸多方面，但不能简单地认为这些就是核心理念。在大学理念探索过程中，主要存在着以下认识泛化的问题：把办学宗旨和使命当核心理念，如"育人为本，质量第一"；将办学方针、教育制度、办学措施当理念，如"以贡献求支持"，"教学要有针对性"；移植国家政治理念或对公民的一般要求，如"教育为经济建设服务"；照搬别国的大学理念，没有

---

① 张楚廷：《高等教育学导论》，人民教育出版社 2010 年版，第 419 页。

形成符合自己的历史、文化的核心理念。大学的理念基于信念，只有那些在主流意识上发挥持久作用的、最具文化标识性的、渗透着对大学教育深刻领悟的认识才是大学核心理念。

人类意识到的任何事物，都具有一种"普遍图式"特征。大学核心理念作为一种哲学图式，应当是内在一致和合乎逻辑的，就其解释力而言，还应当是适用的和恰当的。① 然而，大学在实践中往往受多个理念的指导和协调，由于认识上的混乱，有的大学理念本末倒置，将局部性的功能性理念凌驾于全局性的核心理念之上；有的各子理念之间或相互矛盾，或各自为政；有的不能一以贯之，一任校长一套理念；有的仅仅将理念纳入形象设计，成为空洞生硬的口号，与办学行为和战略顶层设计不匹配；有的理念与办学实践、学生成长脱节，没有起到应有的作用，在执行过程中产生方向性错误；有的列举了一大堆理念，却没有形成核心理念。实际上，多个理念之间必须是层次分明的，需要有一条清晰的主线，形成明确的核心理念；否则，大学将缺少整体发展的"主心骨"，这些问题集中反映了大学办学理性认识上的不足。

（二）大学核心理念对解决高校同质化问题具有重大意义

大学与大学之间的差别从根源上讲是核心理念的差异。尽管世界大学发展至今大体都做着同样的事，履行着大体相同的职能，但人们所处的文化环境不同，对大学的理解程度也不一样，正如耶鲁大学校长莱温所言，"世界上找不到两所同样的大学"。由于缺乏核心理念，我国大学在制度建设中显示出高度同质化：一是与政府、社会组织趋同，行政化倾向严重；二是大学的制度建设趋同，没有自己的特色。因此，凝炼大学核心理念十分重要。

对一个社会组织而言，硬性条件比软性需求更容易解决，隐性物质比显性物质更有生命力。从这个意义上讲，核心理念是最强的核心竞争力。世界一流大学的形成和发展固然有多种因素，但起基础性作用的却是独具特色的大学核心理念。一些世界名校正是借助核心理念的力量，才最终从

---

① ［美］阿尔弗雷德·诺思·怀特海：《过程与实在》，杨富斌译，中国城市出版社2003年版，第4页。

名不见经传的普通学校一跃跻身世界前列。如 1885 年创办的斯坦福大学，直到 20 世纪 40 年代仍是一所默默无闻的乡村学院。土库曼就任副校长后，认为现代工业发展最主要的资源是人而非物，应紧靠大学建立科技园区，提出"大学应是研究与发展的中心"的核心理念。正是在这一理念的指引下，斯坦福大学于 1951 年创办硅谷科技园。斯坦福带动了硅谷电子工业的发展，而硅谷造就了斯坦福大学的辉煌。同样，芝加哥大学只比中国的北京大学早建校七年，建校不久就跃居世界顶尖之列，正是由于学校创造并坚持着"增长知识、丰富生活"的核心理念。正如原校长梅森所言，"芝加哥大学是先驱者，它要么出类拔萃，要么一事无成，它没有理由像别的大学那样"。① 这就是一流大学的个性。

近 10 年来，中国大学开始形成特色意识，但主要专注于总结办学优势与特点，忽略了理念特色的创建。大学特色可分为理念层、制度层和实践层三个层面，其中制度层与实践层的特色是显性的，也是不稳定的、易变的；而理念层的大学特色是隐性的，却是更具思想性的，是最深沉、持久、有力量的，是发展其他特色的动力。一项中国校训文化调查的数据显示，在受调查的 256 所中国大学中，有 192 所大学的校训为"四词八字"的口号式，比例高达 75%；校训中带有"勤奋"字眼的为 68 所，"求实"的为 65 所，"创新"的为 59 所，"团结"的为 49 所，"严谨"的为 25 所；校训中包含以上五个词语任何一词以上的有 147 个，占到被调查高校的近六成。② 从内容上看，这些校训多属于大学的"非典型性特征"，体现的是一般社会机构（如政治团体）而非学术组织的目标要求；从性质上看，校训高度雷同的现象说明，许多大学一味求全求大，往往用多个概念来表述自己的理想，办学目标不清晰，缺少对大学的独立思考。这些空洞的口号和标语，对大学的指导基本是空洞无力的，常常流于形式。

（三）凝炼大学核心理念是社会结构系统化整合的诉求

学校教育，特别是大学教育，是一个统一的有机体。这种有机体又

---

① [美] 墨菲、布鲁克纳：《芝加哥大学的理念》，彭阳辉译，上海人民出版社 2007 年版，第 27 页。

② 倪方六、李晓静：《中国大学校训文化调查》，《江南时报》2004 年 12 月 4 日。

是与社会结构的整合需求及人们的公共群体生活紧密相连的。如今，高度统一的时代已逐渐让位于具有分离特性的多元化时代，但现代社会矛盾将重建一个统一的新时期，这种统一只要能保留对差别的包容，将是一种更高级的统一，在这种统一中，现代社会的矛盾被扬弃了——同时被超越、消除并保留下来了。① 早在19世纪，处于转型期的德国大学就开始创新各自的核心理念，为社会培养不同类型的人才：既有从事纯科学研究的大学，又有从事应用科学研究的技术学院，不同性质与类型的高校相得益彰，共同促进国家科学技术的发展。转型后的美国大学也早已超越了德、英模式，发展出自我的性格，② 这种"自我的性格"得益于西方大学敏锐地把握了社会系统化整合的趋势，较早地创建了各自的核心理念。

在多元社会结构中，达成社会与大学之间的思想共识，需要核心理念的协调和引领。从个体角度看，当代社会的多元文化激活了各种思想的论争，由于缺少社会核心价值体系，某种新的理念总是伴随着其他哲学派别的批判与质疑而产生。面对各种价值冲突，大学常常显得无所适从，失去了理性选择能力。从社会角度看，知识社会中的高等教育已成为国家公民与经济社会发展的普遍需求，不同群体从各自的出发点来理解和要求大学。在如此庞大的服务对象中，人们的价值观与需求有着多样性和不协调性，且很少有人真正领会大学的本质与办学规律。那么，大学若要取得合法性，取决于大学理念能使不同社会需求协调相处；或者说，大学理念要发挥引领和协调社会价值观的作用，社会结构越复杂多样，就越需要凝聚核心价值观与核心理念。

（四）核心理念是大学保持基业长青的支点

对于高等学校来讲，任何重大的改革，从根本上来讲都是对大学整体战略的重新设计，并给予学校一个未来发展的远景。保持大学基业长青，需要大学管理者从整体上把握并提炼出高屋建瓴的核心理念。英国剑桥大学之所以能够在欧洲众多的古典大学中彪炳史册，就在于较早地提出了

① Hegel, *Phenomenology of Spirit*, Oxford: Oxford University Press, 1977, p.6.
② 金耀基：《大学之理念》，三联书店2008年版，第8页。

"以自由教育造就绅士"的核心理念，并据此形成了基础研究、学院制和导师制等特色，培养了大批世界级大师。作为以工程教育为特色的麻省理工学院，为不断探索培养与工业社会发展相适应的人才，提出了"手脑并重"的核心理念，促使学校在20世纪进行了三次重大改革，迅速跻身一流大学行列。尽管在大学发展历程中各类理念层层迭更，但能起强大推动作用并形成品牌效应的只有稳定而独特的核心理念。作为整个理念体系的基础和灵魂，大学核心理念是历史价值与现实价值的双重体现，是对大学精神、文化、内涵、形象和价值的经典诠释，是大学生命力的源泉和思想独立的支点。

二　大学核心理念的内涵解读

大学核心理念表明了一所院校存在的价值与意义：为何而生，为何而存；阐明了办成什么样的大学，如何办成这样的大学等理性认识。在大学的发展进程中，核心理念的引领是关键。

（一）大学理念与大学核心理念

理念属于哲学范畴。从认识论角度出发，我们认为，大学理念是以大学为主体，从教育实践活动中形成的关于大学教育与发展等基本问题的理性认识。大学理念是分层的，它的构成需要符合一定的认识逻辑。在科学哲学界，人类思想体系被视为"强纲领"，这种纲领一般由硬核（核心命题）和保护带（辅助性假说）构成。依据这一划分，大学理念主要包括大学核心理念和功能理念（子理念或附属理念）。其中，大学核心理念是高等学校为实现特定的教育使命，基于自身的核心文化，渗透着大学核心价值取向与利益相关者的共同愿景，在办学实践中高度凝炼出来的该组织的最高目标与理想追求，反映了指导大学教育长盛不衰的根本信条。大学功能理念是围绕核心理念，对影响大学发展的各部分要素、关系、问题等方面的理性认识，是对大学核心理念的诠释和延伸。

大学理念是多元的综合性概念，指向整个大学教育；而核心理念是唯一的、包容性的概念，指向具体高等院校。核心理念体现了"多元一体，和而不同"的思想，这里的术语"一"并非作为"整数的一"，而是个特殊的复合概念，代表的是存在物（核心理念）的唯一性。① 在高等教育大众化阶段，每所大学都是以分离的多样性形式存在的，"多"以"一"为前提，核心理念的建构正是由"多"向"一"不断合成的过程，即从各种理念的"合生"中抽象出来，解读着大学终极事实特征的共相之共相，并将这种基本原理与大学自身的"殊相"结合起来，使核心理念具有"复合统一性"特征；反过来，核心理念再由"一"向"多"分离出各种功能理念，使各层面的子理念共在于核心理念之中。

核心理念与功能理念互为存在的前提。从作用方式上看，核心理念所持的立场、观点等直接影响着子理念的建构方向和性质；从结合方式上看，大学核心理念通过"原子式摄入"使功能理念"有序地生长"，二者是一脉相承的，一旦关系错位或相互背离，便会引发合法性危机。在一定条件下，关键层面的功能理念也会导致核心理念的变化，影响核心理念的凝聚力与行动力。核心理念应辐射到大学文化、制度、管理与实践的各个方面；植入具体办学体制、组织形式、运行机制中；延伸到高校制度层和操作层，形成学校管理理念、学科发展理念、专业建设理念、人才培养理念、教师发展理念等相互促进的理念体系。

（二）大学核心理念的特点

大学核心理念对办学具有动员功能、凝聚功能、预警功能和引领功能，除了具有历史性、前瞻性、实践性等大学理念的一般性质外，还具有以下特征。

1. 排他性

每所大学的核心理念都是独有的，具有个性化色彩，至少需要满足三个基本条件：易于辨识；对大学有实质性意义；展现自身特色与风格。大学核心理念应着眼于办学实际，从自己学校的土壤里"长"出来，而拒绝流于平庸和模仿，这种高度排他性能使核心理念成为高校的象征性品牌，能够吸引那些认同核心理念与价值观的人才。

---

① ［美］阿尔弗雷德·诺思·怀特海：《过程与实在》，杨富斌译，中国城市出版社 2003 年版，第 35 页。

2. 针对性

核心理念源于办学者的理想、信念，而其建构的起点在"问题"，不能仅作纯粹逻辑上的设定，需要综合学校自身条件与定位，考虑其现实可行性和针对性。只有针对大学发展的根本问题建构的核心理念，才有践行价值；只有经历从问题、理念到实践的过程框架的才是行之有效的核心理念。

3. 兼容性

核心理念的兼容性，是指在空间上具有广泛的内涵，运作具有整体效应，整个大学的理念、行为和制度体系的建设都不折不扣地指向这一原点。核心理念是不同大学对自身存在意义和发展取向等理性认识的整合，能从更高层面上明确传达大学的核心价值取向，并渗透到大学组织活动的各个方面，相对于具体化、弥散化的功能理念而言更具凝聚力和兼容性。

4. 稳定性

核心理念在时间上具有恒久的稳定性。大学理念是历史的、动态的、发展的概念，需要与时俱进、适时而变，但是核心理念仍然具有非常强的稳定性和连贯性，通常只有"继承式"和"拓展式"的变化，"稳定"与"创新"构成了大学核心理念既矛盾又同一的生命特征，正是这种稳定性才展现了核心理念持久的生命力。

总之，作为大学复杂系统优化运行的纽带，核心理念能有效促进大学组织各子系统及要素间的协调运转。大学运作是否顺畅，取决于核心理念的统领功能是否强大，而这一功能的发挥最终取决于大学理性与社会理性程度的共同提高。

三　大学核心理念的建构路径

任何思想产生的出发点都是对事物的构成要素做分析性观察。[①] 大学核心理念主要包括五个构成要素：核心文化、核心价值观、核心目标、大

---

① ［美］阿尔弗雷德·诺思·怀特海：《过程与实在》，杨富斌译，中国城市出版社2003年版，第6页。

学使命与共同愿景。核心文化是大学物质层、精神层、制度层文化的集中体现，反映了学校独特的精神内涵与历史传统；核心价值观体现了大学信奉的价值追求与基本信念；核心目标是对核心价值的外在化和具体化；大学使命表明大学存在的意义和责任；共同愿景传达着组织内部利益相关者的大学理想。这五项基本内容有着本质的内在联系，构成了大学核心理念的建构依据。

具体而言，核心理念可从以下维度自主选择和建构。

1. 文化维：从文化基因中生长特色化的核心理念

大学是文化集成的产物，没有文化底蕴的大学理念，成不了大学的核心理念。任何一种理念与文化创新都需要传达大学核心理念；同样，任何核心理念都要集中彰显大学的特色内涵。不同的核心理念催生了不同的学校文化形态，形成了不同的管理风格，产生了不同的办学效果。

美国学者克拉克在论及大学文化时认为，院校文化产生忠诚。[①] 文化造就了坚定的信念，在整个大学竞技场中，文化最能折射出核心理念的特色。大学文化既是社会文化在高校的区域性蔓延，又是大学精神与传统的延续。柏林大学"教学与科研相结合"的核心理念源于德国尊重科学与学术的社会文化，而这一理想越过海峡到了美国，基因形态就发生了迁移：在斯坦福大学主要体现在"培养和发展学生创造力"的理念中，在芝加哥大学则形成了高度重视学术的核心理念——"增进知识、丰富生活"。大学的特色往往源于文化心理结构与精神传统，大学必须靠文化奠基，靠定位找出路，靠理念求发展，靠特色求生存。

2. 价值维：在认识核心价值的基础上形成核心理念

每个事物都有其核心价值，大学也要在认识其核心价值的基础上形成自己的核心理念。在大学变迁史上，起主导作用的是明确的价值取向和教育信念，那些高瞻远瞩的大学总是小心地保护核心价值。大学核心价值是教育赖以生存发展的基本信条，缺乏核心信念的教育理念是没有生命力的、脆弱的，核心价值是提出大学核心理念的前提性要素。

---

① ［美］伯顿·克拉克：《高等教育系统——学术组织的跨国研究》，王承绪等译，杭州大学出版社 1994 年版，第 94 页。

大学历史进程中存在一种固有特点，每种理念都是围绕着大学存在的合理性、存在的价值而展开的。某种理念和思想的狭隘性、局限性总会在对立的理念碰撞中得到修正。大学对核心价值如何选择奠定了核心理念的基本立场。如哈佛大学"与柏拉图为友，与亚里士多德为友，更要与真理为友"的核心理念体现了求实崇真的学术教育理念；康奈尔大学则从实用主义出发，提出"让任何人能在这里学到想学的科目"，这一理念与美国社会的开放性取得了惊人的平衡。卓越大学的核心理念尽管见诸于行的方式和内容不同，但本质却是相同的——紧紧抓住并执著追求自己的核心价值，并通过各种方式保持与社会核心价值体系的一致性，从大方向和大原则中把握核心理念的立意点。

大学是独立的自治机构，但并非与世隔绝的封闭体。大学在与外界的种种关系中，与政府的关系最可能影响其价值取向的稳定性，因而大学核心理念应与国家层面的理念保持一致。不过，大学也可通过实践证明自身价值观的合理性，从而自下而上地引领国家高等教育理念的转变。

3.目标维：以综合性目标确立核心理念的基本主旨

罗伯特·赫钦斯曾指出："大学需要有一个目的，一个最终的远景，如果它有一个远景，校长就必须认出这一远景；如果没有远景就是无目标性，就会导致大学的极端混乱。"[1] 这一远景设计是否成功，取决于是否形成了明确、先进而适切的大学核心理念。

一些非常卓越的大学，大多将核心理念聚焦在综合性目标上，将办学具体目标聚焦在服务对象或组织功能上，而不是关心目标如何远大。斯坦福大学20世纪50年代的目标就是"为加州富裕家庭服务的相当不错的私立大学"；20世纪80年代，因环境的变化将目标转变为"成为国内甚至国际上最优秀的学生服务的美国六七所最好的大学之一"。[2] 对于核心理念，学校始终坚持大学的综合性目标——"让自由之风劲吹"，就其战略思维看，从综合性目标出发形成核心理念使大学具有更强的组织生命力。大学

---

① R. M. Huchins, *Education for Freedom*, Louisiana: Louisiana State University Press, 1943, p.26.

② 王淑滨、田也壮：《基于核心竞争力理念的高校差异化战略定位及路径选择》，《武汉大学学报（哲学社会科学版）》2008年第7期。

一直被视为松散联合的学术组织，克拉克认为这种结构促使权力分散，使得该系统具有"目标模糊性"特点。[①] 这种模糊性能够将更多的操作目标包括在内，因而大学可以运用综合性目标，根据自己的特点与偏好构建一种新的理念陈述。

4. 使命维：保持大学信仰与社会责任的一致性

大学使命是关于大学存在的目的和对社会发展应做出的贡献，它是大学长期的责任和追求，表明了大学自身存在的根本意义。大学的短期强盛可以通过多种方式达成，而持续增长的力量却只能从核心理念中获得。只有那些符合人类社会发展需求的核心理念，才能为大学注入持久的活力。

从大学使命维度建构核心理念，需要办学者回答大学的责任、竞争力、服务定位、生存发展能力等问题，其中最核心的是"大学使命"如何与"社会需求"相对接的问题。一方面，探究真理、崇尚科学是大学的永恒使命；另一方面，大学发展是一个不断产生需求、满足需求的动态过程。"需求"反映了大学对社会责任的积极回应，是核心理念赖以形成的现实条件。对此，普林斯顿大学认为大学具有发展人的心灵与担当社会责任的双重使命，进而提出"为国家服务，为世界服务"的核心理念，学校因此成为"美国革命的摇篮"。[②] 尽管大学使命与需求之间经常相互纠缠，每所大学仍有责任将道德与不同的知识能量聚集在一起，充分考虑社会的分工需求，认清所应担负的具体责任，使其与自己的核心信仰保持一致，促进大学与社会的良性互动。

5. 愿景维：将办学理想与利益相关者的共同愿景相结合

大学核心理念是大学利益相关者共同愿景、利益表达和理想追求的集中体现，传达着几代大学人对教育的理想追求与共同信念。共同愿景是组织成员共同理解、信奉、遵循的思想和观念，体现的是集体意识而非个体意识，它能够自觉地唤醒和凝聚群体力量，转化为人的职业行为和社会性行动，进而推动核心理念的认同和实施。

---

① ［美］伯顿·克拉克：《高等教育系统——学术组织的跨国研究》，王承绪等译，杭州大学出版社 1994 年版，第 24 页。

② Don Obendorf Eprinceton, *Princeton University: The First 250 Years*, Princeton NJ: Trustees of Princeton University, 1995, p.112.

　　大学核心理念是一个长期创作、共同探讨的过程，既是利益相关者参与讨论和决策的过程，也是大学自我启发、自我教育及对新文化认同的过程，还是大学领导者、教育专家、社会力量、教师员工之间价值观念的沟通、融合的过程。大学核心理念的提炼不能靠领导拍脑袋完成，需要认清教育规律，赋予各利益团体自由表达思想的话语权，在合理性辩护中提高理性办学水平，使思想"在不断博弈中重建"。① 大学要积极发挥教师的主体作用，广泛吸收利益相关者的意见与建议，使每个人真正成为特色理念的实践者，已有特色的传承者与新特色的创造者，促进组织成员对核心理念的广泛认同，将共同愿景内化为利益相关者的精神信念与自觉行为，推动核心理念有效付诸实践。

　　总之，大学核心理念的构建过程也是大学文化认同的过程，是形成文化心理模式与行为模式的过程。不同层次、类型的大学所承担的任务、服务功能的类型和范围不同，价值取向不同，与社会结合方式不同，应该选择不同的切入点，逐步创造和形成由精神、行为、制度与环境文化构成的独特核心理念。

（原载《教育研究》2012 年第 11 期，周进参加研究与撰写）

---

① ［加］比尔·雷丁斯：《废墟中的大学》，郭军、陈毅平、何卫华等译，北京大学出版社 2008 年版，第 27 页。

提高教育质量必须树立的四个观念

质量是高等教育的生命。提高教育质量，无疑要解决学生的学习、生活条件，教学设施，师资，教材，氛围等方面的问题，但端正和更新教育思想、教育观念亦十分重要。只有对教学中存在问题加以认识、理解，并形成正确的教育思想和教育观念，才能有助于教学改革的不断深化，提高教学质量。

一　树立育人为本的教育观

高等学校必须以人才培养为中心，开展教学、科学研究和社会服务。培养高质量的人才是高等教育的根本宗旨，是高等教育的出发点和落脚点，高校领导、教师要树立育人为本的观念。

然而，在我们的教育教学实践中，育人为本的观念还没有牢牢树立起来。主要表现为我们评价一所学校时，往往主要看其博士点、博士后流动站、重点学科、国家重点实验室的数量，科研项目、科研经费、科研成果、科技论文的多少等，忽视对人才培养质量的评价；教学上领导精力、教学投入、教师教学投入不足等问题，还没有从根本上得到解决；不少学校招生宣传时宣称拥有多少院士、博士生导师、教授等，但学生入学之后，却很难见到他们，更谈不上和他们交往。查阅学校党委常委会、校务会、校长办公室的记录，讨论教学的会议所占比重不大，学校领导忙于应付各种事务工作，深入教学第一线的很少；由于忙科研、产业等，不少教师的教学工作仍处于应付状态。这些问题不解决，教学质量难以提高。

解决这一问题，首先，要明确育人是高等学校区别于其他社会组织的最本质的属性，离开育人谈教育质量毫无意义。高等教育的职能，经历了以教学为主，教学、科研两个中心到教学、科研、服务社会的发展过程。但无论发展科学、振兴学术，还是服务社会、培养社会工作者，都无一例外地主要通过一批学子来完成。教学、科研和社会服务一定要以育人为中心而展开，这是高等教育的本质特征所决定的。

其次，要将人才培养质量作为衡量一所大学水平的主要标志。从学生的就业开始，就社会对毕业生欢迎的程度和毕业生一次就业率，进行评价；然后，通过教育中介组织，对毕业生在社会各行各业的工作状态，对社会所做出的贡献以及社会声誉，进行科学评价，并将评价结果向全社会公布。

再次，学校的一切工作，从教学、科研、产业到后勤、管理等，都要围绕育人来展开，充分体现育人的根本任务。

二　树立多样化的教育质量观

大学必须突出办学特色，表现在教育质量上，就是树立多元化的教育质量观，用不同的标准来衡量不同学校层次类别高校培养的学生。

为什么要强调树立多样化的教育质量观？

第一，随着社会的发展和高等教育发展步伐的加快，我国高等教育将由精英型向大众型转变。而大众型高等教育的一个显著特征是多样化、多规格。随之而来的是高教规模的扩大、数量的增加。"量"的增长必然引起"质"的变化，即数量增长必然导致高等教育体制、结构、功能、质量、学术标准、入学条件、课程设置、教育教学方式方法、教育组织形式以及教学管理等方面发生一系列变化。"传统的精英高等教育所形成的单一的学术性质量标准已经不适应于大众高等教育的质量标准，必须树立多样化的高等教育质量观和质量标准。"

第二，高等教育应该与社会发展相适应，培养社会需要的各层次人才。社会系统是复杂的巨系统，对人才的需求千差万别，对质量的要求也不尽相同，这就要求各类人才的质量标准具有差异性、多样化。此外，学科门类不同，学科性质不同，衡量其人才的质量标准也不同。学生的能力

基础、性格特征、内在需求不同，所能达到的质量要求亦不同。这些都决定质量标准的多元化。为了解决这一问题，首先，政府在进行宏观体制改革时，要充分研究和分析社会结构、社会需求，形成学术型教育、技术型教育、实用型教育、文化补偿型教育等多层次结构的高等教育体系。同时，建立各类别、各层次人才的质量标准体系，对各类学校提出不同的办学目标和要求。

其次，全社会都要改变用人观念，特别要克服用人高学历化的倾向。有的岗位，本来一个专科生，最多一个本科生的水平就足以胜任工作，但用人单位却要安排一位博士、硕士，造成人才资源的浪费。为了解决这一问题，除了解决观念问题以外，不同学历人员、不同层次学校毕业的同等学历人员的工资待遇要拉开距离，充分考虑投入、产出比，使各类、各层次学校的毕业生能在社会上找到适合自己的工作岗位。

再次，每所学校要给自己的发展定位，提出不同的、具有自己个性的培养目标和质量标准，办出特色，在同类学校中争创名校，培养社会需要的高质量人才。

三　树立培养高素质人才的教育目的观

教育质量与根据社会需要所确立的教育目的、培养目标、人才标准等密切相关。不同的教育目的、培养目标，对人才质量标准所提出的要求是不同的，提高教育质量，必须树立正确的教育目的观。

首先，在教育目的上，重视知识、专业的教学，普遍忽视思想、道德素质的培育。学生上大学，认为"我是学专业的、学知识的"；教师教学，认为"我是教专业的，教知识的"，把思想道德的培养作为附加的成分，这一问题十分突出。

前苏联教育家苏霍姆林斯基指出，培养人的时候，不要忽视"人的所有方面和特征的和谐，都是由某种主导的东西所决定的……在这个和谐中起决定作用的、主导的成分就是道德"。"道德是照亮全面发展的一切方面的共源。"就个体发展而言，德、智、体密不可分，但"德"是体现个体精神面貌的决定因素，德决定着人的发展方向、动力，调节着才的运用。

青年学生正处于人生成长发展的关键时期，他们不仅要学知识，同时要增长智慧、才干，要观察社会，思考人生，确立自己的价值观、人生观、世界观。

重视思想道德素质的培养，应抓好几个环节：学校领导、全体教师、干部要树立德育首位的观念，并引起充分重视；在内容体系上，要注意内容的层次性和时代性，既要注重以道德品质教育为主的基础性内容，又要重视以爱国主义教育为主的主体性内容，同时还要加强以培养共产主义道德品质为主的主导性内容；在途径、方法上，要改变德育与其他各育分割、分裂的状况，做到渗透、协调、一体。

其次，严重忽视创新精神和创新能力的培养。长期以来，中国社会变化速度慢，人们依靠祖宗传下来的经验，足以维持生存。因此我国教育强调以继承为中心，向过去学习。"祖宗之法不可改"的传统观念根深蒂固，如"有例不能减，无例不能添"（孔府格言）；"述而不作"（孔子）；"译而不作"（唐玄奘）；"注而不作"（朱熹）；"编而不作"（纪晓岚）。"学问"变成了"学答"，回答老师的问题，解释前人的著述。为什么我们国家近几百年来，没有产生开时代先河的科研成果，不能不说，我国教育重视创新精神和创新能力的培养不够是一个重要原因。

创新是知识经济的首要特征。创新教育，首先要转变教师、学生的教育观念、学习观念，从以继承为中心到向未来学习，形成强烈的创新意识。要改变课程内容结构体系，改进教学方法，多运用启发式教学，给学生留有思维的空间，激励学生自己提出问题、思考问题。进行创新教育，还要因材施教，帮助学生自己发掘创新点，注意培养拔尖人才。

四 树立"教育过程是一个创造过程"的教育过程观

纵观我国高等教育过程，尽管近些年来在内容、方法上有所改进，但从总体来说，传统的教育方式没有从根本上改变，其中突出的问题是：重视认知过程，忽视感受、体验过程；重视单向的传递过程，忽视双向的交流启迪过程。近百年来，一直采取"以教师为中心，以课堂为中心，以书本为中心"的单向灌输式的教学方法，学生处于被动地位，潜力得不到发挥。在教师的内隐教育观念中，也存在一些误区，这些观念，导致在教学过程中，教师只注重知识的传授，缺乏让学生自己去感受、体验，忽视师生间心灵的沟通；按照教学计划的要求，将知识分解，逐节讲授，完成大纲规定的要求了事；上课满堂灌，没有讨论，没有交流，没有大量的课外阅读；教师居高临下，缺乏师生间平等对话、交流。为了解决这些问题，应该从以下几个方面入手。

第一，抓住"什么是教育，怎样教，怎样学"这一教育的基本问题，组织师生开展学习、研究，消除内隐观念中的一些不符合教育规律的内容，树立正确的教育过程观。其一，学生学习过程是认知过程和感受、体验过程的统一。因为任何一种思想、心理品德，都是由知、情、意、行四种心理成分构成，只有这四种心理成分都得到充分发展，良好的品德才能形成。其二，学生成长是自我身心构建、人格完善的过程。学生是有血有肉、活生生的主体，每时每刻都处于思索的过程之中。人有两个基本功能：一是消化，二是内化。消化，哪怕是刚出生的婴儿的消化，都靠自己，别人无法代替。同样，内化，也必须靠自己，任何人也无从替代。教育就是创造条件，帮助学生内化的过程。其三，教学过程是教师与学生相互作用、相互生成的互动过程，知识交流的过程，灵魂碰撞的过程，在交流、碰撞中，教师、学生都得到了提高。

第二，要明确教师的责任。在教学过程中，教师要明确自己应该干什么，能够干什么，自己的责任是什么。我认为，在教学过程中，教师的主要责任体现在三个方面：一是选择教育资料，要根据教育的方向、目标、学生的现实状况，在浩如烟海的资料中选择教育参考资料，编写教材，并以此引导学生学习；二是激活知识，要根据自己学习研究的体验，用"心"去将书本中死的知识激活，引起学生学习的兴趣，引导学生自己去体悟；三是优化环境，营造一种积极向上的、多学科交融的、民主自由的学校氛围，营造一种充满真情与关爱的课堂氛围，让学生去感受、体验。

第三，应让学生真正成为学习过程的决策人。学生是学习的主体，应该自己掌握学习的命运，充分发挥主观能动性。为此，陶行知先生曾提出"六大解放"："解放眼睛，敲碎有色眼镜，教大家看事实。解放头脑，撕掉精神的裹头布，使大家想得通。解放双手，剪去指甲，撕掉无形的手套，使大家可以执行头脑的命令，动手向前开辟。解放嘴，使大家可以享受议论自由，摆龙门阵，谈天、谈心，谈出真理来。解放空间，把人民与小孩从文化鸟笼里解放出来，飞进大自然、大社会去寻觅丰富的食粮。解放时间，把人民与小孩从劳碌中解放出来，使大家有点空闲，想想问题，谈谈国事，看看书，干点与老百姓有益的事，还要有空玩玩，才算是有点做人的味道。有了这六大解放，创造力才可以尽量发挥出来。"

第四，教学是一个创造过程。前苏联教育家苏霍姆林斯基指出："教育是人与人心灵上的最微妙的相互接触。"教学，绝不是简单的知识传授，而是一个创造过程，是一个人的生命历程。因此，每个教师都要研究。要研究教与学的相互作用，教师与学生的心灵沟通和碰撞；要研究学生内化的过程与规律；要研究教材，如何去激活知识；要研究方法，如何去启迪学生；要研究教师自己在教学中的生命历程，自己在教学中成长的过程、规律，等等。每个教师都应将教学视为师生共在的精神生活过程，自我发现和探索真理的过程，生命活动和自我实现的方式。

（原载《中国高等教育》2001 年第 15、16 期）

论"以学生为中心"

2012 年 7 月 14—15 日，中国高等教育学会院校研究分会和华中科技大学共同举办了"院校研究——以学生为中心的本科教育变革"国际学术研讨会，来自国内外的近 400 名学者出席了会议。与会学者对会议主题高度认同，并进行了广泛、深入的探讨。笔者从会议主题提出、会议准备到参加研讨会，用了半年时间学习、思考"以学生为中心"，本文将自己的认识整理如下。

一 为什么要提出"以学生为中心"

2011 年 4 月，胡锦涛总书记在清华大学百年校庆上的讲话中指出，不断提高高等教育质量是高等教育的生命线。《国家中长期教育改革和发展规划纲要（2010—2020 年）》提出，提高质量是高等教育发展的核心任务，是建设高等教育强国的基本要求。高等教育的质量涉及方方面面，但人才培养质量、教学质量是根本。那么，我国高校的教学状况、教学质量究竟如何？

在 2003—2008 年我国普通高等学校本科教学工作水平评估中，笔者曾到几十所高校参加评估，观察了包括"985 工程"大学、"211 工程"大学、地方本科院校在内的 100 多个没有评估专家听课的课堂，感触最深的是"学生眼睛不亮"。教师的讲授没有吸引和打动学生，师生之间缺乏互动、交流，不少学生在玩手机、睡觉、听音乐，显得心不在焉。

为具体了解课堂教学情况，笔者于 2007 年 10 月 16 日组织有关研究人员，对一所"985 工程"大学的课堂教学情况，采用跟班听课的方式进行实地观察，随机抽取了30个课堂，调查情况如下：共计选课1604人，实到1352人，出勤率84%。迟到160人，占10%；早退36人，占2%。认真听课725人左右，占45%；做笔记233人，占15%；玩手机69人，占4%；睡觉109人，占7%；心不在焉、交头接耳270人，占17%；做其他事150人，占9%；吃东西20人，占2%；接电话3人，听音乐4人。不同年级到课率：一年级95.6%，二年级80.7%，三年级68.7%，四年级26.1%。

麦可思的一项调查也表明，70%的学生认为教师的讲课不吸引人，上课单调。

这种状态很难达到提高教学质量的目的。为深入了解情况，笔者在评估期间召开过多次教师座谈会，向教师们提出问题，与他们进行探讨。其中之一是：现在有了印刷术，有了互联网，我们还要讲课，讲课的目的是什么？一些教师对此做出了比较正确的回答，但部分教师表示："为什么要讲课，没有想过，按照规定的教学大纲讲就完了。"教师讲课，没有想过为什么要讲课，不是说教师讲课没有目的，而是表明他们将教学、讲课本身当作目的，将手段当成目的。教学、讲课是手段，目的在于学生学习。学生学习了就有教育，没有学习就没有教育。因此，笔者认为，从这个意义上看，没有确立"以学生为中心"的教育观念、教学方式，是影响教学质量提高的一个关键因素。

在中国和西方，体现"以学生为中心"理念的教育、教学思想古已有之。无论古今，大凡成功的教育教学实践都有意识或无意识地体现了"以学生为中心"的理念。例如，在《论语》中，孔子有很多论述，"学而不思则罔"，"温故而知新"，"不愤不启，不悱不发"，"三人行，必有我师"，"多闻，择其善者而从之"，"古之学者为己，今之学者为人"，"有教无类"等等。《礼记·学记》中提出："教也者，长善而救其失者也。""长善救失"，就是要让学生身上"善"的因素生长出来，用"善"的因素去克服"不善"的因素，把教育、教学的本质说透了。古希腊时期苏格拉底的对话式教学、"产婆术"，古罗马时期昆体良的修辞教学，也是"以学生为中心"的典型表现。

那么，为什么自近代以来的教育又忽视了"以学生为中心"呢？其主要原因是：

首先，班级教学制的影响。近几百年来，教育观念、教学方式改变的典型之一，是夸美纽斯提出的班级教学制。班级教学制把学生组织成班级，由一位教师面向班级统一授课。班级教学制的提出和实施，大大提高了教学效率，但同时也对师生关系产生了负面影响，带来了种种弊端。

其次，工业革命的影响。300年前开始的工业革命，使机器取代人力，大规模工业化生产取代个体手工业生产。工业革命不仅引起生产组织形式的变化，社会结构的变革，带来了城市化，改变了人们的思想观念和生活方式，而且改变了教育观念、教学方式，特别是加速了班级教学制的形成，开始了人才培养的工业化批量生产方式。

再次，中国的特殊国情。近代以来，中国经历了亡国灭种的危机，拯救中华的情结已渗入国人骨髓。带有强烈目的性、知识性的学习迅速演变成经世致用的技术训练，使得我们的学习和教育带有浓厚的培训色彩，而对科学的理解大多停留在功利的层面。近几十年来，先是政治挂帅，政治压倒一切；后是以经济为中心，导致物质至上；高等教育迅速大众化之后，则是为达到基本的教学条件而忙碌，难以尽下心力，探求教育教学理念、规律和方法。

此外，和基础教育相比，高等教育领域更加缺乏对教育教学规律、方法的探讨。中小学教师大多毕业于师范院校，学习过教育理论，具有探索教育教学的兴趣、能力。大学教师大多来自非师范院校，没有接受教育学的专门训练，也没有养成探索教育教学的兴趣，因而极少进行教学研究、探索。从现实来看，基础教育领域对"以学生为中心"的教学已进行了多年的探索，以基础教育为主要研究对象的教育学也将重点放在教学、课程的探索上，而以高等教育为研究对象的高等教育学研究的重点则放在大学治理、管理上，很少研究大学的教学、课程等。在美国，高等教育研究项目中80%以上的关涉学生的学习，而在我国，这一比例还不到20%。

那么，现在为什么高等教育领域开始重视对"以学生为中心"的教育理念、教学方式的探索呢？这主要是因为：

首先，信息技术的影响。《教育规划纲要》明确指出："信息技术对教育发展具有革命性的影响。"当代信息技术创造了跨时空的生存方式、工作方式和学习方式，使大学的学生超越了传统教育和传统课程与教学模式。信息技术一方面挑战大学的基本功能，推动大学从单一的教学功能向教学、科研、社会服务的综合功能转变，另一方面将改变教学模式、学习方式。信息技术，特别是网格技术的发展，网络化的多媒体教学，使教学、学习可以不受时间、地点、条件的限制。学生增加了选择的自由度，可以选择教师、学习内容和学习进度。学生获得了参与教学过程的主动性，能够与世界各地的教师交流，主动与教师探讨重点、难点问题，享受丰富的教学资源。因此，教育信息化的使命不是要用信息技术武装传统教学、强化和巩固传统教学模式，而是要超越以教师讲授、灌输为特征的传统课堂教学模式，促进学习方式的历史变革，实现传统课堂向高效"学堂"的转变。从以教师为中心的知识灌输型教学模式向以培养和提高学生自主学习、团队学习、创造性学习能力为中心的个性化教学、导学模式转变，是高等教育从工业时代走向信息时代必须完成的历史性变革。①

其次，是心理科学、教育科学发展的结果。教育学的发展以心理学的发展为基础。近几十年来，心理学的长足发展对教育教学理论产生了深刻的影响，其中影响最为深刻的是建构主义的产生。提出建构主义的重要学者之一是瑞士的皮亚杰。皮亚杰坚持从内因与外因相互作用的观点来研究儿童的认知发展。他认为，儿童是在与周围环境相互作用的过程中，逐步建构起关于外部世界的知识，从而使自身认知结构得到发展的。儿童与环境的相互作用涉及两个基本过程："同化"和"顺应"。儿童的认知结构是通过同化与顺应过程逐步建构起来的，并在"平衡——不平衡——新的平衡"循环中不断丰富、提高和发展。在此基础上，人们进一步认识到，知识是社会实践和社会制度的产物，或者是相关社会群体互动和协商的结果，人们的观念、意识和文化对社会的建构有着十分重要的作用。在建构主义的基础上，形成了建构主义学习理论，其基本观点是：以学生为中心，强调学生对知识的主动探索、主动发现和对所学知识意义的主动建构，同时注意文化环境等因素对学生发展的影响。以"学生为中心"就是

---

① 桑新民、谢阳斌：《在学习的变革中提高大学教学质量和办学水平——高等教育信息化的攻坚战》，《高等教育研究》2012 年第 5 期。

建立在建构主义学习理论之上的。

再次，是国际高等教育发展的必然趋势。1952 年，卡尔·罗杰斯首先提出了"以学生为中心"的观点。20 世纪中期美国学者提出了"以学生为中心"的本科教育理念，引发了本科教育基本观念、教学方法和教学管理的系列变革，给高等教育带来了巨大的影响。1998 年联合国教科文组织在世界首届高等教育大会宣言中提出"高等教育需要转向'以学生为中心'的新视角和新模式"，要求国际高等教育决策者把学生及其需要作为关注的重点，把学生视为教育改革的主要参与者，并预言"以学生为中心"的新理念必将对 21 世纪的整个世界高等教育产生深远的影响。在本次国际学术研讨会上，美国杜肯大学威廉·巴罗内（William Barone）教授认为，美国、欧盟和中国先后实现了高等教育大众化，大学不再是只招收优秀学生和实行精英教育的地方，如何让众多学生成为主动的学习者，让他们对自己的学习更负责，是不同国家面临的共同问题。[①]

因此，我国提高高等教育质量，必须进行一次教育理念、教学方式的变革，确立"以学生为中心"的教育理念、教学方式，从而提高学生的学习质量，使学生在知识、能力和素质上获得全面提升。

二　怎样理解"以学生为中心"

怎样理解"以学生为中心"？"以学生为中心"不是指教师与学生角色、身份、地位的高低之分，而是指教学理念、管理理念、服务理念的转变，教学方法、评价手段的转变。教学的目的、任务不在"教"，而在"学"。"以学生为中心"，最根本的是要实现从以"教"为中心向以"学"为中心转变，即从"教师将知识传授给学生"向"让学生自己去发现和创造知识"转变，从"传授模式"向"学习模式"转变。[②] 因此，学校要从"课堂、教师、教材""老三中心"，向"学生、学习、学习过程""新三中心"转变，

---

① "院校研究：以学生为中心的本科教育变革"国际学术研讨会专家报告，2012 年 7 月，第 4 页。

② R. B. Barr & J. Tagg, *From Teaching to Learning–A New Paradigm for Undergraduate Education*, Change, 1995,（11/12），pp.13–15.

真正关注学生的学习。教学方法是为了达到教学目的服务的，目的决定方法。学习是一个"自主构建"、"相互作用"和"不断生长"的过程，凡有利于学生自主发现和构建学问，有利于学生主动发现和解决问题，有利于学生自主学习的方法就是好方法。

"以学生为中心"，是以学生的学习和发展为中心。"以学生为中心"，笔者认为应强调三个"着力于"。

第一，着力于学生的发展。教育的根本问题是人的问题，人的发展问题。教育通过对人的成长的引导，从而促进人的发展。"以学生为中心"，就是在教育教学中，要着力于学生的发展。人的发展有其自身的规律，其中的重要规律之一是，人的发展既有连续性，又有阶段性。这是因为，心理是脑的机能，脑和神经系统的发育是心理发展的直接前提和物质基础，而脑和神经系统是按一定的次序和过程发展的。人的思维、情感、意志等的发展，与脑的发展密切相关，而人的理想、人生观和思想品德的发展，又直接依赖于思维、情感、意志的发展。环境对人的发展产生一定的影响，而人所面临的环境，随着人的年龄的增长，从事的主要活动的变化而发生改变。从心理机能发展上看，人的任何心理现象都是一个从量变到质变的过程。[①] 因此，人从出生，婴幼期，小学，中学，大学，到就业后，每个阶段都具有不同的发展内容。而且人的发展具有不可逆性，前一阶段发展好了，才能顺利地走向后一阶段的发展。大学教育，首先要了解人在大学阶段发展的内容，以及现在大学生发展的状况，遵循人的发展规律，从而推进大学生的健康发展。

第二，着力于学生的学习。促进学生的发展，要通过学生的学习来实现，学生在学习中发展，在学习中提高。学习，是一种精神活动，是人的一种内在需求，是人类的一种生存方式。着力于学生的学习，首先要满足学生学习的需要。学习的需要包括发展成人的需要和求职成才的需要。其次要遵循学习的规律。在教学中，"教"是手段，"学"是目的。与人的发展相同，人的学习有其自身的规律。建构主义学习理论将人们对学习的认识推向了一个新阶段。建构主义学习理论认为，学习过程是学习者主动构

---

① 刘献君：《大学德育论》，华中理工大学出版社 1996 年版，第 34—37 页。

建知识的过程；学习活动是学生凭借原有的知识和经验，通过与外界的互动，主动地生成信息的意义；学生对知识的理解不存在唯一的标准，而是依据自己的经验背景，以自己的方式构建对知识的理解。因此，学习是自主构建、相互作用、不断生长的过程。即学习过程不是教师简单传授知识的过程，而是学生根据外在信息，通过自己的背景知识，自我构建知识的过程；外部信息（包括教师的讲授）本身没有意义，意义是学习者通过新旧知识和经验间反复、双向的相互作用过程构建而成的；教学应把学习者原有的知识经验作为新知识的生长点，引导学习者从原有的知识经验中不断生长出新的知识经验。

第三，着力于学生的学习效果。教育要遵循人的发展规律和学生的学习规律，同时，教育又有自身的规律。例如，教育具有非决定性、非线性的特点，教师讲课与学生学习之间并没有直接的决定的关系。因为各种知识进入大脑之后，要经过内化，才能化为自己的知识结构、思想、灵魂。内化靠谁？靠自己，谁也代替不了。现在教学的问题恰恰出在这里。一些教师认为，"我不讲学生就不懂"，只顾自己讲，总以为自己讲了学生就接受了，就学习了。这是影响教学效果的十分重要的根源之一。因此，教学中，教师要了解学生，了解学生的个性，进行针对性教学，学生是千差万别的。同时，要通过教学评价，了解学生的学习效果。教学评价的重点应该是"学"，学生的"学习效果"，而不是"教"。应该将评价结果及时向教师反馈，让教师了解自己教学中存在的问题，从而不断改进教学，提高教学效果。

"以学生为中心"提出以后，部分教师、管理人员中存在种种疑虑、误解。确立"以学生为中心"的教育理念，要消除种种误解。

例如，"以学生为中心"是否把学生的地位看得太高了？这里没有地位的高低之分，"以学生为中心"是由大学的职能所决定的。大学的职能是教学、科研、社会服务，核心是培养人才。因此，大学的使命是"育人为本，质量第一"。陈赓大将在创办"哈军工"时打了一个十分恰当的比喻。他说，办大学就像办一个食堂，学生是来吃饭的，老师是炒菜的，我们这些人（领导者、管理者）都是端盘子的。办大学是为了培养学生，为了学生的学习、发展，在这个意义上，"学生就是大学"。

"以学生为中心"是不是否定了教师的主导作用?"以学生为中心",是以学生的学习和发展为中心,学生学习要通过自己的内化,要发挥自己的主观能动性,但教师在促进学生学习和发展中起着十分重要的作用。这是因为,我们的眼睛看不见自己的眼睛,只能看到别的东西。人往往看不清自己,如要看清自己,则要把自己推开,跳出来,再从更高的高度来看自己。教师的作用就在于帮助学生把自己推开,跳出来,从更高的高度看自己。从我多年的教学经验来看,教师至少可以从三个方面发挥主导作用:一是选择教育资料,信息时代,教育资料浩如烟海,教师通过编教材、讲授、提问、讨论等选择教育资料,给学生以学习导向。二是激活知识,知识是死的,教师通过教学激活知识,引起学生学习的兴趣。兴趣是最好的老师,学生一旦体验到学习的乐趣就会有继续学习的动力。三是促进思考,通过多种方式,调动学生学习的主动性、积极性,进行深入思考,从而将外在的知识内化为自己的知识结构,增强能力,提高素质。"以学生为中心"的教学,难度更大,要求更高,教师需要付出更大的努力。

"以学生为中心"的教学,是否可以取消讲授法这一教学方法?"以学生为中心"的教学没有特定的教学方法,凡是有利于学生学习,有利于提高教学效果的方法,都是好方法。我们应该根据教学目的、教学内容和教学要求,选择或创造恰当的方法。在"以学生为中心"的教学中,讲授法仍然是一种主要的教学方法,但不能照本宣科,仅仅进行一种"传授",而应以问题吸引学生参与学习,通过师生互动、生生互动,达到学习的目的,收到好的学习效果。运用讲授法时,主要看教师讲什么,怎么讲,是否适合学生的需要,能否激发学生自主学习。

"美国是小班上课,中国不少是大班上课,大班上课如何实现'以学生为中心'?"这是本次国际学术研讨会上,一位中国与会者提出的问题。一位美国教授回答了这一问题。他首先介绍,美国同样有大班上课,有的课堂多达几百人。接着,他放了一段录像,介绍一个大班上课的课堂如何实现互动。在这个大班课堂上,教师首先提出一个难度很大的问题,并给出了三个答案,其中一个答案是正确的,让大家选择。课堂上马上显示出学生答题的结果。随后,教师让回答正确的学生三五成群地给其他同学讲

解。课堂气氛十分活跃，调动了学生们参与、互动的积极性。因此，大班授课同样可以实现"以学生为中心"的教学。

三　如何实现"以学生为中心"

这次国际学术研讨会形成的共识之一是，实现"以学生为中心"的本科教育变革，是一种范式的改变，必须全面、整体、协调推进。

1. 转变教育思想、观念，全方位进行设计

实现"以学生为中心"是对教育本质的深刻认识，是教育思想、观念的一次变革，是从以"教"为中心向以"学"为中心的一次转变。现在大学的领导、教师、管理人员，都是在以"教"为中心的教育体制下培养出来的，因而以"教"为中心的观念根深蒂固。从国外深造回来的领导、教师，或接受博士教育，或从事学术研究，对本科教育了解不多。因此，我们要来一次教育思想的深入学习，重新认识教育，认识教育思想、观念、方法，逐步转变教育思想、观念、方法。我们应当认识到，学校教育作为一种活动，是向学生提供学习服务，学生通过自己的理解、消化而接受学习服务并凝结在自己身上，进而实现学生本人及其家庭、社会的需要。学校的方方面面都应该设想：如果把学生的学习放在第一位，我们将以怎样不同的方式做事？我们应转变思路，在有利于学生学习、发展的思维之下设计自己的工作。

校院两级领导要心系学生，深入学生，深入课堂，了解学生的学习情况，研究解决学生学习中存在的有关问题，制订有利于学生学习的政策、制度，创设有利于学生学习的环境、文化氛围，为学生的成长创造广阔的空间。

在学生工作中，要将管理学生转变为服务学生，将学生辅导与学术指导、学生事务与学术事务紧密结合起来，从而有利于指导学生学习。要探索有利于学生学习的组织管理形式，如书院制、导师制等。华中科技大学文华学院创设了潜能导师制，帮助学生发掘自己的优势潜能，进行学习设计和人生规划，取得了好的收效。

学生的学习不仅局限于课堂，学校对学生学习的影响是整体的、潜移

默化的。因此，学校其他各方面工作的制度、方法，以及工作态度，都要从有利于、服务于学生的学习出发。

2.教师要转变教学方式、方法和手段

在实现"以学生为中心"的转变中，无疑教师负有重大的责任。除上述教育思想、观念的转变以外，要特别关注课程改革和教师培训。课程是核心，培训是关键。

课程是教育教学活动的基本依据，是实现学校教育目标的基本保证，是学校一切教学活动的中介。在课程改革中要特别关注课程结构和教学方法的改革。结构决定功能。要根据学生学习的目的建立合适的课程结构，以满足学生学习的需要。课程结构变革要以人为本，着眼于学生的全面发展，注重培养学生的创造力和创新能力，注重发展学生的个性，培养学生自主学习的能力。当前，根据大学生的学习状况和学习需要，特别要加强文化素质教育课程，开设批判性思维课程，创设个性化课程，重视实践性课程。要根据学生的学习状况，选择、创建合适的教学方法，以提高学生的学习效果。在本次国际学术研讨会上，美国加州大学洛杉矶分校西尔维娅·乌尔塔多（Sylvia Hartado）教授具体介绍了合作学习、学生作报告、团体项目、学生作业互评、回顾思索类写作／日记、体验式学习／实地研究，以及学生选定课题和课程内容，利用学生的调查来推动学习等教学方法[①]，使与会人员受到启发。

教师的培训、发展，是一所大学成功的必要元素。在本次国际学术研讨会上，美国加州西来大学校长黄茂树博士强调，要通过教师培训来实现教学卓越，让个人与大学的使命连接，重点对新聘教师进行科技整合的教学以及主动、探究式教学培训。[②] 教师职业是学术职业，需要具备两种学科的知识，一是本学科的专业知识，一是教育学科的知识。要通过建立学校教师发展中心、举办培训班等多种方式，组织教师学习教育理论，探讨教学方法，并进行一些先进的教学方法的训练，从而使教师得到提高，自觉转变教育观念，运用先进的教学方法。

①② "院校研究：以学生为中心的本科教育变革"国际学术研讨会专家报告，2012年7月，第23页。

3.加强对学生学习的指导

学生是学习过程的共同创造者，在教学过程中，加强对学生学习的指导十分重要。对学生学习的指导，应着重体现在以下两个方面：

首先，要开展立志教育，帮助学生立志，调动学生学习的主动性、积极性。如果学生没有学习的主动性、积极性，不可能取得好的学习效果。因而帮助学生立志很重要。学生立志体现了共性与个性的结合，社会贡献与个人发展的结合，道德与科学的结合。立志教育可以从四个方面展开：一是认识自我。通过各种榜样、名人名言、专业发展等激励学生认识立志，认识自我。二是选择志向。学校要创造广泛的空间，让学生参与多种实践，进行多样尝试，在反复比较中选择自己的志向。三是阶段规划。有了志向以后，要从现在开始，通过努力学习，去实现自己的志向。大学阶段仍然是准备阶段，首先要做好大学阶段的学习规划，为志向的实现打下扎实的基础。四是坚持不懈。对自己志向的实现，学生要有充分的自信，要努力实践，在实践中克服困难，排除干扰，坚定不移地走下去。

其次，要引导学生掌握正确的学习方法，学会学习。长期以来，学生处于以"教"为中心的教学模式之下，习惯于被动接受，不会提出问题，缺乏研究的能力。"以学生为中心"的学习实质上是一种研究性学习，学生和教师共同参与研究，在研究中学习。因此，要帮助学生熟悉新的教学方式，主动参与、主动交往、主动提问、主动探索，在研究中自主学习。当然，这需要一个过程，也需要学校各个方面做出努力。

4.改革制度，调整政策

制度、政策具有导向功能，十分重要。国家政策、学校制度应从"以学生为中心"出发，有利于学生学习和发展的政策、制度应该坚持，不利于学生学习和发展的政策、制度则应该调整、改革。

首先，对国家政策应该进行审视，加以调整。例如，现在评价一所学校，大多以院士的多少，具有博士学位教师比例的多少，科研经费和获奖的多少，百篇优秀论文的多少等等为标志，因而学校领导的主要精力也放在这些方面。对教学的评价，也侧重于投入、条件、师资等方面，而反映学生学习状态、学习效果的指标则不多。近几年来，政府为提高教学质量，采取了很多措施，如设立教学成果奖、精品课程、教学名师等。这些对激励教学应该说产生了一定的作用，但要从"以学生为中心"的视角进行审视，深入了解这些举措实施的后果，重新进行思考，不断加以调整、改进。

对学校制度同样应该加以审视。学籍管理、考试制度、学位制度、奖励制度等等，都应该加以调整，以更好地促进学生的学习、成长。

院校研究应体现"以学生为中心"，院校研究人员在推进"以学生为中心"的转变中应发挥重要的作用。

（原载《高等教育研究》2012 年第 8 期）

创新教育理念 推动人才培养模式改革

提高教育教学质量是体系性、全局性、战略性问题，其中人才培养模式改革是核心环节。近几年来，高教界开始着手进行人才培养模式的研究和改革，取得了一定成绩，但仍然存在不少问题：如专业设置过窄与复合型人才培养目标的矛盾；课程设置的统一性、单一性与学生主体性、选择性之间的矛盾；教学方法与模式的呆板单调与学生创造力培养的矛盾；单一的教育教学评价标准与办学特色、学生个性发展之间的矛盾等等。教育教学改革中，教育思想观念是先导，改革人才培养模式首先必须转变和创新教育思想观念，确立素质教育、以人为本、面向社会、创新教育和教育国际化等理念。

一 素质教育理念

素质教育理念的提出是对教育真谛的领悟，对教育现实的反思，是我国教育界对教育理念的创新。素质教育理念是指导人才培养模式改革的核心理念。

改革人才培养模式，加强素质教育，首先要领悟和把握教育、大学教育的真谛。《礼记·大学》中第一句话，开宗明义："大学之道，在明明德，在亲民，在止于至善。"高等教育必须重视培养学生具备会思考、探索问题的本领。人们解决世界上所有问题是用大脑的思维和智慧，而不是照搬书本的。因而，大学教育不仅仅是知识教育、专业教育，首先应该是素质教育。对教育的理解，必须把握住几个基本点：其一，教育的目的在本质上首先是培养人，是"育人"而非"制器"，学生既要成人，又要成才，成人是成才的基础；其二，教育是一种社会实践活动，这种活动由教育者、受教育者、教育环境（教育影响）三个基本要素构成，三者关系是动态的；其三，人是活生生的生命体，有思想、有感情、有个性、有精神世界，教育要以人为本，把人作为主体，以精神提升人，高度重视人的创造性；其四，教育过程是培养学生知、情、意、行的过程，只有四个因素都发展好，良好的思想品德才能形成。

改革人才培养模式，加强素质教育，是对我国教育现实的总结和反思。上世纪 70 年代末 80 年代初，"文化大革命"中被搅乱了的党的教育方针逐渐得以贯彻。随着国家迅速走向以经济建设为中心的正常轨道，对各类专业人才的需求急剧上升，在正值"知识爆炸"的世界格局下，使得文化知识的有效传播与学习成为当时学校教育的中心任务，大学生们如饥似渴地学习知识。到了 80 年代中期，知识与能力的关系成为教育思想论题中关注的焦点、对"知识型"、"高分低能型"人才的质疑不断，大家意识到，知识的汲取不能自然形成能力，因而能力的培养成为教育所关注的内容。进入 90 年代以后，人们深刻认识到，在构成人才的要素中，有比知识、能力更为重要的东西，或者说使人的知识和能力更好地发挥作用的东西，那就是"素质"，即强调在传播知识、培养能力的同时，要更加注重素质的提高。与基础教育界主要针对"应试教育"的弊端而提出"素质教育"的改革有所不同，高等教育领域"素质教育"主要是针对片面的科学主义教育以及狭隘的专业教育的弊端提出的，它更侧重于文化素质，以文化素质教育为突破口，强调"做事"与"做人"的有机结合，其目的在于促进科学教育与人文教育相融合。文化素质教育成为了加强素质教育、深化人才培养模式改革的一个重要切入点。

从知识教育到素质教育，是我国教育理念的创新。知识教育重视知识的传播、学问的高低，强调学生接受与理解。素质教育着眼于提高人的内在素养和品质，强调知识内化与学生的身心发展的结合。知识教育到素质教育的转变，体现了一种新的人才观和质量观：在教育目标上，强化了提高学生全面素质的宗旨；在教育内容上，要求施以全面的教育；在教育方式上，充分重视学生主体积极性与创造性的发挥；在教育途径上，注重理论与实践的结合；在教育评价上，对教育效果的衡量重基础、重长远而非

眼前。

坚持素质教育理念，改革人才培养模式，要突破将人才培养模式仅仅局限于专业教育的框架，坚持"强化基础、拓宽专业、突出能力、注重创新、提高素质、全面发展"的指导思想，将通识教育和专业教育相结合，实现在通识教育基础上的专业教育模式，确立全面发展的复合型人才培养目标；要转变传统的知识论的教学观，不再将教育过程等同于教学过程、将教学过程等同于认识过程，要将知识学习过程、科学研究过程、社会实践过程、自我教育过程有机结合，促进智力因素和非智力因素的发展。重视文化素质教育，将文化素质教育课程纳入体系，加强人文精神的培养；将学生的课后读书活动、社会实践活动以及各类创新创业活动有机地纳入教育教学体系，实现科学教育和人文教育的融合，提高学生全面素质。

二　以人为本理念

高等学校人才培养方案改革的目的是为了更好地培养人才，落脚点是学生健康、全面的发展。因此，人才培养方案一定要以学生为本，树立生本理念。

以人为本，要高度重视学生的自主性。学生的学习是一个创造过程，并且是一个自主建构的过程。它不是教师简单传播知识的过程，而是学生根据外在信息，通过自己的背景知识，来自己建构知识的过程；外部信息本身并没有意义，意义是学习者通过新旧知识和经验间反复、双向的相互作用过程而建构成的；教学应把学习者原有知识经验作为新的知识的生长点，引导学习者从原有的知识经验中，生长出新的知识经验。学生学习是一个内化的过程。学生看到、听到的各种知识，经过内化，形成自己的知识结构，化为自己的思想、智慧、灵魂。这个过程是谁也代替不了的。学生是活生生的、每时每刻都处于思考中的生命体，每时每刻都在内化之中。内化是素质形成过程中渐变与突变、渐悟与顿悟的统一，是一个主体建构的过程，是自我认识、感受、体验的过程，是再创造的过程。在教育教学过程中存在的突出问题是不重视学生的自主性，教师认为"我不讲学生就不懂"，以为教师讲了学生就懂了，把学生仅仅当作"容器"，忽视了学生的自主性。笔者查看过不少大学生的课堂，发现学生听课时"眼睛不亮"，教师教学没有打动学生。教学方法改革的关键是加强针对性，教师要了解学生，针对学生的需要、困惑以及认识中的难点，有针对性地组织教学。

以人为本，要高度重视学生的发展性。以生为本，就是要视学生为大学发展的中心，大学生的人才培养方案要围绕、服务和促进学生的发展。大学阶段是人生观的发展、确立阶段，是人生观形成的关键时期；提高道德认识、培养道德情感、调整品德结构；外在动机内化，道德理想、社会理想开始形成，理想结构趋向完备、稳定；发展理论思维，确立专业方向；成长发展有很强的自觉能动性。教育的目的是促进学生的健康发展，因而我们要深入研究大学生的发展状况、特点和规律，教育教学实践过程中，要根据学生的发展状况、发展需求，确定教育目标、组织教学过程，有效地促进学生健康发展。

坚持以生为本理念，改革人才培养模式，首先，要全面审视教育目标、教育过程、教育内容、教育方式方法，重视学生的主体性，强调弹性和多样性，使不同的学生有不同的成才方案和发展空间，能够自主发展。其次，要改革课程体系和教学方式，给学生选择学习内容和选择学习方式的自由。在人才培养方案中，要增加选修课的比例，美国研究型大学选修课大致占到总课程的50%左右，而我国研究型大学则仅占到25%左右，这样的课程结构不利于学生成长。要改变一门课程仅仅依靠一本教材的倾向，我们的课程，往往指定一本教材，被称为"一本书大学"，而欧美的大学中，一门课程就需要学生阅读大量的教学参考书，以扩大知识量，开阔视野。还要改变课堂中以讲授为主的教学方式，组织学生开展讨论，在交往、碰撞中探索、提高。再次，要实行导师制。世界上没有两片相同的绿叶，也没有两个相同的学生，要根据不同学生的特点，指导他们阅读、实践、感悟，"自己生产自己"。

三　面向社会理念

高等教育作为一种社会现象，一种文化系统，是在人类社会发展到一定阶段后应运而生的。任何社会的高等教育都不可能超越社会的需要而孤立地、盲目地发展，它需要凭借自己对社会发展具有反作用的功能，同整个社会的发展相协调、相统一，在服务社会中推动社会更快地向前发展。高等学校为什么要培养人才，培养什么样的人才？都与社会发展、社会需要密切相关。现在，人们开始步入知识经济社会，信息技术、新材料、生物工程的发展，很多深层次的变革，只有在科学研究、工程教育、工业生产三者紧密结合中才能实现。因此，高等教育要实现教学、科研、产业的结合，培养人才要强调人文教育和科学教育的融合。从现实状况看，市场化、国际化、高等教育大众化，对人才培养提出了很多新的要求，需要我们去探索。

高等学校具有开放性，社会教育是大学生成长过程中的重要影响因素之一。社会丰富多彩，社会主义社会蓬勃发展的大好形势，社会重大事件，社会上优秀的典型人物，部分农村贫困落后的状况，对大学生来说，都是极好的教材。大学生只有在社会中（包括学校社会），以社会生活为教材，以人民为教师，通过与他人的交往中改变环境而又自我改变的活动，了解社会、了解国情，增长才干、奉献社会，锻炼毅力、培养品格，增强社会责任感。

坚持面向社会理念，改革人才培养模式。首先要改变关起门来，局限于在学校内部讨论教学改革的状况，深入社会，广泛调查研究，了解社会政治经济文化发展状况，研究社会对人才的需求和要求。例如，现在出现了世界性金融危机，解决危机的过程，也是产业结构调整的过程。我们要研究其对专业结构、人才培养模式的新要求，从而推进人才培养模式的改革。其次，人才培养模式应该是开放的，以社会为课堂，加强社会实践环节，与社会建立广泛的、息息相通的联系。此外，学校内部要开放，学科专业开放，院系开放，师生开放，师师开放，生生开放，发挥大学多学科"生态"优势，资源共享。学校要对企业、科研机构、社会开放，通过建立社会实践基地、合作研究，服务社会等多种方式，走出去，请进来，广泛利用丰富的社会资源，丰富自己，充实自己，提高自己。要向国际开放，实现国际间的开放、交往、合作；要充分利用重大节日、重大事件，如2008年的北京奥运会、汶川地震等，让学生在这些重大活动中去感受、感动，在感动中净化心灵。

四 创新教育理念

知识经济的本质是创新，培养创新人才成为学校的基本任务。人才培养靠教育，要满足培养创新人才的需要，学校必须转变教育思想观念，改革课程体系、教学内容和教学方法，改变管理方式等等。创新总是和多样性联系在一起的，而多样性又来源于个性，正是个性上的差异，才使世界缤纷多彩，创新才孕育而生。培养学生个性首先学校要有个性，人才培养方案要有个性。每所学校要根据自己的定位、学科结构、办学特色，制定具有自身特色的方案。要关注两头，即优秀学生和学习困难学生。如针对优秀学生，北京大学创办了元培学院，中国科技大学创办了少年班，华中科技大学创办了启明学院；针对困难学生，华中科技大学文华学院对一百多位学生，针对每个人的状况，制定了个性化培养方案；这些都是可取的。

创新教育理念的提出，也是对我国传统的以继承为中心的教育理念的反思。长期以来，中国社会变化速度缓慢，人们依靠祖宗传下来的经验，足以维持生存。在农业经济社会，经济发展、社会发展的速度十分缓慢，日复一日，年复一年，基本都是过去的重复。因而，我国教育强调以继承为中心，向过去学习。随着社会的发展，社会变迁的速度加快，新思想、新观念、新知识不断涌现。未来将不再是过去的重演，知识经济给人们划定的游戏规则是："永远都只是开始。"毫无疑问，向过去学习，继承前人成果是十分必要的，但决不能仅仅停留在这里，我们还要向现在学习，向未来学习，在继承的基础上创新。

坚持创新教育理念，改革人才培养模式，必须探索科学技术发明创造人才成长的规律，将研究引进教学，让学生在研究中学习，成为参与发现、解释和创新知识或形成新思想的人。创新培养模式，实行优才优育模式、大类培养模式、专业交叉复合模式、本硕博联合培养模式、产学研合作培养模式、国内外联合培养模式等，各个学校根据自身的情况和特点，创新人才培养模式，让各类优秀人才的创造力得到开发。改革考试评价制

度，鼓励个性发展，提高学生的学习能力和创造能力。设置创新基金，建立创新基地，实施创新学分。让学生自主、自由地开展创新性试验；实施创新学分，培养学生的创造、创新能力、创业精神和实践能力。促进学生个性发展，鼓励人才冒尖。还要创建一种相互激励，教学相长的创新教育环境。教师要把教学当作自己生命中的一部分，热爱学生、信任学生、甘为人梯，"培养超过自己的学生"，形成有利于创新教育人才成长的肥沃土壤。

五　国际化教育理念

高等教育国际化，是指全球范围内的各国大学立足国内、面向世界的跨国界、跨民族、跨文化的多边交流、合作与援助的一种活动过程或发展趋势，是 21 世纪世界各国大学的新理念：高等学校本质上是一种国际机构，高等教育国际化是一所大学提高教育质量和办学效益的有效途径。大学负有传承人类文化、发展科学技术、推动社会进步的重要使命，而科学、文化、教育、技术的探索与研究，归根到底是全人类共同的事业。大学只有实施面向世界的开放战略，才能吸取世界先进的教育理念，把握科学发展的前沿，培养具有国际眼光的人才，也才有可能卓有成效地履行其社会职责，得到社会的承认和信任，从而求得自身的快速发展。

世界各国都在积极探索高等教育国际化。美国早在 1966 年就公布了《国际教育法》，之后不断推进教育国际化。欧盟成立以后，一直想在欧洲建立统一的欧洲高等教育区。1999 年 6 月 19 日欧洲 29 个国家的教育部长在意大利波洛尼亚城，也即中世纪最早的大学波洛尼亚大学所在地，签订了《波洛尼亚宣言》，提出到 2010 年欧洲高等教育国际化要达到如下具体目标：建立欧洲高等教育区；欧洲各国相互承认学位；各国形成由本科和研究生（硕士）两级层次构成的教育制度；建立学分互换制度；加强在质量领域的合作以及促进欧洲各国高等教育交流与合作，实现相对统一的欧洲区域高等教育制度。这些目标正在逐步实现。其他各国也都在采取相应措施，实现高等教育国际化。

坚持国际化教育理念，改革人才培养模式，一要学习国际先进的教育理念，实现教育和培养目标的国际化。不可否认，我国近代高等教育的发展，起步比国际先进国家晚几百年，这些国家在高等教育方面所走过的路，对高等教育的有益探索，都值得借鉴。我们要学习国际先进的教育理念，改革人才培养模式，培养具有国际视野和国际眼光的开放型人才。二要改革课程结构，增加课程的国际性内容，实现教育内容的国际化。在这一过程中，要研究把握国际学术前沿，体现教学内容的现代性；适当引进国外原版教材，体现教材的先进性；增设国际教育课程，增强学生的国际意识。三要通过学者互访、师生互换、学位等值、举办学术会议等，扩大国际性交往和交流，使教师、学生站到国际性平台上，与世界对话，从而开阔视野，开启智慧。与此同时，要建立国际通用的教学、管理制度．有利于国际合作、国际交流的开展。

（原载《中国高等教育》2009 年第 1 期）

改革教学质量评价制度
促进创新人才培养

　　教育教学是一个系统、整体，由多个环节组成，缺少其中一个环节，教育教学都难以取得好的效果，教育质量难以保证。提升人才培养质量、培养拔尖创新人才，需要更新教育教学理念，打破旧的教学体系、重建人才培养新体系，进行教学内容和教学方法的改革，同时也需要改革人才培养的质量评价体系。

一　人才培养质量评价要充分体现教师"教"的能力

　　教学是教师的第一学术责任。教师的教学在人才培养中起着至关重要的作用，对其进行评价是十分必要的。教学的成败在很大程度上取决教师"教"的能力、在于是否能妥善地选择教学方法。在以往对教师教学评价中，评价的目的不十分明确，评价的内容未能反映培养创新、创业人才的要求，评价的方法单一，没有形成一个完整的评价体系，评价未能充分体现教师"教"的能力。改革人才培养质量评价中对教师教学的评价应从几个方面着手。

　　探索高等学校教学过程的特点，明确评价的要求。高等学校教学过程具有自身的特点：第一，认识已知与探索未知的统一。教学过程中，教师要引导学生认识掌握已有的知识、理论，从而丰富自己、提高自己。同时，在教学过程中教师还要引导学生探索未知、发现真理。因此，高校教师教学过程具有与科学发展过程和研究方法的接近性，教师不仅要讲述事实，而且要揭示方法论和探索科学本身的方法，进行研究性教学、探究式教学。第二，认识世界和改造世界的统一。高校教师在教学过程中，不仅要引导学生认识世界、了解世界，而且要引导学生积极参与改造世界。教学不能仅仅停留在课堂，要走向社会，进行创新实践，在实践中参与改造世界，在改造世界中丰富和提升自我。第三，专业性和综合性的统一。高等教育是专业教育，具有专业性，学生要掌握某一方面的专业知识，今后走向社会成为某方面的专家。同时大学生同样是社会人，成人是成才的基础，而且现代社会不同于传统社会，学科专业之间的交叉、融合的趋势越来越明显。因此，高校教学过程既要体现专业性，又要体现综合性，每位教师要结合自己的课程，对学生进行人文教育和思想教育。第四，个体认识社会化和社会认识个体化的统一。教育教学过程是学生认识社会，实现个体认识社会化的过程。同时，必须认识到，教育教学过程也是社会认识个体化的过程，教师在教学过程中，要帮助学生形成自己独具特色的知识结构，形成并巩固批判、独创精神。因此，对高校教师教学评价要着重体现其进行研究性教学、探究式教学、创新实践教学、思想教育等方面"教"的能力。

探索对教师教学评价的指标体系，明确评价的内容。任何评价都应以评价的指标体系为依据。以往的评价往往限于了解教师态度是否认真，备课是否充分，讲解是否清楚等方面。面对培养创新人才的要求，教学评价的内容要体现时代要求，体现教师是否诱发学生的兴趣，是否能调动学生主动性，是否有助于发展学生的潜能，是否授以研究方法和学习方法等。美国、欧洲一些学校的评价标准可供我们参考，例如，美国加州大学欧文分校的标准化教学评估，对教师的教学评估列出十个指标：教师对课程内容满怀热情和兴趣；教师激发了你对课程内容的兴趣；教师达到了本课程的规定目标；教师有问必答；教师创造了一个开放、公平的学习环境；在本课程中教师鼓励学生进行思考；教师对概念的表达和解说清楚；作业和考试覆盖了课程的重要方面；你对教师的总评分；你对本课程的总评分。对每个指标从 A、A–、B+、B、B–、C+、C、C–、D、F 十个等级进行评价，A 表示卓越，F 表示完全不适当。

重视教学评价反馈，提高教师"教"的能力。现在，高校的教学评估结果，往往仅用于对教师的奖惩，与评奖、晋升、聘任挂钩，未能使其成为提高教师"教"的能力的过程。在教学评价过程中，一方面要重视学校存在的一些带普遍性的问题，提出解决办法，并及时反馈给学生；另一方面，对教师教学过程存在的问题，要与教师一道共同讨论研究，帮助其解决问题，提高"教"的能力。美国、欧洲一些国家以及我国香港地区的大学，大体有两种做法。一是系主任根据学生的评价，然后对每个教师亲自听课，逐一和教师交流。二是组织一个委员会或小组，对学生评价中反映意见比较多的教师，集体听课，并对教师授课录像，共同和有关教师讨论，对照录像，分析其问题，探讨解决问题的办法。经过多次听课、分析，直到教师提高了"教"的能力为止。我国各高校的由老教师组成的督导组，应改进工作方式，不能仅仅停留在"督"上，还要"导"，要直接对教师给予帮助。

开展"课程鉴定"，提高教师的责任感和成就感。现在，高校普遍比较重视科研，原因很多，其中原因之一是科研有立项、有鉴定，一环扣一环，使教师有一种责任感和成就感。笔者认为，在教学评价中，可以开展"课程鉴定"，以自我鉴定为主。教师在一门课程的教学结束之后，先进行自我鉴定，自我评估，在此基础上，院系对教师课程教学提出鉴定意见。教师自我鉴定、自我评估的方式，可以借鉴美、英、加拿大等国高等学校的"教学文件选辑"方法。它由教师按照学校和院系的导向自己创作，反映教师本人教学思想、目标、计划、工作、活动和成熟的资料选编。内容主要包括：教师对本人的教学思想和教学理论、目标和风格的论述；教师本人的优良教学产出；来自教师本人的教学材料；来自他人的评估材料等。

二 人才培养质量评价要充分体现学生"学"的能力

人才培养质量评价的目的是要形成优质的教学，获得优质的学习产出。对学生学习产出的评价，是人才培养质量评价的重要方面。以往仅仅停留在对学生的智育的评价，而且又限于对学生知识掌握的评价，忽视学生自主学习、创新学习、实践学习的评价；评价方式单一，主要是通过课堂考试进行；评价游离在学习过程之外，没有将其纳入指导学习、规范学习、推动学习的过程之中。改革对学生学习产出的评价，应该着重强调：

1. 让学生明确评估要求，形成良好的质量评估文化。教育质量就是符合教育服务对象的需求和教育提供者的教育宗旨和目标。首先，学校要制定教育产出的目标，明确培养出何等质量的毕业生，并使学生知道，自己进了怎样的学校，进了学校可以得到怎样的培养和训练，毕业时可能成为怎样的人才等。英国帝国理工医学院声称提供世界级的学术、教育和研究。澳大利亚新南威尔斯大学承诺其质量保证体系是国际最好的，学校将成为质量优异的国际大学。北大西洋学院，加拿大的一所社区学院，承诺提供易于进入的、为学习者服务的、优质的学习机会，培养学生成为自立的贡献者，为在全球背景下的社会和经济发展服务。我国山东大学承诺提供国内最优质的本科教育。其次，学生要明确自己学习的需要，懂得在大学学习，不仅要掌握知识，而且要培养良好的道德品质、创造精神与能力、批判思维、全球视野、优质专业训练、终身学习能力等等。再次，要将评价植于校园文化之中，重视评估价值，在人才培养质量评价的过程中，改变学生的态度与习惯，改变学生做人做事的方式，从而心中有"质量"，积极参与评价，形成良好的质量评价文化。

2. 重视学生自我教育能力的评价。自我教育是指人们为了形成良好的道德品质而自觉进行的思想转化和行为控制活动。自我教育能力是几种能力的完备组合，包括自我认识、自我激励和自我控制能力。大学生年龄一般处于17—22岁之间，正是一个人的人生观、世界观形成的关键时期。老教育家叶圣陶先生说，教育的目的是为了达到不教育。在大学教育中，只有提高学生的自我教育能力，才能真正达到教育的目的。在教育中，学校要提供条件，创设环境，让学生在学校教育中，在社会生活中去感受、感悟，深化自我认识、加强自我激励、增强自我控制，从而提高自我教育能力。要努力探索学生自我教育能力评价的方法，如北京理工大学要求学生在完成学位论文答辩的同时，进行德育答辩，华中科技大学形成的学生班会制度，等等，都是一些行之有效的方式。

3. 重视学生自主学习能力的评价。在现代科学技术迅速发展的条件下，人类积累的知识量越来越大，知识更新的速度越来越快，科学内部出现既高度分化又高度综合的趋势。面对这一趋势，大学生学习不仅要掌握知识，更要学会自主学习，养成终身学习的习惯。自主学习的最高境界是

"发现学习"。发现并不限于寻求人类尚未知晓的东西，确切地说，它包括用自己的头脑亲自获得知识的一切方法。现在，我国不少大学的课程，仍然是一本教材，学生上课记笔记，下课背笔记，考试考笔记，被称为"一本书大学"。在人才培养质量评价中，应该努力改变这种状况。对学生自主学习能力的评价，可以采取多种方式进行，一门课程，除了教材以外，教师应指定若干课外阅读书籍，要求学生写读书报告。教师在课堂上分发一些阅读材料，当堂阅读当堂讨论。要求学生写学术报告，就某一论著撰写述评，内容包括：论著的题目及作者介绍、论著要回答的主要问题以及作者的基本观点、对这些观点的评价、提出一些有意义的新问题。学生在课堂上宣读述评，接受教师和学生的提问。学术报告可占课程成绩的一定比例。

4. 重视学生创新、实践能力的评价。知识经济的本质是创新，培养创新人才成为学校的基本任务。实践是主观世界和客观世界的一种转换器，一方面，客观世界通过实践转换为主观世界，另一方面，将人的理想存在转换为现实存在。在人才培养中，培养学生的创新能力、实践能力十分重要。创新、实践不能停留在口头上，也不是仅仅单纯开设几门课程，应自始至终贯穿于教育教学的全过程之中，探索有效的评价方式和方法，使实践、创新能力的培养融会成教师、学生自觉的一种理念、行为。

三　人才培养质量评价要充分重视考试改革

2006 年温家宝总理在与北京市部分中小学校长和教师座谈会上指出，素质教育绝不是不要考核，而是要求考核具有综合性、全面性和经常性。温总理的指示，为考试改革指明了方向。目前，我国考试内容单一，大多停留在对学生掌握知识的考查，内容缺乏综合性、全面性、研究性；考试方式单一，以闭卷考试为主，方式缺乏多样性、开放性；评分标准注重对基本知识掌握的全面性，忽视学生的创造性；考试目的注重"巩固已有知识，检查教学效果，评价学习状况"，忽视"学习新知识，培养思考能力、创造能力"，未能很好地把考核过程作为学生的学习过程、发展过程，还须下大功夫进行改革。

考试内容要体现培养创新人才的要求。无论何种方式的考试，都必须有试题，它规范了考试内容。试题的拟定必须科学、严密、合理。针对以往考试内容的不足，在试题的拟定中，要减少记忆知识的考核，增加应用、创新知识的考核；减少单个知识技能的考核，增加知识能力体系的考核；废除"教多少考多少"，学生只按笔记或某一教材回答试卷的做法，增加课外阅读、社会观察等方面的内容。在闭卷考试中，可采用多项选择试题和表现性试题相结合的方式，以体现考试内容的综合性、全面性。在以项目、作品方式考试中，一方面要考察作品的专业造诣（如推理、方法、方式和内容的精细性）；另一方面要考察作品的成果和表现的质量（准确，组织、技能和效果）；而且还要考察学生在作品完成过程中的交往能力、团队工作能力、解决问题的能力、信息处理能力等。

选取适切的考试方式。可以采取闭卷、开卷、口试、做项目、做论文、进行实际操作等多种方式进行。闭卷考试能督促学生对所学教材认真地进行全面系统复习，能较准确地检查学生知识的巩固程度，考核学生对知识的运用程度、理解记忆程度和书面表达能力。开卷考试主要考查学生对所学课程的理解程度和灵活运用知识的程度，考查和培养学生的综合能力、思维能力和解决问题的能力。口试不受文字限制，教师可以在学生回答之后进行补充提问，有助于培养学生思维的敏捷性和口头表达能力。做项目、做论文、写科研总结和调查报告、毕业设计等综合性考试，可以考核学生运用科学理论进行分析的能力，考核学生的基本技能和理论联系实际的能力。上述各种考试方式各有特点，各有优劣，教师应根据课程的性质、学生的状况以及考试的目的，灵活选择，选取适切的考试方式。

建立科学评分制。评分是考试的重要环节，对考试质量有着重要影响。荷兰大学一位教授谈到他的评分标准：掌握了老师教的、书本上有的基本知识，表明用功了，可以得六分（十分制），但要得六分以上的成绩，则必须有创见——提出新观点并通过逻辑推理加以证明。荷兰大学教授的做法，引起我们对自身评分制的反思。我国教师评分标准非常细节化，即答某题必须包括哪几个要点，论述题注重于综述他人观点且越全面越好；二是评分时追求全面性，是一种"全面开花"式的评分。而美国、荷兰等国教授评分时，注重"一点突破"，即学生能高水平地阐明一种观点就可以给予高评价。可见，改革评分方式十分重要。我们要在借鉴别国经验，总结自己情况的基础上，建立科学的评分制。人才培养的质量评价制度改革十分重要，十分复杂，牵一发而动全身，需要我们在理论上认真研究，在实践中积极探索，在研究和探索中前进、完善。

（原载《中国高等教育》2008 年第 9 期）

发达国家杰出创新人才培养机制研究

进入 21 世纪以来，世界各国都认识到国力竞争的关键是人才竞争。任何国家要想在综合国力竞争中立于强势地位，都必须推动高层次人才培养，尤其是造就国家栋梁和社会精英的教育——研究生教育的创新。研究生教育究竟怎样才能真正创新？发达国家的经验值得学习和借鉴。为此，教育部学位管理与研究生教育司委托课题组进行了"世界主要发达国家和地区创新人才培养模式"研究。课题组在广泛而深入的文献研究、实地考察、调查访谈的基础上，初步形成以下基本观点。

一　发达国家重视从国家乃至跨国层面重新规划研究生教育

长期以来，绝大多数国家，尤其是发达国家的研究生教育更多地体现出学校特色，而很少体现出国家整体特征。有关研究生教育改革与发展的重大举措，多半也是由各学校自行推出的，国家对研究生教育的实质性影响非常有限。但近年来情况开始发生变化。美国、欧洲的主要国家和亚洲的日本、韩国为了提升研究生教育的水平，增强其研究生教育的吸引力，纷纷推出国家层面的研究生教育创新计划和举措。尽管这些计划和举措的制定背景和具体内容不尽相同，但仍值得我们高度关注。

（一）美国："重新规划 PhD"研究课题

1."重新规划 PhD"的背景

众所周知，美国有一百多年的博士生教育历史，它为全世界提供了榜样和参照，吸引了世界各地的优秀青年。但随着社会的变化，美国博士生教育中存在的问题开始显露。上世纪末，许多博士出身的领袖人物认为美

国有必要重新评估传统博士生教育的成效，以保证博士学位获得者能够在公共机构或私营单位继续做出应有的贡献。在相关人士看来，美国博士生教育中存在的最突出的问题有二：一是对学术研究过分重视，二是博士生毕业后就业困难。

这两大问题实际上是互相联系的。正因为过分偏重学术研究，才会出现就业困难的局面。众所周知，博士培养的一个重要目的是为大学输送新教师。而除了学术研究外，教师还应担当许多其他的责任，包括教学、评估、咨询、为大学和社区服务等。但美国传统博士生教育过于强调学术研究训练，严重忽视了其他素质的培养。结果，许多获得博士学位的毕业生难以在高等教育中谋得职位。由于高校全职的终身岗位越来越少，而兼职、低薪、临时的教师岗位越来越多，相当一部分研究生不得不去寻找非学术的工作岗位。但是企业界和公共部门也在抱怨：几乎所有领域的博士，除学术知识以外的生产性知识都极其贫乏。教育界人士由此认识到，也许问题的实质并不在于培养的博士太多，而是这些博士受到的训练太少，从而导致"学非所用"。

1995 年，美国科学、工程和公共政策研究会（COSEPUP）发表了著名的研究报告《重塑培养科学家和工程师的研究生教育》，开始了对自然科学和工程类研究生教育的反思。此后，美国高等教育界的许多领袖人物，如卡内基基金会（CFAT）现任主席李·舒尔曼（Lee Shulman）、全国研究生院理事会（CGS）主席拉皮杜斯（Jules LaPidus）、威尔逊全国奖学金基金会（WWNFF）主席威斯巴赫（Robert Weisbuch）、斯坦福大学名誉校长肯尼迪（Donald Kennedy）、美国教育理事会名誉主席阿特维尔（Robert Atwell）、美国学会联合会（ACLS）主席阿姆斯（John D'Arms），以及美国科学进步协会（AAAS）教育和人力资源部主任马尔康姆（Shirley Malcom）等，对更大范围的研究生教育提出了挑战。他们提出教育工作者的培养应该脱离传统的过于偏重学术训练的做法，改革研究生教育，使得研究生毕业后能够在学术职业之外的社会领域找到工作。这些呼声就是"重新规划 PhD"研究课题得以提出并得到广泛支持和参与的大背景。时任华盛顿大学研究生院副院长的乔迪·D.尼克斯特（Jody D.Nyquist）女士等人成功地发起了这项研究。该研究对"如何重新规划 PhD 以满足 21

世纪的社会需要"问题开展地方性和全国性的讨论，并在互联网上设立专门网页，为项目宣传、听取意见和建议搭建良好的交流平台。

2.课题的主要研究工作

本课题的研究工作主要包括四个方面。一是调查了不同领域的人士关注博士生教育的不同着眼点；二是收集、汇编了三百多项有价值的改革案例；三是挑选、汇集了有关博士生教育的研究成果；四是举办全国性的学术研讨会。

3.研究结果

提出了七项主张：（1）与博士教育相关的各领域必须在内部或相互之间形成有效机制，分散改革试验的风险，提高学术界内外的责任感；（2）必须向未来的博士生讲明博士教育的内容和要求；（3）要采取更为系统和长远的措施促进学生的多元化，特别是招收少数民族和女学生并保证他们完成学业；（4）组织各种力量和手段来影响变革；（5）博士培养机构必须对博士生加强教学方面的培训，进行教学示范和评估；（6）应该增加更加实在、更加完整的专业实践训练；（7）为了保证变革的持续性，必须逐渐使全体教师支持变革。

除此之外，美国在研究生教育领域还推出了其他重大举措：由国家科学基金会制定《2006—2011年战略规划》，其主要目标在于保持美国的国家竞争力；在大学联合会（AAU）中组建研究生教育委员会，负责研究生教育的评估和指导；强化各级政府对研究生教育的财政支持。

（二）欧洲：推进高等教育一体化的博洛尼亚进程

近年来，随着欧洲政治、经济、国防等一体化程度的提高，教育领域的合作与交流也日益增强，高等教育一体化的步伐不断加快。在阶段性地成功实施了苏格拉底计划之后，欧洲国家间的学生流动越来越频繁，学校和学科间的合作与交流日益密切。在研究生教育领域，除了欧盟委员会继续大力推进的伊拉斯谟计划以及刚刚启动的伊拉斯谟世界计划，由各国政府发起并推动的博洛尼亚进程成为推进欧洲高等教育一体化进程的主要动力。

1.博洛尼亚进程的背景

21世纪初，有着几百年悠久历史的欧洲高等教育开始面临多重挑战。

在全球化背景下的欧洲大学，在国际市场上越来越缺乏竞争力，面临着共同的困难和走出困境、变革求进的共同需要。"博洛尼亚进程（Bologna Process）"是29个欧洲国家于1999年在意大利博洛尼亚提出的欧洲高等教育改革计划，该计划的目标是整合欧盟的高教资源，打通教育体制。到2010年，"博洛尼亚进程"签约国中任何一国的大学毕业生的毕业证书和成绩，都将获得其他签约国的承认，从而实现欧洲高教和科技一体化。

2. 博洛尼亚进程的四个阶段

迄今为止，博洛尼亚进程划分为四个阶段：索邦宣言、博洛尼亚宣言、布拉格会议和柏林会议。

（1）1998年索邦宣言

1998年5月，法、意、英、德四国的高等教育部长在巴黎索邦大学就"协调欧洲高等教育系统的结构"签署了索邦宣言。

宣言提出：在开放的欧洲高等教育区，循序渐进地实现学位和学习阶段等整体框架的趋同；本科生（学士学位）和研究生（硕士和博士学位）阶段实行相同的学位制度。

（2）1999年博洛尼亚宣言

1999年6月，来自欧洲29个国家的高等教育部长签署了博洛尼亚宣言，明确提出到2010年建立欧洲高等教育区的目标。其6项行动策略几乎都涉及研究生教育：①实行清晰、透明的和可比较的学位制度。②实行两级制的学位制度（本科生／研究生）。③实行学分制：建立欧洲学分转移制度，作为促进学生广泛流动的手段。④通过消除障碍促进流动。⑤加强在质量保证领域的欧洲合作。⑥促进欧洲维度的高等教育：包括课程开发、校际合作、流动计划、整合学习计划、培训和研究等方面。

博洛尼亚宣言提出的目标和行动方案的主题，即建立欧洲各国之间可比较的高等教育体制、实行学士和硕士两级制学位制度、实行学分制、鼓励人员流动、加强在质量保证领域的合作、促进欧洲维度的高等教育等具体的行动策略，成为博洛尼亚进程乃至欧洲高等教育一体化进程的行动纲领。

（3）2001年布拉格会议

博洛尼亚宣言签署两年之后，2001年5月，33个缔约国的高等教育部长们汇聚布拉格。他们共同回顾了两年来取得的进展，确定了未来的方向和重点。布拉格部长会议特别强调：终身学习、高等教育机构和学生参与以及增强欧洲高等教育区的吸引力应成为博洛尼亚进程的重要组成部分。

(4) 2003 年柏林会议

2003 年 9 月，部长们在柏林再次会晤，共同回顾了布拉格会议以来取得的进展，确立了今后的工作重点，提出了新的奋斗目标：建立有效的质量保证体系，推动两级教育体制的有效执行，改善学位和学习年限的认可制度。

3. 博洛尼亚进程的影响及意义

博洛尼亚进程不断加快，得到了越来越多欧洲国家的认可和世界其他地区的关注。单就缔约国数量来看，从 29 个国家发展到 33 个国家再到 40 个国家，其他尚未加入的欧洲国家也反应积极。

博洛尼亚进程是自 1968 年以来欧洲最重要、涉及范围最广的一场高等教育改革，对欧洲高等教育具有深远的影响。应该说，在以往，高度的异质性是欧洲高等教育的特点，这反映在组织、管理等方方面面，而博洛尼亚进程的宗旨是实现欧洲各国高等教育体制的协调一致，通过建立共同的高等教育体制，实行统一的学分制度，实现学分、学历和学位的相互承认，实现学生、教师的自由流动，充分利用各国的教育资源，最终增强欧洲在国际市场的竞争实力。当然，博洛尼亚宣言并非要求绝对统一或建立"标准化"的教育体制，大学自治和多样化的基本原则仍然得到充分尊重。

（三）日本：研究生教育振兴政策纲要

1. 背景与宗旨

21 世纪初，日本依据"面向新时期研究生教育——有国际魅力的研究生教育的构筑"（中央教育审议会 2005 年 9 月 5 日咨询会），基于各国公私立大学意图强化充实研究生教育的背景，明示今后的研究生教育改革的方向和重要政策，以总体政策变革为目的，制定了 2006—2010 年研究生教育振兴政策纲要。

2. 今后研究生院教育的改革方向

振兴政策纲要集中提出了三大改革方向：（1）研究生教育的实质化；

（2）国际通用性；（3）有国际竞争力的卓越教育研究基地的形成。

3.具体措施

振兴政策纲要共提出了三项重大举措。一是促进研究生教育的实质化，具体涉及研究生院课程与教学制度的建立，对学生学习上的支持，年轻教员的教育研究环境的改善，与产业界等方面合作培养人才机能的加强，以及各领域的均衡发展。二是促进国际效用和互认的提高，具体包括推进有效的研究生院评价，增强国际贡献与国际交流的活性化。三是促进有国际竞争力的著名的教育基地的形成。

振兴政策纲要还就政策调整及实施效果总结等作了明确规定。

（四）韩国：研究生教育国际化的新举措

1.背景

长期以来，由于过分强调高等教育的民族化，韩国政府不允许国外机构在韩办学。相对封闭的研究生教育办学体制难以满足许多人接受国外先进教育的愿望，越来越多的人认为不留学就没有出路。内部需求迫使韩国政府在打破封闭式办学结构上有所作为。同时，为了适应21世纪教育潮流的转变，韩国政府决定积极参与国际研究生教育竞争。

2.主要措施

（1）开放门户，引进世界一流大学研究生教育。韩国政府制定了与国外一流大学合作开办研究生教育计划，该计划包括以下两个层次：①开放课程：优先促进项目是国内大学与世界一流研究生院共同开设教育、研究课程，以取得教学内容和教学方法上的划时代变革。②开放办学：中期促进项目是放宽国外优秀研究生院在韩国设立分院的条件，允许其在韩国有条件地运营。为吸引外国大学在国内设立分校，韩国将按照相当于外国大学所在国相关法律，实行类似的特别法和设立分校的制度。

（2）促进人员国际流动，加强国际教育交流与合作。通过学生和教授的国际流动促进相互交流与合作，是促使教育与研究升级的重要途径，政府与社会对此给予经费支助。

为了提高教师质量，促进教育发展，政府努力为教师创造国外培训进修和访问考察的机会。

（3）吸引外国留学生，打造"留学韩国"的教育品牌。其措施包括：

加强国际宣传力度，参与多国招生事务，简化各种与留学有关的规章制度，加大经费支持强度等，以方便外国学生来韩留学。

(4) 推广双语教学，营造国际化校园。

二　国外高校创新人才培养模式的基本特点

发达国家之所以人才辈出，从根本上说，是因为其高等学校能够根据社会需要和人才成长的内在规律，不断创新培养目标、环境、过程、保障机制及具体方式方法。可以说，几乎每所成功的高校都有一套独具特色且行之有效的创新人才培养模式。综观发达国家高校培养创新人才的历史、现状及未来的发展趋势，我们可以发现以下几个突出特点。

（一）不断调整培养目标以适应未来社会的需求

培养目标是培养模式的核心要素。近年来，欧美发达国家高校在创新人才培养的类型与规格设计上，一方面极为重视创新能力的培养，另一方面又极为强调适应社会的各种需求，培养目标日益多样化。具体而言，在创新人才培养的目标定位上，主要体现出以下四个鲜明特点：

1. 重视创新能力培养

虽然各校关于研究生培养目标的具体表述不尽一致，但都无一例外地包括了有关创新能力培养的内容。例如，芝加哥大学博士生教育的培养目标是：(1) 熟悉科学创新的全套流程；(2) 形成独立解决问题的能力；(3) 提高自学能力；(4) 拥有创新能力。日本教育文部省 2004 年投入 1.1 亿美元用于改革研究生的培养模式，以提高研究生的创造力。日本文部省高等教育分部的官员西山尚指出，在大学中建立新型、竞争性课程和计划的目的是训练研究生拥有实践技能，以便使他们在毕业后能够找到相关工作，更加适应工作中的实践要求。日本大学如要获得此项财政支持，必须提供具体设计规划。

2. 重视专业学位建设

社会经济结构、职业结构是复杂多样的，相应地，研究生教育也应该是多样的。这首先体现在学位点的设置上。例如，在企业管理中，理论与实践严重脱节，需要推动两者结合的人才，以提高企业管理的有效性，因而工商管理专业学位（MBA）应运而生。又如，1920 年哈佛大学教育学院创立了第一个教育博士专业学位点（EdD），旨在培养专业实践人员（包括教师、学校管理人员、政府教育管理人员、政府政策研究人员等），并提供高级专门训练。到 1947 年，已有 31 所高校建立了教育博士专业学位点。在教育管理领域，教育博士专业学位更是主流学位。1995 年在美国127 个教育管理博士点中，只有 23 个授予教育学术博士学位（PhD），其余 104 个均授予教育专业博士学位。到目前为止，尤其是在北美国家，专业学位已得到极大发展。在芝加哥大学和多伦多大学等校，学术学位与专业学位之比甚至达到了 1∶1。

3. 改进学术学位（PhD）培养

欧美发达国家高校在 PhD 的培养上，除重视学术素养的提升以外，也开始注重与职业的联系，强化职业训练已经成为共同趋势。以普林斯顿大学为例，该校哲学系 2006 年明确指出，其博士生的培养目标是哲学家或者哲学老师。为达到这一培养目标，系里规定，相应的培养计划应提供广博综合的训练科目，使学生获得在哲学主要探究领域进行专业研究和本科教学的经验；每个学生要根据其知识背景、兴趣和目标设计个人学习计划。正常情况下，学生在前两年必须涉足大量领域，同时要在专业领域进行集中研究，并在论文中集中体现出专业知识修养的广度与高度。

4. 正确处理博士阶段的学术发展与未来学术生涯之间的关系

在博士生的学业目标设计上，往往存在着一对非常突出的矛盾：博士生阶段的学术发展与并不总是能够成为未来职业生涯的基础。应该说，发达国家高校通过多年的探索，在解决这个非常重要的现实问题方面积累了许多宝贵的经验。例如，美国在一个"关于博士学位论文的作用与性质：一个政策性说明"研究课题中提出，博士学位论文应当是"原创的、现实的、重要的和独立完成的"。"原创的"意味着学术上的创新，"现实的和重要的"意味着选题来自学术实践以及对学术的贡献；"独立完成的"意味着学生在这一过程中的成长。

（二）招生入学——多次录取，不断甄别

严格招生，把好入门关，并高度重视对学生在培养过程中的表现与水平的动态评估，采取多次录取的方式，不断甄别出优秀者，淘汰不合格者，这是发达国家大学保证高质量创新人才培养的重要手段。

1. 首次选拔——注重综合素质和科研潜质

尽管各校选拔录取博士生的具体要求不尽相同，但在注重对学生综合素质和研究潜质的考察上，又有显著共性。一般而言，主要从以下方面考察申请者的基本综合素质和研究潜质：（1）本科或硕士阶段的学习成绩（GPA），一般要求在优良以上；（2）教授推荐信，一般要求有三封；（3）个人陈述，阐述自己为何申请进入该系学习，此学习经历对自己将来职业发展有何意义；（4）博士学习期间的研究计划；（5）研究生学术倾向测试（GRE）。

经过学校录取后（首次录取）即可进入博士生课程学习阶段，称谓为博士研究生。

2. 再次录取（reenrollment）——"魔鬼终结者"

博士生完成课程学习任务以后，进入综合考试（博士资格考试）阶段。学校和博士生都十分重视这一考试。在综合考试的方式上，各校、各系不完全一样，这里举课题组成员在加拿大多伦多大学和美国芝加哥伊利诺依工学院实地考察所了解的情况为例。

多伦多大学综合考试包括两个部分。每一部分是3小时闭卷考试，考试内容涵盖专业领域的所有方面。以高等教育专业为例，综合考试试卷由12道题目组成，基本涵盖了高等教育所有的主题，学生从中任选3道题目做答。第二部分主要考察博士学位论文研究方向。这种考查一般是开卷考试，给10天时间准备答案，两个星期之后组织答辩。这种考试的内容与该博士研究生的学位论文直接相关，相当于国内的开题报告。一般包括三个方面的内容：其一，说明申请者拟选择的博士学位论文课题与其进校时的研究方向之间的相关性；其二，综述国内外相关研究的进展情况，要特别综述重要文献的主要观点，并做出简要评价；其三，说明自己的研究思路，包括分析框架与研究方法。考核由2—3个教授组成的考核小组负责。综合考试没有通过，可以再给一次机会，一般在半年之后，如果第二次也没有通过，就视作被淘汰。

伊利诺依工学院医学工程系的综合考试要求参加三门笔试：数学，生理，文献阅读（现场向考生提供一篇特定研究方向的文章，要求在规定时间内写出这篇文章的摘要，但不能照抄原文），还有一个小型答辩（根据考生在笔试中阅读的文章做半小时陈述，回答系里所有教授的提问，然后匿名打分）。最后系里所有的教授一起参与评卷，给每个科目打分。大致半个星期后，考生通过邮件得知自己每个科目的考试结果。没有通过的科目在三个月后再给一次考试机会，若仍然没有通过，该生将被终止学习，不再进入下一阶段。由于综合考试非常严格，难以轻易通过，所以被一些学生称为"魔鬼终结者"。通过综合考试后，学生进入下一个学习阶段，这时的博士生被称之为"博士候选人（PhD Candidate）"。

3. 第三次录取——成为准博士

部分学校还有第三次考试，如开题考试、最终公开面试等，例如：伊利诺依工学院要求学生通过综合考试以后，在导师指导下从事特定科研项目的研究工作，形成自己的科研兴趣，确定具体的科研方向。经过一段时间以后，博士生要写出博士学位论文的开题报告。开题报告先送答辩委员会成员审阅，然后组织开题考试。开题考试的方式为：首先学生做 2 小时的口头陈述，说清自己围绕课题已经做了什么，将要做什么以及如何去做等；然后回答答辩委员的提问；最后，经答辩委员会讨论开题考试是否通过。

通过开题考试以后，博士研究生可以称为准博士（ABD），其意思是其他条件都具备，只差一篇博士学位论文的博士。ABD 不仅可以打在名片上，也可用来找工作。

虽然在不同国家，甚至在同一国家的不同高校中，博士生的招生选拔和录取工作程序存在很大差异，但强调对综合素质的考察，强调对科研潜质的考察，强调对博士生学习表现的动态评价和反复甄别，却是发达国家培养博士的一个共同特点。

（三）培养过程——重视基础训练和创新能力的培养

在严把招生入门和分阶段考察关的基础上，发达国家高校在创新人才的具体培养过程方面，也积累了诸多值得学习借鉴的经验与思想。

1. 重视课程学习——避免"以无知去研究未知"

在课程学习方面，虽然各国各校的具体要求和方式不尽一致，但重视通过课程学习打好学术研究的基础，强化创新能力，却是高度一致的。我们可以从课程内容和具体教学方式方法上看出这一点。

（1）课程与教学内容上的突出特点：①重视基础理论。以普林斯顿大学材料学博士点的课程为例，该系面向博士生开设了统计力学、高等热力学、断裂力学、结构材料、材料科学概论、材料科学热动力学及动力学、材料结构、材料科学中的建模与仿真、材料科学中的微观分析、方向不同性材料等。②强调交叉学科。以海德堡大学为例，该校在其2005年的博士生培养方案中，提出开发大量的跨学科课程将是该校的目标。一些大型的研究所，就是跨学科合作研究的典范，例如，计算机科学中心正在筹划把数学和计算机定位结合起来开设课程，而分子生物工艺学课程已经开设出来。

（2）突出研究方法训练。在欧美发达国家高校的博士课程中，研究方法课程普遍占较大的比重，不仅如此，在每门课程的具体教学中，教师都要重点介绍本学科的研究方法，并鼓励学生尝试运用新的方法去发现和研究问题。

2.教学方式方法上的特点

课题组成员深入多伦多大学、奥斯汀得克萨斯大学、俄勒冈州立大学博士生课堂听课，进行现场观察，对国外博士生课堂教学方式有如下感受：

（1）注重深度阅读，培养学生驾驭材料的能力与自学能力。每门课程的教授都会精心选择一些本领域最经典的材料，主要是一些专著和学术论文，并装订成册，按主题进行编排，供学生上课之前阅读。阅读相关课程材料是博士课程的必要准备。一般来说，教授在课堂讲授的时间不到1/3，课程都以讨论为主，话题就是阅读的内容。此外，教师还会开列一个书单，要求学生阅读，然后写读书报告。此外，教师还不时在课堂上分发一些阅读材料，当堂阅读当堂讨论。一般来说，一门课程每个星期的平均阅读量相当于一本三百多页的专著。

（2）注重培养学生的问题意识和创新能力。博士课堂大都以讨论的形式进行，在有些课堂上，教师从不用幻灯片，也很少在黑板上写字。整个教学过程完全是师生相互提问的研讨过程。教师发给学生的课程大纲全部是由问题构成的，学生的阅读与讨论也主要是围绕这些问题进行。学生在课堂上的表现出色与否，主要看他能否提出一些高水平的问题，如果能提出教授也无法回答的问题，会得到教授格外赏识。在讨论的过程中，不求问题得到解答，不求答案的唯一，而求把讨论引向深入。讨论的主要目的不仅指向了解和掌握具体的知识，更在于让学生在讨论中知道本学科还有哪些问题没有解决，哪些问题是本学科永恒的问题。

（3）注重学生学术交流能力的培养。在所有的课程中，都要求博士研究生提交论文和发言。其基本方式是学生就某一问题介绍别人的观点，发表自己的见解，并接受教师与学生的提问，相当于国内在学术交流会上做学术报告。学生的学术报告（presentation）一般是就某一论著撰写述评，述评的结构主要包括：论著的题目及作者介绍、论著要回答的主要问题以及作者的基本观点、对这些观点的评价、提出一些有意义的新问题。学生在课堂上宣读述评，接受教师与学生的提问。学术报告一般占课程成绩的30%。

3. 博士学位论文——"博士学位是授予对知识有独创性贡献的人"

（1）博士学位论文要达到的标准和要求

博士学位论文是研究生理论学习和研究能力的体现，在不同国家，在不同高校，对博士学位论文有不同的要求。美国大学强调：博士学位论文应当：①揭示学生分析、解释、总结信息的能力；②展现学生对有关课题文献的知识，或至少了解以前的支撑其论文的学术成果；③描述所使用的研究方法和研究程序；④以前后一致的、合理的方式提出研究成果；⑤展现学生充分地、有条理地讨论研究结果的意义的能力。在自然科学学科中，博士学位论文必须充分地描述细节，使得其他研究人员可以独立地重复这些结果。

日本大学对博士学位论文的评价以提出问题、解决问题为重点，以论文的独创性、完善程度和延伸性等为标准。

英国大学要求博士学位论文要具有独创性，明确指出"博士学位是授予对知识有独创性贡献的人"。何谓博士学位论文的独创性贡献呢？英国教授菲利普斯的归纳和总结值得我们参考。他将博士学位论文的独创性贡献归结为如下15种：a.第一次把信息的主要部分用文字记载下来；b.继续已经确定的独创性工作；c.进行导师设计的独创性工作；d.提供单一的独创性的技术或观察，或在一个非独创性的但条件充足的工作中得到独创性的结果；e.提出许多可由其他研究来实际进行的独创性设想、方法和解释；f.在检测他人的设想中表现出独创性；g.进行以前没有人做过的实验性工作；h.合成一个以前没有制造出来的化合物；i.利用已知材料得出新的解释；j.在本国做出某些只在他国做过的研究工作；k.把一个特殊技术应用到一个新的研究领域；l.为一个老问题提供新的证据；m.进行交叉学科的工作并采用不同的方法论；n.开拓新的研究领域；o.以一种前人没有做过的方式增进人类的知识。

（2）怎样做博士学位论文

博士学位论文的第一个环节是选题。虽然不同国家的不同高校在博士生应如何选题上，并没有完全一致的规定，具体操作程序也千差万别，但在以下几点上，还是存在着共同性：其一，强调选择真问题；其二，强调选择前沿性问题；其三，强调选择作为过去研究的连续和今后研究的开端的问题；其四，强调选择大小适中的问题；其五，强调与研究项目相结合；其六，强调与课程学习相结合。

（四）条件保障——导师、经费、氛围

1.高度重视导师队伍建设

高校能否培养出高层次创新人才，导师的指导作用至关重要。在这一方面，发达国家的高校在探索导师怎样指导博士生，如何提高指导质量上，也为我们提供了许多宝贵的经验。最值得借鉴的是他们所建立的系统的导师遴选和评价制度。为确保研究生导师队伍的质量，这些大学普遍重视对导师队伍的管理与监督。很多大学都出台了取消不合格导师资格的明确规定，如加拿大的卡尔顿和纽芬兰大学都明确规定，如果有确凿证据表明，导师在聘期内学术研究或研究生指导成效甚微，没有恪尽职守，相关主管人员可以会同该学术单位的负责人暂停其导师资格。相应的，在这些大学里，研究生导师名单总是在更新，导师上上下下已经成为常事。发达国家高校在研究生导师指导方式上的变革也值得我们关注。为了确保研究生教育的质量，曾在英德等国盛行的单一导师制度已经被导师与导师小组结合的培养方式所取代。尤其是一些跨学科跨研究培养机构选题的研究生，几乎都是由导师小组或指导委员会联合指导。联合导师小组必须选出

首席导师，在此过程中必须征求研究生本人的意见。此外，需要提到的是，为保证培养质量，发达国家高校一般都非常重视建立融洽的导师和学生之间的关系。

2. 提供充足的经费保障

高校能否培养出大量的合格创新人才，充足的经费是第二个重要保障性条件。在对创新人才培养的经费支持上，发达国家的做法同样值得我们关注。

（1）切实提供充足的经费支持

发达国家高校在研究生教育的经费投入上，一般都达到了很高的标准。以芝加哥大学医学物理系为例，培养一个博士的投入约为35万美元（含学费和生活费）；而在牛津大学，培养1个博士，要花6万英镑（含学费和生活费）。从投入总量看，博士生教育绝对可以算是一项奢侈的事业。

总体而言，发达国家对研究生教育的支持力度是非常强的。前面已经提到，美国各级政府和国家科学基金会都推出了资助研究生教育的举措；日本也推出了类似举措，国家直接拨专款对国立和私立大学教育改革进行资助：2006年预算56亿日元；2007年预算达到60余亿日元，其中研究生教育改革资助计划35亿日元，专门职业研究生教育推进计划25亿日元。

（2）广开经费渠道

发达国家研究生教育经费保障上的第二个突出特点是经费来源广泛，渠道多样：不仅包括政府和学校拨款，也包括导师课题经费资助和个人缴费。

有必要提到的是，发达国家高校设置的奖学金一般都十分丰厚。例如，牛津大学的奖学金由政府、大学、系和一些学术团体提供，奖励范围大、力度强的奖学金有十几个项目。东京大学的奖学金分日本学生资助机构的奖学金和地方公共团体和公益法人奖学金，后者就有30个项目。

（3）重视良好的学术氛围的营造——学术自由、学科交叉、献身学术

办大学就要有一个氛围。这个道理当然也适用于创新人才的培养。发达国家高校之所以能够人才辈出，在很大程度上是因为它们创造了一种有利于自由探究、有利于学术交流、能够激发人们全身心投入学术乃至献身学术事业的环境。

"大学之所以有理由存在，是因为它使老少两代人在富有想像力的学习中，保持了知识和生活热情之间的联系。"美国学者怀特海的这句话在某种意义上也可以视为对西方大学特有的办学氛围的一种评价。

在构建创新培养机制、营造学术氛围方面，发达国家一般都非常重视创新组织形式。以下具体做法值得我们借鉴。

荷兰的大学研究院制度。荷兰大学培养创新人才的一个重要特点，是采用建立大学研究院制度的方式，以改革博士生培养。该制度兴起于20世纪90年代。这种研究院由一所大学牵头，多所大学参加，联合向荷兰皇家科学院评审委员会提出申请，经评审、批准后成立。

大学研究院属非法人实体，牵头大学以其法人资格代表研究院对外签约。每所大学可以有多个研究院，每个研究院都以该校实力最强的优势学科专业所在学院为主。研究院的任务为实施博士研究生教学，这种教学主要围绕科研项目进行。荷兰高校或研究机构的博士生，一般都被要求进入本学科专业协会的研究院。博士生向研究院递交研究计划，通过研究院评审委员会（组成人员一般为世界知名专家）的评审才能进入。研究院开设提高博士生各方面能力的课程，经常性地举办研讨班，帮助博士生向皇家科学院及工业界等方面申请科研项目。这种研究院能够集中优势学科力量及人力资源，综合科研力量和资源优势，取长补短，共享信息资源，联合争取国家乃至欧盟的重大科研项目，从而提升了竞争力和国际水准，营造了各学科交叉的学术氛围，有利于博士研究生的培养。

海德堡大学的跨学科研讨班计划。德国海德堡大学在营造有利于创新人才成长的机制上的重大举措是建立跨学科研讨班计划。为了更好地促进学科间的交流与合作，海德堡大学为博士生制定了跨学科研讨班计划（IDK）。该计划包括跨学科研讨班的举办和一些基本技能的训练（对于留学生来说，特别是用德语写作论文能力的训练）。IDK要求为学生陈述和讨论他们目前的研究提供场所，为其技能训练提供机会。参加研讨班的包括大学各学科研究人员（教师、博士生、博士后等），它的最大特点是，各种学术思想在这里能够得到充分发表和自由争论，不同思想互相碰撞，因而，颇能激发人们认真思考一些问题。

普林斯顿大学的自由学术沙龙。普林斯顿大学以杰出人才辈出而著

称，同时也以特有的崇尚自由交流的学术氛围而被广为称道。该校规定，如果学生发现本院系的课程教学或研究课题不能满足自己的需要，则可以提出自己的学习方向，这类学生必须获得至少 2 名不同院系教师的支持，后者自然成为他们的指导教师。该校的学术沙龙更以自由和富有创造性而享誉世界。从诺贝尔奖获得者到普通教师乃至博士生，都可以在这里发表和聆听各种见解。很多日后具有世界性影响的新思想新理论，都发端于此。

三　几点启示

发达国家培养创新人才的成功经验为我国研究生教育改革提供了值得参考和直接借鉴的比较系统的思想、制度与方法。但要真正实现我国研究生教育的创新，我们又不能局限于研究生教育之内，必须避免就研究生教育改革谈研究生教育改革，而要关注我国研究生教育改革与发展的宏观社会背景，并从我国经济与社会发展的现实与未来需要出发来设计我国特有的创新人才养成之路。为此，我们一定要切实抓住研究生教育改革的基本问题展开研究和试验，不能仅仅停留在对一些新概念、新理论的引进和讨论上。

1. 切实转变观念

我们必须清醒地认识到，研究生教育是社会发展的产物，随着社会的发展，要不断进行改革创新。在学位点的设置上，应考虑社会经济结构、职业结构的多样性；在研究生招生规模上，既要考虑学生接受高层次教育的需要，也要考虑现在和未来人才市场的需要，还要考虑学校的实际培养能力；在人才培养目标定位上，既要重视社会要求，也要重视学生未来发展的需要，既要强调人才培养目标与规格的相对稳定性，又要强调对社会变动的主动适应，要改变人才类型过于单一的状况，强化培养目标的多样性。

在转变观念的基础上，我们必须抓住培养创新能力这一研究生教育改革的关键。由于各类人才、各专业人才的创新对象和领域不一，对创新思维、创新方法的要求也不一样，各校各院系要进行具体深入的研究，从调整培养目标入手，全面创新研究生培养模式，并切实加快支撑和保障条件的建设，不能停留在泛泛而论的层面上。

2. 大力推进专业学位建设

一般而言，社会需要四个方面的人才：科学研究人才、解决工程技术问题的人才、经营管理企业的人才和从事公共治理的人才。这四种人才大体可以归为理论研究型、实践应用型两类。这两类人才中，实践应用型人才的需求量大大高于理论研究型人才。我国研究生教育中，一方面存在着学术性博士理论基础不深厚、创新潜力不足的问题，另一方面又存在着应用型博士应用性不强、解决实际问题能力不足的问题。总体而言，在我国，尤其是博士生教育中，培养目标和规格过于单一始终是一个突出问题。我们往往更注重理论研究型人才培养，忽视实践应用型人才培养；注重学术博士学位，忽视专业博士学位。这必然造成学非所用，以及教育资源的严重浪费。我们应该意识到，对于我们这样一个正处在工业化进程中的发展中国家来说，对应用型人才的需求更为迫切。我们的确需要培养以知识创新为目标的学术研究型人才，同时更需要培养适应经济与社会发展、满足各行业需求、具有一定理论水平和科研能力并具有较强实践能力的人才。与美国专业学位研究生超过50%的发展力度相比，我国专业学位研究生教育有待大力发展。据统计分析，随着经济社会的发展，社会对专业硕士的需求将逐步达到对整个研究生教育需求的70%。对专业博士的需求更大。因此，我国研究生教育实现从学术型研究生教育为主向专业学位研究生教育为主的战略转变，已经刻不容缓。在此过程中，我国学术型研究生教育，尤其是学术型博士的培养规模，应该得到适度控制。这种研究生教育类型与规格的结构性变革，不仅有利于优化研究生教育系统，也有利于缓解学术型研究生教育扩张过快带来的就业压力。

3. 抓住几个关键环节，加大改革力度

(1) 改革招生制度，实行"多次录取"

招生入学时，要重点考察学生的全面素质，尤其是科研潜质。在培养过程中，要加大中期筛选的力度，下决心实行多次录取，淘汰一部分不合格的学生。我们一定要清醒地意识到，硕士和博士学位作为高层次创新人才的标志，必须达到一定的专业水平才能获得，有难度是必然的。一所大学之所以能够培养出顶尖人才，从根本上说是因为，它从招生到毕业，必须能够保证它的每个新生和毕业生都符合相应的标准。这既是一所大学的最低标准，也是一所优秀大学的最高标准。中国大学之所以很少培养出杰出人才，产出优秀成果，并不是因为它们缺乏高远的目标追求，而是因为它们缺乏不可通融、不容妥协的最低标准。发达国家的经验表明，在这样的修业过程中，总是会有相当比例的人因为无法达到必需的水平和要求而被迫中断学业或者直接被淘汰。相比德国 27% 的硕士生淘汰率、美国 38% 的博士生淘汰率（这些还只是平均数，一些大学的特定专业的淘汰率甚至达到 80%），我国研究生的淘汰率就低得惊人。有种说法认为，中国的博士研究生几乎是零淘汰。所以，尽管我国相当一部分大学都制定了颇为繁复严格的考评程序，从入学笔试、面试，到开题答辩、中期筛选，接着是预答辩、最终答辩，关口不能算不多，但没有实质性淘汰，多数程序自然成了摆设。缺乏淘汰机制的后果的严重性是显而易见的：一是失去了有效的激励和督促机制，二是造成了大学与人才资源的巨大浪费，三是使中国高校学位的信誉和信用大大降低，四是不利于甄陶社会中坚的自主精神和综合能力。

（2）改革课程体系，严格研究生教学

参照发达国家培养创新人才的经验，我们必须花大力气做好课程体系的建设工作。这既包括专业课程体系的构建，也包括每门课程内容体系的建设。其中，在课程与教学内容方面至关重要的，一是要重视基础理论课程的建设，二是要强化交叉学科和研究方法的训练，三是要与博士学位论文相结合。在教学方面，则要重视改进教学方法，提倡研讨性教学。

（3）改进导师指导，提高培养效果

当务之急是在建立系统的导师遴选、评估制度的基础上，提高导师的指导水平。为此，我们必须建立新导师上岗培训制度，使其尽快学会怎样当导师。为规范导师的指导行为，应该制定研究生指导手册，明确规定导师要在课程学习、选题、研究方法等方面切实加强对学生的指导。为了保障培养质量，必须完善指导方式，将导师负责制与发挥指导小组（委员会）的作用结合起来，同时建立健全导师评估制度。

（4）探索博士学位论文的评价标准

各个学科要根据自身特点，突出对博士学位论文在创新上的要求，制定适合本学科的博士学位论文评价标准，改变多学科（尤其是学科特征明显不同的多学科）共用一套评价标准的情况。同时，从导师到基层培养单位到学校相关管理部门，一定要严格评审制度，强调院系、专业和导师多重责任制度，确保博士学位论文质量。最后，学校及基层院系相关部门一定要责成答辩委员会把好最后一道关，在全面推行预答辩制度的基础上，制订严格的答辩程序，切实按照评审标准完成对论文的最终评定。

4. 广开渠道，加大研究生教育经费投入

我国博士生教育经费与发达国家比，一是数量少，二是渠道单一。为保障培养质量，政府首先要加大投入。现在，我国研发密度（研发经费在GDP中的比例）仅为1%，是发达国家的1/3。在这一背景下，国家对研究生教育的支持力度是远远不够的。与此同时，学校也要广开渠道，争取更多的科研培养经费，建立完善的经费资助体系和制度。其中包括面向社会广泛争取设立各种形式的奖学金。导师也要利用各种机会争取经费，保障培养过程的顺利完成。

5. 创造新机制，营造浓厚的学术氛围

良好的学术氛围，是培养高素质研究生的基本条件。研究生的创新意识、研究能力、献身学术的精神，除了需要在直接参与具体的学术研究活动的过程中形成，更需要一种氛围和环境的潜移默化的熏陶和影响。世界上所有著名的研究型大学都具备这样一种浓厚的学术氛围，从而造就出一批高创造的学术大师。我国的研究型大学今后在推进博士点学科建设的同时，必须采取措施，创新体制和机制，努力营造学术自由、学科交叉、献身学术的学术氛围。

参考文献

〔1〕研究生教育创新计划项目（2005年）：世界主要国家和地区创新人才培养模式研究。

〔2〕金海燕、王沛民：《美国重新规划PhD述略》，《高等工程教育研究》2004年第1期。

〔3〕美国国家科学、工程与公共政策委员会:《重塑科学家与工程师的研究生教育》,科学技术文献出版社 1996 年版。

〔4〕祝魏玮:《目标:保持美国国家竞争力》,《科学时报》2006 年 12 月 5 日。

〔5〕http://www. chinamission. be/ chn/ sbgx/ jy/ jhxm/ default. htm.

〔6〕http://www. chinamission. be.

〔7〕日本文部科学省,研究生教育振兴政策纲要(2006,3)。

〔8〕美国,芝加哥大学网站。http://www. uchicago. edu/。

〔9〕钱玲编译自: The chronicle of higher education , September 17, 2004。

〔10〕参见课题组调查报告。

〔11〕普林斯顿大学网站: http://www. princeton. edu。

〔12〕赵炬明:《博士论文的作用与性质》,《复旦教育论坛》2005 年第 1 期。

〔13〕日本文部科学省,研究生教育振兴政策纲要(2006,3)。

〔14〕林杰:《英美国家研究生导师资格认定制度管窥》,《学位与研究生教育》2007 年第 9 期。

〔15〕英国牛津大学网站: http://www. ox. ac. uk。

〔16〕[英]阿尔弗雷德·诺斯·怀特海:《大学与大学的作用》,《中国大学教学》2002 年第 11 期。

〔17〕Jessica Stannard, Robert Warmenhoven, *Higher Education in the Netherlands*. The Hagne: Nuffic, 1994. 54.

〔18〕德国海德堡大学网站: www. heidelberg. de。

〔19〕孙莱祥等:《研究生教育科类、层次、地区布局结构研究》,载谢桂华主编:《学位与研究生教育研究新进展》,高等教育出版社 2006 年版。

〔21〕韩水法:《甄陶还是镀金》,《读书》2006 年第 6 期。

(原载《高等工程教育研究》2008 年第 1 期,
张晓明、贾永堂参加撰写)

人才培养模式改革的内涵、制约与出路

随着教育体制改革的深入以及社会教育需求的多样化发展，自 20 世纪 80 年代以来，人才培养模式问题逐渐成为中国高等教育的重要议题。但时至今日，人才培养模式的改革与创新依然是高等教育发展的薄弱环节。我们有必要认真研究人才培养模式的内涵、困惑及其改革创新的出路，为高等教育的发展及人才培养提供应有的服务。

一　人才培养模式的提出及其内涵

人才培养模式是高等教育领域的基本问题，有人才培养，就有人才培养的模式。但我国高校、学界及教育行政部门提出并讨论人才培养模式，则是近 20 多年、特别是近几年的事。高校提出"人才培养模式"这一概念最早见于文育林 1983 年的文章《改革人才培养模式，按学科设置专业》中，其内容是关于如何改革高等工程教育的人才培养模式。之后，也有一些高校和实践工作者继续讨论医学及经济学等各类人才的培养模式及其改革，但都未明晰何为"人才培养模式"，对其内涵的把握较为模糊。由于高等教育实践的需要，理论工作者也逐步开始关注这一问题，并试图界定其内涵。刘明浚于 1993 年在《大学教育环境论要》中首次对这一概念做出明确界定，提出人才培养模式是指"在一定办学条件下，为实现一定的教育目标而选择或构思的教育教学样式"。教育行政部门首次对"人才培养模式"的内涵做出直接表述，是在 1998 年教育部下发的文件《关于深化教学改革，培养适应 21 世纪需要的高质量人才的意见》中指出"人才培养模式是学校为学生构建的知识、能力、素质结构，以及实现这种结构的方式，它从根本上规定了人才特征并集中地体现了教育思想和教育观念"。

20世纪90年代以来，随着人们对人才培养模式关注度的增强，相关的研究迅速增多，形成了以下几种较为典型的界定：人才培养模式是人才的培养目标、培养规格和基本培养方式（周远清）；是学校为学生构建的知识、能力和素质结构，以及实现这种结构的方式（钟秉林）；是指在一定的教育思想和教育理论指导下，为实现培养目标（含培养规格）而采取的培养过程的某种标准构造样式和运行方式（龚怡祖）；是教育思想、教育观念、课程体系、教学方式、教学手段、教学资源、教学管理体制、教学环境等方面按一定规律有机结合的一种整体教学活动，是根据一定的教育理论、教育思想形成的教育本质的反映（刘红梅，张晓松），等等。这些观点有一些相同的含义，即基本上都是指在教育思想、教育理论指导下的一种关于人才培养的方式。但也存在着分歧：在培养模式的指向上，存在强调培养目标还是强调素质结构的差异；在培养模式的属性上，有些学者认为应该是一种静态的"方式"，而有的则认为是一种动态的"过程"，更多的学者认为是静态与动态的结合；在人才培养模式的外延上，少数学者认为包括整个教育管理活动，一些学者则把人才培养模式限定在"教学活动"中，此外，更多的则持中间立场。

笔者认为，人才培养模式既不能限定在教学过程中，又不能泛化到高校的整个管理层面；它是一种结构与过程的统一，是静态的样式与动态机制的统一体。这是因为，人才培养模式不仅仅关涉"教学"过程，更关涉"教育"过程，它涉及到了教育的全过程，远远超出教学的范畴。但人才培养的过程又不是毫无边际的，在现代大学中，有许多与人才培养无直接关系的管理活动，如后勤管理、大学科技园管理等。人才培养模式是教育各要素如课程、教学、评价等的结合，但这个结合又不是一个呆板的组织样式，而是一个动态的、强调运行过程的结构。是在一定的教育思想指导下，为实现理想的培养目标而形成的标准样式及运行方式。它是理论与实践的接壤处。人才培养模式要反映一定的教育思想、教育理念，是理想人才的培养之道，是理论的具体化；同时又具有可操作性，是人才培养的标准样式，但它又不是具体的技术技巧或实践经验的简单总结。它是一个诸多要素组成的复合体，又是一个诸多环节相互交织的动态组织。这其中涉及到培养目标、专业设置、课程体系、教育评价等多个要素及制定目标、培养过程实施、评价、改进培养等多个环节。人才培养模式是有层次的。最高层次是主导整个高等教育系统的模式，如素质教育模式、通才教育模式、专才教育模式；第二级的人才培养模式是各高校所倡导、践行的培养模式；第三层次则是某专业独特的培养模式。我们主要探讨第二层次即高校层面的人才培养模式。

二　人才培养模式创新的制约因素及困惑

目前，我国高校的人才培养模式已不能适应社会的发展，难以培养创新创业型人才，亟待改革。但是，改革的进程却又面临着诸多束缚、制约及困境。

1.理念的束缚

人才培养模式是教育思想的具体化。只有在一定的教育思想指导下，人才培养模式才有意义，甚至可以说才有人才培养模式可言。否则，就只能是一些教育要素毫无章法的拼凑。

在高等学校中，教育思想表现为"大学的理念"。大学理念对人才培养模式的制约、束缚主要表现在三个方面。

第一，计划经济时代所形成的办学理念的惯性束缚。改革开放前相当长的一段时期内，我国逐渐形成了一个与计划经济相适应的政府直接管理、封闭与集中统一的高等教育体制。在这样的体制中，高校没有自主性可言，按照政府的规定办学，难以形成自身的理念。当前，我国高校已经有了相当大的自主权，制度已有变化，但思想却依然表现出极大的惯性和惰性，一些高校只是重视硬件建设而忽视软件建设，重视规模扩大而忽略理念提升，没有探索和形成自己的办学理念，以至于跟风似的人云亦云。

第二，适应社会发展的新兴办学理念缺位。现代社会，科技革命更加迅猛，全球化更加明显，信息流动更加迅速……身处这样的社会中，高校需进行相应的变革，需要调整人才培养模式，以突出人才的国际视野、信息素养、学习能力及全面素质，但是，不少高校却没有及时变革自我，特

别是在理念层面。目前高等教育领域还没有形成学术自由、国际化、通识教育等理念。而多样化、以人为本、终身学习等理念，则基本上停留在学界，还没有被高校很好地付诸实施。

第三，缺乏对高校教学整体改革的理性思考。长期以来，高校缺乏战略思考，缺乏对人才培养模式的顶层设计。大学到底培养什么样的人才，怎样去培养这样的人才，没有很好地、系统地进行思考。高校似乎在忙忙碌碌办学，但真正如何办学，如何育人，育人的体系如何建立健全，如何真正引导教师的长远发展并以教师的创新带动学生的创新，如何真正满足师生的旨趣，这些问题都没有去进行认真的规划设计。现在形成了一个怪圈，受评价、资源因素的影响太大，高校围着政府转、教师围着领导转等怪现象愈演愈烈，反倒把真正的育人根本任务置于不起眼的位置。

由于理念的制约和困惑，各高校的人才培养模式或者呈现出趋同化，没有与自身的条件、定位相结合；或者纷纷把各种"好的"词汇都拉进来，进而组合成所谓的人才培养模式，显得毫无主导思想，甚至各思想之间还是相互冲突的。这样的人才培养模式只能是一些被悬置的装饰，而不可能被很好地付诸实施。

2. 制度的羁绊

人才培养模式创新的一个重要制约是制度，这主要表现在两个方面。

一是学校内部权力的失衡与错位。随着办学自主权的扩大，高校已经有了较大的权力。可是，高校内部却存在行政权力与学术权力的不平衡。目前多数高校依然按照行政管理的思维和模式管理大学，按照行政组织的结构设计大学的内部构造。学校多数事务也都由"行政部门"进行管理，各教学单位基本上都是在遵循行政部门的安排和要求运行。行政权力还通过隐蔽的方式，带着面纱以虚化学术权力。如我国大学，像西方大学一样，也成立了校级学术委员会，以决定学校的学术事务。可是，其组成人员多数是由学校、院系以及职能部门的负责人，很少有"布衣教授"参与，他们更多的是从行政的角度考虑问题，而忽视了学术考量，虚置了学术权力。人才培养模式的改革是一项重要的学术事务，需要教师的积极参与。但是，学术权力的缺失，阻碍了教师主动性、积极性的发挥，没有教师的积极参与，人才培养模式改革创新只能流于形式。

二是高校评估制度不完善。对教学和科研的评价失衡，对科研的评价具体、实在，而对教学的评价则空洞、不具体。目前，我国对于高校的评估以政府主导的行政性评估为主。行政性评估中影响最大的莫过于学科评估及本科教学工作水平评估。但基本上与教学模式的改进无多大相关；对于"真正的教学"的评价指标则不具体，对改善大学内部教学的影响有限。另外，教学评价还存在单一化、数量化的倾向，忽视了教学特色、个性化教育教学模式的评估。

学术权力的不足弱化了教师改革人才培养模式的动力和能力；高校评估制度的单一化，使得高校容易采取趋同的人才培养模式，评估的数量化则导致各校普遍重视科研，而忽视难以测量的教学，更容易忽视无创新人才培养模式的改革与创新。

3.资源的约束

虽然近年来国家一直在大力推动人才培养模式的改革，也有不少的高校提出了诸多新的培养模式。可是，它们往往陷入表面化、口号化，或者仅仅是培养模式要素的局部改变，而不是整体变革。这与人们对于培养模式理解的偏差有关，与制度的束缚有关，同时也与教育资源的匮乏相关：

首先表现为教育经费不足。教学改革需要相应的经费保障，但高等教育大众化以后，教育经费严重不足。自 1998 年始，我国高等教育大规模扩招，高校规模迅速膨胀，而高校所能获取的资源却没有得到相应的改善，以至于高校普遍负债运行。即使获得了一些贷款，也主要用来购置校园、修建"大楼"、增添设备，而用于人才培养模式改革上的经费则很少。

其次表现为师资建设较弱。目前，我国高校师资队伍存在的一大问题是，受思想观念和评价体系的影响与制约，教师真正投入教学，潜心教学改革，真正研究教育教学这门"大学问"的不多。教师没有从事人才培养模式改革的外动力和内驱力。从外部来讲，学校对教师的考核重显性成果。科研硬指标，教学软指标。科研成果容易测量，产出也立竿见影，而教学的好坏则难以评价，况且育人的周期本身就长，人才要真正到社会上发挥作用也不是短期内能见效的，而且还会受到很多动态因素的影响。这导致教师觉得教学改革的推动似乎应该是高校领导的事，是教务处、人事处的事，自己没有能力推动教学改革，投入与回报也不成比例，得不偿失。从内驱力来讲，教师似乎对教学没有足够的热情，教学成为了例行公事，而不是自己神圣的职责。做不做改革，是不是真正为了学生的全面发展，好像激励与约束的机制都失效、失灵了。所以，教师能上课堂、能讲课好像都了不起了，至于认真研究学生、研究教学问题，从学生内心深处的需求出发，注重他们的兴趣、爱好、特长、个性发展则似乎是一种奢望。

再次表现为课程资源不足。课程是人才培养的核心要素，是人才成长的载体。人才培养模式的改革要以优质、丰富的课程资源为基本条件。可是我国高校的课程却存在严重的不足。中国大学在课程广泛性方面做得最好的是北大和清华，但都仅在 3000 门左右。而美国多数高等学校都几乎达到人均一门（次）课程。即 5000 人规模的本科院校要开设 5000 门（次）左右的课程。资源不足对于我国当前人才培养模式的创新，是一个极大的限制。

三　人才培养模式改革的出路

人才培养模式的创新，虽然与政府的评价及社会其他因素有很大关系，需要政府与社会做出相应的改变。但是，最根本的出路还在于高校自身的努力，高校应勇于和善于承担起教学改革、人才培养模式创新的主体性责任。

1. 树立以学生为本的核心理念，做好顶层设计

人才培养模式的创新，要树立以学生为本的核心理念，以学生的需要出发，一切为了学生，并以此为最高追求，做好顶层设计，整体建构人才培养模式。

以学生为本，就要以学生发展为着眼点，遵循人才成长的规律。研究人才成长的条件，改善教育条件与教育环境。人才成长需要一定的条件，包括有效的创造实践、内外因综合效应、共生效应等等。这涉及到一系列复杂的因素，如活动与环境、竞争与合作、期望与激励等。高校要重视对这些复杂因素的研究，在此基础上，改善教育条件，创设理想的教育环境。研究人才成长的过程，采用科学的教育方法。人的成长是分阶段的，

各阶段的主要任务不同，其培养方法也不同。人的发展除了具有阶段性之外，各类型人才、各层次人才的最佳发展年龄是不一样的；人的各项素质的发展都有自己的关键期，等等。在教育过程中，高校要深入探索人才成长的这些规律，使人才培养有科学的依据。

以学生为本，就要真正追寻学生的兴趣、特长，将他们的优点发挥到极致。面对生源的多样性和差异性日益明显的特征，如何推动所有的学生走向成功，是高校面临的一个重大问题。通过对课堂教学的大量观察，我们发现，在课堂上，学生的眼睛"不亮"，学生与教师之间缺乏交流。这是由于教育教学不符合他们的兴趣，没有满足他们的需要，学生学习是被动的。心理学研究表明，只有符合了学生的知识结构、学习风格、学习兴趣，教学才能对学生起到积极的作用，学生才能够在已有的知识结构上继续建构自己的心理图式。不研究学生、不针对学生的教学是单向的、无意义的教学。教师要改变传统的教学方式，做一个专家型教师，去探究、追寻学生的兴趣和基础，去激发学生的热情，推进个性化教育，师生共同建构学习的愿景，最终使得学生成为自主的学习者，高校教学要从以教为主转向以学为主。此外，以学生为本，还要实现几个重大转变：以知识传授为主转向以能力培养为主；以单一课堂教学转向校内校外全方位育人；从传统的教学方式转向现代信息技术教育，等等。

人才培养模式是一个整体，需要做好顶层设计。在以学生为本的理念指导下，弄清楚理想的培养目标是什么。不同层次、不同类型的高校，人才培养的目标、规格是不一样的。要制定科学可行的人才培养方案，包括与之配套的专业、课程、教材、教学方法、评价体系等，使之成为一个和谐统一的整体，而不是这些要素的简单组合。所设计的人才培养模式，要能实现高校与社会之间的良性互动，以使得人才培养模式的更新有不竭的动力。新培养模式及培养方案制订后，还要与原有的培养模式进行比较，找出改革的重点、难点，并积极实施新的培养模式。

2.建立多方协商的机制，形成理想的人才培养模式

目前，我国高校人才培养模式的形成并不是多方协商的结果，政府以及学校行政权力影响过大，而教师、学生及社会组织没有机会参与。形成理想的人才培养模式则须建立社会、教师及学生和高校多方协商的机制。

确立以社会需求为导向的方向性。现代大学，已经走出象牙塔而融入了社会，已经从社会的边缘走向社会中心。身处社会中心的高校，必然要采取一种"社会需求导向"的发展模式，改变社会在人才培养模式形成过程中缺位的现象。这就需要完善我国社会用人需求的信息系统，因为"我国人才市场反映高校毕业生供给与社会用人需求的管理信息系统十分薄弱，统计指标与数据长期处于粗放状态"。对于高校而言，则要主动地联系行业组织、地方政府、社会中介等，获取相关的社会需求信息，并及时把社会需求的预测反映到人才培养模式中。

确立教师在人才培养模式创新中的主导地位。教师是人才培养的主体，理应是人才培养模式决策与设计的重要参与者。可是，目前高校的人才培养模式基本上是由学校教学指导委员会领导、教务处统筹规划、各院系教学领导具体设计的。教师在人才培养模式的制定中，往往没有机会参与，而只是人才培养模式的执行者。要改变这种自上而下的路径，确立教师的重要地位。在人才培养模式形成的过程中，学校可以在考察社会需求的基础上，征求教师的建议，也可以由教师在实践的基础上提出人才培养模式改革的设想，学校加以汇总并对照社会需求，形成较为合适的模式。

赋予学生改革的话语权。传统的观点认为，学生是高等学校智力不成熟的过客，不能参与学校事务的管理。可是，学生是人才培养的对象，是学校的"产品"，而这种"产品"是自己生产自己。学生应该对人才培养模式有自己的评价权、选择权。高校在制定人才培养模式的过程中，要通过问卷调查等方式，让学生发表自己的看法，赋予他们在人才培养模式形成上的话语权。在对学生充分了解的基础上，注重个性化培养模式的制定。在人才培养模式实施一段时间之后，更要调查一下毕业生对它的评价，使得人才培养模式的改革有坚实的基础。通过建立多方协商的机制，各方的利益都能得以表达，所培养的人才也就更接近于人们的期望，人才培养模式也就较为理想了。

3. 整合与优化教育资源，奠定人才培养模式创新的物质基础

高校是典型的资源依赖型组织，资源不足对于高校人才培养模式的创新是一个极大的限制。在资源缺口不能迅速解决的情况下，整合与优化资源是一条理想的路径。

实现校内外课程资源的共享。目前我国高校内部，跨院系、跨层次的课程共享率低。学生的选修，基本上还限定在本院系。本科生与研究生之间资源共享的比例就更加微乎其微了。至于高校之间，我国已经建立的一些大学区，但除了图书资料及部分选修课有共享之外，包括课程在内的其他方面的共享没有什么进展。人才培养模式的创新，需要整合校内的课程资源，打破门户之别，学校统筹安排，营造共享文化，加强共享管理，改进共享技术，解决共享过程中可能存在的知识产权、收益等利益之争。对于高校间，则要形成更加合理的机制，充分利用网络、地域的优势，加强合作。以麻省理工学院为主牵头而成立的开放教育资源联盟便使很多高校在网络上共享了教育资源，我国政府通过网络也在推动精品课程的建设。除了网络资源外，利用地域优势，实现校际资源共享空间很大，充分利用别校的优势专业、优势课程，本校学生既可受益，也可节省出盲目求全发展所花费的资源，以加强优势学科、专业的建设。

加强教师资源的共享。当前高校师资存在两种情况：第一，随着扩招的推进，高校纷纷出现了师资数量整体不足，且存在学科和地域的结构性差异。第二，师资素质不能适应人才培养的需求。这就需要加强师资资源的共享，取长补短。在解决师资结构性矛盾的问题上，杭州的做法有一定的启发意义。2005年开始，依照《下沙高教园区师资互聘管理办法》，杭州下沙高教园区14所高校开始实施师资互聘。即使是一所高校内部，也可以整合资源，形成教学团队，促进教学研讨和教学经验交流，开发教学资源，发挥教师队伍集体的力量。高校内部，还可以实现科研团队和教学团队共同发展。通过科研内容积极向教学内容转化、科研成果向教学成果及时转化、科研方法与教学方法的渗透、教学问题与科研问题的双向延伸等，都能促进人才培养的灵活性、柔性、多元发展。对于师资总体数量及师资素质而言，则可以积极引进政府、企业人员作为兼职教师，补充教师数量，同时解决教师实践经验不足的问题。

加强教学设施的共享。目前，高校内部各院系的教学设施基本上不对外，其他各教学单位一般不能使用，这导致了很多教学资源的闲置与浪费。除了院系间资源的共享外，还要加强对产业界设施的利用，开展更多的富于成效的、深度的合作。

参考文献

〔1〕谢仁业:《上海高校学科专业结构调整研究报告》，教育科学出版社 2002 年版。

〔2〕叶忠海:《人才成长规律和科学用人方略》，《中国人才》2007 年第 3 期。

〔3〕《鼓励高校面向社会需求优化人才培养模式》，《科学时报》2008 年 3 月 25 日。

〔4〕《杭州 14 所高校实现优质教师资源共事》，《光明日报》2007 年 8 月 24 日。

（原载《中国高等教育研究》2009 年第 12 期，吴洪富参加撰写）

抓住四个关键问题加强大学本科课程建设

近年来，大学，特别一些高水平的研究型大学开始重视以学生为中心的本科教育变革，这是十分可喜的现象。实现以学生为中心的本科教育变革，核心是加强课程建设。而加强课程建设，应抓住重视课程建设、转变教学观念、探索教学方法、改革评价制度四个关键问题。

一　重视课程建设

实现以学生为中心的本科教学变革，核心是要进行课程改革。课程是教育教学活动的基本依据，是实现教育目标的基本保证，是学校一切活动的中介。学生根据自己所选择的专业，按照学校规定，学习一门一门的课程，每门课程都达到及格以上，学校则发给其毕业证书。学校的教育教学改革，需要依靠课程的改革来实现，而每一次课程改革，如核心课程、通识课程、创新课程、个性化课程等的提出，又推动了教育教学发展的深化。大学主要生产两种产品：课程、学生。学生向学校"购买"课程，社会向学校"购买"学生。课程是学生和学校的结合点，学校提供课程，学生学习课程。课程是学校和社会的结合点，社会对人才（学生）的不同要求，通过课程结构和内容的改变来实现。课程是教学和科研的结合点，科研促进教学，载体是课程。因此，学校实现"以学生为中心"，必须十分关注课程。

课程建设绝不仅仅是教师的事，而是一项合作的事业，需要学校领导、教师、专家、学生、校友和社会各方面的广泛参与。其中，学校负有重要的领导责任，具体表现在两个方面：

1. 确立课程建设的目标

大学课程随着社会、科学技术和学生的发展而发展。在中世纪大学，大学课程基本由文献组成，17—18 世纪创建的柏林大学，强调课程就是高校的科学研究。现在，情况发生了很大的变化。在如今的信息社会中，信息网络成为各种知识最快捷的传播平台，人们具有了开放学习与研究高深学问的时间和空间。我们已经进入学习型社会，需要大学教育着眼于学生的终身发展、终身学习的社会现实，使传统高等教育面临重大挑战。随着高等教育大众化进程大力推进，社会对人才的要求以及学生的状况都发生了很大的变化，对大学课程变革提出了新要求。学校领导要从探讨人才培养目标出发，进而确立课程建设的目标。对此，不少学校领导者和学者进行了探索。例如，罗德斯（Frank H. T. Rhodes）从探讨有教养的人的素质结构出发，根据社会、企业对人才素质要求，提出了本科教育较为鲜明的培养目标："以开放的态度对待他人，有倾听、阅读、观察和分析理解的能力，可以清楚准确地用语言、文字表达自己的意见、自信和好奇心，并且有能力保持自信和满足好奇心；对于自然界和社会的构成有一个正确的认识；理解人类经历和表现的丰富性与多样性；对于某一特定领域具有一定的专业知识和热情，包括知道该领域的假设、实质性内容、思维模式和种种关系；做一个有责任感的公民，包括对他人的尊重和与其他人友好相处的能力；具有自我约束、个人价值观和道德信仰的方向感。"罗德斯认为，这些品质的实现，必须通过通识课程和专业化课程的开设为载体。

2. 规划学校整体课程

结构决定功能，学校要引导教师共同探讨课程结构建立的方向、原则，规划学校整体课程，形成合理、优化的课程结构。

具体而言，就是要处理好五个关系：

共性和特性。大学教育要培养学生的个性。有人认为个性就是特性，个性等于特性，这是片面的。个性＝共性＋特性。因此，课程结构要充分体现共性和特性。共性、特性，又是相对的。共性的要求有中国大学生的共性，区域大学生的共性，某一学校大学生的共性，某一专业大学生的共性。同样，特性的要求，也有中国的、区域的、学校的、专业的特性。课程结构，既要体现共性，又要体现特性。

通识与专业。本科教育对学生有素质、专业两个方面的要求，需要开设相应的课程来保证，通识、专业两类课程应运而生。通识课程、专业基础和专业课程究竟如何开设，重视什么，突出什么？通识和专业的关系如何处理，是课程结构改革中的难点之一。

必修和选修。这是与共性和特性相联系的一对关系。为了保证学生的共性要求，需要开设必修课，为了满足学生的特性要求，又要开设大量的选修课，以满足学生自由选择课程的需要。现在的问题是：由于师资数量和水平的原因，不少学校开不出大量的选修课；开设大量"打酱油"的选修课，教师容易教，学生容易拿到学分，但课程没有达到应有的目的；有的选修课选的学生少，涉及教学成本问题，等等。近年来，大学开始重视选修课的开设，但如何处理好必修和选修的关系，仍然是一个重要的问题。

理论与实践。通过本科教学评估、上级教育主管部门的推动，大学开始重视实践环节。但是，在课程结构和教学过程中仍然存在不少问题：实践和理论两者脱节，未能有机联系与统一。缺乏学生自主实践，不少实践、实验课程，按教学大纲要求，教师的设定，学生限于机械性操作；在实践，特别是校外实践中，缺乏强有力的组织，放任自流，达不到应有的效果。这需要我们转变观念，采取切实措施，正确处理理论与实践课程的关系。

课内与课外。大学生的大量时间在课外，课程结构中要将学生课外学习纳入其中。我国本科教育与西方发达国家本科教育的差别、差距，更多地在课外。如在美国、英国等，学生要修完一门课程，需要阅读大量书籍，进行相关的研究，任务很重。我国则对学生的课外学习缺乏指导与要求。课程结构，课程教学应将课外学习的指导纳入其中，形成一个有关联的整体。在课程结构改革中，当前要特别关注加强文化素质教育课程，开设批判性思维课程，创设个性化课程，重视实践性课程。

此外，学校还肩负着健全课程开发组织，监控课程实施过程；创建有效的教学经验，推动"以学生为中心"的本科教学变革；组织教师团体合作，促进师生共同发展等方面的任务。学校在课程建设中负有重要的领导责任，必须引起高度重视。

二 转变教学观念

我国本科教学的观念在积极转变，但基本上仍停留在知识教育、知识学习上；我们的大学仍然是"一本书大学"（即一门课程，一本教材，教师上课讲教材，学生下课看教材，期末考试考教材）；教学方式、教学方法几十年没有发生根本性的变化，主要表现在：教师只注重知识的传授，缺乏让学生自己去感受、体验，忽视师生心灵的沟通；按照教学计划的要求，将知识分解，逐节讲授，完成大纲规定的要求了事；上课满堂灌，没有讨论，没有交流，没有大量的课外阅读；教师居高临下，缺乏师生间平等对话、交流。旧的观念、旧的思维模式往往会通过潜移默化的形式，限定教师的行为边界。加强课程建设，改进课程教学，要从转变观念入手，形成符合教育教学规律，适应新形势的教学观念、思维方式。

1."教学神圣"

教育是民族振兴、社会进步的基石，是提高国民素质，促进人的全面发展的根本途径，寄托着亿万家庭对美好生活的期盼。人只有依靠教育才能成人，人完全是教育的结果。教学是十分神圣的。大学生是十分宝贵的人才资源，是民族的希望，祖国的未来。教师和学生接触最多，影响最大，不管你自觉不自觉，总在影响学生，问题是产生好的影响，还是坏的影响。一位学生回顾自己的经历，深有感触地说："他们（指导教师）生活得四平八稳，都总在影响学生的一生。"我们对教学要有神圣感，用整个生命去对待教学，对待我们的学生。

2.学生学习了才有教育

学习是人类在认识与实践过程中获取经验和知识，掌握客观规律，使身心获得发展的社会活动。学习是一个过程，是一个自主构建、相互作用、不断生长的过程。学习过程包含多个环节，根据布鲁姆的研究，这些环节主要有：知道、理解、应用、分析、评价、创造。这六个环节是相互联系、递进的，教学过程中不可缺少。如果我们仅仅停留在让学生"知道"的阶段，而不经过理解、应用、分析和评价，则不可能培养学生的创造性。学生学习的过程，是一个内化的过程。学生不是一块白板，也不是用来装水的水桶，学生已经形成了自己的知识结构，有思想，有情感，是活生生的，每时每刻都处于思考之中。内化是学生素质形成过程中与突变、渐悟与顿悟的统一，是一个主体建构的过程，是"认识、感受、体验的过程，是再创造的过程"。

3. 文化是教育之根

长期以来，我们在课程教学中，重视知识教育，忽视文化育人。党的十八大报告中指出："文化是民族的血脉，是人民的精神家园。"这一论述，既阐述了文化的意义，也阐述了文化的特点。教育与文化的关系十分密切。从某种意义上说，教育即文化，教育的本质是人与文化之间的双向建构。文化塑造人的心灵，它提供了一种工具，这种工具不仅构建了世界，还建构了人的自我观念和力量。就个体而言，文化育人主要体现在价值导向、思维方式、情感陶冶、人格建构等方面。从心理学的角度分析，文化育人，就是人的文化心理结构的建构，是文化图式的建构。文化建构人类心灵与视野的特有事物，学习、记忆、谈话、想象等，都有文化的参与。

教育与文化的关系如此密切，文化育人如此重要，但人们在教育实践中往往缺乏文化视野，忽视文化的作用，甚至背离文化的要求。缺乏文化的视野主要表现在：在教育目标上，不注重人的全面发展，重视成材，忽视成人；重视工具性、知识性、技能性，忽视思想、灵魂、智慧的培育。在教育内容上，重视专业性，忽视通识性；重视知识运用，忽视自由创造；重视科学教育，忽视人文教育。在教育形式、手段上，重视显性教育、忽视隐性教育；重视他人教育，忽视自我教育；重视共性教育，忽视个性教育。背离文化的要求主要表现在：在教育观念上，以应试教育作为教育理念，一切以应试为目的，学生接受教育仅仅是为了考上好大学，找个好工作，出人头地。在教育思想上，忽视人的个体性存在、自由存在、创造性存在，不尊重学生的人格，背离了教育的根本目的和基本要求。在教育方法上，采用物质引诱、棍棒教育，严重伤害了学生的心灵和身体健康。由此可见，尽管学校每天都在上课，学生每天都在学习，并不等于文化育人。

在教育中，文化十分重要，但为什么不能引起人们的重视？因为文化有自身的特点：文化如水中盐，"有而无在"；文化是"整体性存在"；"个性差异性存在"。我们要重视文化有人，站在文化的高度，遵循文化的规律，运用文化的方法，发挥文化的力量。

4. 不存在"无教学的教育"和"无教育的教学"

著名教育家赫尔巴特指出：不存在"无教学的教育"和"无教育的教学"。教育（德育）同样靠教学来完成，每位教师在教学中都肩负育人的重任。当前，人们对教育仍存在一些误解。有学生认为"我是来学知识、学专业的"，上大学的目的就是学习专业，将思想政治教育、学会做人当作外在强加于他的事情。因而，在一部分学生中造成这样一种现象，每学一门课，首先要问"有没有用"？"能否帮我找到理想的职业"？而教师一般则认为："我是教知识，教专业的，学生思想政治教育是辅导员、政治课教师的事。"这些观点是不对的。

在大学生思想政治教育中，教育效果不理想，教师、学生对教育目的的误解是一个重要原因。如果我们强调重视德育，仅仅在加强政治辅导员、政治课老师工作上下功夫，将广大教师、职员排除在外，思想政治教育是无法做好的。教师要结合自己的教学进行德育。

5. 教学是一个创造过程

怀特海在过程哲学中强调，"将来并不存在于现在。"前苏联教育学家苏霍姆林斯基指出："教育是人与人心灵上的最微妙的相互接触。"教学，绝不是简单的知识传授，而是一个创造过程，是一个人的生命历程。每个教师都要进行教学研究。研究教与学的相互作用，教师与学生的心灵沟通和碰撞；研究学生内化的过程与规律；研究教材，如何去激活知识；研究方法，如何去启迪学生；研究教师自己在教学中的生命历程，自己在教学中成长的过程、规律等等。每个教师都应将教学视为师生共在的精神生活过程，自我发现和探索真理的过程，生命活动和自我实现的方式。

三 探索教学方法

课程建设涉及到教师、学生、教材、教法、教学设施等诸多方面，是一个长期过程，渐进的过程。课程改革无奇迹，要回到基础，把握基本方面，研究教师、学生，教材、教法等，在长期的改革过程中，逐步推进。但是，课程改革必须起步，要找到一个突破口、切入点。我们可以从改进教学方法为突破口、切入点。因为我国大学教学方法几十年变化不大，问题较多；教学方法涉及每一位教师、学生，而且连接教师与学生，直接关系到教学效果的提高；在教学方法改进的过程中，可以激发教师的积极性，发现教学过程中存在的问题，从而进一步推进其他方面的改革。

教师的"教"是为了学生的"学"，学生学习了就有教育，没有学习就没有教育。那么，改进教学方法，教师首先要深入了解学生的学习，探索学习的规律。在教学中，关于学生学习，至少要明确三个方面：

学习的内容十分广泛。学习包括知识性学习，非智力方面的学习，方法的学习，学会学习等方面。知识性学习包括事实的学习，原理的学习，逻辑的学习等内容。非智力方面的学习包括学会关心，学会生活，学会生存，学会做人等方面。学习方法的学习也是学习的重要内容，如选择性学习、探究式学习、发现式学习、批判性学习、再生性学习等。学会学习是元学习，教是为了不教，学是为了更好的学，更会学。授人以鱼，不如授人以渔，就是指帮助学会学习，自我学习，自我教育。因此，在教学中不能停留在帮助进行知识性学习上，还要关注学会做人，掌握学习方法，学会学习等。

学习有其自身的规律。人类对学习的规律在进行不断探索，如，孔子提出的"温故而知新"就是重要的学习规律。这种探索随着哲学、心理学研究的不断深化而深化。在建构主义心理学基础上形成的建构主义学习理论，将人们对学习的认识推向了一个新阶段。建构主义学习理论认为，学习过程是学习者主动构建知识的过程；学习活动是学生凭借原有的知识和经验，通过与外界的互动，主动地生成信息的意义；学习对知识的理解不存在唯一的标准，而是依据自己的经验背景，以自己的方式构建对知识的理解。因此，教学就把学习者原有的知识经验作为新知识的生长点，引导学习者从原有的知识经验中不断生长出新的知识经验。

明确课堂讲授对学生学习的特定作用。教师讲授的作用，苏格拉底用一个形象的比喻说得十分清楚。他的母亲是一个助产士，老年时自己不能生孩子，但仍然可以为孕妇接生。助产士的作用是为孕妇接生。教师的作用则是为学生思想接生。教师不能代替学生形成自己的思想，学生知识思想的形成完成靠自己，谁也代替不了。但在学生思想形成过程中，教师可以起到"助产"、"接生"的作用。从这个角度看，教育是点燃学生心灵的火苗，燃烧则是他们自己的事。教师讲授的作用，应由此来定位。

教育活动并不是一件"告诉"和"被告诉"的事情，而是一个教师和学生主动参与和共同构建的过程。根据以上对学生学习的基本认识，教师在改进教学方法中，要努力从四个方面进行探索：

建构情境。学生学习是在一定的情境中进行的，良好的情境可以使学生心情愉悦，思维活跃，增强学习的效率。教师讲授中，要以真诚的态度打动学生，以满腔的热情感染学生，以丰富的智慧吸引学生，将自己摆在学生平等的地位，敞开自己的心扉，与学生产生心灵的交流。教育是一棵树摇动另一棵树，一片云推动另一片云，一个灵魂撞击另一个灵魂。课堂上，要营造一种灵魂撞击的情境。

激发兴趣。兴趣是最好的教师。只有将兴趣调动起来，学生学习进步才快。课堂上，教师要通过阐述意义，讲活知识，相互沟通，贴近学生的生活等方面，去激发学生的兴趣。

促进思考。促进学生思考的方法很多，例如，在给定条件下，让学生尽可能多地自己去解决一个一个的问题；让学生进行联想，找到事物之间的内在联系；让知识、理论与学生的生活实际相关联；让学生在实验、实践中思考，等等。

督促鞭策。人都是有一定惰性的，特别是其中一部分学生，由于种种原因，放松自己的学习。在教学过程中，教师负有对学生学习的督促鞭策责任。例如，提出预习、复习，阅读课外书籍的明确要求，并进行检查，关注课堂纪律；对学习进步，特别是自己思考问题、解决问题的学生给予充分肯定、表扬；关注学习困难的学生，找他们谈心，帮助他们分析学习困难的原因，共同探索改进学习的方法，等等。

教学方法的核心是针对性。学生是千差万别的，接受教育的方式、思考问题的方式、解决问题的方式各不相同。教学中要了解学生，了解他们学习的状况、需要、困惑，进行针对性教学。备课，首先要备学生。

四　改革教学评价

教学评价是教育教学过程中不可缺少的重要环节，其作用主要体现在

"激励与导向、检测与诊断、区分与优选、决策与调控"等方面。加强课程建设，必须重视教学评价的改革。当前，在教学评价中，必须抓住以下关键问题：

以学生的成长、发展为评价的主要内容。教育教学的有效性，必须体现在学生的成长发展上。然而，由于多种原因，传统的教育质量评价过多地关注教育过程之外的内容。如教育评价的声望观，认为可以通过评价一所高校的声誉和名望来测定其教育质量；教育评价的资源观，认为可以采取一些更有形的物化标准如师资、生源、校舍以及财政资源及至规模等资源投入指标来评价其教育质量；教育评价的产出观，认为可以通过计算学生保持率、校友的终身收入甚至师生发表的论文数等评价教育质量。诚然，高校的声望、资源投入和教育产出与教育教学质量关系密切，但并非教育教学的本质内容，教育质量的高低最终体现在学生的成长和发展上。因此，教育教学评价内容，要重视学生的自主学习能力、创新能力、实践能力、自我教育能力的评价。

采用发展性评价。对教师的评价方式有多种多样，其中发展性评价比较适合学术性评价。不管采用何种评价方式，目的在于推进学校和教师、学生发展。学校发展有效率目标和学术目标，其中学术目标是大学必须坚守的生命线。注重学术目标，要求在教师评价中，充分尊重学术活动的复杂性和创造性；关心教师个人的发展，通过促进教师的专业发展，提高每个教师的学术产出能力以增强大学的学术创造力，将"为大学"和"为教师"的这两个方面统一起来。学术评价必须遵循学术自由的原则，发展性评价方法，注重教师的潜力和今后可能的进步；在评价中，学校管理者是咨询者和帮助者；教师是积极的学习者。发展性评价中，还要考虑评价的原则性和灵活性，如制定奇才怪才不同的评价标准，免去优秀教师的年度考核等，使优秀人才能得到自由而充分的发展。

改革考试制度。考试是学校检查学生成绩和教学效果的一种方法，是学生评价的重要方式。在我国考试中存在的突出问题是：考试内容单一，大多停留在对学生掌握知识的考查上，内容缺乏综合性、全面性、研究性；考试方式单一，以闭卷考试为主，方式缺乏多样性、开放性；评分标准注重对基本知识掌握的全面性，忽视学生的创造性；考试目的注重"巩固已有知识，检查教学效果，评价学习状况"，忽视"学习新知识、培养思考能力、创造能力"，未能很好地把考核过程作为学生的学习过程、发展过程。因此，改革考试制度十分重要。其一，考试内容要体现培养创新人才的要求。无论何种方式的考试，都必须有试题。试题规范了考试内容。试题的拟定必须科学、严密、合理。针对以往考试内容的不足，在试题的拟定中，要减少记忆知识的考核，增加应用、创新知识的考核；减少单个知识技能的考核，增加知识能力体系的考核；废除"教多少考多少"，学生只按笔记或某一教材回答试卷的做法，增加课外阅读、社会观察等方面的内容。其二，选取适切的考试方式。考试可以采取闭卷考试、开卷考试、口试、做项目、做论文、进行实际操作等多种方式进行。各种考试方式各有特点，各有优劣，教师应根据课程的性质、学生的状况以及考试的目的，灵活选择，选取适切的考试方式。其三，建立科学的评分制。评分是考试的重要环节，对考试质量有着重要影响。我国传统的评分方式是"全面开花"式的评分，要求面面俱到，综述他人观点越全面越好。发达国家大学的评分注重"一点突破"，看学生能否高水平地阐述某一种观点，强调创新性。我们要在借鉴国外好的经验，分析自己情况的基础上，建立科学的评分制。

学校评价和社会评价相结合。大学培养人才，是为社会服务的，人才质量的高低最终要由社会来检验。我国人才培养评价中，关注学校评价，忽视社会评价，是评价中又一重要问题。社会评价必须引起政府、社会、大学的重视；建立科学的人才评价标准；建立社会评价的机制和制度；大学和社会建立有效的沟通。

参考文献

〔1〕弗兰克·H. T. 罗德斯著：《创造未来：美国大学的作用》，王晓阳等译，清华大学出版社 2007 年版。

〔2〕侯志军、张巧梅：《"学生学习参与"研究的发展阶段及价值分析》，《煤炭高等教育》2012 年第 1 期。

（原载《中国高等教育》2013 年第 17 期）

高等学校个性化教育探索

一些事物的发展往往起于偶然，并从偶然走向必然。华中科技大学文华学院（以下简称文华学院）个性化教育办学特色的创建，就是这样一个过程。

文华学院在 2003 年建立之初，就确立了"育人为本，质量第一"的办学宗旨。在 2005 年 7 月召开的以"提高教育质量"为主题的第一次暑期教育教学工作研讨会上，学校从尊重每一个学生，教好每一个学生出发，针对 160 多位多门课程考试不及格，"根本不想学习"的学生，决定成立一个研究小组，进行研究，提出对策。会后，学校领导、有关部门负责人、部分教师首先分别找这 160 多位学生个别谈心。谈心发现，这些学生的情况千差万别，各有不同的状况、不同的苦恼，学习困难各有不同的原因。只有对症下药，有针对性地对他们给予关注、关心、帮助，才能让他们走出学习困境。按照这一思路，经过逐个分析、帮助，他们的学习状况都有不同程度的改变，学习成绩都有所提高，其中有 3 位学生还考取了研究生。这一事例，促使我们产生了开展个性化教育的设想。自此，我们开始探索个性化教育的思想、理念，并从培育学科专业特色，加大专业、课程的选择性和灵活性，量身定制个性化培养计划等方面探索实施个性化教育。2009 年元月，以国务院稽查特派员刘吉同志为组长的"中国教育满意度课题调研组"来校调研，听取汇报后，对学校的个性化教育给予了充分的肯定，这给了我们开展个性化教育的信心。2009 年 7 月，学校召开了以"个性化教育"为主题的第五次暑期教育教学工作研讨会，会上一致赞同将个性化教育作为学校的办学特色，努力加以建设，逐步创建有自身特色的学校个性化教育体系。其间，周远清、潘懋元、顾明远、杨叔子、李培根、张楚廷、李延保等教育界有影响的领导、学者来到学校，对个性化教育给予了指导和支持。经过近六年的努力，我校的个性化教育取得了初步成效。

一 理解个性化教育的意义

开展个性化教育，首先要认识个性化教育的必要性和意义。通过六年的探索，我们认为高等学校开展个性化教育意义重大，十分必要。

1.开展个性化教育是对教育真谛的深刻领悟

教育的对象是人，教育的目的是促进人的成长和发展。而人是活生生的，千差万别的。教育是培育人的主体性，启迪人的精神生活的独立性，从经验的发展来实现个体发展的完整性。从教育的本质看，教育即促进人的个性全面发展，教育就是个性化教育。

早期的教育，重视个性化教育，教育的性质类似于农业。进入工业社会以后，则忽视了个性化教育，教育的性质类似于工业，其表现之一就是大班教学。工业社会以来，随着科技发展速度加快，社会对人才的需求越来越大，为适应时代发展，夸美纽斯首创大班教学，并在教育教学中占据了统治地位。大班教学拥有高效率、充分利用教学资源等优势，但较少考虑学生个性、社会需求及人生目标的多样性，仅仅依据统一的标准、统一的要求、统一的进度教授统一的内容，就像工业社会生产标准件一样。为了纠正这种倾向，各个国家都在进行探索，个性化教育正在全球兴起。例如，1996年6月召开的世界教育大会通过的《萨拉曼卡宣言》中提出"全纳性教育"，意即每一个儿童都有受教育的权利；教育体系的设计和教育方案的实施应充分考虑每个儿童有独一无二的个性，都有特殊需要，教育活动应当以儿童为中心，学校应当努力去适合学生的状况；有特殊需要的学生必须进入社会的普通学校，特殊教育不是残疾儿童的专利，作为一种有效的精致的教育，特殊教育可以为所有儿童的学习发挥作用，等等。①

---

① 贺红：《特殊教育思想的发展趋势及其对特殊教育管理的影响》，《西南师范大学学报（哲社版）》1998年第6期。

我国政府 2010 年颁布的《国家中长期教育改革和发展规划纲要 (2010—2020 年)》中提出："尊重教育规律和学生身心发展规律，为每个学生提供适合的教育。""关注学生不同特点和个性差异，发展每一个学生的优势潜能。"①《纲要》为我们开展个性化教育指明了方向。

在个性化教育中，提出开发学生的优势潜能具有重大的意义。潜能是一种现在还没有显露出来，在合适条件下可以被激发并对人的能力、行为产生重要作用的隐形能力。美国心理学家威廉·詹姆士认为，一个正常健康的人，只运用了其能力的 10%，尚有 90% 的潜力未被运用。人生是短暂的，面对人类自身如此巨大的潜能，一个人要想成功，要想在有限的时间内实现自身价值，就必须找准自己的优势潜能，并充分发挥自己的优势潜能。大学生的机体尤其是大脑的构成和机能已基本成熟并渐趋完善，不仅具有较高的感知觉和观察力，还有强烈的求知欲望和运用潜能的热情，更重要的是，他们正处于人生开发及运用个人潜能的黄金时期。潜能靠开发和发掘，正如弗罗姆所说："如果我们说，种子现在已经潜伏着树木的存在，那么，这并不意味着每一粒种子势必长成一棵大树。潜能的实现依赖于一定的条件，例如种子在这种情况下，条件就是适当的土壤、水分、阳光等。"② 个性化教育就是强调发掘学生个性潜能的优势，即寻找每一个学生身上个性的最强点和闪光点。因此，如何引导及帮助大学生有效开发及运用自身的潜能，提高认知能力和实践能力，是高等教育的重中之重。

2. 开展个性化教育是适应高等教育大众化的诉求

2002 年我国高等教育毛入学率达到 15%，开始进入大众化阶段。高等教育大众化最显著的外在特征是学生规模的扩大。我国 1952 年高校招生人数仅为 6.6 万人，在校学生人数，1998 年为 643 万人，高等教育毛入学率为 9.8%；2002 年为 1600 万人，毛入学率为 15%；2005 年为 2300 万人，毛入学率为 21%；2009 年为 2979 万人，毛入学率为 24.2%。量的增长必然引起质的变化。提出高等教育大众化理论的美国学者马丁·特罗 (Martin Trow) 指出："在每一个现代社会中，高等教育的种种问题都与增

---

① 参见《国家中长期教育改革和发展规划纲要 (2010—2020 年)》，人民出版社 2010 年版。
② 《弗罗姆文集》，改革出版社 1997 年版，第 233 页。

长相关。增长对实施增长的教育系统和支持增长的社会提出了各种各样的问题。这些问题从高等教育的每一个方面冒出来，如财务、控制与管理，招生与学生选择、课程与教学方式、教职工的招聘，培训与社会化，标准设置与维护、考试方式与资格授予、学生住宿与工作安排，动机与士气，研究与教学的关系、高等教育与中学教育的关系、高等教育与成人教育的关系等。增长冲击了高等教育形态与行为的各个方面。"[①] 在这些变化和要求中，大众化呼唤个性化教育是十分重要的方面。

首先，从高等教育与社会的关系来分析。高等教育大众化是随着社会的发展而形成的。现在我们正开始进入信息社会，信息社会是一种新的社会形态，已经在经济、社会、生活、政治等各个领域表现出全新的特征：在经济方面，表现为一种以知识和人才为基础、以创新为主要驱力，全面协调可持续发展的知识经济形态；在社会方面，表现为具有信息基础设施完备性、社会服务包容性、社会发展协调的网络化社会；在生活方面，形成了生活工具数字化、生活方式数字化、生活内容数字化的数字化生活；在政治上，要求建立能充分利用现代信息技术实现社会管理和公共服务的服务型政府。信息社会需要品种多样的生产，有多种职业要求，社会发展节奏加快，适应信息社会的唯一途径就是不断学习、终身学习，发挥自己的优势潜能，发展自己的个性特征。信息社会对教育提出了培养个性化人才的时代要求。信息社会又是以人为本、具有包容性和面向全面发展的社会，在信息社会中，人人可以创造、获取、使用和分离信息和知识，使个人、社会均能充分发挥各自的潜力，实现可持续发展并提高生活质量。因而信息社会比以往任何社会都有利于开展个性化教育，培养个性化人才。

其次，从学生的特征和需求来分析。与精英教育相比，大众教育的学生来源具有更大的多样性，个体之间具有更大的差异性，如何推动所有的学生走向成功，是一项重大课题。大众化时代与精英时代相比，学生的学习兴趣、学习欲望、学习成绩有很大的差别。学习不良、成绩落后的学习障碍学生人数大为增加，而且这些学生之间的差别也十分明显。文华学院

① Martin Trow, "Problems in the Transtion Form to Mass Higher Eduction", *Conference on Future Structures of Post-secondary Education*, Paris: OECD, 1973.

一个课题组曾对学习障碍学生进行研究，发现这些学生学习不良、成绩落后的原因多种多样：学习态度不端正，目的不明确，处于漫无目的的学习状态；缺乏学习热情和自觉性，自制性和坚持性差；学习动机短暂、浮浅、游移、摇摆；缺乏学习兴趣，缺乏好奇心；注意力不集中，缺乏时间观念和任务感；没有形成良好的学习习惯和学习方法；自我控制能力差，社交活动、游艺活动过度；缺乏正确的自我评价，自卑、封闭、忧郁、焦虑，等等。造成这些问题的根源也是千差万别的。面对大众化时期学生极大的多样性、差异性，开展个性化教育是最佳选择。在信息社会，各行各业、各个领域、各种工作和生活，都与知识和信息密切相关，对从业人员提出了更高的要求。社会需要大量受过高等教育的实用型专业人才，学生将进入各种千差万别的工作岗位。特别是我国幅员辽阔、人口众多、资源分布不均，经济发展极不平衡，各地区之间差别巨大。因此，为了适应各种不同的岗位，学生会产生各种不同的需求。学生的多种需求，呼唤个性化教育。

3. 开展个性化教育有利于学生创新能力的培养

创新是人类特有的认识能力和实践能力，是人类主观能动性的高级表现形式，是推动民族进步和社会发展的不竭动力。创新意味着改变、付出、风险，培养创新人才对教育提出了很高的要求。

创新与个性化教育关系十分密切。一方面，创新精神本质上是一种独立探究的精神，关键在于突破常规，独立思考、独立判断、独立探究、独立发现，而不是迷信、盲从，墨守成规。以"独创"为特色的创新思维必然是一种个性化思维。另一方面，个性发展从根本上讲，体现为人的创造精神与创造能力，个性发展的核心是创造精神的发展。以学生为中心的个性化教育，才可能具有培养创造精神的力量。

创新的范围很广，创新是无限的，而人的生命和能力是有限的。这就要求我们去发掘每个人各自的优势潜能，找准自己可能的创新方向和创新点，最大限度地产生创新成果。哈佛大学心理学家霍华德认为，一个人至少有七个方面的潜能：语言潜能、数理逻辑潜能、空间潜能、身体运动潜能、音乐潜能、人际关系潜能和自我认识潜能。但人的潜能因个体差异而呈不均衡分布状态，每一个人都有自身的优势潜能，也有各自的弱势潜能和一般潜能。而且不同人的潜能显现的时间不同，有的显现较早，有的显

现较晚；潜能显现的方式也不相同，有的超常态显现，有的以负面形式显现，有的则以平庸方式显现。在个性化教育中，要采用多种方式，引导学生自己去发现自己的优势潜能，从而明确自己的创新方向，增强创新能力。

西方国家的教育自古以来一直都比较强调个性发展，注重创新。古希腊时期，苏格拉底教学法便是运用对话，列举出机智巧妙的问题进行教学，其目的不在传授知识，而是探索新知；古罗马时期，昆体良的修辞学方法强调教师要乐于提问，乐于回答问题；文艺复兴时期以重视个性为特征、以发展人格为目的的人文主义教育，主张个性自由发展，培养学生多方面和谐发展；近现代以来杜威的问题教学法强调从做中学，罗杰斯的以学生为中心的教学法强调充分发挥学生的主体作用和创造性，以及布鲁纳的发现法及奥苏贝尔的有意义学习等等，无一不是突出了学生的个性发展，无一不注重创新。① 在我国，虽然孔子早有因材施教的教育思想，但由于几千年封建专制思想的制约，我们忽视了个性化教育和创新精神培养。中国的教育是一种"挑错"教育，教师、父母对照好学生、好孩子的共同标准，随时随地指出学生、子女的毛病，令其改正，以达到共同标准的要求。在我国，实行个性化教育，首先要转变教育思想，充分认识个性化教育对于培养创新精神、个人成长成才的极端重要性。

4.开展个性化教育有利于实现教育公平

社会公平就是在平等的规则及制度保障体系下，社会成员享有同等的机遇和权利，以达到最终资源分配上的公平。社会公平，是社会文明进步的重要标志。"教育公平是社会公平的重要基础"②，十分重要。社会公平包括权利公平、机会公平、过程公平、结果公平四个方面的内容。机会公平是指以公正为价值取向的现代社会，保证人人都能够接受教育，都能够平等地参与市场竞争及社会生活，能够通过法律及制度途径来维护自己的合法权益。机会公平是社会公平的核心，"教育公平的关键是机会公平"③。现代教育的产生，首先是从教育平等开始的。

---

① 何旭明：《从社会化与个性化的关系看创新教育》，《教育与现代化》2000年第4期。
②③ 参见《国家中长期教育改革和发展规划纲要（2010—2020年）》，人民出版社2010年版。

有学者将教育机会公平分为"就学机会公平","就读优质学校机会公平","教育过程参与机会公平"三个层次。对于高等学校来说，教育机会公平主要是指"教育过程参与机会公平"。教育过程参与机会公平要求学校和教师不论在课堂教学中，还是在实践活动、学生管理中，都不要把有助于学生成长发展的机会（如课堂表达的机会、与教师互动的机会、担任管理角色的机会、参与科研的机会、获得奖励的机会、社会实践的机会、勤工助学的机会等）长期或过多地集中在少数人身上，而应将这些机会公平地给予所有的学生，"教好每一个学生"。[1] 学校要营造一种良好氛围，为每个学生提供参与教育过程的机会，即公平的教育机会。

文华学院在 2005 年提出要树立正确的学生观，要"尊重每一个学生"，因而在实施个性化教育的过程中，尽力给优秀学生创造条件，让他们更好地发展，同时，十分关注学习困难的学生，为每一个困难学生量身定制适合自己的课表，最大限度地发挥自己的优势，取得好的成绩。事实充分证明，个性化教育有利于实现教育公平。

总之，在个性化教育中，我们要承认学生的个体差异，尊重学生的个体需求，注重学生的个性发展，发掘学生的优势潜能，激励每一个学生乐观向上，自主自为，努力成才。

二 认识个性化教育的内涵

探索个性化教育，首先要认识个性、个性化教育的内涵。从心理学对个性的界定来看，个性是指一个人的整个心理面貌，即具有一定倾向的各种心理特征的总和。在教育学领域，一般认为，个性是类特性、民族性、阶级性、地区和社区特点、教育性和时代特性在具体个体身上的独特组合。在某一个人身上，它有不同的组合，不同的组合方式，形成不同的个性。这里应特别强调的是，个性不等于特性，个性是共性和特性的统一。特性是一个人区别于其他人的特征，是人的生命属性。任何事物都有特性，没有特性，跟其他事物就不能区分。共性是人类群体在生理、心理和

---

[1]　参见《国家中长期教育改革和发展规划纲要（2010—2020 年）》，人民出版社 2010 年版。

社会等方面所具有的共同典型特征，如人性、民族性、阶级性等。只有特性和共性相结合，才能形成个性。人的个性是在先天自然素质的基础上，通过后天的学习、教育与环境的作用，在个体生活过程中逐渐形成的。因此，个性是可以认识、把握的，个性是可以改变的，个性修养和教育是无止境的。这就奠定了高等学校个性化教育的可行性。

个性化教育是面对独特的生命个体，通过适合每个独特生命的手段，发掘个体生命的潜能，促进个体生命自由发展的教育。与个性化教育相对应的是划一性教育，即千篇一律的、模式化的教育。它无视或忽视受教育者的个性，力图以统一的要求、统一的标准、统一的教育内容、统一的教育形式和方法，塑造同一规格的人。个性化教育不等同于个别教育。个别教育是一种教学组织形式，如一对一，多对一，是教师针对某个学生的教学。个别教育的形式能够给个性的发展提供一定的时空，有利于个性张扬，但不必然带来个性的发展。个别教育能否起到个性化教育的作用，取决于教育指导思想和教育目标。个性化教育也不同于差异教育、扬长教育、特长教育。个性化教育具有如下特征：

1. 立足"生本"教育

"生本"，即以学生为本，是"以人为本"在教育教学过程中的具体体现。"生本"教育首先要认识到"人既是发展的第一主角，又是发展的终极目标"。[①]"以人为本"将发展的逻辑起点与终极目标归结于人自身，突出了人在发展中的主体地位和作用，发展是人的发展，发展是为了人的发展，人是发展的动力，是发展的关键因素。在教育教学过程中坚持"以人为本"，要认清"人是精神性的存在"，"人是自由性的存在"，"人是创造性的存在"，[②]从而重视人的精神，以精神提升人，把人作为主体，而不是客体、工具，高度重视人的创造性。个性化教育的重心在学生。学校要树立"育人为本，质量第一"的宗旨，教师、职员要以学生为本，树立为学生服务的理念，尊重学生的个性、需要，重视学生个体的差异，谋求适合差异的教育教学方略。为此，在个性化教育中，要实现教育民主，建立民

---

① 参见国际 21 世纪教育委员会：《教育——财富蕴藏其中》，教育科学出版社 1996 年版。

② 郝德永：《人的存在方式与教育的乌托邦品质》，《高等教育研究》2004 年第 4 期。

主的师生关系，教师不仅是学生的师长，还是学生的朋友，要了解学生，理解学生，尊重学生，帮助学生寻找最适合自己个性发展的方式。民主的师生关系是个性化教育有效开展的基础。

2. 基于和谐教育

个性化教育不是对个性某一方面的教育，而是以全部现实个性为起点，以理想个性为归宿和目标，对完整人的全部个性的和谐教育。个性化教育中的和谐教育主要体现在以下三个方面：一是全面发展与个性发展。素质具有全面性，个性也具有全面性，但个性化教育摒弃平均发展，整齐划一的发展，强调诸要素的和谐发展。人的诸素质相互依存，相互促进，突出某一方面的优势，有利于其他方面的发展。因此，个体在全面发展的基础上，应突出某一方面，发展自己的优势潜能，从而使个性更加优化。全面性还表现为面向全体学生，促进每一个学生的全面发展。二是社会发展和个人发展。人的个性化过程同时也是社会化过程。社会发展与个人发展在本质上是历史的、具体的、现实的统一。一方面，社会化总是具体人的社会化，社会化在每一个体身上必然体现出个人的特点；另一方面，个性化必然是在社会化过程中完成的，个性化总是具有社会属性的个性化。[①] 三是自然性和社会性的统一。人是社会性存在，也是自然性存在，人是"自然的社会动物"。人的动物性在人的社会中才能人化，人的社会性只有以自然性为基础才能存在。人的个性是社会性和自然性的统一。个性的自然性是指作为形成个性物质基础的遗传因素和生理特征。自然性是个性的特质载体，是个性形成的物质条件。个性的自然性虽然不能从根本上决定人具有什么样的个性品质，不能预定个性的发展方向，但它却构成了个性形成的基础，影响着个性的形成。人更是社会实体，人作为自然实体降生于世，具有动物完全不同的环境，生存于一定的社会关系之中，其个性只有在现实的社会关系中才能发展、形成。个性的自然性与社会性相互渗透、紧密联系，构成一体，对个性化教育的开展提出了很高的要求。

3. 突出自我教育

个性发展是一个自主自由的过程，个性的形成必须经过"自我建构"。

---

① 刘彦文：《个性化教育的内涵与特征浅析》，《教育评论》2000 年第 4 期。

学生个性形成的过程是一个自主选择的过程。人的良好个性的形成需要自我教育。自我教育是人的个性形成的内在因素，是受教育者自己对自己的教育，"是个体把自身作为教育对象，按社会的要求和自身发展的需要，发挥主体的自主性，主动求教，使自己成为一定社会所需要的人的活动"。① 自我教育是受教育者形成自我意识和发挥主观能动性的反映。积极倡导和践行个性化教育的苏霍姆林斯基非常重视自我教育的作用。他反复强调，"自我教育是学校教育中极重要的一个因素"，"没有自我教育就没有真正的教育"，"促进自我教育的教育才是真正的教育"。② 个性的发展只能由自己来完成，因此，要给学生一片自主的天空。教育者要通过情景假设、心理暗示、信息聚焦、目标锁定、自我激励等多种形式，帮助学生培养兴趣，增强自信，启迪智慧，发掘潜能，从而达到自我成长，自我实现，自我超越。

4. 体现渗透式教育

个性化教育不是外在于现行教育体系的独立的教育过程、教育体系，而是一种教育思想、教育理念，应将其贯穿于学校教育教学的全过程，渗透到家庭教育、社会教育、学校教育的方方面面。首先，要运用个性化教育思想重新审视教学目标、人才培养方案、教学计划和课程设置、教学模式、教学评价和教学手段，在实践中逐步形成比较完善的个性化教育体系。其次，要以个性化教育思想审视教育教学的各项工作，使之体现个性化教育。例如，学生考研是一项重要的教学工作，我们将组织、帮助学生考研的过程作为个性化教育过程，帮助学生分析自己的兴趣、优势潜能方向、特长，重新选择自己的专业方向。一般而言，读本科主要是选学校，读硕士主要是选专业，读博士主要是选导师。通过考研，学生重新选择了适合自己兴趣特长的专业，而且，由于学生选择了适合自己兴趣特长的专业，学习的积极性也大为提高。2010年，文华学院学生的考研率已达15.9%。再次，将个性化教育渗透到家庭教育、社会教育之中。家庭教育是学校教育、社会教育的基础，但我国的家庭教育十分薄弱，主要问题

---

① 张晓静：《自我教育——当代学校教育的主题》，《教育研究》1994年第10期。

② 王天一：《苏霍姆林斯基教育理论体系》，人民教育出版社1992年版，第47页。

是家长缺乏专业的教育知识、教育手段、教育方法和教育资源，学校有责任帮助家长了解和学习教育知识、教育方法，提供教育资料，指导家庭教育。社会教育无处不在，非常灵活，但社会教育的主要问题是缺乏目的性、针对性和引导性，学校有责任通过普及教育思想、教育知识，加强和社会的沟通、联系，引导社会教育。

三　探索个性化教育的实施途径

六年来，文华学院在实践中努力探索个性化教育的实施途径，取得了初步的效果。首先，在推进个性化教育实践方面，经过反复研讨，形成了以下认识和思路：教育目标注意促进学生个性的和谐发展，培养社会需要、全面发展而又个性鲜明、富有创造性的学生；人才培养方案注重开放式，强调课程弹性和时间弹性；教学计划和课程设置注重个性化和公开化，建立各具特色的课程体系，并向学生公开教学计划，使学生有目的、积极地参与到教育教学之中；教学模式注重主体性、创造性、生活性和情趣性，推进小班教学、小组教学、研究性课程、读写议教学，建立针对个性发展的教学模式；教学评价注重全方位评定教与学；教学手段注重实践和网络。同时，我们在实践中探索了以下个性化教育的实施途径：

1.培育学科专业特色

培养有个性的学生，学校要有特色，学科专业要有特色。文华学院创建之初，即定位于"多科性、教学型、开放式"，"以工学为主、多学科交叉发展"。为主动适应国家工业化、城镇化、信息化和武汉地区经济社会的发展，学校形成了自己独特的专业结构。如为适应国家工业化发展，设置了机械、电力、动力、自动化、船舶与海洋工程等专业；面对国家城镇化发展趋势，设置了城市规划、土木工程、给排水、建筑环境与设备工程、房地产经营管理等专业；为适应武汉"中国光谷"光电子科技产业发展，设置了光信息通信工程、计算机、软件工程等专业；为适应武汉资源节约型、环境友好型"两型社会"综合试点城市的发展需要，增设了环境工程、材料成型及控制工程、物流管理、市场营销、人力资源管理等专业。在个性化教育中，根据学校"坚持社会人才需求导

向，培养应用型人才，培育学科专业特色，培养个性化人才"的基本要求，各学科专业进行了广泛的社会调查，认真研究，努力形成自己的学科专业特色。

例如，经管学部根据我国经济结构、产业结构调整变化的要求，经济与管理两类学科之间的相通性，学生就业的需要以及其他学校经济、管理类人才培养的现状，决定以培养既懂经济又懂管理的人才作为自己的专业特色。为此，经管学部采取设立多个专业特色方向、调整课程结构、设立辅修专业、开设大量的选修课等各种方式，逐步打造自己的专业特色。

信息学部认真分析信息科学技术发展趋势和信息人才市场的需求，认为在信息化时代，"网络通信技术"已成为关键的技术之一，而最能体现网络通信技术和智能技术成就的是"嵌入式信息系统"，因此，将电子信息工程、通信工程、自动化、光信息科学与技术等专业与"嵌入式信息系统"相融合，形成自己的专业特色。信息学部通过实施模块化教学，将企业最先进的技术纳入教学环节，实施专业导师制，加大专业与课程的选择性和灵活性，使他们培养的学生成为信息人才市场上的"宠儿"。

2.量身定制个性化培养计划

三本学生相对一本、二本学生，学习基础要差一些，如何提高教学质量，学校经历了一次"补差"与"扬长"的争论。一些教师认为，对这些学生主要是"补差"，针对他们知识上的缺陷，帮助他们打好基础；一些教师则认为，应"扬长"，每个学生身上都有自己的长处，要尽力发挥他们的优势、长处，从而"长善求失"，让他们用自己的长处去克服自己的短处，培养个性化人才。经过讨论，大家一致认为，应立足于"扬长"，发掘学生身上的"闪光点"，量身定制个性化培养方案，充分发挥学生自己的主动性、选择性。其主要措施是：

（1）加大专业、课程的选择性和灵活性。尽管我们录取的学生基本上是第一志愿，但进校后，由于对自己兴趣、特长、志向的进一步了解和确认，对就业去向的进一步了解，部分学生有了重新选择专业的意愿。学校决定，学生愿意转专业的，经过一定的程序，都可以转。现在约有20%的学生调整了自己的专业。学生重新选择自己喜爱的专业以后，学习都有不同程度的提高。学校还实行了具有弹性、灵活性的课程设置方案，将专业课程分为基本要求课程和选择课程两大模块，学生可以根据自己的需要有选择性地学习。例如，中文系将基础性教学、提高性教学、技能性教学三者合一，设置专业提高课程模块、专业技能提高模块，供不同需求的学生选择。

（2）实行优才优育计划。针对学习基础好的学生，实施优才优育计划。如针对考研的学生，学校调整课程设置，进行一对一的指导，设立专门的考研自习教室，为他们提供学习条件；提供辅修专业计划和适应个性发展的课程计划，并指导学习优秀的学生选择；通过开放实验室，组织兴趣小组，组织各类竞赛，培养学生的创新精神和实践能力。

（3）为给学习障碍学生量身定制个性化培养计划。2005 年，针对 160多位多门课程考试不及格的学生，学校组织干部、教师，逐个与他们交流，分析学习困难的原因，寻找改进学习的对策。通过这次活动，这些学生产生了很大的变化，绝大多数按时完成了学业，其中有 20 位学生获得了学习进步奖，3 位学生考上了研究生。为严肃学习纪律，建设优良学风，2008 年学校对 171 名学习障碍学生做出了留级处理。但在执行过程中，按个性化教育的要求，对他们逐个进行分析，为每一名留级学生定制了一份单独的培养计划，精心制订了个人课表，在不多收学生一分钱的情况下，学部领导、教师、家长共同帮助每位学生实施自己的培养计划。不少学生从中受到感动，从而转变了学习态度，发奋读书，学习状况产生了根本性的变化。经过一年多的努力，这 171 名学生中，有 137 名完成了学业，其中部分学生赶上了学习进度，随原班级毕业。

3. 加强实践教学环节

学生只有通过实践，才能了解社会，认识自我，发现自己的优势潜能，培养自己的良好个性。正如一位教师所说："创新是一种思维，它源于实践。学生只有在实践中才能有自己独特的思考，才会有创新的底蕴。"学校十分重视实践教学环节，形成了全方位的实践教学体系，主要包括：课程教学中的实验、实习，学生创新性实验计划；建立稳定的校外实习基地，学生对口实习；建立各种社团，参加各类竞赛；参加公益活动，如三下乡活动、绿色环保、与空巢老人结对，参加公益演出等；开展感恩系列

活动，如"我当三天家长"、"大学生生存体验"、"阳光行动"、"今天我当辅导员"、"今天我当校勤服务人员"、"关爱老人接力"等；利用寒暑假、双休日，到企业、商店、街道、学校等打工、调研；采访名家大家，拓宽视野，增长见识，如学生利用各种机会，采访了李安、李尔重、潘懋元、顾明远、杨叔子、李培根、杨福家、易中天、于丹、郑渊洁、熊召政、方方、白岩松、叶永烈、刘墉等数十位名人名家。

通过实践，学生有了自己的切身感受、感悟，如"通过参加辩论赛，发现了自己的长处"，"比赛让我更加自信"，"财力代表过去，能力代表未来"，"机会掌握在自己手上，每个人的成功都是自己创造的"，"'想要'和'得到'之间是'做到'"，"加入这个社团，你收获一种兴趣；深入这个社团，你收获一种激情；融入这个社团，你收获一种责任"，"人字很好写，但是要相互支撑着"，"实践+自信=成功"，"付出+坚持=成果"，"大学的档次并不能决定什么，一个人的未来怎样，还是得靠自己"，等等。一位学生骑自行车行走2100公里进入西藏，发出了"心中有梦，远方便不再遥远；勇于践行，远方便在路上"的感慨。这些感受都是真实的、深刻的，也只有通过实践才能获得。

4. 实施针对性教学

课程教学是基本的教学环节。个性化教育必须调动全体教师的主动性、积极性、创造性，在教学过程中因材施教，开展针对性教学。实施针对性教学，首先要了解学生，教师们自觉地"把观察学生纳入职务范畴，专门花时间与学生交流，发现学生思想的闪光点，学习的疑惑"。实施针对性教学，教师要善于激发学生的学习兴趣、激情，树立自信心。一位教师深有体会地说："授人以鱼，不如授人以渔；授人以渔，不如授人以欲。"实施针对性教学，要有招数，要创造合适的教学方式和方法。近几年来，教师在教学中创造性地实施体验教学法、快乐教学法、分层教学、跳跃式教学、案例教学、交际式教学法、头脑风暴、课程发掘、反思性教学、亲情教学模式，"留点遗憾"教学法等，收到了好的效果。

例如，数学教研室在个性化教育中经常开展教学研究，探索新的教学方法。首先，针对不同学科学生的特点，采用不同的教学方法。对于文科学生，主要是培养他们的"量化"思想，以适应当今数字化、信息化社会的需求，在课堂上实施快乐教学法，在教学中让学生体验到数学与每个人息息相关，用数学解决问题思路巧妙，方法简明有序，数学中趣味无穷，并改革考试方法，因而取得了良好的效果。对于经管类学生，推行模块式教学改革，精讲多练，使数学课程不成为他们学习的"拦路虎"。对于理工类学生，则要让他们懂得"工程研究有多深，取决于数学基础有多深"，调动他们的学习积极性，严格要求，为今后的学习打下扎实的基础。其次，针对不同水平的学生，开设深度不同的课程，组织课外研究活动，使他们各得其所。一位文科学生深有感触地说："数学以前在我印象中是枯燥的东西，来到大学后，重新接触数学，我感觉它不像以前那么乏味，而显得那么有趣。今后，我将进一步学习，让生动的数字在我的生活中发光发亮。"又如，信息学部充分发掘学生的特长、兴趣，把具有共同特长的学生组织起来，分别建立若干小组，配备专业指导教师，加以重点培养。外语学部采取分级分层教学、小班教学、开发自主学习课程、构建自主研发的网络教学平台等方式，开展个性化教育。城建学部让学生主持或参与工程方案的设计和竞标，在实践中锻炼成长，等等。

5. 设置"潜能导师"

为了推进个性化教育，学校决定设置"潜能导师"。潜能导师的任务是帮助学生发现自己的优势潜能，并指导学生进行生涯设计。潜能导师由学校领导、任课教师、辅导员、部分行政人员以及学校聘请的校外各方面的成功人士担任。学校成立了"潜能导师委员会"，制定了《华中科技大学文华学院潜能导师试行办法》，编印了《潜能导师工作手册》。2009年，学校聘请了首批177名潜能导师，指导1000多名学生，进行了初步尝试，从2011年开始，在全校推行潜能导师制度。

首批潜能导师以高度的责任感，采用多种方法，帮助学生，让他们自己去发现自己的优势潜能，规划大学学习和人生。潜能导师的帮助，激发了学生的兴趣，他们找到了自己的长处，增强了自信，因而深受学生的欢迎。导师们采用的主要方法有：测试（包括我是谁，多元智能，职业兴趣等）；个别交流，集体沟通；QQ、博客交流；制订学习规划、生涯发展规划；开展多种形式的集体活动；建立个人档案袋；写中文日记、英文日记；以过来人的身份给学生提供建议和帮助，等等。

四 营造个性化教育的环境氛围

在美国，围绕"大学是如何影响学生的"这一课题，进行了长达80年的研究。通过研究，他们认为大学对学生的影响，从学生成长、发展的角度看，主要是两个方面的，一是取决于个人的努力，二是融入学校所提供的氛围。可见，环境氛围对学生成长的重要性。"泡菜理论"，"办大学就是要办一个氛围"，"教学就是环境的创造"等等观点，都是对环境氛围重要性的深刻领悟。一些学生也深有感触地说："在一个高手如云的环境里，你自觉不自觉都在成长。"大学对学生的影响是整体的、潜移默化的，在教育教学过程中应努力营造一种积极、向上、平等、和谐，让每一个学生都敢于质疑的氛围，让学生从中学习、感受、感悟，净化心灵，提高素质，增长才干，完善个性。开展个性化教育，要营造有利于个性化教育的环境氛围。

1. 要让全体师生员工认同个性化教育思想

个性化教育是一种体现时代精神的先进教育思想、教育理念，开展个性化教育，首先要转变教育思想、教育观念。自2005年起，学校通过报告会、研讨会、学习会、交流会、座谈会等多种形式，探索个性化教育。2009年学校暑期教育教学工作研讨会，在充分准备的基础上，集中研讨了个性化教育。大家认为，开展个性化教育是文华学院创建办学特色过程中的一种选择，这种选择是一种境界、理想，是一种追求、精神，也是一种责任。开展个性化教育是"育人为本，质量第一"的办学宗旨的具体体现，是对教育本质的深刻领悟，是时代发展的必然要求，也是学校自身发展的要求。实施个性教育，要着重把握几个关键点，如生命的独特性，尊重每个独特生命的尊严和价值；潜能的重要性，充分发掘每个学生的优势潜能；思维方式的多样性，帮助学生形成多维型的个性化思维方式；自信的根基性，有了自信才能促进个性发展，满足社会需要。开展个性化教育要有大手笔和扎实的措施，学校在原有措施的基础上又决定设置"潜能导师"，设立"个性化教育创新奖"等。研讨会一致赞同将个性化教育作为学校的办学特色。现在，个性化教育已成为全校师生的共识，教师努力以个性化教育思想审视自己的教学过程，职员努力以个性化教育思想审视自己的工作，学生努力以个性化教育思想审视自己的学习。

2. 创建良好的学风

学风是一种治学精神，一种氛围，一种育人环境，一种无形的力量。良好的学风，是学校的宝贵财富，是培养高质量人才的基础和前提。开展个性化教育，对学生提出了更高的要求，加强学风建设十分重要。为此，学校采取了多种方式加强学风建设。

（1）以优良的师德和教风促进学风建设。学校要求教师以自己的品德影响学生；通过不断更新教学内容、改进教学方法，提高教育效果，增强课堂吸引力；加强课堂教学管理，严格要求，加强对学生平时学习的考核。一批优秀的教师正按照学校的要求身体力行，受到学生好评。

（2）加强考试管理。考试作弊在我国已成为影响学风的重要因素。加强学风建设要从严肃考风、考纪抓起，维护教育考试的公平、公信和诚信的学术环境，切实加强考试的全过程管理，严格考试纪律，对违反考场纪律的作弊行为，严肃处理，绝不姑息迁就。例如，2008 年学校对 10 名代考学生和 1 名两次作弊学生做出了开除学籍处理，对 37 名作弊学生分别做出了严重警告、记过和留校察看处分。

（3）培养学生良好的学习和生活习惯。培养学生良好的学习和生活习惯，既是教育的目的之一，也是教育的重要前提条件。学校通过抓"三早"（早起床、早锻炼、早学习）、"四率"（早晚自习率、到课率、作业完成率、成绩通过率）和周日晚点名、开展文明寝室建设等活动，培养学生良好的学习和生活习惯，形成良好的学习生活氛围。

（4）严格执行规章制度，维护制度的严肃性。夸美纽斯指出："……这类学校的长处全在于制度，它包括了学校发生的一切事。因为制度才是一切的灵魂。通过它，一切产生、生长和发展，并达到完美的程度。哪里制度稳定，那里便一切稳定；哪里制度动摇，那里便一切动摇；哪里制度松垮，那里便一切松垮和混乱；而制度恢复之时，一切也就恢复。"[①] 制度是学校赖以生存和发展的基础，制度影响甚至决定人的全面发展，十分重要。要制定制度，更要执行制度。学校一方面根据个性化教育要求，制定

---

① ［捷］夸美纽斯：《教育论著选》，任宝祥等译，人民教育出版社 1990 年版，第 242 页。

和完善各项制度，一方面加大力度，严格执行制度。

3.营造舒适的生活环境

开展个性化教育，学生要有一个好的心境，生活快乐，因此要为学生营造一个舒适的生活环境。学校除重视教学楼、图书馆、实验及实训大楼建设和生活设施建设外，还经常听取学生意见，改进生活设施和学生生活服务。例如，针对开水房、澡堂存在的问题，学校领导亲自走访有关高校，指导设计，在每栋学生公寓一楼设置开水房，配备刷卡式电热水器，提供24小时开水供应；按照单人单间标准，对澡堂进行全面改造，确保澡堂全天开放。经过学生组织的调查，多数学生对开水供应、澡堂改造、食堂服务表示满意。图书馆、实验室等教学辅助单位以及后勤服务部门，则根据个性化教育的要求，主动开展个性化服务，根据师生不同的学习、生活习惯和要求，提供不同的服务，适应和满足师生的需要。

4.设立"个性化教育创新奖"

为鼓励教职工在实施个性化教育过程中勇于探索、敢于实践，积极开发学生的优势潜能，营造个性化教育的良好氛围，学校决定设立"个性化教育创新奖"，每年评选一次。"个性化教育创新奖"项目要在帮助学生发掘个人优势潜能、发展个性特长方面，具有先进的教育理念和有效措施，在实践检验中显现出显著的成效，在校内外产生了良好的影响。"个性化教育创新奖"获得者要具有良好的思想品德和教风，忠诚教育事业，以身作则，为人师表，直接参加"个性化教育创新奖"项目的设计、论证、研究和实施的全过程，并做出了主要贡献。2010年，学校进行了首次"个性化教育创新奖"评选，表彰了7个先进集体和5位先进个人，并在表彰后采取多种方式，宣传他们在个性化教育方面的认识、做法、经验和体会，对全校个性化教育的开展起到了一定的推动作用。

我们对个性化教育虽然进行了6年的探索，但仍然处于起步阶段。今后在坚持个性化教育的过程中，需要进一步探索个性化教育理念、模式、途径和方法，逐步形成具有鲜明特色的个性化教育体系。开展个性化教育任重道远。

（原载《高等教育研究》2011年第3期）

本科学生个性化教育体系探索

本文以华中科技大学文华学院（以下简称文华学院）为例，探索本科学生个性化教育体系。

2003 年，文华学院创建之初，即遇到了我国高等教育大众化初期新办高校的三大教育教学难题：第一，在生源多样性和个体差异性日趋明显的背景下，如何为学生提供最适合的教育，促使每一个学生健康成长？第二，如何破解高校传统的"以教师为中心"、"工业化和标准化批量生产"模式的种种痼疾，解决人才培养规格的统一性与学生个体选择的多样性问题？第三，如何提高本科学生的创新、创业能力？面对这种情况，文华学院在建立之初即确立了"育人为本，质量第一"的办学宗旨，针对独立学院学生的特点，学院将"以学生为中心"的理念与个性化教育的开展有机结合，从 2005 年至今，经过 7 年的个性化教育理论研究与实践探索，形成了一系列研究成果，初步构建了"一个中心，三个关键，五个注重"的个性化教育体系，即以学生为中心，抓住"潜能、立志、空间"三个关键方面，在个性化教育实施中注重培育学科专业特色，注重加大专业、课程的选择性和灵活性，注重加强实践教学环节，注重针对性教学，注重量身定做培养计划和个性化课表。个性化教育推进了学院的教育教学改革，学生在个性化教育中成长成才，人才培养质量不断提高，个性化教育办学特色得到社会广泛认可。

一 坚持"以学生为中心"

个性化教育是尊重个体生命的独特价值、发掘个体生命的潜能、培养学生独立人格和独特个性，促进个体生命自由与和谐发展的教育。

体现"以学生为中心"理念的教育教学思想古已有之，但由于班级教学制的提出、工业革命的影响、中国的特殊国情等原因，近代以来的教育逐渐偏离了"以学生为中心"的宗旨。随着信息技术、心理和教育科学的发展，高等教育大众化进程的推进，现在人们开始重新重视"以学生为中心"。"以学生为中心"，即以学生的学习和发展为中心，实现从以"教"为中心向以"学"为中心转变，从"传授模式"向"学习模式"转变，从而提高学生的学习质量，使学生在知识、能力和素质上获得全面提升。[1]

在个性化教育中，怎样坚持"以学生为中心"的教育理念，文华学院做了以下探索：

1. 厘清学校教育教学的基本思路。

教育理念，首先要体现在进行教育教学工作的思路之中。文华学院在个性化教育中，提出了以下基本思路。[2]

立足"生本"教育。教育是对人的成长发展的引导与塑造，教育的根本问题是人的发展问题。教育中的"以人为本"，主要就是以"学生为本"（生本），以学生的学习和发展为本。"人既是发展的第一主角，又是发展的终极目标。"发展是人的自身发展，人是发展的动力，是发展的关键因素。人是精神性的存在，人是自由性的存在，人是创造性的存在。因而，在教育教学中，要尊重学生的个性、需要，重视学生的个体差异，谋求适合差异的教育教学方法；要实现教育民主，建立民主型的师生关系，了解学生、理解学生、尊重学生，帮助学生认识自己的优势潜能，寻找最合适自己个性的发展方式。

基于和谐教育。个性＝共性＋特性。个性不等于特性，个性化教育不等于特性教育。个性化教育不是对个性某一方面的教育，而是以全部现实个性为起点，以理想个性为归宿和目标，对完整人的全部个性的和谐教育。个性化教育中的和谐教育主要体现以下三个方面：一是全面发展与个性发展。个性具有全面性，但个性化教育摒弃平均发展，整齐划一的发

---

① 刘献君：《论"以学生为中心"》，《高等教育研究》2012年第8期。
② 参见刘献君：《高等教育个性化教育初探》，华中科技大学出版社2012年版。

展，强调相关要素的和谐发展。人的诸素质相互依存，相互促进，突出某一方面的优势，有利于其他方面发展。因此，个体在全面发展的基础上，应突出某一方面，发展自己的优势潜能，从而使个性更加优化。全面性还表现在面向全体学生，促进每一个学生全面发展。二是社会发展和个人发展。人的个性化过程同时也是社会化过程。社会发展与个人发展在本质上是历史的、具体的、现实的统一。一方面，社会化总是具体人的社会化，社会化在每一个个体身上，必须体现出个人的特点；另一方面，个性化必然是在社会化过程中完成的，个性化总是具有社会属性的个性化。① 三是自然性和社会性的统一。人是社会性存在，也是自然性存在，人是"自然的社会动物"。人的个性是社会性、自然性的统一。个性的自然性是指作为形成个性物质基础的遗传因素和生理特征。自然性是个性的物质载体，是个性形成的物质条件。个性的自然性虽然不能从根本上决定人具有什么样的个性品质，不能预定个性的发展主向，然而，它却构成了个性形成的基础，影响着个性的形成。人，更是社会实体，人作为自然实体降生于世，具有与动物完全不同的环境，生存于一定的社会关系之中，其个性只有在现实的社会关系中才能发展形成。个性的自然性与社会性相互渗透、紧密联系，构成一体，这对个性化教育提出了很高的要求。

突出自我教育。个性发展是一个自主自由的过程，个性的形成必须经过"自我建构"。学生个性形成的过程是一个自主选择的过程。人的主体活动是有目的、有意识的，人的自我意识越强，与社会的互动、选择能力就越强。人的良好个性的形成需要自我教育。自我教育是人的个性形成的内在因素，是受教育者自己对自己的教育，"是个体把自身作为教育对象，按社会的要求和自身发展的需要，发挥主体的自主性，主动求教，使自己成为一定社会所需要的人的活动"②。自我教育是受教育者形成自我意识和发挥主观能动性的反映。积极倡导和践行个性化教育的苏霍姆林斯基非常重视自我教育的重要作用。他反复强调，"自我教育是学校教育中极重要的一个因素"，"没有自我教育就没有真正的教育"，"促进自我教育的教育

---

① 刘彦文：《个性化教育的内涵与特征浅析》，《教育评论》2012 年第 4 期。
② 张晓静：《自我教育》，《教育研究》1994 年第 10 期。

才是真正的教育"。① 个性的发展只能由自己来完成,因此,要给学生一片自主的天空。教育者要通过情景假设、心理暗示、信息聚焦、目标锁定、自我激励等多种形式,帮助学生培养兴趣,增强自信,启迪智慧,发掘潜能,从而使之自我成长,自我实现,自我超越。

体现渗透式教育。个性化教育不是外在于现行教育体系的独立的教育过程、教育体系,而是贯穿于学校教育教学的全过程,渗透到家庭教育、社会教育、学校教育的方方面面。首先,要运用个性化教育思想重新审视教学目标、人才培养方案、教学计划和课程设置、教学模式、教学评价和教学手段,在实践中逐步形成比较完善的个性化教育体系。其次,要以个性化教育思想审视教育教学的各项工作,使之体现个性化教育。再次,要将个性化教育渗透到家庭教育、社会教育之中。家庭教育是学校教育的基础,社会教育无处不在,要将学校教育、家庭教育、社会教育紧密结合,增强个性化教育的有效性。

2. 关注学生的类特色。

以学生为中心,必须建立在对学生深入了解的基础上。在个性化教育中,文华学院十分注意对学生的了解、分析。2005 年,学院召开以"提高教学质量"为主题的暑期工作研讨会,对提高教学质量采取了一系列措施。措施之一是组织一个研究小组,从"尊重每一个学生、教好每一个学生"出发,针对 160 多名多门课程考试不及格、"根本不想学习"的学生进行研究。会后,学校领导和干部、教师一道,逐个与他们谈心,分析学习困难的原因。这些学生对谈心表现出了极大的热情。研究发现,这些学生学习不良、成绩落后的表现多种多样,造成这些问题的原因也千差万别。在研究的基础上,逐个帮助这些学生寻找改进学习的对策并加以实施。此后,学院又采取多种方式,对学生进行调查、分析。根据文华学院学生的现实状况,大体存在三种不同类型的学生:"学术型"、"能力型"、"潜力型"。

"学术型"。学习基础较好,有进一步提升自己学术水平、攻读研究生的明确目标。这类学生占到本科生的 25% 左右。学院通过设置提高课程

---

① 参见王天一:《苏霍姆林斯基教育理论体系》,人民教育出版社 1992 年版。

模块、提供辅修专业课程计划，指导学生在考研中根据自己的兴趣、优势潜能重新选择专业，帮助他们成长、提高。

考试能大体反映一个学生的能力，但仍然有极大的偶然性。在高考中，一些学生由于考试紧张、身体不适等等原因，考试分数不高，但他们的学习基础好，有学习深造、从事学术性职业的强烈愿望。因此，学院鼓励他们报考研究生。在帮助学生备考的过程中，一方面通过开设有关课程，进行个别辅导等方式，帮助他们提高学业成绩；另一方面，指导他们根据自己的兴趣爱好、优势潜能，确定自己报考的方向、专业。一般而言，本科主要是选学校，硕士主要是选专业，博士主要是选导师。基于此，学院将指导考研与个性化教育紧密结合，取得了显著成效。近几年来，学生考研率逐年增长，2010届、2011届、2012届本科毕业生被录取为硕士研究生的人数占当年毕业人数的比例分别为16.16%、16.48%、17.59%。硕士研究生录取比例，从2007年首届的4.6%，提高到2012届的17.59%。每年均有5—6位学生取得招考名校该专业第一名的好成绩。部分学生硕士毕业以后，继续攻读博士学位。这些学生中，也可能产生未来的拔尖创新人才。

"能力型"。能够顺利完成学业，有较强动手与实践能力，就业、创业意识强烈。这类学生占到本科生的70%左右。顺应市场需求，学院设置应用模块和技能课程模块，开放实验室、实训基地，强化实践能力，帮助他们提升就业、创业能力。

"能力型"学生是文华学院学生的主体。这类学生的社会需求量很大。以工科为例，企业需要大批懂专业，具有创新、创业意识，动手能力强的现场工程师，这正是"能力型"学生毕业后的最佳职业选择。学校的人才培养计划主要面对这部分学生。因此，要改革课程结构，大量增加实践性课程；加强实验室的整体规划和建设；增加课程设计或大作业环节；加强与企业的联系与合作，鼓励学生到企业、科研单位进行毕业设计；通过开放实验、设立学生工作室、建立学生社团等多种方式，吸引学生参加课外研究、实践活动等等，培养学生的实践能力。在这一方面，取得了比较好的效果，例如，2005级电子商务专业学生郭冠楠，在中学有一定的制作网页的基础和经验。入学后，经管学部老师将学部供师生交流平台的网站

交给他制作。郭冠楠接到任务后，在校园内"招兵买马"，组建起了来自通信、计算机、新闻等专业学生的"EMzone"网络制作团队。在团队的共同努力下，成功制作了域名为"一亩空间"的经管学部网站。由于网站的出色运作，2007年"一亩空间"被教育部评为"全国百佳校园网站"和"全国十佳校园社区网站"。2008年5月，郭冠楠看到学校即将毕业的师兄师姐在食堂附近摆摊，处理自行车、吉他、台灯、书籍等，萌发了建立二手交易网的想法。随即，他们便组织"EMzone"团队建立了面向全国322所独立学院的二手交易网站——"麦田网"，取得了初步成功。由于有了上述基础，郭冠楠开始创业，2009年5月，在湖北省团委的支持下，成立了"武汉散丝网络服务有限公司"，出任董事长，成为武汉"零首付"创业第一人。现在，经管学部将郭冠楠请回学校，兼职为学部服务，成立"郭冠楠工作室"，为学生学习、实习提供基地。

由于加强了对"能力型"学生的培养，毕业生深受用人单位的青睐。例如，获得2008年湖北省大学生机械创新设计大赛一等奖的机电2005级毕业生张静宁，应聘到台资苏州友达公司后，半年内被聘为工程师，一年内升任车间生产负责人。获2010年湖北省大学生机械创新设计大赛二等奖的机电2007级毕业生宋宪振、汤瑞和刘胜辉被华中科大数控公司和美的集团苏州制冷公司直接聘为新产品研发人员。还有多名参加过各种学科大赛的2007级毕业生被深圳、温州等多家公司聘为研发人员。

"潜力型"。学习成绩不理想，缺乏明确的目标，但是具有尚未被发现的其他天赋。这类学生占到本科生的5%左右。学院通过发掘兴趣点、设置个性化课表、实行课程置换等措施，帮助他们顺利完成学业。

个性化教育要面向全体学生，尊重每一个学生，关心每一个学生，让每个学生健康成长。因此，对潜力型学生要特别关注。这些学生智力水平不低，有自己的天赋，但放松对自己的要求，不好好学习，学习成绩差，往往多门功课不及格。对这些学生的多次调查表明，造成这些问题的原因是多方面的：学习态度不端正，目的不明确，处于漫无目的的学习状态；缺乏学习热情和自觉性，自制性和坚持性差；学习动机短暂、浮浅、游移、摇摆；缺乏学习兴趣，缺乏好奇心；注意力不集中，缺乏时间观念和任务感；没有形成良好的学习习惯和学习方法；自我控制能力差，社会活动、游艺活动过度；缺乏正确的自我评价，自卑、封闭、忧郁、焦虑，等等。造成这些问题的原因也千差万别。

针对"潜力型"学生，由文华学院独有的潜能导师、辅导员深入了解他们的情况，有针对性地加以引导。例如，针对上课不认真、下课全在QQ上的学生，潜能导师要求他们准备一个小本子，将自己每天做的事记载下来，每周回顾总结一次，逐步将精力转移到学习上来。针对无所事事、不思进取的学生，则提出"每天进步一丁点，每周进步一点点，每月进步一小步，每年进步一大步"的要求，激励学生进步。这些做法，都收到了比较好的效果。

3. 改革工作方式。

学院提出，每个领导、教师、职员都要考虑，如果我们把学生的学习放在第一位，我们将以怎样不同的方式做事。以学生为中心，推进个性化教育，应转变工作方式。学校主要从以下方面着手。

始终抓住"不紧急而重要"的事。有人将我们面临的工作分为四类：紧急且重要，不紧急而重要，紧急不重要，不紧急不重要。后两类可不必多关注。紧急且重要的事，如招生、课程开放、稳定、评估等，人们一般都会用心去做。工作中容易忽视的是不紧急而重要的事。对于学校而言，学科建设、专业建设、文化建设、人才培养等十分重要，但由于这些工作的效果需要比较长的时间才能检验，人们往往容易忽视。文华学院始终强调要抓住这方面的工作不放。例如，学院每年暑假召开一次全校骨干教师和行政领导参加的研讨会，集中研究一个主题。2005年开始，围绕提高教育质量、人才培养方案、学校制度建设、个性化教育办学特色、学校文化建设等主题进行研讨，收到了十分好的效果。

推进个性化教育"要有坚定的信念、开放的心态、合适的招数"。首先，要使个性化教育成为师生的一种信念，并坚定不移地走下去。在研讨中，教师们认识到："开展个性化教育是文华学院创建办学特色的一个选择，这种选择是一种境界、理想，是一种追求精神，也是一种责任。"其次，要有开放的心态，广泛吸收校内外各种有益的意见和建议，以丰富、完善个性化教育。例如，学院先后请国内著名教育家、教育学者顾明远、周远清、潘懋元、李延保、张楚廷、叶澜、王英杰等，中科院、工程院杨

叔子、李培根、方秦汉、宁津生、许泽厚、李德仁等二十余位院士来到文华学院，听取他们对开展个性化教育的意见。正是他们的意见，促进了我们对个性化教育中"立志"、"空间"的思考。再次，要有合适的招数，不断探寻能够走进学生心灵，推进学生学习、发展，营造良好文化氛围的办法。抓住三个"关键"、五个"注重"，就是在这一过程中形成的。每个老师、潜能导师都在积极探索有效的个性化教育方法。

建设学习服务型机关。教学、人才培养是目的性活动，行政管理是手段性活动。机关工作要牢固树立为教学、人才培养服务，为教师、学生服务的观念。学院的一切工作都以学生的个性化发展和成人成才为出发点与落脚点，教务管理、学生管理，图书馆、实验室等教学辅助单位及后勤服务部门，根据师生不同的工作、学习、生活习惯和要求，提供个性化服务，适应和满足师生员工的需求。

二 抓住"潜能、立志、空间"三个关键方面

个性化教育涉及因素很多，必须抓住其中的关键点。在文华学院的个性化教育探索中，突出抓住"潜能"、"立志"、"空间"三个关键。即以学生个体优势潜能的发掘为起点，以学生自我立志为内生动力，以扩展学生发展空间为支点。

1. 以学生优势潜能的发掘为起点。

《教育规划纲要》指出："关注学生不同特点和个性差异，发展每一个学生的优势潜能。""尊重教育规律和学生身心发展规律，为每个学生提供适合的教育。"① 这一论述，对于三本学生有特殊的重要性。三本学生由于高考成绩不理想，容易产生自卑感，从学生优势潜能的发掘入手，有利于增强学生的自信心。同时，优势潜能的发掘，也是制订学习规划、人生规划的基础，使学生的发展建立在对自己优、劣势清醒的认识上。

马克思在《资本论》第一卷中把人类自身在自然中沉睡的潜力概括为人的潜能。这种潜能就是人的体能和智能的总和。当代心理学家、教育家

---

① 参见《国家中长期教育改革与发展规划纲要（2010—2020 年）》，人民出版社 2011 年版。

都有对潜能的深入论述。一般而言，潜能是指有待开发、尚处于挖掘状态的一种潜伏的能力。联合国教科文组织国际教育发展委员会在《学会生存》一书中指出："人的大脑中还有很大一部分潜能未曾加以开发和利用，而且根据某些权威至少带点武断的估计，这种未开发利用的大脑潜能竟高达90%以上。"可见开发潜能的重要性。进一步的研究提出，人的潜能因个体差异而呈不均衡分布状态，每个人都有自身的优势潜能，也有弱势潜能和一般潜能。因此，首先要发掘人的优势潜能。

大学生的机体尤其是大脑的构成和机能，已基本成熟并逐渐趋于完善，不仅具有较高的感知觉和观察力，还富有强烈的求知欲望和运用潜能的热情，更重要的是，他们正处于其人生开发及个人潜能运用的黄金时期。因此，如何引导及帮助大学生有效开发及运用自身的优势潜能，十分重要。

为了帮助学生发掘优势潜能，学院采取了若干措施，其中措施之一是设置潜能导师。学院以发掘学生的优势潜能为实施个性化教育的切入点，在借鉴本科生导师制经验的基础上，创立了潜能导师制度，成立了潜能导师委员会，制订了《文华学院潜能导师试行办法》，编印了《潜能导师工作手册》。从 2009 年开始，学院在本科生中首次设置潜能导师，177 人担任潜能导师，指导学生共 711 人，涵盖学院所有本科专业。2011 年，有318 人被聘任为第二批潜能导师，指导学生 1000 余人。潜能导师的主要职责是帮助学生发掘优势潜能，指导学生规划学习和人生。潜能导师由学校领导、任课教师、辅导员、部分行政人员以及聘请校外各方面的成功人士担任，他们以高度的责任感，根据不同学生的个体差异、兴趣能力特征，通过分类指导、分层施教、个别培养等多种方法帮助学生，让学生自己去发现自己的优势潜能，规划大学学习和人生。潜能导师的指导和帮助，激发了学生兴趣，增强了学生的自信，促进了学生的个性发展。下面的例子有一定代表性。

基础课部李素梅老师担任潜能导师以后，以集体和个别相结合的方式对学生进行指导，指导的方法和逻辑是帮助学生认识自我、完善自我、实践自我。一位经过李老师指导的学生回顾说：

大学是一个从学校到社会的过渡期，在这期间我们最多的就是迷茫。

没有高考的明确目标，没有家长的耳提面命，我们必须学会自己判断是非，自己决定未来，自己主宰一切。可从小的教育模式让我们如同刚开始学会走路的孩子，跌跌撞撞，不知该往哪走。

正当我处于迷茫状态时，学校开始实施潜能导师制度，我遇到了李老师。在与她的谈话中，李老师一直鼓励我大胆表达自己的想法，无论我当时的想法是多么的幼稚或从传统意义上来说甚至是错误的，她都不会有丝毫的不悦。李老师没有用她丰富的人生经验去指导我那混沌的内心，而是引导我大胆表达真实的自我，也就是在这样的交流探讨中我渐渐地认识到自己所喜欢的和不喜欢的，知道自己性格上的优缺点，渐渐开始去探索自己的世界观、人生观、价值观。在这期间，李老师说得最多的就是"悦纳自己"，关于这一点我也是过了很久之后才慢慢理解，像我们这些来自小地方、在上大学之前根本不知何为世界的同学来说，最大的通病就是自卑。只有我们"悦纳自己"勇于正视自己，承认"我就是这样的我"，才能有足够的自信去面对未知的世界，挑战前方的迷途。

对自己有了一定的认识之后，知道自己想要什么了。李老师就引导我开始思考"活在当下"。未来指引现实，而现实决定未来。所以我开始去发掘什么是当下最应该去做的，我学会了每天给自己一个自信的微笑。这两年，我坚持写计划，坚持跑步，坚持乐观地看待每件事，坚持……我每天都可以很充实很快乐，不会因为无所事事而心烦意乱。

与李老师的交流中我渐渐明白自己喜欢并适合做一些和人打交道的事情，于是我积极参加社团，扩大自己的交际圈，学习不同人身上的优点与长处。也参加各种校外的活动，和心理协会的同学一起去启明儿童之家看望自闭症儿童，和他们一起做游戏，和好友一起去养老院陪老人聊天。通过这些活动我了解了不一样的社会，感受到了人间的温暖，更引起了我对社会价值及人性的思考。在寒暑假时，我做一些兼职来锻炼自己的人际交往能力和具体处理问题的能力。

当我们初步认识了自己也完善了自己的一些基本素养之后，我们就应该思考自我实现。当李老师提出这个层次后我又开始不知所措，什么是实现自我？是考个好大学的研究生让自己和家人有面子吗？是赚很多钱过有房有车的生活吗？是找个人嫁了追求相夫教子的平淡吗？我的内心告诉我说：不是，不是，不是……

那什么才是我要的自我实现呢？于是我开始泡图书馆，看人物传记了解别人的人生，看历史叹沧海桑田，看地理知人之渺小，看新闻感世间百态，看哲学晓圣人之思。最后我明白了人一生追求的其实就是一种自我实现的状态，一份我们可以为之付出青春付出生命哪怕没有任何回报却也无怨无悔的事业。可现在的我们面对的社会却是"物质基础决定一切"，大家都说：别跟我谈理想，这玩意儿太奢侈。如此，有谁关心我们内心的挣扎？现在的我依旧不太清晰如何实现自我，但我知道我永远不会放弃对它的追求，无论这世界多么疯狂，我内心尚有一块未崩坏的地方。

通过潜能导师的项目，我比较清楚地认识了自己，变得更有自信，并以积极乐观的心态面对生活，主动去学习各方面的知识，在大三期间的学习成绩也明显提高。结合自身所学的专业及对自我的认识，再加之前的一些工作经验，对自己的人生有了一个较明确的规划。所以来到大四，我就很明确地找一个和自己专业相关的有发展前景的企业，从基层做起。……

关于自我是一个伴随我们一生的谜题。我不能说通过潜能导师的项目让我完全认识了我自己，但至少李老师让我开始思考：我是谁？我从哪来？我将去哪？我相信这种影响将是永远的，它会伴随我的一生。

2. 以学生立志为内生动力。

学生发掘潜能、制订规划、个性发展，要有目标和动力，否则难以持久，难以取得效果。为此，在个性化教育中，学院提出了开展立志教育。关于立志，古今中外有许多精辟的论述，如："立志是事业的大门"；"有志者，事竟成"；"人若有志，万事可为"；"朝着一定的目标走是'志'，一鼓作气中途绝不停止是'气'，两者合起来就是志气。一切事业成败取决于此"。立志就是设立自己未来方向的志愿。远大的志向，能支持我们不断进取，不断奋斗，走向成功。开展立志教育的意义还在于，在个性化教育中，立志体现了"三个结合"——个性与共性的结合；社会贡献与个人发展的结合；科学与道德的结合。这是因为，人以自我为中心，却又只能在他物中实现自我；人处在由现存的一切事物及它们之间的相互联系所构成的现实世界，又处于事物以可能存在的状态呈现于人的精神、思想之中的可能世界，人的活动就是要以其所拟设的可能世界去取代现实世界；社会

是五彩缤纷的，人是丰富多彩的，每个人都应以其最强的一面，发展自己的优势潜能，选择最佳的职业，为社会发展做出贡献；事业的成功，要求一个人的理想远大、思想纯洁、道德高尚，又要求其掌握丰富的科学知识，具有创新、创业能力。面对以上多种关系，立志是最好的结合点。

在个性化教育中，开展立志教育要明确三个前提：一是立志教育是个性化教育的深入，帮助学生结合自身优势、潜能、专业和社会发展，确立自己未来的发展方向、志愿；二是个性是有差别的，志向是多样的，既要鼓励学生考研，在学术上发展，更要鼓励学生面向社会需求，成为应用型人才，到基层、到一线，奋发为社会的发展做出贡献；三是立志教育要以学生为中心，立志是学生自己立志，教育的作用是引导、帮助，而不可能替代。学生对"立志"问题的思考也伴随着对人生问题与学习问题的思考。

总结文华学院的教育实践，我们在立志教育中，重点关注以下四个方面。

一是认识自我。每个人都有自己的长处、短处，兴趣、爱好和优势潜能。要帮助学生认识自己，特别是认识自己的优势潜能，并将志向与优势潜能结合起来。世界上最难认识的是自己。因为我们的眼睛看不见自己的眼睛，人的自我意识往往看不清自己。学生要看清自己，就要在老师和潜能导师的指导下，从自我跳出来，从更高的高度来看自己，认识自己。

二是确立目标。中学时代，学生的目标非常明确，"上大学"。上了大学，原有的目标实现了，因而出现目标的失落。要帮助学生重新确立目标，有了目标，才有学习的动力。确立目标的过程是一个选择的过程，选择的前提是判断，选择的方法是比较。要善于选择，在选择中确立自己的目标。

三是学会规划。规划十分重要，既要有长远规划，又要有近期规划，并将两者相结合。大学期间，学生的主要任务是学习，首先要做好学习规划。一个学期做什么，一个月做什么，一个星期做什么，一天甚至一个小时做什么，都要规划。在指导学生做规划时，特别要关注男生。在文华学院2012届毕业生中，获得学士学位的女生占女生总数的96%，而男生占83%；通过英语四级考试的女生占女生总数的92%，而男生占81%。女生中，只有4%的人拿不到学位，6%的人不能通过四级。男生中有很多学习优秀的学生，但不学习、考试不及格的多是男生。这一现象，引起了我们的高度重视。

四是坚持不懈。为了志向的实现，要帮助学生们树立充分自信，努力实践，在实践中克服困难，排除干扰，坚定不移地走下去。

3. 以扩展学生发展空间为支点。

从物理学来看，空间是宇宙物质实体之外的部分。"实"和"空"都很重要。以盖房子为例，地基、墙壁等为"实"，房间为"空"，"实"是为了"空"，盖房子是为了创建能住人的房间。从哲学来看，空间是物质存在的客观形式，是具体事物的组成部分，是运动的存在和表现形式。物质的存在离不开时间和空间，人的存在和发展也离不开时间和空间，学生的个性发展同样离不开时间和空间。因此，文华学院在个性化教育中提出，要为学生的发展创设广阔的空间，并向学生提出，"在这里，每一个人都可以找到自由发展空间"。为学生发展创设空间，主要是从以下方面考虑：

增加学生课外发展的空间。时间和空间紧密联系，都是物质存在的属性，时间是物质的"持续"属性，空间是物质的"广延"属性，没有时间也就没有空间。国内三本学院通常的做法是，尽量加大学生课内学时，把学生留在课堂，以让他们能多学一点知识。文华学院认为，开展个性化教育，要让学生有更多的时间，根据自己的目标、计划，为发挥自己的优势、完善自我而学习。和发达国家本科教育相比，我国大学教学的差距，主要不在课内，而在课外。因此，在制订人才培养方案时，强调要逐步压缩课内学时，第一次调整，已将课内学分减至 145 学分。

给教师、学生自由发展的空间。要给教师"教"的自由和学生"学"的自由。教师可以根据学生个性发展的要求，自由选择教学内容、教学方法，以提高教学质量。学生有选择专业的自由，在保证课程内容达到基本要求的前提下，拥有选择课程的自由，选取适合自己状态的学习方法的自由。全校要营造一种积极、向上、公正、平等、自由的学术氛围。

为学生提供选择的空间。学生特点不同，学生个性发展的需要不同，要从专业、专业方向、课程、实践等方面，创设广阔的空间，供学生选择。这一点将在后续内容介绍。

三　强调五个"注重"

建设个性化教育体系，还应有相应的方法、措施，这就是五个"注重"。

1.注重培养学科专业特色。

学科是大学的基本元素，学科专业水平决定一所高等学校发展的水平，有高水平、特色优势的学科专业，学校才能生存发展。学校的根本是培养人才，培养社会需要的在社会经济、文化建设中发挥作用的人才，而人才的培养水平，取决于学科专业的水平。因为学科专业的状况和水平，决定学生的知识和能力结构，学科专业对人的发展起着定向和规范作用。因此，培养有个性的学生，学校要有特色，学科专业要有特色。为此，文华学院各学科专业进行了广泛的社会调查，以社会需求为导向，认真研究，努力形成自己的学科专业特色。如：

通信工程专业根据市场对专业人才多层次和多规格的需求，自2008年起设置"现代网络技术"和"无线通信技术"两个专业方向。人才培养方案与湖北省、武汉市支柱产业结合更加紧密，突出优势，紧跟通信行业新兴技术发展的步伐，并为学生就业拓宽了新的途径。通信工程专业成为湖北省独立学院首批重点培育本科专业之一。

工商管理专业将学生个性特征和职业生涯规划相结合，紧密结合湖北区域经济发展需要，形成了本专业物流管理、市场营销、资产评估三个特色专业方向。由于武汉市专利代理服务的需求日益增加，该专业根据社会需求，与武汉市知识产权局联合培养具有理工科背景的知识产权代理复合型专业人才，增强了学生的毕业竞争力。首批来自不同专业的46名学生顺利获得"专利工程师（代理人）"资格，其中38人在知识产权代理机构或事务所工作。

此外，会计学专业侧重资产评估、税务会计；英语专业侧重商务、翻译、教育英语，等等。各个专业都通过选择专业方向等措施，形成自己的专业特色。

2.注重加大专业、课程的选择性和灵活性。

个性化培养要充分调动学生的自主性，学院通过放开专业选择，实行弹性和灵活性的课程设置方案，让学生根据自己的基础、兴趣和将来从事的职业，选择专业和课程。

首先，鼓励、引导学生根据自己的爱好、兴趣、需求选择专业。平均每年转专业的本科学生占学生总数的10%。转专业后，学生因能在自己适合的专业学习而感到心情舒畅，学习成绩也有了明显提高，有的结合专业知识，成功创业。例如2005级李白同学，入学时学习的是通信专业，后来，他对广告产生了兴趣，要求转到广告专业，学院十分支持。学习期间他凭着一定的通信专业基础知识和学习广告学的敏锐性，不仅锻炼了自我，而且把握了商机，开拓了市场。一次偶然的机会，他了解到电动车报废的电瓶可以修复，由此产生了浓厚的兴趣，并专程到北京、上海考察。他利用三个寒暑假到成都一家电子公司，"卧底"学艺，在比较短的时间内，掌握了一般工人多年才能学会的技术。在顺利完成学业的同时，开办了四家维修店，每家店平均每月有3000多元的利润。毕业后，以此为基础，和两位同学一道继续创业，创办了"小厦电子商行"。

其次，实行具有弹性、灵活性的课程设置方案。各专业课程设置分为两大类：基本要求课程模块和选择课程模块。基本要求课程模块，是人才培养的统一性要求，学生毕业必须达到的基本目标和基本规格要求；选择性课程模块，是针对学科专业和学生的基本情况，尊重学生的个性差异，供学生自主选择的课程。基本要求课程模块与选择性课程模块学时学分按65%与35%的比例构成。

学生可以根据自己的需要有选择地学习课程，实行优才优育、分向选择。为"学术型"学生设置提高课程，提供辅修第二专业课程计划和适应个性发展的课程计划；为"能力型"学生设置技术课程，选择以实验室为依托的加强实践能力培养的实验、实习等课程；针对"潜力型"学生，量身定做培养计划，实施个性化课表；面向所有学生开设个性化教育课程及系列选修课，如"批判性思维"、"社会调查方法"、"名著选读"等，供学生自由选择。

3.注重加强实践教学环节。

通过开放实验室，设立学生工作室，组织各类竞赛、社团活动、社会实践、实验实习等，实现学生的自我发展，培养其创新精神、创业能力、

417

实践能力，在社会实践中深刻认识自我优势潜能，形成良好的个性。

学院已设有 13 个学生工作室，其中以有特别专长的学生命名的有"张帆创新工作室"、"李宇迪工作室"和"郭冠楠工作室"。

2008 级学生张帆，原在金融学专业学习，但他对机械设计非常感兴趣，大学入学前就有了一些小发明。学院专门为他个人设立了"张帆创新工作室"，在潜能导师李元科教授的悉心指导下，自行设计并获国家专利 4 项，中央电视台《华人发明家》节目做过报道。荣获"2011 年度湖北省十佳大学生最佳创新奖"、"2011 湖北大学生年度人物"。

被社会誉为"节能灯王子"的信息学部 2004 级学生李宇迪，利用在校学习期间对节能灯研究开发所获得的发明专利技术，毕业后创办了拥有自主知识产权的节能灯具公司，吸纳了多位文华学子，其节能灯产品现已成功打入欧美等发达国家市场，成为本院毕业生成功创业的典型，《人民日报》对此做了专题报道。

通过加强实践教学，学生的创新精神和实践能力不断提高。我院学生在省级、国家级各类竞赛活动中取得优异成绩。2008 年、2009 年、2010 年、2011 年学生参加全国和省级学科和技能大赛获得二等奖及以上奖项分别为 109 人（次）、179 人（次）、517 人（次）、428 人（次）。其中，2010—2011 学年，就获得全国性竞赛特等奖 2 人(次)、一等奖 50 人(次)、二等奖 87 人（次），在全国独立学院中名列前茅。

4. 注重针对性教学。

在教学模式上，注重主体性、创造性，将学生兴趣、爱好和特长结合，针对不同学科专业和学生发展的不同需求，提出课程教学中有共性的基本要求，调整课程内容和教学目标；针对不同的学生，实施分层教学。如"大学数学"课程，针对不同学科学生的特点，采用不同的教学方法：对于文科学生，主要培养他们"量化"的思想，以适应当今数字化、信息化社会的需求；对于经管类学生，推行模块式教学改革，精讲多练，使数学课程不成为他们学习的拦路虎；对于理工类学生则要求为今后的学习打下扎实的基础。在课堂上实施快乐教学法（在教学中，让学生体验数学与每个人息息相关，解决问题的思路巧妙，解决方法简明有序，数学中趣味无穷），改革考试方法，因而取得了良好效果。"大学数学"已成为湖北省精品课程。

5. 注重量身定做培养计划，实施个性化课表。

针对"潜力型"学生量身定做一套单独的培养计划，并给每名学生单独制订个人课表。学生通过这张"个性化课表"能准确得知各门重修科目的具体上课时间、周次、地点以及教师、辅导员、教务员等信息。

2008 年，学院对 171 名学习基础薄弱的学生，按个性化教育的要求，对他们逐个进行分析，为每一名学生量身定做了一套单独的培养计划，精心制订了个人课表，在不多收学生一分钱的情况下，学部领导、教师、家长共同帮助每位学生实施自己的培养计划。不少学生从中受到感动，从而转变了学习态度，发奋读书，学习状况产生了根本性变化。经过一年多努力，171 名学生中，137 名学生完成了学业，其中部分学生赶上了学习进度，随原班级毕业。

通过多年的探索，文华学院初步形成了个性化教育体系，形成了对教育、对个性化教育学习和研究的浓厚氛围，学院领导、教师、学生、职员积极参与到个性化教育的改革实践中。个性化教育牵一发而动全身，带动了教学、科研、人才培养、行政管理、后勤服务的改革，全院形成了生机勃勃的良好发展局面。

（原载《高等工程教育》2012 年第 6 期）

大学教师对于教学与科研关系的
认识和处理调查研究

一　问题的提出

教学与科研是高校两种最为基本的职能，也是大学教师学术身份的两个重要方面。但这两者之间的关系如何，却是一个争论已久并令人沮丧的话题。在北美及英国、澳大利亚等国家和地区，集中研究这一问题大致在 20 世纪五六十年代就已开始。迄今为止，相关著述已数不胜数。但是，依然没有什么定论。伯顿·克拉克（B. R. Clark）说："现代大学教育中，没有任何问题比教学与科研之间的关系更为根本，也没有任何问题在学术界内外有如此肤浅的想法和倒退性的批评。"① 但是，这一问题又是如此重要，使得我们必须加以研究。因为，教学与科研关系的协调与否不仅决定了大学能否更好地发挥其价值，甚至关乎大学存在的合法性以及大学教师的身份认同。毕竟，如果不能协调好教学与科研的关系，大学作为纯科研建制就不如科研机构有效，或若纯粹是教学功用，就应了威廉·冯·洪堡（W. von Humboldt）所说：这样的大学与中小学无异。

我国学者近年来也越来越多地开始关注这一问题。但与国外相比，我国学者的研究还多处于历史梳理、现象的感性描述以及工作性的政策建议等层面，实证研究非常少。据我们的初步统计，已有的几项实证研究的主要内容是：(1) 对青年教师教学、科研投入状态的调查。如唐智松对原西南师范大

---

① B. R. Clark, "The modern integration of research activities with teaching and learning". *Journal of Higher Education*, 68 (3), 1997, pp.241—255.

学 40 岁以下从事教学科研的 466 名青年教师的教学投入、科研投入状况的调查。(2) 通过个案学校研究教师科研成果与教学效果之间的关系。如魏红等人在北京师范大学的研究、陆根书等人对西安交通大学 69 名教师的研究、杨金娥以湖南科技大学为个案的研究及韩淑伟等人对某校本科教学效果与科研水平相关性案例的研究。(3) 利用评价机构的数据进行的研究。如陆根书等人利用近年来中国高校评价中排名前 100 位高校教学、科研方面的数据，从学校层面对我国高校教学与科研的关系进行的实证分析。

这些研究无疑对于我们理解教学与科研的关系具有很重要的价值。但是，这些研究还存在一些不足之处：(1) 样本的代表性不强。有的研究基于一所学校的个案分析，有的研究的样本数量较小，从而影响了研究的可信度。(2) 研究主题的范围过窄。已有研究的主题直接集中于教学效果与科研产出之间的相关性，这种研究显然过窄。实际上，教学与科研之间的关系还涉及很多因素，不能等同于教学效果与科研产出之间的关系。(3) 已有研究多限于直接地定量统计教学效果与科研产出之间的相关性，这种相关性研究的假设是二者之间是一种线性关系，并且可以用数据表示。而这种相关性研究，在 20 世纪七八十年代的北美也曾十分盛行，但后来遭到了很多批评。原因是这些研究忽视了教学与科研概念的多样性和模糊性，把二者假设成一种简单的线性关系。在文献梳理和现实调查中我们发现，教学效果和科研产出都很难准确测量，教学与科研之间存在着非线性的复杂的内在关系。于是，我们设计并开展了以下研究。

二　研究方法

我们认为，对于大学教学与科研关系的研究，不在于采用各种指标去获取教师教学效果与科研产出的得分，并进行相关性分析。实际上，教学与科研关系，涉及很多无法用数据表达的方面。并且，教师对自身教学与科研关系的处理、认识更具可靠性、深刻性，因此我们的研究分为四个步骤进行。

1. 文献研究与访谈

课题组成员于 2008 年年底到 2009 年 3 月，集中查阅并分析了相关文献，尤其是外文文献。经过细致地梳理以及讨论后，我们在此基础上设计了一个访谈提纲，并于 2009 年 5 月采用分层随机抽样的方式，以"985"院校、"211"院校和一般普通本科院校为样本，对华中科技大学、武汉理工大学、江汉大学和深圳大学在内的 4 所大学共 41 名教师进行了深度访谈。这些教师的分布很广，在职称、年龄、学科、学位等方面都具有很强的代表性。对每位教师的访谈记录都整理成文字报告，共计 8 万余字。

2. 问卷试测

在对访谈材料进行分析和归纳的基础上，我们从教师的感知入手，从教学与科研的概念、教学与科研的区别、在学校及自身行为中的地位、对教学科研关系的认识与实际处理以及影响因素等方面设计问题。《大学教学与科研关系调查问卷》2009 年 6 月底设计完成并进行多次讨论和修订后，在华中科技大学、江汉大学、河南农业大学进行了试测，三所院校共发放问卷 120 份，回收 93 份。通过试测，我们发现问卷具有一定的信度与效度，能达到本研究的目的。针对问卷中的一些技术问题，我们再次进行修订，形成最终问卷。

3. 抽样施测

2009 年 10 月，在国内五所高校进行了抽样施测。我们采取分层抽样的方式，以"985"院校、"211"院校和一般普通本科院校为标准，在华中科技大学、武汉理工大学、湖北大学、广西大学、深圳大学进行抽样，每个学校都按照人文学科、社会科学、理科、工科四类学科进行抽样，每所院校的每个学科发放问卷 50 份。另外，这五所院校中，只有华中科技大学有医科，考虑到医科的重要性，我们在华中科技大学多发放了 50 份问卷。五所学校共发放问卷 1050 份，回收问卷 739 份，回收率 70.38%，其中有效问卷 691 份。被试的基本分布见表 1、表 2。

表 1　被试的院校分布

	人　数	百分数
华中科技大学	150	21.7
武汉理工大学	160	23.2
湖北大学	142	20.5
广西大学	124	17.9
深圳大学	115	16.6
Total	691	100.0

表2　被试的人类学特征

	被试特征	人　数	百分数
性别	男 女	385 306	55.7 44.3
年龄	35 岁及以下 36—45 岁 46—55 岁 55 岁以上	249 304 112 24	36.1 44.1 16.3 3.5
教龄	5 年及以下 6—10 年 11—15 年 20 年以下	188 187 120 100	27.3 27.2 17.4 14.5
最高学位	学士 硕士 博士	79 241 366	11.5 35.1 53.0
职称	助教 讲师 副教授 教授	43 280 268 88	6.3 41.2 39.5 13.0
学科	人文学科 社会科学 工科 理科 医科	119 236 180 124 31	17.2 34.2 26.1 18.0 4.5

4.数据处理

剔除无效问卷后，我们采用了 Spss15.0 对数据进行了处理分析。

三　结果与分析

（一）教师对于教学、科研及其区别的认识

詹金斯（A. Jenkins）等人说："学者如何认识教学、科研可能是理解二者关系及其如何运作的关键，但这个研究才刚刚开始。"[①] 显然，他这样说的一个假设就是，人们对于教学、科研的理解是多样的。斯科特

---

① A. Jenkins, *A guide to the Research Evidence on Teaching–Research Relationships*, York: Higher Education Academy, 2004, www. heacademy. ac. uk.

（P. Scott）就认为"教学"、"科研"都是富于多样化内涵的概念。他指出："教学是一个多样化的领域，在规模、层次、方式、地点、技术以及学科方面都存在差异。为什么这么一个异质化的活动被使用了一个词汇'教学'，这是一个有趣的问题。"此外，他也认为："科研同样是个多样化的概念。"① 所以，我们的研究首先调查了教师对于教学、科研内涵及其区别的理解与认识。

1. 教师对于教学、科研的理解

要了解教师对于教学、科研内涵的理解，就必然涉及到认识论的问题。从认识的本质及认识与主体的关系来说，我们可以把认识论分为两种，即客观主义的认识论和建构主义的认识论。客观主义认识论主张知识是客观、普遍与中立的，要求人们在获取知识与认识的过程中摒弃经验、情感、意见等。建构主义的认识论强调知识与认识的生成性、情景性、社会性，认为并不存在固定、客观的知识，所有的知识、认识都是协商的结果。

综合道·艾尔巴（Dall Alba）、马丁（Martin）和巴拉（Balla）等人的研究②，并按照从客观主义到建构主义的顺序，我们把人们对教学的理解分为三个层次：第一层次强调"传授固定和客观的知识"；第二层次强调"展示理论如何用于实践、开启学生对概念及其之间相互关系的感知"；第三层次强调"从不同的视角探索理解方式、改变学生的思想认识等"。我们按照这三个层次设计问题，并对教师进行了问卷调查，发现27.5%的教师持有第一层次的教学观，29.9%的教师持有第二层次的教学观，42.6%的教师具有第三层次教学观（见表3）。另外，我们还调查了教师是否认为"教学是一门需要认真研究的专门学问"，发现35.7%的教师持"非常同意"的态度，57.5%的教师持"比较同意"的态度，只有不足10%的教师持"比较不同意"或"非常不同意"的态度（见表4）。

---

① P. Scott, "Divergence or Convergence? The links between Teaching and Research in Mass Higher Education", in: R. Barnett, (eds.) "Reshaping the University: New Relationships Between Research", *Scholarship and Teaching*, England: Open University Press, 2005.

② [澳] 普洛瑟、特里格维尔著：《理解教与学：高校教学策略》，潘红、陈锵明译，北京大学出版社2007年版，第170—171页。

表3　教师对于教学内涵的理解

选　项	频　数	百分数
教学是教师向学生呈现信息的活动	29	4.3
教学是教师向学生传递知识的活动	158	23.2
教学是开启学生对学科概念及概念间关系的理解的活动	203	29.9
教学是通过师生交流而改变学生的观念或对世界的感知的活动	290	42.6

注：前两个选项属于第一层次的教学观，第三选项属于第二层次的教学观，第四选项属于第三层次的教学观。

表4　是否同意"教学是一门需要认真研究的专门学问"

选　项	频　数	百分数
非常同意	246	35.7
比较同意	397	57.5
比较不同意	46	6.7
非常不同意	1	0.1

　　同样按照从客观主义到建构主义的顺序，我们把科研观也分为三个层次，第一个层次认为"科研是运用科学的方法探究世界客观规律的活动"，第二层次认为"科研是研究者赋予现象以意义的过程"，第三层次则认为"科研是研究者之间观点的相互评价与碰撞的过程"。通过调查分析，我们发现67.5%的教师对于科研的理解处于第一层次，处于第二层次和第三层次的教师分别占17.3%和15.2%（见表5）。

表5　教师对于科研内涵的理解

选　项	频　数	百分数
科研是运用科学的方法探究世界客观规律的活动	457	67.5
科研是研究者赋予现象以意义的过程	117	17.3
科研是研究者之间观点的相互评价与碰撞的过程	103	15.2

　　可见，对于教学，教师倾向于持有建构主义的观念，认为教学具有很强的社会性与情境性，强调师生互动与交流。并且，教师还普遍认为教学是一门专门学问。而对于科研，教师则倾向于持有客观主义的观念，认为科研是运用科学的方法去发现那些独立于主体的知识。

2.教师对于教学、科研区别的认识

教师对于教学、科研内涵的理解是问题的关键，二者之间的区别也同样重要，因为，教师对于二者关系的处理必然涉及到二者的差异。通过资料分析以及初步的访谈，我们拟出了教学、科研在九个方面的可能性差异，并以此调查了教师，试图发现教师所认可的教学与科研的差异之处。通过统计处理可知，教师对于九个观点都分别具有倾向性的选择。进一步比较每个观点上两个较高的频数可得出，教师对于观点九的态度差异性不显著。因此，我们可以说，整体而言，教师比较同意观点一、二、三、四、五和六，对于七、八则持比较不同意的态度（见表6）。也就是说，

表6 教学、科研之间的区别

同意与否 观点	非常 同意	比较 同意	比较 不同意	非常 不同意
一、科研是自己发现知识，教学是帮助学生发现知识。	101	394	139	48
二、科研容易量化，教学不容易量化。	100	295	214	70
三、科研凭的是兴趣，教学需要的是责任感。	151	346	147	36
四、教学需要广博的知识，而科研需要专门、集中的知识。	103	335	200	45
五、科研效果立竿见影，教学效果有内隐性和滞后性。	119	328	187	41
六、教学需要良好的沟通能力、科研需要坐冷板凳。	116	332	194	37
七、科研的社会价值大，教学的社会价值小。	34	97	302	252
八、科研是创造性活动，教学是重复性活动。	56	201	335	91
九、科研受团体及社会因素制约，教学水平提升主要靠个人。	68	305	267	44
十、科研是自己的事情，教学是公共事务。	77	249	251	104

教学与科研的不同之处有以下几个方面：（1）从性质上讲，科研是自己发现知识，教学是帮助学生发现知识。（2）从条件上讲，教学需要广博的知识，而科研需要专门、集中的知识；教学需要良好的沟通能力，科研需要

坐冷板凳；科研凭的是兴趣，教学需要的是责任感。（3）从评价上讲，科研容易量化，教学不容易量化。（4）从效果上讲，科研效果立竿见影，教学效果有内隐性和滞后性。当然，除此之外，教学与科研之间还可能存在别的不同。

（二）教师对于教学与科研本质关系的认识

我们的调查发现，55.2%的教师认为教学与科研之间是一种正相关关系（见表7）。这与我们于2009年5月采用分层随机抽样的方式对国内某著名大学的23位教师进行的访谈结果是一致的。[①]

表7　教师对于教学科研关系的理解

选　项	频　数	百分数
负相关	85	12.3
正相关	380	55.2
说不清楚	201	29.2
没有内在联系	23	3.3

当然，虽然教师普遍认为二者之间呈现一种正相关的关系，但是，他们也认为二者间的相互促进作用的大小却不尽相同。47.1%的教师认为，科研对于教学的促进要大于教学对于科研的促进作用。而只有27.3%的教师认为教学对于科研的促进作用更大一些（见表8）。

表8　教学、科研间相互促进作用的比较

选　项	频　数	百分数	Chi–Square（a）	P
科研对于教学的促进大于教学对于科研的促进	321	47.1	218.258	0.000
教学对于科研的促进大于科研对于教学的促进	186	27.3		
教学、科研彼此间没有什么影响	104	15.2		
教学、科研彼此干扰	71	10.4		

---

① 张俊超、吴洪富：《变革大学组织制度，改善教学与科研关系》，《中国地质大学学报（社会科学版）》2009年第5期。

也许正因为科研对于教学的积极作用，17.7％的教师非常赞成、54.0％的教师比较赞成"要成为一名优秀的大学教师，就必须进行科研"，通过卡方检验，进一步可知教师确实更倾向于认为科研是大学教师必须参与的活动之一。这在观念上进一步印证了二者之间正相关的关系。(见表9)

表9　是否赞成"要成为一名优秀的大学教师，就必须进行科研"

选　项	频　数	百分数
非常同意	121	17.7
比较同意	370	54.0
比较不同意	160	23.4
非常不同意	34	5.0

（三）教师对于教学与科研关系的处理

在教师的观念和认识上，教师有着教学科研之间存在正相关的信念。他们实际上又是如何对待教学与科研的呢？从时间安排来看，66.7％的教师至少用了50％以上的工作时间进行了教学活动（见表10），只有33.4％的教师认为自己工作时间的50％以上用于科研（见表11）。通过进一步检验，发现教师显著性地倾向于把50—70％的工作时间用于教学，把30—50％的工作时间用于科研。

表10　教师的教学时间

选　项	频　数	百分数
70％以上	164	23.9
50—70％	294	42.8
30—50％	176	25.6
30％以下	53	7.7

表11　教学的科研时间

选　项	频　数	百分数
70％以上	49	7.1
50—70％	182	26.3
30—50％	271	39.2
30％以下	189	27.4

不仅时间安排上如此，教师也普遍认为自己的工作重点有较为重视教学的倾向。通过分析发现，40.2%的教师把教学放在优先的地位，41.2%的教师把教学科研同等对待，只有18.6%的教师认为自己更重视科研的地位（见表12）。

表 12　教师对于教学科研优先性的安排

选　项	频　数	百分数
教学优先	277	40.2
科研优先	128	18.6
教学科研同等对待	284	41.2

但是，与此同时，教师的工作重点整体呈现出从教学向科研倾斜的走势。其中，55.9%的教师认为工作重点倾向了科研，24.7%的教师认为工作重点倾向了教学，19.4%的教师认为工作重点没有变化（见表13）。另外，33.7%的教师在近三年中从未参与过教学研究课题，对教学没有进行过任何专门研究（见表14），47.6%的教师认为从教学实践中获取的科研问题很少，16.9%的教师的科研问题根本就与教学实践无关（见表15）。此外，15.9%的教师和50.1%的教师又分别非常同意和比较同意目前"发表成果的压力削弱了本校教学的质量"（见表16）。

表 13　教师工作重点的变化

选　项	频　数	百分数	Chi–Square（a）	P
倾向了教学	170	24.7		
倾向了科研	384	55.9	18	0.000
没有变化	133	19.4		

表 14　从事教学研究课题情况

选　项	主持过	参与过	没　有
频数	173	284	233
百分数	25.1	41.2	33.7

表15　科研问题来自教学实践的情况

选　项	很　多	较　多	很　少	没　有
频数	43	201	328	116
百分数	6.3	29.2		

表16　是否同意"发表成果的压力削弱了本校教学的质量"

选　项	非常同意	比较同意	比较不同意	非常不同意
频数	109	343	190	43
百分数	15.9	50.1	27.7	6.3

可见，在教学与科研关系这一问题上，教师普遍认为二者存在正相关的关系。但在实践中，教师又感觉到科研已经造成了教学效果的下降。教师实际工作中的教学与科研之间并不总是呈现出正相关，甚至没有太多联系。教师已经处于一种信念与实践的背离之中，甚至不得不违背自己教学科研之间正相关的信念，宁愿两者进行分化，允许一部分人只从事教学，而另外一部分人只从事科研。从表17可知，11.1%的教师非常同意教师间的分化，51.7%的教师比较同意教师间的分化。教师处于一种很矛盾的困境中。

表17　是否同意进行教师间的分化

选　项	非常同意	比较同意	比较不同意	非常不同意
频数	76	355	207	48
百分数	11.1	51.7	30.2	7.0

（四）影响教学科研关系的因素

影响教师认识和处理教学与科研关系的因素有哪些呢？我们通过研究发现，学科性质与学校和院系政策是较为突出的影响因素。其中，有32%的教师认为学科性质对于教学与科研关系的影响最大，43.8%的教师则认为学校和院系的政策是影响教学与科研关系的最大因素（见表18）。通过进一步分析，可知教师在这两项影响因素的选择上存有显著性差异（见表19）。由此，可以说学校与院系政策是最突出的因素。

表 18　教学科研关系的影响因素（一）

选　项	频　数	百分数	Chi–Square（a）	P
个人偏好	79	12.0		
学科性质	210	32.0		
学校、院系政策	287	43.8	384.305	0.000
国家政策	57	8.7		
学生经验与需求	23	3.5		

表 19　教学科研关系的影响因素表（二）

选　项	频　数	百分数	Chi–Square（a）	P
学校性质	210	42.3	11.930	0.001
学校、院系政策	287	57.7		

此外，目前高校呈现出过于重视科研的倾向，48.9%的教师认为本校存在"重科研轻教学"的情况（表20）。这表现在各个方面，如分别有52.8%的教师认为在教师选聘上倾向于科研和9.9%教师认为主要是科研导向，分别有52.6%的教师认为在职务晋升上倾向于科研和33.3%的教师认为主要是科研导向，分别有44.9%的教师认为在薪酬分配上倾向于科研和14.4%的教师认为主要是科研导向（表21）。继续分别选取教师选聘中的"倾向于教学能力"与"倾向于科研能力"、职务晋升中的"倾向于教学能力"与"倾向于科研能力"、薪酬分配中的"倾向于教学能力"与"倾向于科研能力"，做进一步的统计分析，发现这三项的卡方值分别为32.305、29.734、3.966，p值分别为.000、.000、.046，也就意味着在教师选聘、职务晋升和薪酬分配的标准上，教师显著倾向于认为是"倾向于科研能力"。

表 20　教师对于本校教学科研关系现状的认识

选　项	频　数	百分数	Chi–Square（a）	P
重教学轻科研	92	13.4		
重科研轻教学	337	48.9	282.756	0.000
教研同等重要	206	29.9		
教研都不重视	54	7.8		

注："重科研经教学"与"教研同等重要"之间也呈显著性差异，卡方值为31.604，p值为0.000。

表21　教师选聘、薪酬分配和教师晋升上的标准（%）

选　项	教师选聘	职务晋升	薪酬分配
教学能力	4.7	1.8	2.8
倾向于教学能力	32.6	12.3	37.9
倾向于科研能力	52.8	52.6	44.9
科研能力	9.9	33.3	14.4

　　另外，在不同院校，还存在显著性的差异。进一步分析可知，华中科技大学62%的教师认为本校"重科研轻教学"，而武汉理工大学、湖北大学、广西大学、深圳大学相应的比例分别为54.4%、50.7%、42.7%、28.7%，基本上呈现办学层次越高，越多教师认为本校存在科研导向。（表22）

表22　不同院校教师对于本校教学科研关系现状认识的分布人数

选项	华中科技大学	武汉理工大学	湖北大学	广西大学	深圳大学
重教学轻科研	5	14	19	24	30
重科研轻教学	93（62%）	86（54.4%）	72（50.7%）	53（42.7%）	33（28.7%）
教研同等重要	38	51	42	39	36
教研都不重视	14	7	9	8	16

注：卡方值为58.303.p=0.000。

四　结论与讨论

　　经过研究，我们得出了相关的结论，如教学与科研之间存在许多不同；教师相信教学与科研之间呈现正相关的关系；教学与科研关系的主要影响因素是组织制度，等等。除此之外，本研究还加深了我们对以下几个问题的认识：

（一）关于"教学"与"科研"的内涵问题

　　教学与科研的关系问题，受到"教学"、"科研"内涵的直接影响。正如斯科特所言，"教学"与"科研"都是多样化的概念。人们对它们的理解千差万别。在相关性的量化研究中，"教学"、"科研"被看作是孤立的、可以准确测量的事物。而实际上这是不可行的。因此，韦默（M. Weimer）

认为："我们需要改变对于教学、科研的界定，唯有如此，教学与科研统一、重叠才有可能发生，令人厌烦的教学科研争论也才有可能是一场值得观看的游戏。"① 布儒（A. Brew）和邦德（D. Bound）甚至认为，在已有的研究中，明显缺乏对于什么是教学、什么是科研的讨论。② 布儒还试图寻找一种标准来区分出不同类型的教学与科研，她认为知识观是一种理想的媒介。她认为存在两种知识观，一种是实证主义的、经验主义的知识观，一种是多元主义的知识观。这类似我们提出的客观主义和建构主义。相应地，她把教学、科研都分为两种，即经验主义的教学观、科研观和多元主义的教学观、科研观。她明显倾向于后者，认为在这种认识下，教学与科研更易于结合。③

通过研究，我们总结出了教学与科研在性质、条件、评价以及效果等几个方面的不同，并从认识论的角度，发现教师倾向于持有建构主义的教学观和客观主义的科研观。比较布儒的研究，我们就遇到一个问题，即布儒认为教师个体的知识观是确定的，无论在教学还是在科研上，都表现出这种知识观。而我们的研究发现，教师的教学观和科研观是不一致的。我们认为，一种可能的解释是，个体的知识观具有一定的不确定性，也就是说，在教学方面，教师由于受到建构主义教育与心理理论的影响，已经形成了类似的观念。而在科研方面，教师并没有获得相应的学习经验。

另外，我们虽然发现了教学与科研的确存在一些不同之处，但是，教学与科研之间还有很大的相容性，即教学具有研究的性质，而科研也具有教学的价值。二者的相容性其实也是一种关系的表达，对待这一问题，还需要做更深入的研究。

（二）关于"教学与科研相统一"

自洪堡提出"教学与科研相统一"的理念之后，在教学与科研是否存

---

① M. Weimer, "Integration of Teaching and Research: Myth, Reality, and Possibility", *New Directions for teaching and learning*, 72, 1997, pp.53—62.

② A. Brew & D. Boud, "Teaching and Research: Establishing the vital link with learning", *Higher Education*, 29（3）, 1995, pp.261—273.

③ A. Brew, "Research and teaching: changing relationships in a changing context". *Studies in Higher Education*, 24（3）1999, pp.291—301.

在以及应否存在联系这一问题上，一直存有争议。对于教学与科研关系的研究也因此不断涌现。为了找出二者之间的真实关系，一些学者试图通过量化手段测量其关系。其中，教学效果基本上以学生对于教师教学的评价为指标，科研产出则以教师成果发表的数量为指标。但结果却令人更加困惑。如费尔德曼（K. A. Feldman）在对美国一些研究做了综述之后，发现对教师科研产出（或学术成就）的各种测量与学生对于教师教学的评价之间都是正相关，并多呈微弱相关。[①] 但在另外一项研究的综述中，韦伯斯特（D. S. Webster）回顾了 9 项研究，发现所有这些研究都得出极小或者没有正相关存在于科研产出和教学效果之间。[②] 而拉姆斯登（P. Ramsden）和摩西（I. Moses）则走得更远，他们的研究发现在澳大利亚学术人员中，从个体和院系层面分析，科研和本科生教学之间存在负相关或者零相关。[③]

困惑之余，研究者开始反思这种相关性研究，指出这种研究忽视了教学、科研的复杂性与不易测量性，强调要寻找新的思路探究教学与科研之间的关系。于是，通过定性或定性与定量结合的方法来研究教师的感受与经验成为近来研究的新思路。我们的研究亦属这类研究。我们发现，虽已历经 100 多年，虽然高等教育的内外部环境已发生巨大变化，但是洪堡的理念依然是大学教师的信念，即教学与科研之间是一种密切的正相关关系。但正如布儒和邦德所说，我们还需要"更精致的研究"。[④] 因为，仅仅发现是正相关和相互促进，依然远远不够。我们还要找出这种"相互促进"的具体所指，也就是揭示教学如何从教师研究中或者科研如何从教学中受益的不同类型与不同机制。这也为我们今后的研究指明了方向。

---

① K. A. Feldman, "Research productivity and scholarly accomplishment of college teachers as related to their instructional effectiveness: a review and exploration", *Research in Higher Education*, 26（3），1987, pp.227—298.

② D. S. Webster, "Does research productivity enhance teaching?" *Educational Record*, 66, 1985, pp.60—63.

③ P. Ramsden & I. Moses, "Associations between research and teaching in Australian higher education", *Higher Education*, 23（3）1992, pp.273—295.

④ A. Brew & D. Boud, "Teaching and Research: Establishing the vital link with learning", *Higher Education*, 29（3），1995, pp.261—273.

（三）关于教学与科研关系的影响因素

本研究发现，大学组织制度是影响教学与科研关系的最大因素。目前大学教学与科研关系存在的一些问题，如教学与科研分离的问题，甚至教学与科研相对立的问题等，都与组织制度有着直接的关系。我们认为，盲目追求"一流"的目标驱动、评价与考核机制的偏颇以及教学管理方式的不科学，是目前大学存在的制约教学与科研良性关系建构的重要因素。[①]

此外，教学与科研关系还受到社会因素及教师个体因素的制约。社会因素对于教学科研关系的影响是很大的。伯顿·克拉克指出，自 20 世纪 60 年代以来的"科研漂移"与"教学漂移"，更多是由于政府和工业界的利益驱动使然。[②] 我们在研究中发现，评价体制、社会价值观被认为对教学与科研关系的性质及其处理有非常大的影响。多数教师认为，目前国家对于大学的评价体制，使得大学和教师必须极力重视科研产出；一些教师还注意到，目前国家所处的发展时期，决定了功利性的科研受到重视，而忽视了长久的人才培养。

教学与科研的关系，与教师个体因素也密切相关。第一，教学科研关系受个人经验的影响。访谈中一位教师说："以前在公司时我接触到一些新员工，他们很多是从一流高校毕业的，但到社会上却一事无成，这涉及到培养质量的问题。所以我希望自己成为一名真正的好老师。"另一位教师则谈到："我个人的教学效果很好，我能从教学中获取成就感，所以，我喜欢教学。同时，我在国外的经历使我认识到，我们的教学与国外相差很远，我更愿意培养学生。"个人的经验还制约着科研与教学的转换。一位教师认为，教师如果缺乏经验，就容易把简单的问题复杂化，如果有经验的话，情况就完全不一样。第二，教学与科研关系受个人兴趣的影响。一些教师更喜欢教学，认为教学"能够使自己与年轻的心灵交流"，而另外一些教师则认为"自己的兴趣在于发现新的知识，在于探索未知世界，科研的投入多些"。第三，教学与科研关系受个人年龄、职称的影响。我

---

① 张俊超、吴洪富：《变革大学组织制度，改善教学与科研关系》，《中国地质大学学报（社会科学版）》2009 年第 5 期。

② ［美］伯顿·克拉克：《探究的场所》，王承绪译，浙江教育出版社 2001 年版，第 232—240 页。

们在研究中发现，教师多数认为，刚参加工作的教师要站稳讲台，必须抽出大量时间教学；而30—40岁之间的教师则处于发展期，可能偏重于科研；40—50岁的老师能较好地处理二者的关系，教学与科研是平衡的；50岁以上的教师，更容易倾向于教学。当然，也有教师认为，随着职称的升高，教师呈现逐步"科研化"的倾向：年轻教师几乎没有能力和机会承担科研任务，不得不"被迫"重视教学，而教授则有更多的资源，可以获得更多的科研机会，也被赋予了更重的科研责任。对此，还需要在更细致的实证研究基础上予以进一步探讨。

（原载《高等工程教育》2010年第2期，张俊超、吴洪富参加调研）

非线性视域下的大学教学与科研关系研究

　　教学与科研的关系是一个充满争议的话题。如果从洪堡（Wilhelm von Humboldt）、纽曼（John Henry Newman）算起，教学与科研关系的争论已有两百年的历史。学界较为集中研究这一课题，大致是在 20 世纪五六十年代以后，研究的主要集中地是北美及英国、澳大利亚、新西兰等国家和地区。同样在 20 世纪五六十年代，我国也已开始研究教学与科研的关系问题。到目前为止，已有大量的研究成果。但是，这些研究的结论并不能完全令人满意。例如，很多研究都发现，教师认为教学与科研之间应该是一种相互促进的关系，可这与一些教师的实际感受并不相符；有研究认为政策环境对大学教学与科研关系的影响最大，一些教师却认为个体的作用在形成教学与科研关系上最为关键；有研究认为本科生对教师进行科研持积极态度，而现实是有些本科生却反对教师多做科研，等等。每项研究所揭示的似乎都仅仅是"事实"的某个或某些方面，却并不是完全真实的世界。

　　为了更深入地研究这一问题，了解真实的教育生活世界，我们在对国内 5 所高校的 691 名教师进行问卷调查以及查阅大量资料的基础上[①]，又深入访谈了这 5 所院校的 51 位教师。其中 42 位教师是随机选取的，而另外 9 位教师，则是在本院系被认为是教学出众同时科研也出众的教师。之所以选取这 9 位"双优"教师，是因为他们教学与科研关系的处理可能更为成功。基于问卷调查、文献资料和对这些教师的访谈，我们经过进一步

---

① 刘献君、张俊超、吴洪富：《大学教师对于教学与科研关系的认识和处理调查研究》，《高等工程教育研究》2010 年第 2 期。

研究形成了此文。本文的基本观点是，教学与科研的关系并不是一种线性关系，而是一种充满变化、多样复杂的非线性关系；要从非线性的视角来认识和处理教学与科研关系；要以教学与科研的关联为目标，促进教师个体行为的改善和大学管理的改革。

一　非线性教学与科研关系的内涵

非线性是一个很难界定的概念，到目前为止仍无确定的解释，但其基本内涵与特征是清晰的。非线性是一种非平面、立体化、无中心、无边缘的相互连接的网状结构，这种结构各个部分的连接是多维的、间接的、不确定的。基于这样的思维方式，我们认为，大学教学与科研关系的本质特征应该具有多元性、非直线性、不确定性和因果关系的复杂性，等等。也就是说，教学与科研的关系并不是确定无疑的，而是变动的；不是单一的，而是多样的；不是能够简单设计的，而是一种超复杂的结构。之所以如此，与教学和科研内涵的多样性、教学与科研连接的间接性以及教学与科研关系的层次性有关。

1.教学与科研都是具有异质性内涵的概念，二者的关系也相应地呈现出多样性

教学是一个内涵丰富的概念。从教学的实质看，教学包括知识的传播、知识的运用和知识的创新。从教学涉及的范围来看，有课程教学（包括备课、讲授、辅导、答疑、作业批改、考试等），毕业设计（论文）指导，科研、实验、社会实践指导，资格考试、考研辅导，自学指导等，范围十分宽广。此外，斯科特（Peter Scott）还指出，教学在规模、层次、方式、地点、技术以及学科等方面也都存在差异。[①]

教学是一个多样化的领域，科研同样如此。从对科研的认识和理解来看，有"科研是运用科学方法探究世界客观规律的活动"、"科研是研究者

---

① P. Scott, "Knowledge work in a knowledge society: rethinking the links between university teaching and research", paper presented to *The Higher Education Academy Learning and Teaching Conference 2004: Delivering Excellence*, 29 June–1 July, The University of Hertfordshire.

赋予现象以意义的过程"、"科研是研究者之间观点的相互评价与碰撞的过程"等不同层次的认识和理解。从科研所涉及的范围来看，有多种划分方式，如学科研究，教学研究；理论研究，应用研究，实践开发研究；课题研究，自选研究；课题研究中又包括横向课题研究，纵向课题研究，等等。①

随着社会的进步和教育的发展，教学、科研的这种多样性还在不断增加。在教学方面，出现了结构更为灵活、面向工作场所的教学，出现了虚拟教学，更为重要的是"教学"逐步转换为了"教与学"，因此它包括了所有促进学生学习的活动和经历——学习图书馆、ICT、学生服务、资助等。科研则朝向了一种类似"学术"（scholarism）的方向发展。科研的范围和方式远远超出"知识发现"的范畴。

我们虽然都知道它们是异质化的活动，但在讨论二者的关系时，却常常把它们分别看作界定很明确的、内涵单一的活动，进而试图去找出二者确切的线性关系。科研是一个非常复杂的现象，而教学也是同样复杂，这使得二者的关系显得更为复杂。教学与科研都存在很多种分支与变化，二者的关系也会相应地呈现出不同的状态。因此，教学与科研的关系是一种多样的、非线性的关系。

2. 教学与科研联系的中介是学习，教学与科研的关系表现为间接性

《国家中长期教育改革和发展规划纲要》（以下简称《教育规划纲要》）指出："要以学生为主体，……把促进学生成长成才作为学校一切工作的出发点和落脚点。"教学和科研是大学最主要的工作，其目的应该是育人。理想的教学与科研关系应能更好地促进人才培养。教学与科研发生联系的关键点在于学生的学习。教学与科研因学生学习而发生联系，教学与科研的关系也因学生学习而存在变数。教师教学是学生学习的关键因素之一。教师所具有的教学观、采取的教学方式是不一样的，相应地，这种教学场域中的学习也存在很大的差别，教学与科研的关系也就会不同。我们曾把教师的教学观分为三个层次：第一层次强调"传授固定和客观的知识"，第二层次强调"展示理论如何用于实践、开启学生对概念及其之间相互关

---

① 刘献君：《对高等教育若干问题的哲学思考》，《高等教育研究》2010 年第 8 期。

系的感知"，第三层次强调"从不同的视角探索理解方式、改变学生的思想认识等"。按照这三个层次设计问题，并对教师进行了问卷调查，发现27.5%的教师持有第一层次的教学观，29.9%的教师持有第二层次的教学观，42.6%的教师持有第三层次教学观。[①] 那么，这些教师在实践中就很可能分别强调传授知识、注重知识内在结构和基本概念的理解，或者重视学生思想观念和方法的改变。在这其中，科研的成分及其参与方式也是不同的。

更为重要的是，学习的过程关键在于学习者自身。美国对"大学是如何影响本科生的"这一课题进行了为期80年的调查。2005年《大学是如何影响本科生的》（第二卷）对研究结果进行了高度概括："大学的影响在很大程度上取决于个人的努力，以及融入到大学所提供的学术、人际关系和课外活动等氛围之中。学生并不是被动地接受学校为了'教育'和'改变'他们所做的一切。学生从中学后教育经历中所获得的任何东西，都是他们自身努力的结果。"[②] 这说明，学生的成长、发展一是取决于个人的努力，二是学生融入学校氛围的状态。在教学过程中，学生的个人努力不同，存在着很大的个体差异，因而教学、科研对其发生作用的方式、程度是不同的。养鱼在于养水，养花在于养土，育人在于营造氛围。学校氛围很大程度上取决于教学与科研的状态。同时，教学和科研又是使学生融入氛围的最好方式。所以，我们认为，由于学习的中介作用，教学与科研的关系并不是直接的、线性的、确切的，而是一种非线性的关系。

3. 教学与科研关系有层次之别，不同层次的状况是有差异的

教学与科研关系是有层次之分的。教学与科研关系存在这样几个层次：（1）高等教育系统层面。希曼克（Uwe Schimank）和韦恩斯（Markus Winnes）发现有三种教学与科研联系的变种：前洪堡模式、洪堡模式和后洪堡模式。前洪堡模式起源于18世纪的法国。教学与科研分别于大学和科研机构中集中开展。洪堡模式是教学与科研统一与不可分的德国模式。

---

① 刘献君、张俊超、吴洪富：《大学教师对于教学与科研关系的认识和处理调查研究》，《高等工程教育研究》2010年第2期。

② Pascarella & Terenzini, *How college impact students*, San Francisco: Jossey–Bass publisher, 2005, p.602.

教师和学生通过科研联结在一起，这种科研是寻求真理的普遍探索。后洪堡模式主要是英国式的，其特征在于虽然学术人员都要承担教学和科研，但却存在"角色"、"组织"或"资源"等方面的区分。① 不同的模式中，教学与科研的关系是不同的。(2) 大学层面的教学与科研关系。这个层面的着眼点是整个大学组织层面。从一些大学的定位可以看出其基本的教学与科研关系，如教学型大学、教学研究型大学和研究型大学等。(3) 院系和学科层面。在现有的体制下，院系基本上是以学科为建制的，学科与院系基本上是在同一个层面。学科存在多样性。比格兰（A. Biglan）以认识论为基础对学科进行了分类。他发现学科的区别至少有三个维度：表述学科对理论体系拥有一致性程度的"硬—软"维度；反映学科对应用问题的兴趣程度的"纯科学和应用科学"维度；学科研究是否集中在活的生命系统的"生命—非生命"维度。② 托尼·比彻（Tony Becher）则在比格兰认识论角度外加入了社会学角度的会聚/分散和城市/乡村维度。③ 他们的研究发现，这些学科的认知基础和学科文化都是不一样的，这必将对教学与科研的关系产生很大的影响。很多学者也确实在自己的研究中发现了教学与科研的学科差异。如科尔贝克（Caroll. Colbeck）发现，软学科（如英语）的教师结合科研与课堂教学比硬学科（如物理）教师更容易。④ 哈林顿（J. Harrington）和布思（C. Booth）在商业学科开展的关于教师教学与科研关系的一项研究发现，强调科研价值的教师遇到一个问题：那些想要获取更多实用性课程的学生并不买账，他们质疑以科研为基础的教学方法。⑤

---

① U. Schimank & M. Winnes, Beyond Humboldt. "The relationship between teaching and research in European university systems", *Science and Public Policy*, 27（6），2000, pp.397–408.

② A. Biglan, "The characteristics of subject matter in different academic areas", *Journal of Applied Psychology*, 57（3）1973, pp.95–203.

③ [英] 托尼·比彻、保罗·特罗勒尔：《学术部落及其领地：知识探索与学科文化》，唐跃勤、蒲茂华、陈洪捷译，北京大学出版社 2008 年版。

④ C. Colbeck, "Merging in a seamless blend", *The Journal of Higher Education*, 69（6），1998, pp.647–671.

⑤ J. Harrington & C. Booth, Rigour versus relevance, "Research versus teaching Evidence from Business and Management Studies", Paper presented to Society for Research in *Higher Education Annual Conference*, 2003.

（4）教师个体层面。教师个体层面的教学与科研关系存在差异是显而易见的。教师教学与科研关系受到个体经验、兴趣、职业阶段等的影响①。以往对教学与科研关系的研究，往往停留在教师个体层面。由于存在这些不同的层次，而每个层次的教学与科研关系又非常复杂，因此，我们说教学与科研的关系应该是非线性的。

总之，教学与科研关系的问题很复杂并且是多重的，我们需要从线性的思维转换到非线性的思维来理解和处理教学与科研关系。教学与科研关系涉及多个层面，以下着重探讨教师个体和大学两个层面。

二 非线性视域下教师教学与科研关系的处理

非线性视域下，教师个体对于教学与科研关系的实践模式呈现出多样性、差异性和复杂性。我们要促进教学与科研的有益结合，以便更好地完成育人的使命。

1. 教师教学与科研关系的实践模式

通过深入访谈发现，在教师的日常实践中，教学与科研关系的样态呈现出多样性。主要有下述样态。

其一，教师以科研丰富教学内容。

很多时候是科研成果直接运用到课堂教学中，这包括自己的研究和其他一些经典研究、前沿研究等。（社会学讲师）

作为一种学术职业，教师都有把自己的科研成果和研究体验讲述给别人的冲动。（教育学副教授）

而有些教师的做法则是这种方式的变式。复旦大学教授、中科院院士谷超豪就是一个典型。从微分几何到偏微分方程再到数学物理，每当开辟出一个新领域，并做出贡献后，他都会毫无保留地传授给学生，而他自己又去开辟新的领域。

其二，教师以个人魅力或者探究精神影响学生。

---

① 刘献君、张俊超、吴洪富：《大学教师对于教学与科研关系的认识和处理调查研究》，《高等工程教育研究》2010 年第 2 期。

有些教师的课上得很好，学生很欢迎，这是为什么呢？我想是因为某种程度上受教师的个人魅力影响。而我个人认为，在大学中，教师的个人魅力与他的科研水平密切相关。从这个意义上来讲，科研是教学的基础。（动力工程学教授）

有的教师科研做得并不多，但有探究精神，善于琢磨。这些教师把自己的探究精神贯彻到课程教学中，有意识培养学生的探究精神。（建筑学教授）

其三，教学与科研难以发生联系。这主要发生在一些理工科之中。

对于我们这种基础学科来说很难协调。我们有很多固定的知识和内容要教，学生没有基础就没有办法学习更高深的知识，这使得教学很难与目前的科研或者自己的科研相联系。（数学教授）

教学对于我的科研没有多少促进。如果我说对我的科研有什么影响的话，那是夸大其辞。（应用电子学教授）

我想用科研那种探究的方法去教授学生，可是学生也许是习惯了传统的教学方式，他们根本不积极参与我的这种教学，更喜欢由我讲授而他们记笔记。（化学教授）

哈贝马斯的故事则说明，即使在人文学科，有些教师的教学与科研关系处理得也不是很好。在法兰克福大学流传着这样一则故事，20世纪60年代，哈贝马斯刚刚出道登台讲学，不料课堂上一开始就有一半学生举手抱怨说不得要领，希望他讲得简单些。哈贝马斯许诺将尽最大努力。可不一会儿，另一半学生又起来请求饶恕，说他们还是莫名其妙，难得要领。①

可见，教师在处理教学与科研关系上，有着不同的样态。有的教师教学与科研结合较好，而有的教师结合得较差；有教师更多地把科研成果融入到课程中，有教师则更注重培养学生的探究精神；有教师更重视科研对教学的价值，而另外的教师则重视教学对科研的促进，等等。从这些教师的实践中，我们至少可以发现存在两方面的差异与变化：从教学与科研相关联的形式上来看，存在着从内容、方法到精神文化等的变化，也就是说

① 曹卫东：《曹卫东讲哈贝马斯》，北京大学出版社2005年版，第10页。

存在着一个显性联系到隐性联系的连续体；从教学与科研相关联的程度上来看，存在着从很弱的联系到比较强的联系以至很强联系的连续体。基于教学与科研关系的这两个维度，可以把教师教学与科研关系的实践归纳为四种模式（见图1）。

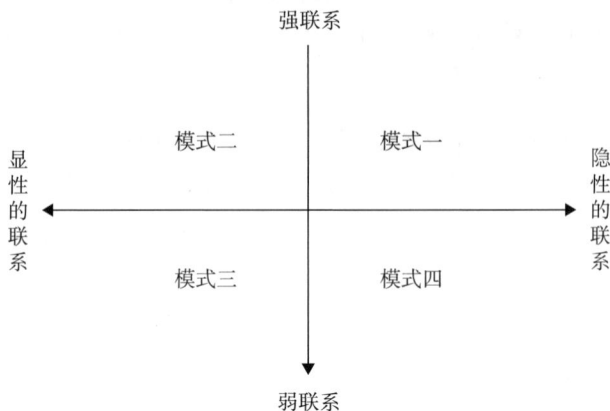

图 1　教学与科研结合的模式

模式一：强调教学与科研在过程和精神上的强联系；

模式二：强调教学与科研在内容、思想观念等方面的强联系；

模式三：呈现的是教学与科研在内容、思想观念等方面的弱联系；

模式四：呈现的是教学与科研在过程、精神上的弱联系。

我们的研究还发现，教学与科研的实践模式与职业生涯的阶段有关。

访谈中，一些教师说：年轻教师为了获得学生的认可，一般会比较重视 PPT 的设计、教学方式的创新，可是与科研的联系不大。过了几年之后，他们会有意识地综合别人的成果，当然也有自己的一些成果，进而传授给学生。到了 50 岁左右，教师会更倾向于讲授最新的研究成果、方法和自己的研究体会，讲义也就紧跟前沿了，也更个性化了。（机械学教授）

新教师一般都是刚毕业的博士，在参加工作前并没有接受过教学训练，因此，他们上课时一般会比较注重内容的传授。可是，到了中年以后，除了知识传授外，他们会更多地强调对学生进行方法、思维方式的训练。再往后，当他们成为名教授后，学生会更多地被他们的科研声望所鼓

舞，很多学生毕业之后的成功就是因为曾经听过某位著名教授的课。(管理学教授)

由此可见，不同职业生涯阶段的教师所倾向于采取的模式是有差异的。整体而言，呈现出随着职业生涯的发展，教学与科研的联系逐渐增强，同时呈现出从以显性联系为主逐渐转向隐性联系与显性联系相结合。

2. 促进教师教学与科研的结合

教师教学与科研的关系存在多种模式，教师个体教学与科研的结合也有一个与职业生涯发展相应的变化过程，但这只是自然的状态，而不是理想的境界。我们所要做的是要实现教学与科研更好更快地结合。也就是说，大学教师应尽早地把自己教学与科研的关系，从模式三、模式四不断地上移为模式二、模式一。

强化教学与科研的结合，首先是育人的需要。教育的根本任务是培育人才。大学同其他教育机构一样，其根本任务是育人。但大学所培养的人才及其培养方式与其他教育机构是有差异的。洪堡指出，大学的任务经常是面对悬而未决的问题，所有时间都保持探究状态。而学校（中小学）则只是处理封闭的已经确定的知识。这种观点在博耶教育委员会1998年的研究报告《重建本科生教育：美国研究性大学发展蓝图》中被重新提及，报告指出："探索、调查、发现是大学的核心。大学里的每一个人都应该是发现者、学习者。"[1]正是在这种探究的过程中，大学达到了育人的目的，培育了那些勇于探求未知、引领社会发展的专门人才。为了更好地完成育人任务，教师就应该提升教学与科研的关系，使大学成为克拉克（Burton R. Clark）所谓时"探究的场所"。

强化教学与科研的结合也是教师职业认同的需要。1989年诺贝尔生理或医学奖获得者迈克尔·毕晓普（J. Michael Bishop）在他的自传《如何获得诺贝尔奖》中说："只搞学术研究而不尽教学使命，是枯燥无味的。"而且，"现代从事科研和教学的学者，其最崇高的使命，就是要把科研发

---

[1] Boyer Commission, on *Educating Undergraduates in the Research University, Reinventing undergraduate education: a blueprint for America's research universities*. Stony Brook: State University of New York at Stony Brook. Available at naples. cc. sunysb. edu/ Pres/boyer. nsf, 1998.

现和教学两方面的杰出本领结合在同一个人的身上"。① 我国著名的科学家、教育家钱伟长也强调"要拆除教学与科研间的高墙"②。

那么，教师特别是青年教师如何能尽快地实现教学与科研较好的结合呢？以非线性思维进行探究，综合我们调研的优秀教师的经验和国内外有关案例，我们认为教师可以从以下三个方面入手。

首先，学习优秀教师的经验与理念。作为一种专业，教育需要智慧、知识、经验和技巧。对新教师来说，这些经验与技巧的获取是需要一个过程的。为了缩短这个过程，促进新教师快速地转变为专家型教师，学习优秀教师的经验便成为必要的捷径。在我们对教学和科研"双优"教师的访谈中，我们发现了很多提升教学与科研关系的宝贵经验。他们有很多实践符合模式一或模式二。

符合模式一的有：

在实验室及课堂中教学生如何去做科研；

本科生以助手或者合作者的身份参与教师的科研；

在课堂中讲述著名学者的研究经历和轶事或者自身的研究经历与体验；

让本科生分组设计并实施科研计划，通过科研过程进行学习；

围绕某个主题，教师和学生共同探讨；

在教学中渗透研究者的一些价值观和精神气质，如对新的未知事物的开放、客观态度，对已有理论的怀疑精神，尊重数据和事实证据，忍受模棱两可，勇于承认失败，敢于创造等；

本科生导师制。

符合模式二的有：

把自己的研究成果作为课堂学习和讨论的材料；

教授本学科领域当前的研究成果，并在课堂上讨论研究观点、结论，并尽量把这些最新的研究放到学术史中进行分析，使学生认识到学科是动态的、演化的，且演化过程中有很多的错误和死胡同；

---

① [美]J.迈克尔·毕晓普：《如何获得诺贝尔奖》，程克雄译，新华出版社2004年版，第47页。

② 钱伟长：《大学必须拆除教学与科研之间的高墙》，《群言》2003年第10期。

进行学科研究方法、技术与技巧的教学；

认真备课和准备研究材料，并使用这些材料；

进行教学研究。

这些经验可以成为教师处理教学与科研关系的范例和财富。但"学习优秀经验，并不是把个别的方法和方式机械地搬用到自己的工作中去，而是要移植其中的思想。向优秀的教师学习，应当取得某种信念"。[①] 而一种最基本的信念就是要保证学生能以研究的精神和方法、过程，对已有的知识进行批判性地学习，并不断地探索未知世界，从而获取在未来不确定的世界中生存与发展的能力与气质。在这种信念的启迪下，在优秀教师经验的基础上，教师可以根据自身的学科、经验甚至气质类型等选择适当的方式方法。

其次，加入教学和科研团队，在共同体中发展。为了更好地支持学习者有效地学习和促进教师自身发展，"教师学习"和"教师发展"日益受到重视。作为"所有公共事务中最个人化"的专业，教师的工作常常是彼此孤立的单兵作战，教师之间在工作方面的交流和相互学习非常贫乏。教师主动学习优秀教师经验的做法并不常见，专业个人主义盛行。可是，有越来越多的研究指出，教师间的合作与交流对于教师学习和发展异常重要。很多教育理念和实践智慧是无法从封闭的个人世界中获取的，教师需要从"个体户"转变为教师共同体成员，从个人化的努力转向通过共同体来实现。在共同体中，教师可以实现两个方面的转化：通过交流，将个人的难题转化为公共课题，借助集体的智慧、资源形成一些公共知识；通过与共同体对话，将公共知识转化为个体的智慧，从而打破思维定势，改进自身教育实践。

教学与科研关系处理方面的学习和发展，同样需要教师加入共同体，即一定的科研团队和教学团队。在团队中，教师可以迅速地把握学科知识及其内在逻辑和发展前景，可以丰富自己的科研经验和成果。更为重要的是，在一个合作的团队中，教师便可以和同事一起研究学生学习的情况，

---

① [前苏联] 瓦·阿·苏霍姆林斯基：《给教师的建议》，杜殿坤编译，教育科学出版社
1984 年版，第 117 页。

可以从同事的优秀经验中获得新知，进而使得自己处于一个创造的进程之中，与其他同事一起创造良好的教育实践。团队可以以研讨会、沙龙、讲座、经验交流会、专项课题等诸多形式，以课程建设、教材更新以及专业改进等为依托，共同探讨教学问题、科研问题以及教学与科研关系的处理问题。在这种交流过程中，教师会不断地使用团队的优秀经验和资源，创新自身的实践，达到促进教学与科研结合的目的。

再次，重视教学反思与教学研究。教育现象学大师范梅南（Van Mannen）指出，在"任何真正的教学"时刻，教师都会面临无数的问题，如什么对这些学生合适？在特定的情境中，什么样的教学方法更好？什么期待更好？现在该做什么？等等①。面对这些问题，教师要做一个"反思的实践者"，时刻进行教学反思。反思"能够让我们知道行动时我们在做什么。它把简单的欲望、盲目的冲动变成理智行动"。② 在教学与科研关系的处理上，教师要不断地反思：自己在多大程度上开展科研、开展什么类型的科研和以什么形式开展科研，对于有效教学是必要或重要的？教学与科研关系的处理在不同年级学生中应该有什么差别？为实现未来的职业需要，学生在大学中应该发展哪些科研知识和技巧？以什么样的方式才能更好地发展学生的科研能力和探究精神？如何更好地帮助学生从学科的科研概念转化为经济社会的科研概念？具体到教学过程中，反思可以发生在教学之前或之后，也可以发生在教学过程中。在教学与科研关系的处理上，教师要在上课前反思教学设计是否吸收了足够的科研成果和接触到多少前沿问题；在教学过程中反思学生的参与性和学习过程的探究性；课后要反思科研在教学中的转化程度及其改进策略。

教师不仅要进行教学反思，还要专门进行教学研究。教学研究所针对的是教育教学的相关问题，如学生学习的特点、有效教学的策略、教学设计的优化和课程建设等。教学研究有助于直接提升教学效果，教学研究本身又是一种与学科研究平等的研究形态。因此，教学研究是典型意义上的教学与科研的结合体。教学是一个可以研究而且必须研究的专门学问。我

---

① ② ［加］马克斯·范梅南：《教育敏感性和教师行动中的实践性知识》，《北京大学教育评论》2008 年第 1 期。

们对教师关于"教学是否是一门需要认真研究的专门学问"的调查发现，35.7%的教师持"非常同意"的态度，57.5%的教师持比较同电"的态度，只有不足 10%的教师持"比较不同意"或"非常不同意"的态度。可见，多数教师都认为教学是需要专门研究的。但是，我们的调查却发现，在近三年中，有 33.7%的教师从未参与过教学研究课题。[①] 教师要积极开展教学研究，把自己所"主张的观念"与所"践行的观念"统一起来，不能仅仅意识到教学研究的重要性而不去实践。通过不断的教学研究和教学反思，教师教学与科研关系的处理会得到很大的改善。

三 非线性视域下大学层面教学与科研关系的管理

大学教学与科研曾经是浑然一体的。可是，20 世纪以来，大学教学与科研分离的趋势不断加强，我国大学的情况亦是如此。为了更好地达到育人的目标，要改善大学管理，促进教学与科研的结合。

1. 大学教学与科研关系的历史演化

历史视角是研究大学教学与科研关系的重要方式。研究教学与科研关系，要从大学发展史中探寻其变化。帕金斯（J. A. Perkins）说，"19 世纪之前，以个体学习、反思和写作为形式的学术研究几乎被一致看作是教师工作准备的关键要素——使得他的心灵保持敏锐、讲课保持新颖、学生智力保持机敏。"[②] 可以说，在大学的童年，科研的内涵是很宽泛的，类似一种运用理性进行思维的活动。那时科研与教学之间并没有清晰的界限，教学与科研的结合是一种自然的融合。

随着社会的发展，科研逐渐成为一种独立的社会建制。但是，大学对此没能及时做出反应。这时，"如果社会不能从原有机构中获得它所需要的东西，它将导致其他机构的产生"这一规律开始发挥作用。由于 17、18 世纪欧洲大学的保守和排斥改革，其"科研功能被大学之外的英国皇

---

① 刘献君、张俊超、吴洪富：《大学教师对于教学与科研关系的认识和处理调查研究》，《高等工程教育研究》2010 年第 2 期。

② J. A. Perkins, "Organization and functions of the university". In J. A. Perkins （Ed.）, *The university as an organization*, New York: McGraw Hill, 1973, pp.3–14.

家学会和法兰西学院等一批新型机构所取代。科研也开始逐渐成为一种独立的事物，现代意义上的科研与大学教学由此分离。

18世纪末，现代意义上的科研开始出现在了德国大学的习明纳中。1810年柏林大学的建立，真正确立了科研在大学的重要地位，并将科研与教学在人才培养过程中结合起来。也就是在那时，教学材料直接来源于学者科研的革命性实践才得以活跃开来。教学与科研再次紧密结合，并逐渐植根于大学和教师的理念和实践中。这种情况一直持续到20世纪早期。

欧洲大学在17、18世纪所经历的科研与教学的分离，在20世纪的大学中重新上演。随着20世纪高等教育的发展，尤其是第二次世界大战后大学在数量和规模上变大，目的和功能多样化，成为多元化巨型大学。相对于传统的大学，多元化巨型大学有着更多的冲突。伴随着多元目标和方向的不确定，教学与科研密切的相互链接正日益被称为是纯粹的习俗或无效的历史遗迹。[①] 但另一方面，又存在着整合教学与科研的力量。社会学家告诉我们，我们将进入风险社会、后现代社会、超复杂社会，这样的社会充满了不确定性。在这样的社会中，大学所能做的就是，通过研究式的教学，培养学生探究的精神和应对未知的能力。在这种要求下，教学与科研则会密切结合，或者二者就是同一个过程。

回顾历史，我们发现，大学教学与科研的关系不是始终如一的，而是不断变化的：大学教学与科研并不是天然的结合体，而是如本·戴维（Ben David）所说的那样，"研究与教学远非自然的匹配，只是在特定的条件下它们才会组成一个单一的结构"[②]；大学教学与科研之间存在分离的力量，但也有在新的条件下通过大学制度变革而得以整合的可能。

2.大学教学与科研关系的当下实践

目前，教学与科研之间存在着较强的分离的力量。"教学漂移"和"科研漂移"现象在世界范围内正日渐严重。大学内部建立了大量的研究所、科研中心和实验室、科学园区，其中有很多这类研究场所根本与教学无

① R. Neumann, "Researching the teaching–research nexus: a critical review", *Australian Journal of Education*, 40（1），1996, pp.5–18.

② ［美］伯顿·克拉克：《高等教育新论》，王承绪等译，杭州大学出版社2001年版，第209页。

关，其工作是为了政府和工业界的利益，进行理论研究和技术创新，甚至是产品革新。同时，还存在很严重的"教学漂移"现象。这首先表现在以教学为主的院校与以科研为主的院校的分化。英国2003年的高等教育白皮书中，提出将大学分为"只教学"的大学和"只科研"的大学。其次，在大学内部也出现了教学与科研的分化。有些单位主要进行教学，而有些单位则基本上是研究机构。一些大学相当多的教学工作由兼职教师完成，而全职教师则主要进行科研工作。对于学生而言，本科生主要进行基础知识的教学，而科研与教学的结合则是研究生阶段的事情。即使在研究生层次，目前也出现了学术性研究生和职业性研究生的分化。

我国大学也出现了教学与科研分离的状况。在我们的访谈中，有教师谈到，"有的教授就是靠课题量多评上去的，根本没参与教学"，或者是"很多教授和别人一起挂名上课，其实没上几节"。教师有相当一部分的科研成果，尤其是一些横向课题，主要是增加了科研经费，并没有对教学产生促进作用。学生尤其是本科生，也没有多少机会参与教师的科研项目，因而不可能获取实际的科研经历、体验以及随之而来的批判性思维。教师的科研只是促进了教师自己获取科研评价的高指标，为评职称凑条件，之后所谓的科研成果便束之高阁了。

一些教师的教学也基本上与科研无关，主要是一种照本宣科式的教学。有教师谈到"在当前的工程教育中，（教学对科研的）促进作用是比较弱的，课堂教学远远落后于工程实践"。教学没能让学生接触到知识前沿，也没有带领学生进入激动人心的科研过程。教学与科研的脱节，在青年教师身上表现更为明显。现在教师数量不够，"而有些课是必须开的，年轻教师就会被强制安排上这些课。其实，这些课与自己的研究领域可能相差很远"。而很多年轻教师由于参与科研的机会不多，不得不在没有科研的情况下，大量承担教学任务。

科研与教学不仅是脱节的，有的甚至还是对立的。在调研中，我们发现教师普遍认为我国大学都是科研导向的，对教学重视不够。其中一个原因是科研是硬指标，而教学则是软指标。"教学并没有精益求精去做。原因在于，即使下了功夫，教学效果一下也看不出来"。另外，"从现有的分配体系来讲，对教学的体现还是不够的"，以至于"我们上课只能是应付，只要不出教学事故就行"。教学与科研对立使得教学与科研相互争夺资源，结果是大量的资源都投入到了学科建设及科研发展上，对于教学条件的改善、课程资源的建设、教师教学能力的培训等的关注则不够。即使是在课程教师的安排上，也表现出了对立。几乎所有大学都把教师分成了公共课教师和专业课教师，公共课教师一般被认为是那些教学能力强而科研水平低的教师，而专业课教师则相反。此外，还存在研究生课程教师与本科生课程教师之别，那些学术积累少的教师及年轻教师被安排教授本科生，而学术水平高的教授则专门给研究生上课，甚至只承担博士生课程。

教学与科研的脱节以及重科研的导向，已造成了不良后果，其中一个方面就是教师心理的矛盾。多数教师认为，高校首要的职责是教书育人，教师首先要上好课。但现实却使得教师不得不违心地把主要精力放在科研上。一位教师说："我很想认真教学，那样可以更好地促进学生发展。可是，我为学生负责了，谁为我的发展负责呢？"这是"一个可悲的自我调整"。公共课教师的心理冲突更加突出："我内心非常喜欢教学，我并不想做科学家。"可是，"在目前情况下我得生存发展，我已经把工作重心转向了科研。"而这又使得教师"对学生很内疚"。而且公共课教师的教学任务非常重，这就使得公共课教师不得不"往往利用休息或者节假日进行科研"。这种心理冲突和时间、精力的紧张，使有的教师"有时候很茫然"，一些教师则"常常有身心疲惫的感觉"。

教学与科研的分离与对立，对学生的发展也极为不利。有很多本科生根本没有多少机会接触到学院著名的教授，"很多本科毕业生在拿到毕业证、学位之后，就宣称大学四年是失落的四年"（教师语）。不仅如此，由于没有科研的充实和探究精神的充盈，在很多情况下，大学教学无法激起学生学习的兴趣，在课堂上"学生的眼睛不亮"。

3. 促进大学教学与科研结合的策略

面对教学与科研关系的上述现实，正如艾尔顿（Lewis Elton）所说，虽然不可能返回到洪堡时代，但我们可以在目前的基础上建设未来[1]。但

---

[1] L. Elton, "Collegiality and Complexity: Humboldt's Relevance to British Universities Today", *Higher Education Quarterly*, 62（3）, 2008, pp.224–236.

是，由于教学与科研关系的复杂性、变化性，目前的状况并不能靠一般的线性思维，如一些高校所实践的"轻—重"思维方式来解决。这种"轻—重"思维方式所呈现的是一种跷跷板式的游戏，它假设教学、科研是彼此对立的，重视一方就意味着忽视另一方，而通过提升教学或科研某一方的地位，便可解决"重科研轻教学"或者"重教学轻科研"的局面。面对复杂多变的教学与科研关系，这种思维是幼稚且无效的。要避免陷入线性思维的泥潭，运用非线性思维的智慧去加强教学与科研的结合，实现教学与科研从分离到融合的转变。基于非线性思维，我们认为可以从下述几个方面入手来改善大学教学与科研的关系。

（1）不同的高校，要建构不同的教学与科研关系

从非线性的视角看，不同类型和层次大学的教学与科研关系，是存在差异的。祖布克（Zubrick）等人对澳大利亚三所不同类型大学的研究也发现了这一点。① 不同的大学，其教学与科研的关系模式之所以不一样，其根本原因在于，各层次、各类型大学的人才培养目标不一样。《教育规划纲要》指出要"树立多样化人才观念"。而"不同层次的专业培训，不同类型、适合不同学生的一般教育，复杂程度不等的研究，所有这一切都可以因院校的分工后产生了各类相应的组织结构而得到承担"②。各大学所培养的人才应是有差异。如果千校一面，多样化人才的培养就很难实现。

而现实是，几乎所有的高校都趋同于精英研究型大学的教育逻辑和发展模式。研究型大学自不必说，其发展是科研导向的。而一些专科院校和新建本科院校，也把主要的精力放在学生考研、升学上，鼓励学生走学术的道路，这是错误的，也是非常不明智的。各高校要准确定位，找出自身在人才培养上的优势，进而在教学与科研的关系上建构自己的模式。各大学教学与科研关系的模式，至少要有两个方面的差异。第一，各高校教

---

① A. Zubrick, I. Reid and P. Rossiter, "Strengthening the nexus between teaching and research", Australian Department of Education, Training and Youth Affairs, Canberra, 2001. http://www . dest . gov. au/ archive / highered /eippubs / eip01_2/01_2. pdf .

② ［美］伯顿·克拉克：《高等教育系统——学术组织的跨国研究》，王承绪等译，杭州大学出版社 1994 年版，第 307 页。

学、科研的侧重点应有差异。就我国大学目前的状况来看，少数重点大学如"985"院校在处理教学与科研关系时可以适当地向科研倾斜。在大学的生态系统中，这些大学要承担更多的科技创新，促进国家和社会的发展。一些职业院校和应用性本科院校，则要更多地把教学与专业训练结合起来，培养大量的实用性人才。大量的普通院校，则要兼顾教学和科研。第二，各高校教学与科研结合的方式应有区别。高水平的研究型大学，要以基础研究为重点，以实验室和研究基地为依托，积极推进学生参与教师科研，或者由学生以团队的形式开展科研。其教学与科研应该更多地被组织为同一个过程。教学即研究，研究即教学。对于那些以培养实用型专业技术人才为主的大学，其科研应以教学研究、开发研究和应用研究为主，学生所学习的主要是一些确定的基础研究成果，以及它们在现实中的转化和应用。教学与科研的结合主要发生在课堂教学中，学生参与科研创新的程度不深。而对于其他的普通高校，则要兼顾学术性人才和应用人才的培养。他们有些人在重点领域开展基础研究，更多人则应兼顾基础研究和应用研究。学生较多的时间在课堂中学习，有时也可以在实验室中协助教师开展科研。

（2）改善教师发展制度

教学与科研的融合程度主要取决于教师自身素质的高低，推进教学与科研的结合关键在于教师的发展。联合国教科文组织1998年在巴黎发布的《世界高等教育宣言》指出，具有活力的教师发展政策是高等教育机构发展的关键①。对于教师发展的内涵，学者的观点存在分歧，但都认为其基本的维度是教学发展与科研发展。目前，我国所采取的教师发展方式，基本上是教学发展和科研发展分开来进行的，是一种分离式的发展模式：通过教学比赛或者公开教学观摩课、教学讲座和讨论会、教学咨询、介绍性课程等培养教师教学能力与技巧。有些大学还成立了"教学支持中心"或"教学研究与师资培训中心"，利用和整合学校现有的教学资源，开展教学评价、质量调查、教学技术服务等，为大学教师提供改进教学方法和分享教学经验的平台，以促进教师教学发展。对于科研发展，则主要通过

---

① 明轩：《〈世界高等教育宣言〉概要》，《教育发展研究》1999年第3期。

学历进修、科研会议或者一些人才计划来培养教师的科研能力与技巧。而且，我国大学教师发展呈现出一种以提高科研能力为主的模式。有调查显示，64.48%的高校把"提高教师学历学位层次"作为教师培训的首要目标，27.95%的院校将培养学科带头人和骨干教师作为首要目标，而以提高教师教学能力作为首要目标的高校仅占2.58%。① 这种模式使得教师更加注重提高科研能力，而轻视教学能力的发展，这是不利于教师把教学与科研结合起来的。

我们要采取教学与科研相结合的方式来促进教师发展，建构融合式的教师发展模式。对于职前教师来说，要在研究生课程中开设相关的教学课程、教学训练和相关的研讨，并让研究生以助教的形式进行教学，在进行科研的同时培养他们运用本学科科研和自身研究进行教学的能力和技巧。美国博士生教育有一项做法值得借鉴。为了研究和科学指导在读博士生准备未来的教学，美国成立了"科研、教学与学习整合中心"，这是一个由威斯康星大学、密歇根州立大学、宾夕法尼亚州立大学和科罗拉多大学等数所大学参与的合作研究中心，重点从事博士生的教学职业培训项目的设计和研究。通过这种方式的研究生教育，未来新教师的教学能力与技巧得到了较好的训练，其教学与科研实现了很好的结合。而对于在职教师，应要求以本学科的研究成果及研究趋势、方法和思维等为基础，开展课程设计并进行教学实践，培养以科研为基础的教学能力。英国高等教育资助委员会资助的"连接"项目就是一个典型。这是一个由四所英国大学的建筑环境系合作开展的项目，主要目的是发现并传播教学与科研方面有效连接的实践。经过三年的实践，该项目获得了很多结合教学与科研的优秀学科课程和教学案例。在此过程中，教师发展获得了很大的提升。在我国，不同大学之间的同一学科也可以合作开展类似的项目，各大学也可以单独提出并实施类似的教师发展计划。

（3）改革教师评价制度

评价是一种指挥棒，要通过改革，建立科学的教师评价制度，促进教

---

① 梁玉兰、张宇宁、吴德敏：《中国高校教师队伍现状、培训情况调查问卷分析研究》，《武汉大学学报（人文科学版）》2005年第2期。

师自觉地将教学与科研结合起来。随着世界范围内"问责制"的兴起，我国大学对于教师的评价也日渐强化。可是，目前的教师评价制度存在诸多问题。第一，没有强调教学与科研的结合。大学是一个"探究的场所"。大学所培养的人应该是有研究精神和能力的高级人才，大学培养人的过程也应该是一种研究和探索的过程，而不是简单记忆与储存的过程。可见，大学教学与科研应该是完美结合的，而不是彼此独立的。但是，目前的教师评价中，大学很少对教师如何结合教学与科研给予关注。第二，重科研成果，轻教学效果。目前，各大学对教师教学和科研工作都是单独进行评价的，而且，多数大学在对教师进行绩效评估时，以论文、专著、科研项目及科研经费等为标准，而教学业绩则显得无足轻重。第三，注重量化的外在指标，而忽视了内在的质量。目前，各大学对于教师的评价基本上都是量化取向的。对于科研的评价，各高校普遍采取的是以教师成果的数量和档次为基准。对于教学的评价，各高校则基本上是以教师是否完成了工作量、是否遵守了教学规定为基准。由于评价制度的上述问题，导致教师重科研轻教学而不是努力去结合教学与科研，甚至在科研方面也普遍出现了重量而不重质的问题。

我们要改革教师教学与科研评价制度，保证大学教学与科研的更好结合，以提升大学的育人功能。可以从三个方面入手。第一，改革教师评价内容，强调教学与科研的结合。在评价制度中，明确把教学与科研的结合作为一个目标。国外的一些成功实践可供借鉴，如悉尼大学的教师评价就十分强调教学与科研的结合。2005 年制定的战略规划还专门以此为目标，并制定一些相应的策略。① 在进行评价时，教师要呈现自己的科研如何融入教学中，如何影响学生的学习；教学内容是否紧跟科研前沿，是否能诱发学生的主动探究，是否有助于培养学生的科学方法和科学精神，等等。第二，改革教师评价标准。教师评价要摒弃唯量化的取向，强化数量和质量的统一。对于教学，不能再以工作量等为主要标准，而要重在评价教学

---

① A. Brew, "Learning to develop the relationship between research and teaching at an institutional level", in C. Kreber, (ed.) "Exploring research– based teaching", *New Directions in Teaching and Learning*. San Francisco: Jossey Bass/ Wiley, 2006.

的效果，尤其是通过科研促进学生探究能力和探究精神发展的成果。美国的"全美大学生学习投入调查"（NSSE）认为有效教学的标准为学业挑战度、主动合作学习的水平、师生互动水平、教育经验丰富度和环境的支持度。我们可以从这些标准中获取启示。对于科研，要评价其影响力，评价对于学生学习的促进作用。第三，改革教师评价主体。目前，各高校基本上都是学校的职能部门，如教务处、科研处等在评价教师，而在评价中并没有给予院系、教师、学生足够的话语权。要完善评价制度，让多元主体尤其是学生参与教师评价。学生是教师工作的对象，学生对于教师的学术活动，尤其是教学活动具有切身体验，应给予评价权。如果学生在教师评价中具有重要地位，就不仅能改变教师重科研轻教学的局面，还会加强教师教学与科研的结合。因为，在大学教学中，充满研究活动和探究精神的课堂才是学生所欢迎的。

最后，需要指出的是，虽然我们提出了一些处理和管理非线性教学与科研关系的方式和策略，但是这些方式和策略也许只具有一定的参考价值。教学与科研的关系是如此的复杂和富于变化，教学与科研关系的处理向教师和管理者提出了极富挑战性的课题，它们呼唤着教师给予创造性的回答。在一个超复杂的世界中，教学与科研的关系问题缺乏明确的唯一答案，这是一件好事。我们的教师和大学管理者，要摒弃线性思维，发挥自己的想像力，通过不断地摸索，真正使得教学与科研的相互关联成为广大师生真实的经验。

（原载《高等工程教育研究》2010 年第 5 期，
张俊超、吴洪富参加调研）

大学之道

刘献君教育论丛

下　册

刘献君　著

人民出版社

目　录

六、院校研究

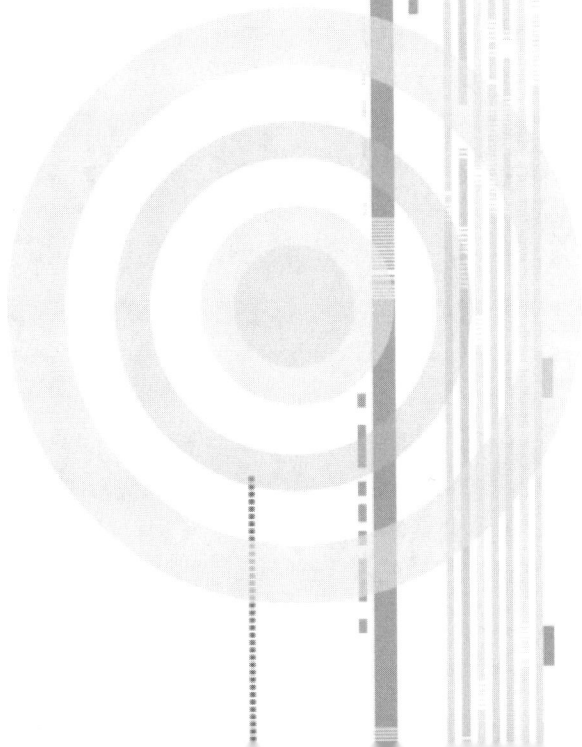

四、战略发展

论高校战略管理

近几年来，高等学校已经开始重视战略、战略规划，这是十分可喜的。但我们不能就此止步，必须将战略规划推向战略管理，把战略规划、战略实施、战略评估有机地结合起来。本文就战略管理中的关键点，高校战略管理的基本特征以及如何推进战略实施等问题，谈谈自己的一些认识。

一 从战略规划到战略管理

制定高校"十一五"发展规划，需要对"十五"规划的制定和实施情况进行考察和评估。在对一所大学的战略发展规划和"十五"规划的考察中发现，这所大学的规划中有不少成功之处，如对学校发展的宏观背景、自身发展的优势和劣势的分析比较准确；战略思想、战略目标明确、具体；有大手笔的发展举措。同时，也存在不少问题，主要表现在：没有进行投入—产出分析，对资源获取和资源消耗心中无数；期望值过高，有的目标明显脱离实际；规划制定与规划实施脱节，规划没有具体体现在年度工作计划与总结中。据了解，其他一些大学也程度不同地存在着类似的问题，应该引起我们的高度重视。

为什么战略规划和战略实施脱节，战略规划难以有效实施呢？重要的原因之一是，我们仍然停留在战略规划阶段，没有从战略管理的高度来认识和处理这一问题。从商业、企业以及发达国家大学的情况来看，都是从认识战略开始，到制定战略规划，发展到重视战略管理的。在商业、企业界，20 世纪 50 年代开始重视战略，60 年代开始制定战略规划，Chandler

（1962）最早将"战略"与"计划"连在一起使用；70 年代开始提出战略管理，1976 年，Ansoff 与 Declerck、Hayes 共同编著的《从战略计划到战略管理》一书中提出了"战略管理"一词。他们认为，战略计划存在一系列的严重不足，包括将组织与环境间的关系简单地作线性理解，与之比较，战略管理被认为是一个为实现战略而促使组织与社会环境相适应的复杂的社会动力过程。[①] 高等教育领域引入战略这一概念，是在 20 世纪 70 年代末。在美国，凯勒 1983 年发表的《学术战略：美国高等教育管理革命》一书，被认为是战略管理在高等教育领域内流行的"催化剂"。[②] 在高等教育领域和高等学校中，同样经历了一个从战略到战略规划，再到战略管理的过程。

战略管理是一个组织寻求成长和发展机会及识别威胁的过程。[③] 战略管理将战略的制定、实施、评价和控制看成一个完整的过程来加以管理，以提高这一过程的有效性和效率。战略管理的实质是使组织能够适应、利用环境的变化，提高组织整体的优化程度，注重组织长期、稳定的发展。战略管理包括战略规划、战略实施和战略评价等环节。

战略规划是一种带全局性的总体发展规划，包括战略指导思想、战略目标、战略重点、战略措施和战略阶段等方面的内容。

战略实施是将战略规划转化为现实绩效的过程。战略实施是整个战略管理的主体。

战略评估是监控战略实施，并对战略实施的绩效进行系统性评估的过程，包括检查战略基础、衡量战略绩效、修正和调整战略等。战略评估的结果，可以作为调整、修正，甚至终止战略的合理依据。

高校在制定"十一五"发展规划中，一定要站在战略管理的高度，将战略规划、战略实施、战略评估有机地结合起来，切实起到推动学校发展的作用。

---

① ② P. A. M. Maassen & F. A. van Vught, *Strategic planning*. B. R.Clark, *The Encyclopedia of Higher Education*. Rexgamon Press, 1992, pp.1483–1494.

③ 刘向兵、李立国：《高等学校实施战略管理的理论探讨》，《中国人民大学学报》2004 年第 5 期。

二 战略管理中的几个关键问题

战略管理涉及的问题很多，高校实行战略管理，首先要抓住以下几个关键点。

1. 外向性是战略的主要特点

战略具有外向性、未来性、全局性、层次性等特点，其中外向性是主要特点。高校战略管理的目的，"是把院校的前途和可预见的环境变化联系起来，使资源的获得……快于资源的消耗，从而能够成功地完成院校的使命"。[①] 战略管理有一个基本宗旨，即利用外部机会以化解或回避威胁，它关注的是外部环境的变化对组织发展的影响。

学校发展与环境之间的关系十分密切。笔者近几年陆续访问了部分高校的党委书记和校长，问他们在工作中感到最困难的工作是什么，其中不少人回答是处理学校与政府、社会关系方面的问题。现在，大多数高校 3/4 左右的变化是由外界因素引发的。实施战略管理的根本目的，就是使学校在变化的环境中能够获得稳定持续的发展，使学校不是在环境中被动地求生存，而是在现有条件下积极创造未来，使学校永远保持旺盛的生命力。

面对高等教育日益大众化、市场化、国际化的急剧变化的外部环境，高校领导者在战略管理中，要突出抓住以下几个问题：如何抓住机遇进行战略转移和变革，如何在变化中把握学校的总体发展目标，如何从外在环境的高度确立内部组织结构，如何面对变化的环境制定自己的政策、机制和措施，等等。

2. 定位是战略的核心

很多世纪以来，战略一词主要用于军事领域。在军事领域，战略是指规划、指挥大型军事行动的科学，在和敌军正式交锋之前调动军队进入最具优势的位置。20 世纪五六十年代，战略开始被引入商业、企业管理领域，在商业、企业领域，战略就是创造一种独特、有利的定位，它涉及不同的运营活动。由此可见，战略是从定位开始的。定位这个词首先出现在

---

① 万秀兰：《国外高校战略规划的研究及借鉴》，《上海高教研究》1998 年第 5 期。

1969 年，《行业营销管理》杂志（*Industrial Marketing Management*）刊登了被称为"定位之父"的杰克·特劳特（Jack Trout）的《定位：同质化市场突围之道》一文，文中首先提出了定位概念。[①] 在军事领域，定位是指针对敌人确定对自己最有利的位置。高等学校定位是指高等学校在办学过程中如何确定自己的身份和地位。无疑，打仗不能找到对自己最有利的位置，这个仗是打不赢的。一所大学如果不能确立自己的身份和地位，学校就无法办好，办学就会走向盲目。这是因为"世界上的任何事物都不是孤立存在的，而是整个系统网络上的一个个网格，相互联系、相互制约。做任何事情，明确自己在整个系统中的位置，即定位，是基础和前提"[②]。

关于高等学校定位问题，笔者在《论高等学校定位》一文中已有详细论述。[③] 这里需要进一步指出的是，定位与分类密切相关，我国目前高等学校定位不够准确，与对高等学校分类的研究不够有关。在高等学校分类中存在着"学校类型不清晰，办学趋同、盲目攀高"，"分类标准制定主体不明确，由谁分类在我国是一个悬而未决的问题"，"缺乏适合中国国情的分类框架，影响高等学校的准确定位"，"理性分类、定位与政策、舆论的功利追求之间存在矛盾"等问题。

当前，世界高等学校分类与定位的最新发展趋势是：（1）分类维度更趋多元，分类的维度包括专业设置、学生的结构特征、院校规模、院校区位特征、本科生教育情况、社会服务及社区参与等多个方面。（2）分类标准的确定过程更趋互动、民主与开放。如美国卡内基基金会通过网上互动、主动参与的形式征询不同方面对分类的意见。（3）分类标准的制定主体更广泛，多元互动更频繁。分类不但充分考虑到分类结果使用者的主观能动性，而且注重充分调动不同方面利益相关者的主动性。（4）分类重心下移，注意分类的实时性与连续性。以往的分类过于侧重学术研究，研究生教育受到特别的关注，最新的分类开始关注教学，关注本科生教育。以往的分类关注分类的连续性与稳定性，新的分类主张使用最新的数据，既关注分类的连续性，又关注分类的实时性。

---

① ［美］杰克·特劳特：《什么是战略》，中国财政经济出版社 2004 年版，第 19 页。
②③ 刘献君：《论高等学校定位》，《新华文摘》2003 年第 6 期。

针对我国高校分类标准中存在的问题，目前应参照世界高等学校分类与定位的发展趋势，在对教育部门内部进行考察和对社会环境进行分析的基础上，重点探讨我国高等学校的分类标准、分类依据、分类框架以及相应的公共政策；进一步探讨我国高等学校定位的依据、内容以及影响高校准确定位的重要因素等问题。

3. 舍弃是战略的精髓

有舍才有得。台湾作家刘墉在电视采访中谈到自己的一个人生感悟，大意是：这山望着那山高，这是人的本性。为什么有的人总是到不了另一座高山呢？因为到另一座高山，首先要从现在的山头上下来，这些人下不来，怕失去自己的既得利益。下不来，就上不去。在人的发展中，要懂得舍弃。一个企业、一个学校的发展又何尝不是如此呢？"再大的树也无法长上天去。"[1] 对于任何学校来说，资源都是有限的，不可能在一切领域、所有学科都处于领先的位置。因此，在高校战略管理中，要勇于舍弃一些相对薄弱的领域、学科，集中力量发展自己的强项，形成明显的优势。

在高等学校的发展过程中，有不少因舍弃而求得发展的成功范例。例如，美国斯坦福大学曾打算建立建筑学院，但建设建筑学院需要同时发展建筑学、土木工程等4个专业，这些须有很大的投入，而且，当时美国建筑行业的就业情况并不理想，同时该大学附近的加州伯克利大学已经有一个相当好的建筑学院。经过综合考虑后，斯坦福大学决定取消这个计划，从而保证了重点学科的发展。又如，美国卡内基-梅隆大学认为，在21世纪，生物技术非常重要，要成为世界一流大学，必须发展生物学，但他们放弃了建设一个医学院的设想。因为建医学院工程太大，花费太高。后来他们决定借用附近匹兹堡大学的医学院来发展自己的生命学科。在国内，也不乏这方面的成功范例。例如电子科技大学，在全国办综合性大学的热潮中，他们始终抓住电子信息学科不放，舍弃其他一些学科，将学校发展定位为"在电子信息领域具有世界先进水平的一流大学"，使学校取得了长足的发展。中国地质大学近几年来在发展定位中，始终牢牢抓住地学学科不放，集中力量发展地学学科，而且其他一些学科也要紧紧依托地

---

[1] ［美］杰克·特劳特：《什么是战略》，中国财政经济出版社2004年版，第23页。

学来发展，因而学校发展迅速，争得了国家重点实验室、国家创新团队，院士人数也在不断增加。

在舍弃的同时，还要敢于坚持，形成优势和特色，并能用简洁的语言进行概括，使之成为自己的核心理念和战略方向，为自身的成长发展提供源源不断的动力。在企业领域，大家非常熟悉的一些事例有：佳洁士——防蛀；奔驰——声望；劳斯莱斯——尊贵；宝马——驾驶；富豪——安全；达美乐比萨——宅送；百事可乐——年轻人。这些企业用十分简洁的词语，将自己企业的核心价值和战略方向概括出来，已深入顾客的心中。在高等教育领域，牛津大学倡导"领导人物"，耶鲁大学提出"服务公众"，麻省理工学院突出"高新技术的研制与开发"，等等，都为学校的发展提出了明确的战略方向。

4. 战略实施是战略管理的主体

战略管理就是把自己的智慧、远见和意志掌握在自己手中，而不是由外力所掌握，或陷入无序的状态，从而使自己健康、持续发展。其中，战略规划为发展指明战略方向，确立战略目标，明确战略重点，提出战略措施，而要将这些转化为现实绩效，推动学校健康、持续发展，则要靠战略实施。如果仅仅停留在战略规划，则规划可能成为一纸空文，毫无意义。

与战略规划相比，战略实施是一个涉及面更广的复杂过程，具体表现在：战略规划是在行动之前部署力量，战略实施则是在行动中管理和运用力量；战略规划是一个思维过程，而实施是一个行动过程；战略规划需要协调的是少数人，实施则需要更广泛的行动者之间的协调。[①]

与战略实施相比，战略评估是监控战略实施，并对战略实施的绩效进行系统性评估。战略评估是对战略实施的评估，离开了战略实施，也谈不上战略评估。

因此，在战略管理中，战略实施是主体，要引起我们的高度重视。而且，要将几个过程有机结合起来，有效战略管理的关键在于，不断促进战略制定过程与战略实施过程有机地融为一体。

---

① 刘向兵、李立国：《高等学校实施战略管理的理论探讨》，《中国人民大学学报》2004年第 5 期。

三　高校战略管理的基本特征

笔者在学习和研究高等教育史中发现，高等学校管理中有一些管理思想、方法、技术来自于企业、商业管理，例如目标管理（MBO）、知识管理、人力资源理论、治理结构、ISO9000、战略管理、计划—程序—预算系统（PPBS）、决策支持系统，等等。这是因为，一方面，大学和企业都是由人组成的组织，一定有某些共同之处；另一方面，与高等教育领域相比，企业、商业处于更激烈的市场竞争中，绩效比较容易衡量，领导和管理者承受的压力更大，因而管理研究的动力更足，研究也更深入。但是，决不能将企业、商业管理的思想、方法原封不动地简单照搬到高等学校，因为高等学校有其自身的特征。

关于高等教育的特征，不少教育研究者进行了大量研究，并形成了一些基本共识。如高等教育是一个以知识活动为主要特征的社会系统，在高等教育系统内部，知识被发现、保存、完善、传递和应用，围绕知识运行是高等教育系统的主要特征。[①] 因而，知识领域是构建高等教育组织的"砖块"，课程和项目之间彼此相独立，大学组织结构具有"松散关联"的特点；决策权高度分散，形成学术权力和行政权力的二元权力结构；由于任务的片段性、权力的分散性，高等教育机构的变革主要是递增性的，很少出现巨大的、突发的、包罗万象的变革，等等。基于高等教育的特征，与其他领域的战略管理相比，高校战略管理具有以下几个基本特征。

1.复杂性

与企业、商业管理相比，高校战略管理更为复杂。首先，战略管理具有外向性，要关注环境的变化。企业、商业所面临的环境，一般而言，是局部的。而高等学校面临的环境具有全局性，它要关注国家现代化的历史进程，经济全球化特别是世界知识经济的历史进程，世界高等教育发展的历史进程，地区社会经济发展的状况等。可以说，方方面面都与高等学校发生着千丝万缕的联系。

---

① P. A. M. Maassen & F. A. van Vught, *Strategic planning*. B. R.Clark, *The Encyclopedia of Higher Education*. Rexgamon Press, 1992, pp.1483–1494.

其次，高等学校作为非营利组织，是典型的利益相关者组织，任何个人都不拥有大学，也不可能对学校的发展负全部责任。同时，大学内部存在行政权力、学术权力的二元权力结构，在学术团体中，权力由教师、管理人员、学生和校友等共享。高校战略管理要在诸多利益相关者之间取得共识，实现利益平衡，难度很大。

再次，高等学校的主要任务是育人，"产品"是人才。与企业、商业相比，高等学校的"产品"参与自己的生产过程。学校战略目标的实现，不仅取决于校长、教师、职员，还要取决于学生自身。也正因为学校的产品是学生，教育的绩效难以量化，给战略评估带来了困难。因而，在高校战略管理中，还要研究学生的发展和特点。

2. 灵活性

高校战略管理十分强调灵活性。首先，高校战略管理关注两个基本点：环境和组织。环境和组织都处于不断的变动之中。决策者要不断关注环境和组织的变化，通过战略评估，审视战略目标，决定是否持续、调整、重组或终止战略。以下举两例加以说明。

一是加拿大不列颠哥伦比亚大学（UBC）根据未来内外环境的变化，适时进行了战略调整。[①] 为了适应 21 世纪社会的发展，UBC 于 1998 年制定了第一份面向 21 世纪的发展战略——TREK2000，把自己的目标明确为成为加拿大的最佳学府。6 年后，UBC 把自己的目标提升为成为世界上最好的大学之一，即把自己置身于全球环境之中。在这种情况下，UBC 于 2004 年 3 月制定了 TREK2010，以适应校内外环境的变化，最终实现自己的目标。其目标是：致力于成为世界上最好的大学之一，将学生培养成为杰出的地球公民，提升文明和可持续社会的价值，追求科学研究创新的卓越性，为不列颠哥伦比亚、加拿大乃至全世界造福。其任务是：努力为学生、教职工提供尽可能好的学习、研究资源和条件，创造一种优越、平等和相互尊重的工作环境，同政府、工商企业、其他教育机构、大众社区合作，创造新的知识，帮助学生为未来的职业作准备，使其通过研究提

---

① 冯俊、孙静：《加拿大不列颠哥伦比亚大学的中长期发展战略》，《原创地带》2005 年第 5 期。

高生活质量。UBC 的目标，是使其每一个毕业生都具有强大的逻辑分析能力、解决问题的能力和进行批判性思维的能力，拥有卓越的研究和沟通技能；成为知识丰富、头脑灵活和锐意革新的年轻人，成为有社会责任感的成员，认同多样性，参与社会和社区的工作，做积极变革的推动者；履行地球公民的义务，为所有的人都能平等和可持续发展的未来而努力工作。

二是美国斯坦福大学的战略调整。20 世纪 50 年代，斯坦福大学给自己学校的定位是"为加州富裕家庭服务的相当不错的私立大学"。20 世纪 80 年代，根据内外环境的变化，斯坦福大学将其定位转变为"为国内甚至国际上最优秀的学生服务的美国六七所最好的大学之一"。同时提出了三项主要战略措施：（1）在几年中引进 150 位美国最优秀的学者；（2）有序地重点发展；（3）大规模地筹资，以改善办学设施。

其次，高校的很多决策只能由学术专家制定[1]，特别是针对科研和教学工作中那些有强烈知识取向的学术活动。在所有这些专业知识领域，关于投资什么，如何投资以及教什么，如何教这样的决策，没有人比学术专家更了解。因此，在战略规划和实施中，要充分尊重和吸收学术专家的意见；学校战略规划要有灵活性，给院系和学科发展留下比较大的空间；在战略实施中要善于授权，把权力交给院系负责人和学科带头人，充分发挥他们的主观能动性和创造性。

3. 差异性

"竞争战略就是创造差异性。"[2] 所有战略都有差异性，但高校战略管理具有更大的差异性。首先，每一所大学的历史传统不同，学科结构和人员结构不同，所处地域不同，面临的环境不同，每所学校的改革、发展都是一个创造的过程，不可能照搬别人的模式、经验。因此，每所学校的战略规划、战略实施都具有很大的差异性。以制定战略规划为例，学校在制定规划的过程中，要领导专门班子和广大师生相结合，从分析学校发展的

---

[1] P. A. M. Maassen & F. A. van Vught, *Strategic planning*. B. R.Clark, *The Encyclopedia of Higher Education. Rexgamon Press*, 1992, pp.1483–1494.

[2] [美] 杰克·特劳特：《什么是战略》，中国财政经济出版社 2004 年版，第 4 页。

宏观背景、考察自身发展的优势和劣势入手，进而确立自己的定位、指导思想和目标，最后要探索实现自己的目标的超常规的战略措施等。因此，每一个战略规划都是独特的。

其次，从另外一个角度看，高校又是高度趋同的组织。任何学校都离不开教师、学生、学科、专业，因而容易相互模仿。我国大学发展中存在的最大问题是相互模仿，缺乏个性，学校的目标、办学思想、组织结构，以至于校训都是差不多的。近几年来，自周济部长提出解决两个问题（办什么样的大学，怎样办大学），制定三个规划（学校发展战略规划、学科建设规划、校园建设规划）以来，各个学校都在分析自己的优势、劣势，确立自己的定位和发展目标，努力形成自己的特色，这将在中国高等教育发展的历史上产生深远的影响。每所大学都要有充分的信心，同中求异，在各自的层次上，办出特色，形成差异，争创一流。因为任何实力雄厚的大学（如北大、清华），不论其如何强大，所占有的资源都是有限的，不可能在一切时空上都占有优势；规模小、层次低的大学（如地处中等城市的地方大学），不论其实力如何弱小，在一定的时空条件下也可能占有某种相对优势。因此，只有找出自己与别的学校的差异，形成自己的优势与特色，才能在高校之林中立足。

四　高度重视战略实施

战略实施是战略管理的主体，要十分重视战略实施。在战略实施中，要抓住以下几个问题。

1. 分解目标、任务，明确各自责任

在战略实施中，首先要分解目标、任务，将五年规划的目标、任务分解到年度，制定年度工作计划；将学校的年度目标、任务分解到院系，年初部署，年终检查考核，明确各自责任，推进落实。

周济同志在担任华中科技大学校长期间，在这方面做了创造性的工作。例如，将学校科研目标分解为每年增长20%；在师资培养方面，每年派出120名以上的教师出国进修、研究半年以上。为实现立意高远、功能分区的校园建设规划，在"九五"期间，提出并开始实施将家属住房迁至校周边的宏伟工程，第一期工程 800 多户，第二期工程 1700 户，这两期工程都已经完成，第三、四期工程也已经开始。为加强对学生的教育，提出了"学在华中大，志创辉煌"的新世纪辉煌工程，等等。同时实行院系目标责任制。年初，各院系制定年度工作计划，学校领导和各职能部门的负责人组成几个小组，分别到各院系共同讨论，报学校批准后，校长和院长（系主任）签订责任书。年终，学校领导带队到各院系检查目标责任落实的情况，并评出优、良、合格、不合格，对优、良的单位给予奖励，对不合格的单位给予处罚，而且院系领导考核与院系目标责任考核紧密结合起来。这种做法效果非常好。

2. 优化资源配置，保证战略重点

战略实施中的一个十分重要的问题，就是要保证战略重点。1972—1990 年间任卡内基—梅隆大学校长、并推动该校迅速发展的经济学家赛耶特（Cyert），在战略领导中用力推动两个原则："我们必须发现我们有优势的地方，（推动所有单位）发现他们的比较优势并且集中于这些目标。"[①]优势的发展需要优质的资源来保证。只有资源的相互配合才会产生战略优势。任何一所学校的资源（包括实物资源、人才资源、组织资源）都是有限的。因此，对战略重点要增加资源配置，对需要限制发展的学科，则减少资源配置。校长最大的权力就是资源配置权，很多权力可以下放到院系，唯独资源配置权是不能下放的。校长要通过优化资源配置来保证学校战略重点。

1999 年 9 月，笔者在美国旧金山和曾任加州伯克利大学校长的田长霖院士讨论高等教育问题，他十分强调通过资源配置来发展学科。他说，我在美国当大学校长，也不可能下命令去砍掉某一个学科。我的办法是，对需要发展的优势学科，每年增加 3% 的经费预算，对希望砍掉的学科，每年减少 3% 的经费预算，让他们自己觉得无法办下去，自动提出撤消这个学科。

南京大学在近十几年的发展，就是利用资源配置方式，成功地实现在

---

① R. M. Cyert, *The early days*, Executive Report Magazine, Special Issue in Honor of Richard M. Cyert, Pittsburgh, PA: Junior Achievement of Southwest Pennsylvania, 1990.

较短的时间内积累并赢得学科发展优势的典型实例。20 世纪 90 年代末，南京大学之所以能够很快进入国家重点建设的大学行列，与南京大学连续 7 年发表 SCI 论文名列国内高校第一有关，而这又与该校自 20 世纪 80 年代中期开始形成的注重学科基础建设、优化学科资源配置、积累学科发展优势的办学思路是分不开的。他们认为，如果我们是最好的，国家就没有理由不支持。因此，他们每 5 年由学校集中有限的资源办好一两个学科，直到成为国家重点实验室和重点学科。有了国家重点实验室和重点学科，就有了学科持续高水平发展的重要保证。正是由于学科水平的提高，南京大学赢得了在国内大学中的优势地位。①

3. 调整组织结构，推动战略实施

学校的组织结构必须适应战略实施的需要。要调整组织结构，以推动战略实施。首先，要建立学校精简、高效的决策机构，既集体领导又分工负责，及时解决战略实施过程中的问题，推进战略实施。例如，香港科技大学通过高层管理团队的方式，加强决策机构和战略领导。香港科大的高层管理团队由校长、学术副校长、行政副校长、总务副校长、研究与发展副校长和 4 个学院的院长组成，校长和学术副校长组成领导核心。他们形成了一个紧密配合、互信和分工协作的高层管理团队。

其次，要调整职能部门，加强教学、科研、人事及为学校获取资源部门的力量。在关键点上要恰当地增设机构，保证战略重点。例如，华中科技大学在国防科研方面形成了比较优势，为了加强国防科研，在大幅削减机构的时候，增设了一个负责国防科研的部门，起到了好的作用。

再次，要根据战略规划和实施的需要，调整院系设置。要围绕突出发展的新兴学科，设置机构。例如，华中科技大学在 20 世纪 70 年代末，为了集中发展激光专业，学校决定撤消电器专业，并从机械、光学、物理等专业调整教师，组成了系一级的激光研究中心。通过 20 多年的努力，学校建成了激光重点学科、激光工程中心和国家重点实验室。此外，高校还要对现有院系进行适当调整，以利于学科交叉和资源共享。

---

① 刘向兵、李立国：《高等学校实施战略管理的理论探讨》，《中国人民大学学报》2004 年第 5 期。

4.完善相应的制度、机制，加强执行力

忙于紧急的事情而忽视重要的事情，这是战略管理中的大忌。现在学校和院系领导，必须花大量的时间来应付各种突发的事情、上级布置的事情、群众因切身利益而找上门来的事情，各种各样的会议和接待，等等，往往因此忽视了学校发展的大事。一年下来，十分忙碌，但有关学校发展的大事却没有抓住。解决这一问题，一方面要提高领导艺术和战略领导能力，同时要有相应的制度来保证。制度是思想转变为行为的中介，没有相应的制度，再好的思想、规划都是空的。

需要建立的制度很多，如决策制度、教学管理制度、科研管理制度、人事和财务管理制度，等等，但以往比较忽视的是评估制度。评估是战略管理中的一个重要环节，少了这一环节，战略实施就得不到保证。因此，这里着重强调建立评估制度。

首先，要建立战略评估制度，主要包括：（1）检查战略基础。通过检查，了解构成现行战略的机会与威胁、优势与弱势等是否发生了变化，发生了何种变化，因何而发生变化。（2）衡量战略绩效。对预期目标与实际结果进行比较，研究在实施战略目标过程中取得的结果。（3）战略的修正与调整。在战略检查与绩效衡量的基础上，做出是否持续战略、调整战略、重组战略或终止战略的决定。

其次，对校内各单位的资源利用效率做出评价。考察投入与产出的对比关系，进行成本分析，通过对其资源占用、消耗与工作业绩的综合分析，对校内各单位的资源利用效率做出评价。

通过评估制度的建立和实施，推动各级领导集中精力思考学校、学科专业发展的大事，增强执行力，促进学校发展。

5.加强战略领导，推进战略管理

几乎所有最好的大学都是因为有了有力的战略领导才获得成功的。如蔡元培和北京大学，梅贻琦和清华大学，张伯苓和南开大学，竺可桢和浙江大学。高水平的学校领导是学校最宝贵的资源。高水平的战略领导必须有战略眼光、战略思维和战略勇气。战略眼光是指领导者视野开阔，审时度势，善于从复杂的现象中看到事物运动的基本态势，抓住基本规律，从眼前的利益中超越出来，突破经验的视野，对社会需求进行全局、客观的

把握，穿透眼前，看到长远。战略思维是指领导者思考问题要着眼于全局，着眼于未来，不计一时一事之得失，从学校发展的根本利益考虑问题，善于取舍，牢牢把握学校发展的大方向。战略勇气是指领导者要以超越、怀疑、批判的精神，勇于超越各种形式的禁锢和守旧观念，深刻批判和反思，进行前提性追问、主体创造与建构，在战略实施中，勇于做出果断而强硬的决策，敢于"有所为有所不为"，敢于在自己的位置上创新，创一流，创唯一。

在战略实施中，战略领导主要体现在以下几个方面。

（1）确立战略方向。战略方向包括两个部分：核心理念和学校前景展望。在对学校外部环境和学校发展历史及现状深刻把握的基础上，提出自己的核心理念，并对学校发展前景做出展望，以此来统筹规划发展，积聚力量，凝聚人心。如在华中科技大学发展历史上的几个阶段，分别以综合化，科技教育和人文教育相融合，育人为本、产学研三足鼎立协调发展等为核心理念，起到了十分好的作用。

（2）确定战略重点。在战略方向的指引下，确定自己的战略重点，如优先、重点发展的学科，学生培养中突出强调的重点方面等。围绕重点，要着重提出几条超常规的措施，一段时间突出抓一两件大事，起到牵一发而动全身，形成气势，鼓舞人心的效果。

（3）建设学术和管理队伍。实施战略管理需要高水平的领导和人才。首先是高层管理团队的建设，高层管理团队的每一个成员要有良好的思想品德、管理知识和能力，成员间在气质、能力上能互补，相互间达成默契。同时，要大力加强高水平学术骨干队伍的建设。

（4）培育学校文化。良好的文化氛围对于实现战略目标十分重要。要围绕战略方向，从硬件、软件两方面努力，培育学校文化。学校校园、建筑、实验设施要与学校的发展方向相一致。领导者要善于将群众中好的思想、语言加以提炼、上升、宣传，使之成为学校的精神财富。

加强战略领导还要抓住两个方面，一是建立好的制度、机制，让高水平人才脱颖而出；二是加强学习、培训，逐步提高领导者的战略领导能力。

（原载《高等教育研究》2006年第2期）

大学校长与战略

——我国大学战略管理中需要研究的几个问题

我国大学校长开始重视战略管理，特别是在战略规划的制定中，注重对学校定位、学科建设、师资队伍建设、校园建设等关键问题的探讨，这是十分可喜的。但在战略管理中，仍然有一些问题未能引起人们的关注，例如，战略实施是战略管理的主体，提高教育质量是学校的核心战略，经费的筹措应该处于战略管理的突出地位，战略规划应该是多样化的，学校战略规划要体现校长的信仰、理念，但不是校长个人的愿景，等等。本文就这些问题谈一些认识，以期引起大家的关注和讨论。

一　大学校长要高度重视战略

《中华人民共和国高等教育法》规定："高等学校的校长为高等学校的法定代表人"，肯定了校长的法律地位。"作为领导一所大学的最高行政领导和学术核心组织者，校长对大学的宏观长远发展起着至关重要的作用，要成为战略家。大学校长应当具备战略家的眼光和气魄，运筹帷幄、决胜千里，把工作的重点放在发展规划的制定和调整中，放在抓大事、干大事、成大事方面；能够把握机遇、乘势发展，善于'假于物'，充分利用有利时机和条件发展大学；同时，更要审时度势、谋划全局，具有战略家的能力、意识，能抓住大学发展中的主要矛盾和矛盾的主要方面，利用恰当时机积极推进改革和创新，使大学的建设与发展按照规划的目标稳步前进。"[1] 因

---

[1] 段宝岩：《学者、智者与战略家、CEO——中国现代大学校长的双重角色与多种能力》，《国家教育行政学院学报》2006 年第 1 期。

此，大学校长要高度重视战略。

1. 世界上所有最好的大学和学院都是因为有了有力的战略领导

成都武侯祠的一副对联"能攻心则反侧自消，从古知兵非好战；不审势即宽严皆误，后来治蜀要深思"，说明了审时度势，从战略上思考和处理问题的重要性。制定战略就是要把自己的智慧、远见和意志掌握在自己手中，而不是由外力所掌握，或陷于无序的状态，从而使本部门、本单位健康、持续、快速发展。战略对于大学，有特殊的重要性。这是因为，大学的主要特征是围绕知识运行，大学的主要"产品"是学生，这种产品自己参与生产自己的过程，产品的质量检验具有滞后性，大学的发展要着眼于未来；大学组织结构的特征是学科与行政单位相结合的矩阵式结构，关联松散，需要从全局、整体上加以把握；大学与环境的联系是全方位的，而不是局部的，大学的发展需要对社会环境进行深刻的洞察、透析。

具体而言，战略对于大学发展的重要性表现在：（1）大学发展是一个过程，是有明确指向的目标性运动，目标的选择要有战略眼光；（2）大学发展是一个极其复杂的过程，战略可以帮助我们理顺各方面力量的关系，促使目标有可能变成现实，一个平台一个平台地跃进；（3）在大学发展过程中，战略可以起导向作用，解决发展沿什么方向进行，重视什么和舍弃什么，如何进行价值选择等问题。

世界发达国家一些顶尖大学的发展，都是因为有了有力的战略领导。例如斯坦福大学，史德龄（Sterling）在1949—1968年间任校长，任期达19年，他在其任期内提拔特曼为副校长兼教务长，两人联手，形成战略领导团队的核心。他们提出了两条重要的战略构想：一是在关系国家安全等重要的学科领域（如航空等）占据领导地位，发展"学术尖塔"，扩大斯坦福的影响；二是发挥大学中的科学家和工程专家对工业和社会发展的关键作用，构造"大学—政府—企业三赢关系"，并通过获得政府—军方赞助集中发展能给斯坦福带来全国声誉的学科及领域，进而吸引企业与大学形成联盟。这些战略构想提升了斯坦福的学术水平，使之成为美国顶尖的大学之一，校长史德龄也因此被誉为斯坦福快速发展的建筑师。

2. 我国部分大学校长已经自觉地运用战略指导学校发展，并取得了成效

我国近代大学建立以来，大学校长中的一些有识之士，开始从战略上

思考大学的发展，因而出现了一些办得生气勃勃的大学。但由于我们对战略的重要性认识不足，特别是在计划经济时代，政府办大学，学校没有办学自主权，也难以产生战略构想，因而多数大学校长没有从战略上考虑学校的发展，即使有一些战略性的举措，也大多属于不自觉的、无意识的。

近 10 年来，我国高校开始重视战略。特别是周济部长提出认真思考两个问题（建设一个什么样的大学，怎样建设这样的大学），精心制定三个规划（学校发展战略规划、学科建设和队伍建设规划、校园建设规划）以来，各个学校都从战略上开始分析自己的优势、劣势，面临环境的变化，确定自己的定位和发展目标，努力形成自己的特色。部分大学校长已经自觉地运用战略来指导学校的发展。

例如，南京大学校长蒋树声教授，领导全校制定学校战略规划。他提出，大学战略规划的核心内容是战略目标，大学战略目标要能反映学校自身的特色。在客观分析南京大学的优势、劣势之后，他认为："提出在短期内把南京大学建成世界一流大学的战略目标是不切实际的。我们最后确定了分两步走的发展战略目标，第一步是先建成世界知名的高水平大学，然后经过若干年努力，力争建成以综合性、研究型、国际化为重要标志的世界一流大学。"[1] 围绕上述发展战略目标，南京大学提出了"注重质量，提高内涵"的指导思想，进而提出以学科建设和队伍建设为战略重点，并提出了一系列战略措施。例如，为发展新兴学科、现代学科、应用学科，提出建设"学科特区"的创新举措，并建立了 5 个学科特区；注重从国外一流大学引进优秀学术团队，重视中青年学术骨干和优秀学科梯队的建设，努力营造有利于创新人才成长的良好环境，着力加强师资队伍建设，等等。以上战略规划的实施，有力地推动了南京大学的发展。

周济院士在担任华中科技大学校长期间，十分重视战略，亲自组织学校战略规划的制定和实施。在分析学校发展的宏观背景和学校自身发展的优势和劣势之后，华中科技大学提出了建设具有世界先进水平的一流大学的战略目标，这个远景目标分两个阶段实现：到 2020 年左右，建成世界

---

① 蒋树声：《关于我国研究型大学发展规划的战略思考》，《南京大学学报（哲学·人文科学·社会科学）》2003 年第 2 期。

知名的高水平大学；到 2050 年，建成具有世界先进水平的一流大学。确定了以"育人为本，学研产三足鼎立"，"人文教育和科技教育相融合"，"突出特色的综合化"，"开放式与国际化"为主要内容的战略方针。提出了以"实力是根本，发展是硬道理"，"以改革求发展，以创新求发展"，"兴团结之风、兴实干之风"为主要内容的战略思路。同时，采取了一系列重大战略措施。例如，在学科建设方面，投入 2 亿元，建设 10 个左右的重大项目；投入 2 亿元，建设 100 个左右的重点项目。在师资队伍建设方面，投入 2 亿元引进 100 位左右的高层次优秀人才；每年派出 120 位教师到国外学习进修半年以上。以上战略规划的实施，使华中科技大学获得了跨越式发展。李培根院士在担任华中科技大学校长以后，提出从目标、理念、文化、生态、选择五个方面进行"战略把握"，从超越、捕捉、跟进、重组、协调五个方面进行"战略推进"，强调"育人为本，创新是魂，责任以行"。

在这次以"高校领导与战略"为主题的第二届院校研究国际研讨班和学术研讨会上作报告的一些大学，都比较自觉地从战略上把握和推进学校发展，取得了可喜的成效。

3.面对社会环境巨大而深刻的变化，一些大学校长仍然认识和准备不足，未能进行战略调整

近 10 年来，我国高校所面临的社会环境发生了巨大、深刻的变化。这突出表现在，经济体制由计划经济体制向市场经济体制转变，知识经济初见端倪，经济全球化，高等教育由精英型向大众化转变，政府提出建设"创新型国家"，实行战略调整等。这些对我国高等教育的发展提出了新的要求，高等学校将面临一场管理革命。而战略的主要特点之一是其外向性，它的一个基本宗旨是利用外部机会以化解或回避威胁，关注的是外部环境的变化对组织发展的影响。例如，如何进行战略转移和变革，如何在变化中把握学校总体发展目标，如何从外在环境的高度确立内部组织结构，如何面对变化的环境制定自己的政策、机制和措施，等等。[①] 因此，大学校长对此应有深刻的认识，积极主动地加强战略领导，进行战略

---

① 刘献君：《论高校战略管理》，《高等教育研究》2006 年第 2 期。

调整。

大学战略领导的主要任务是：（1）明确地提出自己的核心办学理念，确立符合社会发展趋势和大学资源与特色的独特愿景或定位；（2）为大学筹集更多的财物资源，强化大学拥有或可利用的研究设施；（3）依据基本的战略原则——突出优势和把握社会需要的发展机会——指导大学的战略规划和资源配置，实行学科非平衡发展和集中资源配置；（4）按战略要求选聘和考核院长和系主任，从而带动整个大学的管理；（5）通过健全的机制与下属管理层尤其是院长、系主任保持良好的正式和非正式沟通。①

二　我国高校战略管理中要十分重视的几个问题

近几年来，各个高校都开始重视和制定战略规划，开始重视学校定位、学科建设、师资队伍建设和校园建设等关键问题，这是十分可喜的。在这次国际研讨班和学术研讨会上，借鉴美国等发达国家高校战略管理的经验，对照我国高校战略管理的现状，大家认为，在战略管理中，除需要继续重视上述问题之外，还必须突出关注以下五个方面的问题。

1. 战略实施是战略管理的主体

总结"十五"规划时，大家感到有个比较共同的问题是规划与实施脱节，未能有效地推动学校的发展。从企业、商业界以及发达国家大学的情况看，人们都是从认识战略开始，到制定战略规划，再发展到重视战略管理的。在企业、商业界，20世纪50年代开始重视战略，60年代开始制定战略规划，70年代开始提出战略管理。高等学校引入战略比企业、商业界要晚一些，但同样经历了一个从战略到战略规划，再到战略管理的过程。我国高校"八五"、"九五"期间开始提出战略，"十五"期间开始全面重视战略规划，"十一五"期间，我们应开始重视战略管理。

战略管理包括战略规划、战略实施和战略评估，它将战略的制定、实施、评估和控制看成一个完整的过程来加以管理，以提高这一过程的有效

---

① 武亚军：《面向一流大学的跨越式发展：战略领导的作用》，《北京大学教育评论》2005年第4期。

性和效率。其中，战略实施是将战略规划转化为现实绩效的过程，它是整个战略管理的主体。这是因为：

（1）战略规划仅仅是为发展指明了战略方向，确立了战略目标，明确了战略重点，提出了战略措施，而要将这些转化为现实绩效，推动学校健康、持续发展，则要靠战略实施。如果仅仅停留在战略规划阶段，规划可能成为一纸空文，毫无意义。

（2）与战略规划相比，战略实施是一个涉及面更广的复杂过程，具体表现在：战略规划是在行动之前部署力量，战略实施则是在行动中管理和运用力量；战略规划是一个思维过程，而实施是一个行动过程；战略规划需要协调的是少数人，实施则需要更广泛的行动者之间的协调。①

（3）与战略实施相比，战略评估是监控战略实施，并对战略实施的绩效进行系统性评估。战略评估是对战略实施的评估，离开了战略实施，也谈不上战略评估。

因此，在进行战略规划时，要进行投入—产出分析，进行可行性论证，不断促进战略制定过程与战略实施过程有机地融为一体；要通过分解目标、责任，优化资源配置，调整组织结构，完善相应的制度、机制，加强战略领导等措施，有力地推进战略实施；要进行战略评估，适时调整、完善战略规划，确保战略实施的有效性。

2. 将提高教育质量作为学校的核心战略

"提高高等教育质量"，是党中央"十一五"期间对高等教育发展的基本要求。提高高等教育质量的重要性，主要体现在：知识经济时代，国家的贫富、发展，比人类历史上任何一个时期都更取决于教育的质量，没有更高质量的高等教育，发展中国家将越来越难以从全球性知识经济中获益；不管哪一类学校，学校的根本任务是育人，人才培养的质量是高等学校的生命线，教学工作始终是学校的中心工作；我国已实现高等教育大众化，截至 2005 年年底，高等教育毛入学率已达 21%，量的增长必然引起质的变化，面对大学生数量的巨大增长，如何提高教育质量是一个亟待研

---

① 刘向兵、李立国：《高等学校实施战略管理的理论探讨》，《中国人民大学学报》2004年第 5 期。

究和解决的新课题。因此，必须把不断提高教育质量放在高校发展战略的核心地位。

联合国教科文组织《关于高等教育的变革与发展的政策性文件》中指出：大学教育质量"最终取决于教学科研人员、课程与学生的质量以及基础设施和学术环境的质量。提高'质量'包括许多方面，高等教育提高质量的措施的主要目标应当是学校和整个体系的自我完善"。可见，对于高等学校而言，提高教育质量涉及教育目标、理念、师资、教学与科研、设施、文化等方方面面，是一个体系性、全局性、战略性问题。以往高等学校的战略规划，写入了教育质量，但往往放在措施里面，仅仅作为一个局部问题来对待。

这次国际研讨班和学术研讨会上，重庆文理学院院长牟延林教授的报告，给我们以启示。重庆文理学院将"质量文化建设"作为引领学校发展的核心战略，提出"质量文化是包含理念、过程与结果为一体的完整体系"，"质量文化不仅是一种战略设计，更是一种整体运作，质量文化是一所高校永远不懈追求的发展目标"。① 为此，他们从体系上考虑，提出"质量立校"的办学方针；提出"教育即服务"的观念（将全校机构分为两类，一类是教学部门，即教学系，另一类是教学服务部门，即院机关和教辅单位）；向全校提出了"有思想的劳动，有创新的落实，有质量的发展"的"三有品质"要求；创造了"三标一体"（国际质量管理体系、国际环境管理体系和职业健康安全管理体系）的教育质量模型；提出了一系列战略措施。"质量文化"核心战略的实施，有力地推进了重庆文理学院的发展。

3. 将经费的筹措、规划放在战略管理的突出地位

在计划经济时代，政府办大学，政府给多少钱，学校办多少事，校长不必为经费问题而伤脑筋。进入市场经济时代以后，政府拨款方式改变，不是采用包下来的方式，而是采用按学生人头拨款、专项补贴和科研项目资助等方式；政府拨款虽然在总量上有所增加，但由于学生人数大为增长，由于高科技发展等原因，高等教育成本增大，政府拨款在学校总收入

---

① 牟延林：《新建地方本科院校质量文化的探索与实践》，第二届院校研究国际研讨班与学术研讨会，2006 年 6 月 6 日。

中的比例越来越小，一般占 1/3 左右，少的只占百分之十几。因此，经费筹措和规划问题变得越来越重要。在美国，有人将大学校长的职责高度概括为"弄钱、挖人"四个字。这是因为，学校要生存、要发展，就要有财源；要有财源，就要有生源；要有生源，必须有高质量的教学和科研工作；而要做到这一点，必须有优秀的教师和管理人员。所以，"弄钱"和"挖人"就成了美国大学校长的核心任务。[①] 我国大学战略规划开始重视大师、大楼，但对经费问题认识和重视不足，因而往往造成由于没有考虑经费的筹措，项目与经费脱节，没有经费保障，项目建设完全落空；利用国家政策，在没有科学规划的情况下，盲目向银行贷款，一所实力不是很强的大学，为了校园建设就贷款 10 多个亿，不说还本，仅每年付息就得 1 亿多元，致使学校无法正常运转等问题。

经费在战略规划中的重要性，表现在以下几个方面。

（1）在师资、设施、校园、声誉、经费等学校资源中，经费处于核心地位，其他资源都要靠经费来支撑。高水平的教师，需要付给比较高的薪酬，否则，就可能被别的大学挖跑。高水平的设备，需要经费来购置。提高学校声誉，也需要经费。西安市有的民办大学，为了让社会了解学校，争取生源，每年花在招生宣传方面的经费多达两千多万元。

（2）经费的多少，影响学校战略选择的自由度。经费多、实力雄厚的大学可以选择比较高的战略目标，在战略实施中，自主性就比较大。而经费少的学校，往往容易受社会环境方方面面的制约，选择的自由度也就比较小。

（3）经费结构，决定学校校长工作的方向、重点。一所学校的经费结构，大体由政府拨款、学费、社会捐赠和自己创收四个部分组成。这四个部分中每一部分在学校经费结构中所占的比例不同，校长工作的方向、重点就不一样。

（4）经费依赖结构，决定组织的管理模式。这表现在，一个组织因为能够有效组织和利用资源而存在；资源依赖外界，外界资源的不确定性，造成组织的不确定性，成功控制外部资源是组织取得成功的前提；组织内

---

① 韩骅：《校长与教育家：治校理念与治校权》，《高等教育研究》2002 年第 5 期。

部成员的资源获得能力，决定其在组织中的地位，因而组织成员有可能以此向组织讨价还价。对组织而言，就产生了一个控制问题，组织控制能力取决于组织与成员之间的交易地位，为此，组织要进行管理设计。一个组织成功的标志在于，获取更多的资源，实现更好的控制。①

（5）战略重点，需要依靠经费来保证。战略规划中一个十分重要的方面是保证战略重点，如何保证，就要靠经费的优先支撑。校长最大的权力是资源配置权，校长要通过资源配置，优先划拨经费，支持战略重点的实现。

因此，在战略管理中，要将经费的筹措、规划放在突出的地位。在战略管理中，要考虑如何筹措经费，如何有效地使用经费，进行投入—产出分析，研究经费结构带来的相关问题如何处置。这次国际研讨班和学术研讨会上，美国西伊利诺斯大学校长 Alvin Goldfarb 博士的报告，给了我们启示。他担任西伊利诺斯大学校长后，着手进行战略规划，在反复研讨的基础上，将其战略规划定为"政治和财政战略"，提出了四个策略：（1）吉尔波特成本保障；（2）资源从非教学机构向教学机构的再分配，主要包括获得政府委托的管理成本的缩减额度，收取学费、债券和财政独立项目的行政费用，把新收的学费优先分配给新教学项目；（3）筹款，主要包括支持年度基金，确定特殊的需求，全面展开筹款运动；（4）为基建项目开展政治游说。②

4.战略规划应该是多样化的

我国大学战略规划工作还处于初级阶段，很多学校的规划基本上是一个模式，表现出高、大、空，不利于战略实施。统一性应包含在多样性之中。大学的复杂性、多元性，决定了大学战略规划的多样性。每所大学的历史传统不同，学科结构和人员结构不同，所处地域不同，因而每所大学战略规划的制定过程都是一个创造过程，每一个战略规划都应该是独特的。

---

① 赵炬明：《资源、战略、组织——从资源依赖角度看高校战略与组织设计》，第二届院校研究国际研讨班与学术研讨会，2006 年 6 月 8 日。

② Alvin Goldfarb, *A president's political and financial strategies: imperatives for the future of higher education*，第二届院校研究国际研讨班与学术研讨会，2006 年 6 月 6 日。

就战略目标而言，有的大学（如北大、清华）是建设世界一流大学；有的大学（如南京大学、华中科技大学）是建设世界知名的高水平大学；有的大学（如新建地方本科大学）是完成由专科到本科的转变；有的大学（如有些独立学院）提出自己的战略目标是"自主办学"，等等。每所学校，应根据自己的状况，提出战略目标。

就战略阶段而言，有的已经形成了完整的战略构想和战略规划；有的只是初步形成了战略构想；有的还没有自己的战略构想。不同的状况，应采取不同的对待方式。

就战略规划的形式而言，可以是总体的战略规划；可以是就学校发展中的某一重大问题形成战略规划，如师资建设、毕业生就业等；也可以只提出战略目标，如美国西北大学的战略目标是，每个学科进入美国国内前10名，达不到的，学校提供条件，学科制订计划。也可以是针对某一问题，提出一个目标，围绕目标，提出几个项目，等等。

总之，战略规划要切合自己的实际，不应去追求一个模式，以能够进行战略指导，取得实际效果，推动学校健康、持续发展为原则。

5. 学校战略要体现校长的信仰、理念，但不是校长个人的愿景

大学校长，由于其"位置优势"，是大学战略的策划者、战略决策者、战略执行者和战略执行的监督者，对大学的发展影响巨大。[①] 大学的发展，与校长的信仰、教育理念关系密切。中国的蔡元培、张伯苓、梅贻琦、陶行知、陈鹤琴，国外的福禄培尔、第斯多惠、乌申斯基、杜威、赫钦斯、洪堡，等等，都以其信仰和教育理念深深地影响了自己的学校。

在这次国际研讨班和学术研讨会上发言的一些大学校长，他们提出的战略构想、教育理念，都与自己的信仰、经历有密切的关系。美国西伊利诺斯大学校长 Alvin Goldfarb 博士是移民，家境比较差，在纽约上学，纽约的收费比较低，他当校长以后的一个理念是，创造条件，尽可能地降低学生的学费。因此，他在制定战略规划中，也充分体现了这一点。近几年来，与同类学校相比，他所在学校学生的学费增长幅度是最小的。美国加

---

① 谢安邦：《战略管理中大学领导面临的角色挑战与对策》，第二届院校研究国际研讨班与学术研讨会，2006 年 6 月 7 日。

州圣克拉拉密森社区学院院长 Frank Chong 博士是美籍华人，深感亚裔人在美国地位比较低，而社区学院亚裔人比较多，因此，他选择领导一所社区学院，通过自己的努力，为他们服务，以改善他们在美国的生存状态。华中科技大学校长李培根院士谈到自己"责任以行，服务社会"的办学理念，湖南师范大学前校长张楚廷教授谈到的"以人为本"的办学理念，都与他们的经历、信仰有关系。

学校的战略规划，必须体现校长的信仰、理念。但是，战略规划不能是校长个人的愿景，校长的信仰、理念有一个如何转化为办学理念，转化为什么办学理念的问题。这是因为：

首先，大学，特别是现代大学大多是巨型大学，有众多的利益相关者，大学校长不拥有大学，也不可能对大学的发展负全部责任。战略规划要综合考虑国家、社会、学生、教师、校友等利益相关者的意愿。

其次，绝大多数校长任职的大学，都不是一片空白，有其历史、传统，有特定的办学理念、学科结构、师资队伍、校园文化。因此，大学校长首先要进行考察研究。如果学校还没有形成自己的办学理念、战略构想，则应和大家一道，共同去确立办学理念、战略构想。如果学校已形成办学理念、战略构想，但与现在的社会发展、学校发展不相适应，则应进行战略调整。如果学校已形成先进的办学理念、完整的战略构想，而且与现在的社会发展、学校发展完全相适应，则应坚持原有的战略构想，并努力付诸实施，实现既定的战略构想。

学校发展是一个连续的过程，每一代人都应做出自己应有的贡献。以华中科技大学为例，20 世纪 70 年代末 80 年代初，朱九思校长确立了先进的办学理念，形成了战略构想。1984 年，朱九思校长因年龄原因不再担任校长。新上任的黄树槐校长，尽管也有自己的想法，但并没有提出新的战略构想，而是从战术上提出"异军突起、出奇制胜"，努力去实现朱九思校长提出的战略构想，促使学校得到了长足的发展。试想，如果黄树槐校长将原有的战略构想丢掉，自己又另搞一套，学校发展肯定受损失。因此，学校有时希望校长提出新理念，形成大的战略构想；有时则希望校长"无为"，老老实实去实现前任校长提出的战略构想。关键在于，校长应以学校发展大局为重，"忘我才能得我"，不计个人得失，将自己的信仰

转化为符合学校发展实际的教育理念，努力推进学校的发展。

三　院校研究在战略管理中的作用

院校研究能否在大学战略管理中发挥作用，取决于学校校长和院校研究人员两方面的积极性。首先，大学校长应有科学决策的理念，相信和依靠院校研究人员，给他们提出问题、布置任务，决策时充分考虑他们的咨询意见。其次，院校研究人员（包括高教研究人员、规划办公室人员、教学评估中心工作人员等）应转变观念，认识到院校研究是针对本校管理问题的咨询研究，主要是自我研究；提高素质、掌握科学的理论和方法；从现在开始，从具体管理问题开始，扎扎实实地开展研究工作。战略管理包括战略规划、战略实施、战略评估，院校研究在其中都可以发挥作用。这里仅从院校研究人员的角度，谈谈院校研究在战略规划中的作用。

1. 收集和提供信息

科学决策的本质在于根据事实（信息）做出决策，信息是决策的依据，管理的基础。因此，在决策中信息是十分重要的。战略规划的制定，院校研究人员首先要为师生员工开展讨论和学校领导进行决策提供信息。

制定战略规划所需的信息，可分为社会环境（学校发展的宏观背景）和学校发展状况两个方面。从我国的情况看，社会环境可以从中华民族现代化的历史进程、世界知识经济发展的历史进程、世界高等教育发展的历史进程、中国高等教育大众化发展的状况以及所处地区社会、经济、教育的发展状况等方面考察。学校发展状况可以从学校发展的历史与传统，学科发展与学科结构，教师、职员、学生的数量、素质与结构等方面考察。

信息可以通过数据和非数据两种形式表达。首先是数据，可以通过学校及学校部门数据库、其他院校数据库、国家教育和研究部门数据库获得所需数据，也可以通过专题调查（邮寄、电话、网络调查）获取数据。对数据要进行基本层次的数据分析，主要运用描述统计手段，对各种基本特征或现象进行描述、分析。同时，信息也可以用非数据形式表达，如师生员工的各种认识、意见，学校带有倾向性的问题，其他大学战略规划的内容和形式，等等。

2.进行专题研究

战略规划中涉及很多问题，如学校定位、学校发展的优势和劣势、战略目标、战略指导思想、战略重点、战略阶段、重大战略措施，等等。院校研究人员要就这些问题，逐一进行深入研究，提出一个或若干个方案，在此基础上，还可以提出学校战略规划的初步设想。在研究过程中，院校研究人员要充分运用收集到的各种信息（包括数据和师生员工的各种意见），运用科学的方法，力求得出比较科学的结论，供师生员工讨论和学校领导决策时考虑。

3.影响校长，甚至引导校长

我国大学校长一般来自教学、科研岗位，有丰富的教学、科研经验，但要达到高水平校长的要求，有一个学习、成长的过程。每一位校长，都会有自己的信仰、理念，但怎样将自己的信仰、理念转化为适合指导本校发展的教育理念，也需要有一个过程。院校研究人员一般经过专门训练，懂得高等教育理论、熟悉学校情况及有关学校管理的专门术语，而且相对而言，比较超脱，看问题比较客观，因此，可以帮助校长，影响甚至引导校长。

影响校长的方式很多，例如，经常为校长提供各种有价值的信息、资料，帮助其开阔视野；请国内外一些教育专家来校演讲，帮助校长增长知识；还可以请校长一同出席高质量的学术研讨会，使他融入高等教育研究之中，等等。有些大学的高教研究所所长和校长建立了良好的工作关系，经常和校长一道出席研讨会，共同探讨问题，受到了校长的好评。当然，这种影响是相互的，而且往往也是无形的。

（原载《高等教育研究》2006 年第 6 期，新华文摘转载）

"哈军工"办学战略思想探析

　　1959 年 2 月 23 日，著名科学家钱学森教授在参观中国人民解放军军事工程学院（简称"哈军工"）时说："在我国现有的条件下，这么短的时间内办起这样一所完整的综合的军事技术学院，在世界上也是奇迹。"[①] 江泽民同志对"哈军工"给予了高度的评价，他说："北大、清华所以能享誉中外，五十年代创办的'哈军工'所以能很快成为名牌大学，说到底是因为这些学校教学质量高，培养出大批出类拔萃的人。"[②] 哈军工创办时间不长（1953 年至 1970 年），但在国内的影响与北大、清华齐名，为共和国培养了两百多位将军、部长、省长和国家领导人，数十名两院院士及一大批科技精英，为我国的国防科技事业做出了卓越的贡献，的确是中国乃至世界高等教育史上的一个奇迹。哈军工发展的奥秘在什么地方，哈军工的办学对今天的院校发展有些什么启示？带着这个问题，近一年来，我三次来到在哈军工原址、以原哈军工的海军工程系建制及其他各系（部）部分干部和教师为基础组建的哈尔滨工程大学，查阅有关历史资料，和几十位曾经在哈军工工作、学习过的教师座谈，参观哈军工的建筑。我深深感到，哈军工发展的原因很多，其中最突出的一点，是因为有了强有力的战略领导。哈军工是在抗美援朝时期，我军迫切需要工程技术人才的背景下创办的。第一任院长陈赓，是共和国开国将帅中智勇双全、个性鲜明又极富传奇的大将。1952 年夏，陈赓还鏖战在抗美援朝的战场上，毛主席令

---

① 哈尔滨工程大学校史编写组：《哈尔滨工程大学 50 年通鉴（1953—2002)》，哈尔滨工程大学出版社 2003 年版，第 75 页。

② 阳仁宇等：《陈赓办学思想研究》，《高等教育研究学报》2003 年第 1 期。

其回国，组建军事工程学院。陈赓院长以战略家的眼光和勇气，把握办学的战略方向，高起点定位，实施大手笔的战略举措，正确处理各种关系，争取全国各方面的支持，推进学院健康、快速发展。本文仅就哈军工办学的战略思想，谈谈个人的一些认识。

一 "善之本在教，教之本在师"

军事工程学院筹备委员会在北京工作 3 个月后，院、部、系领导干部和筹委会工作人员 1952 年 11 月底分批抵达哈尔滨。1952 年 12 月 3 日，陈赓院长到达哈尔滨，开始了紧张的工作。12 月 9 日上午，陈赓召开全院党员干部会，在会上明确提出："善之本在教，教之本在师。"[①] 这是哈军工办学战略思想的集中体现。

"善之本在教"，回答了教育是干什么的问题。首先，这是我国优秀传统教育思想的体现。按《说文解字》："教，上所施，下所效也；育，养子使作善也。"《礼记·学记》："教也者，长善而救失者也。"《荀子·修身》说："以善先人者谓之教。"《礼记·大学》开宗明义："大学之道，在明明德，在亲民，在止于至善。"教育，要使人达到"至善"，而且要坚守"至善"。教育的本质是与人为善的，是追求真、善、美。其次，是我们党"育人为本，德育为先"思想的体现。教育的目的在本质上是培养人，是"育人"而非"制器"。学生既要成才，又要成人，成人是成才的基础。陈赓在办学实践中，始终坚持党的教育方针、政策，身体力行地教育全院人员，树立正确的人生观、价值观和世界观。在学院第一次开学典礼上，陈赓致词指出："我们培养的军事工程技术干部在思想上必须是以马克思列宁主义及毛泽东思想武装起来的。只有在辩证唯物论的正确观点和思想方法指导下，才能充分发挥科学技术的威力，给予科学技术以广阔的发展前途，必须严正地不断地批判科学领域内资产阶级的唯心论、机械论的观点，保证学术思想的纯洁。"在庆祝学院成立一周年大会上，陈赓指出："必须加强党对全院人员的思想领导，贯彻党在过渡时期的总路线的教育，加强马克

---

① 任学文：《永远的"哈军工"》，国防科技大学出版社 2003 年版，第 37 页。

思列宁主义和毛泽东思想的学习，提高全院人员的社会主义觉悟。我们不但要认真地学习军事科学技术，而且要认真地学习政治理论，要求将来学院毕业的学员，不仅是具有军事科学技术知识的工程师，而且是一个政治坚定、品质优良的军官。"1960 年 11 月 8 日，已是病魔缠身的他，在信中对学院的工作提出了六项要求，首要的就是抓思想，把坚定正确的政治方向摆在首位。陈赓院长在八年多的办院治学中，始终坚持正确的办学指导思想，培养出了一大批对国家无限忠诚、政治坚定、英勇顽强、克服困难、坚决执行命令、具有高度的组织纪律性、精通现代军事科学技术的各军兵种军事工程师。[1]

"教之本在师"，回答了教育靠谁来完成的问题。教师是学校办学的主体。陈赓在 20 世纪 30 年代，曾在江西瑞金任红军步兵学校校长；解放战争期间，又创办了豫陕鄂军政大学，有着丰富的办学经验，深深懂得教师在办学中的重要性。陈赓指出，我们学院要聘请上百名苏联专家，要请国内有名望的几千名教授和助教来院工作，他们都是办好军事工程学院的关键人物，学院能不能培养出高质量的军事工程师，能不能搞出科学研究成果，主要是靠他们。[2]

首先，他十分重视苏联专家的作用。哈军工办学之初，我军对高技术兵器知之甚少。当时，西方对我国实行全面封锁，唯一能依靠的是苏联。从查阅到的不完整的哈军工档案来看，仅 1955 年底在学院工作的苏联顾问专家就有 77 人[3]，而在 1957 年 10 月的一份专家名单上注明了姓名、专业和系别的苏联专家有 150 人[4]，因此，至少有 150 名苏联专家到哈军工工作过。陈赓要求学院的干部、教师、学员依靠苏联专家，尊重苏联专家，虚心向他们学习。生活上，苏联专家享受的待遇高于陈赓等院领导，陈赓等住在条件简陋的小平房里，苏联专家住进了洋楼别墅。在哈军工创建之初，苏联专家在办学思想、办学格局的确立，专业和课程体系的建立，教师培养、学风建设等方面都发挥了重大的作用。

---

① 阳仁宇等：《陈赓办学思想研究》，《高等教育研究学报》2003 年第 1 期。

② 吴新明：《王牌军校——哈军工》，哈尔滨工程大学出版社 2003 年版，第 325 页。

③ 《学院延长工作期限的顾问名单》，军事工程学院档案，1955 年 5 月 3 日。

④ 军事工程学院档案，1957 年 4 月 12 日。

其次，他大手笔从国内各高校、各方面引进高水平教师。1952 年下半年，在陈赓的要求下，周恩来总理亲自出面召集中央组织部、教育部、部分高等院校及军队负责人会议，商讨解决哈军工师资问题，先后从北京大学、清华大学、浙江大学、复旦大学、上海交大、华中工学院、中国科学院、华东军区、民航局等单位抽调 59 名老教师作为教学骨干力量。这 59 人中，38 人留学欧美，占 64%；获得博士学位的 16 人，硕士学位的 11 人；调入前有大学任职经历的 52 人，占 88%。此后，哈军工又陆续调入了一批教师，至 1957 年，学院教师人数已达 1085 人，另有教辅人员 1244 人。① 在引进教师的过程中，陈赓表现出了极大的战略勇气，例如，留法弹道学家沈毅在国民党军队内任少将专员时犯有贪污罪，当时的国民党政府已判其死刑，陈赓不仅敢于解救、起用他，而且将其改造成为著名教授。

陈赓在生活上、政治上极为关心教师。以陈赓为党委书记的学院党委提出对知识分子"政治上信任，工作上放手，生活上关心"的方针。陈赓更是身体力行，这里仅举几个例子。陈赓 1952 年 12 月 3 日到达哈尔滨，4 日即挨家挨户看望刚报到的专家，到食堂了解伙食、卫生情况，问候炊事员，告诉他们："教授们的伙食标准，要和我们一样（吃小灶）。"陈赓一般不请客，彭德怀来也未宴请，唯独宴请老教师。教授结婚，他都要去参加婚礼。他了解到老教师中南方人多，特意指示有关部门从哈尔滨大饭店请来两名厨师给老教师做菜。老教师购物、理发、洗澡不用排队；看戏坐前排。他还请省、市给老教师安排政协委员、人大代表等荣誉职务，并在政治运动中尽可能地保护老教师。1959 年的"反右倾运动"波及哈军工，为了不让知识分子受到冲击，他点名要刘居英副院长带领教授们去长春参观第一汽车制造厂和长春电影制片厂，并要他们好好学习，座谈讨论，再参观，再座谈，一连拖了二十多天，直到院里运动搞得差不多时，才准许他们返院。开始大家还迷惑不解，有的甚至埋怨他不珍惜时间，后来才知道陈赓院长的真实用意。在陈赓的保护下，那次运动中教授没有一个被打

---

① 国防科技大学史编审委员会：《国防科技大学校史（1953—1993）》，国防科技大学出版社 1993 年版，第 84 页。

成"右倾分子"。[①] 陈赓对青年教师同样十分关爱，一位曾在哈军工任教、现已七十多岁的老教师告诉笔者，当年陈赓院长到宿舍去看望青年教师，大家都怕见不到他，结果，陈赓院长一个一个宿舍走访，直到见到全部青年教师才离开。这位教授深情地说："直到现在，大学校长一个一个去看望青年教师的，能有几人？"

学院十分重视教师的提高，提出无论是老教师、还是新教师都要不断提高业务水平，才能适应科技发展的形势，保证教学质量。学院通过让教师在职和脱产进修，给青年教师压任务、压担子，老教师指导青年教师，开展学术探讨和科学研究活动等多种方式，使教师们在实践中不断提高。一位教师深有体会地说："高等学校的教师永远是大学生。"

二 "两老办院"，"团结建院"

"两老办院"，"团结建院"，是哈军工办学的战略指导方针。陈赓1959 年在接见哈军工学员时，曾明确指出，哈军工培养的"不是一般的工程师，是军事工程师"。哈军工既是军事学院，又是工程大学。一方面需要懂得军事的人员来制定相关的军事课程和军事训练计划，培养学员的军人作风和纪律，以及军人应当具有的良好心理素质和强健体魄。另一方面需要懂得科学、教育的专家，遵循教育规律，制定工程教育的培养目标、教学计划和课程体系，培养学员的科学精神和工程师素养。当时在我们国家，这两方面的任务很难由一部分人来完成。因此，学院主要抽调了两部分人员来办学，一部分是历经战争磨炼、具有丰富军事管理经验的将军和部队管理干部（一般是正军职以上的职务）；另一部分是专业技术知识扎实、教学经验丰富的国内著名专家教授和从国外留学回国的知识分子。陈赓称他们为"二老"——老干部、老教师，并提出"二老"办院。

建院之初，"二老"产生过矛盾，矛盾的主要方面在老干部。一部分老干部轻视老教师，不尊重、不信任老教师，个别干部说："我们是从大炮、机关枪下爬出来的，他们是住洋楼、吃面包过来的，舒舒服服地念了

---

① 陈赓传编写组：《陈赓传》，当代中国出版社 2003 年版，第 751 页。

几年书，就捧得那么高！他们纯粹是无功受禄！他们凭什么资格当各部门的正职，而我们这些老革命都当副职？""连劳改犯都捧着、供着，也不知屁股坐在哪一边！"甚至有人说："老革命不如新革命，革命不如反革命！"①针对这种情况，陈赓高屋建瓴，明确提出："我们的口号是'两老办院'，就是依靠老干部、老教师，上上下下团结得像一个人，齐心协力，共同完成党交给我们的光荣任务，这就是我们'团结建院'的指导方针。"1953年7月1日纪念中国共产党诞生32周年时，陈赓在老干部、老教师座谈会上提出"今天要承认两万五千里，也要承认十年寒窗苦"的著名主张。陈赓不止一次地对老干部们说："你能设计一个'风洞'吗？如果不能，我们老同志就要树立为教学端盘子端碗的服务思想。""你们有你们的二万五，功劳很大。可是，他们的十年寒窗苦熬起来也不容易呀。现在我们国家的国防建设迫切需要知识和技术，你们有吗？我们应该多看人家的长处，向人家学习，争取早点从外行变成内行。"② 在20世纪50年代的特定历史条件下，在一个专门从事国防科技教学和研究的绝密单位，陈赓把"两万五"与"十年寒窗苦"相提并论，认为带过"八角帽（红军军帽）"和"四角帽（博士帽）"，上过"太行山（老八路）"和去过"旧金山（国外留学人员）"的都是学院的宝贵财富，公开宣布办大学主要依靠知识分子，这是何等的战略勇气和魄力！

不仅如此，学院还通过多方面的制度，来保证"二老"办院的实施。首先，1956年1月，院系委员会成立7人小组，提出了院系委员会改组方案，确定委员会成员中老干部、老教师各占一半③，以保证"二老"在学院办学决策中的作用。其次，为了给予教授充分的学术自主权，建立"教育工作者协会"和"教授会"。1953年3月31日，在陈赓院长的指导下，经中国人民解放军总政治部批准，学院成立由教授专家自己管理自己，自己进行政治、文化生活的组织——军事工程学院教育工作者协会，负责组织会员学习马克思主义，向院领导反映意见，开展文化娱乐活动，协助行

---

① 《教授思想工作报告》，军事工程学院档案，1954年5月6日。
② 陈赓传编写组：《陈赓传》，当代中国出版社2003年版，第751页。
③ 哈尔滨工程大学校史编写组：《哈尔滨工程大学50年通鉴（1953—2002）》，哈尔滨工程大学出版社2003年版，第38页。

政组织解决教师生活福利问题等。①此后，学院按不同的学科专业成立了教授会，教授会对哈军工教学计划的制定、教学内容的选取、培养目标的设定等起到了关键性的决定作用。针对当时存在的认为专家教授不能做政治思想工作的错误思想，陈赓在教授会主任政治工作会议上提出了四点：(1)教授会主任是教授会全体人员的直接首长，有进行政治思想工作的职责；(2)教授会的党团员有责任向教授会主任定期汇报思想情况；(3)党团支部有关保证教学的会议，应邀请教授会主任列席；(4)教授会主任在教授会内部的政治工作方面有教育、管理、批评、建议之权。这次会议受到了知识分子的欢迎，称之为"授权大会"，极大地提高了全院知识分子的积极性。

"两老办院"，"团结建院"，有力地调动了老干部、老教师两方面的积极性，遵循了教育规律，加强了行政管理和学术管理，是学院建设和发展的正确指导方针。

三 "一切为了学员"

"一切为了学员"，是哈军工办学的战略宗旨。办学校的目的是什么？学校主要由学生、教师、管理人员三部分人组成，这三者的关系是什么？这是每位校长都必须正确回答并紧紧抓住的问题。陈赓院长站在战略的高度，对此作了十分形象的说明：教师是炒菜的，干部是端盘子的，端盘子和炒菜的都是为了学生"吃"好，学校的宗旨是育人，一切为了学员的学习成长。②陈赓进一步指出："学员是我们的宝贝，是我们事业的希望，我们所有的工作部门，都要为学员服务。"

陈赓院长身体力行，从政治、学习、生活上多方面关心学员。阳仁宇、王宗飞等在《陈赓办学思想研究》一文中，对此作了详细的论述。每一期新学员入学，他都要到新学员大队去看望，引导他们端正入学动机，

---

① 哈尔滨工程大学校史编写组：《哈尔滨工程大学50年通鉴（1953—2002)》，哈尔滨工程大学出版社2003年版，第19页。
② 《哈尔滨工程大学本科教学工作水平评估自评报告》，2006年版，第5页。

鼓励他们攀登科学高峰。他经常以朝鲜战争中的事例教育学员说："本来我们应该很快攻下来的，全歼敌人，可是由于我们装备落后，运动滞缓，就让敌人逃跑了；从战场上缴获的大量美式装备，我们不会用，只能人为地破坏掉，不让敌人再次获得，这些事例多得很。总之，需要学习科学技术，掌握现代化的武器装备，把别人的东西为我所用。你们从一名青年学生到这所高等学府来学习，第一要变老百姓为军人，克服学生那套自由散漫的习气，要遵守三大纪律、八项注意。第二要去掉'好铁不打钉、好男不当兵'的错误思想，应该是好男要当兵，我们都是为人类的解放事业集合到一起来的，解放军就赋予它这个神圣的使命。因此，从现在起就要求你们理解这个光荣而艰苦的职责，准备穿一辈子草绿色军装，通过你们学习现代化的科学技术，把我国的国防事业不断地巩固和发展起来。"平时陈赓院长总要腾出尽可能多的时间，深入教室、宿舍看望学员，询问他们的学习情况，生活上有什么困难，关怀备至，有时还拉拉家常。他在同学员交谈中，得知有的是上海、湖南或广东人时，马上就改用上海话、湖南话或广东话与学员攀谈，所到之处，掌声笑声不绝，院长与学员之间的感情融合到了一起。在学习上，陈赓提倡独立思考，让学员成为学习的主人，不要成为书本的奴隶。第一期学员开始补习文化不久，他在教学检查中听到学员有"负担过重，消化不良"的反映，非常重视，指示教务部门"重新审定教学计划，使之更适合学员的文化程度和体力状况"。他说："学员学习不能太紧，要让他们有独立思考的时间。"他听说学员队开会、点名、出墙报的时间过多，批评有些活动是"苛捐杂税"。他还要求基层干部改善领导方式，防止简单化，不要用带兵的方法带学员。在学员之间，他不同意开展"学习互助运动"，他说："同学之间的个别请教，互相探讨，自愿帮助是有益的，但是要在独立思考的前提下进行。"他非常关心学员的生活，主张广泛开展文化体育活动，把学员的课余生活搞得丰富多彩，让学员有机会痛痛快快地玩。他说："在学员中一方面要提倡勤学苦练，钻研学术；另一方面也要提倡锻炼身体，适当休息。"①

---

① 阳仁宇等：《陈赓办学思想研究》，《高等教育研究学报》2003 年第 1 期。

　　1953 年 3 月 24 日，陈赓在全院干部大会上号召教师"以自己良好的教风影响学员的学风"。1955 年 1 月 3 日，在学院召开的第二届教学方法研究会上，学院教育长徐立行在总结讲话中提出了"教书教人"的要求，即教师不仅要向学员传授科学技术知识，还要培养学员的革命品质；不仅要在课堂上传授马克思主义的立场、观点、方法，还要在实践中成为学员的表率。① 这与我们现在"教书育人"的要求是一致的。在陈赓的倡导下，哈军工在办学过程中形成了"以教学为中心，以教师为主，以学生为主，治学严谨，组织严密，要求严格"的"一中、二主、三严"的办学传统。② 笔者和曾在哈军工工作和学习过的老教师座谈时，大家对此深有感触。他们认为哈军工的教学工作高标准、高起点、高要求，学院从教师备课抓起，要求集体备课；新教师都必须经过试讲，试讲时每一句话怎么安排都要考究；对答疑的要求也非常严格。不仅如此，教师还要向学员传授学习方法，经常利用晚上给学员讲授怎么学习。一位当年的学员对上理论力学习题课的情景仍记忆犹新。任课老师走进教室，将一件衣服放在桌子上，问学员："这是什么？"学员回答："衣服。"然后老师将衣服领子一提，整个衣服伸展得整整齐齐。接着老师告诉学员，要注意知识整理，整理时要抓住要害。座谈时，老教师还谈了很多生动的事例和感受，他们感到在当年的教学工作和学习中，无形地提高了自己，使自己身上打上了哈军工的烙印。

　　在全心全意关心学员成长方面，学院涌现出了一大批突出的典型。如注意用自然科学原理证明辩证唯物主义观点，使学员在学习自然科学时加深对马克思主义哲学理解的数学教授孙本旺、物理学教授朱起鹤；以自己实事求是的严谨作风影响学员，培养学员老老实实、一丝不苟的治学态度的数学教授罗时钧；白天给学员上课，晚上找学员谈心的青年教师戴遗山；善于引导学员正确思维，纠正学员错误观点的青年物理教师邓飞帆；经常向学员介绍祖国丰富的自然资源和历史上伟大的科学家，以培养学员

---

① 　哈尔滨工程大学校史编写组：《哈尔滨工程大学 50 年通鉴（1953—2002）》，哈尔滨工程大学出版社 2003 年版，第 31 页。

② 　《哈尔滨工程大学本科教学工作水平评估自评报告》，2006 年版，第 4 页。

爱国主义思想的青年化学教师韩奕容等。①

四 "科学研究是高等学校教学的基础"

重视科学研究，是哈军工发展的战略基础。陈赓院长对科学研究十分重视。他刚到哈尔滨不久，1952 年 12 月 11 日，在老教师座谈会上就提出："将来我们这个学院还要成为国家的国防军事学术研究基地，进行改良兵器、特种技术研究。例如发现敌人的新兵器，加以研究提出对策；在武器方面有新的创造发明，则由我们负责审查，然后交国家制造机构大量制造；在军事武器技术方面有什么疑难问题，则由我们研究解决……"②

陈赓积极提倡科学研究，鼓励创造发明，反对一味依赖、模仿的奴隶主义思想。他说："我们的教学内容应当走在生产的前面，不能生产什么就教学员学什么。"他要求通过各种渠道，不惜工本购买和引进国际上先进的科技资料，更新教学内容；他说图书馆的书一要新，二要多，争取藏书达到百万册。陈赓总是不遗余力地为学院的科研工作创造良好的条件。当他得知学员在科研试制中有许多部件加工不出来时，决心建立一个综合机械厂。他把海军、空军、总后的有关领导请到一起研究建厂问题，很快把这项工程列入重点项目。为了筹集建厂经费，他找了当时的黄克诚总长，说："创办机械厂是发展现代化武器所必需的，问题是没有钱，我愿意把自己的几千块存款全部拿出来。"黄总长说："你那么几个钱顶什么用。"后来经过研究，给学院批了两千万元的建厂经费。机械厂的建立，对学院科研工作的开展起了很好的保证作用。正是在陈赓院长的亲自过问下，学院的科研工作取得了丰硕的成果，至今国防科技大学的一些优势学科（如计算机）与他当时的关心是分不开的。③陈赓始终关心学院的研究工作，他在逝世前 4 个月给院领导的信中说："学院研究工作曾盛极一时，现在看来有些销声匿迹，研究工作做不好，就说不上学术的进步。""大力

---

① 哈尔滨工程大学校史编写组：《哈尔滨工程大学 50 年通鉴（1953—2002）》，哈尔滨工程大学出版社 2003 年版，第 41 页。

② 任学文：《永远的"哈军工"》，国防科技大学出版社 2003 年版，第 48 页。

③ 阳仁宇等：《陈赓办学思想研究》，《高等教育研究学报》2003 年第 1 期。

抓科学研究工作，要搞些成就，这是我们要卧薪尝胆、发奋图强、孜孜以求的大事，要大大提倡。"①

根据陈赓的指示精神和苏联顾问的建议，1954年1月，学院科学教育部提出："教学工作与科学研究工作是两件并重的工作，缺一不可。"只有开展科学研究，"才能使我院成为军事科学技术的最高学府"。全体教师"如果不抓紧时间开展科学研究工作，很快地就会成为时代的落伍者"。② 1954年11月6日，学院科学教育部要求各教授会制定科学研究规划，并指出："科学研究是高等学校教学的基础。没有科学研究工作就不可能完成教学任务。必须大力开展，不应有一个教员例外。"③ 这些认识是多么的深刻，我国不少大学在20世纪八九十年代才开始重视科学研究，个别学校至今仍然没有认识到科学研究的重要性。

与此同时，哈军工采取了一系列措施来推进科学研究工作。这里仅以1956年为例，列举在这一年内学院关于科学研究所采取的措施：2月29日至3月1日，学院召开第一届科学技术研究会议，检查一年多来的科学研究成果，交流科研经验，并查找存在的问题。经过广泛讨论，会议提出了存在的两个问题：一是参加科研的教师，特别是老教师人数不多；二是与各军兵种、国防科研单位缺乏联系。会议明确提出了学院今后科研工作的基本任务和方向。3月26日至4月3日，学院召开全体教师会议，动员全体教师发挥潜力，向科学进军，圆满完成"提高教学质量，开展科学研究，提高老教师，大力培养新教师，扩大专家队伍"的任务。会后61名教授制定了科学研究计划。5月5日，学院公布了《军事工程学院科学研究奖励暂行办法》、《军事工程学院科学研究对外联系暂行办法》和《军事工程学院稿酬暂行办法》。学院的学术刊物《工学学报》于5月创刊。12月陈赓院长批准颁发《中国人民解放军军事工程学院学员军事科学技术协会条例》，该条例规定协会的基本任务是：培养学员阅读教材和科技文献的能力；培养学员对各种科学资料的独立总结能力以及准备学术报告和读书报告的能力；引导学员以批判的态度对待各种学术问题的研究，并

---

① ② ③ 哈尔滨工程大学校史编写组：《哈尔滨工程大学50年通鉴（1953—2002）》，哈尔滨工程大学出版社2003年版，第89页，第22页，第23页。

进行广泛的讨论；吸收学习最好的学员进行科学研究工作，加深所学的专业知识，培养他们在科学研究和实验方面的独立工作能力。[①]

哈军工的科学研究取得了重大成就，并有力地推动了学科专业建设和教学工作。这里仅举两个例子。慈云桂教授看准了电子计算机在未来科技发展中的地位，于是带领一班志同道合的青年教师投身于计算机的研究。在研制441B-II型计算机时，磁鼓价高、易坏，他敢于打破常规，甩开这个旧包袱，采用光电输入机，集中力量攻主机，使电子管计算机过渡到晶体管计算机，又过渡到集成电路计算机。学院的计算机专业由一个发展为两个，再发展成为电子计算机系。他们所使用的教材都是科研实践经验的总结，实验室随科研的需要而不断添置、更新设备，并从各专业学员中选拔苗子，组成计算机学习班，培养后备力量。

青年教师柳克俊1958年曾对我国第一台电子数字计算机的研制做出重要贡献，他领导一个代号为"901"的科研组，面对元件落后（当时国内只有体积很大的电子管元件）、加工手段落后等重重困难，大胆从事海军导弹指挥仪的研究。他们从鱼雷快艇攻击射击指挥仪的研究开始。当辽河电子元件厂生产出体积很小的晶体管元件时，许多研究机构因怀疑其质量而不敢使用，柳克俊却率先使用，在实验室里做出了指挥仪样机，为国产晶体管在计算机上的应用开辟了道路。围绕海军导弹指挥仪的研制，学院组成海军导弹指挥仪专业和编号为"304"的教研室，从海军工程系各专业高年级学员中挑选出17名苗子，成立57-321班，对口培养海军导弹指挥仪人才。[②]

原哈军工教员、曾任哈尔滨船舶工程学院院长的邓三瑞教授在和笔者交谈时说，陈赓院长站在战略的高度，从体系上看问题，推动科学研究从转让制造、自行设计到自主创新。他采取大手笔措施，从创办军事工程学院，到创办军事工业，再到创办军事科学研究院，将三者有机地结合起来，这是哈军工发展得好的重要原因之一。科学研究提升了教师的水平，推动了教学工作的深入开展，推进了军事科学研究的发展，学院的办学水

---

①② 哈尔滨工程大学校史编写组：《哈尔滨工程大学50年通鉴（1953—2002）》，哈尔滨工程大学出版社2003年版，第45页，第88页。

平因此快速提升。

五 "尖端集中，常规分散"

"尖端集中，常规分散"，是哈军工办学高起点定位的重要战略思路。哈军工经过七八年的建设，已经达到了一定的规模和水平。1959 年 11 月 19 日，陈赓正式给中央军委写报告，从整个战略部署出发，根据我军技术装备和科学研究工作迅速发展，工程技术干部的需要日益增大，军事工程学院的任务也日趋复杂、繁重的情况，提出学院分建、改建的意见。

他在给中央军委关于调整军事工程学院任务的报告中说：由于我军技术装备和科学研究工作的迅速发展，对工程技术干部的需要量日益增大，军事工程学院的任务也日趋复杂、繁重。建院初期，只有常规武器方面的几个系，培养目标是维护使用工程师和研究设计工程师两者兼顾。根据当时情况，建设这种综合性学院是有利的。以后，各军兵种不断要求增加招生人数，特别是导弹、原子等尖端技术专业增加以后，学院的规模越来越大，学院学员已达 7000 人，仍不能满足需要。从长远考虑，尖端技术方面的任务必须扩大。根据军委以发展导弹为重点的方针，建议对军事工程学院的任务作如下调整：将现有空军、海军、炮兵、装甲兵、工兵、导弹等 6 个工程系和防化兵的 3 个专业改变为 5 个系，即空军工程系、海军工程系、导弹工程系、原子工程系（把附属导弹工程系的原子武器专业扩大）、电子工程系（把空军、海军、炮兵 3 个系的雷达、无线电专业集中起来并加以扩大）。将炮兵工程系、装甲兵工程系、工兵工程系和防化兵的 3 个专业，以及空军、海军工程系的机场建筑、气象、海岸炮、舰炮指挥仪、鱼雷、水雷、舰船消磁等专业分给有关军兵种，单独成立工程学院或并入有关工程学院。军事工程学院的培养目标是培养研究设计制造工程师，学制定为 8 年左右，分作两个阶段：前 5 年属大学性质，招高中毕业生；后 3 年属研究生性质，吸收本院优秀毕业生和研究设计单位中大学毕业、有培养前途的工程技术人员进行深造。至于空军、海军维护使用工程师的培养任务，则交由空军、海军自己解决。无论尖端或常规，今后所需工程技术干部的数量都会增长很快，全军只有一所综合性学院无论如何不能满足需要，势在必分。从现实可能性看，军事工程学院常规武器各系已具有一定规模，分建的条件已经基本具备。至于基础课师资问题，只要抓紧，划分阶段，也是可以逐步解决的。这个问题，即使再推迟三五年也同样有困难，与其晚分，不如现在就有步骤地分。培养人才的工作要五六年乃至七八年以后才能见效，规划迟一步，就要耽误很久。因此，建议军委及早把这个方案确定下来，以便有关部门及早筹划。

中央军委第五次办公会议原则上同意陈赓提出的军事工程学院分建、改建的建议，并提出分建、新建工作的指导方针是"尖端集中，常规分散"，"双方兼顾，照顾尖端"。[1]

根据"尖端集中，常规分散"和"双方兼顾，照顾尖端"的原则，学院从装甲兵、工程兵、防化兵和炮兵工程系共分出27个专业，包括541名教师、282名实验室人员及全部教学设备。学院分建之后，又新建了原子工程系和电子工程系，空军、海军两个系进行了专业调整，全院的专业由24个增加到62个。

尽管有人对"尖端集中，常规分散"的做法提出批评，认为不符合"规模办学"的思想，但从战略上看，这种举措无疑是正确的。舍弃是战略的精髓，有舍才有得。"再大的树也无法长到天上去。"[2]对于任何学校来说，资源都是有限的，不可能在一切领域、所有学科都处于领先的位置。因此，在一所大学的发展中，要勇于舍弃一些相对薄弱，或与自己的发展方向关系不够密切的领域、学科，集中发展自己的强项，形成明显的优势。哈军工经过调整后，集中力量在导弹、原子、电子等尖端技术专业，从而发展得更快、更好，为我国国防科学研究做出了更大的贡献。另一方面，我军工程技术院校从此形成了三级分工的新体制：军事工程学院专门培养研究、设计和制造工程师；各军兵种的工程学院培养维护和使用工程师；中级技校培养一般技术干部。从历史发展来看，陈赓这一战略思想为我军工程技术的发展做出了巨大贡献。哈军工支援了我军各军兵种建设自己的

① 哈尔滨工程大学校史编写组：《哈尔滨工程大学50年通鉴（1953—2002）》，哈尔滨工程大学出版社2003年版，第79页。
② ［美］杰克·特劳特：《什么是战略》，中国财政经济出版社2004年版，第23页。

工程技术院校，初步形成了我军工程技术人才培养的战略格局，完善了我军工程技术院校人才培养体系。

哈军工奇迹产生的原因是多方面的，有毛泽东、周恩来等党和国家领导人的高度重视、大力支持，全国、全军的支援，苏联专家的帮助等，但陈赓院长所发挥的关键性作用是不可低估的。哈军工不仅为国家和军队培养了一批人才，出了一批成果，更重要的是创造了很多高等学校办学的战略思想和观念，这些至今仍然值得我们学习、借鉴。每当我到哈尔滨工程大学时，站在陈赓像前，我都会深深地鞠一躬，表达我的敬意。

（原载《高等教育研究》2007 年第 2 期）

论高等学校定位

世界上的任何事物都不是孤立存在的，而是整个系统网络上的一个个网结，相互联系，相互制约。做任何事情，明确自己在整个系统中的位置，即定位，是基础和前提。高等教育系统是社会大系统的一部分，每一所高等学校都是整个高等教育系统的一部分，办好高等学校的前提和基础同样是定位。

一

高等学校定位，应该从三个层面来考虑，即高等学校在整个社会大系统中的定位，一所学校在整个高等教育系统中的定位，学校内部各要素在学校发展中的定位。

1. 高等学校在整个社会系统中的定位

任何社会都是由政治、经济、文化三个部分组成的，它们相互依存、相互协调、相互贯通，共同组成一个有机的整体。然而，这三个部分又是相对独立的，各自有不同的特点，运行规律、目标和功能各不相同。对社会起主要调节作用的因素也包括三个方面：力（权力）、利（利益）、理（道理、知识）。政治领域中起主要作用的是力，辅之以利、理；经济领域中起主要作用的是利，辅之以力、理；文化领域中起主要作用的是理，辅之以力、利。综观社会，政府、军队、公安等应属于政治领域，企业、商场、农场等应属于经济领域，学校则属于文化领域。高等学校属于文化领域，而不属于政治领域和经济领域，这就是高等学校在社会系统中的基本定位。

文化具有外在的社会性和内在的学术性。"大学作为文化系统的重要组成部分，自然也具有外在的社会性和内在的学术性。"① 人们在思考高等学校在社会系统中的定位时，也往往从这两个方面来考虑。

从外在的社会性出发，着重强调大学的开放性和社会责任。北京大学前校长陈佳洱院士在北大百年校庆期间举办的"面向 21 世纪的高等教育"大学校长论坛上指出，"引导社会向前发展"是大学的使命。后来在哈佛大学举办的中美大学校长研讨会上，他再次强调："大学应该成为国家的思想库，在运用知识的过程中为国家服务。"② 类似的论述还有，"大学是人类社会的动力站"（哈罗德·珀金）；"大学是国家最进步力量的先驱"（R.V. 加西亚）；"大学是社会的道德灵魂"（威廉·洪堡）；"大学是社会之光"（竺可桢）；大学是"人类社会有史以来最能促进社会变革的机构"（西奥多）；"大学具有塑造社会的能力"；大学是"检验许多较为重要的社会生活的基本原理的场所"，等等。③ 为社会服务是大学不可推卸的责任，但这种服务，只能立足于"理"，即通过创造新的知识，培养和谐发展的高素质创新性人才来促进社会发展。

从内在的学术性出发，则着重强调大学的超越性和探索真理、追求知识的责任。德国哲学家卡尔·雅斯贝尔斯认为："大学是学者和学生追求真理的社区。"④ 日本京都大学第 13 任校长鸟养利三郎指出："大学是一个特殊的社会部分，这一大学社会，其宗旨是以探索真理为其神圣事业。"耶鲁大学第 9 任校长小贝诺·施密特德则强调："大学的意义及价值在于追求真理。"⑤ 因此，发展学术对大学、学者具有生命的本体意义。而发展学术重在追求真理，追求真理则要求学者的活动只服从真理的标准，以"理"来衡量。同时，只有充分尊重大学内在的学术性，最大限度地保持大学的学术自由，才能实现大学外在的社会性，更好地为社会的整体利益服务，为人类的长远利益服务。

---

① 周光礼、刘献君：《学术自由与社会干预的整合认同》，《江苏高教》2002 年第 1 期。

② 贾红卫等：《中美高教的历史性聚会》，《中国教育报》2000 年 2 月 17 日。

③⑤ 眭依凡：《大学使命：大学的定位理念及实践意义》，《教育发展研究》2000 年第 9 期。

④ 参见陈家薇：《耶鲁大学》，湖南教育出版社 1990 年版。

2.一所学校在整个高等教育系统中的定位

高等教育随着社会发展而发展。社会发展到今天，现代科技在社会生活中的应用导致了社会各行各业的分工不断强化，使得从业人员的岗位日益专业化。职业的专业化反过来要求教育培养专门化的人才。每一所高等学校都可以在社会发展中找到自己的发展空间。市场机制的引入使高等学校不得不在严酷的竞争中寻找生机。正如伯顿·克拉克所言："竞争的状态能激励一些院校像企业那样去寻找特色，并从中取得利益。"[①] 因此，高等学校要在整个高等教育系统中明确定位，形成自己的办学理念和办学特色，这是高等学校发展的基础和前提。

高等学校在整个高等教育系统中的定位，主要体现在办学类型、办学层次和办学特色三个方面。办学类型涉及多个方面，如按隶属关系来分，有部属高校、地方高校；按办学主体来分，有国家主办的高校、民办高校；按学科结构来分，有单科性学校、多科性学校、综合性院校。笔者认为，我们在研究学校定位时，主要应考虑后者，即学校的学科结构类型。办学层次，主要指学术贡献和人才培养的层次。从这个角度来看，目前我国大学的办学层次大体分为研究型、教学科研型（或以本科教学为主）、职业技术型三个层次。不同层次的高校，在学术贡献、人才培养层次、对社会服务的方式，以及在高等教育体系中所发挥的功能、作用不同。办学特色是指学校与其他学校相比所表现出来的独特的办学内涵。[②] 办学特色可以体现在办学观念、办学风格、培养目标、学科水平、课程体系、管理方式等诸多方面。办学类型、层次不等于办学水平，办学水平往往体现在办学特色上。从某种意义上说，特色就是水平。高校办学特色定位是形成办学多样化的有效途径，是高校在教育市场中具有竞争力的表现，也是高校吸引生源、形成社会地位的基础。[③]

高等学校在高等教育系统中的定位问题，实质上是高等教育系统的分层问题。由于各校的历史、文化传统不同，地位、等级的存在是不可避免

---

① ［美］伯顿·克拉克：《高等教育系统——学术组织的跨国研究》，王承绪等译，杭州大学出版社1994年版，第254页。

②③ 郭桂英、姚林：《关于我国高校办学定位的研究》，《江苏高教》2002年第1期。

的。况且对任何一个国家来说，要有效地发展学术，必须集中智力和资源。如果在分配人才和资金方面对所有的大学一视同仁，势必造成资源的分散，无法促进学术的有效发展。分层能促使各学校各具特色。千校一面，培养的人才就很难适应社会多样化的需求。而"不同层次的专业培训，不同类型的、适合不同学生的一般教育，复杂程度不等的研究，所有这一切都可以因院校的分工后产生了各类相应的组织结构而得到承担"①。伯顿·克拉克曾经断言，"实施高等教育的最差的办法就是把所有的鸡蛋都往一个篮子里装——高等教育最忌讳单一的模式"②。当然，高等教育系统层级的形成不是通过自上而下的行政命令来完成的，而是各高校在竞争的环境中通过自主选择、自主定位来实现的。

3.学校内部各要素在学校发展中的定位

学校内部各要素在学校发展中的定位，是指根据高等学校在整个高等教育系统中的定位，来确定自己的办学规模、人才培养规格、学科布局、服务面向、管理模式等。本文对此不作重点论述。

二

我国高等学校办学中最大的问题之一是定位不准确，缺乏个性和特色。如专科学校想升本科，本科学校想上硕士点，有了硕士点的学校想上博士点。单科学校想办成多科学校，多科学校想办成综合大学，大家都想往研究型大学的行列里挤。因此，当前研究高等学校定位，主要是研究高等学校在高等教育系统中的定位。

近两年来，在教育部的倡导下，大家开始探索高等学校的定位问题。例如，清华大学的办学定位是"综合性、研究型、开放式"；北京大学定位于"建设世界一流大学"；同济大学的定位是"理工结合、文理交融、科学教育与人文教育协调发展的多功能型现代大学"；中山大学定位为"居于国内一流前列的，在国际上有广泛影响的高水平的研究型、综合性大

---

① ② ［美］伯顿·克拉克：《高等教育系统——学术组织的跨国研究》，王承绪等译，杭州大学出版社1994年版，第291页，第307页。

学";华中科技大学定位为"国际化、研究型的综合性大学";山东大学定位为"国内外知名的高水平大学";电子科技大学定位为"在电子信息领域具有世界先进水平的一流大学";云南大学的定位是"处于全国同类高校先进行列,部分学科在国内具有优势和特色,立足边疆,服务云南,成为国内高等教育领域培养高层次人才、解决地方经济建设和社会发展重大问题的基地之一";湖北汽车工业学院定位为"培养高层次、创新型、应用型人才的技术性本科院校",等等。这些学校的定位都是在经过广泛论证的基础上提出来的。在给自己学校定位时,主要应考虑以下三个方面的因素。

1. 社会政治、经济、文化发展对高等学校的要求

教育必须与社会发展相适应。研究高等学校的定位,必须考虑社会政治、经济、文化的发展对高等学校的要求。

江泽民同志在十六大报告中提出全面建设小康社会的目标。报告中指出:"全面建设小康社会,最根本的是坚持以经济建设为中心,不断解放和发展生产力。根据世界经济科技发展新趋势和我国经济发展新阶段的要求,本世纪头二十年经济建设和改革的主要任务是,完善社会主义市场经济体制,推动经济结构战略性调整,基本实现工业化,大力推进信息化,加快建设现代化,保持国民经济持续快速健康发展,不断提高人民生活水平。""推进产业结构升级,形成以高新技术产业为先导、基础产业和制造业为支撑、服务业全面发展的产业格局。"因此,在高等学校定位时,必须了解我国产业结构和就业结构调整、变化的状况,办学类型、办学层次和学科专业要与此相适应。

首先,要考虑社会产业结构的变化。1990—2001年,在我国国内生产总值的比重中,第一产业由27.1%下降为15.2%,第二产业由41.6%上升为51.1%,第三产业由31.3%上升为33.6%。信息产业发展迅速,"九五"期间信息产业平均增长速度超过30%,"十五"期间,信息产业总产值将超过1.4万亿元,到2005年,信息产业的增加值将占我国GDP5%的份额(全国GDP增加值一般为7%—8%)。文化产业也将大大发展。1998年文化产业的产值比1990年增加了6倍,达148亿元,这还大大落后于发达国家。到2005年,文化产业的产值将超过5000亿元。

其次,社会越发展,越是需要具有高等教育水平的人才。根据世界范

围的统计分析，当人均 GDP 低于 1000 美元时，高等教育毛入学率一般在 15% 以下；当人均 GDP 在 1000—3000 美元时，毛入学率在 15%—50% 之间；当人均 GDP 高于 12000 美元时，高等教育毛入学率将超过 50%。现在，日本高等教育的毛入学率已经达到 46%，美国为 82%，发展中国家的平均比例也达到了 14.1%。我国由于社会经济加速发展，高等教育毛入学率急剧上升，1980 年为 2.24%，1990 年为 3.45%，1999 年为 10.5%，2001 年为 12%，2002 年为 14%，预计 2005 年将超过 15%。同时城市化进程加快，1990 年，我国城镇人口占总人口数的 26.4%，到 2001 年，已达 37.6%，若干年后，将达到 60%。

这些都说明，很多岗位对人才的要求比过去大大提高了。如小学教师，过去中学毕业生就可以胜任，今后则要求大学本科毕业。在高科技产业中，不少工人岗位开始要求具有大专教育水平，或经过高等职业培训。城市化进程的加快，对人们的文化水平的要求也会相应提高。另外，一些职业岗位在萎缩，另外的一些岗位则在增加。这就要求我们在研究高等学校定位时，要考虑社会对从业人员素质要求普遍提高的趋势，以及岗位的变化和不同职业、不同岗位对人才的具体要求。

每一所大学，都处在某一区域。这一区域的经济、文化发展状况对人才的数量、质量、类型的要求，都将影响学校的发展。因此，高等学校定位时，还应充分考虑自己所在区域的状况。

2. 要了解国内其他高等学校的发展状况，发挥自己的相对优势

每所高等学校都处于整个高等教育系统之中，它们相互影响，相互促进，相互制约。因此，在定位时，必须了解国内其他高校，特别是本地区高等学校的状况，做到"人无我有，人有我优"，"别的大学能做的，我们不做"。在这方面，国外大学已经有不少成功的范例。例如，美国斯坦福大学曾打算建立建筑学院，但建立建筑学院必须同时发展建筑学、土木工程等 4 个专业，这必须有很大的投入，而且，当时美国的建筑行业的就业情况并不理想，同时该校附近的伯克利大学已有一个相当好的建筑学院，经过综合考虑后，斯坦福大学决定取消这个计划。又如，美国卡耐基—梅隆大学认为，在 21 世纪生物技术非常重要，要成为世界一流大学，必须发展生物学，但他们放弃了建设一个医学院的设想，因为建医学院工程太

大，后来他们决定借用附近匹兹堡大学的医学院来发展自己的生命学科。可以看出，这两所学校对本校和其他院校的现实状况非常重视，事实也证明，他们当初的选择是明智的。这两个例子都说明，知己知彼，扬长避短，是高校定位的必然选择。

3. 要了解自己学校发展的历史，展其所长

高等学校的定位，还离不开自己发展的历史和基础。每一所大学在自己的发展过程中，都有自己的长处或优势，也一定会有自己的短处或劣势。知道自己从哪里来，才会更清楚自己要往何处去；了解自己的家底，才能打有准备之仗。每所学校在制订自己的发展规划，对自己进行定位时，要认真回顾自己的发展历程，分析自己的优势和劣势所在，注意扬长避短，发挥自己的优势及长处。

三

高等学校定位是一项涉及面广，事关学校发展全局的大事，学校领导在组织师生员工确定学校定位时，要有大视野、大智慧、大手笔。

1. 要有大视野

人有多大的视野，就有多宽广的世界，就有多大的选择空间。因为人的活动都是在一定的历史条件和社会环境下进行的有方向、有目的的活动。做任何事情，都必须对自己赖以展开的条件和环境，对事物发展的各种可能性，尽可能地深入把握和全面了解。越是能够看到自己长远的、根本的利益所在，越是能够树立远大的理想，确立远大的奋斗目标，充分发挥主体的能动性，有一番大的作为。

当人类步入 21 世纪时，大家有一种共同的感觉：周围的一切都处在激烈的大变动中，节奏明显加快。许多过去从来没有遇到过的新问题层出不穷地呈现在我们面前。人们原来没有料想到的事情一件接一件地发生。这种变化无论在广度还是深度上，都远远超过了人类以往所经历的任何一个世纪。因此，我们观察、分析问题一定要有广阔的视野。

现在我们正处在大的转型时期，这突出地表现在，人的需求将由以物质需求为主转向以精神需求为主。有史以来，人们有物质、精神两大需

求，但人类至今，笔者认为，基本上以物质需求为主。知识经济社会的到来，则可能导致人们的需求以精神需求为主。人们需要充实的精神生活，越来越多的人需要接受高等教育。因此，我们要有大视野，高等学校的定位一定要充分考虑这一方面的因素。

另一方面，由于社会心理、公共政策等因素的影响，目前家长、学生、用人单位都一味地追求高学历，看不起职业教育、专科教育。但这种现象肯定是暂时的，很快将会改变。因此，我们在确定高等学校的定位时，要善于从复杂的现象中看到事物运动的基本态势，抓住基本规律，从眼前的利害中超越出来，突破经验的视野，对社会需求进行全局的、客观的把握，穿透眼前，看到长远。这同样需要大视野。

2. 要有大智慧

有了大视野，还要有大智慧。智慧就是辨析判断、发明创造的能力。面对错综复杂的情况，急剧变化的时代，有了大智慧，才有穿透力，才能把握事物的本质。大智慧的表征是"通"，通天地人之谓才，要学富五车，深谋远虑，运筹帷幄。

高等学校的定位同样要有大智慧。要以史为鉴，寻找前人研究成果中的智慧；要观察现实，研究当前社会提供的智慧；要辨析判断，善于"异中求同，同中求异"，确立自己的特色。校长、党委书记要有大智慧，但仅靠一两个人的智慧是有限的，还要发挥群体智慧。高校是专家学者群集的地方，不乏有智慧者。因此，在学校定位时，要让师生共同参与讨论，发挥互补效应。

3. 要有大手笔

有了大手笔，才会有大发展。大手笔，要有大气魄，要有超越、怀疑、批判精神。要超越各种形式的禁锢和守旧观念，挑战各种历史理论和权威，深刻批判与反思，进行前提性追问、主体创造与建构。在进行高等学校定位时，大手笔突出表现在要敢于"有所为，有所不为"。有所不为，要有大手笔，敢于砍掉不合适自己学校发展的东西；有所为，要有大手笔，敢于在自己的位置上创新，创一流，创唯一。

（原载《高等教育研究》2003 年第 1 期，新华文摘全文转载）

建设教学服务型大学

——兼论高等学校分类

为了全面体现高等学校的社会职能，推动高等学校为地方经济社会发展服务，努力办出特色，提高办学水平和教育质量，除建设研究型大学、教学研究型大学、教学型本科院校外，还应该建设教学服务型大学。

一　建设教学服务型大学之意义

建设教学服务型大学能使高等学校全面体现三大社会职能，推动高等学校为地方经济社会发展服务，在服务的过程中形成自己的特色，提高办学水平和教育质量。

（一）高等学校分类应全面体现三大社会职能

高等学校定位和分类是紧密联系的，分类是定位的前提。高等学校分类是社会经济、政治和文化发展到一定阶段的产物，也是高等教育发展过程中不可回避的一个基础性的重要问题。世界各国以及联合国教科文组织都对高等学校分类问题进行了大量研究，提出了卡内基分类法、国际教育标准分类法等。我国学者对高等学校分类同样进行了大量研究，提出了三分法、四分法、层次分法、范围集中度和两个维度分法等。[①]

高等学校分类就是根据学校的社会职能和高等学校发展的现状，将高等学校依据不同的类型和层次进行合理的划分。《中华人民共和国高等教育法》第三十一条明确规定："高等学校应当以培养人才为中心，开展教

---

① 孔繁敏：《建设应用型大学之路》，北京大学出版社 2006 年版，第 22 页。

学、科学研究和社会服务，保证教育教学质量达到国家规定的标准。"因此，研究高等学校分类就必须探究高等学校教学、科学研究和社会服务三大社会职能。相对而言，教学、科学研究两个职能的内涵比较清晰，容易受到人们的重视和理解，社会服务职能的内涵则要复杂、模糊得多。有人认为，社会服务就是通过人才培养、科学研究为社会做贡献；有人则认为，社会服务就是为经济建设服务，就是学校创收。在提法上，也有服务、社会服务、直接为社会服务、使用知识、参与社会生活等不同提法，不同的提法也表示对社会服务的重点认识不同。①

社会服务的职能，来自于"威斯康星理念"。"威斯康星理念"，就是把大学的资源和能力直接用于解决公共问题。大学的职能，随着社会经济发展而发展，由教学发展到教学、科学研究，再发展到教学、科学研究和社会服务。威斯康星大学创建于 1848 年，地处美国麦迪逊市。几十年间，都是规模很小的非教派学院。到了 20 世纪初，查尔斯·范海斯担任校长期间（1904—1918 年）正是威斯康星州的农业由小麦转向畜牧业和以乳制品为主的转型期，对专门技术和管理的需求十分迫切。范海斯校长顺应这一需求，提出大学必须为社会发展服务的办学理念。他明确提出："服务应当成为大学的唯一理想"，"大学应当成为服务于本州全体人民的机构"，"教学、科研和服务都是大学的主要职能"，"州立大学的生命力存在于它和州的紧密关系中。州需要大学来服务，大学对于州应有特殊的责任。教育全州男女公民是州立大学的任务"。② 学校通过知识推广部和组织流动图书馆为社区提供知识服务；建立"两结合委员会"以加强渗透大学与州政府的合作关系，为州政府提供决策咨询；大量的研究生、本科生进入州政府，以影响和服务州政府及社会等各种方式服务社会。威斯康星大学通过为州服务，推动了州的发展，同时也促进了大学自身的发展。威斯康星理念逐步得到全美甚至全世界高等学校的认同，并成为大学的第三社会职能。一般认为，社会服务的职能是大学教学和科学研究职能的延伸，是以满足社会需要为目的的各种服务

---

① 刘宝存：《威斯康星理念与大学的社会服务职能》，《理工高教研究》2003 年第 5 期。

② 蔡克勇：《创造一流大学需要先进的办学理念》，《中国高教研究》2003 年第 11 期。

活动。①

高等学校的三大社会职能既相互联系又相对独立，每种职能都有各自明确的内涵，不能相互取代。在高等学校分类和定位中，每一所大学都应力争体现三大职能，但各自应有所侧重，不同的侧重，构成了不同的类型。在我国现有高等学校的分类中，有的侧重体现教学，有的侧重体现科学研究，有的侧重体现教学、科学研究并重，但缺少侧重体现社会服务的类型。因此，在现有高等学校研究型大学、教学研究型大学、教学型本科院校、专科学校和高等职业学校的分类中，应增加教学服务型大学，列在教学研究型大学之后。在高等教育体系中，努力建设一批教学服务型大学。

（二）地方大学应该为地方经济社会发展服务

高等学校的现代使命不仅是人才培养和科学研究，也不仅是提供一般性社会服务，其使命还在于成为地方经济和社会发展的中心，推动、引领地方经济和社会发展与进步。大学依托地方而生，随着地方发展而发展。

世界范围内高等教育的区域化、地方化趋势发端于 19 世纪初的美国。独立战争后，美国面临着拓展西部疆域，建设新国家的任务，迫切需要具有实际本领的建设人才和开发人才。然而，殖民地时期的高等教育与国家的开发建设脱节，高等教育与各州经济发展之间的矛盾日益突出。在这样的背景下，美国通过创办州立大学、兴起"赠地学院"和创办社区学院等三大战略性举措，发展地方大学，开创高等学校直接为社会经济发展服务的职能。在英国，为了推动大学与蓬勃兴起的各地方城市工商业活动的结合，19 世纪的新大学运动应运而生。1836 年，伦敦大学学院的建立，标志着 19 世纪的新大学运动的开始。随后，相继创办了达勒姆大学、曼彻斯特欧文斯学院、埃克赛特大学学院、伯明翰梅森学院、利物浦大学学院和谢菲尔德大学学院等。它们大都由所在城市捐资兴建，与所在地的工商业发展和市民生活密切相关，主要为地方培养专门的技术人才，所设课程和专业侧重考虑本地区生产和生活的需要。继英美之后，西方其他发达国

---

① 刘宝存：《威斯康星理念与大学的社会服务职能》，《理工高教研究》2003 年第 5 期。

家在进行高等教育改革与发展教育事业中也十分重视区域化和地方化问题，强调建设与区域经济相适应的高等教育。在亚洲，印度独立以后，政府鼓励各邦建立农业学院和地区性工程学院，以满足地区经济发展的需要，促进社区进步。20世纪60年代，泰国政府认识到高等教育集中于首都曼谷不利于各地区经济发展的弊端，于1964—1967年在西北、东北、南方分别创办了清迈、孔敬和宋卡拉王子三所大学。这些大学对于推动当地经济、科技和教育，特别是对保存和发展当地的传统文化起到了决定性的作用。

在我国，自改革开放以来，随着社会经济文化的发展，高等教育区域化和地方化的发展十分迅速，一大批地方大学在全国各地崛起。截止至2003年，我国共有1552所普通高等学校，其中中央部门所属高校111所，占普通高校总数的7.12%；地方政府所属高校1268所，占普通高校总数的81.17%；民办高校173所，占全部高校总数的11.1%。[①]地方大学与地方之间的关系被人们称之为"地方大学地方办，地方大学为地方"。地方大学办学的目标和宗旨，应该是为地方经济和社会发展服务。地方大学创办以来，特别是自本科教学工作水平评估以来，开始思考自己的定位，探索如何为地方服务。[②]明确提出建设教学服务型大学，有利于地方大学明确自己的发展方向，坚持自己的发展宗旨和办学目标，采取一系列重大措施，努力为地方经济、社会、文化发展做出自己的贡献。

（三）推动各校形成自己的办学特色

我国是一个幅员辽阔、人口众多、资源分布不均匀，经济发展极不平衡的大国。各地区之间的差别巨大，各地方大学所面对的"地方"、服务的对象各不相同，需要形成自己的办学特色。

1.经济发展不平衡

经济是人类社会生存和发展的基础。我国各地区之间经济发展极不平衡。从人均GDP来看，以2006年为例，上海为7330美元，北京为6410美元，甘肃为1130美元，贵州为740美元，且最高和最低之间相

---

① 教育部发展规划司：《中国教育统计年鉴2003）》，人民教育出版社2004年版，第18页。
② 和飞：《地方大学办学理念研究》，高等教育出版社2005年版，第7页。

差 10 倍。① 以城镇居民人均可支配的收入来看，以 2002 年为例，上海为 13249.80 元，北京为 12463.92 元，贵州仅为 5944.08 元。农村居民人均纯收入，上海为 6223.6 元，北京为 5398.5 元，贵州为 1489.9 元，西藏为 1462.3 元。② 地方大学，特别是地处非省会城市的大学，所面临的经济发展状况差别极大。

2. 教育发展程度不一

教育发展受经济社会发展程度的制约，经济发展的不平衡，导致教育发展的不平衡。从高等教育毛入学率来看，以 2004 年为例，上海为 55%，北京为 53%，天津为 52%，而云南为 11.15%，贵州为 10%。③ 从每 10 万人口高校在校学生数来看，以 2005 年为例，北京为 6580 人，天津为 4340 人，上海为 3838 人，而青海为 905 人，云南为 904 人，贵州为 838 人。④

综上所述，提出建设教学服务型大学，有利于每一个学校坚定服务地方的信念，下工夫去了解分析地方经济、政治、文化发展状况，从而确立自己的办学理念、目标，建设自己的学科专业体系，努力形成自己的办学特色。

二 建设教学服务型大学之对策

我国部分大学，在自己的办学实践中，采取多种措施，开展以满足社会需要为目的的多种服务活动。总结经验，笔者认为，建设教学服务型大学，应从以下几个方面着手。

---

① 未名威客网：《全国各省市 2006 年综合经济数据（包括港澳台）》[EB/OL]，http:// www. wmwk. net < http:// www. wmwk. net > 2007–3–22。

② 中国发展门户网：《2006 年中国居民收入分配年度报告》[EB/OL]，见 http:// www. chinagateway. com. cn/ chinese/ ji/65373. htm > 2007–2–1。

③ 商江：《全国各省市自治区高等教育毛入学率差距》[EB/OL]，见 http:// blog. cfan. com. cn/ html/ 41/ 351841–itemid–92072.html > . 2007–03–25。

④ 国家统计局人口与就业统计司：《中国人口统计年鉴（2006)》，中国统计出版社 2006 年版。

（一）合理定位

世界上的任何事物都不是孤立存在的，而是整个系统网络上的一个个结点，相互联系、相互制约。做任何事情，明确自己在整个系统中的位置即定位，是基础和前提。建设教学服务型大学，首先要将自己的学校定位于教学服务型大学。教学服务型大学以本科教学为主，根据条件和需要适度发展研究生教育；教学和科学研究以服务地方为宗旨，培养地方需要的应用型人才，产出地方需要的应用性成果；大力开展以满足社会需要为目的的各种服务活动，形成地方全方位服务的体系。教学服务型大学要面向地方、了解地方、研究地方、服务地方、学习地方和融入地方，建成与地方相互作用的大学。有的学校在定位时意识到，对地区的经济建设和社会发展的功能与价值，为当地培养大量适用性专门人才、为当地经济建设提供智力与科学技术服务、为当地社会发展提供先进思想和文化的重要性，并把重要性作为思考学校定位的根本立足点。[1] 有的学校提出要从服务区域经济发展的高度给学校科学定位，学校"要面向基层、服务地方、办出特色"[2]。有的学校以"地方性、应用型、多科性、高校性"为定位，立足地方，培养具有创性精神和实践能力，理论基础比较扎实的应用型、复合型高级专门人才，使学校成为地方经济、文化、科技、教育人才培养与培训的基地。[3]

（二）人才培养以服务地方为宗旨

我国地方之间差别极大，因而对人才的需求也极不相同。因此，人才培养应以服务地方为宗旨，具体体现在以下几个方面。

1. 学科专业建设

要根据地方经济发展状况、资源状况、人才需求，探索学科专业的设置与建设。地处常德的湖南文理学院在学科专业建设中，通过以下措施反映地方人才需要。一是不简单抛弃普遍认为"市场需求不旺、招生规模不大"的所谓传统"冷门"专业，如历史学、思想政治教育、地理

---

[1] 游俊：《科学定位，办好地方性综合大学》，《中国高等教育》2003年第20期。

[2] 吴崇恕：《以科学的发展观为指导，确立正确的治理理念，促进学校健康迅速发展》，《全国新建综合性本科院校工作研讨会交流材料》，湖北孝感，2004年11月。

[3] 蒋承勇：《坚持教育创新开创台州学院新局面》，《台州学院学报》2003年第2期。

科学、农学等，而是根据地方经济建设和人才市场需求，予以拓展和改造，满足地方需要。二是按照突出应用型人才培养思路，加大目前地方人才需求旺、就业前景好的"热门"专业建设。三是建立"规格加特长"的人才质量标准体系，鼓励学生"一专多能"、"一专多证"，不拘一格成才，满足地方多元人才需求。四是整合教学资源，开设系列地方特色专业课程，增强人才培养适应性，满足地方经济建设和社会发展的需要。

2. 人才培养方案

人才培养方案包括培养目标、基本规格及课程设置等，人才培养方案和培养模式的制定，同样要适合地方的特点及其对人才的要求。内蒙古工业大学采用"2+3"与"1+4"并行的教育模式，培养少数民族高级技术人才。"2+3"模式：学生利用两年实践既学习普通本科专业一年级课程，又补习部分必要的高中知识，同时提高了汉语水平，第三学年由学生在全校范围内自主选择专业，完成后续 3 年本科专业学习。"1+4"模式：民族预科生入学学习 1 年后，选择 10%—15%基础好、学习成绩优秀的学生进入各专业一年级，完成后续 4 年本科专业学习。通过这样的学习，少数民族毕业生基础知识学得扎实，又具有独特的文化素养和知识结构，成为蒙汉兼通同时又掌握一门外语的"三语"工程技术人才，满足了民族地区经济社会发展的需要。

3. 师资队伍建设

人才培养，教师是关键，要努力建设一支与教学服务型大学相适应的教师队伍。提出威斯康星理念的范海斯校长有一句名言："鞋子上沾满牛粪的教授是最好的教授。"在教师引进和培养中，要重视教师的价值认同；热爱地方、融入地方、为地方发展甘于清贫、乐于奉献。既要重"学"，又要重"术"。"学"指"求真"，指基础理论研究学术型人才；"术"指"求用"，指应用研究、实用型人才，愿意深入基层，具有宣传、鼓励、说服的能力。

（三）建立全方位的社会服务体系

教学服务型大学，应开展以满足社会需要为目的各种服务活动，建立全方位的社会服务体系。

1.为地方政府提供决策咨询

影响地方发展的因素很多，其中最重要的、影响全局的是地方政府的发展战略、规划和政策等。学校要通过建立咨询机构、选派优秀教师到政府任职、开展调查研究等多种方式，为政府决策提供咨询服务，使政府决策更具有科学性、前瞻性。青岛大学在服务地方的过程中，制定了《青岛大学服务青岛行动计划》，市政府以正式文件转发全市，其中有关为政府提供决策咨询的内容有：学校和政府联合组建青岛发展研究中心，研究青岛发展问题，并定期编辑出版《青岛发展研究》；学校、政府、市民共同组织《城市精神》大讨论，确定了"诚信、博大、和谐、卓越"的城市精神；学校定期开展"我为青岛发展献计策"活动。

2.形成地方研究群体，开展服务地方的科研活动

教学服务型大学的科学研究，应根据地方经济、社会、文化发展的需要选择项目，和地方科研人员共同组织研究群体，为地方工业发展和农民脱贫致富服务。浙江理工大学采取建立"校企联建研发中心"的方式，加大与地方、企业的合作。多年来，分别与浙江永通染织集团有限公司、萧山荣盛纺织有限公司、南方轻纺有限公司等多家企业建立科技合作关系，联合组建了浙江理工大学永通纺织技术研究中心、荣盛产品研发中心、南方纺织材料高新技术研究所等集研究、设计、开发、技术培训于一体的合作机构。这些企业为学校提供科研经费数千万元，学校通过成果转让、新产品开发为企业创造效益累计达数亿元。湖南文理学院以地方为科研基地，面向农村开展科学研究，取得了成效，例如，教师和当地科研人员共同选育的湘扁豆1号和湘扁豆2号在常德市全面推广，产出经济效益8000多万元；依托超大无核珍珠养殖成果，以洞庭水殖股份有限责任公司为推广基地，加速成果转化，产生了良好的经济效益。

3.为新农村建设提供智力支持

我国是一个农业大国，服务农村、服务农民，为新农村建设提供智力支持，教学服务型大学责无旁贷。智力支持可以通过定向人才培训、文化宣传、技术咨询、成果转化和科学知识普及等多种方式开展。如海南师范大学面向少数民族和贫困地区的"播种希望"行动计划（2006—2010年），初见成效。这项计划由省政府、地方政府、学校共同组织，包括三项行

动：少数民族和贫困地区中小学教师脱产提高培训行动，每年从 11 个市县选派 280 名在职乡镇中小学教师到学校脱产培训；顶岗支教与师资培训行动，每年从学校选派 500 名优秀师范生到乡镇初中顶岗实习任教，同时，被顶岗的 500 名初中教师到学校离岗培训；举办"周末流动师资培训学院"行动，利用周末，整合全省优质教育资源，选派优秀教师送教下乡，送课下乡，开展课堂教学诊断性研究，实现全员培训。

（四）建立合作机构与制度

学校为地方服务，两者合作互动，要有相应的机构和制度。首先，要建立相应的合作机构，从美国及我国的情况来看，这种机构有"学校政府两结合委员会"，"政府、企业、学校圆桌会议"，"大学—社区合作委员会"，由地方政府和有关人士组成的"学校董事会"，等等。各校各地可根据自己的实际情况选择相应的机构。其次，要建立相应制度，约束双方、多方行使自己的权力，履行自己的职责、义务，更好地建设教学服务型大学。

（原载《教育研究》2007 年第 7 期）

经济社会发展转型与教学服务型大学建设

在《教育研究》2007 年第 7 期《建设教学服务型大学——兼论高等学校分类》一文中，笔者提出了"教学服务型大学"这一概念。教学服务型大学作为高等学校的一种类型，得到了部分高校和学者的认同。武汉纺织大学、黑龙江科技大学、浙江树人大学、宁波大红鹰学院等一批高校，明确将学校定位于教学服务型大学，按照教学服务型大学的思路和要求建设学校，在适应和推进社会经济发展方面做出了贡献。部分学校虽然没有明确将自己定位于教学服务型大学，但在实际办学中走的是教学服务型大学建设的路子。一些学者结合自身实践，对教学服务型大学的内涵、特征以及建设模式等进行了初步的理论探索。与此同时，媒体，如《人民日报》、《光明日报》、《中国教育报》、新华网、人民网等对教学服务型大学进行了报道。教学服务型大学得到了比较广泛的关注。

为了进一步研究教学服务型大学，推进教学服务型大学建设，使高等教育更加适应社会经济发展，笔者和华中科技大学教科院余东升教授牵头组织了一个课题组，带领部分博士生对定位于教学服务型或服务型大学的黑龙江科技大学、海南师范大学、武汉纺织大学等高校进行了比较深入的实地考察、调研。调研发现，教学服务型大学的定位对这些学校是合适的，通过建设，这些学校进一步明确了培养应用型人才的培养目标，人才培养质量明显提高；结合地方需要开展研究，产生了一批高水平的科研成果，有力地推进了地方经济建设；并初步探索了教学服务型大学建设的模式、途径等。同时也发现，教学服务型大学建设，无论从理论还是实践方面，尚有诸多问题需要探索。例如，教学服务型大学提出的必要性、合法性，如何使其在高等教育系统中占有必要的位置，并与整个高等教育体系相协调；教学服务型大学科学内涵的准确把握，如何进一步明晰教学服务型大学与现有的研究型、教学研究型、教学型大学的联系与区别，教学服务型与应用型的联系与区别，教学服务型大学与国外的服务型、创业型大学的联系与区别；教学服务型大学建设的目标、路径与模式，建设教学服务型大学不是常规变革，而是转型发展，如何实现教学、科研、社会服务以及学校组织的转型与变革，等等。面对这些问题，一方面课题组组织开展研究，另一方面，2013 年 5 月，中国院校研究会和宁波大红鹰学院共同组织了一次全国"教学服务型大学"建设研讨会，部分高校领导和专家学者进行了专题研讨。在此基础上，笔者谈谈对教学服务型大学建设的一些新的认识。

一　教学服务型大学提出的必要性、合法性

从世界高等教育发展的历史来看，大学的变迁是一个随着社会经济和科学技术的发展而不断分化的过程，也是一个不断产生新的高等教育类型、机构的过程。例如，随着世界经济的发展，工业化进程的加快，1809 年柏林大学建立，它使大学突破了教学的边界，开始承担科研职能，形成了一种新的大学类型。

1862 年美国赠地学院的兴起，威斯康星思想的传播，使得大学进一步扩张了自己的边界，大学在教学和科研之外开始直接为社会服务，又一类新型大学产生了。第二次世界大战以后，斯坦福大学科技园——硅谷模式的成功，再一次将大学的边界延伸、拓展。今天，在大学、产业与政府的三重螺旋中，大学的边界已与产业的边界、政府的边界交织在一起，政府、产业与大学已是你中有我，我中有你。由此可见，高等教育随着社会经济的发展而不断转型发展，一种新的高等教育类型、机构存在的必要性、合法性，主要看其是否与一定的社会经济、科学技术发展需要相契合，并有利于推进社会经济的发展。在《建设教学服务型大学——兼论高等学校分类》一文中，笔者对教学服务型大学提出的必要性，从全面体现三大社会职能，为地方经济社会发展服务，推动形成办学特色三个方面进行了论述，[①]

---

① 　刘献君：《建设教学服务型大学——兼论高等学校分类》，《教育研究》2007 年第 7 期。

本文则从相对宏观的层面作进一步的论述。

1. 社会经济发展的必然要求

人类社会经历了农业经济时代、工业经济时代，现正走向服务经济时代。经济形态是社会生产力与人类需求演进互为因果的产物。在农业经济时代，人类采用的是原始技术，使用的生产工具是犁、锄、刀、斧等，交通运输工具是马车、木船，主要从事农业，包括种植业、放牧饲养业、手工业等。这时的劳动生产率主要取决于劳动者的体力。农业经济持续了几千年。由于 1750 年至 1830 年之间持久的经济增长，工业革命的开展，农业不再是主导的经济活动，工业和服务部门取而代之，技术革命持续不断，不断突破常规，因而从根本上改变了西方人的生活方式和生活标准，人类开始进入工业经济时代。工业经济时代的主导活动是物质产品生产，主要技术是机器。

1951 年美国服务业从业人员占全部从业人员的比重开始超过 50%，1968 年美国经济学家富克斯在《服务经济》一书中首次提出"服务经济"的概念并得到世界的认可。服务经济是以人力资本为基本生产要素形成的经济结构、增长方式和社会形态，其表征是服务经济产值在 GDP 中的相对比重超过 60%。首先，我们要认识到，服务经济是在信息革命、市场经济和全球化的背景下形成的。信息革命、市场经济和全球化打破了人们单打独斗、闭关自守的思维方式、生产方式和生活方式，在世界范围内人们紧密联系，互动发展，从而形成全球服务业和服务经济。全球服务业体现出如下特征：服务创新成为价值增值的主要源泉；产业边界日益模糊，制造业服务化、服务业制造化相互交融；服务业增加值占经济总量的比重占绝对优势；国际分工和全球价值链正在重构世界经济体系；服务经济成为经济合作与竞争越来越核心的内容。[①]

其次，要正确理解服务经济时代的服务。这种服务，不仅仅是消费性服务，更重要的还包括生产性服务。生产性服务，不是直接满足最终消费的需求，而是满足商品和服务的生产者对服务的中间使用的需求。通过企

---

① 王仁贵：《"服务全球"的中国战略》[J/OL]，《瞭望新闻周刊》，2012 年 1 月 16 日，见 http://intl.ce.cn/sjjj/qy/201201/16/t20120116_23003912.shtml。

业服务，服务业加快工业化。现在，制造业逐步服务业化，企业向服务提供商购买中间服务，从而简化、加速生产过程，实现最大限度的价值增值。农业也是如此，西方发达国家的农业已经服务业化，服务提供商为农场主提供农业生产所需要的几乎所有服务，农场主通过电脑操作、控制即可以进行生产。我国也正在推进这种农业现代化试点。例如，黑龙江省有的地方已使用无人驾驶拖拉机。这种拖拉机一小时种 120 亩地，而且可以 24 小时不休息。拖拉机无人驾驶，人坐在主控室，用 GPS 即可操作。现代农业离不开服务业。因而，服务经济时代的主导活动是服务，主要工具是信息。

教学服务型大学的提出，是社会经济发展的必然要求。这是因为教学服务型大学的提出顺应了服务经济时代的要求；体现了办学者必须牢固树立为社会经济发展服务的思想，有利于形成服务的理念和思维方法；强化了为社会经济发展培养具有服务精神、服务能力的应用型人才的培养目标，促进了学校的健康持续发展。

2. 科学技术发展的必然要求

高等教育以"高深学问"为材料，因而高等学校的发展与科学技术发展紧密相连。美国学者万尼瓦尔·布什在《科学——无止境的前沿》中，将研究类型作两分法：基础研究和应用研究。反映在高等教育上，就是"自由文理教育"和"专业（professional）教育"。①

受布什思想的影响，由基础科学到技术创新，再转化为开发、生产的经济发展模式得以产生。联合国教科文组织制定的科技统计的国际标准中，将"研究与试验开发（R&D）"划分为基础研究、应用研究和试验开发三种类型。基础研究、应用研究和试验开发既体现了研究与试验开发的三个方面，也大体反映了科学技术的发展过程。高等教育要体现这三个方面，为其培养相应的人才。

基础研究主要是为了取得现象和可观察事实的基本原理和新知识而进行的实验性或理论性工作，不以任何专门或具体的应用和使用为目的。其

---

① 余东升：《教学服务型大学：理念、模式和远景》，在全国"教学服务型大学"建设研讨会上的报告，2013 年 5 月 17 日。

主要特征体现在以下几个方面：基础研究是技术进步和经济发展的先锋，现代社会的基础；可以提高国家的综合国力和国际威望；有助于培养专门人才，并进而提高国民的智力水平；是人类文化最高、最独特的成就。我国基础研究相对比较薄弱，原创性成果不多，大师级学者缺乏，因而必须创办若干所高水平的研究型大学，正如《国家中长期教育改革和发展规划纲要(2010—2020年)》所指出的："以重点学科建设为基础，继续实施'985工程'和优势学科创新平台建设，继续实施'211工程'和启动特色重点学科项目，……加快创建世界一流大学和高水平大学的步伐，培养一批拔尖创新人才，形成一批世界一流学科，产生一批国际领先的原创性成果，为提升我国综合国力贡献力量。"我国研究型大学的定位和目标是明确的，关键在于提高学术水平和人才培养质量。

应用研究是在获得知识的过程中具有特定应用目的的研究，主要是为在实践中有目的地利用自然界的规律开辟各种可能的途径，为解决实际问题提供科学依据。我国有开展应用研究的良好传统，多数高校开展的研究属应用研究，但对应用研究所需人才的培养研究不够，措施不力。尤其是我们对试验开发关注不够，没有引起应有的重视。

试验开发是指任何为了生产新的材料、产品和装置建立新的工艺系统和服务，以及对已生产和建立的工艺系统和服务进行实质性的改进，利用研究和实际经验所获得的现有知识系统的工作。试验开发的特点主要体现在：运用基础研究、应用研究的知识或自身的实际经验；以开辟新的应用为目的，即提供新材料、新产品和装置、新工艺、新系统和新的服务；其成果形式主要是专利、专有知识、具有新产品基本特征的产品原型或具有新装置基本特征的原始样机等。

基础研究和应用研究主要是扩大科学技术知识，试验开发并不增加科学技术知识，而是利用或综合已有知识创造新的应用，与生产活动直接有关，所提供的材料、产品装置是可以复制的原型，而不是原理性样机或方案，提供的工艺、系统和服务是可以在实际中采用的。大多数高校一方面要参与试验开发，更主要的是要培养试验开发所需要的人才。这类高校主要跟踪基础研究和应用研究，将其成果用于解决实际问题，转化为生产力，培养具有服务意识、技术创新能力的人才。这正体现了教学服务型大学的本质。因此，建设教学服务型大学符合科学技术发展的要求。

3. 高等教育发展的必然要求

高等教育大众化标志着我国高等教育发展进入了一个新的阶段。"量的增长必然引起质的变化。"随着大众化的发展，高等教育的功能、分类，高等学校的理念、定位及其教学和科研模式、制度和组织形式、资源配置方式等都应随之发生变化。但从现实情况来看，变化并不明显，高等教育的发展远未达到社会经济发展的要求。

从高等学校的分类和定位来看，我国高等教育界参照美国卡内基分类法，将高等学校划分为研究型、教学研究型、教学型、高职高专四类。这种分类有一定的合理性，也得到了多数高校的认可。但这种分类法，带来了两个严重的问题。

第一个问题是，这种分类引导所有高等学校都往学术性研究型大学方向发展。我国高校本来就存在一种比较严重的"重学轻术"、"重理论轻实践"的倾向，这种分类对之又起到了催化作用。沿着这种分类，高职高专积极创造条件升本科，成为教学型大学；教学型大学不安于现状，目标是成为教学研究型大学；教学研究型大学的目标是成为研究型大学。相应地，学校的工作重心是引进高水平教师，争取纵向科研课题，鼓励论文发表，申报硕士点、博士点，培养学术型人才。社会是一个十分复杂的结构，人才市场对人才的要求是多层次、多规格的，既需要学术型人才，更需要大量的应用型技术人才、职业型人才。高校的发展目标与多样化的社会需要严重不适应，因而造成了一种社会现象，一方面很多毕业生找不到理想的工作，另一方面很多用人单位招不到自己所需要的管用的人才。这对我国高等教育发展造成了极大的危害。

第二个问题是，这种分类加剧了我国高等学校的自我封闭。现在，我国的高等学校 95% 的属地方高校。1998 年，全国共有高等学校 1022 所，其中地方高校 759 所，占全国高校总数的 74%；2008 年，全国共有高等学校 2263 所，其中地方高校 2152 所，占全国高校总数的 95%。地方高校中的本科院校，除少数定位于教学研究型以外，绝大多数定位于教学型。地方高校本应紧密与地方经济社会相结合，但单一的教学型定位，容易使学校形成自给自足、自娱自乐的思维方式，导致学校自我封闭，以自我为中心。其具体表现是，在人才培养目标的制订上，很少深入社会，满足社会需求，而是关起门来，闭门造车；在人才培养过程中，以课堂为中心，以书本为中心，以教师为中心，学生缺少深入的社会实践、专业实习；在教学质量、人才评价上，限于考试成绩、英语四六级通过率、考研率、获奖的数量和级别等校内评价，忽视社会评价。这种高校的自我封闭到了非打破不可的时候了。

教学服务型大学的提出，正好可以弥补上述之不足。一方面，明确了地方高校以教学为主，以培养应用型人才为主。另一方面，服务可以打开我们的思路，开阔我们的视野。服务意味着开放，既要为学生的发展服务，又要为社会经济发展服务，并将两者有机统一起来。服务意识着多元化、多样化，不同学校可以根据自己所处地域、学科结构、办学传统选择不同的服务对象，从而形成不同的人才培养模式、科学研究模式、组织管理模式、资源配置模式和办学特色。教学服务型大学的建设，可以促使我国高校形成多姿多彩，五彩缤纷的可喜局面。

二　教学服务型大学的内涵与特征

在《建设教学服务型大学——兼论高等学校分类》一文中，笔者将教学服务型大学的内涵界定为："以本科教学为主，根据条件和需要适度发展研究生教育；教学和科学研究以服务地方为宗旨，培养地方需要的应用型人才，产出地方需要的应用性成果；大力开展以满足社会需要为目的的各种服务活动，形成地方全方位服务的体系。"[①]

这是对事物发展过程的一种描述，属发生定义，但对教学服务型大学内涵的界定比较明晰。此后，部分学者结合自身的实践探索，对教学服务型大学的内涵进行了比较深入的论述。浙江树人大学校长徐绪卿教授认为，教学服务型大学是在尊重高等教育规律的基础上，以现代服务理念配置资源和运行、管理的现代大学。他进一步指出，教学服务型大学中的"服务"与大学的服务职能不是完全意义上的同义语。后者的"服务"指

---

① 刘献君：《建设教学服务型大学——兼论高等学校分类》，《教育研究》2007年第7期。

的是与教学、科研并列的学校职能；前者的"服务"则是贯穿学校各项工作的理念和方法，它处于学校发展决策和设计的高端，对各项具体工作起着领航的作用。①

武汉纺织大学党委书记尚钢教授认为，教学服务型大学具备两大特征：其一是应用新知识即以技术创新为主的科研能力很强；其二是培养应用新知识的人的能力很强，即具有很强的培养应用型创新人才的能力。②

浙江树人大学郑吉昌教授认为，教学服务型大学是以教学工作为中心，以人才培养为根本任务，借鉴教育服务理念和现代服务科学原理，在资源配置、人才培养、科学研究、队伍建设和学校管理等各个方面全面贯彻服务教学、师生和社会的需求，强化服务理念，凸显服务特色，提升办学质量，创新管理模式的现代大学。③

黑龙江科技大学校长赵国刚教授指出，教学服务型大学是以教学为中心，以育人为根本，以服务为宗旨，教学、服务并重的现代大学。它通过强化服务功能，构建起与区域经济和行业发展需要紧密结合的服务型办学体系；通过服务的途径，着力提升办学质量和服务社会的能力。④

在给教学服务型大学所下描述性定义以及其他学者研究的研究上，笔者认为，教学服务型大学可以定义为：在我国高等教育大众化发展进程中出现的，以推动知识的创新、传授、应用与地方经济社会发展相结合为宗旨，全面构建新型的教学与科研模式、组织制度形式和资源配置方式的现代大学。教学服务型大学的特征主要体现在以下几个方面。

1.开放性

服务是指为他人做事，并使他人从中受益的一种有偿或无偿的活动，不以实物形式而以提供活动的形式满足他人的某种特殊需要。服务是为他

① 徐绪卿、周朝成：《教学服务型大学：民办高等学校的新定位》，《中国高教研究》2011年第10期。
② 尚钢：《教学服务型大学的战略思考与实践》，在全国"教学服务型大学"建设研讨会上的报告，2013年5月17日。
③ 郑吉昌：《教学服务型大学：背景、内涵及战略举措》，《浙江树人大学学报》2011年第6期。
④ 赵国刚：《改革创新走转型发展之路，努力创建一流水平的教学服务型大学》，在全国"教学服务型大学"建设研讨会上的报告，2013年5月17日。

人做事，与他人具有不可分离性，因此，服务首先意味着开放。教学服务型大学打破原来学校自我封闭的状态，形成对内面向学生，对外面向社会的一种开放状态。开放，首先办学者包括学校领导、教师、管理人员要开放，敞开心扉，思想开通、解放。开放，要通过信息的收集，深入学生、社会的方方面面，充分了解学生、社会的需求。开放，要建立相应的开放平台，如交流互动的平台，学习的平台，研究的平台，管理的平台，以实现顾客的服务要求。

2. 应用性

应用是指将学习材料用于新的具体情境，包括原则、方法、技巧、规律的拓展。社会需要学术型人才和大量应用型人才。如前所述，社会所需要的学术型人才主要由研究型大学培养，教学服务型大学主要是为培养大批应用型人才服务。应用需要建立在对相应知识掌握的基础上，培养应用型人才同样需要理论学习，但这种理论学习是为培养应用创新人才服务的。应用性，首先要体现在学科、专业上，学校主要发展应用性学科、专业。应用性，需要建设一支适应应用型人才培养需要的双师型师资队伍，教师既要懂得本学科、专业的理论知识，又要熟悉相应的实用技术。应用性，要为学生的应用技术能力、创新能力的提高在校内外创设广阔的空间，让学生自主学习、自主实践，在实践创新中成长成才。

3. 多样性

服务对象的千差万别，决定了服务具有异质性。教学服务型大学为社会经济发展需要培养应用型人才，这种发展需要是多样性的。首先，行业是多样的，有工业、农业、林业、财经、政法、军事，等等，工业又可划分为电子、机械、钢铁、煤炭、石油、纺织、地质、矿业、轻工、化工、机电、建筑、生物技术、船舶运输、海洋工程，等等。其次，地域是复杂的，不同地域，历史传统不同，气候特征不同，主体工业不同，农作物种植的品种不同，同样体现了多样性。教学服务型大学应根据自己所处的地域、所面向的行业，选择不同的教学与科研模式、组织制度形式和资源配置方式，形成自己鲜明的办学特色。面对多样性，教学服务型大学要开展个性化教育，让每个学生都能找到自由发展的空间。

4.地方性

市场经济是区域经济，在市场经济社会，教学服务型大学要为区域经济发展做出自己的贡献，具有鲜明的地方性。要根据地方经济发展状况、资源状况、人才需求，探索学科专业的设置与建设。根据地方特点及其对人才的需求，确定人才培养方案和培养模式。建设一支认同为地方服务的价值取向，热爱地方、融入地方，业务水平高的师资队伍。建立全方位的社会服务体系，包括为地方政府提供决策咨询，形成高水平的地方研究群体，为新农村建设提供智力支持，建立学校与地方政府合作互动、融为一体的机构和制度。[①] 如前所述，在调研的过程中发现，人们还对教学服务型大学的性质、特征等在认识上存在种种疑惑。因此，从厘清各种关系中消除认识上的疑惑，有助于加深对教学服务型大学内涵和特征的理解。关于教学服务型大学与研究型大学等的区别，已在《建设教学服务型大学——兼论高等学校分类》一文中论述，下面就其他关系谈谈笔者的认识。

教学服务型大学与国外的服务型、创业型大学有什么联系和区别？20世纪90年代欧美国家开始出现对"服务型大学"的研究，威廉·卡明斯将服务型大学定义为"寻求将旨在创造新知识的科学研究与将新知识的实用价值转让给地方需求两者相结合"，即将知识的创新与将知识服务于地方经济发展相结合的大学。[②] 奥尔森、Arild Tjedvoll 等学者也对服务型大学进行过论述。与此同时，亨利·埃茨科维兹、伯顿·克拉克等人提出了"创业型大学"的概念。伯顿·克拉克认为，创业型大学是指那些具有企业家精神——主动创新以适应外部环境的变化的大学，并提出了创业型大学组织转型的五种路径：强化的领导核心；完善的发展外围；多元化的经费来源；激活学术中心地带；整合的创业文化。[③] 创业型大学与服务型大学的内涵在很多方面有相同之处，在很多学者的论述中，这两个概念可以互换。近几年来，学者们较多地使用"创业型大学"这一概念。国外目

---

① 刘献君：《建设教学服务型大学——兼论高等学校分类》，《教育研究》2007年第7期。

② W. K. Cummings, "The Service University in Comparative Perspective", *Higher Education*, 1998, 35（1），pp.1–8.

③ [美]伯顿·克拉克：《建立创业型大学：组织上转型的途径》，王承绪译，人民教育出版社2007年版。

前尚无教学服务型大学的提法。服务型大学、创业型大学和教学服务型大学三者有明显的共同之处，即都强调以服务功能为主导，是一种新的大学组织类型。但也有不同之处，创业型大学、服务型大学重在科研，以研究型大学为主；教学服务型大学重在教学，以教学型大学为主。

教学服务型和应用型是什么关系。"应用型"是相对"学术型"而言的，主要适用于人才培养目标，强调培养应用型人才。"教学服务型"是相对"研究型"、"教学研究型"和"教学型"而言的，是高等学校分类中的一种类型，有助于解决学校的战略定位问题。随着高等教育的大众化，高等学校的规模不断扩大，结构日益多元化。如果自我封闭、脱离社会、高度趋同这些问题不解决，高等学校将无法健康发展。教学服务型大学的提出，使地方高校找到了与经济社会发展相适应的定位。教学服务型大学以培养应用型人才为主，同样强调"应用"。因此，两者并不矛盾，教学服务型适用于高校的战略定位，应用型适用于高校的人才培养目标，两者相辅相成，相得益彰。

将教学服务型大学置于教学研究型和教学型大学之间的分类定位是否合适。从现有高等学校分类体系来看，将教学服务型大学置于教学研究型与教学型大学之间是比较合适的。教学服务型大学的容量、空间很大，既可以包括办学时间比较长、办学水平比较高的高校，又可以包括新建本科和民办高校。而且，我们要逐步打破分类中的线性思维，逐步形成网状思维，各类型、各层次的高校都可以在自己的定位上提高服务质量，办出高水平。在教学服务型大学中，一部分优秀的学校可以朝着创业型大学的方向发展。

三　教学服务型大学转型发展的路径

经济社会发展的转型必然带来高等教育的转型发展。加强教学服务型大学建设，正是高等教育转型发展的需要。在教学服务型大学建设中，也一定要体现转型发展，探索转型发展的路径。武汉纺织大学、黑龙江科技大学、浙江树人大学、宁波大红鹰学院近几年来坚定不移地定位于教学服务型大学，积极探索学校转型发展的方式，推进了学校的快速、健康发展。从这四所高校发展的实践来看，笔者认为，教学服务型大学转型发展的路径主要有：

1. 培育具有强烈服务意识、服务精神的学校领导核心

这四所高校之所以坚定不移地建设教学服务型大学，因为他们都有非常出色的学校领导，如武汉纺织大学党委书记尚钢教授，黑龙江科技大学校长赵国刚教授，浙江树人大学校长徐绪卿教授，宁波大红鹰学院党委书记孙惠敏研究员。他们有以下共同特点：

坚定的信念。他们从自己多年的办学实践中深刻地认识到，地方高校要发展，必须打破自我封闭，走向社会，与社会经济融为一体，以服务求生存，以贡献求发展。学校必须实现转型发展，在转型发展中，"要超越原来的办学格局，站在经济社会的大平台上，从经济社会发展需要出发，转变思想观念，转变思维方式，转换角色定位，跳出自我封闭、以我为中心的思维定势，真正走近学生，走进企业与社会，根植于区域经济，构建与学生，与地方、企业、社会有机协调、融合的关系"①。服务社会，建设教学服务型大学，已成为他们的一种坚定信念。

开放的心态。他们深知，建设教学服务型大学是一个新事物，需要广泛吸取智慧，共同进行创造。他们善于从全国有关学者中吸取智慧，如厦门大学潘懋元、邬大光教授多次应邀到这些学校讲学、咨询。笔者多次应邀到武汉纺织大学、黑龙江科技大学、宁波大红鹰学院，赵国刚校长、孙惠敏书记也专程来到武汉，共同探索教学服务型大学建设。他们亲自研究国内外有关理论，探索规律，撰写论文。向内开放，向教职工请教，探讨问题，是他们多年坚持形成的一种习惯。他们还走向社会，亲自参与、推动校企合作，结交了一批企业家朋友。

合适的招数。建设教学服务型大学，要探索新的路径，要有行之有效的方式、方法。他们不断进行探索、实践，不断开辟新的路径，推进学校建设。这在后面的论述中可以看出。

他们都是学校的主要领导，其乐于奉献、服务社会的精神深深感染了

---

① 赵国刚：《改革创新走转型发展之路，努力创建一流水平的教学服务型大学》，在全国"教学服务型大学"建设研讨会上的报告，2013 年 5 月 17 日。

周围的干部、教师，从而在他们周围聚集了一批志同道合的同志，共同奋斗，使得学校充满了生机和活力。因此，建设教学服务型大学，培养应用型人才，首先要选拔、培育具有强烈服务意识、服务精神的学校领导核心。

2.确立学校转型发展的办学格局

这四所高校在建设教学服务型大学的转型发展中，都在分析社会经济发展、学校自身状况的基础上，把握全局，总体设计，探索、确立了学校转型发展的新的办学格局。

黑龙江科技大学经过探索、研究，将学校的总体办学格局确立为：以"大德育、大工程、大实践"教育理念为引领，以学生成人成才为目标，以学生能力培养为主线，构建以"大德育"为先导、以"大工程"为背景、以"大实践"为途径的高素质应用型人才培养体系，使德育与工程实践互通互融、互促互进，融知识、能力、素质于一体，着力提升学生思想道德素质、工程实践能力和创新能力。在这一总体格局下，构建大德育体系、大工程教育体系、大实践教育体系，实现向教学服务型大学的转型。

武汉纺织大学是国内唯一坚持以"纺织"命名的高校。在转型发展中，他们首先对纺织业进行了深入分析，认为现代纺织工业决非传统意义上的纺纱织布，纺织产品已广泛运用到航空航天、水利交通、医疗卫生等众多领域，从而确立了"现代纺织、大纺织、超纺织"的理念，建设了纺织发展战略、新型纺织材料、纺织机械、纺织清洁生产、纺织数字化等以纺织特色为核心的六大学科群，主动适应纺织工业转型升级和市场需求变化，建设新专业，改造旧专业。在此基础上，他们提出"专业嵌入产业链，产业哺育专业群"的思路，紧盯纺织产业和区域经济发展，推动产学合作，全方位构建适应纺织产业转型升级和地方经济发展需要的人才培养体系。在此总体办学格局下，推进学校的建设和发展。

宁波大红鹰学院在确立学校转型发展的办学格局中，首先对宁波的经济发展进行了分析。他们认为，宁波地区的经济主要靠中小型企业支撑。从经济结构看，宁波市在浙江省规模以上中小企业资产总额中所占的比重最高，占其总额的22.14%，销售收入位居全省第二，利润额最高，占全省中小企业利润总额的22.57%。随着中小企业的快速发展，产业升级转型需要大批中、高级技术人才。据此，学校明确了自己的发展战略和格局：培养区域中小企业中高端技术、管理岗位高素质应用型人才；开展中小企业需要的应用研究和服务；与中小企业及社会专业团体发展密切的伙伴关系。

浙江树人大学是民办高校，他们抓住"民校对民企"的基本思路，形成了"以应用为宗旨，以就业为导向，细分劳动力市场，走差异化目标定位"的办学格局。

3. 走"联合培养"的应用型人才培养之路

培养应用型人才，就要打破学校的自我封闭，与企业、政府联合培养学生。从四所高校的实践来看，联合培养学生主要通过以下途径来实现：第一，提高专业结构与产业结构的关联度。专业结构要与产业结构相适应，学校的专业结构要随着产业结构的变化不断调整。武汉纺织大学的做法是，"专业嵌入产业链，产业哺育专业群"，构建应用人才培养创新体系（见图1）。

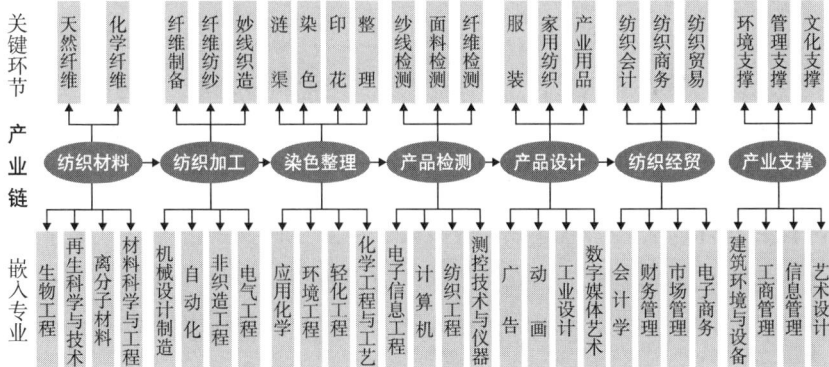

图1　武汉纺织大学特色专业发展计划

宁波大红鹰学院的做法是，面向区域主导产业设置专业。面向信息技术产业、先进制造业、现代服务业和文化创意产业设置了22个本科专业，同时按照岗位类型不同，设置了48个专业方向，以满足产业对人才的需求。面向新兴产业紧缺人才需求，构建多学科交叉、多专业支撑的专业方向群。例如，围绕"大宗商品"发展的需要，将国际经济与贸易、金融工程、物流管理、计算机科学技术等专业联合起来，设置"大宗商品交易方向"、"大宗商品金融方向"、"大宗商品物流方向"、"大宗商品市场分析方向"专业方向群，并与企业联合建立大宗商品商业学院，组织大宗商品教学工作。

第二，探索联合培养的人才培养模式。人才培养模式是指在一定的教育思想指导下，为实现理想的培养目标而形成的人才培养的标准样式及运行方式。实行联合培养，必须改革现有的人才培养模式。在这一方面，四校都进行了积极的探索，主要有校企合作"3+1"模式、校企合作"2+2"模式，即以项目为载体，以课程群为基础，构建课内与课外、理论与实践、基础与专业、校内与校外、专业能力与非专业能力培养一体化的人才培养模式，以"用"导"学"、以"用"促"学"。例如，黑龙江科技大学矿产专业学生实行跟班实习，兼做工长，与工人一同下井劳动，从实践中学习。联合建立工程实践教育中心，共同开展教学。例如，武汉纺织大学2012年经教育部批准，与广东德美精化工股份有限公司、猫人国际（香港）有限公司等10家企业建立了10个工程实践教育中心。联合开办卓越人才培养班。例如，武汉纺织大学服装学院的以纯班、化工学院的润禾班、电子学院的E杰班，浙江树人大学建立的以企业冠名的各种教学班。

第三，创建专业人才培养质量的社会评价制度。联合培养应用型人才，人才培养质量的评价不能仅仅限于校内，而要走向社会，进行社会评价。例如，宁波大红鹰学院坚持与麦可思研究院合作开展本校人才培养质量的社会调查，从人才培养社会贡献度、毕业生岗位适应能力、毕业生职业发展能力、人才培养工作满意度四个方面进行调查，并将调查情况直接反馈到教学一线，以改进人才培养方式。黑龙江科技大学在人才培养社会调查中，发现用人单位对该校毕业生的评价是"弯下腰、扎下根，不怕苦、累、险，具有朴实无华的奋斗精神"。这样的评价，给该校以极大的鼓舞，更加坚定了他们联合培养应用型人才的信心。

4.开拓合作研究的应用研究、试验开发之路

技术创新的主体在企业。教学服务型大学开展应用研究和试验开发，必须深入企业，把握实践中需要解决的实际问题、紧迫问题；师生和企业员工一道研究，共同去解决这些问题；在解决实践问题的过程中，形成研究成果，获取办学资源，培养应用型创新人才。四所高校都十分重视合作

研究，其主要的途径是：

第一，以服务求得信任和支持。地方高校要放下身段，深入企业、社会，真心实意地为地方经济发展服务，以取得企业、社会的信任和支持。四校在这一方面都采取了得力的措施。例如，武汉纺织大学实施"一市一项目"、"一省一示范"工程，即在湖北省各县级市，在全国各省市，根据其生产状况和需求，落实一个项目，共同开展技术创新，从而提高产品质量、经济效益，起着一种示范作用。同时该校开展了百名博士进企业活动，他们深入企业，和技术人员一道发现、解决生产过程中的技术问题。这些做法，取得了企业的广泛信任和支持。

第二，在战略联盟中生长。四校都分别和企业建立了战略联盟，以开展合作研究，实现技术的协同创新。例如，宁波大红鹰学院组建了大宗商品产业发展协同创新中心，中心由该校牵头，核心成员有宁波兴铜金属材料有限公司、深圳市国泰安信息技术有限公司等13家公司，西安交通大学管理学院、华中科技大学经济学院，以及中国大宗商品研究中心、宁波大宗商品交易所等机构。中心围绕浙江大宗商品企业商业模式创新、交易市场品种与机制创新、现代物流服务创新、现代信息服务创新、人才培养体系创新等重大问题开展研究，促进了浙江以至全国大宗商品产业的创新发展。

第三，在联合攻关中突破。一年只能收获小麦、玉米，十年才能收获参天大树。在联合研究中，只有紧密合作，长期坚持，联合攻关，才有可能取得突破性的重大成果。例如，武汉纺织大学徐卫林教授带领其研究团队，深入山东如意集团联合开展研究，经过7年的努力，研制出"高效短流嵌入式复合纺纱技术"，生产出世界上最轻薄的一款纯羊绒纱巾产品，从而打破了国际传统纺纱技术的极限，实现了纺纱技术的革命性突破。这项技术成为我国唯一拥有自主知识产权的新型纺纱技术，2009年获得了国家科学技术进步一等奖。

以服务求生存，以奉献求发展。资源不足的地方高校，在服务社会、开展应用研究和试验开发的过程中，形成了多元化的经费来源，获取了大量资源，从而推动了学校的快速发展。例如，武汉纺织大学近年来由武汉科技学院更名，科研的基础并不是很好，但由于他们坚持走教学服务型之路，在服务社会的过程中提升了研究能力，获得了大量资源。近几年来，该校获多项国家科技支撑计划、863 项目、973 项目，科研总经费达 2 亿4 千万元，1000 万元以上的项目有 6 个，其中"苎麻产业发展关键技术与设备"进入国家科技支撑计划，获科研经费 9000 万元。2008 年以来，该校获国家科技进步一等奖 1 项，国家发明二等奖 2 项，国家科技进步二等奖 2 项，学校发生了根本性变化，上了一个新台阶。

5. 建立共容共生的组织制度

教学服务型大学具有开放性、应用性、多样性、地方性等组织特征，应建立相应的组织制度，以保证其目标的实现。研究型大学具有分权制、结构松散，以学术价值为核心等组织特征，教学服务型大学应与之有别。教学服务型大学与企业、社会紧密相连，但企业是技术性的组织，因此也不能完全照搬其组织制度。教学服务型大学应建立与企业、社会共容共生的组织制度。四所高校在这一方面进行了初步探索，主要体现在：

建立校外各方面人士广泛参与的董事会、理事会，由董事会、理事会决定学校发展的方向和重大问题。如浙江树人大学建立的董事会，宁波大红鹰学院建立的理事会。

成立服务社会需求的产学研领导小组（浙江树人大学），与企业建立战略联盟（武汉纺织大学、黑龙江科技大学）或协同创新中心（宁波大红鹰学院），以推动、组织联合培养和合作研究。

根据需要，重组院部和学科、专业（武汉纺织大学），与企业联合建立学院（宁波大红鹰学院），创建新的教学组织，如德育实践教研室（黑龙江科技大学）。

四校都在开始探索与教学服务型大学的组织制度相适应的教师考核制度、学生评价制度、内部质量保障制度等。

教学服务型大学建设是一项新生事物，需要我们不断进行理论研究和实践探索，这种研究和探索还刚刚开始。在今后的长期探索中，应共同创造，逐步完善，通过教学服务型大学的建设，使我国高等教育能够更好地适应和推进社会经济的健康、持续发展。

（原载《高等教育研究》2013 年第 8 期）

论本科教学评估中的办学特色

在普通高等学校本科教学工作水平评估方案中，设立了一个"特色项目"，并明确规定，评估结论为优秀的学校必须"特色鲜明"，良好的学校必须有特色项目，从而推动了各个学校认识、总结自己的办学特色。这是一项十分有价值的工作，对我国高等教育的改革和发展具有重大而深远的意义。

但各个学校在总结办学特色的过程中，由于对特色的认识不一，对办学特色的内涵把握不一，因而概括出来的办学特色，有的比较准确，有的离特色的要求相去甚远。本文针对在本科教学工作水平评估过程中如何认识、总结办学特色问题，谈谈自己的一些认识。

一　怎样认识特色

在认识办学特色时，有人仅仅将办学特色当作工具理性与生存战略来对待；有人认为"特色是落后的代名词"，二三流的大学才会去考虑特色。这些认识都没有将办学特色当作价值理性和发展战略来对待。特色是一个事物特殊的质量和品质，它有如下几个特点。

1.特色是事物的内在价值

张岱年先生指出："价值可以说具有两重含义，亦即具有两个不同的层次。价值的基本的含义是能够满足一定的需要，这是功能价值；价值的更深一层含义是其本身具有优异的特性，这是内在价值。"[1] 由此可见，优

---

① 　张岱年：《论价值与价值观》，《中国社会科学院研究生报》1996 年第 6 期。

异的特性即特色，是一个事物的内在价值。

2. 特色是一个事物存在的依据和标志

世界上没有两片相同的绿叶，也没有两个相同的人。人的基本结构、样式都是相同的，人们之所以能将一个人与其他人区别开来，就在于这个人的特色。学校与学校之间的区分，也在于其特色。矛盾的普遍性与特殊性的关系，亦即矛盾的共性与个性的关系，指的是共性包含于一切个性之中，没有个性也就无所谓共性。可见，特色是一个特定事物存在的依据和标志。

3. 特色就是水平

特性与共性密切相关，特性改变共性，共性的丰富性取决于特性的多少。特色是一个事物的优势所在，有了优势，才谈得上水平，因此特色就是水平。

办学特色是指"在长期办学过程中沉积形成的本校特有的，优于其他学校的独特优质风貌。特色应当对优化人才培养过程，提高教学质量作用大，效果显著。特色有一定的稳定性并应在社会上有一定的影响，得到公认"。[①] 办学特色最显著的特点，一是独特性，本校特有的；二是优质性，优于其他学校的；三是稳定性，长期起作用并得到社会公认的。办学特色体现在方方面面，例如，总体上的治学方略、办学理念、办学思路；教育上的特色，如教育模式、人才特色；教学上的特色，如课程体系、教学方法以及解决教改中的重大问题；教学管理上的特色，如科学、先进的教学管理制度、运行机制等。所谓"特色鲜明"，是指一事物与其他事物具有较高的区分度。

二　办学特色的基本内涵

任何一种办学特色，不管如何进行总结、概括，都应当体现以下四个方面的内涵。

[①]　教育部办公厅:《普通高等学校本科教学工作水平评估方案（试行）》（教高厅 [2004] 21 号）。

1. 独到的教育理念

独到的教育理念，是办学特色的灵魂。办学理念是大学精神的结晶，是一所大学中相对最稳定的因素之一，决定大学的发展方向。"就中国的当代大学而言，如果说已形成自己的鲜明办学特色的大学还不多，那么其主要原因可能是我们对人才培养目标过于统一，从而导致缺乏各具特色的办学理念。"① 国外一些著名大学之所以形成了鲜明的办学特色，首先是因为这些大学具有独到的办学理念。例如，牛津大学"求实、辩证和以人为本"的教育理念，奠定了牛津大学办学特色的基础。麻省理工学院"理工与人文相通，博学与专精兼顾，教学与实践并重"的教育理念，是其办学特色形成的依据。斯坦福大学"实用教育"的理念，影响着斯坦福大学的发展，决定着斯坦福研究园区和硅谷的成功。因此，总结办学特色，首先要考虑办学理念。

2. 学校成员认同的规章制度

学校成员认同的规章制度，是形成办学特色的保障。办学特色形成的过程是顺应时代发展，不断创新的过程。学校改革发展的实现，要以制度创新来做保障。制度具有规制性，它告诉人们能够干什么，不能干什么，给人们的行为规定了边界，正因为如此，制度可以使人们的行为达到预期的结果。因此，要形成办学特色，不仅要进行制度创新，而且要使这些制度为学校成员所认同，成为所有学校成员的行为习惯。例如，19 世纪初的柏林大学，为实现教学与科研的结合，形成了科研和教学相结合的实验室制度，以研究高深课题为中心的研讨班制度。纵观我国凡具有办学特色的大学，都是有相应的规章制度作保障的。

3. 独特的优良传统和校风

独特的优良传统、校风是办学特色的标识。办学特色不是短时期能形成的，而是办学历史的沉淀，是学校传统和风格的长期积累，具有稳定性。在独到的教育理念的指导下，在创建特色的办学过程中，必然形成自己独特的优良传统和校风。例如，北京大学提倡"兼容并包"，有民主、自由之风；清华大学提倡"厚德载物"，有严谨、认真之风；南开大学提倡

---

① 储召生：《办学特色：大学的必然选择》，《中国教育报》2003 年 7 月 27 日。

"允公允能"，有开拓、活泼之风，等等，都是这些学校办学特色的标识。

4. 良好的社会影响和效果

良好的社会影响和效果，是办学特色的体现。办学特色的价值，取决于其对科学发展、经济发展、社会发展所做出的被社会广泛认同的实际贡献。对社会的贡献越大，办学特色的价值越大，特色也愈鲜明。办学的社会影响和效果，突出体现在学科建设和人才培养质量上。从一定意义上说，"一所大学的优势学科所在，也就是这所大学的特色所在，大学根据自己的独特优势发展某些重点学科，使之成为优势学科，并率先在自己的优势学科领域为社会发展做出显著成绩，是大学形成办学特色的重要切入点"①。同时，人才培养质量十分重要，毕业生是否有特色，是否在社会上有优势，能否为社会发展做出突出贡献，亦是办学特色十分重要的体现。

笔者对近几年来本科教学工作水平评估中近 100 所学校总结出来的办学特色进行了一次分析，认为以下一些"办学特色"大体涵盖了以上四个方面的内容。

在办学方略方面，以浙江理工大学为例，他们概括的办学特色是："秉承百年办学传统，植根浙江人文文化，以培养具有创新创业精神的专业人才为目标，通过开设创新创业课程、建立大学生创业中心、设立学生科研基金、设立创新学分、建立校外创业基地等多种途径，不断更新教育理念，加强学科专业建设，改革人才培养模式，营造创新创业氛围，培养了一批创业人才，为地方经济特别是纺织服装业的发展做出了重要贡献。在办学过程中形成了'求知求实、创新创业，服务地方经济社会发展'的鲜明的办学特色。"

在办学理念方面，以南京师范大学为例，他们概括的办学特色是："融合江苏人文底蕴，秉承百年师范传统，坚持奋发进取，开拓创新，铸就了以'厚生'为主体的南师精神。"

在教育教学理念方面，以首都师范大学为例，他们概括的办学特色是："建立教育发展服务区，建设教师发展学校，开通教师教育与基础教育'直通车'，以推动教师教育改革与基础教育发展良性互动。"

① 储召生：《办学特色：大学的必然选择》，《中国教育报》2003 年 7 月 27 日。

在教学管理方面，以上海大学为例，他们概括的办学特色是："长期坚持以'三制'（学分制、选课制、短学期制）为核心的教学管理制度改革，创造性地实施了基于学生社区管理的'三自'学生管理体制，为学生创造了良好的个性发展空间。"

还有一些总结得很好的办学特色，在此不一一列举。

三　总结办学特色中易出现的几个问题

在本科教学工作水平评估中，笔者发现，对办学特色的总结容易出现以下几个问题。

1. 把办学成绩当成办学特色

每所学校在办学过程中都会取得一些成绩，都会有所发展。总结办学特色，应该从取得的办学成绩入手，但不能停留在办学成绩上。把办学成绩当作办学特色，是在总结办学特色过程中首先容易出现的问题。例如，某大学把自己的办学特色概括为："坚持以人为本的理念，在教学管理、师资队伍建设、人才培养等方面进行了多项制度创新，激发了师生投入教育教学改革的积极性，在招生规模连年增长的情况下，教学质量得到了保障，初步实现了'质量双赢'。"这主要是办学过程中取得的成绩，而非办学特色。

2. 把学校共性当成办学特色

个性寓于共性之中，抛开共性追求个性是不可能的。总结办学特色，不能离开高等教育的共性，不能违背高等教育的共同规律，但不应将共性当特色。在总结办学特色的过程中，把共性当特色是又一比较突出的问题。例如，某所大学将自己的办学特色概括为："树立全面'育人'理想，采取有效措施，努力提高学生的综合素质。"这是每一所学校都应该努力去做的。

3. 把学校定位当成办学特色

准确定位是办好任何一所学校的前提和基础。总结办学特色，离不开学校定位。但学校定位不等于办学特色。在总结办学特色中，把学校定位当作办学特色，是又一容易产生的问题。例如，有几所学校将自己的办学特色概括为："准确定位，培养地方经济建设需要的应用型人才"；"培育服务于某某行业的应用型人才"；"立足什么，服务什么，为地方经济服务"。这些都是学校定位，而不是办学特色。

4. 把特质、特点当成特色

特色是由特质、特点发展而来的。特质是指灵感，新鲜的点子、设想，是特色的胚芽状态。特点是特质发展为特色的过渡阶段，突出"点"，是相对独立的某一点，具有显在性。我们不能把特质、特点当特色。例如，一所学校将自己的办学特色概括为："创建新校园，给每个教授一间工作室，副教授二人一间工作室……"这只能说是特质、特点，而不能称之为特色。

当然，在总结办学特色中，还存在一些其他的问题，此不赘述。

总之，"每一滴露水在太阳的照耀下都闪耀无穷无尽的色彩"①。在多样化的开放世界，各高校必须选择特色，设计特色，创造特色，保持特色，强化特色，才能更快更好地发展。

（原载《高等教育研究》2005 年第 8 期）

---

① 《马克思恩格斯全集》第一卷，人民出版社 1956 年版，第 7 页。

论大学办学特色的创建

事物的发展过程是一个创造的过程。"将来并不存在于现在。"① 事物是在创造的过程中生成的。对于我国大学来说,提出并重视办学特色仅有10来年的时间,还存在不少的问题,因此,如何创建办学特色,需要不断回顾、总结、研究、推进。

一 从总结特色到创建特色

我国大学重视办学特色,是从本科教学工作水平评估开始的。在普通高等学校本科教学工作水平评估方案中,设立了"特色项目",并明确规定,评估结论为优秀的学校必须"特色鲜明",良好的学校必须有特色项目,从而推动了各个学校认识、总结自己的办学特色。

近10年来,我国大学开始形成特色意识,重视总结、宣传自己的办学特色。这突出表现在三个方面:一是逐步将办学特色纳入自己的发展战略,在制订学校发展战略规划时,将形成办学特色作为重要内容。例如,南京大学提出,"以特色立校,扬长避短;以特色强校,凸显南京大学的品牌和地位"。按照规模适度、内涵发展的办学指导思想,南京大学选准创建世界高水平大学为突破口,以学科建设为龙头,队伍建设为核心,求真务实,走特色发展之路。天津大学在创建世界知名高水平大学的过程中,提出"上水平、出精品、办特色"的发展战略。二是在学校的实际工

---

① [美] 罗伯特·梅斯勒:《过程—关系哲学》,周帮宽译,贵州人民出版社2009年版,第5页。

作中，有意识地彰显自己的特色。例如，在招生工作方面，通过各种手段和方式宣传介绍学校的办学特色，如宣传学校的特色学院、特色学科、特色专业、有特色的人才培养模式等；在毕业生就业方面，利用人才双向交流会等渠道宣传学校的办学特色，如校企合作的办学模式特色，"厚基础，宽口径"的育人模式特色等，以吸引用人单位的关注，提高毕业生的就业率；在科研成果市场转化方面，注重集中优势资源，重点推广有特色的科研成果与项目，加强与企业的合作，同时加强营销策划，提高科研成果的市场转化率，等等。三是部分学校以此为契机，在总结的基础上，开始创建自己的办学特色，有力地推动了学校的发展。

本科教学评估对我国大学办学特色建设的推动作用，特别是对学校特色意识形成的推动作用，必须充分肯定。但是，我们必须清醒地认识到，这种自上而下、功利色彩浓厚的"运动"方式所推动的对办学特色的重视，也带来了种种弊端，形成了一些误区。这些认识误区，主要表现在以下方面。

1. 停留在特色的总结上，忽视了特色的创建

由于评估指标体系中设立了"特色项目"，因而学校为了争"优"，必须去总结办学特色。但实际上，长期以来我国大学并没有重视办学特色，多数学校并未形成鲜明的办学特色，因而只能从自己办学的成绩、优势中去寻找"特色"，总结"特色"。

例如，有三所大学的办学特色分别是这样总结的："在多年的办学实践中，在外语教学和人才培养、大力发展国际教育合作和教育质量监控与完善教学评估制度方面取得了显著效果，对优化人才培养过程和提高教育教学质量起到了重大作用，在社会上产生了一定影响，且得到了较广泛公认。""雄厚的国际背景师资，独立 WTO 潮头的高校教育地位，良好的学校品牌和人才市场中难以比拟的竞争优势，世界一流的网络教育平台和个性化的优质教育服务……""自强不息的创业精神，不断完善的教师教育体系；构建'三个课堂'的育人体系，强化全体学生的综合素质；积极发挥'龙头'作用，促进教育强省建设。"

这些总结，都谈不上办学特色。办学特色的创建需要在总结学校发展的历史，特别是办学成绩、优势的基础上展开，但总结代替不了创建。不少学校停留在办学特色的总结上，误以为自己形成了办学特色，步入了

"特色是总结出来的"误区，影响了办学特色的探索和创建。

2.办学特色泛化

办学特色有特定的内涵，但由于在总结特色的过程中，缺乏对办学特色的深入研究和理解，因而出现了办学特色的泛化。[①] 其主要表现是：

（1）把办学成绩当成办学特色。例如，某大学把自己的办学特色概括为："坚持以人为本的理念，在教学管理、师资队伍建设、人才培养等方面进行了多项制度创新，激发了师生投入教育教学改革的积极性，在招生规模连年增长的情况下，教学质量得到了保障，初步实现了'质量双赢'。"这主要是学校在办学过程中取得的成绩，而非办学特色。

（2）把学校定位当成办学特色。学校的办学特色，要符合学校的定位。但学校定位不等于办学特色。例如，有的学校将自己的办学特色概括为准确定位，培养地方经济建设需要的应用型人才；培育服务于某某行业的应用型人才；立足什么，服务什么，为地方经济服务，等等。这些都是学校定位，而非办学特色。

（3）把学校共性当成办学特色。办学特色不能离开高等教育的共性，不能违背高等教育的共同规律，但共性不是特色。把共性当成办学特色也是比较突出的问题。例如，某大学将自己的办学特色概括为："树立全面'育人'理想，采取有效措施，努力提高学生的综合素质。"这是每一所学校都应该努力去做的，而非某一所学校的办学特色。

（4）把特点、特质当成特色。特质是指灵感，新鲜的点子、设想，是特色的胚芽状态。特点是特质发展为特色的过渡阶段，突出"点"，是相对独立的某一点，具有显在性。我们不能把特点、特质当特色。例如，一所大学将自己的办学特色概括为："创建新校园，给每一个教授一间工作室，副教授二人一间工作室……"这称不上办学特色。

办学特色的泛化，使人们步入了"创建办学特色并不难，很容易"的误区，因而影响了大学办学特色的创建。

3.注重"向上"，忽视"向下"

由于这次办学特色的总结，是自上而下推动的结果，目的是为了争取

---

① 刘献君：《论本科教学评估中的办学特色》，《高等教育研究》2005 年第 6 期。

本科教学评估中的"优"，带有浓厚的功利色彩，因而学校注重"向上"，所总结的办学特色主要看教育部专家组能否认可，上级主管部门是否满意，而忽视了社会的认同和师生的认可，因而使人们步入了"形成办学特色主要是向上负责"的误区。

创建办学特色的目的，在于促进大学更好地履行自己的职能。大学的职能是教学、科研和社会服务，核心是人才培养。形成办学特色，是为了提高人才培养的质量，更好地满足社会的需要和学生发展的需要，产出更优质的科研成果，更好地为社会服务。因此，办学特色的创建要充分了解社会的需求，学生发展的愿望，学校的关切应由"向上"转向"向下"。

总结办学特色，探讨学校发展的历史和文化，仅仅是一个开端。我们既要充分肯定大学开始重视办学特色的良好态势，又要看到这一过程中存在的种种误区，应当走出误区，认真研究办学特色，努力创建办学特色。院校研究人员要为此做出自己的贡献，为学校办学特色的创建提供理论支持、措施论证和实施评价。

二　确立创建办学特色的方向、目标

大学的办学特色是指一所大学在其发展历程中形成的比较持久稳定的发展方式和社会公认的、独特的、优良的办学特征。关于办学特色的内涵，笔者在《高等教育研究》2005年第6期《论本科教学评估中的办学特色》一文中已有论述。办学特色具有独特性、优质性、稳定性、发展性和导向性。因此，创建办学特色，首先要通过研究、创造，确立方向、目标。在确立创建办学特色方向、目标的过程中，应把握以下几个方面：

1. 以"类特色"为前提

特色是一个事物显著区别于其他事物的风格、形式，是事物赖以产生和发展的特定的具体环境因素所决定的。事物有大小之别、层次之分，事物所处的环境千差万别，因此，特色也是分层次的。大学这一事物，与企业、政府、军队等类事物有显著区别，具有自己的特色，因而办大学要遵循大学发展的一般规律。大学又有各种类别，如以学科专业划分，有综合性大学、工业大学、农业大学、师范大学、财经大学、艺术大学等；以层次划分，有研究型大学、教学研究型大学、教学服务型大学、教学型大学等；以管理权限划分，有国家部属大学、地方大学等。每一类大学，与其他类型大学不同，有其自身的特色，笔者将其称为"类特色"。"类特色"指同类大学因其办学性质相近而共同具有的比较持久稳定的发展方式和独特的办学特征。

以地方大学为例，笔者认为，地方大学应以"建设教学服务型大学"为"类特色"。地方大学身处地方，受地方全方位的影响，学生来源于地方，毕业生走向地方，办学经费来自地方，科研项目产生于地方，社会服务面向地方。因此，地方大学首先要办成教学服务型大学。教学服务型大学以本科教育为主，适度发展研究生教育；教学和科学研究以服务地方为宗旨，培养地方需要的应用型人才；大力开展以满足社会需要为目的的各种服务活动，形成地方全方位服务的体系。[①]

例如，根据建设服务型大学的要求，湖南吉首大学立足"为地方经济社会发展提供人才支持"、"为地方资源开发提供科技支持"、"为当地社会发展提供先进思想文化"三个不可替性，探索"大学+公司+政府+农户"的模式，将"强校"目标与"富民"使命相结合，形成了自己的办学特色；内蒙古农业大学以"突出草原畜牧业为重点"，形成办学特色；陕西榆林学院根据榆林地区的特点，立足能源、化工，实现学科结构转型，创建办学特色；贵州凯里学院根据民族地区的特点，在"保护传承和弘扬原生态民族文化"方面形成了自己的办学特色，等等，这些都有力地推动了学校的发展。

大学确立创建办学特色的方向、目标时，首先要明确自己在整个大学系统中的位置，以"类特色"为前提。

2. 在竞争中选择

为什么要创建大学的办学特色呢？原因之一是，大学面临着激烈的竞争，必须在竞争中生存、发展，特别是新建地方大学还面临着生存的危机。据悉，教育部将下发相关文件，探索建立高等学校退出机制，办学条件不达标且逾期不能改正，或连续多年未招生的高等学校，可依法报审批

---

① 刘献君：《建设教学服务型大学——兼论高等学校分类》，《教育研究》2007年第7期。

机关予以撤消。要在竞争中取胜，就必须在发展共性的同时，突出特色，提高办学水平和质量，形成自己的个性。

在竞争中选择，首先要了解竞争对手，特别是要加强对同类型、同水平大学的分析，进行"同型比较"，从中找到自己的发展空间。例如，地处苏北的徐州医学院，规模比较小，没有地域优势，但他们在发展中大胆创新，走一条前人没有走过的特色发展之路，创办了中国第一个麻醉学专业，并集中力量发展，使之走在全国前列。他们组织申报的教改项目《有中国特色的多层次麻醉学专业教育的研究与实践》，获国家级教学成果一等奖。麻醉学科的发展，又带动了学校医学影像学等学科专业的发展。河南科技大学地处洛阳，根据洛阳的工业结构，该校学科以机械为主。但一般地发展机械学科，短时期内不可能赶上清华、华中科大、西安交大等实力雄厚的大学。于是，他们选择轴承作为重点、优势，创办轴承设计与制造专业，在这方面成为全国第一，独树一帜，形成特色。不仅机械学科发展了，而且带动了学校其他学科的发展，毕业生在全国各地很受欢迎。这些都是在竞争中通过同型比较确立创建办学特色方向、目标的成功范例，值得借鉴。

3. 在学校发展的历史、文化中生长

办学特色在学校发展的历史进程中形成，离不开自己的历史、文化，否则会成为无源之水。在大学发展过程中，师生员工会不断更替，规章制度也会发生变化，唯有学校文化会留存下来。回顾学校历史，重点是回顾学校的文化。

清华大学在创建学校办学特色的过程中，对其百年发展的历史、文化进行了系统的回顾、总结。他们认为，清华大学发展的初期虽然渗透着西方文化的影响，但学校植根于中华民族优秀文化的沃土，形成了自己优良的传统和精神。以国学研究院四大导师王国维、梁启超、陈寅恪、赵元任为代表的清华学者，主张中西兼容、文理渗透、古今贯通，对清华的发展产生了深远的影响。"自强不息，厚德载物"的校训，"行胜于言"的校风，从建校初期就成为清华师生治学与为人的追求，并一代代得以传承。从"五四"爱国运动、"一二·九"抗日救亡运动到反内战争民主的"一二·一"学生运动，从施滉、韦杰三到闻一多、朱自清，生动地展现了清华师生的革命精神。新中国成立后，清华大学坚持党的教育方针，坚持"又红又专"的方向，培育"严谨、勤奋、求实、创新"的学风，探索出一条"爱国、成才、奉献"和"为祖国健康地工作五十年"的成才道路，学校孕育着独特的精神魅力。清华大学在此基础上发展自己的办学特色，满怀信心地向世界一流大学迈进。

4.学校师生认同

办学特色方向、目标的确立，要发动师生广泛讨论，达成共识。办学特色方向、目标的确立，是一个十分艰难的过程，需要智慧，需要全体师生的群体智慧。办学特色的实施，需要全体师生的积极参与，否则所谓办学特色将是一纸空文。师生参与的前提是认同，唯有认同，才会积极参与。发动师生参与办学特色讨论的过程，是一个发挥群体智慧的过程，凝聚人心的过程，达成共识的过程。

华中科技大学文华学院办学之初，确立了"育人为本，质量第一"的办学宗旨。要提高学校办学质量，就必须创建学校办学特色。创建特色，提高质量，是办学的根本要求和一般规律，但具体到每一所学校如何创建办学特色，则需要自己去探索、创造。为此，学校用三年时间进行探索，从学校面临的时代、环境，学校的性质、学科专业结构，学生特点等诸多方面，通过交流、座谈、研讨，初步提出以"个性化教育"作为办学特色。然后，召开学校全体骨干教师、中层以上干部参加的大型研讨会，展开讨论，使之获得一致赞同。经过讨论，大家认为，以"个性化教育"作为办学特色，是对教育真谛的深刻领悟，是适应高等教育大众化的诉求，有利于学生创新能力的培养，有利于实现教育公平。一些教师说："开展个性化教育是文华学院创建办学特色过程中的一种选择，这种选择是一种境界、理想，是一种追求、精神，也是一种责任。"由于得到广大教师、学生、干部的认同，学校的个性化教育得以顺利实施。

三 有效推进办学特色的创建

明确了学校办学特色创建的方向、目标之后，应举全校之力，有效推进办学特色的创建。有效推进办学特色的创建，笔者认为，把握以下三点十分重要。

1. 凝炼核心教育理念

大学的核心教育理念是大学为实现特定的教育使命，依据自身发展定位和核心文化，渗透着大学核心价值取向与利益相关者的共同愿望，在办学实践中高度凝炼出的该大学组织的最高目标和理想追求，是指导大学教育长盛不衰的根本信条。大学是文化集成的产物，没有文化底蕴的大学理念，成不了大学的核心理念。任何一种大学理念与文化的创新都需要体现大学核心理念，同样，任何大学的核心理念都要集中彰显大学的特色内涵，体现大学的办学特色。不同的核心理念催生了形态各异的学校文化，也形成了不同的管理制度和管理风格，产生了不同的办学效果，铸就了不同的办学特色。学校可以根据自身历史文化基因对大学共同的基本理念进行调适，选择不同的切入点，逐步创造和形成由精神、行为、制度与环境文化构成的集中体现办学特色的独特核心理念。

校训是广大师生共同遵守的行为准则与道德规范，也是学校核心教育理念、办学特色的载体和集中体现。办学特色只有融入校训之中，才能发挥广泛、深刻的作用，深入师生的心中，体现在师生的行动之中。

校训应相对稳定，但又是发展变化的。特别是对于办学历史不长的发展中学校，应根据自己办学特色创建的需要，在广泛讨论的基础上，形成自己新的校训。例如，北京师范大学的校训，在其漫长的办学历程中就经历了一个不断发展变化的过程。1915 年，陈宝泉校长提出"诚实、勇敢、勤勉、亲爱"作为校训。1925 年，范源廉校长给毕业生题词"以身作则"，该题词被奉为校训。1997 年，启功先生题写了"学为人师，行为世范"，学校以此为校训。进入新世纪之后，北师大又对校训进行了新的诠释，认为"学为人师，行为世范"蕴含了时代使命和社会责任，反映了高远的价值追求和自强不息的进取精神，强调学与行的统一，个人与社会的统一，理想与实践的统一，既是对中国优秀教育文化传统的现代诠释，也是对当代教师职业道德和专业素养的高度凝炼，更是北师大办学灵魂、大学精神和办学特色的集中体现。哈佛大学"与柏拉图为友，与亚里士多德为友，更要与真理为友"，斯坦福大学"让自由之风吹拂"，耶鲁大学"光明与真理"，普林斯顿大学"为国家服务"的校训，清华大学"自强不息，厚德载物"，上海交通大学"饮水思源，爱国荣校"，南开大学"允公允能，日新月异"，厦门大学"自强不息，止于至善"的校训，都体现了各自学校的核心教育理念和办学特色，值得我们借鉴。

校训，要立足办学特色，别具一格；把握时代脉搏，富于时代气息；体现人文关怀，渗透人文精神；融入传统文化，文化底蕴深厚。

2.实施大手笔的举措

创建办学特色，是学校带全局性、极具创造性的大事，要有大手笔的举措。有了大手笔，才会有大发展，办学特色才能得以形成。大手笔，要有大气魄，要有超越、怀疑、批判的精神，要超越各种形式的禁锢和守旧观念，挑战各种理论和权威，深刻批判与反思，进行前提追问、主体创造与建构。

（1）采取大手笔的措施，推进办学特色的形成。华中科技大学文华学院确立了"个性化教育"的办学特色后，以发掘学生的优势潜能为突破口，创造性地实施了几项重大措施。诸如在国内高校中首次设置"潜能导师"，帮助学生发现自己的优势潜能，指导学生进行生涯设计；创造性地量身定制个性化培养计划，针对部分学习困难的学生，对他们逐个进行分析，为每个学习困难的学生精心制订个人课表，有针对性地实施培养计划；培育学科专业特色，为学生提供多样化的、特色鲜明的专业教育；实施针对性教学，激发学生的学习兴趣、激情，提高学生学习的效率，等等。这些措施受到学生的广泛欢迎，有力地推进了个性化教育的实施。

（2）建立一支与办学特色相适应的教师队伍。办学特色的实现，在很大程度上取决于教师。教师要认同学校的办学特色，具有实施办学特色的素质、能力，并主动积极地推进办学特色的形成。华中科技大学文华学院在实施个性化办学特色的过程中，十分注重加强师资队伍的建设。在教师引进中，要考察教师对个性化教育的价值认同；在教师培养中，贯穿个性化教育的理论与实践；在教师考核中，要考核教师实施个性化教育的成效及其作为"潜能导师"的履职情况。现在，学校的大多数教师不仅认同个性化教育理念，而且想方设法在学生中实施个性化教育。

（3）培育体现办学特色的学校文化。学校文化和办学特色的形成是一个相辅相成、相互促进的过程。在办学特色形成的过程中，通过校风、学风、传统，逐渐积淀，形成学校特有的文化；学校文化一旦形成，又将有力地推进办学特色的深化。培育体现办学特色的学校文化，是一个艰难、复杂、长期的过程，需要学校为之付出艰辛的努力。

3. 在评价中发展

大学办学特色最终要接受市场的检验，由社会来评判。在完善的市场机制下，学校办学特色是否成功，人才培养质量如何，可以通过市场与社会反映出来。不仅毕业生的就业率，而且他们在社会上受欢迎的程度，收入待遇的高低，都会成为衡量学校办得成功与否、学校声誉高低的重要因素。①

在办学特色创建的过程中，要适时、定期地进行自我评价、社会评价，了解办学特色创建的状况、成效及其中存在的问题，明确继续发展的方向。在评价的过程中，要有坚定的信念，如果事实证明办学特色的方向是正确的，那么就要坚定不移、坚持不懈地开展创建；要有开放的心态，广泛吸收各方面好的意见、建议，不断丰富自己；要有合适的招数，针对评价过程中发现的问题提出新的举措，以推进办学特色的健康发展。

华中科技大学文华学院在个性化教育办学特色实施多年后，组织了一次自我评价和社会评价。首先，自下而上进行系统回顾、总结，并要求撰写书面材料；对部分毕业生进行调查，了解他们对个性化教育的评价；请校外有关人士来学校，向他们介绍个性化教育实施的情况，听取他们的意见。近一年多来，顾明远、潘懋元、周远清、叶澜、王英杰、张楚廷、李延保等教育界著名学者和领导来到学校，他们既充分肯定了学校的个性化教育，又提出了很好的指导性意见。综合自我评价、社会评价，学校认为，个性化教育的实施应在两个方面进行加强，一是加强对学生的人格教育；二是要为学生的个性成长创设更广阔的空间。据此，学校提出从以下两个方面进一步推进个性化教育：

（1）开展"立志"教育。立志，是良好个性形成的前提。孙中山先生指出："立志是读书人最要紧的事。"苏霍姆林斯基认为："确定志向，选好专业，这是幸福的源泉。"有了远大的志向，才能有学习的动力和学习的

---

① 李立国：《关于高校办学特色的几点认识》，《中国大学教学》2006 年第 10 期。

积极性，才会主动发掘优势潜能，自觉完善自己。个性是共性与特性的统一，而立志是两个方面的结合点。大学生通过发掘优势潜能，选择自己最感兴趣的专业、职业，确立自己的志向，发展自己，完善自我，毕业后能够更好地为社会贡献自己的力量。学校要通过励志，帮助学生制订人生发展规划，学习优秀人才成功的经验，帮助学生通过读书、学习、实践立志。学校要将帮助学生立志渗透到教育教学的各个环节。

（2）为学生提供广阔的发展空间。学生的个性发展靠自己的努力，学校的主要责任是为学生提供广阔的发展空间。孟子曰："君子所以教者五；有如时雨化之者，有成德者，有达财者，有答问者，有私淑艾者。此五者，君子所以教者也。"（《孟子·尽心》上）学生的状况千差万别，成才的方向、愿望各有不同，学校要尽可能为各种不同的学生提供发展空间。如根据学生的兴趣、今后可能从事的职业，设置专业（主要指课程体系）；开设多样化的培养各种能力的课程，供学生选择；改革考试、毕业设计、实习等环节，等等。学校要解放思想，勇于创造，大胆设计，着力推进，从多方面为学生创设发展空间。

办学特色的创建，关系到学校的生存和发展，关系到学校能否立足于大学之林，是一个长期、艰巨的过程。办学特色的创建，任重道远。

（原载《高等教育研究》2012 年第 1 期）

科学发展观与高等教育发展

科学发展观的提出，对于推进我国高等教育发展具有特殊重要的意义。我们要以科学的态度对待科学发展观的提出，正确认识和看待改革开放以来我国高等教育的发展；要以科学发展观为指导，确立科学的高等教育发展观，推进高等教育的科学发展和高等教育研究的深入开展。

一　以科学的态度对待科学发展观的提出

在对科学发展观的学习讨论中，有人认为，科学的对立面是非科学，现在提出科学发展观，说明以前指导发展的是非科学发展观，这种认识是片面的。社会发展有一个过程，发展观也是随着社会经济发展而逐步变化、进步、完善的。从世界范围来看，20 世纪 50 年代以前，人们更多地从经济视角来看待发展，强调经济增长；20 世纪六七十年代，人们更多地从社会视角来看待发展，强调经济增长和社会进步；现在，人们开始更多地从人本视角来看待发展，强调以人为本。我们要以科学的态度来对待科学发展观的提出。

1.辩证地看待我国改革开放以来的发展

中央提出科学发展观基于两点：充分肯定改革开放以来我国发展的巨大成就；分析我国当前经济运行中出现的各种矛盾和问题。我们要辩证地看待我国改革开放以来的发展。

从整个国家看，改革开放以来，我国社会经济发展取得了巨大成就。这里，我想从我自己的切身感受来看。1993 年，我第一次到美国看到什么都感觉新鲜，他们的汽车在高速公路上每小时跑 140 公里，我回国后到处说，他们的宾馆、餐厅条件比我们好多了，公共厕所里还放手纸，当时感到很难想象。1999 年，我再次去美国，几乎没有什么东西感到新鲜了。今年 6 月份，我去了俄罗斯的莫斯科、圣彼得堡、海参崴，感觉近 10 多年，俄罗斯几乎没有什么发展，没有新的建筑，设施陈旧、落后，我坐过的电梯，没有一部是比较好的，教授的收入也很低。近 10 多年来，我国的发展是巨大的。同时，也必须看到，在发展过程中仍然存在不少矛盾和问题，如经济过热，有的建设不讲效益，存在不少政绩工程，环境污染严重，对弱势群体关注不够等，都是值得十分重视的。

教育的发展也是一样，取得了巨大成绩。我们从理念和观念层面提出了高等教育"规模、质量、结构、效益"协调发展的原则和要求；提出了基础教育"均衡发展"的要求和意见；提出并开展了素质教育。从工作和效果层面看，这些年大力普及九年制义务教育，大力扫除文盲；实行基础教育课程改革，注重素质教育和创造能力的培养；扩大高等教育规模，提供更多的教育机会；实行弹性学制，为学生提供多种教育选择；加强职业教育和职业辅导，提高毕业生的就业能力，等等。同样，在教育发展过程中，也存在诸多矛盾和问题，如单纯追求"教育 GDP"的现象，片面强调教育的经济效益和功能，教育发展不平衡等。

2. 科学发展观提出的前提是发展

科学发展观的实质是要实现社会经济更好的发展。发展是硬道理，发展是第一要务，只有发展才能解决中国前进中的诸多矛盾和问题。例如，我们要办人民满意的教育，如果我国的高等教育毛入学率仍然停留在过去的水平，多数适龄青年上不了大学，人民群众能满意吗？离开发展，就无所谓发展观。科学发展观的提出，是要更好地指导发展，而不是停滞，或回到过去。

3. 发展也需要付出代价

发展要追求价值增益的最大化，在发展的过程中，要付出一定的代价，如成本性付出，或因人为因素的付出，我们要有代价意识。诚然，要让代价尽量减少，决不能得不偿失。同时，要建立代价补偿机制，在发展中，往往首先考虑的是主导目标，容易忽视次要目标，对在发展中受到损失的群体和方面，应有适当的补偿。

4.我国社会经济的进一步发展，需要科学发展观的指导

为了适应全面建设小康社会的需要，国家要进一步发展，在发展的过程中，面临着许多新矛盾、新问题，为了解决这些矛盾和问题，我们要根据马克思主义辩证唯物主义和历史唯物主义的基本原理，总结国内外在发展问题上的经验教训，吸收人类文明进步的新成果，站在历史和时代的高度，提出新的发展观，进一步明确新世纪、新阶段我国要发展、为什么发展和怎样发展等重大问题。

在讨论中，有人认为超常规发展、跨越式发展是非科学的发展观，是造成以往发展中产生问题的根源，这也存在一定的片面性。超常规发展，首先要弄清这里的"规"是指什么，是指规律还是规则？这里的"规"，我认为是规则，而不是规律。规律是客观的，必须遵循，规则是人制定的，陈旧过时、不合理的规则必须加以改变。为了发展，突破一些常规，如人才引进中，为了吸引高层次人才，可以不要户口、档案，破格晋升教授等，也是必要的。跨越式发展不等同于快速发展，要跨过某个发展阶段，才称得上跨越式发展。跨越式发展是落后赶超先进，实现质的飞跃的重要途径。例如在学科建设中，某一个学科发展平平，由于引进了几位处于国际前沿研究水平的学者，将学科水平提到了一个新的层次，这就是跨越式发展。因此，对超常规发展、跨越式发展要作具体分析，有科学的，也可能有不科学、非科学的。

二 科学发展观对于指导高等教育发展 具有特殊重要的意义

科学发展观对于指导高等教育的发展具有特殊重要的意义，这主要表现在

1.从长远来看，社会经济协调、全面、可持续发展，取决于教育的协调、全面发展

经济发展是社会发展的基础，只有始终不渝地坚持以经济建设为中心、不断增强综合国力，才能为抓好发展这个党执政兴国的第一要务，为全面协调发展打下坚实的物质基础；只有坚持以经济建设为中心、不断增

强综合国力，才能更好地解决前进道路上的各种矛盾和问题，实现全面建设小康社会和社会主义现代化的宏伟目标。但"人是发展的主体和动力。人是一切发展的规划者、决策者、参与者和实践者……"[1] 社会经济发展也不例外，依靠人去规划、决策、参与和实践。社会经济能否协调、全面、可持续发展，取决于参与社会经济建设工作的人的素质。人的素质的提高在教育，知识经济时代，大学在社会经济发展中的战略地位空前上升，高等教育已经进入社会经济发展的中心，因此，高等教育的协调、全面发展十分重要。

2.高等教育正处于新的大发展、大转折时期，急需科学发展观的指导

高等教育随着社会的发展而发展。世界高等教育已经经历了三次大的变革。现在，由于市场化、国际化、大众化，对教育发展提出了新的要求，也带来了新的矛盾，高等教育将面临第四次大的变革。以大众化为例，数量的增长，必然带来质的变化，高等教育的大众化必然导致高等教育的多样化。好比三五个人在唱卡拉OK，秩序井然，突然进来几十个人，有的要唱通俗歌曲，有的要唱京剧，有的要唱地方戏；有的要跳三步、四步，有的要跳迪斯科，秩序就乱了，就需要重新调整。近几年来，我国大学教师、学生人数猛增，2003年本科院校平均在校生规模达11662人，万人大学已不算规模大的学校了。面对这种状况，如果不调整我们的发展观、管理观，进行一次管理革命，高等教育就难以持续、协调发展。

3.科学发展观极大地拓展和丰富了教育改革与发展的内容

科学发展观的内涵十分丰富，"以人为本的观念和五个统筹的思想和原则，也是对教育发展的要求"[2]。实现以人为本，培养全面发展的人才；推进城市教育与农村教育、不同地区的教育、教育的本土化与国际化、人文社会科学与自然科学等方面的协调发展；调整教育改革与发展的布局等等，都是当前教育改革与发展过程中迫切需要解决的问题。

---

① 张武等：《论坚持科学发展观》，《光明日报》2004年7月28日。
② 谢维和：《科学发展观与教育的改革》，《清华大学教育研究》2004年第2期。

三 如何实现以科学发展观指导高等教育的发展

实现以科学发展观的指导高等教育的发展，可以从三个方面努力。

1.确立科学的高等教育发展观

首先，我们要在科学发展观的指导下，确立科学的高等教育发展观，实现观念的转变。科学的高等教育发展观的确立，是一个需要经过长期探索的过程，这里仅谈谈个人的一些初步认识。

（1）以人为本的大学理念。坚持以人为本，这是科学发展观的核心和本质特征。"人既是发展的第一主角，又是发展的终极目标。"[1] 以人为本将发展的逻辑起点与终极目标归结于人自身，突出了人在发展中的主体地位和作用，发展是人的发展，发展是为了人的发展，人是发展的动力，是发展的关键因素。"以人为本的大学理念就是将人视为大学发展的中心，大学的一切工作都要围绕、服务和促进人的发展……"[2]

坚持以人为本的大学理念，首先要正确认识以人为本中的"人"，认清"人是精神性的存在"，"人是自由性的存在"，"人是创造性的存在"，[3] 从而重视人的精神，以精神提升人；把人作为主体，而不是客体、工具；高度重视人的创造性。其次，重新审视教育目标、教育过程、教育内容、教育方式方法，促进学生的全面发展。再次，重新思考学校与教师、学校与学生、教师与学生、领导与师生等诸方面的关系，确立新型的人际关系。

（2）遵循教育规律，按教育规律发展教育。科学发展的基本要求是按规律办事。历史已经证明，我们的改革、发展，按规律办事，就能健康发展，违背规律，则受到惩罚。现在，我们对教育规律的认识，往往还停留在感性、经验层面。要认真总结我国近代高等教育 100 年来发展的经验和教训，分析和把握其中具有稳定性的联系，从理论层面逐步概括出教育的基本规律。我们在实际工作中，要认真学习教育理论和教育规律，严格按

---

[1] 参见国际 21 世纪教育委员会：《教育——财富蕴藏其中》，教育科学出版社 1996 年版。

[2] 姚利民：《科学发展观与大学理念》，第十届大学教育思想研讨会交流论文，2004 年 7 月。

[3] 郝德永：《人的存在方式与教育的乌托邦品质》，《高等教育研究》2004 年第 4 期。

规律办事。

（3）分类发展。高等教育的发展，必须与社会经济发展相协调，这是科学的高等教育发展观的重要内容。社会是一个十分复杂的结构，需要各种类型、各种层次的人才。特别是我们国家，地域辽阔，人口众多，经济和社会发展极不平衡，对人才的需求更加复杂、多样。但我们的高等教育却目标、模式单一，都追求高层次，专科学校想升本科，本科学校想建硕士点，有了硕士点想上博士点，进而想进入"211"、"985"工程，成为世界一流。作为校长，想把自己学校的层次提高，是可以理解的，但从整个社会发展而言，则存在一个协调发展的问题。因此，高等学校需要分类发展。分类发展才能与社会协调发展，才能实现资源的合理配置，也才能实现高等教育的可持续发展。各高等学校应根据各自的情况，在分类发展中准确定位，在各自的层次中办出特色，提高水平，从而实现高等教育的多样化。

（4）统筹兼顾，协调有序发展。坚持科学发展观，关键是坚持统筹兼顾，协调各方面的利益关系，调动一切积极因素，推动经济、社会和人的全面发展。高等教育由于自身的复杂性，更容易造成人们分散、孤立、对立地看待问题和处理问题。长期以来，人们在个体本位与社会本位、精英与大众、数量与质量、教学与科研、德育与智育、规模与效益、学术目标与效益目标、综合性与单科性、共性发展与特色发展等众多关系、矛盾中争论不休。在高等教育发展中，要客观、辩证地分析和把握各种关系，突出重点，统筹兼顾，协调有序发展。

2. 健全法制，建立机制，保证高等教育的科学发展

坚持科学发展，观念很重要，但仅仅有观念还不行，要有法制、机制来保证。邓小平同志指出："我们国家缺少执法和守法的传统，从党的十一届三中全会以后就开始抓法制，没有法制不行。"[①]坚持科学的高等教育发展观，一定要有相应的法制、机制来保证。

从政府层面来看，要制定保证高等教育科学发展的法律、政策，建立有效的机制。这里着重强调两个方面，一是制度改革、重大决策的法制

① 《邓小平文选》第三卷，人民出版社1993年版，第163页。

101

化。在对高等教育发展的重大问题进行决策时，一定要有相应的法律程序保证决策的科学化。错误的决策，往往是个人说了算，某个领导人凭一时的感情，在对决策对象没有进行充分调查研究的基础上所作的主观臆断。二是要有保证高等教育科学发展的相应政策。例如，高等学校分类发展为什么难以进行，问题在于我们的政策，包括经费投入、舆论导向、评估体系，都在鼓励规模大、层次高，学校如果不求大、求高，就难以生存，更谈不上发展。因此，政府要制定相应的政策，鼓励高等学校分类发展，争取社会认同。同时，政府还要给学校充分的办学自主权，让其自主发展。

从学校层面看，要理顺治理结构。所谓治理结构，即学校内部规范不同权利之间权、责、利关系的制度安排。大学作为非营利性组织，是一种典型的利益相关者组织，没有哪个个体或集体全部拥有大学，也没有任何人会对学校的发展负全部责任。学校的党委会、校务会、学术委员会、教代会、学代会、党委书记、校长都对学校发展负有责任，但谁也很难负全部责任。现代大学内亟须必要的制度安排来理顺各个利益相关者的权力关系。特别值得注意的是，一些学校的校长，误以为校长负责制就是校长说了算，一些重大问题未经科学决策，因而严重地影响了学校的发展。

3. 以科学的高等教育发展观为指导，研究解决高等教育发展中的矛盾和问题

推进高等教育的科学发展，要在科学的高等教育发展观指导下，认真分析各种矛盾和问题，抓住制约发展的主要问题，例如分类发展，科学定位，大学教育理念，资源合理配置，教师继续教育，学生全面发展，科学的教育评估，等等，逐一加以解决。

四 以科学的发展观指导高等教育研究工作

近几年来，我国高等教育研究队伍逐步壮大，研究人员增多，建立了若干博士点和众多的硕士点，培养了一批人才，出了一批成果，有的成果已为教育决策部门和实际工作部门所采用，开始起到推动高等教育发展的作用。但高等教育研究工作中仍然存在不少问题，高水平的、能解决重大教育理论和实际问题的成果不多，研究队伍素质有待提高。从现实情况

看，存在着"五重五轻"的现象，即重演绎轻归纳，重综合轻分析，重理论轻实践，重整体轻个别，重思辨轻量的分析和质的研究。从发表的论文来看，存在着"三多"的情况，诊释性、介绍性的文章多；经验总结性的文章多；凭主观意志写出来的文章多。以科学发展观为指导，解决高等教育研究中存在的问题，应从以下三个方面着手。

1.树立强烈的问题意识，研究从问题入手

研究就是为了解决问题，没有针对问题就谈不上研究，问题在研究中的重要性已无需赘述。但为什么在研究中仍然出现抓不住问题的现象呢？原因在于，一是受某种研究风气的影响，重体系轻问题，通过秘书性的资料整理工作，形成一个"体系"，既省事又能得到一些人的认同。二是搞不清什么是问题，往往把现象当问题，把某一个研究领域当问题，把假问题当成真问题。因此，高等教育研究一定要抓住问题，研究问题，解决问题。

2.以科学的理论为指导，形成新的理论

我们强调问题，不是不重视理论。越是突出问题，越要重视理论。因为只有科学的理论才能真正解释问题，解决问题。研究者一定要有学科背景，对某一学科理论钻研得比较深透，然后以此去研究问题。否则，就事论事，研究不可能有深度。

在研究过程中，还要产生新的理论，指导高等教育实践，丰富高等教育学科体系。在这里，有一种现象值得注意，有的人在一篇论文中提出了几个"理论"，但实际上却不是理论，只是某个观点、概念、说法。因此，我们要去弄清理论的基本结构、内涵。理论一定要有解释力，能解释社会现象、社会问题。

3.要运用有效的方法

如果解决问题是"过河"，方法则是"船"和"桥"。解决问题没有研究方法不行。一是要克服不讲研究方法的现象，这实际上是过去文科研究中留下来的"一张纸，一支笔"，"剪刀加糨糊"（现在则是网上下载）的恶习造成的。二是研究方法与研究内容脱节。一定要紧扣研究内容，根据研究内容的需要选取有效的研究方法。

（原载《高等教育研究》2004年第5期）

对高等教育若干问题的哲学思考

教育是人类在认识世界、认识自身,改造世界、改造自身的过程中积累和发展起来的一种社会实践活动。人类的教育实践活动以各种各样的形式融于家庭、同伴群体、学校、社会等不同群体和领域之中。社会不同领域、不同关系群体中的教育现象都有其自身的规律和特点,对这些规律和特征的把握则离不开一定的哲学思维与哲学理论的指导。正如叶澜教授所言:"哲学在理论和思维方式两个方面对教育研究具有方法论的意义。"对高等教育的理解,我们要站在哲学的高度,对高等教育的本质及其实践的内在基础进行探究,把握教育的目的与价值,从而提升高等教育实践的品质。笔者在教育实践和教育研究中,对高等教育中的一些问题进行哲学思考,曾提出过一些观点。例如,教育与环境的关系:办大学就是要办一个氛围,学校对学生的影响是整体的、潜移默化的、偶然的;大学生身心发展方面:大学阶段是人生观形成的关键时期,积极的人生态度是优秀大学生成长的关键,大学教育对学生的成长起着"加温、淬火"的作用;大学教育应起于知识、止于境界;对一个概念的理解是无限的,不能用无知去研究未知,有多少资料做多少东西,结论是"长"出来的,"通"是学问的最高境界,读自己这本书等。本文运用哲学的理论和思维方式,对目前我国高等教育实践和研究中既相互联系又有区别、纠缠不清、既对立又统一、严重影响高等教育发展的一些问题进行初步辨析,以期引起大家的共同讨论和思考。

一 教育与办学

教育与办学既有联系,又有区别。办学是为了教育,但不等于教育。

在处理教育与办学关系的过程中，存在两个方面的突出问题。一方面，在教育实践中，高等学校领导者往往考虑比较多的是办学，如学校的稳定、改革、发展，学校的办学规模、办学条件，学校资源的获取、教师的引进，学校的招生、毕业生就业等，这是必要的，但容易忽视教育自身，忘记教育的根本目的。另一方面，在对教育的评价中，容易将办学中的问题与教育中的问题混为一谈，以办学中出现的问题来否定教育。在高等教育研究中，也往往研究办学中出现的问题较多，研究教育自身的问题相对较少。

学校可以兴教育，也可以灭教育；学校可以培养人才，也可能毁灭人才，关键在于其对教育的理解和把握。教育是培养人的社会实践活动，人的成长、发展是教育的出发点和落脚点。古今中外的哲学家、教育家不断地对教育进行哲学思考以把握教育的本质和价值。我国的孔子、孟子等先贤以及《礼记》、《大学》对教育都有深刻的论述。西方的哲学家、教育家对教育的论述是逐步深入的。苏格拉底把哲学从天上召唤下来，把人们从天上带到人间，认为教育目的是把人的心灵引向卓越与崇高，提出"教育即回忆"的主张[1]，但是他提出的教育对象仅仅局限于"自由人"。夸美纽斯将教育的首要问题归结为"平等"，认为教育即"把一切事物教给一切人们的全部艺术"[2]，这是历史性的进步。斯宾塞将教育的目的归结为"为完美生活做准备"[3]，重视人的自我发展，从而以科学教育取代古典教育。杜威则进一步提出"教育即生活"，教育是生活的过程，而不是生活的预备，教育要以儿童的经验为中心，教育即经验。[4] 这些思想对不同历史时期的教育活动都产生过重大的影响。现在，摆在我们面前的、需要我们继续探索的哲学问题是：教育如何回归生活又超越生活，追求现代化又不失古典情怀？

由于大众化、市场化、信息化等多种因素的影响，高等教育价值取向出现多元化，导致办学者在教育中忽视了人，特别是忽视了对人的思想、

---

① 《柏拉图对话集》，王太庆译，商务印书馆 2004 年版，第 171 页。
② ［捷］夸美纽斯：《大教学论》，傅任敏译，教育科学出版社 2006 年版，第 246 页。
③ 《斯宾塞教育论著选》，胡毅等译，人民教育出版社 1997 年版，第 58 页。
④ ［美］杜威：《我的教育信条》，赵祥麟等译，教育科学出版社 2006 年版，第 4 页。

智慧、灵魂的塑造。学生认为自己到大学来是学知识的、学专业的；教师则认为自己是教知识、教专业的，忘记了教育的根本目的。大学教学成为大学教育技术化流程中的一个环节，正如布鲁姆所提出的"大学里所有的是一堆互不相关的系，各自教授的是专业学科，这些学科……它们之间殊少一致，既不能从任何单独的学科也不能从所有的学科中明显地看到某种人生观和世界观。最重要的问题始终被遗忘，甚至对大学整全性或生活整全性的理性讨论的手段似乎都已经消失了"[①]。学科专业、课程的统领靠什么？学生人生观、世界观的形成靠什么？靠哲学。"教育的一切主要问题，在实质上都是富于哲理性问题"（奈勒），"所有的教育问题最终都是哲学问题"（史密斯），"哲学就是教育的最一般方面的理论"（杜威），"夫哲学，教育学之母也"（王国维）。从教育目标看，教育的目标是从人的自我认识开始的。提高人的自我认识靠哲学。教育的哲学本性意味着让人们超越具体的感性经验，达到对世界整全的把握，让人不断地敞开自己，由此而启发并扩展人的主体性存在，提升人自觉的主体意识，启迪自我人生在世的审慎德性。[②] 从人的生命过程看，生命哲学认为生命的本质是过程，生命是在不断形成的状态下进行的，人们需要不断追寻生命的含义。人生的目的是什么、人为什么活着等问题，将伴随人的一生。

教育的主要方式是学校教育，为了教育，需要办学。首先，必须十分明确，办学是为了教育。正如《国家中长期教育改革和发展规划纲要（2010—2020）》（以下简称《教育规划纲要》）指出的："要以学生为主体……，把促进学生健康成长作为学校一切工作的出发点和落脚点。"为此，第一，学校的教学、科研、后勤等方方面面的工作都要以有利于学生的成长、发展为目的。例如，一所大学的师资队伍建设要以本校学生的成长、发展为目的，但在工作中，办学者往往忘记了这一点，如招聘教师的条件中仅仅列举"211"、"985"大学毕业，博士，科研成果水平等方面，而关于学生成长方面对教师提出的要求极少。这一方面，蔡元培先生给我

---

① ［美］布鲁姆：《巨人与侏儒》（增订版），张辉选编，译林出版社 2007 年版，第 406 页。
② 刘铁芳：《古典传统的回归与教养性教育的重建》，北京师范大学出版社 2010 年版，第 48 页。

们做出了榜样。在出任校长半月不久的 1917 年 1 月 18 日，蔡元培即致函吴稚晖，申明了他的用人方针："大约大学之所以不满人意者，一在学课之凌杂，二在风纪之败坏。救第一弊，在延聘纯粹之学问家，一面教授，一面与学生共同研究，以改革大学为纯粹研究学问之机关。救第二弊，在延聘纯粹学生之模范人物，以整饬学风。"[①] 第二，学校制度要有利于学生成长。制度决定和限制了人的发展的方向和程度，激励和推动人的全面发展。在学校制度的制定中，要将激励和推动学生成长、发展作为重要的考量因素。第三，要营造有利于学生成长的良好氛围。学生的成长依靠学生个体与学校文化氛围的相互作用。在办学中，要通过物质环境的建设，学术、人际氛围的营造，努力营造一种积极、向上、健康、平等、和谐的文化氛围。

其次，办学要体现教育性，但不是教育自身，办学也有其自身的规律。我们不能用办学中必须做的事来否定教育。例如，管理万人大学，除专业组织外，还需要科层组织，大学里学术权力和行政权力两种权力并存，大学不能行政化，但也不可能取消行政。这是因为，大学组织的基本特征是矩阵式的网络结构。学科是大学的基本元素，大学基层组织是围绕学科、专业建立的。早期的近代大学，内部职权运行模式是以讲座制为载体的行会制。随着大学规模的扩大以及社会各个系统的逐步开放，预算、财务、人事、设备、招生、就业、对外联系等学校日常事务逐步从讲座制中分离出来，由拥有专门知识的行政职能部门的人员来承担。高校内部职权运行模式从行会制走向科层制。现在高校中存在科层组织和专业组织两类不同性质的组织，高校组织形成一种矩阵结构。这两类组织的性质和游戏规则不同，科层组织比较严密，讲究下级服从上级，重视效益和效率；专业组织比较松散，讲学术自由、不太重视效益和效率。[②] 又如在市场经济条件下，办学中的很多方面，都应按市场规律办事，但这不等于教育市场化。这是因为，办学涉及资源、设施、人才等方面，这些都与市场息息相关。在资源配置上，政府对学校经费资助方式发生了根本性的变化，表

---

① 蔡元培：《覆吴敬恒函》，《蔡元培全集》第三卷，中华书局 1984 年版，第 10 页。

② 刘献君：《论高等学校制度建设》，《高等教育研究》2010 年第 3 期。

现为政府拨款方式从直接拨款为主转变为以竞争拨款为主（如招收学生的多少，争取项目的多少等），导致高校之间的资源竞争日益激烈。外部资源的市场化又促进校内资源配置方式的变化，竞争机制也引入高校内部。表现在人才市场上，人流是物流的基础，人才的市场流动，改变了人才单位所有的状况，教师选择学校，往往要看个人才能发挥的程度，物质利益的高低以及对学校的满意度等因素。学生交费上学、自主择业使得学生身份发生了变化，他们既是教育的对象，又是学校办学的投资者、消费者。因此，教育应遵循教育规律，否则将导致教育的失败；办学既要遵循教育规律，又要不违背市场规律，否则学校在市场经济条件下将难以生存和发展。

教育的中心是人，人是教育的出发点和落脚点。教育是对人进行的教育，因而涉及对人的价值、意义、人生目的等的追问与终极思考。哲学无所不包，教育要体现着哲学精神，融入哲学理念。教育有其自身的规律和特点，即教育的哲学，或者教育的形而上学。教育是目的，办学是手段。教育指导着办学，是方向和灵魂。办学要体现教育性，是方法和途径，对教育和办学都需要不断地反思、建构。

二　教育与成才

成才是有标准的，这个标准在不同的时代和不同的民族国家中是不相同的。现阶段，我国对人才的要求是，具备一定的科学文化知识，具有一定的爱国情怀，能够服务社会的人，有理想、有道德、有文化、守纪律。大学是生产和传播知识，研究高深学问，并服务于社会的机构。大学是研究高深学问的地方，大学是追求理想、坚守社会道德伦理的地方，大学是社会的服务站。

教育与成才的关系十分密切，"教育是开发人力资源的主要途径"，"中国未来发展、中华民族伟大复兴，关键在人才，基础在教育"（《教育规划纲要》）。培养人才需要教育，教育要符合人才成长规律，有利于成才；教育要对人才成长负主要责任，但不是无限责任。

温家宝总理在谈到《教育规划纲要》的制定时说："要把提高高等教

育质量摆在更加突出的位置。教育的根本任务应该是培育人才，人才培养观念更新和人才培养模式创新要成为规划的亮点。"人才培养制度是高等学校制度的核心。《教育规划纲要》在阐述我国人才培养方面存在的问题时指出，"学生适应社会能力和就业创业能力不强，创新型、实用型、复合型人才紧缺"，创新人才培养已成为国人关注的焦点。和西方发达国家相比，我国由于人才培养制度方面的缺陷，难以培养出拔尖创新人才。

从人才培养的总体过程看，我国人才培养走的是一条与西方发达国家相反的路。西方发达国家从小学到博士生培养过程中，中小学阶段比较宽松。但这种宽松不是放任，而是让他们有更多的时间到博物馆、到社会多看看，自主学习，研究性学习，让人的天性自由成长、发展。但从本科生到博士生阶段，则越来越紧，越来越严，让学生既接受通识教育，又加强专业教育，在严格的学科训练中培育创新能力。我国的情况则恰恰相反，中小学紧，本科以后则越来越松。

笔者曾考察过美国、法国、德国、英国的中小学教育，美国小学的课堂比较松散、自由；法国小学生上课，课前将课本发给大家，课后收回；英国小学则是学期初将课本发给大家，学期结束时收回，都不留课外作业。笔者也曾考察过西方发达国家的本科生、博士生教育，其要求则普遍比我国的本科生、博士生教育高。我国的中小学的学习状况，正如《教育规划纲要》中所指出的"中小学生课业负担过重"。小学生课程内容多，课外作业多，为此，四川省某地教育局不得不发出通知，"小学生书包重量不得超过其体重的1/10"。不仅如此，家长还要求孩子上各种各样的培训班、补习班。中学生，特别是接近高考的中学生，更是把所有的时间和精力都放在课业学习上，家长、老师们常说："你们现在累一点不要紧，上了大学就好了。"这样做的结果，一是影响了孩子天性的发挥，兴趣的培养与想像力的形成，从而影响创造力的培养；二是由于课业负担过重，成天埋头学习，使得不少孩子对学习产生了厌烦情绪，失去了对学习的浓厚兴趣，严重影响其大学阶段的学习。问题的根本解决，需要政府和各级各类学校共同做出长期不懈的努力。首先，要提高教师水平，高水平的教师既可以使学生有应试能力，又可以培育学生的创造力；其次，要创新培养机制，例如，美国的博士生淘汰率高，他们录取的方式是多次录取；再次，要逐步去改变文化，保持好的，去掉不好的，学习先进的，创造美好的。

从高等教育自身的情况看，每个学科、专业都应认真思考如何改革人才培养方案，努力培养创新创业型的高素质人才。从高等学校现有人才培养状况来看，存在的主要问题有：在思想观念方面，学术自由（即教师教的自由和学生学习的自由）的思想没有生根，教师、学生往往处于被动地位，学生自主学习的积极性没有得到发挥；在课程结构方面，重视专业性的实用课程，忽视人文、科学课程，特别是哲学课程；在教学环节方面，不重视实践，往往"在黑板上做实验。在黑板上种地"，缺少自主实践环节；在教学方法方面，大多是教师向学生单向传授，缺少双向交流、共同探讨和研究性学习等。改革人才培养方案，培养创新人才，当前特别要抓住以下几个方面：改变我国"一本书大学"（即一门课程仅仅阅读一本教材）的状况，加强文化素质教育，扩大学生知识面，实现多学科交叉，重视基础训练；改革课程教学，激发学生独立思考，敢于提出问题，勇于挑战权威；加强自主实践，在实践中积累经验，在实践中探索、成长。

人才的成长，教育应负主要责任，但不是无限责任。现在社会质疑：中国为什么出不了诺贝尔奖——教育的失败；中国为什么产生不了原创性成果——教育的失败；现在社会风气不好，贪官太多——教育的失败。如何面对这些责问？应该承认，这些问题的产生，教育负有不可推卸的责任，但是，人才成长的影响因素很多，除教育之外，还有遗传、环境（如社会发展水平、文化传统等）、个人的主观能动性等因素。首先是文化，东西方文化差异很大。影响我国现在中小学学生学习负担过重的主要因素是高考。但高考不可能取消，改革的难度也很大。因为高考事关公平、公正和社会稳定。为什么现在我们不能采用西方式的高考制度？文化的制约是一个重要因素。例如，诚信，中国传统文化中非常讲诚信，但现在社会诚信非常差。因为中国传统的诚信是建立在道德基础之上的，现代诚信基础，除了道德，还有契约，我们缺少契约基础上的诚信意识。一旦改变现在高考的方式，各种"走后门"、找关系的现象将会让人无法招架。又如"面子"，中国人非常讲"面子"。现在的高考方式，避免了讲"面子"。你考不上，或考上了层次较低的学校，谁也怨不了。其次是经济，人才也是在科学研究过程中成长的，而现代科学研究离不开经济的支撑。一项大科学工程需要国家投入几十亿，几百亿美元。长期以来，我国经济落后，国家把重点放在解决老百姓的温饱问题上。真正加大对科学研究的投入，则是近十多年的事。这一点我们也要看到。再次是国家教育、科研体制。西方发达国家的诺贝尔奖获得者大多数在大学，因为大学有一批年轻的学生，他们的创新力、活力可以激发教授们的思维；另一方面，这些国家的科研机构、重大科研项目在大学，教授们具有良好的从事科学研究的条件。我国在体制上，教育、科研是分离的。中国科学院在数学、物理、化学、力学和天文领域拥有 16 个研究机构，9000 人的科研和管理队伍。国家的重大基础研究和大的科学工程项目大多在中科院。中国社会科学院有31 个研究所、45 个研究中心，科研业务人员达 3200 多人。这种教育和科学研究的分离，制约了拔尖人才的成长。

教育与成才的关系密切。教育是成才的必要条件，表现为一系列的连续的过程。成才是教育的结果与体现。才的标准因时代和民族的差异而不同。成才是教育过程的最终体现，具有阶段性和超越性。一方面，我们要创新教育理念，改革教育制度，提高师资水平，另一方面要发展经济，改革制度、机制，在全社会营造人才成长的良好氛围，促进人才成长，使人人都能成才。

三　层次与水平

一般而言，层次与水平是一致的，层次越高，水平越高。世界著名大学都是通过学术积累，逐步发展的。如牛津大学、哈佛大学从文理学院发展到世界一流大学；麻省理工学院、加州理工学院从技术学院发展到世界一流大学。大学的本性决定其追求卓越是无限的，发展是永远的。这是因为，大学的功能在于创造知识与传播知识，培养人才，服务社会。知识的创造、发展是无限的，传播知识也应根据知识的形态和内容的改变而改变。人是发展变化的，社会对人才的要求也是不断提高的，因而人才的培养也应不断改变方式和内容。社会的发展变化，使其对大学服务社会的职能不断提出新的要求。同时，政府拨款、学生上学、社会捐赠

都倾向于流向高水平的大学。因此，大学发展永无止境，追求卓越是无限的。

但是，层次又不等于水平。从我国高等教育发展的现状来看，十分突出的问题之一是，高校都在盲目追求高层次，忽视内涵建设。例如，专科学校想升为本科学校，本科学校想获得硕士授予权，拥有硕士学位授予权的学校想获得博士学位授予权，然后不断争取博士点、博士后流动站。一般普通高校想进入"211工程"，"211"高校又想进入"985"大学行列，"985"大学又分世界一流大学、国际知名高水平研究型大学、特色鲜明的高水平大学三个层次，这些"985"大学仍然要为层次而苦恼。教学型大学想进入教学研究型大学行列，教学研究型大学想进入研究型大学行列。以"学院"冠名的学校千方百计想更名为"大学"。高校都在为层次的上升而费尽心思，往一条路上挤，导致学校趋同，没有特色。

导致高校盲目追求高层次的原因是多方面的。首先，人才培养与社会需求脱节。社会是复杂的，社会对人才的需求是多样的，需要各种类型、各种层次的高水平创新创业型人才。大学是"服务于不同的顾客、拥有不同的目的、接获不同方式的补助、具有不同质量与成就水平的各类高等教育机构的集合体"[1]，突出表现在教育层次和培养目标的多样化和对教育质量评价标准的多样化方面。但我们对社会需求的了解不够，研究不够，从本科教学评估中学校的定位来看，很多学校往往只是从上级文件出发，没有从社会对人才需求的结构中，找准自己的位置，停留在教学型、教学研究型、研究型或应用型、实用型等层次。其次，社会对高校的评价机制有失偏颇。社会对高校评价往往是一个模式，一个标准，而且归结到博士点、重点学科、重点实验室的数量，院士、博士生导师、教授、教师中具有博士学位的人数多少，科研经费、科研奖励的状况等，将高等教育数量化。再次，中国文化中"重名"的影响。一些用人单位在招聘时，本来不需要博士岗位，但为了装点门面，也要招聘博士。更有甚者，不仅看你是不是博士，而且要看你本科毕业的学校是

---

[1]　[荷] 弗兰斯·范富格特：《国际高等教育政策比较研究》，王承绪等译，浙江教育出版社2001年版，第423页。

否是"211"大学或"985"大学。学生报考学校，要看你是学院，还是大学，如果是大学，报考的积极性就要高一些。申请科研课题、评奖、发表论文，往往也要看学校的层次，一些地方高校的教师在获得科研项目、评奖、发表论文方面十分困难。这些问题不解决，中国高等教育难以健康发展。

高等学校的发展要与社会需求相一致，建立合理的层次结构。一所大学绝不可能满足社会的全方位要求，世界名校也未必都是旗舰型、研究型、综合性大学。越是卓越的大学，越具有鲜明的特色和个性；越是名校，越安于自身的定位。美国约有3000多所大学，但每一类型的大学都有一流的高校和一流的学科。整个高等教育系统层次分明、类型清晰、定位合理，在社会上找准自己的位置，各尽所能，做到了高等教育与社会经济的协调发展。在我国，解决盲目追求高层次的问题。首先，要解决高等学校的分类问题，并要通过政策、评价的导向，鼓励高校注重内涵建设，特别是文化建设。各个层次都需要一流的人才，但对一流的人才要求不一样，高校要在各自层次上创建一流。其次，要扩大高校办学自主权，鼓励高校办出各自的特色。即使是世界一流大学建设，也不能走同一条道路。纵观世界一流大学的发展，都是根据自己学校的历史传统、定位、学科结构和师资水平，选择不同的路径。再次，全社会要努力克服中国文化中"重名"的影响。衡量一所大学，要看他培养人才的质量，要看他对社会的贡献。在科研项目审批、评奖等方面，要对各类学校一视同仁。

四　教学与科研

教学与科研同样既相互联系，又有区别。教学、科研的关系是高等教育中的基本问题之一。如何处理两者关系是各国高校共同关心的世界性难题。透过现象，从本质上看，分析教学与科研的关系要把握以下两个问题：一是教学、科研是一个多样的概念。教学是一个多样的概念，"教学是一个多样化的领域，在规模、层次、方式、地点、技术以及学科方面都存在差异。为什么这么一个异质的活动使用了一个词汇'教学'。这是一个有趣的问题"①。从教学的实质看，孔子曰："温故而知新，可以为师矣。"即教学包括知识的传播、运用和创新。从对教学的认识和理解来看。有"教学是教师向学生呈现信息、知识的活动"、"教学是开启学生对学科概念间关系的理解的活动"、"教学是通过师生交流而改变学生的观念或对世界的感知的活动"等不同层次的认识和理解。从教学涉及的范围来看，有课程教学（包括备课、讲授、辅导、答疑、作业批改、考试等），毕业设计（论文）指导，科研、实验、社会实践指导，资格考试、考研辅导，自学指导等，范围十分宽广。科研同样是一个多样的概念，"研究是一种系统的、持续的、有计划的和自我批判的探究，这种探究应该进入公众的批判领域"（斯腾豪斯）。从对科研的认识和理解来看，有"科研是运用科学方法探究世界客观规律的活动"、"科研是研究者赋予现象以意义的过程"、"科研是研究者之间观点的相互评价与碰撞的过程"等不同层次的认识和理解。从科研所涉及的范围来看，有多种划分方式，如学术研究、教学研究，理论研究、应用研究、实践开发研究、课题研究、自选研究，课题研究中又包括横向课题研究、纵向课题研究等。因此，教学与科研的关系是一种复杂的、非线性的关系。二是在高校内部，教学与科研的关系有不同的层次。主要体现在一所学校所面对的教学与科研的关系，教师职业生涯中教学与科研的关系，学生学习过程中，教学、科研对其所产生的综合影响。在不同层次上，教学与科研关系所涉及的内容不同，面临的矛盾与问题不同，解决矛盾与问题的方式也不同。

我国高等学校对待教学、科研的态度和处理方式，有一个历史发展过程。新中国成立60年来，在相当长的时期内，绝大多数高校重视教学，不重视科研，很少开展科学研究。一些有远见卓识战略眼光的高校领导，觉醒早，开展科学研究较早，其学校发展比其他学校快。例如，1954年，陈赓在担任哈尔滨军事工程学院院长时提出："教学工作和科学研究工作是两体并重的工作，缺一不可"，全体教师"如果不抓紧时间开展科学研

---

① P. Scott, "Divergence or Convergence? The Links Between Teaching and Research in Mass Higher Education", R. Barnett, "Reshaping the University: New Relationships Between Research", *Scholarship and Teaching*. England: Open University Press, 2005.

究工作，很快地就会成为时代的落伍者"。① 由于陈赓重视科学研究，白手起家创办的哈军工，仅 10 年左右的时间就与北大、清华齐名，成为青年学子向往的地方。国防科学技术大学（前身为哈军工）的计算机科学更是在国际上处于先进水平。华中科技大学在 20 世纪 70 年代就提出去"科研是源，教学是流"，"科研要走在教学的前面"。学校重视科研立项，重视新学科研究领域的开辟。例如，20 世纪 70 年代初，在多数教师不知激光为何物的情况下，开始激光研究。学校将电器、电真空等专业撤消，将这些专业的老师转到激光。然后组织他们翻译资料，到国外学习、研制激光器，从而逐步建成了激光专业、激光国家重点实验室、国家工程中心，以至发展到倡导建立中国"光谷"，建立光电国家实验室。华中科技大学由于较早重视科研，因而能从同类学校中脱颖而出，进入国内高校前 10 名。近 10 多年来，随着知识经济社会的来临，我国社会经济的发展以及建设创新型国家战略目标的提出，国家十分重视科学研究，高等学校普遍开始重视科研，在国家和区域经济发展中发挥着更大的创新辐射作用，这是一种十分可喜的现象。但由于政府评估大学，各种类型的大学排名，都以科研成果为主，并且社会衡量一所大学的水平，也往往以科研水平的高低为主，加上教学难以量化、成果影响滞后，造成了重科研、轻教学的状况，以至于出现了不少"数量科研"、"职称科研"，其中大量成果重复、没有新意、没有"买家"，不仅造成了严重的浪费，而且败坏了学风，这种现象值得引起高度重视。高等学校应肩负三种职能，并正确认识和处理三种职能之间的关系，其中教学是基础性职能，教学工作永远是学校的中心工作，科研应为教学服务。不同类型的高校，应根据自己的定位和实际情况，制定科学的制度、机制，创新管理模式，引导教师正确处理教学、科研和社会服务三者之间的关系。

高校教师在处理教学和科研关系中，由于学校层次不同，学校性质不同，个人的经历、兴趣、特长不同，应该有不同的模式，每位教师应根据自己的情况，形成自己的发展模式。在形成自己的发展模式中，应把握以

---

① 哈尔滨工程大学校史编写组：《哈尔滨工程大学 50 年年鉴（1953—2002）》，哈尔滨工程大学出版社 2002 年版，第 22 页。

下几个方面：一是所有教师都应进行教学研究。每位教师都应从事教学工作。教学是一门科学，有其内在规律，只有充分掌握且不违背其规律，教学才能取得好的效果。同时，教学研究既属于教学，又属于科研，是两者之间联系的桥梁。二是每位教师都应确定自己的研究范围和研究方向。研究是一个极其广泛的领域，每个人的生命有限，时间有限，不可能研究所有问题。每位教师应根据自己的能力、水平、兴趣、爱好，集中在一个方向、一个点，只有在某一点上研究透了，才能产生出高水平成果，并为社会做出贡献。与此同时，在研究中获得的新知识、新方法，又可以应用于教学，提高教学水平。三是要将研究成果转化为教学内容和教学方法，同时结合自己的研究方向，将学生们提出的问题中的有益部分转化为科研论题。

在大学阶段，教学、科研都会对学生产生深刻的影响。美国对"大学是如何影响本科生"的这一课题进行了为期50年的调查，2005年，《大学是如何影响本科生的》（第二卷）对此进行了高度概括："大学的影响在很大程度上取决于个人的努力，以及融入大学所提供的学术、人际关系和课外活动等氛围之中。学生并不是被动地接受学校为了'教育'和'改变'他们而所做的一切。学生从中学后教育经历中所获得任何东西，都是他们自身努力的结果。这并不是说每所学校的氛围、政策和教学活动不重要。相反，如前所述，如果学生本人的努力和融入是决定大学影响的关键性因素的话，那么，为鼓励学生的融入，学校围绕这一目标而重点营造学校的学术环境、人际关系和课外活动氛围的方式，就非常重要了。"[①] 这说明了两个问题，一是"大学的影响在很大程度上取决于个人的努力"，这涉及到教育的本质。学生知识的获取，能力、品德的形成，依靠自己个人的努力，谁也替代不了，学校、教师的作用在于引导、帮助。二是学生要融入学校的氛围，这涉及到教育的规律。这就要求学校一方面要努力营造良好的氛围，另一方面要使学生融入这种氛围。教学、科研是使学生融入这种氛围的最好方式。因此，学校、教师正确处理好教学、科研的关系，是学

[①] Ernest Pascarella & Patrick T. Terenzini, *How College Affects Students*, San Francisco: Jossey-Bass publisher, 2005, p.602.

生健康成长的重要条件。

五　成绩与问题

这里谈的成绩与问题是指高等教育成绩与高等教育问题。近几年来，社会上提到的高等教育问题较多，如教育质量滑坡，大学精神衰落，教学评估劳民伤财，行政化倾向严重，治理结构不顺，重视大楼、忽视大师，学术不端行为、腐败现象蔓延等。怎么看待这些问题，怎么对待这些问题，如何看待高等教育所取得的成绩？过去我们总认为，"有了问题，工作肯定没有做好"。最近，我有一个感悟："工作没有做好，肯定有问题；工作尽力了，做好了，取得了很大成绩，同样会有问题。"我们在高等教育实践与研究中，在思考学校发展时，不要因为有了问题，受到责难，而否定成绩；同时也要有强烈的问题意识和危机感。

这种感悟、认识，是在回顾、思考华中科技大学文科发展过程中形成的。一门学科、一所学校的发展，在一个生命周期内大体要经过三个阶段：起步、发展、提高。我校文科已经走过了起步、发展阶段。1979年，我校率先在全国理工科大学中创建了第一个文科研究机构——中国语言研究所，开始语言研究。此后，分别开始办社会学、经济学、科技哲学、新闻学等专业，到1993年，完成了文科发展的起步，文科办起来了，有了一定的规模，而且办得比较好。1994年以经济学院和文学院成立为标志，步入了发展阶段。1994年，我校文科的大体状况是：没有博士点，有7个硕士点；教师中具有博士学位的2人；科研经费每年20多万元；文科基本上挤在一个楼里。经过10多年的发展，在历任学校领导和全体文科教师的努力，现在文科的状况是：有两个国家重点学科，9个湖北省重点学科；26个博士点，6个博士后科研流动站，64个硕士点，28个本科专业；2008年科研经费2000多万元；教师中具有博士学位者150多人；8栋文科大楼。这种发展的速度，应该说是不容易的，是非常好的。但是文科发展同样存在问题，而且问题很突出。例如，缺少大师级学者，高水平学者不多；学科、专业水平不高，有的学科、专业甚至在国内排名位居50名以后；重大成果、有影响力的论文不多；政府决策咨询中缺少我校学者的声音;社会知名度不高,高考高分学生报考我校文科很少;社会影响力小,文科学生就业还不理想等。我校文科发展走到了一个新的节点,一个十字路口,文科再往前走,就必须重视以上问题,要有新的思路、重大发展举措和新的突破。

为什么工作尽力了,做好了,同样会产生问题呢?这是因为,任何事物都是利弊相交的;任何事物的发展都有一个过程,每一代人只能做他所能做的事;有的问题还是先天器质性的问题。

应该充分看到我国教育事业所取得的历史性成就,从制度建设上,摧毁了旧中国教育制度,构建了社会主义教育制度体系;从基本任务上,改革开放以来坚持立足基本国情,确立了教育优先发展战略地位;从发展阶段上,世纪之交从人口大国初步转变为人力资源大国,目前正朝着人力资源强国目标迈进。高等教育在校生从 1949 年的 11.72 万人,发展到 2009 年的 2826.5 万人,成为世界高等教育在校生最多的国家;高等教育毛入学率从不到 1% 提高到 24.2%。这些成就是几代人为之奋斗的结果,我们应该充分肯定。但我们也必须清醒地看到,我国近代高等教育只有 100 来年的历史,教育理念、制度、人才培养模式、师资队伍建设等处于探索之中。我们是穷国办大教育,美国著名高等教育专家阿特巴赫根据前几年的数字统计指出:"中国目前为世界上高等教育规模最大的国家,有 2700 多万在校生;美国有 1700 万在校生,居第二位;接下来是印度有 1000 万在校生。从世界范围来看,接受中学后教育的学生数超过了 7000 万。"[①] 由此可见,全世界近 39% 的在校大学生在中国上学。同时,社会发展,我国建设创新型国家、人力资源强国的战略目标,对高等教育提出了很高的要求。我国高等教育处于这种状况下,肯定会产生很多问题。《教育规划纲要》正是面对这些问题,提出了国家教育发展的工作方针、战略目标和战略主题,同时在发展任务、体制改革和保障措施方面也提出了明确要求。我们要认真领会和实施《教育规划纲要》。

现在,高等学校都在制订"十二五"规划,在制订"十二五"规划时,

---

① [美]菲利普·G.阿特巴赫:《高等教育变革的国际趋势》,蒋凯主译,北京大学出版社 2009 年版,第 3 页。

既要肯定成绩，又要找出问题，进行 SWOT 分析，即机会、威胁、优势、劣势的分析。通过战略分析，要明确自己所处的历史方位，找到新的发展方向和目标；开阔视野和思路，集中群体智慧，实施大手笔的措施，扎扎实实推进学校发展。我国高等教育研究同样走到了一个节点，要认真分析近 30 年来高等教育研究的利弊得失，找准今后努力的方向，抓住阻碍我国高等教育发展的主要问题，站在哲学的高度，紧密联系实际，提出新的理论和对策建议，为创建具有中国特色的高等教育体系、进一步完善高等教育学科体系而共同努力。

我们要有"在路上"的意识。学会停下来，反思自己行动的目的，找出存在的问题；修正自己原有计划，调整自己的行程。

（原载《高等教育研究》2010 年第 8 期）

近代中国高等教育理念的变迁及启示

自 1898 年京师大学堂创建以来，现代高等教育制度的发展已百年有余，就时间而言，可谓久矣，但对于一个从零开始、同时背负着千年传统文化与思维包袱的新制度发展而言，其实是相当短暂的，若再与欧洲千年发展的经验相比较，这段时间只能归之于过渡时期。通过对中国近代高等教育发展历程的考察，我们可以发现，诞生于风雨飘摇之清末、成长于政权更迭之民国的近代高等教育形成了覆盖南北的大学群和知识共同体，表现在大学的发展上，除老牌的北京大学外，还形成了中国科技大学、清华大学、协和医科大学、武汉大学、浙江大学等一系列名校，呈现出百花齐放的局面。这一时期的中国高等教育何以能够在不甚理想的环境中取得如此成就，外部原因如人才储备、社会结构、政府扶持等固然重要，但最重要的是高等教育理念的支撑与引领，它是高等教育发展的内驱力，近代高等教育发展所取得的一系列成就无不是理念作用于实践的产物。

一　近代中国高等教育理念的历史回顾

近代中国高等教育理念的形成，有着与西方国家截然不同的情境和路径，这一方面由于中国的高等教育源自晚清洋务教育，是从发展军事和工业的实际功利出发、主要由政府推动，具有浓厚的技术主义、工具主义背景；另一方面，随着意识形态的变化，20 世纪 30 年代又面临抗战救亡的紧迫压力，自由主义的教育精神逐渐为国家主义、权威主义所挤压。与欧美相比较，中国高等教育理念的形成与发展，本质上是在一个反传统与否定过去的循环之中，而非立基于经验的传承。它不是中国社会内部和中国高等教育自身演进的逻辑结果，而是在借鉴外国高等教育理念的基础上转换而成。由于政治动荡、社会急剧变革等外在因素，高等教育理念的频繁转换成为中国近代高等教育发展历程中的突出特点。

纵观近代中国高等教育的发展历程，1898 年京师大学堂的建立标志着近代中国高等教育的发端，1949 年新中国的成立开启了社会主义高等教育体系的探索之路。从 1898 年到 1949 年，50 年的发展历程大致可以分为三个阶段：第一个阶段是从 1898 年到 1911 年，中国传统高等教育向现代高等教育制度转换，传统的高等教育理念虽依旧根深蒂固，但现代高等教育理念已开始逐渐萌发。第二个阶段从 1912 年到 1927 年，由于缺乏统一的中央政府，民国前期高等教育的发展自由放任。从高等教育理念看，这一时期基本实现了由传统向现代的转型。第三个阶段是从 1928 年到 1949 年，国民政府开始加强对高等教育的控制，高等教育理念烙上了强烈的国家主义色彩，开始日趋保守。

总体来看，中国近代高等教育理念在 50 年的发展历程中，虽历经多次变迁，但从理念的形成机制看，无外乎来自于两个方面：(1) 传统理念的概括和阐释，是对大学发展历程和大学观发展的反思与提炼；(2) 新型理念的生成和提出，是现实社会各种思潮在教育发展中的反应与借鉴。从高等教育理念的内涵看，最重要的是要解决两个问题：一是高等教育中的人才培养；二是高等教育的自身发展。因此，在本文的分析中，将以理念变迁的时间为经度，以内涵为纬度，以形成机制为线索，对中国近代高等教育理念进行一个历史梳理。下文中，前三个理念回答的是高等教育究竟要培养什么样的人，后三个理念则回答高等教育应当如何发展。

1. 忠孝为本，经世致用

清末，中国高等教育在外力撞击和内力驱动下走上了变革之路，引进西方大学制度。这一时期以京师大学堂、北洋大学堂、山西大学堂等为代表的一批近代大学开始建立。1903 年清政府颁布了《奏定学堂章程》，开始实施新学制。新学制从形式上看效仿日本，但究其实质，仍带有浓厚的封建色彩，就其人才培养的理念来讲，仍是培养能够为封建统治服务的卫道之士，使其自觉地遵守圣教之伦纪，既无离经叛道之言，又无犯上作乱之事。诚如张百熙、荣庆、张之洞在《重订学堂章程折》中所言："无论何种学堂，均以忠孝为本，以中国经史之学为基，俾学生心术壹归于存正，而后以西学瀹其智识，练其艺能，务期他日成材，各适实用，以仰副国家造就通才，慎防流弊之意。"①

在具体的实施过程中，从课程设置上来讲，既有物理、法律、化学、理财等现代西方课程，但经学、史学、掌故等旧式课程仍占相当大的比重，对儒家经典的学习丝毫未放松。从毕业生的出路来讲，学校奖励毕业生对其出身的作用与科举无异，如高等学堂毕业生为举人，可授内阁中书、各部司务、知州、知县等官职；分科大学毕业生为进士，可授编修等职，培养目标仍是行政官吏。甚至在毕业典礼上都烙上了浓厚的忠孝色彩，以京师大学堂招收的第一批速成科学生为例，1907 年期满毕业时，在毕业典礼上，全体师生在总监督的率领下分别向"万岁牌"和"圣人位"行三跪九叩礼，毕业证书上还印有光绪皇帝的"整理学风上谕"。

"忠孝为本，经世致用"这一教育理念是在中国社会由传统向现代转型的过程中，在千年封建教育人才培养目标基础上，结合新政时期对实用人才的现实需求所提出。忠孝是实施教育之根本，礼法是教育和训练之准则，西学则是致用治生之工具。这一理念达到了统治者维护"三纲五常"之目的，也满足了传统知识分子"修得文武艺，卖于帝王家"之愿望，在当时中国被作为中西文化结合的方式而为许多人所接受。它在某种程度上顺应了当时西学东渐的文化趋势，具有一定的进步意义。

2. 通识为本，协调发展

南京国民政府成立以后，开始着手加强对高等教育的控制，先后颁布了一系列的法规政策，并提出了具体的实施原则和方针，从国民政府对高等教育的培养目标来看，以培养专门人才和技术人才为主，如在 1929 年 4 月所通过的《中华民国教育宗旨及其实施方针》中第四点明确规定："大学及专门教育，必须注重实用科学，充实学科内容，养成专门知识技能，并切实陶融为国家社会服务之健全品格。"②专才教育固然重要，它能够迅速为国民经济发展培养实用人才，但片面狭窄的课程设置，则导致

---

① 璩鑫圭、唐良炎：《中国近代教育史资料》，上海教育出版社 1991 年版，第 289 页。

② 高奇：《中国高等教育思想史》，人民教育出版社 2001 年版，第 320 页。

学生的知识结构严重失调，违背了高等教育发展的基本规律，因教育的目的是育人而非制器。正如曾两次出任国民政府教育部长的朱家骅所指出，"一个大学的功能齐全所以要各科系的打通，注重基本的功课，要使大学毕业生具有普通的常识，了解基本的理论"，"大学为研究学术之所，其所研究之学科，必须由基础而专门，做有系统之研究，倘轻重倒置，先后失序，轻于基础而重于专门，先于基础而后于专门，则学生先已乱其门径，研究学术，安得有济？专门学术之研究，就体系而言，绝非大学四年之教育所能为功，必待学生于毕业后继续不断做专门之研究，方得有济"。①

无独有偶，自 1931 年始，担任清华大学校长长达 17 年之久的梅贻琦也是通才教育的积极倡导者，他在理论与实践中都坚持对大学生的通才教育。他认为，通才大于专才，大学应承担培养通才的任务，而培养专才的任务应由大学中的研究院、各级高中级专门学校以及社会事业本身来承担。在具体的办学过程中，梅贻琦"要求学生具有广泛的知识，而'不贵乎有专技之长'，即使是学工程的，对'政治、经济、历史、地理、社会都得知道一点'，否则他就是只能做一个'高等匠人'，而不能做一个'完人'。就会完全变成一个极能干的工人，而不配称大学生——大学生应该有极完美的常识"②。

1938 年陈立夫出任教育部长，开始通过改革课程设置来推行通识教育理念，课程调整原则第二条规定："先注意于广博基础的培养，文理法各科的基本科目，定为共同必修，然后专精一科，以求合于由博反约之道，使学生不因专门研究而有偏固之弊。"③在具体的实施中，大学各学院第一学年注重基本科目，不分学系，第二学年起分系，第三、四学年视各院系性质酌设实用科目，以为出校后就业作准备。通识教育的实施，对于人文科学、社会科学、自然科学三方面都有所兼顾，使得大学生的知识不至于狭隘，综合素质得以提高。

---

① 参见王聿钧、孙斌：《朱家骅先生言论集》，中央研究院近代史研究所 1977 年版。
② 参见清华大学校史编写组：《清华大学校史稿》，中华书局 1981 年版。
③ 郑登云：《中国高等教育史》，华东师范大学出版社 1992 年版，第 249 页。

3. 术德兼修，文武合一

教育要培养什么样的人，这是任何一个阶级、任何一个政党都不能不认真思考的问题。蒋介石建立国民政府以后，始终把培养具有封建道德品行、政治上能维护国民党统治的人作为教育的首要任务。在"九·一八"事变之后，外强入侵，使国民党要员们深感重视文武合一、术德兼修之重要。蒋介石指出："现在的教育，忘掉了这个最紧要的道理，文武完全分途，文人不学艺事，武人不知文事，甚至养成重文轻武的习惯，结果各个人最多也只知道一半的道理，因此，也就没有完全的学问，也就没有完全的人格，不能完全尽到他做人的责任。"[①] 具体实施过程主要是通过在学校中恢复"礼义廉耻"等固有社会之道德教育，以培养健全之人格。蒋介石还进一步指出，无论为学做人，无论要挽救国家、复兴民族，都要首先发扬民族精神，提高国民道德。因此，在教育中，应以养成学生之健全人格为第一要义。陈立夫指出文武合一的教育目标，文使人人笃行主义，武使人人具备能力。在推行过程中，最为明显的是在学校中大力推行训育制度与军事化管理。

"术德兼修，文武合一"的教育理念，在抗日战争中对动员国民共赴国难、灌输国防观念、养成健壮之体魄很有必要，但利用儒家传统道德宣扬封建思想，托古改制，借助军队训练方法以期管制学生言行，大肆宣扬要使青年学生的"全部生活都合乎礼义廉耻"，要有"忠孝仁爱信义和平"品德，实则是要实现国民党"一个党、一个主义、一个领袖"的法西斯专制统治，使这一教育理念又带有一定的虚伪性和反动性。

4. 教育独立，政学分途

早在清朝末年，章太炎即提出了教育独立的设想："学校者，使人知识精明，道行坚厉，不当隶政府，惟小学与海陆军学校属之，其他学校皆独立。"[②] 其主旨是力求摆脱清政府对高等学校的干预，以保证学术和教育的自由发展。王国维更明确强调："学术之发达，存乎其独立而已。"[③] 从政

---

① 董宝良、周洪宇：《中国近现代教育思潮与流派》，人民教育出版社 1997 年版，第194 页。

② 章太炎：《代议然否论》，《章太炎全集》(4)，上海人民出版社 1985 年版，第306 页。

③ 王国维：《论近年之学术界》，《王国维文集》(3)，北京文史出版社 1997 年版，第39 页。

治大环境上说，正是由于洋务运动、维新变法、清末新政再到辛亥革命等政治改革的一再失利，人们看到了政治改革的局限性，教育在改造社会人心方面的优先作用更加突出，20世纪初高等教育因受军阀政治的牵连而变得朝不保夕，政治沦为阻碍教育进步的障碍，这一现实助长了这样一个信念——高等教育必须脱离现实政治的无端干涉，走向独立，唯此，才有生机。

"教育独立"理念的核心是仿效西方"学术自由，大学自治"的模式，力主教育摆脱来自政治的、宗教的种种牵掣，从人类传承智能、谋求发展、完善自身的终极高度，达到某种运行状态。1912年，蔡元培出任民国政府首任教育总长发表《教育独立议》一文，指出："教育是帮助被教育的人，给他能发展自己的能力，完成他的人格，于人类文化上能尽一分子的责任；不是把被教育的人，造成一种特别器具，给抱有他种目的的人去应用。所以，教育事业当完全交与教育家，保有独立的资格，毫不受各派政党或各派教会的影响。"[①]在具体的实践中，他在北京大学提出以"教授治校"为核心的方略，并将这一方略成功实施。1922年后，蔡元培倡议大学区制，力求以学者为行政领导，以学术化代替官僚化。此后，胡适、傅斯年等人在教育实践中都积极倡导教育独立之理念。

"教育独立，政学分途"的理念只是一种相对意义上的独立性，它反映了中国资产阶级要求摆脱军阀政府对教育的控制，反对帝国主义教会文化渗入教育，在中国独立自主地发展教育事业的强烈愿望和要求，并不是讲教育要遗世孤立，脱离政治而存在。其合理内核是在保持政治与教育的良性互动下，发挥各自的主动性、积极性。一般而言，教育独立的科学内涵应该是教育相对独立，国家制定教育政策以及各项教育法律、法规的前提下，必须尊重教育的发展的独特规律；从学校外部环境来说，国家依照政策、法律及法规对学校提供经费，保证学校的经费权、人事权的独立，保证学校的教育教学工作正常进行。

5.学术自由，兼容并包

民国前期，由于军阀割据，缺少强有力的中央统一政权，为近代大学

---

① 胡适：《论学潮》，《独立评论》1932年第9期。

的发展提供了难得宽松的政治环境，也正是在这一时期，近代中国才真正开始致力于建立一种具有自治权和学术自由精神的现代大学。在这个过程中，最具代表性的人物就是蔡元培。鉴于北京大学在中国的特殊地位及影响力，对中国近代高等教育产生了重大影响，通过对北京大学的改革进而波及整个中国高等教育。因此这一时期，大学的理念与高等教育理念可以说是相伴而生，很大程度上具有一致性，正是基于这点出发，笔者将学术自由作为高等教育理念来论述。

大学在西方首创之始，便以学术自由著称。学术自由是大学充满活力的象征，是大学生命的真谛。正如陈寅恪所指出："没有自由思想，没有独立精神，即不能发扬真理，即不能研究学术……一切都是小事，唯此是大事。"①1917年蔡元培在就任北京大学校长后，极力倡导和推行"思想自由"、"学术自由"、"兼容并包"之大学新风，对校园中的各种论争，校方不加任何干涉。正如蔡元培先生所言："我素以学术上的派别，是相对的，不是绝对的；所以每一种学科的教员，即使主张不同，若都是'言之成理、持之有故'的，就令他们并存，令学生有自由选择的余地。"②就教师队伍而言，有复辟派、有国民党、有共产党、还有无政府主义者，在学术自由的旗帜之下，许多个性突出的学术大师共执北京大学之教鞭，使北京大学群星璀璨、学术勃兴。其后的继任者蒋梦麟先生亦坚守学术自由的原则，他曾经在晚年自评曰："著者大半光阴，在北京大学度过，在职之年，但知谨守蔡校长余绪，把学术自由的风气，维持不堕。"③

清华大学校长梅贻琦先生也十分重视学术自由问题，并始终把学术自由作为办校的基本原则。在清华校园呈现出"万物并育而不相害，道并行而不相悖"的学术环境，各家纷繁陈杂，名师教风各异，学派林立，争鸣常闻，促使着学术水平的不断提升。此后，马相伯在复旦、王星拱在武大、任鸿隽在川大、许崇清在中山俱是广延名师，自由探讨学术，形成了纵观南北的学术共同体，坚守学术自由、兼容并包的理念，成为当时中国

---

① 陆键东：《陈寅恪的最后二十年》，三联书店1995年版，第519页。
② 高平叔：《蔡元培教育论著选》，人民教育出版社1991年版，第627页。
③ 蒋梦麟：《西潮》，台北大夏出版社1994年版，第9页。

高校迅速成长的助推器，甚至在陈立夫出任教育部长开始采用强制手段对大学进行监控之时，西南联大仍能维护"学术第一、讲学自由、兼容并包之风，直到抗战胜利，三校北返"①。

6. 文实并重，均衡发展

近代中国的高等教育始自1898年京师大学堂的建立，此后的30年间，虽有较快发展，但学科建设极不平衡，学生求学多以当官为目的，故法政专业占绝对优势。据1918年统计，全国专科以上学校共77所，其中法政专门学校即多达35所，全体在校学生17950人，其中法政专业的学生高达9222人，直到20年代中期，这种现象仍未得到明显改观。②

针对大学中这一不合理现象，1929年4月，国民政府制定并公布《中华民国教育宗旨及其实施方针》，其中有关大学教育的表述为："注重实用科学，充实科学内容，养成专门知识技能。"③1932年12月国民政府又颁布了《改革大学文法等科的设置办法》，更加明确规定："全国大学及专门学院之文法科等，可由教育部派员视察，如有办理不善者，限令停止招生或取消立案，分年结束。"④教育部在限制文法科的同时，努力发展实科教育。通令全国私立大学，设立新学院应以农、工、医、理、商为限，不得添设文法学院。同时，在原有高校又先后增设一批实科院系，如同济大学增设理学院、清华大学增设工学院等。经过数年的努力，文实两科大致达到了均衡发展，学科设置逐步趋于合理。以1934年为例，入学新生中的实科学生达3976人，几乎同文科所招学生4029人持平。

文实并重发展理念的贯彻实施，除政府对此问题的高度重视外，最根本的原因是同当时社会经济发展的密切需要相关，特别是自1932年以后，社会经济发展较快，对各类技术人才需求激增。反映在就业上，大学农、工、理三科的毕业生，出路较好，而政治、经济、法律等系的毕业生，就业困难。

① 黄延复、马相武：《梅贻琦与清华大学》，山西教育出版社1995年版，第199页。
②③④ 金以林：《近代中国大学研究》，中央文献出版社2000年版，第197—199页。

二 中国近代高等教育理念变迁的规律

高等教育理念的发展演变，既要受到社会政治、经济、文化的影响，不可能独立于社会而存在，同时高等教育的发展又要受制于自身规律的影响。因此，我们在探讨教育理念的发展规律时应结合特定历史时期的时代背景。正如舒新城所言："思想史的研究，应当从各时代底社会活动中求因果，不当专在思想本身上讨生活。"① 通过对近代高等教育理念的考察，其发展脉络大致体现出如下特点。

1.政治形态是高等教育理念演变的决定因素

近代高等教育的发展大致有两种导向：一是以"认识论"为导向，一是以"政治论"为导向。认识论指人们趋向于以闲逸的好奇精神去追求知识，即大学主要为学术自身发展的理由而存在。政治论指人们探讨深奥知识不仅出于闲逸的好奇，还因为它对国家有着深远影响，对理解复杂社会问题有帮助，即大学探索知识主要为满足社会需要。高等教育的两种哲学在不同的国家或者同一国家的不同历史时期都会有不同的表现。

近代中国大学从发轫之初，便负有富国强兵、救亡图存之重任，具有强烈的国家功利主义色彩。清末科举制度的废除，似为近代高等教育发展扫清了障碍，在学制改革上效仿日本，从形式上看不可谓不完备，但由于清政府发展高等教育的目的实为富国强兵、抵御外辱、延缓统治，因此表现在高等教育理念上依然与传统高等教育培养仕官的目的无异。民国成立，蔡元培出任教育总长，本可能使高等教育理念走上学术至上之路，但袁世凯的复辟却使《大学令》成为一纸空文。袁世凯去世以后，中国重新走上了混乱割据的状态，没有强有力的中央政府，这反而给践行高等教育理念带来转机，蔡元培始有机会对北京大学进行大刀阔斧的改革，使其一举由弊病缠身的官僚养成所而成为中国现代大学发展的楷模。这一时期也是各种教育理念的勃发期，除经典的大学理念如"学术自由、兼容并包"等得以实施外，"教育独立、政学分途"等理念也各领风骚，成为民国前期高等教育理念发展史上一个最为自由的时期。南京国民政府形式上完成

---

① 舒新城：《近代中国教育思想史》，福建教育出版社 2006 年版，第 3 页。

对中国的统一以后，便开始加强对高等教育的控制。从人才培养方面来讲，"术德兼修、文武合一"的教育理念成为中国近代高等教育发展中的主导理念，一直延续到国民党败退台湾。因此，无论时代怎么变迁，思想都不能脱离社会政治形态而独立存在。

2. 历史传承是高等教育理念发展的路径选择

对于高等教育的发展，伯顿·克拉克曾提出三个基本要素：实务、信念与学术权力。论及德国柏林大学的崛起，众人皆知洪堡的贡献，但是如果没有18世纪后期，康德、黑格尔、费希特等哲学家对教育理念的建构与发展，为大学教育的发展重新定位，洪堡再怎么努力，也难以有所成就。同样，19世纪美国大学教育的转型与发展，也是立基于英国博雅教育理念、莫里尔法案所包含的美国民主精神与实用理念以及各新型大学校长治校理念创新三者的结合。

中国高等教育虽然确立较晚，但高等教育理念的存在却是由来已久，高等教育的主要目的就是培养社会贤士，进而为统治阶级治理国家服务，这一思想也是支配千余年来科举制度的核心所在。清末面临内忧外患的社会状况，社会到了非要变革之时，高等教育的变革同样是首当其冲，废科举、兴学校成为当务之急，但科举制的废止并没有使新学制收到实效，中国传统教育理念的强大惯性仍旧支配着新学制的发展，历史基因起着强大的作用。正如梅贻琦先生所言："今日之大学教育，骤视之，若与明明德、新民之义不甚相干，然若加以深察，则可知今日大学之种种措施，始未能超越此二义之范围。"① 学术自由之主义，兼容并包的思想，效法德国精神固然重要，但与王国维、陈寅恪等诸先生对学术独立的孜孜不倦追求亦是不可分割的。"教育独立、政学分途"的理念的产生同样从章太炎、梁启超等人中汲取了智慧。因此，理念的演变，不能割裂与历史的联系，它是经过一代代学人共同努力才得以实现的。只有经过历史检验的理念才能有效地指导高等教育的发展。

3. 社会需求是高等教育理念变化的直接诱因

剑桥大学前校长阿什比爵士曾说："任何类型的大学都是遗传和环境

① 杨东平：《大学精神》，辽海出版社2000年版，第69页。

的产物。"[①] 同样，任何教育思想都不能离开实践活动而独立存在，它是应付教育环境的一种工具。对于教育理念来讲，更是如此，各种教育理念都是解决当前教育问题的工具，某时代有某种教育理念是那时社会上的种种需要所诱发的。至于这种理念在实际上是否发生效果，其效果的大小如何，又是各受其环境的种种限制的。

由中国近代高等教育的发展观之，鸦片战争打破了中国传统社会稳定的结构，坚船利炮使清王朝意识到技术的重要性，于是"师夷长技以制夷"成为洋务派兴学图强的旗帜，一时间以培养外交及翻译人才的西语文教育思潮、偏向自然科学及应用科学的西学教育思潮、从军备延伸至声光化农工医的西艺教育思潮等纷至沓来，贯穿于整个洋务运动时期。甲午战争的失败，使清政府意识到中国与西方的差距不仅仅在于器物，更在于制度，反映在教育领域转而向制度层面学习，强调法政学门的西政教育思想、强调术德兼备和军训教育的军国民教育思想藉以"政急于艺"之论而成为主流。

至民国时期，民族工业的发展迎来了短暂的春天，对实科人才的需求激增，文法科学生就业困难，于是政府开始对高等教育的学科布局进行调整，"文实并重、均衡发展"成为指导高等教育发展之理念。抗战爆发后，鉴于民国前期高等教育发展混乱失序的局面，着手加强对教育领域的整顿，培养既能忠孝国家又能抵御外敌的具备正确意识形态的技术精英，变成为国民政府后期在人才培养上的指导理念。

4. 由模仿到自觉是高等教育理念变迁的轨迹

近代高等教育从制度演变来看，先由模仿日本、进而德国、然后美国，有着一条清晰的脉络。从理念演进来看，却是一个艰难的历程，其中甚至会有曲折与反复，但通过对各种纷乱庞杂理念的梳理，还是能发现其中隐含着一条主线，即从被动模仿到自觉创造的渐进过程。

从西学教育到西艺教育都是清政府面临内忧外患，企图通过变革以图强的产物，至后来发展为"忠孝为本、经世致用"的教育观，改革者无不是处于一个被动的接受过程中。以1904年颁布的"癸卯学制"为例，效

---

① ［美］阿什比：《科技发达时代的大学教育》，腾大春、滕大生译，人民教育出版社1983年版，第47页。

法日本，在课程设置上注重实用性，但在借鉴的过程中却没有抓住日本学制的核心，即"学术自由"、"大学自治"、"教学与科研相统一"等理念，也没有从本国国情出发，仅仅是囿于表面的认识。同样，清末所提倡之军国民教育，亦是在看到日本自维新后，日以扩充军备为事，结果屡次战胜中、俄，称雄世界。中国处此环境下，自然不能不受其影响，因此，自庚子之变后，盛倡一时。国民政府时期，开始自觉追求对高等教育理念的探索，看到教育发展受到政府控制的种种弊端，以蔡元培、胡适之等为代表的一批学人开始为教育独立而奔走呼号。面临日本的全面侵华，国民政府即开始主动探求人才培养的新理念，"术德兼修，文武合一"也是独具特点，不同于历来教育理念的借鉴与模仿，实施效果暂且不去评述，但其开启了自觉探求教育理念之路。

三　理念创新对建设高等教育强国的启示

近代高等教育 50 年的发展历程，向我们展示了一幅现代意义之高等教育在中国从建立到逐步变强的画面，50 年的高等教育史同时亦是 50 年的理念演变史，在这期间有过颠覆和倒退，但总体趋势来看，朝着一个更加理性和符合社会需求的方向发展。

今天，整个社会已经进入知识经济时代，中国高等教育发展今非昔比，已经迈入高等教育大国的行列，因此，党中央适时提出要使我国由人力资源大国转变成为人力资源强国。在这一过程中，高等教育理念的创新是先导，理念创新过程可以通过两条途径，一是横向移植，借鉴欧美；二是纵向比较，取法历史。有时候通过历史的比较会更有效，正如北大陈平原所言："今天谈论大学改革者，缺的不是'国际视野'，而是对'传统中国'以及'现代中国'的理解与尊重。在我看来，大学需要国际视野，同样需要本土情怀——作为整体的大学如此，作为个体的学者同样也不例外。可以这么说，'中国经验'，尤其是百年中国大学史，是我理解'大学之道'的关键。"[①]通过对 50 年高等教育理念变迁之分析，可以为建设高

---

① 　陈平原：《阅读大学的六种方式》，《社会科学论坛》2009 年第 4 期。

等教育强国提供如下启示。

1. 宽松环境是创新理念之前提

近代高等教育的发展历程告诉我们，当高等教育的政策环境宽松时，高等教育理念就会呈现出绚丽多彩的局面；当国家控制过强时，高等教育的理念就整齐划一，毫无特色。高等教育隶属于文化领域，大学所遵循的应该是一种文化的、知识的逻辑，这种逻辑是一种自主的逻辑。也就是涂又光先生所说的"理"的逻辑，理有自身的演进规律，而最重要的一条就是保持相当的自治与自由。也正因为如此，高等教育的历史也可以说是大学争取自治的历史。新中国成立后，在相当长的时间内，我国政府对高等教育采取直接的行政管理手段，使得高等教育的自由空间很小，高等教育的理念也仅仅是国家的要求。如"教育为无产阶级政治服务"、"培养又红又专的社会主义接班人"等无不带有强烈的政治色彩。随着"权力转移"的推进，中国高等教育呼唤自身的自主，"给大学一点自主权"成为新时期高等教育发展的宣言。自20世纪80年代以来，中国政府一直在推进高等学校办学自主权的落实，试图重构政府与高等教育之间的关系，给予高等教育以自由的发展环境。这一政策努力的效应也已初步显现，中国高等教育发展迅速，高等教育的理念趋于多元。

2. 立足国情是借鉴理念之关键

近代中国大学在50年的发展历程中，曾经经历了多次的试错过程，先后尝试了日、德、法等模式，但总体效果不佳，1930年前后清华的探索取得巨大成功，在大学界产生了导向作用。究其经验来讲，主要是以美国模式为蓝本，同时兼顾中国国情。罗家伦讲道："我对于清华只希望它能够成为与美国普林斯顿大学一般的学校，学生人数不过二三千，可是这种精而不多的队伍却产生了许多学术贡献。至于美国许多二三万学生的大学，虽然规模宏大，却非我所希望的。"这与当时中国高校整体规模有限的具体国情是密不可分的，以1934年为例，当时全国仅有教员7205人，在校生41768人。[①] 时至今日，高等学校的规模已发生巨大变化，不再是纽曼时代的乡村，也不是弗莱克斯纳时代的城镇，早已成为科尔时代的大

---

① 刘超：《中国大学的去向——基于民国大学史的考察》，《开放时代》2009年第1期。

都市，多元巨型大学不再是新奇事物。"教授治校"理念相应地也要因时而异、因地而宜，体现出时代特征，"依靠教师办学，实施民主管理"相应地便成为符合中国国情的现代大学新理念。

同样，从国家层面高等教育理念来讲，更是如此。蔡元培基于教育独立理念借鉴法国大学区制进而推广大学院制，企图打通教育行政和学术之间的关系，确保专家对教育事务的参与和领导，避免外行的过度干预。理想虽好，但其忽视了民初中国社会经济落后，城市化水平低，在民族性格及文化传统方面都有别于法国精英主义及其法治主义传统，导致其在实施的短短两年时间内便以失败而告终。这告诉我们，在借鉴别国理念时，必须反复对比引进国与本国在经济、人口、环境等方面的特点，充分估计会遇到的问题，同时也要注意到文化传统与民族性格也是一重要的国情。

3.尊重规律是创设理念之基点

大学理念是大学对自身本质与功能、大学管理运作方式及其效率、大学存在与发展的真理性、规律性认识。大学发展既有适应经济社会发展、服务经济建设大局的一般外在规律，又有其自身发展的特殊规律。如近代大学理念中的"教育独立"、"大学自治"、"倡明学术"、"倚重研究"等内容，都是带有规律性的教育理念。对于这些宝贵的精神财富，在新的办学实践中应当继续坚持和弘扬。譬如蔡元培有关"兼容并包、择才而用"乃至"提倡美育"等精彩教育理念，从蒋梦麟到胡适等后任校长都能承续推行并加以发扬光大，这样才能在数十年内形成北大优秀的传统校风——北大精神。

新中国成立以来，我们高校最大的痛苦即缺少相对持续稳定且行之有效的办学准绳，不断地推倒重来又不断地整顿纠偏，形成周而复始的恶性循环。任何教育理念的形成都不是一蹴而就的，它需要一代代学人共同的努力与坚守。正如雅斯贝尔斯所言："大学的理想要靠每一位学生和教师来实践，至于大学组织的各种形式则是次要的。如果这种为实现大学理想的活动被消解，那么单凭组织形式是不能挽救大学的生命的，而大学的生命全在于教师传授给学生新颖的、符合自身境遇的思想来唤起他们的自我意识。"[1]洪堡的大学理念是在其之后，经过柏林大学历任的校长们在长期

---

[1] ［德］雅斯贝尔斯：《什么是教育》，邹进译，三联书店1991年版，第121页。

的办学实践中不断的检验和证明，并在人们对其进行理论提升和哲学总结才得以形成的。纽曼的大学理念更是如此，它是对漫长的中世纪以来的大学理念的全面阐述和系统总结才得以形成的，在某种意义上，纽曼是这种传统的大学理念的代言人，而不是其创造者。因此，理念的创新固然重要，但对客观规律的遵守则是根本前提，否则，朝秦暮楚则难以发挥实际功效。

4. 制度建设是践行理念之保障

翻开民国大学史，特别是民国建立到抗战爆发前这 10 年，是一个大学大发展的时期，产生并发展了数量众多的国际知名高等学府以及星光璀璨的学术精英，这得益于先进教育理念之指导，更离不开完美制度之设计。正是由于一系列具体制度的设计，使得抽象的教育理念得以实施。如"三会制度"（评议会、校务会、教授会）制度的实行，使得"教授治校"、"民主管理"等理念不再是空文；破格录取制度的实施，为拔尖人才预留了宝贵空间，等等。也就是说，我们在学习理念的同时，要通过良好的制度设计来推行，否则只能是纸上论道，虚浮无用。

通览世界公认的高等教育强国，拥有一定数量的世界一流大学不可或缺。因此我们要建设高等教育强国，就要有一批高水平大学能够脱颖而出，进入世界一流大学行列；而要建设一流大学，必须先要建设一流的现代大学制度。在我国高等教育历史上，若从国家层面的高等教育制度看，则可以视其为原创；若从具体大学的层次上看，又可以视其为恢复或发展，在我国某些大学的历史上，其制度设计已经达到了"世界大学通例"的水平，并且形成了优秀的传统，我们可以重新借鉴和利用。因此，现代大学制度建设在我国亦难亦不难，关键是看我们对此持什么样的态度，是否有勇气超越现实大学制度中裹挟的利益追求，为我国大学制定出能够长治久安、宁静致远的制度体系。

（原载《中国高教研究》2009 年第 9 期，新华文摘全文转载，房保俊参加研究与写作）

建设高等教育强国：
60 年的理念变迁及其启示

一个国家的教育史也是一部追求教育理想、践行教育理念的发展史。新中国成立 60 年来，中国高等教育伴随着社会主义教育理念的现代化探索与实践，以超常规的速度实现了由乱到治、由弱至兴的跨越式发展，教育改革步履迅捷、成就斐然。当前，国家确立了建设人力资源强国和创新型国家两个战略目标，形成了两大战略支柱，并适时提出了"以提高质量为核心、加快从高等教育大国迈向高等教育强国"这一新的历史使命，这意味着，一种新的理念正在打开中国高等教育战略设计的视野。

理念创新是改革的先导，回顾 60 年中国高等教育理念的演进历程，从历史与现实中把握未来，是探索建设高等教育强国理念体系的先决性条件。

一　新中国成立 60 年我国高等教育理念的变迁

法国著名学者涂尔干在研究教育思想的演进时提出："教育的转型始终是社会转型的结果与征候，要从社会转型的角度入手来说明教育的转型。"① 这也是研究中国高等教育发展应取的角度。笔者认为，60 年来，我国高等教育理念的发展大致可以改革开放为界，前后划为两大时期，根据理念变迁的特点分为三个阶段，其中包括两次重大历史转向。

① ［法］爱弥尔·涂尔干：《教育思想的演进》，李康译，上海人民出版社 2003 年版，第 231 页。

第一阶段：1949—1966年，是我国社会主义高等教育理念的初创探索期。新中国成立后，政治环境的重大变革促使高等教育进行第一次整体转向——从旧教育转变为社会主义性质的新教育，按照"苏联模式"建立以马列主义为指导的教育理念体系，强调教育服务政治与培养"专才"。总体而言，这一时期的教育理念与当时的社会主义改造运动和工业化建设是相适应的，突出表现为政治意识与教育的嫁接，由此开辟了一个以政治家的策略和理想为主导的时代。在此阶段，高等教育理念一方面受到意识形态的影响而具有政治性与工具性，另一方面同世界教育现代化发展潮流相隔绝而带有过渡性与保守性。

第二阶段：1966—1976年，是高等教育理念的封闭动荡期。"文化大革命"实行文化专制主义和文化虚无主义，通过政治运动大搞教育革命，推行工农兵学员"上、管、改"，高等教育充斥着"两个估计"和"反修"、"防修"思想而受到严重破坏。新中国成立初形成的一些曾推动过高等教育发展的理念被人为扭曲，教育的政治性恶性膨胀。

第三阶段：1977年至今，是高等教育理念的恢复重构期。恢复高考和改革开放促使教育理念实现了第二次历史性转向——从"政治挂帅"过渡到"为经济建设服务"，致力于高等教育现代化。改革开放以来，我们党始终坚持教育优先发展，实施"科教兴国"与"人才强国"战略，高等教育在"三个面向"和科学发展观的指导下，广泛借鉴世界先进教育理念，不断突破教育发展的思想樊篱和体制性障碍，建立起与现代化相适应的人文化、社会化、国际化和多元化的教育理念体系，积极推进高等教育民主化、大众化、法制化改革，为建设高等教育强国提供了坚实的发展基础。

60年来，我国高等教育理念总体上沿着"由外至内、由表及里、自上而下、由分到合"的路径运行，即从注重教育外部因素到体现内在规律；从模糊认识到相对理性；从单一、零散的教育理念衍生为系统化、多元化的理念体系。依据理念的产生机制，大致可分为以下三种类型。

1. 外生转换性理念

"外生转换性理念"体现了我国对世界高等教育理念的借鉴和吸收。我国现代意义上的高等教育是"西学东渐"的产物，具有典型的"后发外生型"特征，经历了由取道日本、欧美到借鉴前苏联，再到模仿美国；

从"横向移植"到"有选择地借鉴"的变迁过程。"窥西学之精，为我所用"可谓百年高等教育理念发展之主要路径。改革开放以后，诸如"服务社会"、"大学自治"、"通识教育"、"国际化"、"民主化"、"教育可持续发展"、"终身教育"等各种国际教育理念纷至沓来，并在制度转换中实现了"中国化"。其中影响力较大的有三种。

（1）"面向社会"

源于19世纪下半叶的美国威斯康星思想，提出高校应走出"经院模式"的象牙塔，全方位、多角度地为社会提供直接服务，促进教学科研与实践一体化。"服务社会"作为高等教育的第三大功能，自产生起就引导着世界高等教育理念的变革。

高等教育"服务社会"理念的转换是伴随着国家经济复苏与体制改革的深入而逐步实现的。新中国成立初，为服务科技与工业经济发展，高校主要以"教劳结合"、"多样办学"等方式面向社会，建立供师生从事劳动与科研加工的校办产业，取得了一定的社会效益。但这种政府支配下的"服务社会"是指令性的和被动的。市场经济体制建立后，高等教育社会化改革迅速展开。从办学层面看，起步最早的是高校后勤管理与就业分配制度的"社会化"。1984年《中共中央关于经济体制改革的决定》和1985年《中共中央关于教育体制改革的决定》相继出台，高校后勤部门从国家拨款的行政管理单位转为独立核算、自负盈亏的经济实体；就业制度由国家"统包统分"向"自主择业"转变，并于1997年完成了高校招生、收费和就业的并轨改革。90年代初，我国启动了教师人事管理"社会化"，1993年颁布的《中国教育改革和发展纲要》提出建立新型的教师管理体制，教师终身制和人才流动壁垒被打破。2000年《关于深化高等学校人事制度改革的实施意见》催生出一北一南的"北大方案"和"中大改革"，各大高校纷纷以"渐进式改革"方式推行教师聘任制，并取得了初步成效。从国家层面看，"面向社会"主要体现在办学自主权的松动上。1979年苏步青等在《人民日报》呼吁"给高校一点自主权"后，国家逐步淡化隶属观念，1998年出台的《高等教育法》第11、12条规定："高校应当面向社会，依法自主办学"，鼓励高校与社会组织协作互补，提高资源利用率。"面向社会"理念由此确立。

"面向社会"是 60 年来涉及面最广的教育理念。改革开放为"面向社会"提供了制度环境，高校自身发展又使社会服务成为教学科研的实现载体和互动目标。社会是高校赖以生存和发展的环境基础，服务社会、引领社会不仅是历史的必然要求与经济社会发展的目的所在，更已成为增强高校办学活力和促进人才培养的有力手段。然而，随着大学在社会发展中的作用日益增强，高等教育也承担着日益增多的社会职能，从而越来越偏离了"育人"这一基本前提和目的。当前，我国集权式管理观念尚未转变，高校自我约束机制仍不完善，与"面向社会"相适应的高等教育体制改革进展缓慢，对社会服务的"范围"和"限度"缺少理性分析：或直接与创收相联系，或与人才培养相分离。因而必须进一步澄清认识，积极探索"面向社会"的办学机制，促进教育与社会良性互动、健康发展。

（2）"高等教育国际化"

这一理念的雏形最早可追溯至古希腊和古埃及盛行的"游教"和"游学"之风，随后兴起于欧洲。20 世纪 40 年代，联合国教科文组织积极倡导广泛开展国际教育交流合作，把国际的、跨文化的全球观念引入高校职能之中。当前，"国际化"已成为世界高等教育发展的共同趋势和基本理念。

新中国高等教育 60 年的发展可以说是国际化的一个缩影。新中国成立后我们全面效仿苏联；改革开放之初，邓小平提出"教育要面向现代化、面向世界、面向未来"，政府向发达国家大量派遣留学生。此后，我国国际交流与合作活动迅速展开，对外开放的发展格局基本形成。21 世纪以来，我国高校高度重视观念更新和制度借鉴，强化跨文化交流，大力引进海外高层次人才、加强国际学术互动；积极向各国开放国内教育市场，充分利用国际资源，不断拓宽联合办学渠道；在合作中参与国际教育事务，加强多边合作，大胆吸收世界各国的文明成果，提高了我国高校的国际学术地位。

大学负有人才培养和科学研究的使命，而探索真理和发现知识本身就是一项没有国界的、全人类的共同事业。高等教育国际化归根结底是要实现人才的国际化，增强国家的软实力。我们必须善于吸取世界先进的教育理念，培养具有国际眼光和国际竞争力的人才，在推进国际化的同时保持本民族的优秀文化传统，立足中国实际，把握时代需求，建设富有本土特色的高等教育理念体系。

(3)"高等教育可持续发展"

可持续发展思潮产生于国际上对于自然资源、环境及人口与人类社会发展关系的探讨，随后渗透到了教育领域。1998 年 10 月联合国教科文组织发表《21 世纪的高等教育：展望和行动世界宣言》，《宣言》开宗明义地指出："应保持、加强和进一步扩大高等教育的基本使命和重要作用，特别是促进整个社会的可持续发展和进步的使命。"党的十六届三中全会将"可持续发展"理念列入科学发展观，成为我国构思教育与社会发展战略的重要依据。

"可持续发展"的前提是以人为本，关键是全面协调，核心是科学发展。这一理念表明，高等教育必须体现人与自然、社会相和谐的本体价值，既要"瞻前"也要"顾后"；既要持续、稳定地与经济协调并进，又要保证自身发展的延续性、教育理念的前瞻性、教育生态的平衡性、教育结构的协调性和教育功能的整体性。自 1999 年扩招以来，我国仅以不足十年的时间就实现了高等教育大众化，然而，当前国内人均 GDP 尚不足 3000 美元，国家教育经费投入难以支撑日益扩张的教育规模，高等教育公平与质量问题十分突出。实现"高等教育可持续发展"，必须将教育发展重心转移到提高质量、走内涵发展的道路上来，促进教育规模、质量、结构、效益的统一；高度重视高校战略管理，致力实施中长期战略目标规划，克服教育发展的盲目性；以人的可持续发展为立足点，促进教育公平，体现高等教育对人的成长的全程关怀，发展"终身教育"，建设全民学习、终身学习的学习型社会，最终促进教育、人与社会的协调发展。

2.政治嫁接性理念

"政治嫁接性理念"体现了政治家的教育理想和国家对高等教育发展的要求。现代大学已成为支撑社会发展的"轴心机构"，以至于越来越多地受到政府直接或间接干预，向一种由国家控制的法人官僚机构发展。这种官僚化特征在我国改革开放前尤其显著，政治家的经验决策和权威性的行政指令通常主导着教育理念的活动方向，并反映在国家方针政策和政治家的教育理念中。60 年来，政治与教育以政策为中介，嫁接而成了"教劳结合，服务政治"，"红专结合，全面发展"，"教育为经济服务"，"教育为社会主义现代化建设服务"，"办人民满意的教育"等理念，对高等教育产生了深远影响。其中最具代表性的理念有三个。

(1)"教劳结合，服务政治"

"教劳结合，服务政治"是新中国成立初期为体现国家政治意志、巩固党的政权、服务经济生产而提出的高等教育理念。马克思认为，教育作为一种意识形态，是上层建筑的一部分，具有阶级性，并为统治阶级服务；教育必须与生产劳动相结合。1958 年毛泽东在《关于教育工作的指示》中首次提出："党的教育工作方针，是教育为无产阶级的政治服务，教育与生产劳动相结合……为了实现这个方针，教育工作必须由党来领导。"①同年，他在《工作方法》(草案)中，要求各级各类学校要举办工厂或农场，实行"自给或者半自给"，试办"半工半读"高校。高等教育逐步向工农开放，以"两腿走路、多样办学"的形式，促进劳动人民知识化、知识分子劳动化。在教学上重视实践环节，1961 年出台的《高教六十条》规定，学生每年要参加一至一个半月的生产劳动，大力提倡勤工俭学，"劳动育人"。②

"教劳结合，服务政治"是 60 年中影响最深远、分歧最大的教育理念。从政治与经济层面上讲，它要求教育为劳动者服务，学校为政治需要服务，对促进国家工农业生产和维护政治稳定起到了关键作用，是新中国成立初高等教育的理性与现实选择。而就教育层面看，由于在实践中过多强调生产劳动，以经验技术的传授代替学科理论的系统学习，难以保证课堂教学的合理和正常进行，影响了人才培养质量。这种以"政治论"为哲学基础的理念导致了高等教育培养目标的政治化和国家工具主义的盛行，人的个性发展备受制约，高等教育在政治权威的桎梏中丧失了自身独立发展的地位。

(2)"红专结合，全面发展"

"红专结合，全面发展"强调政治思想与专业能力相统一，促进人的全面发展。新中国成立伊始，根据老解放区的教育经验，人们对旧教育中

---

① 程凯：《当代中国教育思想史》，河南大学出版社 1999 年版，第 123 页。

② 中国教育年鉴编辑部：《中国教育年鉴：1949—1981》，中国大百科全书出版社 1984 年版，第 233—235 页。

培养"万金油"式的"通才"教育和"大学管理论，专科管实际"的主张持否定态度。1950年6月，时任教育部长钱俊瑞提出："新中国的高等教育必须适应国家建设，首先是经济建设的需要，实行在系统理论知识上的适当专门化教育。"①1951年，我国进行了大规模的院系调整，综合大学只保留了文理两科，其余组建的专门学院多为单科性高校，八百多个专业大量集中在三、四级学科上，许多高质量的名牌高校被无情拆散。社会主义改造完成以后，在学术问题上"拔白旗、插红旗"，大搞"红专辩论"。毛泽东认为，"没有正确的政治观点就等于没有灵魂"，提出要培养"又红又专"的社会主义建设人才。在实践上，除注重政治思想教育外，还要求学生"以学为主，兼学别样"，强调在以学业为本的前提下，注重德智体全面发展。

"红专结合，全面发展"既为当时国民经济恢复提供了专门人才支持，又构成了一个较完整的目标与途径相统一的思想体系。但这种政治意义下的"全面发展"忽略了人的个性自由发展，"红专结合"更多的是强调"为红而专"。高校按统一的教学计划、课程设置、教学内容培养单一模式的人，这种强求整齐划一、抹杀个性的做法与高等教育培养具有全面的知识、能力和素养的人才要求形成了尖锐矛盾，学生人文素质不高、学术基础不牢、个性发展不足，使得后期高等教育长期无法摆脱专才教育的桎梏，大学的人文精神与科学精神进一步分裂。

(3)"办人民满意的教育"

"办人民满意的教育"是新时期国家政治理想的嫁接，但与以往不同的是，这一理念既考虑了国家建设和谐社会的政治需求，又遵循了高等教育发展的本质规律，是坚持执政为民、与时俱进的集中体现。

在我国传统文化中，"大学之道，在明明德，在亲民，在止于至善"、"民为贵"等思想就体现了"以民为本"的教育观。1950年首届全教会上，党首次提出：教育要"发展为人民服务的思想"。②1999年江泽民在第三次全教会上要求"坚持教育为社会主义、为人民服务"。不同时期虽有不

---

① 钱俊瑞：《在高等教育会议上的讲话》（第二卷），《人民教育》1950年第2期。

② 卓晴君：《中国教育改革全书》，大连出版社1992年版，第81页。

同提法，但教育"为人民服务"的宗旨始终没有改变。根据国情和党在新的历史阶段的工作重点，胡锦涛在党的十六大报告中创造性地提出了"办人民满意的教育"理念，他强调："教育是体现发展为了人民、发展依靠人民、发展成果由人民共享的重要方面，要坚持党的教育方针，坚持以科学发展观统领我国教育事业发展全局，坚持教育为社会主义现代化建设服务、为人民服务，努力办好让人民群众满意的教育。"

"办人民满意的教育"是体现政治、教育与人全面协调发展的新理念。我国是穷国办大教育，必须坚持"办人民满意的教育"的核心信念，从实践上、实质上满足人民群众的教育需要。首先，教育的根本任务是提高广大人民群众的素质，其衡量标准是能否使教育改革符合人民的利益，体现人民的意愿，提高人民的受教育程度，通过教育最大限度地满足人民群众对物质文化和精神文化与时俱进的需求；其次，"办人民满意的教育"的核心是保证人民受教育的权利。要坚持教育公平与效率相结合、社会发展与人的发展相结合，在保证社会公平的前提下，不断提高教育质量和办学效益。

3. 自发内生性理念

"自发内生性理念"即高等教育界人士立足国内和教育实践而形成的理念。大学校长及教育专家作为一个特殊群体，往往能够审时度势，结合自身的院校研究和办学体会，准确把握时代的脉搏，顺应教育发展的趋势，恰当提出大学发展的战略目标，引导大学向前发展。60年来，一批杰出的教育家对推动我国高等教育理念的发展功不可没，如原华中理工大学校长杨叔子院士倡导的"绿色教育"、"文化素质教育"、"全人教育"；周济部长任原华中理工大学校长时提出的"育人为本，产学研三足鼎立、协调发展"；清华大学原校长王大中院士的"创建一流、以人为本"等。这些理念因其立足于国内办学实际，且产生了一定的示范效应，从而由下至上地引领着我国高等教育理念的变迁。其中较有借鉴意义的理念有两个。

（1）"科学教育与人文教育相融合"

高等教育首先是一种人文精神的教育，科学与人文应是相通的，科学中必然渗透着人文精神。[①] 但是，1952年以后，我国学习苏联经验发展专

---

① 参见刘献君：《专业教学中的人文教育》，华中科技大学出版社2003年版。

业教育，在片面崇尚科学的实用主义理念支配下，科学教育与人文教育之间出现了难以逾越的鸿沟。特别是高中阶段实行文理分科后，大学新生缺乏完整的科学与人文知识结构，而高校人文学科因无"实用价值"而成为虚文华饰和花哨摆设，被置于课程的最底层，教育的人文精神被明显抑制。针对高等教育"过弱的文化陶冶，过窄的专业教育，过重的功利导向，过强的共性制约"等问题。1995 年 11 月，在周远清同志的主持和推动下，教育部在原华中理工大学召开"加强高校文化素质教育试点工作研讨会"，首次提出了"科学教育与人文教育相融合"的理念，并在 52 所高校试行"文化素质教育"活动，成为高校推进素质教育的切入点和突破口。1999 年 6 月，《中共中央国务院关于深化教育改革全面推进素质教育的决定》提出"普遍提高大学生的人文素养和科学素养"，将文化素质教育推向了一个新阶段。

从国内高校的实施经验看，有以下几点值得借鉴：一是强调人文知识不等于文化素质，必须重视"内化"；二是强调在专业教育与知识教育中渗透人文精神和文化素质教育，自 1997 年起，华中科大、北科大、川大等高校陆续启动了人文社会科学课程，南开大学等近年还开设了自然科学课程；三是强调环境与校园文化对大学生素质形成的影响；四是要求高校教师必须提高文化素养。华中科技大学通过对上百位教师教学实践的总结，归纳出"起于知识、启迪精神、渗透美育、行为互动、营造氛围、以悟导悟、以人为本、止于境界"八种方法。经过十多年的努力，文化素质教育由试点到全面铺开，由造势到自觉，由单一到多样，理念的实施效果和影响力不断提升。

就当前而言，在宏观战略上，需要深入到特定的办学环境之中，要有相应的高水平人文学科和自然科学学科作为支撑，依托区域教育合作与学术互动实现学科生态平衡；在微观战术上，要深入到人的认识过程之中，通过社会实践将知识内化为素质。"科学教育与人文教育相融合"理念的提出是改革开放以来我国高等教育理念转变的一次重大突破，对转变教育观念、培养创新人才有着积极的指导意义。

（2）"育人为本，产学研三足鼎立，协调发展"

新中国成立初，为适应科技发展与政治需要，高校大批研究人员被抽走，成立独立研究机构，造成"学"与"术"相脱离。恢复高考后，邓小平提出高等学校、特别是重点高校要办成两个中心——"既是教育中心,又是科研中心"。1978年,华中工学院提出"科学研究要走在教学的前面",指出科研与教学本是"源流"关系。随着高校科研逐渐向研究型院校和研究生层次"漂移",科研功用的"立竿见影"性和教学价值的滞后性导致高校普遍重"术"轻"学",影响了人才培养质量。此外,大量科研成果因低水平重复并脱离实践而沦落为"口袋科研"与"职称科研"。针对这些问题,华中理工大学于1998年又率先提出"育人为本,产学研三足鼎立、协调发展"的理念,利用学校的教育资源和技术优势加大校企合作,兴办科技园,通过技术研发、生产实践和技术推广等形式培育学生的创新思维、科学精神和实践能力,促进了高等教育三大功能的协同发展。

理解这一理念必须摆脱线性思维方式,不能简单地认为"育人"与"产学研"的关系是正相关、负相关或零相关。现代高等教育是个复杂的有机系统,从结构上看,其内部功能之间呈多维度、多向度的非线性动态协同发展关系。首先,高等教育的根本使命是"育人"而非"制器",而"产学研合作"的根本目的则是使人的潜能得到充分展现,培育创新型人才;第二,"育人"需要在产学研结合中进行,要将"育人"贯穿到教学、研究与社会实践过程中,通过高校三大职能的有机结合来实现人才培养;第三,学、研、产要相互促进,共同推动社会科技进步与高等教育发展,为"育人"服务。

就当前的状况看,高校产学研合作的覆盖面仍然偏小,层次仍然偏低;办学中偏重经济效益,而忽视人才培养的社会效益。必须深刻理解社会服务的内涵,坚持以人为本,开展各种形式的服务社会活动,提高学生实践创新能力;其次,要用科研之"源"来充实教学之"流",使教学反映学术的发展,特别是吸收前沿研究的成果;第三,建立全方位的社会服务体系,多种渠道了解社会需求,重视合作机构与相关制度建设,大力推进科技成果的转化。产学研合作办学的核心是教育创新,必须使人才培养质量符合社会发展需求,形成育人、教学、科研、产业相互促进、协调发展的格局。

二 新中国成立60年我国高等教育理念的发展规律

60年来,社会的激荡变革使我国现代高等教育处于古今、中西的时空交汇点上，理念表现出静态与动态多种因素同时并存和不断除旧布新的特征，尽管如此，理念仍有其亘古不变的内涵，表现出超越历史瞬间的稳定个性。高等教育作为一种社会现象和文化系统，是人类社会发展到一定阶段后应运而生的，它不可能脱离社会需要而孤立发展。全面地反映理念的运行规律，必须综合分析理念背后具有普遍意义的影响因素及其与理念发展之间的逻辑联系。

1. 社会变革是高等教育理念变迁的直接动因

教育理念是时代变革和社会转型的产物。无论社会变迁的成因中是否会有教育的作用，社会变迁或早或迟都将导致教育理念的变迁。60 年来，我国整个社会系统大体由激进式变革、倒退式变革走向渐进式变革，教育理念也从以"政治嫁接"为主走向"外生转换"与"自发内生"相结合，带有强烈的时代烙印。

为巩固新政权、发展新教育，我国于新中国成立初进行了急风暴雨般的社会改造，在高等教育系统内强制推行院系调整，这种激进的水平式变迁的表征是"政治嫁接性"理念的盛行，高等教育有所发展但就其实质而言进程缓慢。"文化大革命"期间，由于政治上的专制、思想上的禁锢、文化上的愚昧和经济上的无序，高等教育理念经历了一次"断裂"式的震荡，从而使教育失去了发展的连续性和稳定性。改革开放后，先前存在的及改革中新引发的许多不协调因素也随之爆发，政治、经济体制和社会结构的变动引发了原有利益格局的重组和整合，"外生转换性"理念为高等教育发展开辟了新境界，打破了长期以来政治主题包揽教育理念的格局；党的十七大以来，立足本土的"内生转换性"理念不断涌现，高等教育理念由模仿走向自觉，标志着我们对人类社会发展规律和教育规律的认识达到一个新高度。

历史表明，社会的重大转型是教育理念变迁的根本动力，社会制度与时代环境等因素对理念具有直接而显著的影响。从空间维度看，社会局势震荡、"政治嫁接性"理念占强势地位时，高等教育就发展迟缓甚至倒退；社会制度开放、"外生转换性"理念占主流时，教育发展迅速但缺少植根于自身条件的自主抉择，不足以形成战略性的特色优势；社会环境宽松、"自发内生性"理念积极萌生时，高等教育方能体现自身规律而稳步健康发展，最终将自立于世界高等教育强国之林且独领风骚。从时间维度看，社会变迁所形成的时代境遇是教育理念变迁的先决条件。60年来，正是我们抓住了改革开放的时代机遇，与时俱进，重视教育战略发展理念与战略规划建设，才使高等教育获得了跨越式发展。

2.学术属性是构建高等教育理念的逻辑起点

高等教育作为独立的学术与文化组织，是知识生产和文化传播机构，具有知识性与学术性。而60年来，我国高等教育始终处于政治与市场的双重制衡之中。从政治层面看，尽管改革开放前后"自治"与"控制"的矛盾在程度与表现方式上有所不同，但政治对教育的制衡无非是从传统农业社会的"防范与教化"转向工业社会的"内隐与调适"，政治制衡的内核始终未变，表现在：一是通过国家政策、制度与法规使教育理念"合法化"；二是以"政治论"为教育理念的哲学基础，倡导国家主义的工具价值论；三是以行政权力控制教育理念的活动方向。自1985年以来，高校"自主办学"的呼声已持续了20多年，但自主权迟迟没有下放，"大一统"的理念和科层管理模式对大学的干预一仍其旧。

从经济层面看，高等教育卷入市场意味着教育理念将不可避免地受到市场的引导而主动做出自我调适，教育的经济功用与日俱增。在市场经济作用下，我国高等教育一系列内部体制改革全面展开，高校突破传统办学体制，逐渐以各种形式主动服务社会，产学研结合向纵深发展。然而市场本身存在固有的弱点，教育之追求"成人"的无限目的，被窄化为适应政治需求与经济生存的有限目的，导致大学盲目追求经济效益和攀大求全等非理性行为，与高等教育从事精神生产以实现社会效益的主要目标渐行渐远。

德里克·博克对此有过精辟的分析："大学凭常规的学术功能，通过教学项目、科学研究和技术援助等手段承担着满足社会需求的重要职责"，"如果采用……非学术性手段，那样做很难说有正当理由"。[①] 教育理念对政治与市场的"适应性"，必须以坚持"学术性"为前提。高等教育的学

---

① ［美］德里克·博克：《走出象牙塔》，徐小洲等译，浙江教育出版社2001年版，第338—342页。

术属性追求大学的"自由"与"自治"，而 60 年来，唯一体现我国学术自由理念的"百花齐放、百家争鸣"在新中国成立初的阶级斗争中不断受到政治干扰，直到"文化大革命"后完全消失。历史表明，脱离高等教育自身的发展规律，违背学术逻辑的运行机制，乃至用政治标准与市场尺度来衡量学术，无异于摧毁教育本身。高等教育理念必须以教育规律和学术逻辑为前提，维护大学的学术自由，保证大学的独立价值，同时又体现政治意志、遵循市场规律、在学术、政治与市场之间取得平衡。

3. 文化传承是创设高等教育理念的个性需求

罗纳德·伯奈特在回顾了西方大学理念的起源和发展后指出："我们研究大学理念，必须从大学所处的历史和文化出发，并且要充分考虑大学所代表的社会利益。"[①] 实际上，世界高等教育强国无不培育和积淀着各自特有的传统文化，正是这种对传统理念坚守不渝的精神才维护和延续了其教育强国的地位。

我国古代大学以"明明德、亲民、止于至善"为理念，作为"学者共同体"的书院有着远离尘嚣的学术自由和追求学术人生境界的传统。然而，我国 60 年现代高等教育主要发扬的是"外生转换性"理念，由照搬前苏联转向学习美国，其价值趋向与基本路径乃西方社会之"舶来品"，主要是"旁采泰西"而非"上法三代"的结果。这正是我国当前理念创新的困境之所在：大量移植了欧美的教育制度与经典理念，却遗失了中国古老的"大学之道"；[②] 借用了西方教育的"躯壳"，而没有注入西方大学的"灵魂"——自治、自由、民主、批判精神。60 年来，源自西方的"博雅教育"、"教学与科研相统一"、"通识教育"等理念在我国始终难以生根的现实表明，在借鉴别国理念时，必须反复比较两国在教育水平、政治形态、经济发展、人力资源、文化环境及民族性格等方面的特点，充分估计可能会遇到的问题，注重体现我国教育实际中的个性需求。

纵观历史，60 年来我国高等教育理念主要是借鉴，在借鉴中有所创

---

① Ronald Barnett, "The Idea of Higher Education", *The Society for Research into Higher Education* , Open University Press, 1997, p.23.

② 参见陈平原：《大学何为》，北京大学出版社 2006 年版。

新，今后则要立足本国文化，创造有中国特色的高等教育理念体系。唯有结合自身实际，方能避免那种以他人正欲摆脱的"赘疣"为"理想"的尴尬；唯有发扬民族特色，方能把握和显示在高等教育国际竞争中本固枝繁、万变而不离其宗的自主性优势。

4. 人的主体发展是教育理念变迁的根本主旨

人是一切社会活动的起点和归宿。新中国成立初，我国一直注重发展与经济建设直接相关的工程与科学技术教育，培养以理工科为主的实用专门人才，极大地削弱了教育中的人文因素。改革开放以来，人们在重视科学技术与科技开发的同时，也更加强调科学教育对生产力的直接推动作用，创造经济价值成为衡量高等教育的主要标准，人的自身价值被功利价值和工具价值所取代，教育中的人文精神严重缺失。1984 年后，理论界反思了高等教育理念中唯经济至上的问题，重点关注高等教育经济功能的形成、扩张与人文精神培育间的矛盾。在分析教育、文化、人的关系的基础上，提出了"科学与人文教育相结合"、"文化素质教育"等理念。继党的十六大将"以人为本，可持续发展"列入科学发展观后，党的十七大提出"育人为本，德育为先"，"办人民满意的教育"，指出了高等教育发展的根本目标是提高人的主体意识，实现人与社会的和谐发展。

长期以来，高等教育"见物不见人"从根本上说是时代的局限和对高等教育发展规律本身认识的局限。人是教育的主体，教育的一切活动都应以满足人民的教育需求和实现人的主体发展为出发点和归宿。现在，我们可以有把握地说，高等教育最终要回归到培养人才、发展人性的本体功能上来。

5. 信念与制度是理念转化为实质性行为的动力和保障

教育理念是特定主体在实践基础上对如何发展教育的理性认识。理念本身是形式化的哲学概念，如何将"形式化"的理念塑造为"稳定性"制度，再从"规范性"的制度转化为"实质性"行为才是问题的关键。

60 年来，教育理念被反复地推倒重来而缺少持续性和稳定性，整体表现出一种"善变"、"虚幻"与"游离"的特征。这期间反映学术自由思想的"双百方针"仅停留在 20 世纪 50 年代末的文教政策上；"人的全面发展"、"个性发展"和"办学自主"等理念虽已倡导多年，但在办学实践中并没有完全落实。从学理上讲，高等教育理念的制度规定性愈强，就愈能促进实质性行动的展开。制度是通过责任、权利、利益来规范教育主体行为和调整主体间关系的规则体系，是理念转变为办学实践的中介。理念是制度建设的向导，是制度之魂。制度本身主要回答教育实践中产生的共性问题而解决不了人们精神上的疑虑。60 年的经验表明：无论制度上的决策是多么英明，如果只是停留在政策文本上，而没有正确理念的驱动，那就仍然难以产生真正的效力。

制度是行动的保障，而政策是制度的派生物。但实际上，完全依赖政策是行不通的。正如涂尔干所言："理念是不能通过立法的形式就变成现实的；必须由那些担负着实现理念职责的人去理解，去珍视，去追求。只有在法令法规得到信念的支撑时，才能与现实取得关联。"① 教育信念的迷失是理念实施不彻底的根本原因。雅斯贝尔斯强调："教育须有信仰，没有信仰就不成其为教育，而只是教学的技术而已。"信念是对特定哲学观的信从与皈依，是教育赖以生存发展的基本信条，缺乏信念的教育理念是没有生命力的、脆弱的。因此，理念的实质性转化，一方面必须根据"以人为本"的精神构建现代大学制度；另一方面必须通过理论批判与学术争鸣来揭示真理，使其以理性方式建立某种坚定信念，而不是仅通过官僚体系来创设和控制教育行为。

三　60 年的理念变迁对建设高等教育强国理念的启示

恩格斯说过："历史从哪里开始，思想进程也应当从哪里开始，而思想进程的进一步发展不过是历史过程在抽象的、理论上前后一贯的形式上的反映。"② 探索建设高等教育强国理念必须以史为鉴，坚持以科学发展观为核心信念，体现时代性，把握规律性，基于本土性，合乎目的性，富于

---

① ［法］爱弥尔·涂尔干：《教育思想的演进》，李康译，上海人民出版社 2003 年版，第9 页。

② 《马克思恩格斯选集》第二卷，人民出版社 1972 年版，第 122 页。

创造性，这样，才能构建有中国特色的高等教育理念体系。

1. 体现时代性：从战略发展目标出发实现理念的跨越与突破

大学既要有"出世精神"，又要有"入世精神"。大学的"出世精神"，就是大学的超越精神、理想主义精神、人文关怀精神；大学的"入世精神"，就是大学的现实精神和与时俱进的变革精神。从世界历史看，西方教育强国和世界一流大学都高度重视战略发展和理念的突破与创新。19世纪的德国大学之所以能引领世界高等教育发展潮流，是源于洪堡在办学理念上实现了大跨越，创造性地提出了"教学与科研相结合"的思想；美国将洪堡理念制度化后，结合时代要求提出了威斯康星思想，这种创新不仅是财政投入和硬件建设，更具决定意义的是办学理念上的突破。

我国近现代高等教育的发展也有成功的例证。在蔡元培"思想自由、兼容并包"的理念引领下，北京大学经历了上世纪 20 年代的学校改造、50 年代的院系调整和 90 年代的"985 工程"，先后实现了三次历史性跨越，其前提就是把握时代机遇，重视高校的战略发展理念。成都武侯祠有一副对联："能攻心则反侧自消，从古知兵非好战；不审势即宽严皆误，后来治蜀要深思"，表明了审时度势之重要性。新中国成立以来，由于没有办学自主权，多数高校战略意识不足。周济部长在担任华中科技大学校长期间，非常重视战略发展理念。在分析学校实际所处背景与优、劣势后，提出了建设国际知名高水平大学的战略目标，确立了"育人为本、产学研三足鼎立"、"人文教育与科技教育相融合"、"突出特色的综合化"、"开放式国际化"等理念，[①] 同时采取了一系列重大措施，使学校获得了跨越式大发展。

当前，经济全球化空前高涨，知识，特别是高科技知识日新月异，综合国力竞争日趋激烈。在我国从人力资源大国迈向人力资源强国的新世纪，培养具有创新精神和创新能力的各方面领军人才，这关系到国家发展的根本性战略，也是建设高等教育强国的客观要求。增强我国人才的核心竞争力，必须建设能代表我国高等教育特色与水平的世界一流大学。在办学中要有大视野、大智慧和大手笔，将办学者的教育信念合理地转化为办

---

① 刘献君等：《高等学校战略管理》，人民出版社 2008 年版，第 136 页。

学理念和战略构想，认真分析大学所处的地域、环境及时代要求，在合理定位的基础上形成独特的战略发展理念。

2. 把握规律性：以学术的逻辑全面协调政治、市场与教育的关系

高等教育具有崇尚科学、追求真理的使命，遵循着独立于外在现实需要的学术逻辑。但这种独立性不是无条件的：它既要受制于政治决策，又不可逾越经济规律，而必须在满足社会需要的基础上满足自我发展的需要，并适应社会为高等教育提供的物质条件。这些约束条件往往使高等教育独立性的逻辑前提变得模糊不清。

涂又光先生曾深刻地指出：政治强调"力"，经济注重"利"，而文化突出"理"，高等教育之应有地位在"理"中。必须承认，任何国家的高等教育都不可能完全"去政治化"，但教育的知识、学术、文化等内在属性也同样不可忽视。洪堡在创建柏林大学时曾告诫："为国家利益服务不等于放弃大学自主和学术自由"，他们设法向统治者们表明：恰恰是这种大学自主和学术自由，才更符合普鲁士作为一个文化国家的根本利益。[1]高等教育为社会政治经济服务，必须以保持自身的相对独立性为前提。

当前制约我国高等教育发展的最大障碍是：政府干预过多，大学自主性缺乏，学术自由精神不彰，大学自治与社会需求、政府干预之间缺乏"必要的张力"。随着教育体制改革的不断深入，国家对高等教育逐渐由直接控制转向间接监督，由"管理大学"转向"治理大学"。新的"民主开放的治理型社会"要求政府必须摆脱对权力的片面依赖，主动进行权力让渡，引导高校主动承担社会责任，实现政治、市场与教育的协调发展。首先，必须坚守大学的核心使命，以维护学术自由、保证大学独立价值为基础，建立以发展学术为其内在逻辑的现代大学制度，赋予高校更多办学自主权，减少不利于学术发展的外部因素，营造宽松活跃的学术氛围和学术土壤，培养追求真理和科学创新的大学精神。同时，要完善高校自我约束机制，提高学术权力在高校管理中的地位；坚持服务社会，探索面向社会的运行机制，在产学研合作中培养创新人才，以人民的满意为使命，推进高等教育民主化、法制化。

---

① 金耀基：《大学之理念》，三联书店 2008 年版，第 14 页。

3. 基于本土性：在文化自觉的基础上保持国际视野

立足本国实际、守望文化传统是理念创新的根本路径。正如金耀基所言："大学像一切组织体，不可能一成不变；变的是发展的契机，但成长的钥匙却在变中保有不变，所有文化的成长都是承续与变迁的结合。"[①] 历经百年的高等教育传统具有永恒的价值，只不过在现代社会，这种永恒价值需要我们有一种"文化自觉"精神使其"祛蔽"而"返魅"。

费孝通先生在反思一生学术研究时说："生活在一定文化中的人对其文化要有'自知之明'，明白它的来历、形成的过程、所具有的特色及其发展趋向，自知之明是为了加强文化转型的自主能力，取得决定适应新环境、新时代文化选择的自主地位。"[②] 传统文化中积极与消极因素并存，形成一种强大的惯性，既可能成为教育理念变迁和教育改革的阻力，也可能具有某种缓冲价值。这就需要我们以"文化自觉"为先声，在文化自知的基础上保持开放的国际视野。美国能成为当今高等教育强国，正是源于其开放的心态和善于学习的精神，不仅将他国的成功经验拿来借鉴，而且将其制度化了。本土的理念就其理论价值而言应该是全人类普适的，必须在创新本土特色的同时坚持国际化，体现其普适性。高等教育理念自身并非超功利的纯粹精神，它的背后反映了大学利益相关者各自的价值追求。因此，探索高等教育理念要重视文化自觉与文化传承，充分吸取大学利益相关者的意见和智慧，根据科学发展的需要，围绕人才培养，形成自己的理想、信念，从而在实践中生长出自己独特的大学理念。总之，迈向教育强国之根本，在于让高等教育不是"办"在中国，而是"长"在中国。

4. 合乎目的性：以人的自由全面发展为基本价值取向

高等教育作为一个特殊的社会系统，其最高目的在于发展自由精神，达臻自由个性，实现自由人格和心灵的自我解放。而今，高等教育担负的重大社会责任使得大学不再可能完全掌控在学者手中，换言之，大学不再是学者的自治团体，其实用目的已远远压倒了人文教化目的。建设创新型国家和高等教育强国，最终要落实到创新人才的培养上。必须坚持"以人

---

① 金耀基：《大学之理念》，三联书店 2008 年版，第 14 页。

② 费孝通：《论文化与文化自觉》，群言出版社 2007 年版，第 190 页。

为本"，以人的自由全面发展为教育发展之基本价值取向，消解社会工具价值对人文价值的威胁，回归人在教育中的主体地位。

考察 60 年来我国高等教育理念的发展史，可以清晰地看到，工具主义价值观和人文主义价值观此消彼长、交替发展，但总的趋势是后者将取代前者，人文主义是科技发达时代的主要价值取向。"以人为本"将发展的逻辑起点与终极目标归结为人自身，发展是人的发展，发展是为了人的发展，人是发展的关键因素。因此，高等教育必须从普遍的人性出发来确立自己的独立基础。首先，"人是精神性的存在"，要积淀求真崇实的大学精神，以人的主体发展为目标，培育学生对人与社会的关怀，促进其自我教育；其次，"人是自由性的存在"，自由是发展的前提，必须坚持自主办学，实现教育公平，推动高等教育与人和社会可持续发展；第三，"人是创造性的存在"，理念要有利于发挥学生的主体创造性，在产学研结合的实践中"育人"，要有利于教师创造性的发挥及其专业的发展；第四，"人是整体性的存在"，要注重人才培养结构的完整性，将人文素养和科学精神相结合，大力实施文化素质教育；注重通专结合，实施通识教育基础上的专业教育，培养宽口径、厚基础的复合型人才。

5. 富于创造性：在对错误理念的分析批判中不断创新

现在，仍然有不少理念制约、束缚着人们的思想，影响着高等教育的发展，要认真梳理这些理念，展开严肃的学术批判，进一步解放思想，实现理念的创新和高等教育的发展。从历史上看，十一届三中全会、邓小平南巡及十六大为我国带来了三次思想大解放，每一次思想解放都是在对错误观念的分析批判中促进了高等教育理念的创新。改革开放后的"拨乱反正"是对前期教育理念的一次大批判，将高等教育从政治的桎梏中解放出来，带入了良性的发展轨道。20 世纪末，市场机制激起了理论界对"教育产业化"的争论，教育作为准公共产品，具有产业属性和文化属性。而产业化引发的是教育公平的失位，民营教育的活力仍无法释放。2005 年国家明确了教育的"公益性"地位，通过理论批判使高等教育的本质属性得以彰显。当前，来自世界各国的高等教育理念使人们陷入了现代教育理念的选择性困境：学术和政治、求真和求用、自主与控制、社会与个人、传统与创新、继承与变革等关系如何处理？对现代高等教育发展的潮流"适应"还是"超越"？凡此种种，无不需要有批判、反思和质疑精神，从比较、问难与辩论中产生理性认识，既不盲目跟风、简单照搬国外的成功经验，又不墨守成规、无视世界高等教育发展的必然趋势，而是植根于本国国情，在继承传统的基础上锐意创新，在高等教育国际化的大潮中始终保持批判性的眼光、跨越式的步伐和独树一帜的强者风貌。

大学的批判精神，源于对真理的不懈追求，要以其超越现实价值体系的精神向度和强烈的理想主义情怀，从普遍的人文关怀出发，通过对理念的批判创生新的价值观念，为变化中的教育秩序提供内在的精神支撑和思想整合基础，使高等教育得以不断地自我反省、自我纠正和自我定位。而只有通过学术争鸣，才能纠谬反正、去伪存真，接近理念的本质。总之，批判是创新的前提，创新则是在科学批判基础上对现实的超越。我们要在分析批判中不断理清认识，打破思维定势，在实践中不断创新高等教育理念，实现从高等教育大国向高等教育强国的转变。

（原载《高等工程教育》2009 年第 5 期）

适应高等教育强国建设要求的
高等学校教育理念创新

建设高等教育强国，首先面临着教育理念创新的问题。教育理念包括国家教育理念、学校教育理念、个体教育理念等诸多方面。笔者着重从教育理念的科学内涵，高等学校教育理念创新的路径、机制和规律，高等学校核心理念及其建构等方面，探讨高等学校应如何创新教育理念以适应建设高等教育强国的要求。

一 教育理念的创新需要科学把握其内涵

创新教育理念，首先要对理念、教育理念有一个科学的认识，准确把握其内涵。

1.教育理念是一种理性认识

"理念"是一个基本的哲学问题，内涵十分丰富、复杂，既可以从本体论，也可以从认识论来把握。从柏拉图到黑格尔，以及中国对"理"的认识，大多将理念置于本体论的范畴，要解决的是存在与思维的关系问题。从马克思主义能动的反映论出发，"理念"宜放在认识论领域。不管对理念进行什么样的限定，但理念终归属于理性认识的范畴。从认识论考察，我们可以将教育理念界定为：以教育实践为基础，渗透着主体教育价值取向，反映着主体对教育"应然状态"的追求，从教育本质出发，综合教育促进人的发展的终极目的和社会条件变化的倾向所得出的一种特殊的理性认识。

2.教育理念从本源上是实践的

从认识论的角度看，理念属于认识的范畴，它来源于实践，并受实践的检验。认识理念不能仅仅从概念、逻辑出发，而要从实践出发。实践提供了理念形成的素材，也规定了理念的价值取向。理念不是头脑中自生的，更不是先验存在的，也不是什么绝对的意志，可以不受客观条件的限制。但教育实践不会自发地形成教育理念，教育理念是教育主体在反思教育实践过程中，参照历史的教育素材，富有想像力地进行主观创造的结果，是一种"理性认识"。教育理念一经形成，可以规定和指导进一步的教育实践。

3.教育理念是分层次的

认识主体不同，教育理念不同。认识主体的层次性，决定了教育理念的层次性。认识的主体主要有国家、学校、个体，因此，教育理念可以分为国家教育理念、学校教育理念、个体教育理念等不同类别的理念。国家教育理念是关于一个国家如何发展教育和如何办好各级各类教育的理性认识，是一个国家关于教育的理想与信念。对于高等学校来说，学校教育理念即大学教育理念。大学教育理念主要指关于大学人才培养的思想、观念或信仰。每一类别的理念从其体系上又可以划分不同的层次，如高等学校教育理念主要包括核心理念和教师发展理念、学校管理理念、人才培养理念、学科发展理念、专业建设理念等子理念。

4.从认知、情感、意志三个方面把握教育理念

（1）理念关注事物的本来面目及发展的终极目的。理念是从事物的内在属性和客观条件出发，综合其发展的终极目的和外在条件变化的倾向所得出的超前性的认识。理念不等于实践经验的总结，理念总是以指导未来的实践为其使命，其对未来实践纲领的设定始终贯穿着逻辑与历史的统一原则，历史来自对理念载体发展历程的考察，逻辑则是基于理念载体的本质规定。

（2）理念有情感参与其中。没有情感参与的理性认识注重客观分析和事实描述，这种理性认识成果的表现形式是一系列陈述命题所构成的理论体系，其判断标准是真与假。理念渗透着主体的情感，是附着主体情感的理性认识，一方面使理念与错觉以及虚无缥缈的幻想区分开来；另一方面

则使理念与单纯的事实判断有所不同。当我们评价某一理念时，我们不仅要看它有没有根据，还要看它的目的与动机何在。当我们说某人具有什么理念时，这种理念肯定内含着他本人的积极情感。

（3）理念反映着某种追求。理念除了认知和情感两种要素之外，还需要意志的努力，把认识转化为主体的自觉追求，把情感调节到一种稳定而持久的状态。因此，理念以社会实践为基础，渗透着主体情感，反映着主体追求，从事物的内在属性和所处的客观条件出发，综合其发展的终极目的和外在条件变化的倾向所得出的一种特殊的理性认识。

5.教育理念不等同于教育方针、制度，办学宗旨、使命

在对教育理念的研究过程中，教育理念与教育方针、教育制度、教育理想、办学宗旨、办学使命等概念往往纠缠在一起，我们要厘清这些概念之间的关系。理念体现在教育方针、教育制度、办学措施等方面，但不能简单地认为，这些就是教育理念。在探索和形成大学理念的过程中，应避免以下一些问题：把办学的宗旨、使命当理念，如"育人为本，质量第一"；将办学方针、教育制度、办学措施当理念，如"教育为社会主义建设服务"，"以贡献求支持"，"教学要有针对性"等；移植国家政治理念或对公民的一般要求，如"爱国、奉献、敬业、自强"，"文明、奉献、团结、进取"；照搬别的国家或别的大学的理念，没有形成符合自己历史、文化的理念；列举了一大堆理念，没有形成核心理念，等等。

6.在教育理念的研究过程中要突出"人本"性、思想性、实践性、原创性

教育理念要突出"人本"性，这是研究的基点，不管是教学、科研，还是服务社会，最终都要落脚到"人"上；突出理念的思想性，不管哪国哪校的教育理念，一定要被人们广泛认同，并被采纳了的观念；突出理念的实践性、有效性，所研究的理念在实践中贯彻，且行之有效，只有这样的理念才有借鉴意义；突出理念的原创性，尽管大学的教育理念有很多共性，但是在分析不同对象时，在个案研究中要清晰勾勒出他们是如何结合自身特性而形成独具特色的教育理念；理念的生命力，更在于它是一种信仰，在研究过程中需要结合具体国家、具体学校的文化传统与发展历程，揭示出教育理念是怎样成为一种信念的。

二 高等学校教育理念创新的路径、机制和规律

在对世界高等教育强国教育理念、世界一流大学教育理念以及我国百年高等教育理念深入分析的基础上，我们应认真研究并积极探索我国高等学校教育理念创新的路径、机制和规律。

1. 高等学校教育理念创新的路径

教育理念创新是一个非常复杂的过程，可以有多种多样的路径。但是，即使是最复杂的创新过程，最多样化的创新渠道，我们还是可以抓住一些常见的、稳定的、具有共性特征的教育理念创新路径。据我们的观察与分析，教育理念主要有基于"本质"、基于价值、基于经验和基于未来等四种创新路径。

（1）基于"本质"的教育理念创新路径。所谓基于"本质"的教育理念创新路径，即是从"什么是大学？""什么是教育？""什么是学术？"等这样一些概念的阐释出发而提出的教育理念。例如，《什么是教育》一书的作者雅斯贝尔斯，《大学的理想》一书的作者纽曼，其建构教育理念的路径就是典型的本质主义路径。

（2）基于价值的教育理念创新路径。教育的价值是教育理论研究的核心问题，是实践形态的教育得以安身立命的基础。虽然，教育理念不等于教育的价值，但从教育所需要关注、体现和追求的价值出发，或者是从办好教育所需要处理好的价值关系出发，进而提出或建构教育理念，则是一种常用的、较为有效的教育理念创新路径。教育所需要关注、体现和追求的价值也就是一般意义上所说的教育价值，是教育作为一种客体契合教育主体需要的属性或程度。对此，伯顿·克拉克、克拉克·克尔等世界知名的高等教育研究专家均有所论述。

（3）基于经验的教育理念创新路径。所谓基于经验的教育理念创新路径，即是以国家、区域、学校、时代或教育类型等为分析单位，通过概括、提炼分析单位的办学经验和教训，或者是基于分析单位明确提出的教育理念，围绕特定的研究目的而提出或重新建构教育理念的一种思路。事实上，这种思路在研究某个国家、某个地区、某个时代、某个学校或某个类型的学校的教育理念时，较为常见。

（4）基于未来的教育理念创新路径。该路径从未来变化出发，基于教育要适应和引领未来发展变化的要求而提出相应的教育理念。未来尽管是不确定的，但未来的一些发展趋势是可以在一定程度上进行预测的，这就为从基于未来的角度创新教育理念提供了可能性。在当前由于教育与社会的关系已经发生了根本性的变化，教育先行的观点已经成为人类社会的基本共识。在此，基于未来的角度而创造性地提供具有前瞻性的教育理念就显得尤为重要。

2. 高等学校教育理念产生的机制在教育理念产生的机制上，笔者认为主要有三种，即外生转换、政治嫁接和自发内生

（1）"外生转换性"理念体现了我国对世界高等教育理念的借鉴和吸收。我国现代意义上的高等教育是"西学东渐"的产物，具有典型的"后发外生型"特征，经历了由取道日本、欧美到借鉴苏联，再到模仿美国；从"横向移植"到"有选择地借鉴"的变迁过程。"窥西学之精，为我所用"可谓百年高等教育理念发展之主要路径。改革开放以后，诸如"服务社会"、"大学自治"、"通识教育"、"国际化"、"民主化"、"教育可持续发展"、"终身教育"等各种国际教育理念纷至沓来，并在制度转换中实现了"中国化"。其中影响力较大的有："面向社会"、"高等教育国际化"、"高等教育可持续发展"等。

（2）"政治嫁接性"理念体现了政治家的教育理想和国家对高等教育发展的要求。现代大学已成为支撑社会发展的"轴心机构"，以至于越来越多地受到政府直接或间接干预，向一种由国家控制的法人官僚机构发展。这种官僚化特征在我国改革开放前尤其显著，政治家的经验决策和权威性的行政指令通常主导着教育理念的活动方向，并反映在国家方针政策和政治家的教育理想中。新中国成立60年来，政治与教育以政策为中介，嫁接而成了"教劳结合，服务政治"、"红专结合，全面发展"、"教育为经济服务"、"教育为社会主义现代化建设服务"、"办人民满意的教育"等理念，对高等教育产生了深远影响，其中最具代表性的有"教劳结合，服务政治"、"红专结合，全面发展"、"办人民满意的教育"。

（3）"自发内生性"理念即高等教育界人士立足国内和教育实践而形成的理念。大学校长及教育专家作为一个特殊群体，往往能够审时度势，

结合自身的院校研究和办学体会，准确把握时代的脉搏，顺应教育发展的趋势，恰当提出大学发展战略目标，引导大学向前发展。60 年来，一批杰出的教育家对推动我国高等教育理念的发展功不可没，如华中理工大学原校长杨叔子院士倡导的"绿色教育"；原华中科技大学校长周济提出的"育人为本、产学研三足鼎立，协调发展"；清华大学原校长王大中院士的"创建一流、以人为本"；原教育部副部长周远清提出的"文化素质教育"、"创新创业教育"；一些学者共同提出的"科学教育与人文教育相融合"的理念等。这些理念因其立足于国内办学实际，且产生了一定的示范效应，从而由下至上地引领着我国高等教育理念的变迁。其中较有借鉴意义的理念有"科学教育与人文教育相融合"、"创新创业教育"。

3. 高等学校教育理念创新应遵循的基本规律

高等学校教育理念创新有其规律性，主要体现在：

（1）社会变革是高等学校教育理念变迁的直接动因。社会的重大转型是教育理念变迁的根本动力，社会制度与时代环境等因素对理念的影响直接而显著。从历时维度看，社会变迁所形成的时代境遇是教育理念变迁的先决条件。从共时维度看，社会局势振荡、"政治嫁接性"理念占强势地位时，高等教育发展迟缓甚至倒退；社会制度开放、"外生转换性"理念占主流时，教育发展迅速但缺少主动性；社会环境宽松、"自发内生性"理念积极萌生时，高等教育方能体现自身规律而稳步发展。从世界高等教育强国的发展历程看，无论历史长短，均是顺应时代变革的结果。

（2）文化传承是创设高等学校教育理念的个性需求。世界高等教育强国无不培育和积淀着一种特有的传统文化，正是这种对传统文化亘古不变的保存精神才奠定了其教育强国的地位。论及德国柏林大学的崛起，众人皆知洪堡的贡献，但是如果没有 18 世纪后期，康德、黑格尔、费希特等哲学家对新人文主义教育理念的建构与发展，洪堡再努力，也难以有所成就。同样，19 世纪美国大学教育的转型与发展，也是立基于英国"博雅教育"理念、莫里尔法案所包含的实用主义以及各新型大学校长治校理念创新三者的结合。我国古代大学以"明德、亲民、止于至善"为理念，作为"学者共同体"的书院有着远离尘嚣的学术自由和追求学术人生境界的传统。

（3）人的主体发展是教育理念变迁的根本主旨。世界一流大学的教育理念都非常注重发扬人文传统、强调人在教育中的主体地位。如牛津大学旨在"造就有教养的绅士"、培养"科学教育与人文教育融合的精英人才";剑桥大学以自由教育造就绅士,提出"大学因培养学生而存在",鼓励学生探求未知的知识领域;哈佛大学以"博雅教育"培育学术至上、培养有教养的人等。

(4)学术属性是构建高等学校教育理念的逻辑起点。高等学校教育作为独立的学术与文化组织,是知识生产和文化传播机构,具有知识性与学术性。历史表明,脱离高等教育自身的发展规律,违背学术逻辑的运行机制,乃至用政治标准与市场尺度来衡量学术,无异于摧毁教育本身。高等学校教育理念必须以教育规律和学术逻辑为前提,维护大学学术自由、保证大学独立价值,同时又不违背政治意志、遵循市场规律,在学术、政治与市场之间取得平衡。

(5)信念与制度是理念转化为行为的关键所在。理念本身是一个哲学概念,这些理念为人们所认可后,如何将"形式化"的理念塑造为"稳定性"制度,再从"规范性"的制度转化为"实质性"行为才是问题的关键。历史经验表明:无论制度上的决策是多么英明,单凭政策文本仍难以产生真正的效力。正如涂尔干所言:"理念是不能通过立法的形式就变成现实的;必须由那些担负着实现理念职责的人去理解,去珍视,去追求。只有在法令法规得到信念的支撑时,才能与现实取得关联。"[①]

三 高等学校应当形成与建设高等教育 强国相适应的核心理念

德国著名的哲学家、教育家卡尔·雅斯贝尔斯指出:"重新确定大学的核心理念是改革的首要任务。"[②]建设高等教育强国,进行教育理念创新,高等学校首先要确立与之相适应的核心理念。

---

① [法]爱弥尔·涂尔干:《教育思想的演进》,李康译,上海人民出版社2003年版,第9页。
② [德]雅斯贝尔斯:《什么是教育》,邹进译,三联书店1991年版,第143页。

1.高等学校是教育创新的主体

建设高等教育强国，需要教育创新，正如企业是技术创新的主体一样，院校是教育创新的主体。以研究高深学问为内容的培养专门人才的活动，称为高等教育，实施这一活动的机构称为高等学校①。作为知识创新的重要基地，高等学校是集知识生产、传播与应用为一体的多功能组织，承担着为社会科技经济发展培养创新型人才、向不同社会领域提供科技创新成果、实现向生产力的现实转化和提升国力的重要使命，在推动中国建设创新型国家和实施人力资源强国战略中具有不可替代的特殊地位。高等教育强国是指一个国家的高等教育培养的人才、提供的科技成果和社会服务，能够基本独立自主地解决本国在经济、社会及科学技术发展中所出现的重大理论和实践问题。所谓"基本"，主要是指对外国技术依存度在20%以下②。建设高等教育强国的任务主要靠高等学校来完成，这既是高校新一轮发展的时代机遇，也是每一所中国大学都应该肩负的历史责任。

2.高等学校是一个理念组织

大学的教育理念与大学的精神、使命、功能等有着密切联系，同时又对具体的教育目标、教育制度、教育活动、教育方法等产生直接影响或施以无形制约。世界一流大学能在世界高等教育舞台上独领风骚，无疑与其教育理念有着不可分割的关系。教育理念对于大学的重要性，因大学的性质而决定。大学具有教育性、学术性、专门性，大学研究高深学问，培养高级人才，在其发展过程中，理念的引领具有关键性的作用。大学是一精神园地，在这里非权力性因素远比权力性因素影响力大。教授、学生最信从的是真理，是学术水平，是学术自由，而非权力。理念的影响在非权力影响中最为重要，它是无声的召唤，是无形的旗帜，是无影的灯塔。③教育理念对大学的作用具体表现在先导作用、导向作用、激励作用、防卫作用等方面。

3.核心理念对于大学发展至关重要

从大学理念体系的层次来看，主要包括核心理念和子理念（功能理

---

①③　张楚廷：《高等教育学导论》，人民教育出版社 2010 年版，第 5 页，第 419 页。

②　《蔡克勇教育文选》，高等教育出版社 2009 年版，第 81 页。

念）。核心理念包括核心文化、核心价值、核心目标、核心使命、共同愿景，是一个综合化的哲学概念，反映了一个组织长盛不衰的根本信条。核心理念是大学理念体系的元理念、奠基性理念。子理念是围绕核心理念，对影响大学发展的各要素、关系、问题的理性认识，是对核心理念的诠释、延伸。核心理念除了具备教育理念的一般内涵外，还呈现以下特征。

（1）实践互动性。核心理念来源于教育思想、理想，并上升为教育深层核心信念，而最终目的指向着教育实践，只有那些被实践检验的真理才有践行价值。因此，只有经历从理想或信念到实践的过程框架的才是行之有效的核心理念。

（2）系统整合性。大学组织是一个复杂的系统结构，核心理念既要处理好组织内部诸因素、诸活动之间的关系，又要理顺与社会诸要素之间的外部关系。相对于具体化、弥散化的大学理念而言，核心理念是不同大学对自身存在意义和发展取向等理性认识的整合，能从更高层面明确地传达着大学的核心价值观，并渗透到大学组织活动的各个方面，因而更具凝聚力、概括力与支配性。

（3）战略导向性。大学核心理念的形成绝非一蹴而就，需要以前瞻性眼光从全局高度予以把握，使学校的理念具有特色优势和针对性，并贯穿于大学顶层设计之中，为整个理念体系指明性质与方向，大学工作的方方面面、一切目标设定、战略规划、管理与实践行为都需要围绕着这一理念而展开。

（4）相对稳定性。教育理念是历史的、动态的、发展的概念，从世界大学发展看，大学的理念并不是一成不变的，但是核心理念仍然具有非常强的稳定性，稳定与创新构成了大学核心理念既矛盾又同一的生命特征。这表明，核心理念的创新绝非抛弃一切推倒重来，而是在"变"与"不变"中寻求大学生态的和谐：变的是"外部契机"，不变的是"内在根基"；变的是"表象"，不变的是"内核"。一些关于教育发展的理论、战略、政策和观念，在实践中表现出短期行为和善变特征而缺少持续性，因而不能有效指导大学发展。只有那些在历史实践中被广泛认同并从信念与制度上固化下来，成为大学的文化品牌标识，且在主流意识上发挥着持久影响者，才可能被认为是大学核心理念。

核心理念的作用主要体现在：首先核心理念直接决定大学其他理念的方向和选择。例如，牛津大学、剑桥大学较早地突破了宗教的束缚，提出"追求学术性、培养有教养的人"为其核心理念。正是在这种理念的指导下，在办学实践中开创了基础研究、学院制、导师制，培养了大批世界级顶尖人才。其次，核心理念承担"造血"功能，子理念则负责"输血"，核心理念可以辐射到大学文化、制度、管理与实践的各个方面，植入到具体办学体制、组织形式、运行机制中，延伸到高校制度层和操作层，形成学校管理理念、学科发展理念、专业建设理念、人才培养理念、教师发展理念等相互促进的理念体系。再次，核心理念能有效促进大学组织各系统及要素间的协调运转。核心理念的运作具有整体效应，整个大学的理念、行为和制度体系的建设都指向这一原点。作为大学复杂系统优化运行的主轴和纽带，核心理念能有效促进大学组织各子系统及要素间的协调运转。大学运作是否顺畅，取决于核心理念的统领功能是否强大，而这一功能的发挥最终取决于办学者对教育的理性认识程度。

4. 中国高等学校需要主动建构自己的核心理念

目前，中国正处于现代化的全面加速转型期，社会城镇化、市场化、信息化、工业化的进程快速推进，迫切需要不同层次与类型的高素质创新人才，这必然要求大学主动建构自己的核心理念，突出个性与特色，形成百舸争流、充满活力的大学格局。从高等教育强国的基本维度看，未来中国大学必须立足于创新有世界影响力的大学核心理念，培育良好独特的人文环境，成就一批相当数量和质量的一流大学、学科与大师；形成教育生态和谐、结构层次类型多样化的教育体系，造就各领域、各行业的有国际视野的高质量、高素质拔尖创新人才；大学人才培养质量、科技文明贡献率、学术生产力、社会服务能力和国际影响力达到世界领先水平，能基本独立解决本国经济社会及科技发展中的重大理论与实践问题，并最大限度地满足国家经济社会发展需求。

但是，由于我国高校长期缺乏办学自主权，按照政府的指令办学，理念创新的主体意识淡漠，很多高校没有形成自己的核心理念。一方面，一些高校领导者对教育缺乏理性思考，没有形成理念意识，没有明确的办学理念，导致大学发展认识模糊，行动混乱，严重影响了大学的健康发展；

另一方面，虽然开始思考教育理念，但没有把握其实质，导致了一系列问题，例如，从政府政策、领导人讲话中引出理念，从别的学校抄来一些理念，没有从自己学校的实践出发，建构自己的教育理念；罗列了一大堆理念，没有核心理念，理念之间没有一条清晰的主线，理念要素之间缺乏应有的逻辑关系；有的本末倒置，将局部性的职能理念置于全局性的核心理念之上，或者子理念之间相互矛盾，甚至与核心理念冲突背离。这种现象导致大学同质化与理念趋同化并存，价值冲突与目标繁多并存，失去了系统整合力与广泛认同性，缺少相应的学校制度与文化设计，使得学校教育理念与实际运作相互游离，在执行的过程中产生方向性错误。因此，在建设高等教育强国战略目标下，每所学校都应建构自己的核心理念，以指导科学办学。

（原载《中国高教研究》2010 年第 11 期）

21世纪中国高等教育的走向

教育必须与社会发展相适应，这是教育的基本规律之一。教育是面向未来的事业。研究21世纪的高等教育，必须首先了解21世纪社会经济的走向和基本特点。

21世纪是以信息技术为主的技术革命和由它引发的经济革命重塑全球经济的世纪，在重塑的过程中，形成知识经济社会。知识经济的本质是创新，因而培养创新人才将成为教育的基本任务；知识经济的核心是教育，因而知识经济是一个学习型经济；知识经济发展的趋势是更加全球化，因而教育必须国际化，培养具有国际眼光的人才；知识经济的组织特征是网络式结构，因而教育必须注重合作精神的培养。

研究21世纪的高等教育，还必须研究高等教育发展的历史，在历史发展的趋势中，把握21世纪高等教育的走向。笔者认为，21世纪中国高等教育的走向，体现在以下四个方面。

一 从精英型高等教育到大众型高等教育

从高等教育发展的结构、规模来看，世界高等教育的发展经历了精英型、大众型、普及型三个阶段。美国加州大学伯克利分校高等教育研究中心主任马丁·特罗（Martin Trow）教授，于1973年6月在世界经济合作组织（OECD）主持召开的"关于中等后教育的未来结构"的会议上，提出了"精英—大众—普及"的高等教育发展阶段理论。为此，他提出了三个方面的数量指标：成长率——高等教育发展的速度；巨大化——高等教育机构规模的扩大；在校率——在校大学生人数占适龄人数的百分率。

其中对在校率（适龄人口入学率）给出了具体指标：高等教育适龄人口（18—21 岁）入学率在 15% 以内为精英型高等教育阶段；15%—50% 为大众型高等教育阶段；50% 以上为普及型高等教育阶段。同时指出，精英阶段，受高等教育的机会是少数人的特权；大众阶段，受高等教育的机会是具有一定能力的人的权力；普及阶段，受高等教育的机会是每一个人的义务。

现在，世界上发达国家的高等教育，大多已进入大众阶段，如日本的在校率已达到 46%，其中有的国家，如美国，在校率已超过 50%，达到普及阶段。在我国，1980 年，大学生在校率为 1%，1990 年为 2%，近 10 年，高等教育迅速发展，到 1999 年，在校率已达到 8%。国家规划，到 2010 年，大学生在校率将达到 15%。这既是高等教育发展的需要，更是社会发展，特别是知识经济的需要。因此，未来的 10 年，是我国高等教育由精英型向大众型转变的关键时期。面对这种转变，我们需要做好一系列工作。

首先，要从全局考虑，按照"共建、调整、合作、合并"的方针，调整高等学校的结构、层次，以适应大众型高等教育的需要。大众型高等教育，要求高等教育机构多样化。国家要培育、发展少数高水平的精英型大学，以培养高层次的人才，同时，需要大量的多种层次的大学，包括众多的职业技术学院，以培养社会需要的各类人才，从而逐步形成学术型教育、技术型教育、实用型教育、文化补偿教育等多层次结构的高等教育体系。

长期以来，我国高等教育处于精英阶段，能升入大学的都是高考分数比较高的优秀学生，因而，我国的高等教育机构大体处于同一层次。1980 年，全国 885 所高校，大多是本、专科院校，1995 年，全国 1054 所高校，本科院校 616 所，其中招收研究生的院校 410 所。几乎所有的院校都追求高层次，专科院校想改本科，本科院校想招研究生，已招收研究生的院校想创世界一流，很多学校的发展目标都是相同的。这种状况与大众型高等教育不相适应。

现在，政府通过建设若干所世界一流大学和通过"211 工程"重点建设 100 所大学，集中力量，建设一批精英型的高水平大学。通过办学体制改革，将部委所属院校下放到地方，根据地方经济发展的需要，建设各具特色的各类层次的院校。同时，通过大力发展职业技术教育，培养大量的实用型、操作型人才，以满足实施层的需要。这种调整、改革，将对我国高等教育的发展、社会经济的发展产生深远的影响。其次，要鼓励社会力量办学。实现精英型向大众型高等教育转变的前提是高等教育要大发展。发展高等教育，光靠国家财力是不行的，需要依靠社会力量办学。近几年来，我国民办大学有所发展，1998 年，全国民办教育机构已达 1109 所。但发展中，还存在很多问题，一是办学水平偏低，全国民办大学中，有颁发大专学历文凭资格的仅 20 多所，大多数学校的学生必须通过自学考试以获得文凭，因而对广大学生的吸引力小；二是办学规模偏小；三是经费和师资严重不足，等等。对这些问题，国家都应制定相应的政策，逐步加以解决。

二 从教学、科研两个中心到产、学、研三足鼎立

纵观高等教育发展的历史，从教育的功能看，高等教育经历了教学——教学、科研——产、学、研三个阶段。在历史上的较长时期，高等教育机构的任务，纯粹是教学，培养人才。19 世纪中叶，德国洪堡提出大学要开展学术研究，从而德国开始对大学进行改造，强调以研究为基础进行教学。此后，德国大学制度成为公认的国际模式，高等学校开始成为教学、科研两个中心。现在，世界各国开始重视高等学校产、学、研的结合，形成了一种新的趋势、新的阶段。21 世纪，我国高等教育同样面临着由教学、科研两个中心向产、学、研三足鼎立的转变。

首先，这是社会经济发展的要求。在相当长的历史时期，知识传播（对应教学）、知识发现（对应科研）、知识物化（对应产业）可以孤立进行，三者是相互独立的。古代的生产是人类对于自然物的浅层利用和变革，是凭借工匠们的直觉和经验来进行的，即使是 18 世纪的蒸汽机，其原理也是来自工匠们对自然的直观，其改进也可以凭工匠的直觉和经验。这时生产技艺和科学不相干。因而，教育与科学研究可以独立进行。到 19 世纪，电机、内燃机广泛应用，科学进入生产，科学与技术开始形成整体。因

而，要求高等教育与科学研究相结合。现在，信息技术、新材料、生物工程的发展，很多深层次变革，只有在科学研究、工程教育、工业生产三者的紧密结合中才能实现。因而，要求高等学校实现产、学、研结合。

其次，这是高等教育与社会政治经济文化协调发展的要求。高等教育理应对地区经济发展做出重大贡献，然而事实远非令人满意。有的省市，高等学校数量在全国处于前列，而经济排序在全国只在倒数几位。这里，既有社会、体制、政策诸多方面的原因，但高校自身忽视技术创新是重要原因之一。高校科研成果不少，但鉴定之后，往往束之高阁，转化率极低。高校只有实现产、学、研结合，才能更好地实现既兴校，又兴区。

再次，这也是培养人才的要求。知识经济要求培养具有创新品质的人才。创新，必须实践，在创造中学会创新。学生直接参与技术创新，是培养创新品质的重要途径。

为了适应这一转变，首先要转变教育观念，认识到产、学、研结合是高等教育随着社会发展而发展的一种趋势，一个新的阶段，符合教育规律，决非权宜之计。学校要研究、规划产、学、研，教授们要积极投身产、学、研，而且要探索产、学、研结合的方式、途径。

要理顺体制。产业进入高等教育以后，首先是自身的发展、管理，有其不同于教学、科研的规律，要建立适合产业发展的体制。同时，产业进入高等教育以后，整个系统结构将发生变化，如何建立新的运行模式、体制，亦是一个需要探索的重大问题。要积极发展产、学、研，形成各校的特色。华中理工大学经过近几年的探索，提出三个层次，三条主线的产、学、研发展模式，在国内产生了一定的影响。三个层次是指：校内产学研，社会产学研，国际产学研。三条主线是指：人才培养，科学研究，产业开发。产、学、研协调发展，不仅增强了学校办学的活力、实力，提高了办学水平，而且对推动地区经济的发展，也起到了积极的作用。

三　从以科学教育为主到科学教育和人文教育的融合

从教育的内容来看，高等教育的发展经历了以人文教育为主——以科学教育为主——人文、科学教育融合三个阶段。现在，我国高等教育正在从科学教育为主向科学教育和人文教育的融合转变。首先,这一转变是社会经济、科技发展的要求。纵观历史,人类经历了农业经济、工业经济社会,现在开始步入知识经济社会。农业经济的核心要素是土地,与之对应的特点是科学的高度综合,反映在教育上是以人文教育为主。工业经济的核心要素是资本,与之对应的特点是科学的高度分化,反映在教育上是以科学教育为主。知识经济的核心要素是知识,与之对应的特点是科学在高度分化基础上的高度综合,反映在教育上是要求科学教育和人文教育两者相融合。在高等教育中,重视人文教育,重视人文教育和科学教育的融合,正是顺应了社会经济、科技、教育发展的大趋势。

其次,这是对教育真谛的深刻领悟。教育的基本问题是:什么是教育?怎样教?怎样学?长期以来,人们对教育的理解比较片面,一是过于重视知识教育、专业教育,忽视思想、灵魂的塑造;二是在教育过程中,仅仅停留在认知层次,忽视学生的感受、体验等非认知因素。我国古代对教育就有非常精辟的论述。《大学》中指出:"大学之道在明明德,在亲民,在止于至善。"孔子曰:"志于道,据于德,依于仁,游于艺。"孟子曰:"学问之道无他,求其放心而已矣。"学校不仅要给学生以知识,更应使他们有思想,有灵魂,有智慧,有教养,有信仰,有理想。仅有知识的人,看到一块石头就是一块石头,一粒沙子就是一粒沙子。有思想的人,可以从石头里面看到风景,从沙子里面看到灵魂。因而,对教育可以理解为:一棵树摇动另一棵树,一片云推动另一片云,一个灵魂撞击另一个灵魂。显然,这样的教育光靠科学教育是不可能完成的,还必须加强人文教育。因为科学的内容是人认识外物,人文的内容是人认识自身。人文精神是人实现自身价值的精神,一种高尚的精神境界;科学精神是探求未知问题,实事求是,经得起实验检验的精神。人文与科学,两者相辅相成,互相促进,都十分重要。

加强人文教育,首先要改变课程结构,使人文课程进入整个课程体系。课程是教育的"心脏",是把教育思想、观念、目的、宗旨等转变为教育实践的中介。课程设置合理与否,课程质量的高低,其实施是否有效,直接关系到人才的培养质量。因此,加强人文教育,首先要确立其在课程体系中的基础地位,使其进入课程体系。同时,对每门课程要精心设计，力求取得实效。现在，在理工科专业开设人文课程存在的最大问题是，往往停留在概论上，一般地介绍一些人文知识，不能给学生留下深刻的印象。开设人文课程，一是可以选择有代表性的名著，让学生阅读，并加以辅导；二是从学科中选取一些关键性的片段，讲深讲透，启迪学生去自学，去思考，从而触类旁通；三是开设一些文理综合的课程，如工程伦理、环境科学等，启迪学生在专业教育中接受人文教育。

加强人文教育，要组织学生参加社会实践、公益活动，通过内化，形成人文素质。王夫之曰："德者，行焉而有得于心之谓也"，"行而有得谓之德"。现在，人文教育大多停留在知识层面。当然，学生接受一定的人文知识是必要的，但人文知识不等于人文精神。从人文知识到人文精神之间的中介是实践，是"行"。因此，我们要大力组织学生参加实践活动，并对大学生的内化机制进行深入研究，帮助学生内化，从而真正提高人文素质。

加强人文教育，要提高教师的人文素养。建设高素质的教师队伍是推动素质教育的根本保证。教师直接面对学生，一言一行将潜移默化地对学生产生深刻影响。有的学生在评价教师时说："他们生活得四平八稳，却总在影响别人的命运。"可见，教师的影响之深。但是，由于受传统教育模式的影响，教师自身人文素质不高，因而在实施素质教育时力不从心。因此，要组织教师开展学习，特别是引导他们在教学过程中学习、总结，结合专业教育，对学生进行素质教育，并在实践过程中不断提高自己的素质。

四 从向过去学习到向未来学习

从学习的途径、方式来看，教育经历了向过去学习、向现在学习、向未来学习三个阶段。现在正面临着从向过去学习到向未来学习的转变。

长期以来，中国社会变化速度缓慢，人们依靠祖宗传下来的经验，足以维持生存。因而，我国教育强调以继承为中心，向过去学习。"祖宗之法不可改"的传统观念根深蒂固，如"有例不能减，无例不能添"（孔府格言）；"述而不作"（孔子）；"译而不作"（唐玄奘）；"注而不作"（朱熹）；"编而不作"（纪晓岚）。"学问"变成了"学答"，回答老师的问题，解释前人的著述。

随着社会的发展，社会变迁的速度加快，新思想、新观念、新知识不断涌现。毫无疑问，向过去学习，继承前人成果是十分必要的，但决不能仅仅停留在这里，我们还要向现在学习，向未来学习。知识经济是面向未来的经济。向未来学习，已经成为一种新的教育观念，引起世界各国的关注。

首先，创新教育是向未来学习的重要内容之一。创新是面向未来，为了未来；唯有面向未来，才能创新。江泽民同志提出，"创新是一个民族的灵魂。"现在，创新的重要性已越来越被人们所认识。创新教育，首先要转变教师、学生的教育观念、学习观念，从以继承为中心到向未来学习，形成强烈的创新意识。要改变课程内容结构、体系，改进教学方法，运用启发式，给学生留有思维的空间，激励学生自己提出问题，思考问题，解决问题。进行创新教育，还要因材施教，每个学生的潜能不一样，创新的方向也不可能一样，因而要帮助学生自己发掘创新点，特别要注意培养拔尖人才。

向未来学习，就是要向学生学习。学生代表未来。现在，科学发展这么快，学生年轻，思想活跃，涉猎面广，他们知道、了解的东西，教师不一定了解。特别是研究生，两三年内集中对某一课题进行探索，其了解深度往往超过教师。教师要改变"我是教育你的"这种观念，不能处处以教育者自居，而要与学生平等相处，向学生学习，做到教学相长。

向未来学习，还要注意向先进国家学习。任何事物都有一个发展过程，都有几个必经阶段，有其内在规律。应该承认，发达国家的高等教育已经走在我们的前面。他们今天的经历、经验，也是我们明天所要经历和借鉴的。而且，在学习他们的经验、教训的过程中，可以缩短我们赶超的距离，避免走不必要的弯路。

21世纪，将是我国高等教育大发展的世纪。认真研究21世纪高等教育的走向、特点，努力探索规律，对于21世纪中国高等教育的健康发展将起到十分重要的作用。本文提出一些尚不成熟的看法，以期引起进一步的深入探讨。

（原载《高等教育研究》2000年第2期）

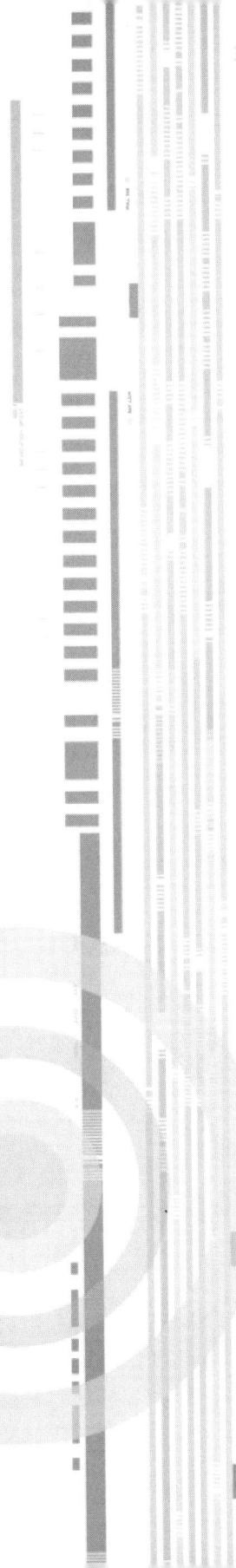

五、管理创新

论高等学校制度建设

高等学校管理涉及五个基本要素：理念、制度、队伍、资源、文化，其中制度是一个十分重要的要素。一般认为，现代大学制度包括两个层面的制度：政府如何管理大学，即大学的他治（外部制度）；大学如何自我管理，即大学的自治（内部制度）。外部制度和内部制度既有联系又有区别，内部制度对外部制度的影响具有放大和消减的双重作用。本文主要从我国高校制度建设的现状及存在的突出问题出发，论述大学内部制度建设即高等学校制度建设。

一 高等学校制度建设的意义

按《辞海》的解释，制度"是要求成员共同遵守的，按一定程序办事的规程"。高等学校制度是指高等学校按照一定程序依法制定的、要求其成员共同遵守的规程。高等学校制度建设十分重要，其意义主要体现在以下三个方面。

1. 制度是高校组织赖以存在和发展的基础

无论社会发展，还是为达到某种目的的社会活动，都必须形成组织。组织是由单个人组成的，人的价值取向具有多元性，利益诉求具有多样性，而社会资源具有稀缺性，因而在组织内部的共同活动和人际交往中常常会产生冲突。如何使冲突得以限制，组织协调运转？对此，邓小平同志深思熟虑，他明确提出："少数人靠觉悟，多数人靠政策。"一方面，要加强思想教育，提高人们的思想觉悟，激励组织成员为组织利益而不懈奋斗，同时，更重要的是要形成制度。"现代组织要生存和运作，就必须有

制度化安排，是制度化的安排使各种行为变得规范和稳定。"①

首先，制度界定了人的活动范围。人的活动必须有一定的范围，一定的边界，否则会导致社会和组织的混乱。制度作为规则，告诉人们应该做什么，必须做什么，也就告诉了人们不能做什么，禁止做什么。人在所规定的界限内活动，得到社会、组织和他人的许可、赞赏和鼓励；超越界限活动，则受到社会、组织的排斥、谴责和制裁。制度作为一种激励机制，通过提倡什么、反对什么、鼓励什么，实际地引导着人们的行为方向，改变人们的偏好，影响人们的选择，激发或制约人的能力的发挥。②

其次，制度规范着人们的社会关系。马克思指出，为了实现人与自然之间的物质变换，人和人之间必须以一定的方式共同活动和互相变换其活动，并必然结成一定的社会关系："只有在这些社会联系和社会关系的范围内，才会有他们对自然界的影响，才会有生产。"③ 在社会现实生活中，人是通过制度与社会发生关系的。制度的规范系统用一整套行为规则规定着人们之间的关系，如地位和角色、权利和义务。人在制度环境中进行活动，占有一定的地位，扮演一定的社会角色。制度确定的关系不仅使人具有社会性机制，而且是使这些关系成为人的现实关系的机制。④ 正是制度，使人们的社会关系有序而稳定。

再次，制度建构着人们的社会交往。马克思指出，"制度只不过是个人之间迄今所存在的交往的产物"⑤，而且是必然的产物，"在生产、交换和消费发展的一定阶段上，就会有相应的社会制度、相应的家庭、等级或阶级组织"⑥。而制度一经形成，又构建着人们的交往，为人们的交往提供了一套框架和秩序，使人们的交往具有可预见性和可信赖性。因而，制度抑制着人际交往中可能出现的任意行为，使人的行为变得可以预见，为人们的交往提供一种确定的结构，同时还通过限制任意行为和降低冲突可

① ［美］W. 理查德·斯格特:《组织理论:理性、自然和开放系统》，华夏出版社 2002 年版，第 128 页。
②④ 吴向东:《制度与人的全面发展》，《哲学研究》2004 年第 8 期。
③ 《马克思恩格斯选集》第一卷，人民出版社 1995 年版，第 344 页。
⑤ 《马克思恩格斯全集》第三卷，人民出版社 1960 年版，第 79 页。
⑥ 《马克思恩格斯选集》第四卷，人民出版社 1995 年版，第 532 页。

能性的规则以及有关冲突的裁决规则，防止和化解个人之间、个人与群体社会之间的冲突，从而使复杂的人际交往过程变得更易于理解和预见。①

现代高等学校是一个复杂的组织，人员众多，规模宏大，结构复杂，目标多样，任务繁重，责任重大。学校组织成员包括学生、教师、职员、教辅人员、后勤人员等，其中不乏在国内外有重大影响的学者，在社会上举足轻重的人物。组织成员，特别是教师的活动多样、广泛，既要从事教学、科研，又要面向社会从事各类服务活动。高等学校是一个开放的生态系统，与政府、企业以及社会的方方面面发生着广泛、深入的联系和交往，学校之间还面临着激烈的竞争。因此，制度建设对于高等学校组织的生存和发展，意义更加重大。著名教育家夸美纽斯指出："……这类学校的长处全在于制度，它包括了学校发生的一切事。因为制度才是一切的灵魂。通过它，一切产生、生长和发展，并达到完美的程度。哪里制度稳定，那里便一切稳定；哪里制度动摇，那里便一切动摇；哪里制度松垮，那里便一切松垮和混乱；而制度恢复之时，一切也就恢复。"②

2. 制度影响甚至决定人的全面发展

高等学校组织的根本任务是培养人，培养德智体美全面发展的人才。对学校而言，以人为本就是要以学生为本，以学生的成长、发展为本。人的发展包括个人的类特性的发展、个人的社会特性的发展、个人的自由个性的发展。马克思认为个人的自由个性的发展，包括个人自身中的潜力得到充分发挥，使自身自然沉睡着的潜力发挥出来，个人需要全面丰富的发展，个性的自由发挥。人发展什么、怎样发展、人的发展程度如何，根本上是由生产力决定的，而直接的则是由社会关系即社会制度决定的。关于制度对人的发展的影响，马克思认为："专制制度的唯一原则就是轻视人类，使人不成其为人，而这个原则比其他很多原则好的地方，就在于它不单是一个原则，而且还是事实。专制君主总把人看得很下贱。"③社会的制度形式影响社会成员的发展。

---

① 吴向东：《制度与人的全面发展》，《哲学研究》2004 年第 8 期。
② ［捷］夸美纽斯：《夸美纽斯教育论著选》，任宝祥等译，人民教育出版社 1990 年版，第 242 页。
③ 《马克思恩格斯全集》第一卷，人民出版社 1956 年版，第 411 页。

首先，制度决定和限制了人的发展的方向和程度。一方面，人的发展方向受具体的社会关系、社会制度的制约和塑造。社会是人的活动本身，也是人的活动展开的根据，社会制度是保证社会良性运行的规则，也是限制人们活动界域的框架。正如邓小平同志所说："制度好可以使坏人无法任意横行，制度不好可以使好人无法充分做好事，甚至会走向反面。"[①]20世纪90年代曾经有一个报道，标题是"工人懂得了油比水贵"。意思是由于有了制度，将用油的数量和业绩、报酬挂钩，因而工人尽量注意节约用油。另一方面，社会制度的发展水平也在一定程度上规定了人的发展程度，有什么样的社会，就有什么样的社会制度，也就有什么样的人性表现。这是制度对人的发展的作用的量的表现。[②]

其次，制度激励和推动着人的全面发展。可想而知，如果没有制度，就没有规则，在这种情况下，人的行动是随机的、偶然的，决定行为的唯一尺度只能是个人的好恶或利益，这必然导致社会的混乱和对人性的践踏，根本不可能有人的健康发展。正因为有了制度，才有可能激励和推动人的全面发展。一方面，制度具有信息功能。制度使复杂的人际交往过程变得更易于理解、更可预见，从而也更容易协调个人之间的关系。制度使人们能清楚地测度未来的收益和风险，增强了活动的信心和自觉性，也使人们能在制度框架内最大限度地拓展交往的边界并增加交往的丰富性。另一方面，制度具有激励功能。制度是人创造、制定的，是人们为自身利益而设定的规则，因而必然有利于人的发展。在人们的实践中，制度通过压抑某种行为而激励另一种行为，通过反对某种行为而褒扬另一种行为，从而传递某种信息，影响人们的选择，激发人的能力的发挥，促进人的全面发展。[③]

3. 制度是社会变革和高等学校变革之间协调的中介

高等学校随着社会的需要而产生，并随着社会的发展而不断变革、发展，同时，高等学校的发展，又推动着社会的变革、进步。社会变革和高等学校变革之间的协调，人们首先想到的是理念、理念的创新，因为理念是先导。但是如果只停留在理念层面，没有相应的制度创新，那么这种理

---

① 《邓小平文选》第二卷，人民出版社1994年版，第333页。
②③ 徐斌：《制度变革与人的全面发展》，《毛泽东邓小平理论研究》2006年第1期。

念仅仅是一种口号，一种"软弱无力的呼声"。要将理念转化为实际行动，推进学校的改革和发展，必须通过某种具体的制度才有可能。例如，"以人为本"的理念是非常好的理念，获得了师生员工的高度认同，但是，如果学校的人才培养制度、教学制度、学生管理制度等基本上没有改变，"以人为本"的理念势必仅停留在口头上。任何高等学校制度都是针对具体社会环境和学校条件的，学校制度随社会的变革而相应改变。当今时代，社会变革对高等学校制度的影响主要体现在市场化、全球化、大众化、信息化等方面。

市场化对高等学校的影响，首先表现在资源配置上。政府对学校经费的资助方式发生了根本性的变化，表现为政府拨款方式从直接拨款为主转向竞争拨款为主（如招收学生的多少、争取项目的多少等），高校之间的资源竞争激烈。外部资源的市场化又促进校内资源配置方式的变化，竞争也被引入高校内部。其次，表现在人才市场的形成上。人流是物流的基础，人才的市场流动，改变了"人才单位所有"的状况，教师选择学校，往往要看个人才能发挥的程度，物质利益的高低，对学校的满意度。再次，表现在学生缴费上学、自主择业上。学生身份发生了变化，既是教育的对象，又是学校办学的投资者、消费者。这些变化对高校人事制度、学生管理制度提出了挑战，只有通过制度创新，学校发展才能适应经济市场化的外部环境。

全球化对高等学校的影响，首先表现为人才的全球性竞争，全球几乎所有大学，特别是研究型大学都受到了这个竞争的冲击。所谓顶尖人才的"全球化价格"和"全球化管理"就是一个例证。由于人才全球流动，只有那些支付得起在全球有竞争力的价格，并提供最好工作环境与生活条件的学校，才有可能招聘、留住顶尖人才。现在，中国世界一流大学建设面临的最大瓶颈之一就是这个"全球化价格"和"全球化管理"。全球化人才竞争的结果之一，是人才流动性增强，组织忠诚度下降，人事管理难度加大。其次，经济全球化带来高等教育国际化，各国、各高等学校之间交往密切，包括学生流动、学者互动、合作研究、联合办学、学位互认、学术交流等，这就要求我们创新学校管理制度，特别是人事制度，以适应全球化、国际化的需要。

大众化对高等学校的影响，首先表现在学校规模扩大对学校管理所带来的影响。2008 年，我国普通本科高校校均学生规模已达 14404 人，相应的教师、管理人员、后勤人员也大大增加。量的增长必然引起质的变化。变化之一是学校成员之间离散化倾向增大，管理的科层化程度增强。变化之二是学校经费来源多元化，加之大量学生实习、实践、就业，与社会的联系面更广，因而高等学校与外部环境之间的协调问题更加突出。变化之三是教师管理、教学管理、学生管理中出现了新情况、新问题，诸如大众化条件下如何培养精英人才，面对差异更大的学生群体如何加强个性化教育，等等。高校如何从精英型管理模式迈向大众化管理模式，进行相应的制度创新，任重道远。其次，高等教育大众化的影响还在于，利益相关者群体扩大，高校成为社会的中心，相应地产生问责制，高校的发展越来越依赖外部社会。相应的制度建设，应重点放在协调利益相关者的关系，高校与外部社会组织的关系方面。

信息化对高等学校管理的影响，主要是通过电子校务的方式。信息技术进入学校管理体系，从而改变了学校的管理方式，需要管理思想、管理制度的变革。首先，在电子校务中，信息技术的引入，在管理中数据的重要性更加突显出来，要通过数据去发现问题、分析问题和解决问题。因而数据汇报、在线分析处理、基准分析、数据挖掘等对于我国高校管理者来说是一些全新的概念。其次，电子校务的实行，对学校管理提出了新的要求。电子校务是指运用现代化的电子信息技术和管理理论，对传统校务进行持续不断的革新和改善，为高效率的高校管理服务。

高校电子校务不仅仅是改变了管理运作的手段，更重要的是需要我们去设计和重组内部组织结构，再造运作流程，从而实现高校行政管理模式的系统变革，建立适应现代社会发展要求的高等学校管理制度。

二 高等学校制度建设的内涵和原则

高等学校制度建设包括学校制度的制定、制度的执行和制度的评估三个方面。制度的制定是指学校根据法律法规和上级有关规定，结合本校实际，在充分酝酿的基础上，依照一定的程序，起草、讨论、通过、发布制度的过程。制度的执行是指学校对制度的贯彻落实过程，再好的制度，如果不在实际中执行，只能是一纸空文。制度评估是学校在某项制度执行的过程中，对该项制度的科学性、实效性以及制度之间的相互协调性进行评价，如发现问题及时做出相应调整的过程。

高等学校制度是一个庞大的体系，各种制度数以百计，内容涉及面广，种类繁多，不同的学者和管理者依据不同的标准，对其做出了不同的划分，形成了不同的制度体系。笔者认为，高等学校制度可以划分为基本制度、一般制度和具体制度。

基本制度指大学章程，即关于大学性质、任务及其组织构成和主要行为活动等最基本内容的原则规定或框架。大学章程是大学的宪法，大学办学的依据。大学的一般制度和具体制度都是围绕这一基础性制度设计的。目前，我国绝大多数高校还没有大学章程，处于"无章办学"的状态，这种现象亟待改变。

一般制度主要涉及机构设置制度、管理制度和工作制度等方面，这些制度下面又包括若干具体制度。机构设置制度是指一定的组织按照其组织目标设计的机构结构的规则。高校机构包括行政机构和学术机构。高校行政机构设置不能套用政府机构设置，学术机构要健全，并保障其发挥作用。机构设置制度十分重要，但我国多数高校没有形成机构设置制度，或者按照上级行政意图、规定设置机构，或者凭经验、拍脑袋，致使机构设置不科学，这一现象也须改变。

管理制度包括决策制度、执行制度、评估制度，以及人事管理制度、教学管理制度、科研管理制度、资金管理制度、设备管理制度、学生管理制度等。这些制度下面又包括若干具体制度，如人事管理制度包括教师聘任制度、职员聘任制度、分配制度、考核制度、奖惩制度等。

工作制度包括人才培养制度、科学研究制度、社会服务制度等。这些制度下面也包括若干具体制度，如人才培养制度包括专业设置制度、学分制、选修制、拔尖创新人才培养制度、学位制等。

在管理制度和工作制度中，有的制度在部分高校至今仍然缺失，如决策制度、执行制度、社会服务制度等；有的则需要改革、创新，以适应社会发展的需要。

任何一个组织都是围绕某个中心活动而组织起来的，制度则是规范组织活动运行、对人们的行为起制衡作用的规则体系。组织的性质不同主要表现为活动内容的差异，体现出其自身核心活动的规律和内在逻辑要求。组织的性质不同，其游戏规则有别。从社会系统来看，大体有三个大的领域，即政治、经济、文化，三个领域的任务不同、活动内容不同、游戏规则也不同。政治领域主要讲力（权力），经济领域主要讲利（利益），文化领域则主要讲理（真理）。高等学校属文化领域，是专门从事高深学问传播、储存、鉴别和探索的组织和场所，主要活动是学术活动。学术活动是对未知世界的探索，具有很强的不确定性。学者们学习、研究的动力，首先来自于对学术活动的价值认同与兴趣。因此，高等学校的"规则和逻辑是大学自治和学术自由"，高等学校制度就是建构在这种逻辑和基础之上。"大学自治和学术自由"内在地体现为高校组织得以持续存在及其制度建构的根基。[①] 学术性是高等学校制度建设的基本原则。制度建设是为了促进学术发展，即人才培养、科学研究和以学术服务于社会。根据高校组织结构的特点，高等学校制度建设还应把握以下特点和原则：

1. 人本性

高等学校是智力资源密集型组织。发展人的智力，通过人的智力创造知识，是高校的特质。而这一切又是以人为核心。高等学校的主要任务是培养人，其产品（学生）的主要特点是"自己生产自己"。每个人都有着独特的生命，生命的独特性就表明每个人都具有优势潜能，教育的最主要目的是在每个学生身上发现最强的一面，找出其作为人的发展源泉的"制高点"，在对丰富的教育资源进行自主选择的基础上，通过有目的、有针对性、特色化的教育，努力挖掘每个学生的优势潜能，使其得到最大化、最优化的发展。而人又是一种精神性的存在、自由性的存在、创造性的存在，学生的成长发展，学校仅仅是为其创造、提供一种环境，一种文化，一种氛围，学生在其中自我教育、自我塑造、自我成长。相对其他产品而言，学生这种产品是"自己生产自己"。因此，在高等学校制度建设中，要十分重视以人为本的思想，制度要体现学生需要的满足和利益的追求；

---

① 马廷奇：《大学组织的变革与制度创新》，博士学位论文，华中科技大学教育科学研究院，2004年，第29页。

制度要引导学生以精神提升自我，培养自己的创造意识和创造能力。学校要在以人为本的基础上，重新审视各项制度，进行制度创新，使以人为本的思想体现在各项制度之中，通过制度引导学生健康成长。

2. 复杂性

大学组织的基本特征是矩阵式的网络结构。学科是大学的基本元素，大学基层组织是围绕学科、专业建立的。早期的近代大学，内部职权运行模式是以讲座制为载体的行会制。随着大学规模的扩大以及社会各个系统的逐渐开放，大学逐步将预算、财务、人事、设备、招生、就业、对外联系等日常事务从讲座制中分离出来，由拥有专门知识的行政职能部门的人员来承担，大学内部职权运行模式从行会制走向科层制。现在高校中存在科层组织和专业组织两类不同性质的组织，高校组织形成一种矩阵结构。这两类组织的性质和游戏规则不同，科层组织比较严密，讲究下级服从上级，重视效益和效率；专业组织则比较松散，讲究学术自由，不太重视效益和效率。教师既处于以学科为中心的专业组织之中，又处于科层组织之中，因此制度建设十分复杂。对此，我们应该有充分的认识。

3. 民主性

大学是典型的利益相关者组织，这些利益相关者主要包括教师、学生、学校职员、学校领导、学生家长、校友、用人单位、捐赠者和合作者、各级政府等。谁也不占有大学，也不能对大学的发展负全部责任，决策要在利益相关者之间协调。任何制度都是利益博弈和利益协调的结果，高等学校面对众多的利益相关者，在制度建设中，利益冲突、利益博弈更为尖锐，利益协调的任务更加繁重。因此，高等学校在制度制定、制度执行、制度评估中，应特别重视充分发扬民主，广泛听取利益相关者的意见，在有利于学校生存和发展的大前提下，协调各方意见，努力达成共识，同时，引导利益相关者认识组织利益和组织成员利益之间的联系和区别，理解制度创新的意义。从现实情况看，我国的高校制度建设中，发扬民主还远远不够。一位从美国回来应聘到国内某著名大学担任学院院长的学者深有感触地说："学校某项制度的制定，完全不听取院系、教师、学生的意见，职能部门拍拍脑袋制度就出台了。制度下发以后，由于与实际情况不符，院系无法执行，不执行，上面也就不管了。"这种现象，带有一定的普遍性。高等学校制度建设一定要充分发扬民主，特别是要努力克服学术决策中的行政化倾向，发挥教授们的作用，制度应为学术自由发展留下广阔的空间。

4.开放性

高等学校是一个高度开放的系统。首先，大学的主要任务是培养人，促进学生的成长和发展，而人的发展的内容和水平是开放的、发展的，人的不确定性、不完善性、未完成性，决定了人在实践中、在现实生活中无限地向世界开放和生成。其次，学科是大学的基本元素，学科是开放的、世界的，无论教学还是科研都必须把握学科发展前沿，教师通过学科与全国、全世界的学者发生联系。再次，大学与政府关系密切，在法制社会，没有政府的认可，大学不可能生存，更谈不上发展。此外，教师、学生通过项目研究、服务社会、实习，走向社会；全国、世界各地的学者相互交流；学生来自全国（甚至世界）各地，毕业后又走向全国（甚至世界）各地；大学是网络十分普及、发达的地方，网络使世界的空间缩小，更密切了大学与社会的联系。因此，高等学校制度建设具有开放性，一方面在制度建设中，要善于吸取别的学校以及其他社会组织的制度精神和经验；另一方面，制度要有利于促进学校面向社会、面向世界、面向未来，始终保持生机和活力。

三　高等学校制度的创新

高等学校制度建设的任务，主要是维护高等学校组织的生存和发展，促进学生的健康成长，通过制度创新，协调社会变革和学校变革之间的关系等。现在，各高校基本上有自己的一套相对完整的制度，因而高等学校制度建设的主要任务是制度创新，通过制度创新推进学校的改革和发展。世界上不乏通过制度创新推进高等教育发展的先例。例如，近代德国大学形成了科研和教学相结合的实验室制度与以研究高深课题为中心的研讨班制度。这两种制度顺应了17世纪以来科学革命造成的知识分化的发展趋势以及工业发展对人才培养提出的要求，有力地推动了大学的发展，使世界高等教育走向了一个新的历史阶段。哈佛大学选修制度的确立，也是高等教育制度创新的典范。19世纪60年代，美国都市化、工业化进程加快，新兴产业不断涌现。然而，当时的美国高等教育囿于古典课程，远离社会变化，没有回应社会的需求，导致广泛的批评。时任哈佛大学校长的艾略特（Charles W. Eliot）大刀阔斧地推行课程的选修制度，用选修制度冲击古典人文课程，引进新兴的实用科学知识。选修制度的确立，改变了高等教育的培养目标，促进了高等教育规模的扩大，重建了大学教学组织形式。我国近年来推行的学生缴费上学、自主双向选择就业制度，对于增加高校资源、扩大高校规模、推动教学内容和方法的改变，起到了十分重要的促进作用。

高等学校制度创新的主要原则是：以科学的大学理念为指导；针对制度建设中存在的突出问题；有利于推进学校的持续发展。制度创新要总体设计，分步实施，从阻碍学校发展的关键问题入手，逐项进行。笔者认为，当前以下制度的创新尤为重要。

1. 人才培养制度

温家宝总理在谈到《国家中长期教育改革和发展规划纲要》的制定时说："要把提高高等教育质量摆在更加突出的位置。教育的根本任务应该是培育人才，人才培养观念更新和人才培养模式创新要成为规划的亮点。"人才培养制度是高等学校制度的核心，十分重要。和西方发达国家相比，我国由于人才培养制度方面的缺陷，难以培养出拔尖创新人才。创新人才培养制度正成为国人关注的焦点。

从总的人才培养过程看，我国人才培养走的是一条与西方发达国家相反的路。西方发达国家从小学生到博士生的培养中，中小学阶段比较轻松，让人的天性自由成长、发展，但从本科生到博士生阶段，则是越来越紧，越来越严。我国正好相反，中小学紧，本科以后则越来越松。由于中小学学习过于紧张，一方面学生的天性发挥不够，影响创造力的培养；另一方面学生容易对学习产生厌烦情绪，影响学习兴趣。这一问题的形成涉及文化传统、制度机制、师资水平等多方面的因素，问题的根本解决，需要政府和各级各类学校共同努力。

对于高等学校而言，在人才培养制度方面存在的主要问题是：由于惯性约束，导致教育观念落后，新兴理念缺位，对人才培养的整体改革缺乏理性思考；人才培养目标模糊，不清晰；人才培养模式单一。创新人才培养制度，首先要探索先进的人才培养理念，在人才培养制度中要体现素质教育理念、以人为本的理念、面向社会的理念、个性化教育理念和国际化理念。其次，建构个性化人才培养体系。提高人才培养质量，要十分重视个性化教育。个性化教育是面对独特的生命个体，通过适合每个独特生命个体的手段，挖掘个体生命的潜能，促进每个生命自由发展的教育。构建个性化教育体系，要从教学目标、人才培养方案、课程体系、教学模式、教学评价等方面系统考虑。教学目标要注重促进学生个性的和谐发展；人才培养方案要注重开放式，体现课程弹性、时间弹性；教学计划和课程设置要注重个性化和公开化，建立各具特色的课程体系；教学模式要注重主体性、创造性、生活性和情趣性；教学评价要注重全方位评定教学，多方面、多角度对学生学习状况进行考察；教学手段要注重实践和网络。再次，要完善学分制、改革考试评价制度，等等。

2. 教师聘任制度

教师聘任制改革是高校人事制度改革的核心。由于观念和制度环境的双重约束，我国教师聘任制度改革仍然是一个争论不休、未能很好解决的问题。教师聘任制度创新中存在的主要问题是：没有设计职业"准入期"；岗位虚设，与聘任脱节；考核流于形式；学校和教师的权利、义务规定不对等；人才流动不畅；聘任制度单一，等等。

高校教师职业是学术职业。学术职业是一种专业化程度很高的职业，具有专业性、探索性、自主性和学科性等特点。学术职业以学术活动作为自己物质和精神生活的双重追求，具有学术性和社会性。学术的一个非常重要的特征是难以量化，外行难以评价。教师聘任制改革要充分考虑学术职业的特点：（1）根据学术发展的需要设计岗位设置制度。要根据学术发展需要设置岗位；实行分类设置、分类管理；设置流动编制、流动岗位。（2）根据学术职业的需要建立"准入"制度。对于新聘教师设定5—7年的"准入期"，实行"准入"制度。可将"有固定期限"聘任和"无固定期限"聘任作为一种制度设计；有固定期限聘任内实行有限聘任；对于"准入期"内聘任应有相应的规定，以保证教师的合法权益。（3）根据学术自由的原则设计考核制度。考核中采用发展性评价方法；多种评价主体共同进行评价；保证学术评价的独立性。（4）根据学术平等的原则设计聘任合同。实行集体合同与契约合同相结合；依法规范教师聘用合同；制定统一的教师聘任合同范本，规范教师聘任。（5）根据学术公正的原则设计争议处理制度。要建立和健全相对独立、参与人员相对"中立"的争议处理机构；制定有关"规定"，使争议处理有章可循。

3. 教学评价制度

教学评价是教育教学过程中一个不可缺少的重要环节，其作用主要体现为"激励与导向、检测与诊断、区分与优选、决策与调整"。教学是一个多样化的领域，人们对教学内涵的理解也是多种多样的，如："教学是教师向学生呈现信息的活动"，"教学是教师向学生传递知识的活动"，"教学是开启学生对学科概念及概念间关系的理解的活动"，"教学是通过师生交流而改变学生的观念或对世界的感知的活动"，等等。教学的多样化、复杂性，导致了教学评价的困难。

以往教学评价制度中存在的主要问题是：重数量轻质量，重知识轻素质，重投入轻产出，重结果轻过程，重近期轻长远，重显性轻隐性，重共性轻个性。创新教学评价制度，首先，教学评价要全面体现教学要求。任何评价都应以评价的指标体系为依据。指标体系是指挥棒，教学评价指标规范教师教学过程和学生评教的过程，起着质量引导的作用。以往的评价往往限于了解教师态度是否认真，备课是否充分，讲解是否清楚等方面。面对培养创新人才的要求，教学评价的内容要体现时代要求。评价内容要体现教师是否诱发学生的兴趣，是否能调动学生的主动性，是否有助于发展学生的潜能，是否重视学生能力、素质的培育等。美国、欧洲一些高校的评价标准可供我们参考，例如，美国加州大学欧文分校的标准化教学评估，对教师的教学评估列出了 10 个指标，这些指标是：教师对课程内容满怀热情和兴趣；教师激发了你对课程内容的兴趣；教师达到了本课程的规定目标；教师有问必答；教师创造了一个开放、公平的学习环境；在本课程中教师鼓励学生进行思考；教师对概念的表述和解说清楚；作业和考试覆盖了课程的重要方面；你对教师的总评分；你对本课程的总评分。[①]

---

① 同济大学教学质量保证体系研究项目组：《大学本科教学质量保证体系研究》，高等教育出版社 2004 年版，第 124 页。

对每个指标分 A、A–、B+、B、B–、C+、C、C–、D、E10 个等级进行评价，A 表示卓越，E 表示完全不适当。

其次，要重视教学评价反馈，提高教师"教"的能力。现在，高校的教学评估结果，往往仅用于对教师的奖惩，与评奖、晋升、聘任挂钩，未能使其成为提高教师"教"的能力的过程。在教学评价过程中，一方面要重视学校存在的一些带普遍性的问题，提出解决办法，并及时反馈给教师、学生。另一方面，对教师教学过程中存在的问题，要与教师一道共同讨论研究，帮助其解决问题，提高"教"的能力。在这一方面，美国、欧洲一些国家以及我国香港地区的高校，大体有两种做法：一是系主任根据学生的评价，对每个教师亲自听课，逐一和教师交流。二是组织一个委员会或小组，对学生评价中反映意见比较多的教师，集体听课，并对教师授课进行录像，共同和有关教师讨论，对照录像，分析问题，探讨解决问题的办法。经过多次听课、分析，直到教师提高了"教"的能力为止。目前我国各高校由老教师组成的督导组，要改进工作方式，不能仅仅停留在"督"上，还要"导"，要直接对教师给予帮助。

再次，开展"课程鉴定"，提高教师的责任感和成就感。现在，高校普遍比较重视科研，原因很多，其中原因之一是科研有立项、有鉴定，一环扣一环，使教师有一种责任感和成就感。笔者认为，在教学评价中，可以开展"课程鉴定"。这种鉴定，以自我鉴定为主。教师在一门课程的教学结束之后，先进行自我鉴定、自我评估。在此基础上，院系对教师课程教学提出鉴定意见。这种做法可以充分体现教师的个性，调动教师教学的积极性。[①] 教师自我鉴定、自我评估的方式，可以借鉴美、英、加拿大等国高等学校在教师教学评估工作中采用的"教学文件选辑"的方法。"教学文件选辑"是由教师按照学校和院系的导向自己创作的，反映教师本人教学思想、目标、计划、工作、活动的成熟的资料选编。内容主要包括：教师对本人的教学思想和教学理论、目标和风格的论述；教师本人的优良教学产出；来自教师本人的教学材料；来自他人的评估材料等。

---

① 刘献君：《改革教学评价制度，促进创新人才培养》，《中国高等教育》2008 年第 9 期。

4.科学决策制度

高等学校科学发展的关键是科学决策，决策不科学必然造成发展中的种种问题。过去的大学管理，由于学校规模小、封闭，政府直接管理大学，学校的决策比较简单，依靠个人经验可以决策。现代大学是一种规模宏大、组织复杂、功能多样、对社会负有多种责任的特殊组织，而且政府已赋予大学办学自主权，很多重大问题需要自己做出决策，因此，现代大学需要科学决策。

目前，很多高校根本没有形成科学决策制度，仍然是凭"长官意志"，停留在经验决策层次上。在决策过程中，存在两个突出问题，一是在治理结构方面，未能体现利益相关者的参与，广大教师、学生在决策中没有多少发言权；没有建立起相对超脱的决策机构，决策、执行、监督往往集于一身。二是没有建立起科学的决策程序，不遵循一定的程序，决策谈不上科学化。

建立科学决策制度，首先要解决治理结构问题。探讨董事会制度，建立由学校利益相关者代表参加的董事会，对学校重大问题进行决策，做到执行者不左右决策过程，决策者不干预执行过程。其次，建立科学的决策程序。决策的基本程序包括：澄清问题，把要解决的问题弄清楚；明确界定目标；收集各种备选方案；对每种方案的结果做出评估；选择最佳方案等环节。再次，应充分发扬民主，注意决策在多种利益相关者中的充分协调；重视信息的作用，信息是决策的依据，管理的基础；提高决策的效率、有效性及环境适应性。

高等学校制度建设十分重要又非常复杂，制度之间联系密切，牵一发而动全身。因此，学校领导分工中应有人分管制度建设，如由常务副校长或行政副校长统筹制度建设，避免各自为政，职能部门分工中应有部门负责制度建设，如由学校办公室协调制度建设。此外，院校研究部门在制度建设中负有重要的责任，如在制度制定过程中进行调查研究，提出咨询意见；在制度执行过程中广泛收集信息，了解执行情况；在制度评估过程中定期对制度制定、执行情况进行评价，提出反馈意见。

（原载《高等教育研究》2010 年第 3 期）

现代大学制度建设的哲学思考

现代大学制度的理论研究，往往从某一理论视角，沿着某种研究倾向进行深入探讨，从而得出某种认识，总结出某一方面的规律。[①] 与现代大学制度的理论研究不同，现代大学制度建设要求在实践中平衡方方面面的利益，兼顾大学与社会方方面面的关系，综合考虑大学发展的过去、现在与未来。在现代大学制度建设中，要运用对立统一、特殊与一般、个体与整体等哲学思维，从关系模式中去科学把握。现代大学制度是指大学为顺应现代社会发展要求，在政府的宏观调控下，面向社会依法自主办学、实施民主管理、全面落实作为法人实体和办学主体所具有的权利和责任相统一的管理制度。现代大学制度包括外部制度和内部制度两个层面，两者既有联系又有区别，内部制度对外部制度的影响具有放大和消减的双重作用。笔者主要探讨大学内部制度建设。

一　制度与大学制度

制度与大学制度是整体与局部的关系，蕴含着普通性与特殊性。《辞海》将制度定义为："制度是要求成员共同遵守的，按一定程序办事的规程。"

从制度产生来看，主要是由于人的不完善性、人的"恶性"，基于"人性本恶"的假设，需要依赖制度强制和惩戒的力量，对人性进行监督、制约和控制。从制度的作用来看，制度界定了人的活动范围，知道自己活动的

---

① 陈廷柱：《建立现代大学制度必须克服的四种倾向》，《高等工程教育研究》2004 年第 4 期。

边界在哪里；制度规范着人们的社会关系，明确自己在社会生活中的角色、地位，权利、义务；制度建构着人们的社会交往，为人们交往提供了构架，建立了秩序。正如邓小平所言，"制度好可以使坏人无法任意横行，制度不好可以使好人无法做好事，甚至走向反面。"[1] 这是制度的普通性特征。

社会是复杂、多样的，各个方面的制度既有普通性，又有其特殊性。复杂的社会生活可以划分为三个领域，即政治、经济、文化三个领域。这三个领域是一个整体，关系密切，但三个领域各有不同的矛盾特殊性，三个领域的游戏规则各有不同。每个领域都要讲"力"（权力）、"利"（利益）、"理"（道理），但重点不一样。政治领域主要是"力"，经济领域主要是"利"，文化领域主要是"理"。[2] 教育属于文化领域。

大学首先是社会组织，需要规范，要体现制度的普通特征。正如著名教育家夸美纽斯所言：制度是学校一切工作的"灵魂"，"哪里制度动摇，那里便一切动摇；哪里制度松垮，那里便一切松垮和混乱"[3]。大学是学术组织，是培养人的地方。大学人的行为，本质上是一种精神性活动。发展学术，需要思想自由、学术自由；培养人，人的发展需要自由个性的充分发展。大学制度应为师生思想自由提供保障。这是大学制度的特殊性。

"由于特殊的事物是和普通的事物联结的，由于每一个事物内部不但包含了矛盾的特殊性，而且包含了矛盾的普遍性，普遍性即存在于特殊性之中，所以，当着我们研究一定事物的时候，就应当去发现这两方面及其互相联结，发现一事物内部的特殊性和普遍性的两方面及其互相联结，发现一事物和它以外的许多事物的互相联结。"[4] 因此，大学制度要在规范与自由的相互冲突、相互依存中寻求平衡。在大学制度建设中力求把握以下三个方面的"联结"。

第一，刚性和柔性相结合。根据大学的学术性特征，有学者提出大学制度应该是柔性的。这强调了大学的特殊性，却忽视了大学的普遍性。目

---

① 《邓小平文选》第二卷，人民出版社 1994 年版，第 333 页。
② 《涂又光文存》，华中科技大学出版社 2009 年版，第 301 页。
③ ［捷］夸美纽斯：《夸美纽斯教育论著选》，任宝祥等译，人民教育出版社 1990 年版，第 242 页。
④ 《毛泽东选集》第一卷，人民出版社 1991 年版，第 318 页。

前我国大学制度过于刚性，缺乏一定的柔性，有碍学术自由和大学发展。自由和服从并不必然矛盾，绝对的自由从来都不存在，自由人必须要承担相应的责任，只有必要的服从才能获得必要的自由。但服从要有一定的底线，如果无视个人最基本的权利，那么服从就会扼杀自由，服从和自由将会发生冲突。①

在大学制度建立的过程中，要进行具体分析，做到刚性和柔性相结合。如，教师关心、热爱学生，按时上课，学术规范等方面制度；学生认真学习，学分要求，道德规范等方面制度，要具有刚性。教师学术方向选择，科研和教学内容、方法，学术评价方面制度；学生专业选择、课程选择，学习内容和方法，学习评价等方面制度要具有柔性。

第二，"管"与"不管"相结合。谈到管理，人们常常以为就是管、管住、管好，而忽视了"不管"。其实"不管"也可以视为管理的一个重要方面。"管"与"不管"是管理的一体两面。大学中的学术活动是创造性活动，需要发挥教师、学生的能动性、自主性，面临的很多问题需要自己去做出决定。在以往的大学制度建设中，管得过多、过死。如，必须在指定刊物上发文，使用统一的教学大纲，计划好的教学进度，标准化的评价标准，等等。这样做的结果，容易扼杀创造性的发挥。杨振宁、李政道等从美国回来后提出建议，中国如果能给予科研人员充分的独立性、灵活性、自由度，就可以在科研领域取得更大的成就。

在大学管理中，通过制度建设，对于关系学校发展方向和格局，学校声誉，学校稳定等方面，要管且要管好。对于该由教师、学生自己决定的事，不要去管，放手让教师、学生自己去决定。

第三，原则性与灵活性相结合。原则性和灵活性永远是一对矛盾，但可以在对立中求统一。"没有规矩不成方圆"，管理需要原则性。原则性是指做事的规矩、准则，大家应该遵循的制度。哈佛大学就提出"用规则看守校园"。但是，世界上的事是复杂、多样、发展变化的，需要创造、突破、应变，这就是灵活性。做事首先要讲原则性，否则做不成任何事。灵活性是原则之下的灵活，做事根据实际情况实行的变通。邓小平在 1997

---

① 严从根：《自由与绝对服从》，《中国高教研究》2009 年第 10 期。

年处理香港回归谈判时，强调驻军问题不能动摇，这是国家主权的问题，其他什么都可以谈。这是原则性和灵活性相结合的典范。

上述刚性和柔性相结合、管与不管相结，体现了原则性和灵活性的统一。除此之外，在学校统一的制度下，对不同学科、不同水平的教师应有不同的要求，给院系、教师以灵活的空间。如，理工科大学办文科，往往以理工科的标准来要求和评价文科，使得文科教师无所适从，文科发展受到影响。在对教师的评价方面，对不同的教师、同一教师发展的不同阶段，应有不同的要求。现在的评价中，要求教师一年内既要完成一定的教学任务，又要有科研课题，还要发表多少论文和著作，才算合格。教师特别是青年教师为了完成任务，只得疲于奔命，处于应付状态，这样是难以产出高水平成果、难以形成高水平教学的。

二 大学制度与现代大学制度

事物的发展是量变与质变的相互制约、相互作用、相互转化的。量变是质变的必要准备、质变是量变的必然结果。量变积累到一定程度会产生质变，质变又是新的量变的开始。由此揭示了事物发展的过程是连续性和阶段性的统一。事物发展既有连续性，存在历史性联系，又有阶段性，即处于不同的历史阶段。大学制度与现代大学制度正是连续性和阶段性的统一。

自中世纪以来，大学在发展过程中，不断进行探索，已经形成了以"大学自治、学术自由、教授治校"为核心的大学制度。大学制度是包括基本制度、一般制度和具体制度在内的大学制度体系。[①]进入现代，人们开始探索现代大学制度。现代大学制度，一方面要有大学制度的连续性，继承大学制度的基本精神，同时现代大学制度又有阶段性特征。关注大学制度的"现代性"从根本上说是一种"适应性"，适应现代社会的发展，适应现代大学所处的特定环境、特定时代。

现代社会进入了工业化、信息化、城镇化、市场化、国际化的时代，科学技术迅猛发展，人们精神需求的层次和水平提高，对服务水平的要求

---

① 刘献君：《论高等学校制度建设》，《高等教育研究》2010 年第 3 期。

提高，各行各业需要大批受过高等教育的人才。现代大学为适应现代社会的发展，规模大大扩展。大学已由小规模的、选拔性的、关系松散的团体发展成为具有重大社会经济意义的巨型系统。"量的增长必然引起质的变化。"变化之一是，大学在单纯学术机构的基础上形成庞大的行政系统，大学行政管理具有了必要性和合法性。

早期的大学一般规模不大，往往使用"教授治校"制度。蔡元培任校长时期的北京大学，由教授组成的评议会不仅掌管专业设置、学位授予等学术事务，同时还负责经费预算、机构设置等行政事务。和早期大学不同，现代大学是一个规模庞大的体系，机构复杂、事务繁多，必然要求有专门负责具体事务的行政人员。例如，美国 1975—2005 年间，教师人数增长 51%，管理及其他人员却增长了 240%。学术和行政走向分化以后，两者的矛盾也随之产生，而且越演越烈。[①] 因此，如何处理学术管理和行政管理的关系，学术权力和行政权力的关系，成为现代大学制度建设中需要解决的主要矛盾和核心问题。

从我国现代大学制度建设的现实状况下，解决学术权和行政权力协调问题十分艰难，进展缓慢，究其原因，主要有以下四个方面。

第一，两种权力的性质不同。行政权力是以"科层化"为特征的法定权力，以上级管理主体对组织活动的控制与协调为特征，处于强势地位。学术权力是以"自主性和个人的知识"为基础的专业权威，在权力结构中处于弱势地位，因而容易造成行政权力对学术的过度介入和不当干预。

第二，两种权力的运用规则不同。行政系统是科层组织，科层组织重视效率和低成本运作，组织严密，强调下级服从上级，组织结构控制着组织内部的上下沟通。学术系统是专业组织，在专业组织中，专业人员享有大量的自治权。这种权力是以其专业知识和技能为基础的，专业人员之间的交流是相对开放和非正式的，专业组织关心质量甚于关心成本，其组织结构松散（见图 1）。这两类组织因其价值观和工作方式不同，必然会产生矛盾和冲突。[②]

---

① 沈文钦：《"学术权力"如何畅通表达》，《人民日报》2009 年 7 月 10 日。
② 刘献君：《院校研究》，高等教育出版社 2008 年版，第 48 页。

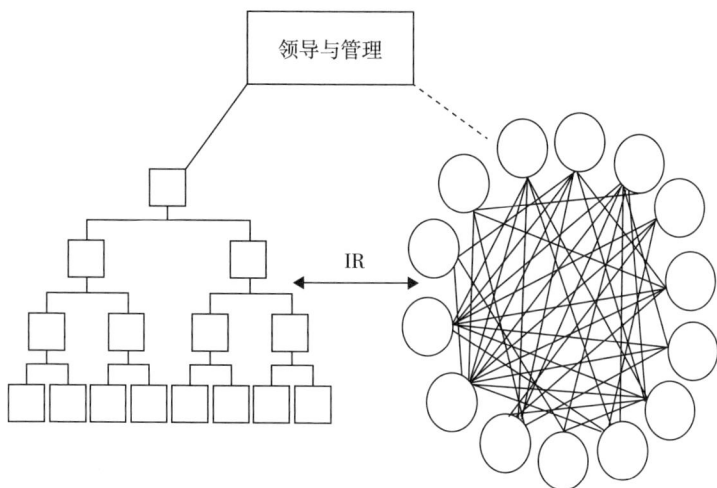

图1

第三，两种权力的权力主体多元、交叉。行政权力的主体主要是校长和行政人员，但是教师、学生对行政决策有建议权、监督权，对一些重大行政决策还有投票权、制约权。学术权力的主体主要是学术人员，但随着大学的发展，情况也在逐步产生变化。大学的功能，从教学，到教学、科研和服务三个方面，大学功能复杂化，因而各种学术工作之间的界限更显模糊。[①] 随着"新公共管理"引入大学后，在高等教育领域，不仅在管理制度和方式上进行聘任和评估，强调产出和目标，而且实际上形成了一种审计和怀疑的文化，将原本属于专业人员和学者的权力转移到了管理者或学术管理者手中。[②] 因此，两种权力的主体呈现多元、交叉的状态。这种多元、交叉给行政权力挤压学术权力、取代学术权力提供了藉口。

第四，校长角色的错位。校长拥有很大的行政权力和一定的学术权力，在大学现代制度建设中举足轻重。我国的大学校长大多来自某一学科的专家、学者，往往在担任校长时还要从事本专业的教学、科研。校长们熟悉本专业，但对教育理论、大学管理缺乏深入了解，容易造成角色的错

① C. Kerr, *The Uses of the University*, Harvard University Press, 1963, pp.123–126.

② R. Deem & K. J. Brehony, "Management as Ideology: the Case of New Managerialism in Higher Education", *Oxford Review of Education*, 2005（02）.

位。如，有的校长在处理学术问题时，校长意识强烈，往往以行政的方式去处理学术问题。面对行政问题，往往又用根深蒂固的学术思想去处理。同时，校长们对自己从事的专业比较熟悉，出于情感、利益等多方面因素，有的校长自觉不自觉地利用行政和学术权力为自己所在的学科获取资源。校长角色的错位，也是导致"去行政权化"问题难以解决的一个重要因素。

现代大学制度建设中如何处理行政权力和学术权力关系这一核心问题，引起了政府和国人的高度重视。在《国家中长期教育改革和发展规划纲要（2010—2020年）》（以下简称《教育规划纲要》）的制定过程中进行了广泛、深入的讨论。2010年初，温家宝总理连续召开5次座谈会，畅谈教育改革的四大方面内容——教育管理体制改革落实和扩大办学自主权、促进教育公平、倡导教育家办学，最终总结出了"教育行政化"乃一切问题之症结的结论。①《教育规划纲要》明确提出："探索建立符合学校特点的管理制度和配套政策，克服行政化倾向，取消实际存在的行政级别和行政化管理模式。"高等学校"去行政化"已成为政府、社会、大学的共识。

三 制度目标与制度过程

现代大学制度建设中的"去行政化"，既是目标又是过程。目标与过程相互联系、相互转化，不可割舍。目标既是出发点，又是归宿，十分重要。但结果并不是预先设定目标的再现，目标和结果之间的关系，取决于过程，过程更为重要。过程是事物的存在方式，世界的本质就是过程的存在，离开了过程，事物不可能存在，也无法变化和发展，事物存在的过程就是变化和发展的过程。

在现代大学制度建设中，既要重视制度目标，又要重视制度过程。"一年可能办不成任何事，十年可能办成任何事。"办成一件大事，需要有目标、有规划、有积累。"十年磨一剑"是中国人几千年自身奋斗经验的高度概括。根据我国高校的实际情况，制度目标可以设定为：经过十年左右的努力，解决"去行政化"问题，初步建成有中国特色的现代大学制度。

---

① 龙耀、黄崴：《中国高等教育行政研究综述》，《现代大学教育》2011年第3期。

有了制度目标，却不能停留在制度目标，而是要根据制度目标的设定，高度重视制度过程。要围绕制度目标，从学校的实际情况出发，从突出存在的问题入手，逐一加以解决。

在我国大学制度建设过程中，迫切需要改革的制度主要有：人才培养制度、教师聘任制度、资源配置制度、教学和科研评价制度、决策制度等。要进一步分析在这些制度建设中存在的主要问题。如，在教师聘任制中存在的主要问题是：没有职业"准入期"；岗位虚设；考核流于形式；学校和教师的权利义务规定不对等；人才流动不畅；聘任制度单一。在教学和科研评价制度中存在的主要问题是"六重六轻"，即重数量轻质量，重近期轻长远，重投入轻产出，重显性轻隐性，重结果轻过程，重科研轻教学。①

在制度建设过程中，要从问题入手，切忌就事论事，要将学习教育理论、提高教师、职员素质，加强制度文化建设，完善治理结构，与创建现代大学制度结合起来，整体考虑，扎实推进。

首先，现代大学制度建设，必须以坚持大学的"学术性"为前提。大学作为独立的学术与文化组织，是知识生产和文化传播的机构，具有知识性与学术性。德里克·博克对此有过精辟的分析："大学凭常规的学术功能，通过教学项目、科学研究和技术援助等手段承担着满足社会需求的重要职责。""如果采用……非学术性手段，那样做很难说有正当理由。"② 然而，中国"大一统"社会本位观念、官本位的政治文化、计划经济体制下的统一领导、集中力量办大事的成功经验、计划经济体制下形成的单位制，导致我国大学建设中，在制度安排上行政权力指挥学术权力，在制度运行上采用自上而下的推进路线。③ 在市场经济作用下，我国高等教育一系列内部体制改革全面展开，高校突破传统办学体制，逐渐以各种形式主动服务社会，产学研结合向纵深发展。然而，市场本身存在固有的弱点，教育之追求"成人"的无限目的，被窄化为适应政治需求与经济生存的有限目的，导致大学盲目追求经济效益和攀大求全等非理性行为，与高等教

① 刘献君：《论高等学校制度建设》，《高等教育研究》2010 年第 3 期。
② [美] 德里克·博克：《走出象牙塔——现代大学的社会责任》，徐小洲等译，浙江教育出版社 2001 年版，第 103 页。
③ 朴雪涛：《试论单位制度对大学组织行为的影响》，《辽宁教育研究》2001 年第 12 期。

育从事精神生产以实现社会效益的主要目标渐行渐远。

历史表明，脱离高等教育自身的发展规律，违背学术逻辑的运行机制，乃至用政治标准与市场尺度来衡量学术，无异于摧毁教育本身。大学制度建设必须以教育规律和学术逻辑为前提，维护大学的学术自由，保证大学的独立价值，同时又要体现政治意志、遵循市场规律，在学术、政治与市场之间取得平衡。如，在教师聘任制改革中，应从学术发展的需要建立岗位设置制度；根据学术职业的特点建立"准入制度"；从学术自由的考量设计评价考核制度；从学术平等设计聘任合同，使教师和学校在法律地位上平权；从学术公正建立争议处理制度。

其次，建设现代大学制度，必须建立强有力的保障学术权力的制度。现在，学术权力得不到保障，因而受到行政权力的严重挤压。首先，要赋予学术委员会、教授委员会以部分学术事务的决定权。现在讨论学术委员会建设，往往在组成人员上考虑多，实则，首先要考虑其职责、职能。一个组织的职责、职能决定其性质。大学的职能是教育、研究、社会服务，因而大学是学术性组织。现在的大学学术委员的职责是"审议"，因而仅仅是学术咨询、审议机构，而不是学术权力机构。学术委员会应该对部分学术事务，如教师和学生学术水平、学术成果评定，学术资料配置等有决定权（一旦决定了其他机构不能改变），这才是学术权力机构。同时，学术委员会对行政事务应有建议权、制约权、监督权。还要建立相应制度，保障教师、学生对学术事务有知情权、参与权、监督权。为此，要改善学校治理结构，确立教师、学生等利益相关者在学校重大事务决策中的应有地位。

第三，建立现代大学制度，要建立服务型行政。长期以来，学校行政机关人员身份为干部，干部是领导、管理教师和学生的，这种观念和行为根深蒂固。学校的职能是教学、科研、社会服务，学校行政不是学校的职能，而是为学校三大职能服务的。离开三大职能，学校行政毫无意义。行政人员是为学校学术发展，为教师、学生服务的，这里没有高低贵贱之分。因此，要建立服务型行政，建立服务型行政可以成为"去行政化"的突破口。

建立服务型行政的关键在于提高机关工作人员素质、转变机关工作作风。制度要靠人去执行。如果执行现代大学制度的人，自身还没有从心理、思想、态度和行为上实行转变，再完美的制度也会成为废纸一堆。大学机关部门是制度制定、执行、评估中十分重要的因素，机关工作人员必须转变观念、改进作风、牢固树立服务观念，为学术服务、为师生服务。历史证明，这是一个艰难的过程。

四　大学制度与大学文化

在现代大学制度建设中，还有一个重要问题，大学制度和大学文化的问题。这个问题不解决，现代大学制度难以建立。

制度与文化是什么关系呢？按组织人类学说法，"制度指在组织中可以观察到的，不断重复的行为"。实证性制度研究的重点，是观察实际发生的行为，而不是写在纸上的"条文"。为什么这些行为能不断重复呢？因为它有意义。这些"意义"合在一起便是组织的文化。为什么有的制度在清华大学可以顺利实行，而在北京大学却行不通，反之亦然？有的制度在武汉大学可以顺利实行，而在华中科技大学却行不通，反之亦然？这是不同的大学文化使然。

制度与文化的关系是一种辩证的关系，两者互生、一体、互为因果。有形的制度渗透着文化，无形的文化通过有形的制度得到体现。文化是渐进的，制度带有跳跃性。文化与制度哪个更为重要呢？两者都重要。其重要程度不能一概而论，要视不同的历史条件、环境和单位的不同状况而决定。当前，在我国现代大学制度建设中，缺乏文化视野，不重视大学文化建设，是矛盾的主要方面。我们在重视大学制度建设时，不能忽视大学文化的建设。

制度与文化的关系如此密切，但人们在制度建设中往往缺乏文化视野，不重视文化的作用。这是因为文化自身的特性所造成的。文化有其基本特点，首先，它是"有而无在"。一方面，它是一种有，是一种真实的存在，但同时又是一种"无形"的"有"，是一种弥散性的"有"，如同"水中盐"，看不见，摸不着，但一喝就知道它的味道。人与人素质高低是不同的，与其接触，我们能实实在在感受到的，但也只是一种"无形"的存在。其次，是"整体性"的存在。这种整体性存在主要表现为有机性整体、情境性的整体，而不是一种机械式的整体。对于机械式的整体，可以拆开，对局部逐一加以分析，探求局部之间以及局部和整体之间的关系。而文化作为有机整体，局部之间、局部和整体之间关系如水乳交融，并受到情境的制约。第三，它是一种个体"差异性"的存在。每一个人的天赋不同，经历不同，所处的情境不同，即使是对同一事物、同一过程，人们的感受、体验及赋予的意义和价值是不同的，"一千个读者有一千个哈姆雷特"[①]。正因为文化的以上特点，人们容易在大学制度建设中忽视文化的重要性和作用，这应引起我们的高度重视。大学文化建设涉及方方面面，从大学制度建设考虑，加强大学文化建设着重从以下两方面着手。

首先，加强大学文化建设，需要凝炼大学核心教育理念。理念是文化的集中表现。大学是一个理念组织，尽管学校并不完全等同于某个理念，但这个理念却是学校的力量之所在。大学的教育理念与大学的精神、使命、功能等有着密切联系，同时又对具体的教育目标、教育制度、教育活动、教育方法以及学生的成长等产生直接影响或施以无形制约。在大学教育理念方面，我国大学的主要问题不是缺乏理念，而是没有形成自己的核心理念。大学罗列出了不少理念，但大多没有一条清晰的主线，理念要素之间缺乏应有的逻辑关系；有的本末倒置，将局部性的职能理念凌驾于全局性的核心理念之上；有的子理念之间相互矛盾，甚至与核心理念冲突背离；理念与办学实践、学生成长脱节，没有起到应有的作用。由于缺乏核心的教育理念，因而在我国大学制度建设中，一是与政府、社会组织趋同，行政化倾向严重；二是大学的制度建设趋同，没有自己的特色。因此，凝炼大学核心理念十分重要。

大学的核心教育理念是高等学校为实现特定的教育使命，依据自身发展定位和核心文化，渗透着大学核心价值取向与利益相关者的共同愿望，在办学实践中高度凝炼出的该大学组织的最高目标与理想追求，反映了指导大学教育长盛不衰的根本信条。大学是文化集成的产物，没有文化底蕴的大学理念，成不了大学的核心理念。任何一种理念与文化创新都需要传达大学的核心理念，同样，任何大学的核心理念都要集中彰显大学的特色内涵。不同的核心理念催生了学校文化形态的差异，也形成了不同的管理

---

① 余东升：《质性研究：教育研究的人文学范式》，刘献君编《教育研究方法高级讲座》，华中科技大学出版社 2010 年版，第 53—84 页。

制度和管理风格，产生了不同的办学效果。我国高校可以根据自身历史文化基因对理念进行调适，选择不同的切入点，逐步创造和形成由精神、行为、制度与环境文化构成的独特核心理念。

其次，加强大学文化建设，要努力营造良好的传统、氛围。在美国，围绕"大学是如何影响学生的"这一课题，进行了长达80年的研究。通过研究认为大学对学生的影响，从学生成长发展的角度看，主要是两个方面：一是取决于个人的努力，二是融入到学校所提供的氛围。钱学森曾谈到在加州理工学院学习的体会："到加州理工学院，一下子脑子就开了窍。"当时，加州理工学院创新的学风弥漫在整个校园，整个学校的精神就是创新。在这里，你必须想别人没有想到的东西，说别人没有说过的话。学生们也可以充分发表自己不同的学术见解，可以向权威们挑战。所有在那里学习过的人都受它创新精神的熏陶，知道不创新不行。以上两个事例，说明文化传统、氛围强大的精神力量。"泡菜理论"，"办大学就是要办一个氛围"，"教育就是环境的创造"，等等，都是对环境氛围重要性的深刻理解。

在现代大学制度建设中，我们要努力去除影响现代大学制度建设的消极文化，如威权主义的政治文化，"服从主义"的行政文化，以官本位为内核的官僚文化，大力倡导积极向上的文化，如以教书育人和学术追求为志业的职业文化，立志于学术探索与创新的学术文化，引领"高品位"文化发展的文化期待，大学自治、学术自由的制度观念，服务学术、服务师生的服务精神。[①]

制度有不同的价值取向，产生不同的作用，而制度的价值取向取决于文化。要通过创建优良的大学文化，鼓励师生努力学习，全面发展；激励师生奋发进取，为繁荣祖国的科学而献身；促进不同学术背景、不同类型的学科人才相互合作、相互包容，创造成就、容忍失败。

（原载《中国高教研究》2011年第10期）

---

① 陈金圣、龚怡祖：《制度同形：大学行政化的新制度主义解读》，《大学教育科学》2011年第3期。

现代大学制度建设中的若干关系

世界万事万物相互联系、相互制约，处于关系之中。现代大学制度建设，同样面对着各种关系。首先是内部和外部的关系，现代大学制度包括两个层面的制度：政府如何管理大学，即大学的他治——外部制度；大学如何自我管理，即大学的自治——内部制度。外部制度和内部制度既有联系又有区别，而外部制度是内部制度建设的条件、前提。良好的外部制度为内部制度建设提供了环境、条件，其中十分重要的方面是保障大学的办学自主权。对于我国高校的办学自主权，不能一概而论，认为我国大学缺乏办学自主权，而应从关系的角度分析。

办学自主权可以划分为民法权和公法权。与西方大学相比，我国大学拥有比较充分的民法权，而缺乏公法权。我国高校法人虽然不享有完全的财产所有权，但有较充分的对财产的占有、使用、收益和法律规定的处分权，如银行贷款、购买土地、各类楼房修建、收入分配等自主决定权，这方面的权力比西方大学校长的权力要大。但是在专业设置、招收学生等方面，我国大学法人基本上没有自主权，而西方大学则享有比较充分的自主权。《高等教育法》明确的高校法人地位不仅仅是民事主体，而且表明高校也是一类特殊的行政主体，是公法人中的特殊法人。[1] 因此，从现代大学制度的外部制度来说，要尽快落实大学在办学中的公法权。

内部制度对外部制度的影响具有放大和消减的双重作用，十分重要。笔者在《现代大学制度建设的哲学思考》[2] 一文中，从宏观层面对现代大

---

[1]　毕宪顺：《制约与协调：高校内部管理变革的使命》，《高等教育研究》2011 年第 10 期。

[2]　刘献君：《现代大学制度建设的哲学思考》，《中国高教研究》2011 年第 10 期。

学制度建设中的制度与大学制度、大学制度与现代大学制度、制度目标与制度过程等关系进行了论述。本文进一步就大学内部制度建设中的目的与手段、内容与程序、制度与机制、制度与文化等关系谈谈自己的认识。

一 目的与手段

目的通常是指行为主体根据自身的需要，借助意识、观念的中介作用，预先设想的行为目标和结果。从起源来看，目的起源于射箭。古人眼睛为目，箭靶的中心目标为的，射箭是为了射中目标，这就有了明确的目的性，古人将这一具体的动作转化为抽象的概念——目的。手段是指为完成一定目标或任务，所使用的过程、方法和途径。目的和手段不同，目的不等于手段，手段也不等于目的。目的与手段又紧密相连，目的是手段的方向、依据，离开了手段，目的无法实现，手段是为实现目的服务的。目的与手段具有一致性，但在现实中，往往造成两者的错位，例如，将手段当目的，重视手段而忽视甚至忘却了目的。正如爱因斯坦所言，"手段的完美与目的的混乱，成为我们这个时代的特点"。一位诗人感叹，"我们已经走得太远，以至于忘记了为什么而出发。"

大学的职能是教学、科研和社会服务，根本目的是培养人才。因此，与人才培养直接相关的学术活动为目的性活动。人才培养活动的开展、大学的正常运行，需要组织、管理、制度，这些行政活动属手段性活动。由于大学的规模越来越大，与社会的联系越来越密切，大学行为对社会的影响越来越深刻，大学已走出象牙塔，进入社会的中心，需要行政管理。制度不仅界定了人的活动范围，规范着人的社会关系，建构着人们的社会交往，而且决定和限制了人的发展方向和过程，激励和推动着人的全面发展，因而制度建设对实现人才培养目标起着十分重要的作用。为了实现人才培养的目的，必须重视手段性活动。但在现代大学制度建设中，不能忘记其根本目的，不能为了制度建设而进行制度建设。因此在现代大学制度建设中必须把握以下几点。

首先，现代大学制度建设要围绕教学、科研、社会服务，核心是提高人才培养质量。为此，要完善大学治理结构，特别要注重发挥学术委员会

在学科建设、学术评价、学术发展中的重要作用；加强章程建设，特别要重视和尊重学术自由，营造宽松的学术环境；扩大社会合作，健全社会支持和监督学校发展的长效机制；推进专业评价，建立科学、规范的评估制度，形成中国特色学校评价模式。

其次，现代大学制度建设要体现学术性特点。大学是学术性组织，是培养人的地方。大学的学术行为，本质上是一种精神活动。发展学术，需要思想自由、学术自由；培养人，人的发展需要自由个性的充分发展。现代大学制度应为师生思想自由提供保障。学术事务，也需要管理、需要制度，但其制度有自身的特点。例如，提高教学质量，需要转变教学思想，改进教学方法，但这种提高、改进不可能通过"命令"的方式，而应采取"劝说"的方式，引导教师自己明白他们的教学方法错在什么地方，为什么要改进。只有教授们自己愿意使用并接受新的教学方法，这种教学方法才有可能实施。仅靠行政命令，起不到任何作用。现代大学制度的建设如果忽视了大学学术性的根本特点，将会走偏方向。

再次，评价现代大学制度的优劣，要看人才培养的质量。对现代大学制度的评价，不能仅仅停留在制度本身，而是要看通过制度的实施，大学人才培养质量是否得到提高，以及大学发展的速度与质量，大学与社会的联系，等等。

二　内容与程序

法理学依据法律规定内容的不同来进行划分，可以将法律分为实体法与程序法。实体法是规定和确立权利和义务以及职权和责任为主要内容的法律，如宪法、行政法、民法、商法、刑法等。程序法是规定以保障权利和职权得以实现或行使、义务和责任得以履行的有关程序为主要内容的法律，如行政诉讼法、民事诉讼法、刑事诉讼法、立法程序法等。实体法和程序法密不可分，相互依存，相辅相成，是内容和形式的统一。

在制度体系中，同样有制度内容和制度程序两个部分。与法律体系不同的是，在制度体系中，内容和程序往往在一个制度文本中。内容与程序同样重要，但在制度建设中，人们容易忽视程序的作用。如果没有严格的程序，制度规定的权利和职权难以实现，义务和责任难以履行，制度将如同一纸空文。程序也是一种智慧，可以帮助人们化解难题、规避风险、伸张正义，推进发展。

在现代大学制度建设中，我们要充分认识不重视程序对制度建设所造成的危害。例如，决策制度是现代大学制度建设中十分重要的内容，科学决策一定要遵循"问题澄清、明确界定目标、收集到所有备选方案、对每一种方案的结果做出评估、选择最佳方案"的基本程序。在我国大学的决策制度中，对决策程序做出明确规定的极少，即使有的大学作了规定，在执行中也没有引起重视。不遵循决策程序，所做出的决策仍然是经验决策，谈不上科学决策。在决策过程中，对每一个环节的程序都要做出明确、详细的规定，否则，科学决策难以实行。这里列举两个在高校经常出现的情况。

其一，决策中缺乏明确的决策程序。例如，党委决策的职责、范围已有明确的规定。党委实行集体领导，集体决策。但党委会得有人召集，这个召集人就是党委书记。只有党委书记或党委书记委托的人召集会议才是合法的，其他人召集会议是"篡权"，不合法。"召集会议"成为党委书记最大的权力。部分学校在这一方面没有程序规定，有的党委书记滥用权力，对于自己不赞成的事，或者不召集开会，或者拖着，时间过去了，即使开会也无济于事。由于没有明确的程序规定，这样做，他无需承担任何责任，严重影响了学校的发展。

其二，决策程序不严密。例如，一项有关学术事务的决策，规定要经过学术委员会审议。这个程序走了，学术委员会审议通过了，但有时最终下发的决策制度与学术委员会审议通过的内容大相径庭，而且违背学术规律。这种修改往往出于职能部门负责人，或学校分管领导。学术委员会通过的审议意见不是不能修改，但实质性内容的修改意见应与学术委员会协商。在高校决策制度中往往没有这样的程序，学术委员会的权力无法得到保障，决策制度也就成了一纸空文。

在现代大学制度建设中，一方面要重视制度内容，另一方面更要重视制度程序。每一项制度的实施，必须要有程序来推进、规范、保障。拥有权力，就有可能滥用权力，权力需要制约、监督。每一项制度内容，都要有相应的程序，而且还要有申诉等方面的程序制度，以保障每一位教师、学生的权利、利益。

三　制度和机制

制度是"要求成员共同遵守的，按一定程序办事的规程或行动准则"。一般而言，机制是"指复杂系统结构各个组成部分相互联系、相互制约、相互作用的联结方式，以及通过它们之间的有序作用而完成其整体目标、实现其整体功能的运行方式"。制度与机制紧密相连，关系十分密切。制度是机制的基础；机制是制度的灵魂。制度和机制也有极大差别，主要表现在：制度是静态的，而机制是动态的；制度是具象的，而机制是抽象的（机制是在事物的运行中体现出来的）；制度是可以而且需要由各种强制的力量来建立，而机制是不能用强制力量来建立的；制度是可以立即建立和生效的，而机制则是需要相对长的时间逐渐地成长的。

在现代大学制度建设中，制度和机制都十分重要。近几年来，人们开始重视机制，并提出建立人事机制、财务机制、教学机制、长效机制等，但并没有完全弄清机制的内涵，往往将机制等同于制度。通俗地说，机制是在一个系统内建立一个应变器，能使系统自动调节。管理学上有一个关于机制的经典案例。

在17—18世纪英国运送犯人到澳洲，按上船时犯人的人头给私营船主付费，也就是说下船的时候犯人是什么状态船主是不用负责的。在这种情况下，私营船主为了牟取暴利便不顾犯人的死活，每船运送人数过多，生存环境恶劣，加之船主克扣犯人的食物，囤积起来，以便达到目的地后卖钱，使得大部分犯人在中途就死去。更残忍的是，有的船主有时一出海就把犯人活活扔进海里，到澳洲后上岸的犯人所剩无几。英国政府极想降低犯人死亡率。降低死亡率，可以采用多种办法，一是制度，如规定加强医疗措施，多发食物改善营养，改善住宿条件，增派管理人员等。这样做，一方面会增加开销、增大成本，同时也无法抑制船主谋取私欲，难以保证派去的监管人员在暴利的诱惑下不与船主合谋勾结。最后，英国政府制定了一新办法，他们规定按到达澳洲活着下船的犯人的人头数付费。这就是机制。机制形成后，私营船主绞尽脑汁千方百计改善犯人待遇，让最多的犯人活着到达目的地，这样才能赚到更多的钱。后期运往澳洲的犯人的死亡率相当低，最低只有1%，而原来最高时竟达到94%。这就是机制的作用和威力。

再举一个例子。美国高校教师一般没有严格的退休制度，不规定到多少岁必须退休。因为在美国，种族、性别、年龄歧视是违反宪法的。我年龄虽大，但身体好，能工作，学校强迫我退休，是违法的。但一所学校，老人不能不退休，否则学校无法办下去。在这种种情况下，学校一般采取机制的方式，如学校希望教师65岁退休，那么通过设计，使65岁退休的人待遇最好，以此引导大家自动、自愿退休。

形成机制，要分析影响机制形成和发挥作用的因素。影响机制形成和发挥作用的因素有人们的切身利益、观念和习惯、理性等诸多方面。其中，每一个人的利益是影响机制形成的关键因素。人们的利益表现为各种需求，包括经济需求、社会需求、政治需求等。这是形成机制中要考虑的首要因素。机制在制度基础上形成。影响制度转化为机制的因素是理性，每个人都是有理性的。人们通过思考来权衡利弊从而对一件事情做出决定，这就是理性的作用。一种制度即使对人们的暂时利益有所损害，即使与人们的观念和习惯不符合，即使人们不喜欢，但是经过理性的思考认为是符合长远利益的，这时人们还是可能支持制度从而使制度形成机制。

在现代大学制度建设中，教师评价、聘任十分重要。在我国大学，一般采用建立制度的方式，要求院系、教师每年必须教授多少门课，争取多少课题并得到相应的经费，发表多少篇论文以及出版多少著作。因而广泛导致重数量轻质量、重投入轻产出、重科研轻教学、重近期轻长远、重显性轻隐性，大家忙忙碌碌，教学质量和学术水平得不到提高，产生不了大的成果，也培养不出大师，造成了极大的危害。现在，一些高校根据学术规律、学术逻辑，开始重视机制的建设。

例如，上海交通大学（以下简称上海交大）转变管理理念，改进考核评估办法，实行"院系中长期评估"，以创造更为宽松的学术氛围，充分调动院系和教师的积极性。"院系中长期评估"是建立在客观数据基础上的同行评估模式，用世界一流标准来检验上海交大在师资队伍、科学

研究、人才培养等方面的发展状况，找准目前的位置和存在的差距，明确学校发展和改革的方向，并采取针对性措施加快建设进程。其基本思路是：评估的价值取向从绩效判断转变为发展性诊断；评估基准从常模参照转变为标准参照；评估内容从全面考察转变为突出核心价值；评估的实施从单向操作转变为交互运作；评估指标从刚性转变为柔性；评估周期从短期转变为中长期。"院系中长期评估"机制的建立，有力地推动了上海交大的发展。

四　制度与文化

在现代大学制度建立过程中，制度与文化同样重要，缺一不可。制度是一种规矩或规则。没有规矩，不成方圆。制度的重要性体现在，在一个组织内，由于人的价值取向的差异性，对组织目标认同的差异性，要想使个体与群体之间达成协调一致，需要制度的规范。即使是人的价值取向和对组织的目标有高度的认同，如果没有一定的制度，也不可能达成行为的协调一致，组织难以正常运转，更谈不上健康发展。制度是靠人建立，靠人来执行，而人是有思想的，这个思想本身就是一种文化。制度与文化的关系是一种辩证的关系，两者互生、一体、互为因果。有形的制度渗透着文化，无形的文化通过有形的制度得到体现。文化是渐进的，制度带有跳跃性。

制度与文化的关系，孔子在《论语》中早有论述，孔子曰："道之以政，齐之以刑，民免而无耻；道之以德，齐之以礼，有耻且格。"意思是，若仅仅以政治来约束人，以刑罚来惩治人，大家虽然会不去犯罪，但他却不认为犯罪行为是羞耻的；若能以德来教育人，以礼教来约束人，使人有羞耻之心，能约束端正自己的言行，从而自觉地不去犯罪。有人认为："制度是让想犯错误的人不敢犯错误，文化是让有机会犯错误的人不去犯错误。""只有文化没有制度，那是梦中楼阁，世外桃源，是乌托邦！只有制度没有文化，那是动物王国，等级分明，是丛林法则。"这些说法都有一定的道理。

按组织人类学说法，"制度指在组织中可以观察到的，不断重复的行为"。实证性制度研究的重点，是观察实际发生的行为，而不是写在纸上的"条文"。为什么这些行为能不断重复呢？因为它有意义。这些"意义"

合在一起便是组织的文化。为什么有的制度在清华大学可以顺利实行，而在北京大学却行不通，反之亦然。有的制度在武汉大学可以顺利实行，而在华中科技大学却行不通，反之亦然。这是不同的大学文化使然。[①] 在现代大学制度建设中，既要重视制度，又要重视文化。现在的主要矛盾是对文化重视不够，因而建立了很多制度，但得不到有效执行。

大学的文化建设更有其特殊重要性。在企业，是资本决定制度，制度决定技术；在大学，是价值决定理念，理念决定制度。理念是文化的集中体现。大学要通过凝炼自己的核心理念，形成自己的制度文化，推进制度的有效实施。清华大学的"行胜于言"，已经成为清华人的文化，从而使清华人重视实践，重视文化，自觉执行有利于学校发展的制度。北京大学的"学术自由、兼容并包"，已成为北大人的文化，从而使北大人自觉追求学术、进步。一些学校努力以"追求卓越"作为自己的目标、文化，从而推动大家努力遵守制度，促进学校发展。

现代大学制度建设中要解决的核心问题是如何处理行政权力与学术权力的关系，"去行政化"已成为大家共同的呼声。笔者认为，建立服务型行政应成为"去行政化"的突破口。因此，在学校行政系统要形成"服务文化"，行政人员自觉、高质量、高水平地为师生服务，为教学、科研服务。否则，"去行政化"将成为一句空话。中国科技大学在现代大学制度建设中，坚持管理向服务转变，树立"管理就是服务、服务创造价值"的服务理念，把为广大师生员工服务视为行政部门的基本宗旨，把师生的愿望和需求作为行政管理活动的出发点，将老师和学生在繁杂的行政事务中解脱出来，形成潜心治学、乐教乐学的浓厚学术氛围。为此，制定"机关部门目标管理办法"，成立目标管理领导小组，选拔教授进入小组，负责对目标实施的督导与检查；建立完善"机关工作目标责任制"，探索建立"阳光收入＋绩效考核奖励"机制；服务理念的确立，服务文化的建设，有力地推进了中国科技大学的现代大学制度建设。

（原载《大学》（学术版）2012 年第 1 期）

---

① 刘献君：《现代大学制度建设的哲学思考》，《中国高教研究》2011 年第 10 期。

论大学内部权力的制约机制

党的十七大报告中明确提出："建立健全决策权、执行权、监督权既相互制约又相互协调的权力结构和运行机制。"这充分说明，党和国家对权力制约十分重视。本文拟以《高等教育法》为基本准则，在对大学内部权力（以下简称大学权力）运行状况调查分析的基础上，对公立大学内部权力的制约机制作一初步探讨。

一　大学权力制约的必要性

探讨大学权力制约机制，首先要明确大学权力制约的必要性。

1.权力制约是权力运行的内在要求

权力是"人际关系中的特定的影响力，是根据自己的目的去影响他人行为的能力。在社会生活中，凡是依靠一定的力量使他人的行为符合自己的目的的现象，都是权力现象"。[①] 简言之，权力即支配或影响他人的能力。权力来自权利。在民主社会，为了治理国家，公众通过让渡自身的一部分权利组成公共权力，用以控制社会，维持秩序。[②] 公共权力的大小取决于人民大众权利让渡的多少。行使公共权力的人，如果尽心尽责，最大限度地以公共权力维护公共利益，那么，民众的公共利益和个体利益就能够得到保障，权利就能够得到维护。但是，在现实生活中，由于种种原因，公共权力被滥用，用于权钱交易、谋取私利，从而损害了公共利

---

①　《中国大百科全书·政治学》，中国大百科全书出版社 1992 年版，第 498 页。

②　[英] 洛克：《政府论》（下册），叶启芳、瞿菊农译，商务印书馆 1986 年版，第 48—58 页。

益，败坏了社会风气，甚至可能动摇国家的根基。对此，法国著名启蒙思想家孟德斯鸠有过经典式论述："一切有权力的人都容易滥用权力，这是万古不易的一条经验。有权力的人们使用权力一直到遇有界限的地方才休止。……从事物的性质来说，要防止滥用权力，就必须以权力制约权力。"① 美国著名法理学家博登海默指出："一个被授予权力的人，总是面临着滥用权力的诱惑，面临着超越正义与道德界限的诱惑。"② 因此，权力需要监督和制约。

现在，人们比较重视监督机制，有了监督，为什么还需要制约呢？制约和监督是权力运行中既相互联系，又有本质区别的两个概念。制约，是指权力之间的制衡、牵制、约束。监督，是指监察、监视、督促。两者的区别是，监督侧重于单向的监察和督促，而制约则侧重于双向的制衡。两者之间的联系是，对权力的监督必须以有效的制约为基础，能否实现对权力的有效监督，在根本上取决于对权力的制约；而权力制约又必须由强势监督来推进和保证，缺乏有效的监督，权力制约也难以收到良好的成效。制约和监督都很重要，但制约是基础性的，更为根本。

2. 权力制约是现代社会组织治理的需要

组织包括组织结构、权力结构等，其中能够被直接观察到的是组织结构，不能被直接发现的是权力结构。组织结构和权力结构随着社会的变迁而不断发展变化。一方面，从组织结构看，科层制成为当今人类社会的一种普遍组织形式。马克斯·韦伯对组织与权力的关系进行了经典的研究，提出了三类组织及其权力：魅力——卡里斯玛型组织；传统权力——传统型组织；法理权力——科层式组织。现代大型组织，不论是企业、政府或者大学，都采用马克斯·韦伯提出的科层式组织。这种组织结构具有稳定、可靠、权利义务关系明确等优点。科层组织的权力来源于金字塔的顶部，层层向下分解，形成稳定的权力链条和相互制约关系，保障着组织目标的实现，维持着组织的效率和理性。人类现代化的过程就是组织的科层

---

① ［法］孟德斯鸠：《论法的精神》（上册），张雁深译，商务印书馆 1961 年版，第 154 页。

② ［美］E.博登海默：《法理学：法律哲学与法律方法》，邓正来译，中国政法大学出版社 1999 年版，第 361 页。

化过程。随着组织规模越来越庞大，科层制就成为一种必然。公司由小规模手工业作坊发展成为现代巨型公司，政府内部由恩赐制发展而成现代的文官制度，大学由早期的学者行会发展成为现代巨型大学，等等，这些不同类型组织的演进都印证着这一过程。①

另一方面，科层组织又存在自身的弊端，需要进行改革。从权力结构看，随着现代社会的发展，由权力的集中、垄断到权力的分散、制衡，成为各类组织发展的共同趋势。从社会发展看，人类社会逐渐由等级社会发展成为人人平等的民主社会、共和社会、公民社会，民众的受教育程度和理性程度增加，科学意识和权利意识觉醒，人民有能力也有权利参与各类公共事务。在一个组织内部，各种利益相关者需要参与决策，通过多种渠道实现自己的"利益表达"。因此，必须改革科层组织，改变单中心的管理，实现多中心的治理，治理应运而生。

治理是指组织内外利益相关者参与重大事务决策的结构和过程。治理包括治理结构和治理过程。结构是一个基础性条件，所有决策活动都在一个基本的治理结构中展开。结构状况是判断事物健康发展与否的重要因素，治理结构是一种基本制度安排，必须考虑权力的制约，以保证利益相关者的权利。进入具体事务的决策之后，各种人为的因素、文化的因素就会对治理过程产生影响，直至影响最后的决策。治理过程具有复杂性、不可控性和不确定性，始终处于变化之中，更需要权力的制约。因此，权力制约是现代社会组织治理的需要。

3. 权力制约对大学具有特殊重要性

权力制约是大学培养人才的需要。大学的职能是教学、科研和社会服务，核心是人才培养。大学的一切工作都是为了培养人才，大学的一切工作都可能对人才的成长产生深刻影响。试想，如果一所大学，组织结构和权力结构合理，制约和监督机制健全，权力运行通畅，从而形成了一种民主、公开、正义、向上的氛围，那么学生就会从中受到熏陶、感染，对形成良好的思想品德将会产生十分积极的作用。如果一所大学的组织结构和

---

① R. E. Mccormick & R. E. Meiners, "University Governance: A Property Rights Perspective", *Journal of Law and Economics*, 1988, 31, pp.423–442.

权力结构不合理，缺乏制约和监督机制，形成一种投机、钻营、封闭、独裁的氛围，导致腐败滋生，校长被抓，处长被捕，将对学生的心灵造成极大的伤害，严重地影响学生的健康成长。

国家未来的各级领导人才、各行各业的骨干人才，都将从大学生中产生。现在的大学教育将影响国家、民族的未来。如果大学权力制约机制健全，与学生发展及切身利益相关的事情，广泛听取他们的意见，让他们参与决策、执行和监督，亲身感受、体验民主权力的运行，就可以帮助他们形成正确的权力观、民主观。大学生能否形成正确的权力观和民主观，直接影响着国家民族的未来发展和稳定。

权力制约是大学健康发展的需要。大学治理是指大学内外利益相关者参与大学重大事务决策的结构与过程。大学是典型的利益相关者组织，众多的利益相关者存在"冲突而多元利益"的诉求。大学在所有权与管理权分离的情况下，形成"委托—代理"关系，由于信息不对称可能带来代理风险。由于大学组织的学术性，具有学术和效益双重目标，学术和行政双重权力，导致组织结构复杂，增加了治理的难度。与政府、企业等组织相比，大学权力具有复杂性、多中心性，治理更为复杂。只有形成强有力的制约机制，理顺权力关系，协调各利益相关者的关系，才能激发师生员工的积极性，提高办学效益，促进学校健康发展。

二 大学的组织结构和权力结构

探讨大学权力的制约机制，还要分析大学的利益相关者，大学的组织结构和权力关系。

1. 大学的利益相关者

大学是典型的利益相关者组织。"大学制度是高等教育利益相关者之间的'契约网'"，应该运用利益相关者理论重构大学办学主体，建立大学利益相关者的"主导—合作"治理模式。① 研究大学的组织结构和权力结构，

---

① D. J. Gayle & B. Tewarie, "Governance in the Twenty–First–Century University: Approaches to Effective Leadership and Strategic Management" [DB/OL] . ERIC Digest: ED 482560.

首先要探讨大学的利益相关者。

近年来，学界对大学利益相关者进行了多方面的研究，提出多种划分方法，如最重要的群体、重要群体、部分拥有者、普通民众四分法，权威利益相关者、预期利益相关者、潜在利益相关者三分法，等等。笔者认为，以大学的外部治理和内部活动的实际情况看，可从大学的外部结构和内部结构来探讨大学利益相关者。在具体分析时应根据学校、利益、需要三个要素进行探讨。学校是确立利益相关者的中心。利益是确立利益相关者的着眼点。需要则决定利益的走向，需要的方向决定了利益的方向，需要的强度决定了利益的大小。①

从学校的外部结构来看，大学的主要利益相关者有：执政党、各级政府、用人单位、学生家长、校友群体、捐赠者、合作伙伴、所在社区、社会公众、新闻媒体等。

本文主要探讨大学内部治理结构下的权力制约，因此，着重分析大学内部的利益相关者。大学内部的利益相关者主要有：

（1）高级管理者

高级管理者指处于学校顶层的管理群体，主要包括由党委书记、副书记，校长、副校长，以及总会计师、校长助理、教务长、总务长等组成的校级领导群体。学校高级管理者尽管不是学校的"所有者"，但他们受上级党委、政府委托负责管理大学，既要对国家、社会负责，又要对师生员工负责，因而在大学治理中，是具有十分重要地位的利益相关者。学校高级管理者通过制定政策、调整结构、配置资源、推行决策等活动，维护学校的稳定，推进学校的发展。他们的需求和利益主要表现在：实现人生、事业、理想的追求；满足政绩、升迁、收入等方面的利益需要；拥有较强的权力、权威，以保证其治理决策的有效推行。

（2）中层管理者

中层管理者指一所学校职能部门的负责人，学院（系、所）的正、副院长（系主任、所长），正、副分党委（党总支）书记等。学校中层管理者由学校党委任命，是贯彻执行高级领导者意图的管理层级。他们是各类

---

① 曹晓飞：《政治利益论》，博士学位论文，复旦大学经济学院，2009年，第18页。

规划、计划制定的参与者，具体工作的组织者和领导者。随着大学组织规模不断扩大，组织结构和管理活动日益复杂化，要求大学的行政管理逐步实现职业化、专业化，中层管理者在学校管理中的地位越来越重要，有人甚至说"成也中层，败也中层"。他们的需要和利益主要表现在：实现自己人生、事业、理想的追求，这与高级管理者是一致的；满足提升自我、成长升迁、增加收入的利益需要；拥有公平、公正、公开的良好环境，和谐、宽松的良好氛围，以提高领导、群众对自己工作的满意度。

(3) 教师

教师是指在大学中从事教学、科研、社会服务及相关工作的专业人员。从职称上看，教师分为教授、副教授、讲师、助教。大学在本质上是一个学术共同体，教师是学校办学的主体。学校的主要职能有教学、科研和社会服务，毫无疑问，教学、科研的实现靠教师；社会服务主要通过教学、科研的成果为社会提供服务，主要也是靠教师。教师在学校从事的是"目的性"活动，十分重要。教师职业是学术职业，教师既以学术为业，又以学术为生。教师的需求和利益主要表现为物质利益和学术利益。[1] 物质利益指工资、奖金和社会福利等工作报酬，以及工作条件、活动经费和仪器设备等从事学术活动的物质资源。学术利益指作为"学术共同体"的教师群体所认同和维护的基本价值。教师对学校有尊重学术、尊重学术自由、尊重教师，关爱学生的强烈诉求。

(4) 学生

学生是指接受高等教育的群体，包括专科生、本科生、硕士生和博士生。关于学生在学校的地位，哈军工第一任院长陈赓大将有一个生动的比喻，他说，办大学就像办一个食堂，教师是炒菜的，干部是端盘子的，端盘子和炒菜的都是为了让学生"吃"好，学校的宗旨是育人，一切都是为了学生的学习成长。[2] 因为有了学生才有学校，学生是学校的主体，从这个意义上说，"学生就是大学"。学生缴费上学，为高等教育分担一定的成本，他们既是高等教育的投资主体之一，也是高等教育的主要消费者。学

---

① 郭卉：《权利诉求与大学治理》，中国海洋大学出版社 2009 年版，第 32 页。
② 《哈尔滨工程大学本科教学工作水平评估自评报告》，2006 年版，第 5 页。

校的教育教学改革成效，最终要体现在学生身上，他们既有亲身感受，又直接掌握大量第一手材料，对教育教学改革、教育教学效果最有发言权。学生的需要和利益主要表现在：身心健康发展，为一生的幸福生活做好准备；提高自身的人力资本，增强在劳动力市场上的竞争力，谋求一份理想的工作；和老师、同学建立友谊，结交能影响自己一生的师长和朋友；大学生活健康、愉快、有意义。学生进入大学生活，一生都与学校结下了不解之缘，他们期盼学校快速发展，学校尊重学生，关心学生的成长，为他们营造生动活泼的氛围。

（5）其他员工

学校其他员工指除中高层管理群体、教师群体之外的工作人员，包括机关职员，医师、图书、档案等业务人员，技术人员，安全保卫人员，后勤服务人员等。这支队伍庞大而且相对稳定，他们的存在保证了学校正常的教学、科研工作秩序，维护着学校环境和安全，是一支不可或缺的力量。这支队伍的学历、能力、年龄差别较大，利益诉求不一，主要有以下几个方面：良好的职业愿景；较好的薪酬待遇；稳定的工作、生活环境。

2. 大学的组织结构

大学的组织结构比较复杂，有其特殊性，主要存在四个系统，即党组织系统、行政系统、学术系统、社群系统。

（1）党组织系统

《高等教育法》第三十九条规定："中国共产党高等学校基层委员会按照中国共产党章程和有关规定，统一领导学校工作，支持校长独立负责地行使职权。"学校党组织系统包括学校党员代表大会、全委会、常委会，下设党委职能部门和院（系、所）基层党组织。

《中国共产党党章》总纲中规定："党必须按照总揽全局、协调各方的原则，在同级各种组织中发挥领导核心作用。"党委是大学的领导核心、政治核心，党委的领导主要是政治领导、思想领导和组织领导，坚持政治原则，把握政治方向，对学校重大问题行使"讨论决定权"。党组织的权力主要是政治权力。大学的政治权力主要是国家权力对大学的影响和控制，这种影响和控制通过党组织来实现。学校党员代表大会是权力机关，行使决策权，主要任务是贯彻中央和上级党组织的路线、方针和政策，执行中央和上级党组织的决定，研究制订学校的发展规划和方针政策。党员代表大会闭会期间，学校全委会为权力机关，行使决策权，对学校的重大决策、重要人事任免和重大事件处理做出决定。学校党组织的执行机关是常委会。常委会一方面要贯彻党代会的规划，执行全委会的决议；另一方面在实际工作中也必须就学校的重大决策、主要人事任用和重大事件处理做出决定，行使必要的决策权。党委职能部门和基层党组织具有执行权，贯彻党委的决议，支持行政系统开展学校工作。

（2）行政系统。

《高等教育法》第三十条规定："高等学校自批准之日起取得法人资格。高等学校的校长为高等学校的法定代表人。"校长是学校教学、科研和其他行政管理的最高负责人。校长依靠行政系统进行管理。学校行政系统包括由校长、副校长、总会计师、校长助理、教务长、总务长等组成的校长办公会，下属行政职能部门和由院长（系主任）等组成的院（系）委员会，及其他直属机构。

大学行政系统的存在，主要是贯彻党委的决议，保证教育方针和办学思想的落实，保障学校组织目标的实现。行政系统的权力属行政权力。行政权力扎根于权力的授予，通过"科层制"的行政组织系统，突出照章办事和等级服从，具有整体性和层级性，行政权力通过法律、政策、指示、指令等自上而下贯彻执行，具有一定的强制性。[①]

（3）学术系统

学术系统是由教授、副教授等组成的学术组织系统，包括学校一级的学术委员会、学位委员会、教学指导委员会以及院（系）一级的学术委员会、学位分委员会、教授会、教学指导委员会等。

学术系统参与决定学校的学术事务，具有学术权力。大学的学术权力不是外部赋予的，而是大学内在逻辑的客观要求，是大学本质特性的外化，主要依靠学者自身的权威对客体产生影响，运行方式是自下而上的。

[①] 钟秉林：《现代大学学术权力与行政权力的关系及其协调》，《中国高等教育》2005年第19期。

（4）社群系统

学校的利益相关者，除上述系统的人员外，还有众多的教职工、学生。他们如何实现权利诉求，参与学校决策，是一个十分重要的问题。个人式的权利诉求表达虽然必要，但具有局限性。集体式的权利诉求表达受重视的程度高，容易达到预期效果。因此，教职工代表大学、学生代表大会应运而生。

学校社群系统主要包括教职工代表大会和学生代表大会。教职工代表大会代表以院（系、所）为单位，由教职工直接选择产生。教职工代表大会每3—5年为一届，每学年必须至少召开一次会议，讨论学校章程、发展规划、队伍建设、教育教学改革等重大问题，讨论通过学校提出的与教职工利益直接相关的福利、分配实施方案，教职工聘任、考核、奖惩办法等。学校工会是教职工代表大会的工作机构，负责处理日常事务工作。学生代表大会及学生会的组织原则、结构与教职工代表大会、工会大体相同，主要表达学生的利益诉求。

社群系统具有的权力为民主权力，包括知情权、参与权、表达权、监督权，以及与其切身利益密切相关事项的决定权。

3. 大学的权力关系

与党组织系统、行政系统、学术系统和社群系统相对的有四种权力，即政治权力、行政权力、学术权力和民主权力。权力结构可以通过权力关系来体现。本文着重分析政治权力和行政权力，行政权力和学术权力，政治权力、行政权力和民主权力的关系。

（1）政治权力和行政权力的关系

学校党组织系统拥有政治权力，行政系统拥有行政权力。政治权力和行政权力两种权力的关系集中体现在"党委领导"和"校长负责"的关系上。"党委领导"和"校长负责"的关系体现在以下几个方面。[1]

两种权力在方向、目标上是一致的。一致性具体体现在：在指导思想上，都是以党的基本路线和教育方针来指导治校办学行为；在目标任务上，都是围绕培养国家需要的人才；在决策部署上、在学校发展的重大事

---

[1] 李胜利：《对党委领导下的校长负责制的几点思考》，《中国高等教育》2011年第5期。

项上，党委抓决策，行政抓落实，各负其责，各司其职。

学校党委在大学处于领导核心地位，以校长为首的行政系统是党委决策的贯彻执行者。《高等教育法》第三十九条规定党委的领导职责是：执行中国共产党的路线、方针、政策，坚持社会主义办学方向，领导学校的思想政治工作和德育工作，讨论决定学校内部组织机构的设置和内部组织机构负责人的人选，讨论决定学校的改革、发展和基本管理制度等重大事项，保证以培养人才为中心的各项任务的完成。《高等教育法》第四十一条规定校长的主要职权是：在教学、科研和行政管理方面贯彻党的路线、方针、政策，通过规定、命令、布置、检查、督促等方式将党委的意图、决策、部署落到实处。

两种权力的运行方式不一样。党委的决策是"集体讨论、做出决定"。党委对重大事项的决策程序是，每位成员充分发表意见后，采用表决的方式，按少数服从多数的原则形成决议，同时实行"集体领导、分工负责"制。"党委领导"是集体领导，而不是党委书记领导；在党的委员会中，党委书记和其他委员是平等关系，而不是上下级关系；在具体工作中，各成员分工负责某一方面的工作。在行政系统决策时，校长在充分听取全体与会人员的意见后，做出最后决定。在具体工作中，副校长对校长负责，协助校长工作，并分管某一方面的工作。

（2）行政权力和学术权力的关系

大学内部事务可以划分为学术事务和行政事务，相应地，存在学术系统和行政系统，学术权力和行政权力。学术权力和行政权力既有一致性，紧密联系，又有区别。

学术权力和行政权力是大学统一整体中不可分割的有机部分。两者相辅相成，共同服务于学校的整体目标。[①] 学术权力的存在确保了大学教学、科研的基本属性，行政权力的作用则在于协调大学内部各部门之间的相互关系，使之成为不可分割的整体。学术权力和行政权力两者缺一不可。

大学的职能是教学、科研和社会服务，因而，相应的学术活动是"目

---

① 钟秉林：《现代大学学术权力与行政权力的关系及其协调》，《中国高等教育》2005 年第 19 期。

的性活动"。由于大学的规模越来越大，与社会的联系越来越密切，大学行为的社会影响越来越深刻，大学需要行政管理，但行政管理活动是"手段性活动"，是为"目的性活动"服务的。因此，行政权力的运用要围绕教学、科研、社会服务，保障学术权力的行使和充分运用，有利于人才培养；行政权力的实施要体现学术性特点，尊重学术自由和学术权力；行政权力的评价不能局限于行政事务本身，而要看其对学术事务的促进和推动作用。

学术权力和行政权力有诸多的不同特点。首先，学术权力和行政权力的性质不同。行政权力是以"科层化"为特征的法定权力，以上级管理主体对组织活动的控制与协调为特征，处于强势地位。学术权力是以"自主性和个人的知识"为基础的专业权威，在权力结构中处于弱势地位。因而容易造成行政权力对学术的过度介入和不当干预。其次，学术权力和行政权力运用的规则不同。行政系统是科层组织，科层组织重视效率和低成本运作，组织严密，强调下级服从上级，组织结构控制着组织内部的上下沟通。学术系统是专业组织，在专业组织中，专业人员享有大量的自治权，这种权力是以其专业知识和技能为基础的，专业人员之间的交流是相对开放和非正式的，专业组织关心质量甚于关心成本，其组织结构松散。这两类组织因各自的价值观念和工作方式不同，必然产生矛盾和冲突。再次，学术权力和行政权力的主体不同，并呈现出多元、交叉的态势。行政权力的主体主要是校长和行政人员，但是教师、学生对行政决策有建议权、监督权，对一些重大行政决策还有投票权、制约权。学术权力的主体主要是学术人员，但随着大学的发展，情况也在逐步产生变化。大学的功能，从教学，到教学、科研和服务三个方面，大学功能复杂化，因而各种学术工作之间的界限更显模糊。① 随着"新公共管理"的引入，在高等教育领域，不仅在管理制度和方式上进行聘任和评估，强调产出和目标，而且实际上形成了一种审计和怀疑的文化，将原来属于专业人员和学者的权力部分转移到了管理者和学术管理者手中。② 因此，两种权力主体呈现多元、交叉

---

① C. Keer, *The Uses of the University*, Harvard University Press, 1963, pp.123–126.

② R. Deem & K. J. Brehony, "Management as Ideology: The Case of 'New Managerialism' in Higher Education", *Oxford Review of Education*, 2005, 31（2）, pp.217–235.

的状态。这种多元、交叉为行政权力挤压学术权力、取代学术权力提供了借口。[①]

（3）政治权力、行政权力和民主权力的关系

其一，政治权力和民主权力的关系。

政治权力和民主权力的关系集中体现在党委和教职工代表大会、学生代表大会的关系上。党委要全心全意依靠教职工代表大会和学生代表大会。中国共产党章程明确规定："党除了工人阶级和最广大人民群众的利益，没有自己特殊的利益。党在任何时候都把群众利益放在第一位……""广开言路，建立健全民主选举、民主决策、民主管理的制度和程序。"党的利益和群众的利益是根本一致的。教职工代表大会、学生代表大会代表学校教职工、学生，实现自己的利益表达，运用民主权力，参与学校民主管理。党委应充分尊重教职工代表大会和学生代表大会的意见，确保其民主权力，维护其切身利益，充分发挥其积极性、创造性。

党委与教职工代表大会、学生代表大会是领导与被领导的关系。学校党委应加强对教职工代表大会、学生代表大会的思想政治领导，把其工作摆上党委工作的重要议事日程，定期研究和解决工作中的重大问题，并支持其按照有关法规，独立自主地开展工作。

党组织系统和教职工代表大会、学生代表大会的权力运行方式是一致的。一方面，都是采取在充分表达意见基础上的表决制，按照少数服从多数的原则形成决议。另一方面，在组织结构上也具有一致性：党员代表大会—党委会—常委会；教职工代表大会—执委会—工会；学生代表大会—学生会。

其二，行政权力和民主权力的关系。

学校行政权力和民主权力行使的总体目标是一致的，行政系统和教职工代表大会、学生代表大会相互支持、相互通气，达到上情下达，下情上达，消除误会，增进理解，从而化解矛盾、顺畅情绪、稳定人心，调动广大师生员工参与民主管理的积极性，推进学校健康发展。在这一过程中，教代会、学代会是参政议政，而不是执政代政；对行政实行监督制

---

① 刘献君：《现代大学制度建设的哲学思考》，《中国高教研究》2011 年第 10 期。

约，而不是处处干预；遇到困难时，是积极参与排忧解难，而不是站在一旁观望。

学校行政要积极支持教代会、学代会的工作，尊重其民主管理和民主监督的职权。关系学校改革、建设发展的重大决策，要经过教代会审议，在充分听取意见后再做出决策。关系教职工切身利益的重大决策，要经过教代会讨论通过，并认真按照通过的决议执行。学校行政要定期向教代会报告工作，公开校务，自觉接受民主监督和民主评议。"代表提案"是学校行政和教代会联系的一种重要方式，学校行政要认真处理代表提案，能解决的问题要及时解决，一时解决不了的，应做出实事求是的说明。

三　大学权力制约的机制

近年来，虽然从中央到地方，到学校，都开始重视治理问题，重视权力制约，权力制约机制的建立也取得了一定的进展，但从现实情况看，问题仍然没有从根本上得到解决。其主要表现是：

第一，权力高度集中。从横向看，学校决策主要由党委常委会、校长办公会做出。绝大多数大学，常委会、校长办公会的成员基本上是一致的，仅仅主持人不一样。因而决策权、执行权、监督权集于一身，政治权力、行政权力、学术权力集于一身。从纵向看，权力主要集中在学校一级，院（系、所）基本上没有什么权力。权力高度集中、界限不清，容易造成权力的滥用、权责不对等以及不作为。

第二，行政权力和学术权力关系失衡。大学内部行政权力泛化，以行政权力干预或取代学术权力的现象普遍存在。行政权力和学术权力的界限模糊，两者交织在一起，造成分工不明、责任不清。校、院（系）学术委员会仅仅是审议机构，没有应有的学术决策权力以及对行政的制约、监督权力。

第三，民主权力得不到应有的保障。法律法规授予教职工代表大会、学生代表大会的权力没有得到应有的保障，教代会、学代会难以独立自主地开展工作，往往在学校的指挥棒下被动运转。教师学术自由、学生学习自由的权力没有制度保障。教职工和学生的利益表达、民主监督渠道不够畅通。

第四，人、财、物流动环节缺乏严格监督。大学有大量的人、财、物流动，主要环节有：人员聘任、职务晋升、招生录取、物资采购、基建工程、校办企业、财务管理等方面。由于对这些环节缺乏严格的监督，导致腐败现象不断发生。

第五，缺乏程序制衡。在权力运行中缺乏程序意识和程序观念，不重视程序制衡。在各项制度的制订中，仅停留在制度内容上，没有明确的制度程序，导致制度执行的随意性，缺少对自由裁量权的约束机制，对决策后果的制约机制，以及决策公开透明的制约机制等。

要解决以上问题，仅仅依靠一种机制，难以奏效，必须全方位考虑，建立以下五种制约机制。

1. 分权制约机制

以权力制约权力，是权力制约的一种重要机制。以权力制约权力，是指不同权力体系之间或同一权力体系内部，不同权力之间的制约。作为一种制约范式，以权力制约权力之所以能够有效地约束权力，在于它具有如下重要特征：一是制约主体活动的独立性。亦即制约主体依法独立行使制约权，不受其他任何机关、组织和个人的非法干预。二是制约对象活动的公开性。它要求在一定范围内依法将制约对象的活动公之于众，使之置于制约主体和权力主体的关注之下。三是制约关系的对等性。权力随意行使，没有制约不行；制约主体处于制约对象的附庸地位，没有与制约对象平等的地位和权力，同样不行；唯有地位对等，制约才有实质意义，才可能有效。四是制约手段的强制性。强制性是保证制约主体权威的基础和前提。制约主体的制约活动须有权力与法治的强制力量作保证。[①]

以权力制约权力，关键是要建立结构合理、配合科学、程序严谨、制约有效的权力运行机制，从决策和执行环节上加强对权力的监督，核心是构建分权与制衡的权力结构，前提是合理分权。

学校权力结构中的分权，是在党委统一领导下，各权力主体之间的分权。针对权力高度集中，个人或少数人说了算，以及暗箱操作，信息不对称等突出问题，实现决策权、执行权和监督权的适当分离、相对独立。

① 闫德民：《权力制约范式分析》，《社会科学》2009 年第 7 期。

从横向上看，党委和以校长为首的行政系统的权力划分，《高等教育法》中已有基本的规定，主要是在权力运行中，应针对学校具体情况，明确权力边界，使权力划分更加具体。解决学术权力和行政权力之间的分权问题，应明确学术委员会对学术事务有哪些决策权，有哪些审议权和监督权。解决政治权力、行政权力和民主权力之间的权力划分，应明确教职工代表大会对哪些关系教职工切身利益的重大问题具有讨论决定权，对哪些重大问题具有审议权、监督权，应明确学生代表大会的应有权力。

从纵向上看，要解决学校和院（系）之间的分权问题。学校发展规划的制订，发展中重大问题的决策，资源配置，组织结构和制度的确立，中层以上干部的配备等，权力在学校。专业设置，人员聘任，职务晋升，收入分配等，学校应将部分权力下放给院（系）。课程设置，教学安排，学术活动，评价与考核等，应该由院（系）自主决定。同时，院（系）内部分党委(党总支)、以院长为首的院(系)务委员会、学术委员会(教授会)、工会之间同样应进行权力划分。

要将权力划分明确写入学校章程中，各权力系统依据学校章程行使权力，开展工作。要制订明细的权力流程图，并公之于众，以便于各权力主权明确自己的权限，行使自己的权力，便于实行民主监督，也方便干部群众办理有关事项。

2.制度制约机制

制度制约是指事先设定权力运行的规则，并使之不可违反和规避，从而通过制度来规范权力的运行，用以达到对权力进行约束与控制的一种制约权力的模式。和权力制约相比，制度制约从权力主体的思维圈子里跳了出来，从制约主体的角度向制约手段的角度转换，即通过制约权力主体所享有的权利来达到对权力进行制约，向通过用制度来规范权力的运行以达到对权力进行制约转换。制度制约有利于避开对权力进行制约中人的主观干预，能更好地规范权力的运行。

制度是"要求成员共同遵守的、按一定程序办事的规程或行动准则"。[1]制度是组织存在和发展的基础。首先，制度界定了人的活动范围。

① 《辞海》，上海辞书出版社2002年版，第2197页。

人的活动必须有一定的范围，一定的边界，否则会导致社会和组织的混乱。制度作为规则，告诉人们应该做什么，必须做什么，也就告诉了人们不能做什么，禁止做什么。人在所规定的界限内活动，得到社会、组织和他人的许可、赞赏和鼓励；超越界限活动，则受到社会、组织的排斥、谴责和制裁。制度作为一种激励机制，通过提倡什么，反对什么，鼓励什么，实际地引导着人们的行为方向，改变人们的偏好，影响人们的选择，激发和制约人的能力的发挥。[①] 其次，制度还规范着人们的社会关系，建构着人们的社会交往。大学制度具有人本性、复杂性、民主性、开放性等特点。

所有制度都与权力有关，以往在制度制订中，考虑对下的约束多，对行使权力主体的制约少。制度制约并不是要另搞一套制约权力主体的制度，而是在现有制度体系中，每一项制度都应当有权力制约的内容。根据当前我国大学的具体情况，应突出考虑以下方面。

制订大学章程。大学章程是关于大学性质、任务以及组织构成和主要行为活动等最基本内容的原则规定或框架。大学章程是大学的宪法，大学办学的依据。大学的一般制度和具体制度都是围绕这一基础性制度设计的。目前，我国绝大多数大学没有大学章程，即便制定了章程的大学，章程也被束之高阁，学校处于"无章办学"的状态，这种现象亟待改变。大学章程应着重完善学校自主管理、自我约束的体制机制，其他所有制度都要符合大学章程的规定，权力主体只能在章程规定的范围内行使权力，从而起到制度制约的作用。

落实"三重一大"决策制度。根据中共中央关于"三重一大"事项必须由领导班子集体做出决定和《中共中央纪委、教育部、监察部关于加强高等学校反腐倡廉建设的意见》的要求，教育部于2011年4月发出《关于进一步推进直属高校贯彻落实"三重一大"决策制度的意见》的通知。通知要求高校规范集体决策程序，健全民主决策机制，强化监督检查措施，加大责任追究力度。对重大决策事项、重要人事任免、重大项目安排、大额度资金使用事项的主要范围，做出了明确规定。同时，明确了

---

① 吴向东：《制度与人的全面发展》，《哲学研究》2004年第8期。

"三重一大"决策的基本程序和保障机制。学校应根据自身具体情况，制订贯彻落实的具体制度，以规范决策行为，提高决策水平。

针对人、财、物流动的关键环节，完善制度，杜绝腐败。要认真分析人员聘任、职务晋升、招生录取、物资采购、基建工程、校办产业、财务管理等环节可能产生的问题，逐个完善相关制度。

3. 程序制约机制

程序制约是制度制约的组成部分，由于长期以来我们缺乏程序意识，为强调其重要性，所以单独将其列出。程序是制约权力运行的重要机制，程序构成权力运作的基本规则。这些规则是权力运作必须遵循而不能背离的刚性约束，构成对权力运作的直接制约。程序既是为保障权力正常运行所修筑的通道，又是为防止权力失控而设置的藩篱。程序性是科学化最本质的意义，没有程序，也就没有科学。程序也是一种智慧，可以帮助人们化解难题、规避风险、伸张正义、推进发展。

程序缺乏或程序失灵，必然导致权力运作的随意性，权力运行过程的混乱无序，权力越轨和行使失当。如果没有严格的程序，制度规定的权利和职权难以实现，义务和责任难以履行，制度将如同一纸空文。

程序制约，必须对权力运行程序的各个环节进行合理设定。尤其要明确规定权力行为主体行使权力的方式、方法和步骤，使权力运行的各个环节在时间和空间上相互衔接，在功能上相互协同。学校权力运行程序大体体现在以下几个方面。

学校权力总体运行的程序。针对学校各种权力之间及同一权力体系内部的权力关系，制订权力总体运行程序。如党员代表大会——党委会——常委会之间的权力运行程序；教职工代表大会——执委会——工会之间的权力运行程序；决策权——执行权——监督权之间的运行程序；决策权力中监督权、审议权、咨询权、决定权之间的运行程序，等等。通过权力总体运行程序，明确各种权力之间运行的关系顺序。

对重大问题的决策程序(议事规则)。科学决策一定要遵循"议题提出，问题澄清，明确界定目标，收集所有备选方案，对每一种方案的结果做出评估，选择最佳方案"的基本程序。在我国大学的决策制度中，对决策程序做出明确规定的极少，即使有的大学作了规定，在执行中也没有引起重视。不遵循决策程序，做出的决策仍然是经验决策，谈不上科学决策。在决策过程中，对每一个环节的程序都要做出明确、详细的规定，否则，科学决策难以实行。

自由裁量权行使规则的制订。大学是基层学术组织，在运行过程中会碰到大量偶发性问题，对这些问题如果不及时加以处理，会严重影响学校的发展和稳定。但对这些问题的决策，往往不属于结构化决策，难以按正常程序进行，因此，必须赋予决策者自由裁量权。自由裁量权指行政主体在法律规定的幅度和范围内，依据法定职权和法定条件，在各种可能采取的措施中进行选择的权力。自由裁量是必要的，但在运行过程中由于决定具有灵活性，决策者受到的约束小，容易造成违法的隐蔽性，因而给徇私枉法者钻空子提供了客观条件。因此，对自由裁量权的行使要形成一定的规则，加以制约。

4.权利制约机制

以权利制约权力，是指公民依据法定的权利对权力行使过程施加影响、实施监督，以形成对权力行使过程的约束力。权利是一定社会中人的规范性行为的自由度，它体现着社会化的人的自由性和主体地位。宪法和法律赋予公民管理国家事务和社会事务的各项基本权利，赋予公民对国家机关及其工作人员提出批评、建议、申诉、控告、检举的权利。这些权利无疑在客观上对权力构成某种牵制。特别是在人民当家做主的社会主义中国，公民权利是制约权力的重要力量。公民虽然不直接掌握权力，但拥有法律赋予的权利。这些权利的作用，就在于为权力的行使划定边界。大学权力运行中，以权利制约权力，可以从以下几个方面着手：

教职工代表大会、学生代表大会是以权利制约权力的基本形式。在强大的公共权力面前，任何个体单一的权利都难以形成有效的制约，必须借助于一定的组织形式。教职工代表大会、学生代表大会是法定的社群组织，在权利制约中能发挥强大的作用。因此，要完善教职工代表大会、学生代表大会的组织结构和运行方式，使之发挥以权利制约权力的重要作用。

建立政务公开制度，使权力的运行透明。以权利制约权力，关键在于依法保障公民的知情权、参与权、表达权、监督权。公民知情是以权利制约权力的前提。权力运行不透明,公民与权力行为主体之间信息不对称,以权利制约权力就只能是纸上谈兵。公民参与是以权利制约权力的路径。缺失必要的参与形式和程序,公民不能平等地参与权力运行过程,以权利制约权力就等于被束之高阁。公民诉求表达是以权利制约权力的管道。公民不能正常地发表自己的意见和看法,不能理性合理地表达诉求和主体权利,以权利制约权力就会变成一句空话。公民监督是以权利制约权力的体现。公民监督得不到法律的保护,甚或因此而遭受打击报复,以权利制约权力就会大打折扣。①

建立后果制约制度。考察一项制度的成败,权力运行的得失,要看其后果。教职工、学生很难看到完整的决策过程,但能直接看到、感受到决策的后果。后果制约是以权利制约权力的有力形式。为此,应建立健全对领导干部的监督检查、考核、奖惩、责任追究制度,建立包括罢免、引咎辞职在内的查处制度。

5. 文化制约机制

文化制约是通过营造良好的制度文化氛围,借助于社会舆论机制,使行使权力的主体自觉抵制其滥用权力的欲望和冲动,从而达成对权力的制约。制度靠人来建立,靠人来执行,而人是有思想的,这个思想本身就是一种文化。所有制度都是建立在某一种思想或思潮的基础之上的。制度产生、存在及变迁的背后都蕴含着某一种思想或思潮的价值观或目标定位,即一定的思想或思潮对制度起着理论指导、观念支持、思想依托、意义解释的作用。制度是不同的思想或思潮的具体化。制度与文化的关系是一种辩证的关系,两者互生、一体、互为因果。有形的制度渗透着文化,无形的文化通过有形的制度得到体现。文化是渐进的,制度带有跳跃性。因此,文化制约必不可少。

制度与文化的关系,孔子在《论语》中早有论述,孔子曰:"道之以政,齐之以刑,民免而无耻;道之以德,齐之以礼,有耻且格。"意思是说,若仅仅以政令来约束人,以刑罚来惩治人,人们虽然不去犯罪,但却不认为犯罪行为是羞耻的;若能以道德来教育人,以礼制来规范人,就能

---

① 闫德民:《权力制约范式分析》,《社会科学》2009 年第 7 期。

使人有羞耻之心，约束端正自己的言行，从而自觉地不去犯罪。有人认为："制度是让想犯错误的人不敢犯错误，文化是让有机会犯错误的人不去犯错误。""只有文化没有制度，那是梦中楼阁，世外桃源，是乌托邦！只有制度没有文化，那是动物园，那是动物王国，等级分明，是丛林法则。"这些说法都有一定的道理。

文化制约，首先要形成良好的道德文化。人的任何行为都有与之相适应的伦理道德诉求。权力的伦理道德诉求与权力相伴而生，是公共权力赖以健康运行的重要生态保障。"当官不为民做主，不如回家卖红薯。"这就是一种最朴素的权力伦理道德诉求。古今中外一些政治家、思想家提出的"一切社会团体都以善业为目的"，"为政以德"，"仁者爱人"，"为人民服务"，"权为民所用"，等等，都是对权力运行提出的伦理道德诉求。一方面，要倡导道德自立，增强权力主体的道德自律能力，强化良心作为个人自我道德评价的功能，从而达到对权力的制约作用。另一方面，又不能把权力制约完全寄托在权力行为主体的道德自律上，还要通过优秀榜样、反面教材以及其他形式的宣传教育，形成良好的道德文化，发挥道德他律的约束功能。

文化制约，还要形成服务文化。在学校工作中，应坚持管理向服务转变，树立"管理就是服务、服务创造价值"的服务理念，把为广大师生员工服务视为行政部门的基本宗旨，把师生的愿望和需求作为行政管理活动的出发点，将教师和学生从繁杂的行政事务中解脱出来，形成潜心治学、乐教乐学的深厚学术氛围。因此，学校党组织系统、行政系统要形成服务文化，以服务质量来检验学校决策和学校工作，从而达到对权力的制约作用。

大学目标高远，大学权力具有复杂性、多中心性，相互制约性更强。为此，必须形成强烈的权力制约意识，权力制约理念，经过较长时期的努力，形成大学权力的制约机制、制约体系。

（原载《高等教育研究》2012年第3期）

高校权力运行制约机制：模式、评价与建议

党的十八大报告指出：健全权力运行制约和监督体系，坚持用制度管权、管事、管人，保障人民的知情权、参与权、监督权，确保决策权、执行权、监督权既相互制约又相互协调，按照法定权限和程序行使权力，坚持科学决策、民主决策、依法决策，健全决策机制和程序，发挥思想库作用，建立健全决策问责和纠错制度。推进权力运行公开化、规范化，让人民监督权力，让权力在阳光下运行。报告中关于权力运行的规定对于规范国家机关、事业单位的权力运行具有十分重要的指导意义。现有的高校内部权力运行制约模式也正是这其中几个关键词——制约与协调、权限与程序、问责与纠错、公开与规范、保障人民权益的体现。但近年来，一些高校出现的权力运行失范，甚至权力腐败等现象已经引起社会的广泛关注，这也在相当程度上表明我国高校内部权力运行的制约机制存在薄弱环节甚至漏洞。本项目团队通过实地调研、现场访谈、网络问卷等多种方式获取一手资料，力图更为全面地把握我国高校权力运行制约的现状；根据对相关规章制度及其实践的梳理，归纳总结出现有权力制约模式；并尝试从继续完善权力运行制约相关规章与规范的角度提出对健全机制的对策建议。

一 高校权力运行制约机制的模式

通过对《中国共产党章程》、《中国共产党普通高等学校基层组织工作条例》、《中华人民共和国教育法》、《中华人民共和国高等教育法》、《高等学校章程制订暂行办法》、《学校教职工代表大会规定》等法律法规，以及

各高等学校根据上述法律法规制订的基于本校实际的实施办法与细则等与高等学校权力运行制约相关的规章制度，可以归纳总结出我国高等学校目前的权力运行制约机制主要有分权制约模式、制度制约模式与权利制约模式。

1. 分权制约模式

权力制约权力，是指不同权力体系之间或同一权力体系内部，不同权力之间的制约。作为一种制约范式，它之所以能够有效地约束权力，在于其：(1) 制约主体活动的独立性；(2) 制约对象活动的公开性；(3) 制约关系的对等性；(4) 制约手段的强制性①。大学不是一个整齐划一的机构，而是一个拥有一定自治权的各种团体组成的社会②，高等学校作为一个典型的利益相关者组织，其利益相关者主要是分别享有政治权力、行政权力、学术权力、民主权力的党组织系统、行政系统、学术系统、社群系统，四种权力之间相互制约与协调，体现着不同权力之间的分权制约。我国高等学校实行"党委领导下的校长负责制"的领导体制，在党委统一领导下，各权力主体之间实行决策权、执行权、监督权的适当分离与相对独立，三种权力之间相互制约与协调，体现着同一权力体系内部的分权制约。

《中国共产党章程》第10、16条，《中国共产党党内监督条例（暂行)》第12、13条，《关于党内政治生活的若干准则》第2条等党的规章都明确指出，"集体领导是党的领导的最高原则之一"。在高校，党委内部实行"委员会制"，其组织原则是"集体领导，分工负责"，决策机制是"集体讨论，民主集中，个别酝酿，做出决定"，其目的是发挥集体智慧，降低决策风险。这种委员会制的内部权力制约是基于分工负责的分权制约，党委的各委员之间是一种平等的关系，党委书记与党委委员之间也不是上下级的关系，这是同一权力体系内部的分权制约机制，主要体现的是制约主体活动的独立性与制约关系的对等性。而从外部制约来讲，《中国共产党

---

① 刘献君：《论大学内部权力的制约机制》，《高等教育研究》2012年第3期。

② [美] 菲利普·阿特巴赫：《比较高等教育：知识、大学与发展》，人民教育出版社教育室译，人民教育出版社2001年版，第5页。

章程》第 10 条又明确指出，"党的各级委员会向同级的代表大会负责并报告工作……党的下级组织要向上级组织请示和报告工作"，高校党委是在高校党的代表大会选举的基础上由上级党委任命的，因此它要对高校的党员代表大会和上级党委负责，接受党员代表大会的监督与上级党委的领导。

《中华人民共和国高等教育法》第 30、41 条规定，校长是学校的法定代表人，是学校行政管理工作的最高负责人，全面负责本校的教学、科学研究和其他行政管理工作，并对上述工作享有决定权。"党委领导下的校长负责制"中的校长负责制是一种"首长制"，其实现方式是校长主持校长办公会议，在充分听取与会人员意见后做出最后决定，其组织原则是"校长领导，全面负责"，其决策机制是"集体讨论，校长决定"，其目的是在广开言路的同时提高行政效率。这种首长制内部，校长与其他行政负责人是上下级关系，后者接受校长的统一领导，对校长负责，因此对首长制的权力制约主要来自其外部的分权制约。在政治、行政、学术、民主的权力体系中，校长及校行政作为行政权力主体，对政治权力主体负责，接受学术权力与民主权力主体的监督；在决策、执行、监督的权力体系中，校长及校行政作为执行权力的主体，对决策权主体负责，并接受监督权主体的监督。在这样一个权力制约框架下，对政治权力或决策权主体负责主要体现的是制约手段的强制性；接受学术权力与民主监督或监督权主体的监督主要体现的是制约对象活动的公开性。

2. 制度制约模式

制度制约是指以事先设定的权力运行规则来规范和约束权力的运行。和权力制约相比，其关注的对象从制约主体转向制约手段，这种手段主要表现为基本的制度与制度执行的相关程序，我们将其称之为规章与规范。规章与规范的存在，既是为了保证权力运行的畅通，也是为了保证权力运行的规范，在提高权力运行效率的同时又对权力运行构成直接的、刚性的约束。

规章可以理解为被直接执行的规则，这里的规章更准确地说是组织规章，常常表现为组织章程，它一般从宏观上系统地规定了组织的性质、宗旨、任务、组织原则、成员及其权利与义务、机构及职权、活动及纪律等内容，如《中国共产党章程》、《高等学校章程》、《学术委员会章程》、《学校教职工代表大会规定》等。规范可以理解为对直接执行的规则的替代或补充，它在规则的遵守情况难以监督的地方能增强规则执行的力度，为规则的执行补足资源，或为强化规则的执行力度降低成本。规范生效的必要条件是"团体的产出能被有效地衡量"，它的一个重要特点是能够被内部化。① 规范一般从比较具体的层面规定了组织的工作方式、工作程序、人员构成与任免等内容，如《中国共产党普通高等学校基层组织工作条例》、《校长办公会议事规则》、《学术委员会工作制度》、《教职工代表大会实施细则》等。

《中华人民共和国教育法》第 28 条规定："学校及其他教育机构按照章程自主管理。"《中华人民共和国高等教育法》第 28 条详细规定了高等学校章程应包括的 10 项基本内容，《高等学校章程制订暂行办法》进一步明确了高等学校章程的起草、审议、修订及核准、备案等事项，指出"章程是高等学校依法自主办学、实施管理和履行公共职能的基本准则"。作为对高等学校章程制订的指导意见，《办法》更加详细地规定了高等学校章程应予以明确的许多程序性规范，主要涉及：（1）党委领导下的校长负责制的实施规则，党委集体领导的议事规则、决策程序；（2）校长独立负责行使职权的制度规范，校长办公会的组成、职责、议事规则；（3）学校教学、研究、招生、人事等事项的基本准则、决策程序与监督机制；（4）学术委员会、教职工代表大会、学生代表大会、校友会、理事会或董事会等机构的地位与作用、宗旨、组成、议事规则与监督机制。以某学校的《学术委员会章程》和《学术委员会工作条例》为例，后者除了将章程中的总则（性质、目的、原则）、组成与机构、职责、委员会资格与产生、委员的权利与义务做了进一步细化之外，还增加了工作程序、议事规则、会议制度等用以规范学术委员会工作的补充性、解释性条款。如（1）属评定性质的工作，学术委员会的决定即为最后决定；（2）属审议性质的工作，有关部门在听取学术委员会的审议意见后，有关方面在决策前应向学

---

① ［美］戴维·韦默主编：《制度设计》，费方域、朱宝钦译，上海财经大学出版社 2004 年版，第 145 页。

术委员会通报；（3）属咨询性质的工作，有关方面应尽可能地听取学术委员会的建议。

3. 权利制约模式

以权利制约权力是指公民依据宪法和相关法律所赋予其管理国家事务和社会事务的权利，对权力主体行使权力的过程施加影响、实施监督，以形成对权力运行的约束。由于个体力量的单薄，单一的权利主体很难对强大的公权力形成直接、有效的约束与监督，因此他们常常采用一定的组织形式来保障和维护其合法权益。对于高等学校而言，普通教师、学生是最常见的权利主体，教职工代表大会和学生代表大会则是他们所采用的基本组织形式。

《中华人民共和国教育法》第30、32、33条规定："教师享有法律规定的权利……国家保护教师的合法权益。学校及其他教育机构应当按照国家有关规定，通过以教师为主体的教职工代表大会等组织形式，保障教职工参与民主管理和监督。"《中华人民共和国教师法》第7条规定"教师通过教职工代表大会或者其他形式，参与学校的民主管理。"《中华人民共和国高等教育法》第43条规定："高等学校通过以教师为主体的教职工代表大会等组织形式，依法保障教职工参与民主管理和监督，维护教职工合法权益。"为保障教职工参与学校民主管理和监督的权利，完善现代学校制度，促进学校依法治校，教育部依据教育法、教师法、工会法等法律，制定颁布了《学校教职工代表大会规定》，规定了教职工代表大会主要享有的审议建议权、审议通过权、审议决定权、评议监督权。各省、市教育行政部门又制定了本行政区域内高等学校教职工代表大会的工作规程、工作程序、暂行规定、工作基本标准等相关规定。各级各类学校也根据教育部与所在地区的相关规章制定了本校的教职工代表大会实施办法。

以某学校的《教职工代表大会实施细则》为例，细则规定了教代会行使以下职权：（1）听取和讨论校长的工作报告，对学校的办学指导思想、发展规划、财务工作、师资建设等与学校发展相关的重大问题提出意见和建议；（2）讨论通过有关教师聘任、奖惩、分配等与教职工权益相关的规章制度；（3）评议、监督学校各级领导干部；（4）审议教职工代表提案；（5）监督学校规章的决策和落实，并提出整改意见和建议。

二　高校权力制约模式运行的回顾与评价

以上主要是从政策和制度文本中总结归纳的我国高等学校权力运行的制约模式，但这些规章制度是否实现了所预期的结果，是否能够满足目标群体的需要，乃至规章制度本身是否适当等，都是值得我们探求的问题。对这些问题的回答，必须建立在对现实进行考察的基础上。项目组对全国 30 余个省、市（自治区）的 64 所高校通过实地调研与访谈（接近半数）、问卷等方式，获取了较多的与权力运行制约相关的信息与材料。在此基础上，我们借用回顾性过程评价的手段，在一定程度上参考政策标准中常用的效率、效益、充分性、回应性、公平标准、适当性等标准，[①] 考察并评价这些模式的实践。回顾性过程评价是指，在政策执行一段时间之后对其进行监测和评价，常常集中在政策和计划执行过程中的困难和瓶颈问题。从政策过程定位的角度，它属于形成性评价；从政策行为控制的角度，它属于间接控制类型，即不允许对输入变量和过程变量进行直接的控制，因此它更多地依赖于执行计划活动开始后进行回顾性的描述。[②]

1. 分权制约运行的回顾与评价

高等学校实行党委领导下的校长负责制，作为党和国家确定的高等学校内部领导体制，"党委领导"与"校长负责"是相辅相成、辩证统一的有机整体。二者在指导思想上是一致的，都是以党的基本路线和教育方针指导治校办学行为；在目标任务上是一致的，都是围绕培养社会主义合格建设者和可靠接班人这一终极目标开展工作；在决策部署上是一致的，在学校改革发展的重大事项上，党委抓决策，行政抓落实，各负其责、各司其职，共同做好工作。[③] 如前所述，党委领导不是党委书记领导，党委领导下的校长负责制也不是党委书记领导下的校长负责制，党委书记和校长

① Theodore H. Poister, *Public Program Analysis: Applied Research Methods*, Baltimore: University Park Press, 1978, pp.9–15.

② ［美］威廉·邓恩：《公共政策分析导论》，谢明译，中国人民大学出版社 2002 年版，第 440 页。

③ 李胜利：《对党委领导下的校长负责制的几点思考》，《中国高等教育》2011 年第 5 期。

都是在党委的统一领导下开展各自的工作，彼此之间是平等的同志关系。因此，从制度设计的角度而言，党委领导下的校长负责制作为一种权力运行机制，既能体现权力的相互制约，又能实现权力的相互协调，党委书记与校长之间是相互制约又相互协调的关系，理论上在高等学校内部并不存在"两个一把手"的问题。

关于党委。通过调研与访谈发现，由于集体权力是由每一个成员的个体权力所组成，每个人享有同样的权力，这容易造成决策的集体困境。即使实行民主集中制的决策原则，也需要有一个能汇聚和总结全体成员意见的角色，即党委书记，书记的角色使得抽象的集体权力变得更容易操作。因而导致在实际中是党委决策还是党委书记决策往往很难区分。如某本科院校一位校领导说："校党委讨论表决时，大家对党委书记的意图心知肚明，基本都是按党委书记的意图作表决，集体讨论决策的结果往往体现的是党委书记的意图。"这种情况在被调研的多所学校都有不同程度的反映。作为党内监督机构的纪检部门，因为在党委的领导之下，无法对党委形成有效的监督，极个别学校的纪检部门甚至迷失了自己的使命。因此，在一部分学校，往往党委书记决策就取代党委决策，集体领导、讨论决定的决策机制没有起到防止个人专断的作用。

关于校长。对于属校长决策的行政事务是由校长决策、校长负责，对他的制约主要来自外部。无论是从决策、执行、监督的角度，还是从政治、行政、学术、民主的角度来看，校长自身作为党委成员并参与决策，又作为行政首长组织执行，决策与执行难以分开，实际上成了"自己对自己负责"。调研发现，在多数学校，党委会、校长办公会的成员基本是一致的，仅仅是主持人不一样，如某地方高校8位校级领导就是8位党委常委。部分学校的校长兼任学术委员会主任，学术委员会大多数委员都是各院系的院长，而学术委员会和教代会的相当一部分成员往往同时兼任行政职务。如毕宪顺教授通过对山东省部分高校进行调研发现，学术人员担任行政职务的比例达到36%。[①]权力主体之间的"兼职现象"使得决策、执行、监督难以分开，高校内部的"决策—执行—监督"机制被置换成了"议行

---

① 毕宪顺：《权力整合与体制创新》，教育科学出版社2006年版，第82页。

合一"的行政化与泛行政化的权力运行机制。

调研还发现，在很多学校党委（常委会）几乎囊括了学校所有人、财、物的配置与决策权，成了学校的实际管理者。校长作为学校的法人代表，可能需要对并非自己决策的行政事务负责，享有决策权的人不具有法人资格，具有法人资格的人未享有相应的决策权，因而出现权责不对等的局面。也有少数学校，党委对校长不管不问，校长负责处理学校几乎所有事务，出现校长权力过大，甚至基本没有约束的局面。无论是上述两种情况的哪一种，与其相伴的往往是行政权力对学术权力的挤压，出现以政代学、学术行政化等问题。如某高校的校长通过控制科研项目经费、人才引进、院系调整等学术资源的配置与决策权，做了学术委员会的事，导致校长无法承担真正属于自己的治校责任，问责机制难以形成。很多学校的学术委员会仅仅作为审议机构，未能全面享有评定、审议、咨询的职权，没有应有的学术决策权力，因此难以形成对行政的有效制约与监督。权力主体角色及其行权过程的交叉与错位，导致权力运行的交叉与错位，给分权制约设置了重重障碍。

2. 制度制约运行的回顾与评价

笔者从政策评价的适当性标准肯定上述与高校权力运行制约相关的规章制度的出发点，即规范与约束权力的运行，但如果从政策的效益标准与回应性标准来看，这些规章制度的政策效益与回应性尚有不足。效益标准是指政策实现预期目标的程度，政策只有在被很好地执行与落实的前提下，才能很好地实现预期目标；回应性即政策满足特定群体的需要、偏好或价值观的程度，即政策能不能对可能从政策中获益的某个群体的实际需要做出回应，它是对效益标准的进一步细化。与权力运行制约机制制度化运行相对的是其非制度化运行，非制度化运行有两种表现：一是与制度化相对，即权力在实际运行中没有按照既定的规章制度与程序规范运行，从而造成权力运行偏移制度设计的目标；二是就制度缺位而言，即权力的运行没有既定的规章制度与程序规范作依据。效益与回应性不足，都是非制度化运行的表现，效益不足往往是政策落实与执行的问题，回应性不足除了落实与执行之外，也有可能是因为制度设计本身的非周延等问题。如有学者在分析高校权力异化运行的现象之后，认为其主要原因在于"制度设计的非周延性”，是一元化政治领导决策体制中的两元化实现方式造成的。[①]

就目前而言，权力的非程序化运行是突出问题。如某些高校虽然对党委的职责范围已经有了明确规定，但对党委会的召开程序却未明确，致使"会议召集权"成了党委书记最大的权力；有的学校，学术委员会审议后的学术事务上报到校行政后，校行政随意改变，改变后又不再通报学术委员会，使得学术委员会的审议流于形式。另一方面，现有的权力运行制约相关的规章制度主要体现的是对行使决策权与执行权，或政治权力与行政权力的主体内部及他们相互之间的制约，对于监督权或学术权力与民主权力主体如何对前两者形成有效的制约的体现却并不充分，从而导致后面两者缺乏行使学术决策权、民主监督权的有效渠道与途径。

政策设计的非周延性或回应性不足，以及政策落实与执行的效益不足，无疑是导致权力制约机制低效或失效运行的重要原因，制度不能被有效落实是程序与规范的问题，而制度本身的缺位则是更具前提性与基础性的问题。笔者在 2011—2012 年对全国 30 余个省、市（自治区）的 64 所高校与权力运行制约相关的规章制度建设完备情况进行了抽样统计，统计结果如图 1 和图 2 所示。

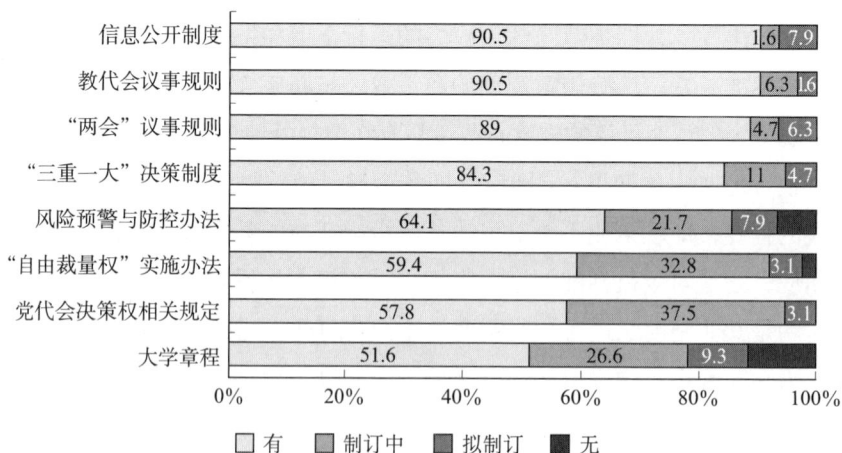

图 1　64 所高校与权力运行制约相关规章制度建制情况统计

---

① 孙天华：《决策系统的有效整合与降低摩擦成本的关系——对我国公立大学决策机制的分析》，《经济经纬》2004 年第 4 期。

（单位：%）

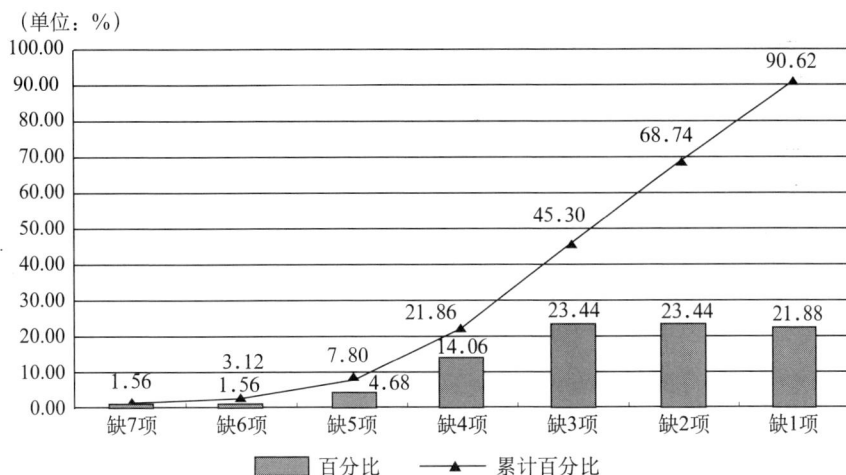

图 2　64 所高校与权力运行制约相关规章制度缺位情况统计

对这一统计结果进行简单的分析，并结合实地的调研与考察，可以得出一些认识：(1) 建制完备程度较高的是信息公开制度、议事规则等，很大部分要归因于教育行政主管部门的政策推动与强力推行，因此它们往往呈现出较高的同构性；(2) 建制完备程度较低的是大学章程、自由裁量权实施办法等，而这两者分别是规章与规范中都分别处于相当重要的地位；(3) 总体上看，八项规章制度的建制完备情况不容乐观，并在较大程度上直接导致了权力运行的非制度化。其中可能的原因是相关规章制度的法律依据、审批程序、认定主体等不甚明确；各高校之间互相观望、互相借鉴，如大学章程的制定；大学章程作为上位规章的缺位，使得各项内部规则缺乏充足的合法性依据与统一的制度框架等等。以上两项简单的统计表明，继续完善与制定、修订大学章程等各项与权力运行制约相关的规章与规范，明确高校内部各项规则的法律依据与执行、监督程序，明确高校内部各权力主体的权责范围、相互关系，从而约束和规范高校内部权力的运行仍然是当前和今后一段时间内需要重点关注和解决的问题，这也是制度制约权力模式的基础和核心。

3. 权利制约运行的回顾与评价

在探讨政策的回应性时，已经提到现有的规章制度对监督权或民主权力主体的需求回应不足，换言之，即对教师的诉求回应不足，对其他诸如学生、校友、理事会或董事会的回应则更少。教师主要是通过教职工代表大会的组织形式，来行使其民主管理与民主监督的权利，保障其合法权益与利益。然而，教职工代表大会的工作原则是在学校党委的领导下开展工作，教职工代表大会的执行机构——工会，也直接受党委的领导；另一方面，高校校长与校行政不是由教代会产生，他们都不需要对教代会负责。前文已述，教职工代表大会行使审议建议权、审议通过权、审议决定权、评议监督权等四项主要职权。在实际中，部分学校的教职工代表大会对学校发展规划等重大问题的讨论很少参与，对学校领导的监督与评议也缺乏透明、高效的渠道，使得教代会主要行使了四项职权中的讨论通过与教师利益直接相关的住房、福利等政策的审议通过权。部分学校教代会的提案工作也是在一年一度的会议上对经过筛选的提案做集中答复，并不是适时处理与应对，使提案工作流于形式。学生作为高等学校重要的利益相关者，高等教育直接的服务对象，理应对学校的教学与管理工作，尤其是涉及他们切身利益的事务，有一定的发言权。然而，目前《教育法》与《高等教育法》等法律都没有明确的关于学生参与学校管理的条款，只有《普通高等学校学生管理规定》中提到，"鼓励学生对学校工作提出批评和建议，支持学生参与学校的民主管理"。但对于参与管理的范围、方式、条件等都未涉及，教育行政主管部门也未出台"学校学生代表大会规定"之类的制度来明确学生代表大会的性质、作用、地位，等等。因此，鉴于合法性依据不足，加之知情权得不到保障，学生参与对高校的民主管理来制约行政权还有很长的路要走。关于理事会或董事会，目前虽然有一些学校已经建立了自己的董事会，但这些董事会实质上都是一种咨询性、荣誉性机构，仅仅对学校的办学提供咨询、建议或指导，并不参与实际的决策，对实际的决策与执行也没有硬性的约束。与学生代表大会一样，由于合法性依据不足，在实行党委领导下的校长负责制的高校很难再有董事会参与决策或管理的空间。但是董事会制度的引入是社会力量参与影响大学决策的开始，对学校内部的决策权力或行政权力将起到"社会权利制约权力"的作用。

三　对完善高等学校权力运行制约机制的对策建议

以上对我国高等学校现有的权力运行制约机制进行了梳理与评价，发现权力主体之间的角色错位与交叉，大学章程等规章制度的缺位或低效，利益相关者参与民主管理与监督的合法性依据与途径不足等仍然是比较突出的问题。由于这些问题的存在，在高校内部也很难形成权力规范运行、阳光运行的权力运行文化。因此，笔者认为可以从以下四个方面对完善高等学校内部权力运行制约机制作一些探讨。

1. 建立差异决策、优势互补的权力制约格局

合理分权是实现权力互相制约与约束的前提，也是形成良好运转的权力制约格局的基础，同时，分权治理或共同治理也是大学治理发展的普遍趋势。在坚持党的政治领导、思想领导、组织领导的前提下，党委应主要发挥大学治理权，并保留对学校重大决策的批准权。实现大学校长的"选任分离"，由专门的校长遴选委员会或教授委员会或教职工代表大会等校长遴选机构根据一定的程序遴选校长，报由政府任命，并保障作为学校法人代表的校长应当享有的各项权力，同时遴选机构保有对大学校长的提请解聘权。赋予学术委员会最高学术权力的决策权，重大事务参与决策权，以及对违反大学章程行为的违章否决权。由此，各权力主体对各自最熟悉和擅长的领域行使最高决策权，对重大决策共同参与，互相制约、互相协调，形成差异决策、优势互补的权力制约格局。

2. 健全以章治校、程序正当的制度制约体系

依法治校是从中世纪大学留传下来的最基本的大学内部权力制约机制之一，也是世界上大部分国家高等教育系统坚持的一种权力制约机制。作为大学的"宪法"，大学章程的主要内容是大学权力的分配及其制约，它通过对大学与政府关系的规定、决策机构的议事规则、大学具体的管理规则等构建一个大学的基本秩序结构。根据前面的分析，规章与规范的建制不完备及既有规章与规范的低效或无效执行，导致我国高校内部权力运行的非制度化，因此应通过建立以大学章程为核心的制度体系来完善对权力运行的制度制约。完善权力运行的制度制约机制，必须在国家的法律框架内，保障党委核心领导地位的前提下，建立以大学章程为核心的制度体系，包括章程、各权力主体的议事规则、质询与问责制度、信息公开制度、自由裁量权实施细则等内部规章与规范，进一步体现制度管权、制度管人、制度管事的规范性与严肃性，确保各项权力都在法定的范围内规范

运行、阳光运行。

3.探索利益相关者多元参与的权利制约途径

作为高校利益相关者的教师、学生、董事会等都十分关注高校的建设与发展，都希望为学校的发展贡献自己的一份力量。更多的权利主体，如学生、董事会等都参与到大学的建设与管理中，既发挥民主管理与监督的作用，也可以对行政权力形成约束。应以法律法规明确教代会、董事会等机构的地位、作用、组成，等等。赋予教代会对校级领导干部的民主选举权和提请解职权，以选举权保证监督权的落实，符合社会主义民主政治的精神；避免行政人员和双肩挑人员过多占有教代会代表名额，以保证教代会能真正代表广大教师的利益与心声。赋予董事会对学校决策权力主体及其决策过程、结果的质询与问责权、评议权，校长推荐权或参与遴选权。此外，还应当进一步明确学生代表大会的地位与作用，以及参与学校民主管理与监督的具体方式。

4.塑造规范有序、和谐共荣的权力制约文化

文化制约是通过营造良好的制度文化氛围，借助于社会舆论机制，使行使权力的主体自觉抵制其滥用权力的欲望和冲动，从而达成对权力的制约。[1] 与分权、制度、权利等制约机制相比，文化制约更强调权力制约的内在性，因而也具有更为深远的意义。在差异决策、优势互补的权力制约格局得以形成，以章治校、程序正当的制度制约体系得以健全，利益相关者多元参与的权利制约途径得以明晰，并内化为各权力主体的价值信念与利益诉求的基础之上，构建起党委治理、校长管理、教授治学、民主监督的大学精神，营造一个政治权力领导与治理廉洁自律，行政权力的管理与服务勤勉高效，学术权力的治学自由创新，民主权利的监督阳光正义的良好氛围，从而塑造一个规范有序、和谐共荣的权力制约文化。

（原载《中国高教研究》2013年第6期，新华文摘全文转载，张晓冬、刘皓参加研究与撰写）

---

[1] 刘献君：《论大学内部权力的制约机制》，《高等教育研究》2012年第3期。

正确认识和处理学术权力
与行政权力的关系

认识和处理学术权力与行政权力的关系，"去行政化"，十分艰难。在大学工作的一些同志认识到，大学的行政化有着深刻的社会根源，深受社会、政府的影响，完全依靠学校自身的努力，难以完全"去行政化"。但是，外部制度和内部制度既有联系又有区别，内部制度对外部制度的影响具有放大和消减的双重作用。只要正确认识和处理学术权力与行政权力的关系，在"去行政化"方面是可以有所作为的。

一 如何处理行政权力与学术权力关系成为现代大学制度需要解决的核心问题

自中世纪以来，大学在发展过程中，不断进行探索，已经形成了以"大学自治、学术自由、教授治校"为核心的大学制度。大学制度是包括基本制度、一般制度和具体制度在内的大学制度体系。进入现代，人们开始探索现代大学制度。现代大学制度，一方面要有大学制度的连续性，继承大学制度的基本精神，同时，现代大学制度又有阶段性特征。关注大学制度的"现代性"从根本上说是一种"适应性"——适应现代社会的发展，适应现代大学所处的特定环境、特定时代。

现代大学为适应现代社会的发展，规模大大扩展。大学已由小规模的、选拔性的、关系松散的团体发展成为具有重大社会经济意义的巨型系统。面对现代社会的发展，大学管理面临很多新情况、新问题。

1.社会变化节奏越来越快，未来将不再是过去的重演。在农业经济社会，经济发展、社会发展的速度十分缓慢，日复一日，年复一年，未来往往是过去的重复。进入工业经济社会，特别是知识经济社会，科技、经济、社会发展的速度大大提高。经济发展速度加快，必然影响人们生活方式、思想观念变化速度的加快。据有的学者调查，现在的大学生，三、四年为"一代"，相互之间思想观念有很大变化。

2.组织规模越来越大。从社会生产来看，从个体单个行业，到手工作坊的工场，到企业，到大型企业，再到跨国公司，规模越来越大，这是社会化大生产发展的需要。随着高等教育大众化，大学的规模也同样在发展，从在校学生人数看，从几十人、几百人、几千人、发展到几万人，个别大学达几十万人。管理几百上千人的大学和管理几万人的大学是完全不一样的。

3.社会活动越来越复杂。随着社会的发展，大学的功能不断扩展，从教学，到教学、科研，再到教学、科研、社会服务，学校与社会的联系越来越多。特别是步入知识经济社会以后，大学由社会的边缘进入社会的中心，社会活动越来越复杂。

4.竞争越来越激烈。随着大众化、市场化、国际化的加强，高等教育、高等学校在生源、声誉、经费、师资等方面的竞争也越来越激烈。在美国，学生"用脚投票"决定学校的生死存亡。学校的声誉高、师资水平高、学生就业好，生源就好，学校就能生存并且发展。否则，没有足够生源，学校就可能停滞甚至倒闭。

5.管理决策所带来的社会影响越来越大。在现代社会，学校的管理决策，不仅影响校内，而且影响整个社会。由于大众化，上大学的人数越来越多，今后，从国家领导人、各层次负责人、学术骨干、技术骨干至社会上的各种管理人员、公务人员等，绝大多数都将是大学毕业生。现在学生的质量，将关系国家民族的未来，关系社会的发展和稳定。因此，学校的管理决策所带来的社会影响将越来越大。

由于上述原因，现代大学，特别是研究型大学已经发展成为一个多目标、多任务的大型组织，其应对多目标和多重任务的方式是不断深入的专业化分工，结果把大学变成了一个专业领域广泛、组织结构复杂的大型组织，突出的特点是大学在单纯学术机构的基础上形成庞大的行政系统，大学行政管理具有了必要性和合法性。早期的大学一般规模不大，往往适用

"教授治校"制度。蔡元培任校长时期的北京大学，由教授们组成的评议会不仅掌管专业设置、学位授予等学术事务，同时还负责经费预算、机构设置等行政事务。和早期大学不同，现代大学是一个规模庞大的体系，机构复杂、事务繁多，不仅要有专门负责具体事务的行政人员，而且行政人员越来越多。例如，1975年至2005年，美国大学管理职位如校长、学术副校长助理等增加了85%，专业管理人员人数增加了240%，但大学教师数量只增加了51%。2009年，美国密歇根大学，教学人员9577人，非教学人员13855人，非教学人员主要指管理人员、专业人员、文秘人员、工勤人员等。我国现在的研究型大学，情况也大体如此。

学术和行政走向分化以后，两者的矛盾也随之产生，而且越演越烈。因此，如何处理学术管理、行政管理，学术权力和行政权力的关系，去除行政化，成为现代大学制度建设中需要解决的主要矛盾、核心问题。

二 学术权力和行政权力具有不同的特点

学校的权力结构是二元权力结构，主要包括学术权力和行政权力。学术权力和行政权力是两种不同性质的权力，必然会产生矛盾。在现代大学制度建设中，正确处理学术权力和行政权力的关系，必须认识两者的不同特点。

第一，两种权力的性质不同。行政权力是以"科层化"为特征的法定权力，以上级管理主体对组织活动的控制与协调为特征，处于强势地位。学术权力是以"自主性和个人的知识"为基础的专业权威，在权力结构中处于弱势地位。因而容易造成行政权力对学术的过度介入和不当干预。

第二，两种权力的运用规则不同。行政系统是科层组织，科层组织重视效率和低成本运作，组织严密，强调下级服从上级，组织结构控制着组织内部的上下沟通。学术系统是专业组织，在专业组织中，专业人员享有大量的自治权，这种权力是以其专业知识和技能为基础的，专业人员之间的交流是相对开放和非正式的，专业组织关心质量甚于关心成本，其组织结构松散。这两类组织因其价值观和工作方式不同，必然会产生矛盾和冲突。

第三，两种权力的权力主体多元、交叉。行政权力的主体主要是校长和行政人员，但是教师、学生对行政决策有建议权、监督权，对一些重大行政决策还有投票权、制约权。学术权力的主体主要是学术人员，但随着大学的发展，情况也在逐步产生变化。大学功能复杂化，致使各种学术工作之间的界限更显模糊。随着"新公共管理"引入大学后，在高等教育领域，不仅在管理制度和方式上进行聘任和评估，强调产出和目标，而且实际上形成了一种审计和怀疑的文化，将原本属于专业人员和学者的权力转移到了管理者或学术管理者手中。因此，两种权力的主体呈现多元、交叉的状态。这种多元、交叉给行政权力挤压学术权力、取代学术权力提供了借口。

面对行政权力和学术权力的不同性质，我国大学校长群体一时还难以适应。我国的大学校长大多来自某一学科的专家、学者，往往在担任校长时还要从事本专业的教学、科研。校长们熟悉本专业，但对教育理论、大学管理缺乏深入了解，容易造成角色的错位。例如，有的校长在处理学术问题时，校长意识强烈，往往以行政的方式去处理学术问题。面对行政问题，往往又用根深蒂固的学术思想去处理。校长角色的错位，也是导致"去行政化"问题难以解决的一个重要因素。

三 建立服务型行政可以成为"去行政化"的突破口

提出"去行政化"之后，大家谈得最多的、研讨最多的是取消行政级别。一时间，似乎取消行政级别应该成为"去行政化"的突破口。笔者认为，从长远来看，事业、企业单位应该取消行政级别，但在近期如果将主要精力放在取消行政级别上，以其作为"去行政化"的突破口，"去行政化"不可能取得收效。

学校"去行政化"，要从导致行政化、而学校自身又有能力去解决的主要问题入手。计划经济体制下在学校工作中所造成的、至今仍然存在的行政化，主要体现在：第一，干部是管教师的，教师有求于干部，因而学校行政机关"门难进，脸难看"。第二，制度是约束群众的，学校有关学术、教师的制度都只是对教师提出明确要求，没有对领导、职员提出要求。第三，政策是学校制订的，而代表学校的是职能部门，不少职能部门制订政策时往往拍脑袋，凭自己的想象，不顾学术工作和教师的实际情况。因而制定的政策容易违背学术规律，影响学术发展。第四，教师背负了过多的行政事务工作。在国外很多大学的行政人员也比较多，但他们都是直接为教授们服务的。我国大学行政人员只负责管理，教师却要做很多事，如课题申报材料、报销差旅费，提交有关教学、科研、学生的各种报表格，参加各种会议，等等。有一位学院院长风趣地说，我们老师们都成了"表兄弟"、"表姐妹"，即一天到晚都在填表。这些，都是行政化的典型表现，必须加以解决。解决的有效办法是学校领导、职能部门变管理为服务，建立学校服务型行政。

1. 牢固树立服务观念

一个组织的职能决定一个组织的性质。大学的职能是教学、科研和社会服务，这就决定了大学的学术性。大学作为独立的学术与文化组织，是知识生产和文化传播机构，具有知识性与学术性。德里克·博克对此有过精辟的分析："大学凭常规的学术功能，通过教学项目、科学研究和技术援助等手段承担着满足社会需求的重要职责"，"如果采用……非学术性手段，那样做很难说有正当理由"。大学的教学、科研等学术活动是目的性活动。行政管理不是大学的职能，办大学不是为了行政管理，而是为了培养人才。因而行政管理是手段性活动，是为教学、科研，教师、学生服务的。学校是一个系统，主要工作包括学科专业建设、教学改革、管理创新。学科专业建设、教学改革是学校的主体工作，主要依靠教师。管理创新十分重要，主要靠领导、职员。但管理、管理创新是为教学、科研服务的。这是工作岗位、工作性质的需要，没有高低贵贱之分。服务是行政管理人员的本职。

服务是指主体对其他主体（社会、集体、他人等）需要的满足所提供的帮助、援助、促进、贡献和助益的活动过程。服务是一种活动，一种行为，也是一种关系。做好服务工作，首先，要尊重服务对象。教师是学校办学的主体，我们要信任他们，尊重他们。其次，要了解教师的需求。知道教师们在想什么、需要什么、有什么难处，从而有的放矢地做好个性化服务工作。再次，服务要到位。了解教师工作的过程，并追踪服务过程，全过程、全方位做好服务工作。

2. 认识机关工作的特点

认识机关工作特点，对于做好服务工作十分重要。与基层工作相比，机关工作具有以下特点：

第一，工作目标在清晰和模糊之间。我们的工作只有面对教师、学生，深入到教师、学生，才是有效的，否则无效，甚至做负功。基层工作直接面对教师和学生，目标很清晰。机关工作中的很大一部分是要经由基层、通过基层才能达到目标，目标显得不那么清晰。机关工作目标往往处于清晰与模糊之间。

第二，权力在有无之间。无权在于，职能部门是执行机构，处长不能召开学院院长、书记会议，他的决定需要分管校长同意才能执行。但又有权，这种权力是无形的。因为机关职能部门的工作直接影响学校的决策。例如，这个干部该不该提拔，组织部门要提出考察意见。这个教师该不该聘用，人事部门要提出具体意见。因此，机关的权力在有无之间。

第三，工作任务在清扫场地与维持秩序之间。这是和召开运动会类比，开运动会有很多工作，运动员、裁判员的组织，场地的清扫，维护秩序等等。机关的工作任务大体处于清扫场地与维持秩序之间。

机关工作和教师工作也是有区别的。机关属行政系统，行政系统属科层制，强调下级服从上级，讲效益和效率。教师属学术系统，组织结构比较松散，讲学术自由，很难强调效率。例如，教师备课多长时间适合，找学生谈心能否规定不超过多长时间，科学研究能否限期一定要找到规律，这些都很难确定，因为学术工作具有很强的探索性。做好机关服务工作一定要了解机关工作和教师工作的区别。

机关工作中有直接服务师生和间接服务师生两个方面的工作。机关工作中直接服务师生的工作要及时准确，不要拖。间接服务的部分，即要通过基层去落实的工作，则要反复调研，要慎重。基层反映，会议太多，文件太多，填报的表格太多。上面千根针，下面一根线。各个部门的工作都要基层去落实。反思一下，大家很忙，但我们干了很多不需要干的事，不起作用的事，甚至产生副作用的事。我们对自己的工作要认真分析，要尽量简化，提高工作效率。

3. 形成良好的服务风气

在学校机关中，形成良好的服务风气，需要全方位考虑，极为重要的有三个方面。

第一，形成共同的价值追求。人们工作的机动、价值追求往往是多种多样，为国家、民族、人民服务；自己的兴趣、爱好；需要一份工作"养家糊口"；工作要对得住自己的良心；寻找一个好的工作环境，快乐工作、快乐生活……工作的动机可以多种多样，但立足点只有一个。机关工作的立足点就是有利于学校的发展，为师生服务。

第二，要有制度保障。相应的制度很多，但最根本的是用人制度。在干部的职务提升、表彰奖励中，首先要考察其服务师生的态度和成效。

第三，要读书学习。学习可以改变自身，提升境界，增强能力。大学以传播创新高深学问为己任，对我们的学习提出了很高的要求。要使学习成为自己的一种生活方式。

在现实工作中，可以经常见到这种情况。例如，某项工作、报表、材料，平时拖着，上面要求了，或自己想起来了，马上要下级去完成，弄得下面加班加点，手忙脚乱。这些给工作，给教师，造成了极大的伤害。怎么办呢？要端正工作的立足点，从仅仅"对上负责"到"对上负责"和"对下负责"相结合；从领导、管理到服务，处处为教师、学生着想；坚持从管理向服务转变，树立"管理就是服务，服务创造价值"的服务理念，把为广大师生员工服务视为行政部门的基本宗旨，把师生的愿望和需求作为行政管理活动的出发点，将老师和学生从繁杂的事务中解脱出来，形成潜心治学，乐教乐学的深厚学术氛围。

四 建立强有力的保障学术权力的制度

制度是高校组织赖以存在和发展的基础。制度规定了人的活动范围，规范着人的社会关系，构建人们的社会交往。著名教育家夸美纽斯指出："……这类学校的长处全在于制度，它包括了学校发生的一切事。因为制度才是一切的灵魂。通过它，一切产生、生长和发展。并达到完美的程度。哪里制度稳定，那里便一切稳定；哪里制度动摇，那里便一切动摇；哪里制度松垮，那里便一切松垮和混乱；而制度恢复之时，一切也就恢复。"正确处理行政权力和学术权力关系，同样依靠强有力的制度。

第一，在大学章程中，要赋予学术委员会、教授会以部分学术事务的决定权。现在讨论学术委员会建设，往往在组成人员上考虑多，实则首先要考虑其职责、职能。一个组织的职责、职能决定其性质。现在的大学学术委员的职责是"审议",因而仅仅是学术咨询、审议机构,而不是学术权力机构。学术委员会应该对部分学术事务,如教师和学生学术水平、学术成果评定,学术资源配置等有决定权(决定了其他机构不能改变),这才是学术权力机构。同时,学术委员会对行政事务应有建议权、制约权、监督权。还要建立相应制度,保障教师、学生对学术事务有知情权、参与权、监督权。为此,要改善学校治理结构,确立教师、学生等利益相关者在学校重大事务决策中的应有地位。

第二,在学校教学、科研、人事等制度建设中,要体现尊重教育规律和学术逻辑,保障教师的学术权力。例如,高校教师职业是学术职业,高校教师聘任制的制度设计,要遵循学术职业的特点。在聘任制的制度设计中,要根据学术发展的需要设置岗位;根据学术职业特点,将"有固定期限"聘任和"无固定期限"聘任为一种制度设计,建立学术职业"准入"制度;根据学术自由的要求,在评价考核中,采取发展性评论,改进学术评议机构,保证学术评议的独立性;根据学术平等的要求,采用集体合同与契约合同相结合的办法,依法规范教师聘用合同;根据学术公平的要求,建立一个"中立"的、组织健全的争议处理机构,协调教师之间、教师与学校之间的争端,维护教师的权益,推进学校的发展。

第三,要保障基层学术组织的学术权力。学术活动的开展主要在院系、在基层学术组织,因此,基层学术组织应有相应的学术权力。但是从现实情况来看,学术权力大多仍然集中在学校,院系和基层学术组织处于被动执行的地位。要通过制度建设,解决合理分权的问题。笔者认为,可以从三个层面来划分学校和院系的权力。学校发展规划制订、发展中重大问题决策、资源配置、组织结构和制度的确立、中层以上干部的配备等,权力在学校。专业设置、人员聘任、职务晋升、收入分配等,学校应将部分权力放给院(系)。课程设置、教学安排、学术活动、评价与考核等,应该由院(系)自主决定。

第四,以权利制约权力,保障教师、学生的基本权利。权利是一定社会中人的规范性行为的自由度,它体现着作为社会化了的人的自由性和主体地位。教师、学生虽然不直接掌握权力,但都拥有着法律、制度赋予的权利。这些权利的作用，就在于为权力的行使划定了边界。其一，教职工代表大会、学生代表大会是以权利制约权力的基本形式。在强大的公共权力面前，任何个体单一的权利，难以形成有效的制约，必须借助于一定的组织形式。教职工代表大会、学生会是法定的社群组织，在权利制约中能发挥强大的作用。因此，要完善教代会、学生代表大会的组织结构和运行方式，使之发挥以权利制约权力的重要作用。其二，建立政务公开制度，使权力的运行透明。以制约权力，关键在依法保障公民的知情权、参与权、表达权、监督权。师生知情是以权利制约权力的前提。权力运行不透明，师生与学校权力行为主体之间信息不对称，以权利制约权力就只能是纸上谈兵。师生参与是以权利制约权力的路径。缺失必要的参与形式和程序，师生不能平等地参与权力运行过程，以权利制约权力就等于被束之高阁。其三，建立后果制约制度。考察一项制度的成败，权力运行的得失要看其后果。教职工、学生很难看到完整的决策过程，但能直接看到、感受到决策后果。后果制约是以权利制约权力的有力形式。为此，应建立健全对学校领导干部的考核、奖惩、责任追究制度，建立包括罢免、引咎辞职在内的查处制度。

参考文献

〔1〕赵炬明：《美国大学教师管理研究（上）》，《高等工程教育》2011年第5期。

〔2〕刘献君：《院校研究》，高等教育出版社2008年版。

〔3〕Kerr C, *The Uses of the University*[M]. Harvard University Press，1963. pp.23–126.

〔4〕Deem, R and Brehony, K. J, "Management as Ideology: the Case of New Managerialism in Higher Education" [J]. *Oxford Review of Education*, 2005, 31（2）: 217–235.

〔5〕龙耀、黄葳：《中国高等教育行政研究综述》，《现代大学教育》2011年第8期。

〔6〕[美]德里克·博克：《走出象牙塔——现代大学的社会责任》，徐小洲等译，浙江教育出版社2001年版。

（原载《中国高等教育》2012年第13、14期）

关于师资建设和管理的几个问题

师资队伍建设是高等学校工作的重要组成部分。当前，加强高校师资队伍建设和管理，应把握 21 世纪的特点及对教师素质的要求，加强优秀中青年学术带头人的培养，完善教师专业技术职务聘任制等三个问题。

一　21 世纪的特点及对教师素质的要求

师资建设，关键是提高教师队伍的整体素质。这是因为，学校的根本任务是育人，以育人为本，而与学生接触最多的是教师，对学生影响最深的是教师。一位学生曾说："他们（指教师）生活得四平八稳，却总在影响人的一生。"这种影响有好的，也有不好的，其关键在教师自身素质的高低。

提高教师素质，除了我们已经谈得比较多的治学严谨、讲求诚信、为人师表、热爱学生、尊重学生等以外，还要与时俱进，研究时代对教师素质提出的新要求。这是因为，任何事物发展都是有条件、有前提的。人与环境是一种互动的关系，社会越发展，对人的发展提供的条件就越有利，人发展成什么样，越来越取决于自己。我们应该结合生存环境的变化来思考教师的素质问题。即使是原来的要求，也应赋予新的内涵。例如诚信，以前是建立在良知基础上的诚信，现在除了良知以外，还要考虑在一种契约关系上的诚信。因此，我们要考虑 21 世纪的特点及其对教师素质的要求。

21 世纪的特点可以概括为：21 世纪是以信息技术为主的技术革命和

由它引发的经济革命重塑全球经济的世纪。这包含了三层意思：21 世纪是以信息技术为主的新技术革命的世纪；21 世纪是由新技术革命引发新经济革命的世纪；21 世纪是新技术革命和新经济革命重塑全球经济的世纪。在这种重塑的过程中，形成了知识经济社会。因此，把握知识经济对教育、对教师素质的要求十分重要。

知识经济对教师素质的要求主要体现在以下五个方面。

1. 知识经济的本质是创新，教师应具有创新意识、创新能力。

知识经济社会，创新的知识直接成为生产力，推动经济的发展，创新成为人类最重要的活动。从教育来看，培养创新人才成为教育的基本任务。因此，教师要有创新意识、创新能力。这主要体现在：教师要具有强烈的创新意识、创新思想，并将其体现到教学内容、教学方式上。教学具有学术性，要将教学过程成为创新过程，在这一过程中，激发学生的创新精神。

人文教育是培养学生创新能力的重要方面。一次，武汉电视台的记者对我进行采访，第一个问题就是：现在是知识经济，大家都在学电脑、网络，你们为什么要抓人文教育？我认为，知识经济的本质是创新。创新靠什么？爱因斯坦说得很透，他说："物理给我的是知识，艺术给我们是想像力，知识是有限的，想像力是无限的。人文可以激发想像力，没有想像力，哪能创新。"可见，教师要具备结合专业教育进行人文教育的能力，要有良好的人文素养。

2. 知识经济的核心是教育，教师要研究教育、懂得教育。

传统经济以物质为基础，知识经济以知识为基础，经济增长源于知识资本，教育成为知识生产发展的根本。知识经济是一个学习型经济，知识经济社会将成为学习型社会。教育的内涵也将随着社会的发展而变化，教师要不断研究教育，懂得教育。

现在，不少教育观念需要更新，一些对教育的误解需要加以澄清。例如，"只有讲道理才是教育"，"教育就是继承，向过去学习"，"我不讲，学生就不懂"，"我是教知识、教专业的"，等等。这些观念对教育质量、效果，产生了十分有害的影响。在新的形势下，教师要学习教育理论，研究教育实践，形成正确的教育观念。

3. 知识经济的属性是知识和经济的结合，教师应具有知识传播、知识发现和知识物化的能力。

高等学校的功能随着社会的发展而扩展。18 世纪及以前的大学，大学的功能主要是进行知识传播，即教学。19 世纪开始，电机、内燃机的发现、应用，生产中科学与技术相结合，大学的功能扩展为知识传播和知识发现（科研）。后来，大学功能又增加了一项，社会服务。

知识经济社会，经济增长主要取决于知识的大量生产、快速传播、及时汲取和有效应用，即取决于两者结合程度。教育改革和发展的基本方向是与经济的紧密结合。因此，高等学校需要将教学、科研、产业（知识物化）相结合。相应地对教师素质也提出了更高的要求，教师要具备知识传播、知识发现、知识物化的能力。

4. 知识经济发展的趋势是更加全球化，教师要具有国际视野和国际交往能力。

随着跨国公司的建立、因特网的发展，经济逐步全球化、国际化已成为时代特征。高等教育更应该加速国际化进程，即实现跨国界、跨民族、跨文化的教育交流与合作，遵循世界大学通行的办学机制，培养具有国际竞争力的高质量的学生，创造在国际上有较大影响的研究成果，建成具有国际影响的高水平学科，产出世界知名的学者，跻身国际主流学术圈。

教育国际化，同样对教师素质提出了新的要求，教师应具有开阔的国际视野，熟练掌握交往工具，具有国际交往能力，了解世界学术发展的前沿，教学水平、学术水平能用国际标准衡量。

5. 知识经济的组织特征是网络式结构，教师应具有合作精神，发挥群体智慧。

工业经济是单打独斗式经济，知识经济则鼓励合作与交流的网络式发展，鼓励竞争对手间双赢。大学组织结构的主要特征是网络式的矩阵结构，教师既在一个行政单位，又在一个学科。学科的交叉、综合，对大学组织结构也提出了新的要求。大成果的创造，仅仅依靠个人奋斗已经不行了，需要发挥群体智慧。因此，教育必须注重合作精神的培养，教师首先要具有合作精神。

二 培养优秀学术带头人是师资工作的重中之重

最近，我校在研讨师资培养工作时认为，近三年左右，面临一个新的教师退休高潮，又一次出现大规模的新老交替，但这次新老交替的主要矛盾是质，而不是量，是高水平的学术带头人缺乏。纵观学校工作，我认为，学校工作中最重要而又最难的工作是优秀学术带头人的引进、培养、稳定。培养优秀学术带头人是师资工作中的重中之重。这是因为：

第一，知名高水平教授是学校实力、地位、声望的象征。一所大学有没有影响，实力强不强，当然决定的因素很多，但最主要的是教授的素质和水平。田长霖先生曾说："加州理工学院为什么成为著名大学，它的腾飞靠两个教授：一个是密立根，物理诺贝尔奖获得者，他使这个学校实验物理迈进了世界一流；然后是冯·卡门，钱学森的老师，他把美国的航空技术带动起来了。有了这两个人，加州理工大学就世界知名了。"1999年，我在美国旧金山和田长霖先生讨论中美大学差距。他认为，在设施上差距不大，中国有的大学的设施已超过美国的大学，差距在两条：一是师资，二是校长的管理水平。他说，他曾任校长的伯克利大学，诺贝尔奖获得者10多名、院士200多名。他当时不让学生开车进校园，因为弄不好，一碰就是一个"诺贝尔"，一碰就是一个院士。与之相比，我国的著名大学，相差甚远。我国要建设世界一流大学，提高办学水平，关键在师资水平的提高。

第二，提高师资水平是加强学科建设的关键。学科建设是学校建设的根本和龙头，一所大学的水平，取决于学科的水平。学科建设主要包括学科方向建设、师资队伍建设、梯队建设、项目建设，其中师资队伍建设是关键。学科方向靠人去决定，梯队靠人去建设，项目靠人去争取。一个学科往往是学科带头人在，学科即在；学科带头人走了，这个学科也就垮了。

第三，优秀教授是校园文化、校园特色的主要培育者。我校曾提出泡菜理论，如泡菜一样，一所学校培养出来的人才的素质，取决于这所学校的文化氛围。因此，我曾反复强调，办大学就是要办一个氛围。这种氛围的形成，在很大程度上取决于名教授、大师级学者。一个大师，由于他的学识、人品、影响，就会产生一个场，学生们在这一个个大师们形成的场内，就会受到无形的感染。一位学生在听了著名历史学家章开源教授的人文讲座以后说，"我坐在那里，自己有一种精神被提升的感觉。"

那么，怎样培养优秀学术带头人呢？我认为，要抓住以下几点：

1. 大手笔引进优秀人才。

有的人对引进人才不以为然。我认为引进人才是十分重要的。现在，从我们一般的大学来看，一是每年有一批人退休、调走，需要补充人才；二是由于特殊的历史原因，优秀的学术带头人太少；三是人才只有流动才有活力。我校一位系主任说得好，即使我们的教师都是诺贝尔奖获得者，仍然要引进人才，否则学科无法向前发展。一所大学只有面向世界，吸引最优秀的人才，才有可能成为世界一流。

从我校的情况来看，引进人才推进了学校的发展。1980 年前后，我校引进了 600 多名教师。这些教师不仅增加了师资的量，更重要的改变了学缘结构。600 多教师中，多数来自清华、北大、哈工大、浙大等校外知名大学。这些教师和原有教师共同努力，使我们经过 20 年的奋斗，实力进入国内前 10 名。近几年来，学校同样重视人才的引进。例如，潘垣院士被引进后，带领大家开展强磁场、超高压等重大项目研究，改变了过去小型、分散的局面，提高了学科水平。徐涛博士被引进后，学校提供了300 万元启动费，经过短短两三年努力，使这个学科的面貌发生了改观。因为他原来在美国同类学科前沿基地，了解世界最新学术动态，使我们学科发展的起点大大提高。这是发展学科的一条最好的捷径。我校文科的大发展，也是从引进高水平学者开始。除了引进高水平学者以外，我们还特别注意吸收名师的弟子，通过名师弟子，与国内外高水平学科建立联系，推进我校学科发展。

2. 为优秀人才成长创造良好的氛围、土壤。

事实说明，优秀人才成长主要依靠自己的努力，学校所能做的是为他们的成长创造良好的氛围、环境。

一是要有好的政策导向。政策是指挥棒。在职务晋升、考核、奖励等方面，要通过政策，激发教师们发表高水平论文、钻研高深学问的积极性。例如，我校对教授考核，在论文方面，不是高数量，而是要求在权威刊物上发表文章，对于一些研究基础学科，需要长时间才能出成果的教师，可以免考；在奖励方面，在 SCI 上发表一篇论文奖励 1 万元人民币，在 *Nature*、*Science* 上发表一篇论文奖励 5 万元，等等。

二是有学术自由。学术自由是学术创新的前提。学术上，允许教师发表各种不同的见解，鼓励学术争鸣，容许学术上的失败。倡导大力开展学术讨论，特别是跨学科的学术讨论。

三是对优秀学术带头人、中青年学术骨干要多给予鼓励、重视。学校通过走访、座谈会等形式，听取他们的意见，帮助他们解决工作、生活中的困难。支持他们出国深造，学校每年要派出 200 多人到国外进行半年以上的工作、学习。鼓励他们进入各种学术机构，担任职务，扩大影响。学校领导要和他们交知心朋友，做到知无不言、言无不尽。

3. 探索青年教师成长的规律。

每位教师成长的经历都不一样，但其中必有一些共同的规律。找出这些规律，并使他们认识这些规律，可以帮助他们少走弯路，更好地成长。

我校除在青年教师岗前培训中，请学校领导和优秀教授给他们介绍经验之外，每一至两年，举办一次中青年教师研讨班，学校主要领导和他们一同探索。通过研讨，我们将青年教师成长的规律总结为：方向、目标、勤奋、创新、团结。

4. 对学术带头人要宽容。

学术带头人往往都是有本事的人，其中一些人，个性比较强。学校领导对他们一定要宽容、包容。要扬长避短，用他们的长处，不要用其短处；要扬长补短，人都是有缺点的，对于他们的缺点、短处，要给予帮助，用他们的长处去克服自己的短处；要扬长护短，在必要的时候，还要保护一下他们的短处，因为弄不好，会因为某一短处，而毁了一个人才。当然，这种"护短"是要有原则的。

三　实行专业技术职务聘任制是高校人事制度改革的核心

高校人事制度改革的核心、重点、难点是聘任制。聘任制是高校的基本用人制度，主要包括专业技术职务聘任制、职员聘任制、劳动合同制。

专业技术职务聘任既具有学术性，又具有社会性，难度很大。

近100年来，我国政府和高校都在进行专业技术职务聘任制的探索。

1912年10月，国民政府颁布《大学令》，规定大学设教授、助教授，这是在我国第一次使用教授名称。1917年9月，颁布《修正大学令》，规定设定正教授、教授、助教授。1927年颁布《大学教员资格条例》，这是我国第一个教师职务条例，其中规定大学设定教授、副教授、讲师、助教。1941年，进行改革，设立部聘教授，由教育部聘任，共聘30人，5年一个聘期。

新中国成立以后，对教师职务聘任的探索，经历了四个阶段：

第一个阶段，1954年至1957年，实行教师升等及学衔制度。仍然规定大学设立教授、副教授、讲师、助教。草拟了学衔制度，但未实行。这一阶段承认1949年之前聘任的教师职务，并晋升了部分讲师、副教授。

第二阶段，1959年至1964年。1959年下发有关文件，规定教授、副教授、讲师、助教为教师职务名称，并提出教授、副教授等是"教师在学术成就上的荣誉称号和本人终身不可剥夺的权利"，这是后来"职称"的由来。

第三阶段，1978年至1983年，恢复职称评定，按文革前的文件精神，评定职称。职称与工资不挂钩，被戏称为"升官不发财"。

第四阶段，1984年至今，进行职称改革。当时提出三种方案：学衔；学衔与职称职务聘任双轨制；教师职务聘任制。经试点和研讨后，国家决定实行教师职务聘任制。职称与职务，一字之差，含义有本质区别，职称主要反映一个人的水平能力，不受名额限制，由专家评审，不与工资挂钩，终身拥有；职务与岗位相联系，由行政聘任，有聘期，与工资挂钩。

由职称到职务聘任，是一大进步，但在实行过程中，还存在不少问题：没有形成真正的竞争制，重评审、轻聘任，忽视聘后管理；没有形成人才合理流动机制，能上不能下，职才相应不够，有的地方人才积压，有的地方人才奇缺；评审权与聘任权分离。

现在，清华大学、上海大学、山东农业大学等，已经开始实行真正意义的教师聘任制，不少学校都在进行探索。我校组织一个由30位来自行政、教学、科研各方面的同志组成的研究小组，正在着手研究。研究中，有以下问题必须解决：

1. 观念。观念是改革的先导，观念通了，一通百通。现在在高校"大锅饭、铁饭碗"，"人才单位所有"，"我是你单位的人，你就得管我"等观念仍根深蒂固。在这方面，我们的观念要比企业落后10多年。改革观念，一是靠学习宣传，二是逐步实施改革，在改革实施的过程中改变观念，如今年先从严格教授考核抓起，不合格就必须按不合格来处理。

2. 定编设岗。这是聘任的前提、基础。在设岗过程中有两个问题要解决。一是如何把握岗位设置的度，在世界各国大学，大体有两种做法，一是一个二级学科只设一个教授岗位，如法国、德国、英国；二是岗位数设置较多。这两种做法，各有利弊。根据我国国情，如何把握尺度，需要探讨。二是设岗的依据是什么，各种学科设置不同的岗位数，根据哪些因素来科学决定。

3. 评聘机制。这里涉及到评审聘任条件、程序、机构，以及两者如何统一等问题。

4. 考核。教师的劳动不仅具有社会性，而且具有学术性，考核的难度大，涉及的矛盾比较多，如：量与质，教学与科研，量的考核好办，质的考核难；长效和短效，成果的短效易于评价，长效则难于评价，要由历史实践来检验；投入与产出，投入好考核，如每年拿到多少科研经费，讲了多少节课，但产出难以考核，因此被人们忽视；规范性评价与发展性评价，是侧重对被考核对象进行履行工作职责为主的规范性评价，还是侧重工作表现的发展性评价，等等。这些矛盾都要加以研究，找出教师考核的特殊规律，建立考核的框架和指标体系。

5. 条件。任何改革，都要解决观念、机制、条件三个问题，没有一定的条件，改革亦难于进行。与教师聘任制相关的，如社会保障体系，人才合理流动的渠道与机制等，都需要政府和社会共同来创造和解决。

（原载《高等教育研究》2003年第4期）

高校教师聘任的制度设计

——基于学术职业管理的研究

高校教师职业是学术职业，高校教师聘任的制度设计要遵循学术职业的特点。关于高校教师聘任制度，发达国家高校已经有相当成熟的经验，可供借鉴。我国近几年来，部分高校开始探索、实施教师聘任制，基本指导思想、实施的总体框架和路径也已比较明确。因此，我们在进行制度设计时，主要应根据学术职业的要求，针对我国高校实施教师聘任制中所面临的主要问题，提出改革思路和对策。

一 学术发展与岗位设置制度

高校教师聘任就是教师职务岗位的聘任。职务就是岗位，能否聘任，首先取决于岗位。没有岗位，即使具备任职条件，也不可能取得相应的职务。我国高校教师聘任过程中，在岗位设置制度中存在的主要问题是岗位"虚"设，岗位与聘任脱节，岗位设置没有起到应有的作用。为此，在岗位设置中应把握以下三点。

1. 根据学术发展需要设置岗位

学术发展包括学科、教学、科研等方面水平的提高。岗位设置实质上是对学校人力资源进行合理配置，通过多种形式的岗位聘任，加强教师队伍建设，推进学术发展。岗位设置，一方面要保证教学、科研工作任务的需要，另一方面要有利于学科建设，特别是对重点学科、有发展潜力的学科和新兴学科应给予保障。因此，学校给院系教授、副教授的岗位设置中，可以采用基本岗位、调节岗位相结合的办法，基本岗位考虑教学、科研工作任务的需要，调节岗位根据学科建设的需要确定。院系则应根据社会经济、科学技术、文化发展和自身学科、专业发展的状况，凝炼学科方向，分解教学、科研任务，确定相应的岗位及岗位的职责要求。

2.分类设岗、分类管理

高校学术发展的任务是多样的，十分繁杂，不同的岗位有不同的侧重点和要求。教师的专业发展也是多样的，不同的教师发展的方向不一样，能力、水平也不一样。因此，岗位可以分类设置，如设置教学科研岗位、专任教学岗位和专任科研岗位，实行分类管理。教学科研岗位教师承担教学和科研双重任务；专任教学岗位、专任科研岗位教师的任务分别以教学、科研为主；所有教师原则上都应承担社会服务工作。

3.设置流动编制、流动岗位

由于高校岗位的多样性，有些岗位并不一定需要一个全职人员，因此，可以设置流动岗位，如讲授某门课程，指导本科生和研究生，参与某项科学研究等。设置流动岗位至少有以下好处：吸引校外高水平的学者、管理人员来校任教，以提高学术水平，推进学术发展；促进学校的开放，加强与社会的广泛交流，以保持学术发展的活力；节约成本、开支，提高学校办学效率。

二 学术职业与"准入"制度

如前所述，学术职业需要学术研究和教育研究。学术研究是人类对未知领域的探索，是超越自身的当下而在精神层面掌握境界的方式。学术的意义，在于对人类知识和思想有所传承，有所发现，需要有思想的创新；学术需要对前人知识和理论有所继承，有所发展，需要有理论的创造。教育是"一棵树摇动另一棵树，一片云推动另一片云，一个灵魂撞击另一个灵魂"。教育研究要探索教育和教学规律，要深入学生的心灵，尊重学生、爱护学生、关心学生，对学生的全面发展负责。因此，高校教师要有对人类智慧活动的不懈追求和执着信念，全心全意献身科学的精神；要有高尚的品德，要有爱心，要有智慧，要用自己的整个生命去对待学生。因此，不是每个人都能从事高校教师这一学术职业。我国高校教师聘任制度设计中存在的主要问题之一是缺乏"准入"制度，不管什么人，只要进了高校，就可以成为高校的"永久"教师，除非犯严重错误或自己不愿意干，否则就可以不离开高校。要解决这一问题，就必须参照美国等国家高校的办法，建立"准入"制度，大约有5—7年时间，这段时期属于"准入期"（即有固定期限聘任期），在此期间，一方面教师提高自己、认识自己，看看自己是否适合高校的工作；另一方面学校可以考察、了解教师，看看这位教师是否适合长期在高校教师岗位上工作，从而双方达成某种共识。因此，实行"准入"制度，应从以下方面着手。

1. 将"有固定期限"聘任和"无固定期限"聘任作为一种制度设计

高校应根据学术职业的特点，基于"建立学术生涯早期的竞争淘汰与晚期的职业保护相结合的用人机制"的思想，进行高校教师聘任制度设计。将聘任期限分为"有固定期限"与"无固定期限"是一种制度选择。明确将"有固定期限"作为"准入期"，准入期内，经过竞争，适合学术生涯者转入"无固定聘期"，可以工作到退休为止，不适应者则淘汰之。由于学术职业自身的特性以及从事学术职业者职业转换的可能性小，因此，对于适合而又愿意从事学术职业者，则应转入"无固定期限"聘任，使之全身心地投入教学、科研工作，并在专业上不断发展、成熟。

2. 有固定期限内聘任实行有限聘期

将有固定期限聘任作为"准入期"，应建立相应的制度。制度之一是有固定期限内聘任实行有限聘期。如有固定期限的教师在助教岗位上只设一个聘期，一个聘期后（或聘期中）能晋升讲师者，则进入新的有固定期限聘任，不能晋升讲师者，则结束"准入期"，在校内外去应聘其他职业岗位；在讲师岗位上至多有两个聘期，期间能晋升副教授者，则进入新的聘任期，不能晋升副教授者，则结束"准入期"，另谋职业；在副教授岗位上的聘期，应根据不同层次学校、不同性质学科而设计不同的聘任方式，有的可以作为无固定期限聘任，有的则仍按有固定期限聘任，要根据具体情况而定。

3. 对于"准入期"（有固定期限聘任期）内聘任应有相应的规定

为保证教师的合法权益，对"准入期"内聘任应建立相应的制度，如有固定期限聘任一个聘期一般为 3 年；聘期内与无固定期限聘任教师在教学、科研、社会服务等方面享有同等的权利，应尽同样的义务；对于"准入期"聘任结束而不能进入无固定期限聘任者，应给予一定的经济补偿(如发给一年的工资)，为其寻找新的工作岗位作准备。

三　学术自由与评价考核制度

对教师的评价考核是教师聘任制的重要环节，只有在对教师进行科学、合理的评价考核基础上，才能进行客观、公正的聘任。教师评价考核的作用主要表现在：为聘任、续聘、晋升、调薪和奖惩提供依据；帮助教师改进工作方式和思路，促进专业发展；为教师的合理培养和使用提供依据。教师工作主要是学术工作，学术自由是其内在逻辑，教师评价考核制度的建立一定要考虑学术职业的特点，遵循学术自由的原则。我国高校教师评价考核制度中存在的主要问题是：没有考虑学术性特征，在评价指标上重数量不重质量，重投入不重产出，重近期不重长远；在评价考核过程中，以行政权力代替学术权力，或行政权力与学术权力混合使用，削弱了学术权力；评价指标刚性有余，柔性不足，往往扼杀了"大器晚成"的拔尖创新人才。根据学术自由的原则，教师评价考核制度设计应把握以下几点：

1. 采用发展性评价

评价的方式有多种多样，其中发展性评价比较适合学术性评价。不管采用何种评价方式，目的都在于推进学校和教师发展。学校发展有效率目标和学术目标，其中学术目标是高校必须坚守的生命线。注重学术目标，则要求在教师评价中，充分尊重学术活动的复杂性和创造性；关心教师个人的发展，通过促进教师的专业发展，提高每个教师的学术产出能力以增强高校的学术创造力，将"为大学"和"为教师"这两个方面统一起来。[1]学术评价必须遵循学术自由的原则，"发展性评价方法有一个一贯的原则，

---

[1]　郭卉：《聘任制中的教师工作评价：对价值冲突的思考与回应》，《高等教育研究》2003年第 5 期。

那就是管理者必须乐意放松对教师评价过程的控制"①。发展性评价方法注重教师的潜力和今后可能的进步；在评价中，学校管理者是咨询者和帮助者，教师是积极的学习者。发展性评价中，还要考虑评价的原则性和灵活性相结合，如应制定适合奇才、怪才的评价标准，免去优秀教师的年度考核等，使优秀人才能够得到自由而充分的发展。

2. 多种评价主体共同进行评价

在对教师的评价中，评价主体主要有教师、学生、同行、学校行政。各种不同评价主体，可以从不同的视角，对教师进行评价，将其综合起来，就会比较全面。教师本人最了解自己的情况，可以充分展现自己的学术业绩，但往往容易对自己的业绩看得比较重；学生是教师服务的对象，最能切身感受教师的学术水平和学术能力，但往往有的学生可能存在一些片面性；同行评价是评价教师学术水平的国际通则，最能在本学科内通过比较来评价教师的学术水平和学术贡献，但可能存在"关系"影响；学校行政（包括校、院、系）可以从教师对学校、学科发展的贡献，教师的现实表现来进行评价，能够较好地从宏观上加以把握，但可能出现行政性评价影响学术性评价的现象。因此，在对教师的评价中，要将四种评价综合起来，并逐步改进每种评价方式，如同行评价中，引入外部同行评议机制、实行匿名评审等。

3. 保证学术评议的独立性

在教师的晋升、聘任中，对教师的评价虽然要考虑多种评价主体的评价，但最终是由学术评议机构综合多方评价决定的。因此，学术评议机构十分重要。学术评价的独立性取决于学术评议机构的独立性。我国高校目前的学术评议机构多为校、院（系）两级学术委员会和学科群的学术评议小组。这些机构的成员绝大多数为"双肩挑"人员（即既是教授，又担负行政工作），具有教授和行政人员的双重身份。教授身份要求委员从维护学术利益，发扬学术自由精神出发观察和处理问题，在评价时要做到学术

---

① W. Legate Nolte & R. Schaus, "Faculty evaluation, protfolio development, and accreditation: walking the tightrope", *Walking the Tightrope: The Balance Between Innovation and Leadership, Proceedings of the Annual International Conference of the Chair Academy*. Reno, NV, February 12–15. (ERIC Document Reproduction Service No. ED407011), 1997. 6.

优先，如实评议教师的学术水平是否达到应有的标准；行政人员身份则可能使委员不只考虑学术的需要和学术水平，而更多地考虑自己所管辖范围内教师的利益，为院系争取利益等行政管理的需要，或用行政而非学术的要求来评价教师。这种学术评价机构严重影响了学术评价的公正性、科学性，因此，应对学术评价机构进行改进。院（系）学术评价可由院（系）教授会负责，教授会组成人员可以包括全体教师，但有权评议教授申请人的只能是教授级别的教师。校学术委员和学科群评议小组则应扩大没有担任行政职务教授的参与面，使之占到 50% 以上。

四　学术平等与聘任合同制

订立聘任合同是教师聘任的核心环节。教师聘任合同制的本质内容，就是将原有的计划调节教师劳动力资源的体制，改为运用市场机制调节和配置师资，从而调整教师与政府之间、教师与学校之间、教师与教师之间的利益关系。实施教师聘任合同制的核心，就是要把教师推入师资市场，通过应聘和与校长签订聘任合同的平等的双向选择过程，参与师资市场的竞争。[1] 因此，教师聘任合同作为规范聘任双方权利、义务关系的法律文本，是教师聘任制的基石和载体。由于教师聘任合同规定了聘任主体之间的权利和义务，因此当双方发生争议时，就可以根据聘任合同的条款，合理解决双方之间的纠纷。这对于保护学校和教师双方的合法权益，促进人才的合理流动，实现教师的优化组合，激发学校内部的活力都有重要的意义。高校教师聘任合同所规定的主要内容是：关于合同双方的权利和义务；关于教师的岗位职责；工作任务任期目标；关于合同变更与合同解除；关于合同争议的解决；合同期限、合同的终止、合同的续订、经济补偿、违约责任等。我国高校教师聘任制在聘任合同方面存在的主要问题有：学校和教师的权利义务规定不对等，体现学校的权利多，规定教师的义务多，不能完全体现教师与学校之间平等的法律关系；聘任合同对学校和教师双方的权利、义务和职责的规定不明确、不具体，无法产生强硬的法律

---

① 刘志毅：《关于实行教师聘任合同制的思考》，《中国党政干部论坛》2005 年第 9 期。

效力，制约机制松散、软弱；教师聘任合同文本不规范、不统一，学校和教师双方的"合同"意识不强。高校教师聘任制中的聘任合同设计应把握以下几点：

1. 集体合同与契约合同相结合

在教师聘任中，学校和教师之间在法律上是一种平等的关系，学术上也是平等的关系。但在实施过程中，学校方往往处于强势，教师方往往处于弱势。靠单个的教师很难改变这种状况，解决这个问题的办法之一是签订集体合同和契约合同两份合同。集体合同是由教师工会或由教师代表组成的其他机构，与学校决策机构签订，内容主要是构架教师聘任的一般条件。在签订的过程中，教师和校方可以通过"集体谈判"的方式，就聘任过程中校方和教师的权利、义务等问题，进行充分协商，取得共识。这样，避免由校方单方面决定一些重大问题，也可以更加明确校方的义务，教师的权利。契约合同则由教师和校长签订，合同中明确双方的职责和权利，明确对教师的工作要求、生活待遇、工作年限等，明确校方应提供的条件，应尽的具体义务。

2. 依法规范教师聘用合同

聘用合同是一种法律文本，在聘任制下，学校和教师是一种法律关系（在学界有的认为是行政法律关系，有的认为是民事法律关系）。因此，要依法规范教师聘用合同。首先，要依法规约双方的权利和义务。权利是指双方按照法律、合同的有关规定，可作或不作某种行为，也可以要求另一方作或不作某种行为。义务是指法律、合同规定的另一方必须履行的某种责任。义务是一种责任，也是一种约束，表现为负有义务的人必须做出一定行为或被禁止做出一定行为，以维护他方合法权益。在合同制订的过程中，要根据法律要求，认真分析学校和教师发展的目标，本着学术平等的原则，提出相应的条款。其次，对合同的期限、合同的变更、合同的解除、经济补偿、违约责任、合同争议的解决等，都应依法做出明确规定，内容界定清晰，一旦发生争议，依据合同即可解决问题。

3. 制定统一的教师聘任合同范本，规范教师聘任制

为了体现教师聘任合同的严肃性，便于各高校依法建立与教师平等的法律关系，需要制定统一的教师聘任合同范本，规范教师聘任制。教师聘

任合同至少应包括以下几方面的内容：学校和教师等当事人双方的基本情况；聘任合同的期限；被聘用教师工作内容或岗位职责；学校为教师提供的工作条件；教师的劳动报酬及其他福利待遇；合同变更、中止、终止、解除与延续等情况；有关争议处理；违约责任等事项。这个统一的合同范本，可以考虑由省级教育行政部门统一制定。

五　学术公正与争议处理

在教师聘任过程和聘后管理中，都可能出现教师之间、教师与学校（包括院系）之间的一些争议，如学术评议结果的公正性、学术成果的认定、聘任岗位是否合适、解聘原因的认识分歧、合同规定不明确引发的争议等等。这些争议，集中体现在学术公正上。有的争议由于没有及时得到调解、处理，以至一些教师上告、静坐、绝食，严重影响了教师聘任的实施和学校工作的开展。我国教师聘任中在争议处理方面存在的主要问题是：没有一个"中立"的、组织健全的争议处理机构；缺少敢于负责任、法律意识强、政策水平高的争议处理工作人员；争议处理程序不规范、工作不及时。

为解决教师聘任实施的争议处理问题，首先要建立和健全相应的机构，该机构要相对独立，参与人员要相对"中立"，是校方和教师都可以信赖的有一定权威的机构。其次，要制订相应的制度，使争议处理有章可循，使争议问题能够及时得到处理。再次，选拔和培养争议处理人员。争议的问题往往涉及教师的切身利益，或学校发展的利益；问题的解决比较困难，"公说公有理，婆说婆有理"；从弄清问题、提出解决问题的办法到双方接受处理意见，是一个艰难的过程，要花费大量的时间和精力。因此，需要选拔和培养懂法律、懂政策，办事公道、公正，敢于负责，热心公益事业的争议处理人员。

（原载《高等教育研究》2008年第10期，新华文摘转载）

以质量为核心的教学评估体系构建

——兼论我国本科教学工作水平评估

质量是高等学校的生命线，教学评估是教育教学过程中的一个重要环节，是保证和提高教育质量的重要措施。加深对教育评估目标、评估方式和评估过程中的突出问题的认识，形成促进教育质量提高的有效机制，是推动教学评估和高等教育健康发展的重要途径。本文围绕高等教育质量的特点，结合自己参加教学评估工作的体会，探讨如何以质量为核心，做好本科教学评估工作。

一　认识高等教育质量的特点

全面提高高等学校的教学质量和办学效益是开展教学评估的首要目的。这就要求我们必须首先认识高等教育质量的特点。高等教育质量具有与其他事物的质量显著不同的特点，认识其特点，是做好教学评估工作的前提。具体而言，高等教育质量突出表现出如下特点。

1. 多元性

1998 年首届世界高等教育大会通过的《21 世纪的高等教育：展望和行动世界宣言》指出："高等教育质量是一个多层面的概念，应包括高等教育的所有功能和活动：各种教学与学术计划、研究与学术成就；教学人员、学生、校舍、设施、设备、社区服务和学术环境等"，"高等教育的质量还应包括国际交往方面的工作：知识的交流、相互联网、教师和学生的流动以及国际研究项目等，当然也要注意本民族的文化价值和本国的情况"，应"考虑多样性和避免用统一的尺度来衡量高等教育质量"。① 概括来讲，高等教育质量主要包括人才培养质量、科学研究水平、社会服务贡献等，其中核心是人才培养质量。培养高质量的人才是高等教育的根本宗旨，是高等教育的出发点和落脚点。高等学校必须以人才培养为中心，开展教学、科学研究和社会服务。

2. 内生性

高等教育产品区别于其他产品的主要特点是产品"自己生产自己"。其他任何产品都不可能自己生产自己。正如中国高教学会周远清会长所说："学校主要是建设文化。"学生通过浸淫校园文化，学习文化知识，自己教育自己，自己培养自己，自己生产自己。我曾问过很多本科生，问大学四年给了他们什么，回答大都是"给了我机会"，"给了我发展的空间"，"给了我一把钥匙"等。人的生命价值在于以自然生命存在的事实为前提，不断地追求和创造价值。人的生成过程是一个渐变与突变、渐悟与顿悟统一的过程，是一个主体建构的过程，是一个"认识、感受、体验的过程，是一个再创造的过程"②，是一个不断超越的过程。

3. 多样化

社会系统是复杂的巨系统，对人才的需求千差万别，对质量的要求多种多样，这就要求各类人才的质量标准必须多样化，具有差异性。从学生的角度看，学习层次、学科门类和学科性质的不同，决定了衡量人才的质量标准不尽相同；学生的能力基础、性格特征、内在需求不同，所能达到的质量要求亦不同。有个说法认为，高等教育的质量是学生出校与入学之间的价值差，用公式表示即是：质量＝出校－入学（价值差或标准差）。诸多的因素使得高等教育质量呈现出多样化的特点。

4. 多视角

高等教育中包含着多元的利益主体，如国家、社会、高等教育机构和个人等。由于需求不同、价值观念不同，不同的主体从不同的角度对高等教育质量有着不同的价值诉求，形成了不同的质量观。根据高等教育满足

① 赵中建：《全球教育发展的研究热点——90 年代来自联合国教科文组织的报告》，教育科学出版社 1999 年版，第 422 页。

② 刘献君：《论加强文化素质教育与全面推进素质教育的关系》，《高等教育研究》1999年第 6 期。

需要对象的不同，高等教育质量观可大致分为内适性质量观、外适性质量观和个适性质量观三种。内适性质量观以知识本位的教育价值观为导向，强调高等学校作为学术机构存在的特性，强调大学的学术价值，重视学校系统的内在逻辑和对真理的追求精神，主张大学要从事高深学问研究、要培养和造就学术精英、要追求学术上的卓越，内适性质量观也被称为学术质量观。外适性质量观以社会本位的教育价值观为导向，强调高等教育满足社会需求的重要性，遵循市场逻辑，以国家、社会和市场需求为导向，强调高等教育要为所在国家和地区的经济和社会发展服务，并以满足外部社会需求的程度作为衡量高等教育质量高低的标准，外适性质量观也被称为技术质量观、工具性质量观。个适性质量观以学生本位的教育价值观为导向，强调以学生为中心，强调学生作为人的自主与独立性、完整性、自我指导性，强调学生个体自由发展与理智的训练、心智的发展和完善。学生作为自主的人在教育的培养下，满足受教育者个体的发展需要，个适性质量观也被称为人本质量观。坚守不同价值观的各利益主体之间力量的此消彼长，形成了高等教育质量的多样化形态。

面对高等教育质量所表现出来的上述诸特点，我们在开展教育评估的过程中，应着重把握好以下几方面的关系。

一是质量检测与质量保障的关系。教育质量的特点决定了教育评估更需要突出质量保障的作用，而非如其他产品一样，侧重于具体检测。

二是直接与间接的关系。高校中教师的劳动形式具有很强的独立性和个别性，对学生的教育教学也要因材施教才能促其个性发展，因而高校内部的教育教学规范带有一定的原则性和模糊性。学校的学术水平、社会贡献度以及学生的培养质量等，都不是一目了然的，只能通过间接的方式进行评估。因此，教育评估应主要是间接的，而不是直接的。

三是终结性评价与形成性评价的关系。形成性评价是指在教育活动进行过程中评价活动本身的效果，用以调解活动过程，保证教育目标实现而进行的价值判断；终结性评价是指在某项教育活动告一段落时，对最终成果做出价值判断。[①] 前者注重细节的分析，在于寻找原因，关注计划使用

---

① 金娣、王刚：《教育评价与测量》，教育科学出版社 2002 年版，第 16 页。

者的广泛经验，倾向于不考虑各个计划的自身效果；后者注重的是总结分析，提供描述性的信息，关注对效率的陈述并强调自身的效果。教育过程具有一定的周期性，教育结果的显现需要较长的时间，因此，要发挥教育评估促进提高教育质量的长效机制作用，应把握好形成性评价与终结性评价之间的关系。

四是监控与诊断的关系。教育评估的最终目的是促进学校教学质量的提高，因此，评估过程中既要有监控更要有诊断。所谓诊断性评价，是指在活动开始之前，为使其计划更加有效地实施而进行的评价，包括症状诊断和原因诊断。[①] 对本科教学质量进行诊断性评价，目的是为了寻找教学质量差的原因，诊断性评价的关键和核心是不仅重视诊断症状，而且重视指导和改进。教学评估专家组通过诊断性评价，可以发现被评估高校存在的教学质量问题，从而给出提高学校教学质量、促进学校发展的对策和建议。

二　确立教育评估的目标

目标是行动的方向。目标既是一种对活动主体及过程的"任务规范"，同时又是对行动理想及方向的一种指引，并使行动主体"最大限度地获得实现该理想的能力"。[②] 教育评估目标是实施本科教学评估的基础，缺乏明确的评估目标，就难以明确评估什么以及如何去评估。教育评估目标的确立，需要根据高等教育质量的特点，我国高等教育的发展阶段及面临的主要问题，社会问责情况等多方面的因素来确定。目标有近期和长远之分。就近期目标而言，教育评估要达到的具体目标有三个方面：推动政府教育主管部门和高等学校重视提高教育质量；努力改善办学条件，加强教学管理，提高教学质量；回答社会问责。同时，由于教育质量具有多元性、内生性等特征，高校需要自由探索的精神，高等教育以立足现实并追

---

① 刘本固：《教育评价的理论与实践》，浙江教育出版社 2000 年版，第 116 页。

② ［德］沃尔夫冈·布列钦卡：《教育科学的基本概念：分析、批判与建议》，胡劲松译，华东师范大学出版社 2001 年版，第 13 页。

求人类理想与长远利益为主旨，因此，高校评估还要有长远性的理想目标追求。

关于我国高校本科教学工作水平评估的目标，教育部的相关文件中明确指出，"通过水平评估进一步加强国家对高等学校教学工作的宏观管理和指导，促使各级教育主管部门重视和支持高等学校的教学工作，促使学校自觉地按照教育规律，不断明确办学指导思想、改善办学条件、加强教学基本建设、强化教学管理、深化教学改革、全面提高教学质量和办学效益。"同时，文件又指出，在评估过程中要坚持"以评促建、以评促改、以评促管、评建结合、重在建设"的方针。上述两者可视为本科教学评估近期目标和长远目标的结合。在评估指标体系中，既有"学校定位"、"办学思路"、"特色项目"等体现长远目标的指标，又有"师资队伍数量与结构"、"教学基本设施"、"教学经费"、"质量控制"等体现近期目标的指标。从现实情况看，现行的高校本科教学工作水平评估基本上达到了上述目标的要求，这具体表现在以下几个方面。

1. 推动了各高校系统地总结自己的发展历史，明确办学指导思想、定位和办学特色

这是新中国成立以来的第一次，所有的学校都认真总结自己的办学历史，都去明确自己的定位，总结自己的办学特色，具有历史意义。过去大家对这些思考不多，只有少数高校这么去做，现在高校要通过评估，就必须在评估指标体系的指导下，系统地总结自己的发展历史，明确学校的办学指导思想、定位和办学特色，这对于我国高等教育的长远发展具有非常重要的意义。

2. 确立了教学的中心地位，营造了全校都来关心教学、关心学生的良好局面和氛围，增强了学校的凝聚力

师生的凝聚力是学校发展强有力的推动力，是学校综合办学实力的主要支撑部分，永远是学校发展中的一个根本问题、一项核心的工作。通过评估，全校上下围绕教育质量这项学校最根本的任务、最主要的工作，回顾学校的过去、展望学校的未来，发现问题、分析问题、齐心协力去解决问题，使学校面貌发生了明显的变化，在这一过程中，师生的凝聚力得以增强。不少学校的领导，面对师生员工如此高昂的工作热情、扎扎实实的

工作态度、夜以继日的工作精神，感动得泪流满面。

3. 大大加强了教学基本建设，改善了办学条件

因为评估指标对教学条件有明确的要求，在评估过程中都要一一对照，这促使高校努力去达到要求。通过教学评估，各高校的教学基本建设普遍得到了加强，办学条件不断改善。例如，广东外语外贸大学在 2003 年的评估中，专家组指出，该校部分专业，特别是新办专业存在职称结构、学历结构等不尽合理，高层次学科带头人较为缺乏等问题。该校积极采取措施进行整改：与前一学年相比，2003—2004 学年，该校引进高层次人才 34 人，教师总人数从 739 人增加到 820 人，增长 11%；具有教授职称的教师占教师总数的比例从 7.8% 提高到 12%；具有研究生学历教师的比例从 59.1% 提高到 67.3%，其中具有博士学位教师的比例从 8.5% 提高到 12.7%。一般图书藏书量达到 135 万册，同比增加 10 万册；电子图书达到 7262 万册，同比增加 1020 万册。教学、科研仪器设备资产总值达到 6137 万元，新增 1610 万元。2004 年学校共获省部级科研立项项目 7 个，与 2003 年相比增幅达 40%。2003—2004 学年全校共出版各类学术著作 144 部，同比增长 35.8%；在核心期刊发表学术论文 252 篇，同比增长 21.7%。[①]

4. 各项教学制度基本建立，校内教学质量监控体系基本形成

制度带有规制性，它给人们的行为规定了边界，告诉人们能够干什么，不能干什么，正因为如此，制度可以使人们的行为达到预期的结果。高校的所有工作，如师资队伍建设、教学条件与利用、专业建设、教学管理、学风、教学效率等，都需要靠制度来保证。教学评估的目的之一，就是要督促高校建立起规范、完整的教学管理制度，使之符合教育的内在规律、学校战略发展的方向和学生的实际情况。从现实情况看，被评估的高校普遍建立了各项教学制度，校内教学质量监控体系也基本形成。如 2000 年合并组建的武汉理工大学，在面临着校区多、办学资源分散、专业雷同多、办学理念多元化等一系列问题的情况下，顺应高等教育发展的新形势，以合并前三校实施的教学巡视员、教学咨询专家和教学督导制度

---

① 《评估促建设　高校变化多》，《中国教育报》2006 年 1 月 23 日。

为基础，构建了以督导和评估为主要手段，以全员性、全方位、全过程为主要特征的教学质量监控体系并组织实施，保证了学校教学秩序的稳定和教学质量的不断提高。①

5. 在高等教育大发展时期基本保证了教学质量

在我国高等教育从精英阶段向大众化阶段过渡的过程中，高等教育的入学人数持续攀升，从 1998 年的 108 万人增加到 2006 年的 540 万人，短短的几年时间内，在校生规模增长了 4 倍。规模的急剧扩张带来了一系列的问题。如在接受教学评估前，有的学校两三个年轻教师就敢办一个专业，教几百名学生；更有甚者，有的高校的计算机专业，仅有几台老式计算机。可想而知，如果没有教育部组织的本科教学评估，高等教育大众化以后，本科教学质量将会呈现出一种什么样的状况。从世界各国的情况看，在高等教育大发展时期，政府、社会都十分重视评估。以美国为例，20 世纪初美国高等教育大发展，这时，他们开展了长达 30 年的院校调查运动。1905 年，卡内基捐款 1000 万美元建立卡内基教育促进会，开展的第一个项目就是调查院校的教学质量和管理效率并公之于众。1910 年，联邦和州政府对院校教学质量进行普查，1912 年公布普查结果。政府、社会中介组织对高等学校教育质量的普查，对美国高等学校产生了深刻的影响。例如，弗莱克斯纳调查了北美 155 所医学院，并撰写了《美国、加拿大的医学教育》的调查报告。他发现美国当时的 147 所医学院中，有 137 所没有实行或不要求入学考试，139 所请当地医生做教师，139 所缺少设备，实验课质量低下，140 所图书资料不足或没有图书资料。② 报告立刻引起轰动。在调查期间就有 20 所医学院宁愿就地关门也不愿暴露于众，尔后又有许多医学院自行关门，到 1920 年美国就只剩下 85 所医学院了。③

---

① 张安富、赵玉林：《督评结合　多元协同　有效实施教学质量控制》，高等教育发展与评估学术论坛论文集，2007 年 5 月，第 28—32 页。

② Satah B. Lindquist, "A profile of institutional researchers from AIR national membership surveys", Martin Peterson & Mary Corcoran. *Institutional Research in Transition (New Directions for Institutional Research,* No. 104.), San Francisco: Jossy–Bass. *Chronicle of Higher Education* (2000), Almanac Issue, 2001: p.18.

③ John Brubacher & Willis Rudy, *Higher Education in Transition: a History of American College and Universities 1636—1976,* New York: Harper & Row, 1976, p.207.

三　选择合适的评估模式

不同的评估取向支配或决定着评估的具体模式和操作取向。从取向的维度，我们可以把历史上出现过的教育评估归纳为四种模式，即目标取向的教育评估、过程取向的教育评估、主体取向的教育评估和主体间和谐发展的教育评估。

1.目标取向的教育评估

目标取向的教育评估模式也被称为泰勒模式（Tyler Mode），是由美国著名学者泰勒（R.W. Tyler）在 20 世纪 30 年代提出来的。该模式以目标作为评估的根本依据，把目标细化为评估指标，然后根据细化后的评估指标，对评估对象进行评估。泰勒认为，"在本质上，教育评价过程乃是一种测量课程和教育方案在多大程度上达到了教育目标的过程。"[①] 目标取向的教育评估是受"科技理性"或"工具理性"支配的，其核心是追求对被评价对象的有效控制和改进。[②] 该模式的显著特点是：自上而下、外在的鉴定式和强制性促进发展。它符合教育研究科学化的潮流，符合工业社会的效率原则，推进了教育评估科学化的进程，加之操作流程相对简单，因而长期在教育评估实践中处于支配地位。但这种评估模式的缺陷在于，它回避了教育的价值问题，忽略了人的主体性、创造性和不可预测性，只重视对结果的评价而忽略了过程本身的价值，从而造成评估过程的双重分离，即评估主体与评估客体的分离、评估标准与评估情景的分离。20 世纪 60 年代后，目标取向的教育评估模式不断受到挑战。

2.过程取向的教育评估

从克龙巴赫（L. J. Gronbach）开始，教育评估学界就试图突破把评估仅仅看成总结性评估的狭隘观点，强调形成性评估的地位和作用。克龙巴赫强调："评估能完成的最大贡献是确定教程需要改进的地方"，他认为教育评估是"为获得教育活动的决策资料，对参与教育活动的各个部分的状

---

① 　王致和：《高等学校教育评估》，北京大学出版社 1995 年版，第 18 页。
② 　李雁冰：《课程评价论》，上海教育出版社 2002 年版，第 59 页。

态、机能、成果等情报进行收集、整理和提供的过程"。[①] 斯塔弗尔比姆（D. L .Stufflebeam）也提出，"评估是一种划定、获取和提供叙述性和判断性信息的过程。这些信息涉及研究对象的目标、设计、实施和影响的价值及优缺点，以便指导如何决策，满足教学效能核定的需要，并增加对研究对象的了解"。过程取向的教育评估把教育过程的全部情况纳入教育评估范围，借助形成性评估形式，通过形成性评估提供的有用信息，推动被评估者的发展。该评估模式在本质上是受"实践理性"支配的，它强调评估者和被评估者的交互作用，强调评估者对评估情景的理解，强调评估过程本身的价值。其优点是关注过程的变化，寻找变化的原因，但这种评估仍然没有完全冲破目标取向下的评估的框架。

3. 主体取向的教育评估

主体取向的教育评估强调，评估不是依靠外部力量的控制和推动，而是每个主体通过对自己行为的"反省"获得主动发展，主体的发展由自己主宰，主体是"自主"与"责任"的统一。主体取向的教育评价在本质上受"解放理性"支配，它倡导对评价情景的理解而不是控制，它以人的自由与解放作为评价的根本鹄的。[②] 该评估模式的优点在于，注重被评估者的自我评估，注重发挥被评估者的主体意识，增强被评估者对评估的参与感和自我体验。但这种模式的评估强调的是单极主体取向下的教育评估，仅仅强调促进被评估者个性的充分发展。

4. 主体间和谐发展的教育评估

主体间和谐发展的教育评估，强调教育评估是评估者与被评估者双方共同建构意义的过程。在评估过程中，评估者与被评估者是一种"交互主体的"关系，评估过程是一种民主参与、协商和交往的过程。在评估双方平等、互融的基础上，通过评估双方的共同建构，最终实现主体间的和谐发展。该评估模式的显著优点在于，评估者与被评估者都处于发展中。但其对评估双方的评估能力都有较高的要求，在实施上具有一定的难度。

上述四种教育评估模式体现了评估的发展过程，逐步趋于完善，各有

---

① 瞿葆奎：《教育学文集·教育评价》，人民教育出版社 1988 年版，第 160 页。

② 李雁冰：《课程评价论》，上海教育出版社 2002 年版，第 60—61 页。

优劣。可以根据不同的评估需要，如追求卓越、目标达成、客户需要等，相应采取不同的评估模式。这次全国高校本科教学工作水平评估基本上属于第四种评估模式，即强调主体间的和谐发展。这是因为，"二十字方针"明确提出了评估重在建设；在评估过程中突出各校的自评，并将之作为评估的基础；强调"评估一所学校，研究一所学校，学习一所学校"[1]；重视通过管理咨询，共同促进学校的发展。例如，在对青岛大学进行评估的过程中，评估专家对学校进行了管理咨询，在总结青岛大学"并校—融合—发展"的历程、经验的基础上，专家组提出，"今后学校主要的任务是提高，全面提高"。在对吉首大学的评估过程中，该校校长提出，"现有的大学分类都不适合吉首大学发展的实际"，于是专家组就提出了"建设教学服务型大学"的咨询建议。中北大学从20世纪80年代开始就重视科研，正因为重视科研比较早，该校的科研力量比较强，获得了国家奖，但其他方面均与国家奖无缘，对此，专家组提出学校应"从重视科研到重视学科建设"。西北工业大学在1999年之前资金匮乏，但随着国家国防政策的改变，现在的资金来源非常丰富，为此专家组提出，学校要"立足国防，超越国防"。

四　研究评估过程中的突出问题，推进本科教学评估健康发展

要切实推进我国高校本科教学评估工作的健康发展，我认为有以下几个突出问题需要深入研究和解决。

1.分类指导

强调采取分层分类评估，是由我国高等教育发展格局的多样性、复杂性和层次性所决定的。不同层次的学校，办学水平不一、面临的问题不一、只有强化分层分类指导，采用不同的评估标准，才能切实促进高校准确定位、办出特色。仅从学费占学校总收入的比例一项，就可以清楚地看

① 刘献君：《高等教育质量：本科教学评估的落脚点——对我国本科教学评估的几点思考》，《高等教育研究》2006年第9期。

出我国各高校之间存在的巨大差距。如有的大学的学费占学校总收入的比例不到 10%，有的大学在 30% 左右，有的大学则超过 50%。由资源依赖理论可知，学费占办学经费的比例，直接决定着学校可能的办学方式。因此，在下一轮本科教学评估中要加强分类指导。正如周远清同志所说的，"评估的时候，包括评估的指标要求、甚至评估的内容和方法、结果都应分层次进行，避免用相同的要求把全国的大学办成一个大一统的高等教育"[①]。

2. 评估技术研发

目前评估中"优"过多，软指标难以把握，重要原因之一是对评估技术研发不够。首先，如何将评估指标，特别是软指标操作化。我们可以把本科教学评估中的 19 个二级指标划分为三类：硬指标，如校舍状况、实验室状况、四项经费占学费收入的比例、图书馆状况等；软指标，如学校定位、办学思路、思想道德修养等；不硬不软的指标，如主讲教师、毕业论文或毕业设计、基本理论与基本技能等。上述三类指标中的硬指标比较好衡量，但软指标却很难衡量，如思想道德修养，评估至今，只有一所学校在这方面没有被评为优。其次，如何科学地做出结论。现有的评估结论讲优点居多，指出缺点较少。因此，在今后的本科教学评估过程中，需要进一步加强评估技术的研发工作。

3. 评估数据库的建立

我们在进行本科教学评估以及在进行院校研究的过程中，碰到的最大问题就是分析数据库的建立。评估指标的衡量，是建立在充分可靠的数据基础上的，通过数据发现问题、研究问题、解决问题。但我们在评估数据方面还存在诸多问题，突出表现为：（1）分散，各高校职能部门，如教务处、人事处、学校办公室等都有自己的数据库，即便是最简单的学生人数，很多高校都没有一个准确的数字；（2）不统一，主要是统计口径不一，如学生人数包不包括专科生、网络生的数目，各高校并没有一个统一的口径；（3）变相作假，如在对学校的兼职教师数、教师中博士比例等指标的统计中，有些学校把兼职教师数无根据地扩大，把在职读博士的教师

---

① 周远清：《建立符合中国国情的评估体系》，《中国大学教学》2004 年第 7 期。

算做拥有博士学位的教师，等等；(4) 保密，不公开。因此，不论是国家层面还是高校层面都需要加大力度，建立健全的分析数据库。这是教育评估得以有效开展并发挥积极作用的基础和前提。

4. 隐性成本过大

成本是经济学中的概念，指从事一项投资计划所消耗的全部资源的总和。教育评估过程中也存在"成本—收益"的问题。教育评估成本指为开展评估所消耗的全部资源的总和。根据不同的分类标准，可以把成本划分为不同的类别。按照评估成本的表现形式，可以将评估成本划分为：显性成本，也称直接成本，指进行评估活动所需要直接支出的经费；隐性成本，也称间接成本，指不以货币形式支付的评估成本，不仅包括所有的非货币形式的人力、物力和政策支持，而且还包括为实施或接受教育评估所投入的机会成本。[①] 现在反映较多的是，评估的直接成本过高。事实上，更大的消耗则来自隐性成本。如有些高校为了取得好的评估成绩，要求过高、过繁，有的学校要求教师出 4 套考试题，有的学校对师生员工进行紧急动员和培训，要求以规定的标准答案应对评估专家。另外，评估环节过多，很多学校在正式评估之前进行预评估，以求在专家进校正式评估时使学校的整体运行状态跃至最佳。这不仅违背了教育评估的初衷，也增加了评估的成本。

5. 教育管理咨询

教育评估不仅仅是给出结论，更主要的是要对问题进行诊断，所以我们要倡导教育管理咨询。所谓高校管理咨询，主要是指咨询专家根据客户高校生存和发展的要求，以及通过对国内外环境及客户高校状况的调查研究所掌握的信息，为学校管理提供对策建议。管理咨询一般包括五个阶段：与客户建立联系→进入客户组织→资料数据分析与诊断→方案设计与改进→辅助实施。管理咨询分为外部的管理咨询和内部的管理咨询：前者主要以校外的咨询专家或咨询公司为主体来开展；后者主要是由校内的某一部门或团体来开展，如院校研究机构。在国外，教育管理咨询主要由专

---

① 罗慧、黄新斌、肖胜旗：《我国高等教育评估的成本与效益研究》，《湖南广播电视大学学报》2006 年第 4 期。

门的公司来承担，其服务的主要内容包括为高校制订战略规划，为高校制定校内管理体制改革方案，进行重大项目的评估等。在我国，教育管理咨询才刚刚开始，现在我们主要是通过院校研究来推动教育管理咨询。高校管理咨询对于高等教育的发展有着非常重要的作用，因此，我们要倡导在评估过程中开展管理咨询，并且通过评估使我们的评估专家学会进行管理咨询。

6."先天器质性"问题

任何事情都有利有弊。世界上没有绝对的好的事，也没有绝对的坏的事。同样，教育评估中也有一些与生俱来的"先天器质性"问题。如评估统一指标与发挥教师的创造性问题，教师的工作具有创造性，但是评估必须有一个统一指标来进行，这就存在一个不可避免的矛盾；又如，学生掌握知识与发展智慧的矛盾；评估在无形中加大了学校领导、教师和职员的工作量；评估会导致学校过分关注资源的标准，等等。这些问题都需要我们认真思考，妥善处理，努力使评估的"利"最大限度得以发挥，而将其"弊"减至最低程度。

（原载《高等教育研究》2007年第7期，新华文摘全文转载）

高等学校本科教学评估的成效、问题与改进对策

　　2003 年至 2008 年，教育部统一组织，对全国 2001 年前取得本科学位授予资格的 589 所高等学校进行本科教学工作水平评估。本轮评估是我国高等教育史上参与人数最多、涉及面最广、影响力最大的一次评估。近千万名师生员工参与评建工作，包括两院院士、大学领导、境内外知名学者在内的评估专家进校考察高校本科教学工作 7000 多人次；在评估过程中，专家听课 5 万多门次，审阅学生试卷和毕业论文（设计）10 多万份，进行学生基本技能测试 6000 余次；召开各类座谈会、研讨会 400 多次，走访高校院、系及职能部门 1 万多个。本轮评估是对高校办学思想、办学模式以及建设高等教育质量保障体系进行的重要探索，影响深远。但是，与以往教育部组织的评估相比，社会各界对本轮评估的评价争论也是最激烈的。对这样一件中国高等教育史上的大事，如何以科学的态度，对其进行客观的、实事求是的总结，具有重大的意义与价值。

　　为此"2003—2008 年普通高等学校本科教学工作水平评估工作研究"课题组对本轮评估开展了研究。2009 年 10 月至 2010 年 2 月，课题组成员在查阅 200 多万字有关评估资料的基础上，分赴北京、上海、辽宁、陕西、广东等 13 个省市，访谈教育厅领导、高教处处长；深入近 50 所大学，访问 100 余位大学领导、40 余位教务处长、30 余位评估专家；召开教师和学生座谈会 20 场，200 余位教师、学生参与座谈、讨论。此外，全国 70 余所高校应邀参加对本校评估的总结分析，其中 32 所学校向课题组提供了文字材料。同时，本研究还参考了以中山大学李延保教授为组长的评估成效分析课题组的研究材料（以下简称中山大学课题组）；以复旦大学

孙莱祥教授为组长的评估研究课题组研究材料（以下简称复旦大学课题组）；以华中科技大学刘献君教授为组长的"中国高等教育本科教学评估的回顾与经验研究"课题组的研究材料以及相关研究资料。本研究在已有相关研究的基础上，本着实事求是的原则，运用实证研究与质性研究相结合的方法，深入分析、总结本轮评估的发生背景、过程、成效、经验以及存在的问题，并为今后评估工作的开展提供参考建议。课题组撰写了近30万字的研究报告。本文为本轮评估有关成效、问题及改进对策方面的内容。

一　教学评估的成效分析

本轮评估是在我国高等教育步入大众化阶段背景下展开的，对于保证高等教育质量、探索具有中国特色的高等教育质量保障体系具有历史性意义。评估成效体现在以下六个方面。

1.推进学校转变办学指导思想，确立本科教育基础地位。

在高等教育大众化、国际化、信息化的背景下，高等学校教育教学管理面临很多新情况、新问题，致使高校本科教学基础地位受到动摇。本轮评估旨在从转变教育思想观念、增加教学经费投入、促进教师重视教学、营造全员关心教学、关心学生的良好氛围等方面，推进学校转变办学指导思想，确立本科教育基础地位。

（1）转变教育思想观念

参评高校依据《评估方案》中"转变教育思想观念、确立教学中心地位"等相关规定的要求，广泛开展教育思想讨论。通过讨论，高校进一步加深了对培养高素质人才的重要性和教学中心地位的认识。在复旦大学课题组对上海、武汉、大连三个地区不同类型的高校领导、有关部门负责人、院系负责人、评估专家、知名教授等的调研中，58.71%的调查对象认为，本轮评估对提高本科教学基础地位有显著的促进作用。高校普遍将本科教学作为"一把手"工程，党委书记、校长亲自抓，并采取了如建立教学会议制度，学校领导坚持深入教学一线、带头开展教学研究，以研究成果指导教学实践等一系列措施，加强本科教学基础地位。

（2）增加教学经费投入

本轮评估推动政府、学校重视学校办学经费的投入，特别是强调学校内部经费的分配重点向教学倾斜。一方面，促进了各级政府逐年加大对学校办学经费的投入。大众化初期，国家财政性教育经费占普通高等学校总经费的比重逐年下降，2000年为58.16%，2006年降至42.86%。虽然，政府对高校办学经费的投入至今仍不能令人满意，但增长的幅度伴随评估的深入有较大提高。如，2008年全国教育经费为14500.74亿元，比2007年的12148.07亿元增长19.37%。其中，国家财政性教育经费10449.63亿元，比2007年的8280.21亿元增长26.20%。高等学校生均预算内教育事业费2008年比2007年全国平均增长15.76%。评估实施的几年也是在校学生较大幅度增长的时期，但从2006年起，在在校学生继续增长的情况下，生均经费开始逐年增加，到2008年生均经费达7577.71元。

与此同时，高校作为办学的主体，在评估的推动下，千方百计开源节流、筹集资金。例如，通过争取国家各项专项资金、校办产业、后勤服务、社会服务、企业和校友捐赠等方式，筹集办学经费。参评高校根据《评估方案》中对四项经费（本专科业务费、教学差旅费、体育维持费、教学仪器设备维修费）占学费收入的比例要求，优化经费支出结构、控制行政经费支出，优先安排教学经费，增加对教学经费投入。通过评估，高校四项经费占学费收入的比例逐年增加（见表1），基本保证了教学经费的需求。

表1 部分高等学校四项经费投入占当年学费的比例

（单位：%）

学校名称	2004年	2005年	2006年
北京大学	32.50	35.50	41.20
清华大学	41.13	42.57	45.64
复旦大学	40.53	46.32	52.07
北京科技大学	28.8	31.60	32.30
北京理工大学	27.35	31.94	34.89
上海财经大学	26.83	32.25	35.48

续表

学校名称	2004 年	2005 年	2006 年
北京中医药大学	25.83	27.09	30.34
中国海洋大学	32.67	35.12	38.33
北京体育大学	34.27	38.37	45.24
华南理工大学	26.47	29.03	31.77
中国政法大学	28.85	31.19	32.01
青海大学	25.88	26.84	29.47
宁夏大学	25.19	30.61	37.65
中央美术学院	28.55	33.18	37.35
中央戏剧学院	30.56	32.15	40.77
河北大学	30.10	30.46	31.22
延安大学	28.20	30.11	33.06
山东理工大学	27.43	30.16	31.62
淮海工学院	25.81	28.44	33.37
喀什师范学院	15.02	18.38	23.49
新疆财经大学	20.25	25.10	30.33

资料来源：根据 2007 年部分参评高校自评报告数据整理。

（3）促进教师重视本科教学

为了提高本科教学质量，确保本科教学的中心地位，本轮评估通过《评估方案》的指导，进一步促进教师重视本科教学。首先，教授、副教授给本科生上课的比例逐渐增加。一方面学校把教授、副教授给本科生上课作为制度予以规范；另一方面，创造条件让教授、副教授走进本科生课堂。通过评估，教授、副教授给本科生上课所占比例逐年提高（见表 2）。其二，实行本科生导师制。部分高校为了加强对本科生思想、学习和生活的指导，以制度的形式规定专任教师负责指导一定数量的本科生。其三，以科研促教学。许多学校通过"科研成果进课堂、科研实践促成长、科研经费助教学、科研协作搭桥梁"等方式，以科研促进教学。

表2　部分高等学校教授、副教授为本科生上课所占比例

（单位：%）

学校名称	04—05 学年	05—06 学年	06—07 学年
浙江大学	75.48	81.99	85.90
西安交通大学	85.11	85.49	86.05
上海财经大学	96.80	97.30	98.00
中国政法大学	92.37	93.58	96.69
宁夏大学	95.00	95.50	99.09
青海大学	82.10	86.30	95.10
西藏大学	85.60	94.40	100.00
河北大学	96.20	96.10	99.60
深圳大学	95.32	95.83	100.00
中国药科大学	95.45	96.24	98.16
北京电影学院	95.00	99.00	100.00
中央美术学院	97.41	97.78	98.53
江西财经大学	97.70	98.10	98.80
吉林农业大学	97.05	99.32	100.00
长江大学	96.70	98.62	99.09
河南大学	94.15	95.02	95.01
广东商学院	96.94	97.18	97.23
广东海洋大学	97.00	95.60	97.80
广东工业大学	92.80	96.30	98.40
河北科技大学	96.46	97.78	100.00
海南师范大学	95.30	97.30	100.00

资料来源：根据 2007 年部分参评高校自评报告数据整理。

2. 推进学校总结过去、规划未来，走特色发展之路。

评估推动了参评高校总结过去、规划未来。这样全面的总结、规划，是近百年来中国高校发展史上的第一次，得到了师生的广泛认同。在调研中，一位校长深有感触地说："本轮评估促使我们认真总结了自己的办学历程，做了我们一直想做却没有做的一件关系学校发展前途的大事。"

（1）进一步明确学校的办学理念

总结办学历程、理顺办学思路的过程实际上是一个检验、凝炼办学思

285

想的过程，是一个逐步统一思想认识的过程，是一个教育思想建设的过程。中山大学课题组问卷调查结果显示：有69%的被调查者认为，本轮评估对于学校总结办学历史、理顺办学思路、凝炼办学特色作用显著。各高校根据自身的实际情况，开展研究和讨论，取得了显著成效："高水平大学进一步明确了办学指导思想和目标；发展基础较好、历史较长的高校进一步明确了办学理念；新建、合并高校进一步统一了办学思想，理顺了办学思路。"

（2）帮助高校准确定位

办好高校的前提和基础是高校的准确定位。尤其在社会竞争十分激烈的情况下，高校只有在社会发展中找到自己的空间，才能在竞争中立于不败之地。在评建过程中，各参评学校纷纷通过党代会、教代会、职代会、教学工作会议、学科建设会议以及各种专题会议等形式集思广益，依据本轮评估指标的要求，逐步形成具有时代特征和自身特色的办学定位，推动了学校自身的发展。通过对50余所接受访谈的高校材料的分析发现：本轮评估促进"985工程"、"211工程"等国家重点建设大学进一步明晰了自身社会职责，增强了历史使命感、为高校的全面建设与发展提供了指导；地方院校进一步增强了与区域经济发展的紧密联系，整体办学实力和社会声誉得到提高。同时，在办学定位的讨论与确立过程中，还涌现了一些创新，如提出教学服务型的大学定位，并从多方面探索了该类大学定位的内涵与制度等。

（3）总结和创建办学特色

在评估方案中，设定了"特色项目"，并明确规定，评估结论为优秀的学校必须"特色鲜明"，良好的学校必须有特色项目，从而推动了各参评学校认识、总结自身的办学特色，增强了特色意识。这是一项十分有价值的工作，对我国高等教育改革和发展具有深远的意义。在对102位国家级教学名师的问卷调查中，有78位教师认为，本轮评估极大地促进了参评学校凝炼办学特色。访谈结论亦显示，本轮评估促进了学校领导和教师进一步深入思考本校的办学特色、办学传统，发掘学校的个性特征。具体而言，促进有一定办学历史的大学，在原有基础上，创新观念，总结凝炼特色项目；帮助一些新建本科院校，集思广益、明确创建特色的方向、提出特色项目。

3.推进学校大力改善教学基础设施和基本条件，提供良好的育人环境。

高校大规模扩招以后，基本教学条件、教学资源建设跟不上扩招的速度，无法满足教学需要，严重制约和影响着教育教学质量。《评估方案》提出的各项要求，促进参评高校以评促建，千方百计加强建设，教学条件得到明显改善。

（1）教学基本设施条件和环境明显好转

评估对促进高校教学条件的建设起到了极大的推动作用，基本满足了1999 年扩招后对高校办学基本条件的需求，[①] 尤其是校舍、实验室、实习基地建设状况的改善最为明显，为教学质量的保证与提高提供了坚实的物质基础和良好的育人环境。具体而言，自 2003 年本轮评估开展以来，在每年招生人数不断增加的情况下，高校生均教室面积、生均学生宿舍面积和生均体育场馆面积仍有一定程度的增加，教学基础设施明显好转。2007 年全国普遍高校建筑面积比 2002 年增加 31286.01 万平方米，增幅为 1 倍多；教室面积 2007 年比 2002 年增加 6243.28 万平方米，生均增长 0.52 平方米；学生宿舍面积 2007 年比 2002 年增加 9616.84 万平方米，生均增长 1.29 平方米；体育馆面积 2007 年比 2002 年增加 958.76 万平方米，生均增加 0.21 平方米。

（2）教学资源建设取得丰硕成果

教学资源建设是保证高质量教学的重要条件。高校着重加强教学科研仪器设备的建设，通过增加投入、整合资源、提高设备利用率等措施，加强教学资源建设，取得了丰硕成果。以 2006 年 133 所参评高校为例，2003—2006 年间生均教学行政用房、宿舍、运动场的面积累计增长均超过 20%，生均四项经费、百名学生配备计算机台数、生均教学科研仪器设备值累计增长均超过 30%，百名学生配多媒体教室和语音室座位数、生均年进书量累计增长均超过 60%。2007 年参评的 198 所高校，2004—

---

① 史朝、袁军堂：《中国高校本轮教学评估的意义与评价》，《教育与职业》2008 年第 12 期。

2007 年间，生均四项经费总增长超过 27%，生均教学仪器设备值总增长超过 33%。普通高等学校教学科研仪器设备资产 2007 年比 2002 年增加 9818991.99 万元；计算机 2007 年比 2002 年增加 280.96 万台；语音室座位数 2007 年比 2002 年增加 7516 万个；多媒体教室座位数 2007 年比 2002 增加 993.33 万个；纸质图书 2007 年比 2002 年增加 75903.33 万册；电子图书 2007 年比 2002 年增加 55693.22 万册。①

（3）实验室条件得到了极大改善

参评学校大力投资建设实验室，实验条件得到了极大改善。在迎评促建过程中，为提高本科教学质量，参评学校不仅重视建设机电工程、化学化工、机械基础、力学基础、计算机基础、物理等一批水平先进的基础实验教学中心，而且还十分重视文科基础实验教学中心的建设。部分学校的文科实验教学中心已经覆盖了全校理、工、文、法、经、管等各类专业的公共基础课、专业基础课和专业课，形成了功能配备齐全、教学资源配置合理的实验教学体系和校院共管机制。这些实验室的建设，改善了实验教学条件，基本满足了学生实验教学的需要。从 2002—2007 年普通高等学校教学实验室基本情况分析表看（见表 3），实验室、实习场所 2007 年比 2002 年增长 5560.29 万平方米，年平均增长 19.19%；教学科研仪器设备资产 2007 年比 2002 年增长 981899.99 万元，年平均增长 20.92%。同时，学校努力加强实习基地建设，以满足教学实践的需要。为保证实践活动教学质量的稳步提高，学校既高度重视本校内部实验室、教学中心的建设，还最大限度地整合社会资源，建立校外实习基地，丰富学校教学资源。

表 3　2002—2007 年普通高等学校教学实验室基本情况分析表

（单位：元）

年　度	实验室、实习场所			教学科研仪器设备资产		
	计（万　）	生均	比上年增长（%）	计（万元）	生均	比上年增长（%）
2002	4083.67	4.52	—	6254758.62	6923.58	—
2003	5700.90	5.14	39.60	8112916.24	7318.16	29.71

---

① 参见教育部发展规划司：《中国教育统计年鉴》（2002—2007），人民教育出版社。

续表

年　度	实验室、实习场所教学科研仪器设备资产					
	计（万）	生均	比上年增长（%）	计（万元）	生均	比上年增长（%）
2004	6419.42	4.81	12.60	10179372.62	7633.59	25.47
2005	7583.55	4.86	18.13	12168359.06	7791.36	19.54
2006	8746.88	5.03	15.34	14240757.55	8189.78	17.03
2007	9643.96	5.12	10.26	16073750.61	8527.66	12.87
平均增长	–	4.91	19.19	–	7730.69	20.92

表 3—5 数据来源：2002—2007 年《中国教育统计年鉴》，人民教育出版社。

（4）加大信息化建设力度，着力构建数字校园。

参评高校着力建设高水平的校园网、构建数字校园。参评高校生均计算机台数、生均语音实验室座位数、生均多媒体教室座位数以及校均网上教学课程数都明显高于 2002 年的水平。2002 年，平均普通高等学校开设网上教学课程数仅有 12 门，实施评估后，开设门数持续增加，2007 年校均开设门数已达 34 门，是 2002 年的 3 倍。[①] 同时，本轮评估促进了高校建立现代教务管理系统，着力施行信息化管理，校园网全面服务本科教学。

4. 推进学校加强师资队伍建设，从源头上保障教育教学质量。

由于我国高校招生规模的不断扩大，导致高校教师数量与质量达不到基本要求；同时大批学生涌进高校，青年教师数量增长迅速，又带来了学风、教风问题。面对这些问题，参评学校通过增加教师数量、改善结构、提高素质、加强师德建设等措施，力求从源头上保障教育教学质量。

（1）教师数量增加。

教师数量是否充足主要体现在生师比上。1998 年我国本科院校的生师比是 11.63：1。进入高等教育大众化阶段以后，2002 年生师比达到 20.66：1，2003 年达到 21.07：1，个别学校甚至达到 83：1。针对这种情况，本科教学《评估方案》对生师比做出了明确要求。为了降低生师比，参评学校采取多种措施引进教师，使教师数量大为增加。2002 年全国普通高校教师为 61.84 万人，2007 年增至 116.83 万人，2007 年比 2002 年增

---

① 参见教育部发展规划司：《中国教育统计年鉴》（2002—2007），人民教育出版社。

加 54.99 万人，增幅近一倍（见表4）。

表4　2002—2007 年普通高校专任教师学历结构分析表

（单位：万人）

年　份	专任教师总数	教授数	副教授数	讲师数
2002	61.84	6.02	18.63	21.10
2003	72.5	7.01	21.62	24.06
2004	85.8	8.32	25.03	28.09
2005	96.6	9.66	27.82	31.2
2006	107.6	10.89	30.48	135.22
2007	116.83	11.97	32.63	39.44

（2）教师队伍结构改善。

教师队伍结构的合理与否，直接影响着教育教学质量的高低。因此，《评估方案》对教师队伍结构提出了明确要求。因而，普通高校专任教师学历结构有了很大改善。2002 年具有博士学位的教师 4.34 万人，占教师总数的 7%，具有研究生学历的教师 19.28 万人，占教师总数的 31%；2007 年具有博士学位的教师 13.23 万人，占教师总数的 11.32%，具有研究生学历的教师 50.73 万人，占教师总数的 43.4%。2007 年教师中有研究生学历的比例比 2002 年提高了 11.4 个百分点（见表5）。与此同时，教师队伍的学缘结构、职称结构等也有了一定程度的改善。

表5　2002—2007 年普通高校专任教师学历结构分析表

（单位：万人）

年份	专任教师总数	博　士		硕　士		本　科	
		计	比例（%）	计	比例（%）	计	比例（%）
2002	61.84	4.34	7.02	14.94	24.16	39.73	64.25
2003	72.5	5.36	7.39	18.25	25.17	45.85	63.24
2004	85.8	7.05	8.22	22.39	26.10	53.27	62.09
2005	96.6	8.85	9.16	26.90	27.85	57.84	59.88
2006	107.6	10.86	10.09	31.78	29.54	62.02	57.64
2007	116.83	13.23	11.32	37.50	32.10	72.55	62.10

（3）教师队伍整体水平和素质得到提高。

参评高校普遍把师资队伍素质建设作为学校工作的重中之重，采取多种措施引导教师提高学术水平和教学水平。访谈中，学校的领导、教师，都从不同的角度肯定了本轮评估对提高教师整体水平和素质产生的作用。很多学校以"积极引进，大力培养，优化结构，提升水平"为方针，千方百计采取措施，提高教师队伍的整体素质和水平。如：帮助教师规划自己，在实践中成长；采取以老带新、教学研讨、教学督导、观摩听课、短期进修等多种方式，提高青年教师的教学能力和教学水平；引进和培养高水平学术带头人；实施出国进修计划。

（4）加强师德建设，教风学风明显好转。

评估对促进学校形成优良的学风、教风和校风起到了重要的推动作用。访谈中，有大学校长谈到："建设一流大学有众多因素，但其中最主要的是大学的文化精神，是其在自身发展历史中逐步总结凝炼的独有风格、气质和传统，这是学校的一种社会品格。本轮评估对学校进一步凝炼、形成自己的风格，形成良好的校风、学风、教风有重要的作用。"通过以评促建，广大教师的敬业精神和对教学的精力投入明显增强。在课题组召开的多场学生座谈会上，与会学生均表示在评估的促动下，教师对教学投入的精力更多了，教学效果明显增强。同时，高校以评估为契机，在总结以往经验的基础上，依托本校的优良传统，纷纷采取有效措施，通过约束或激励等手段，加强学风建设，将学风建设贯穿于学校教育教学活动的全过程。

5. 推进学校开展教学改革与建设，着力提高人才培养质量。

教学改革是一个长期、复杂的过程，需要几代人的不懈努力。在本轮评估中，虽然在教学改革方面未取得突破性进展，但在课程体系改革、精品课程建设、实践教学等方面的积极探索，为今后改革的深入进行打下了良好的基础。

（1）加强专业建设。

专业是人才培养的载体。学校侧重根据社会需要调整专业结构，依托学科发展提升专业水平，高度重视新办专业建设。首先，根据社会需要调整专业结构。在评建过程中，高校组织有关人员，深入企业、商业、学校、政府进行调研，了解社会对人才的需求，及时调整专业设置，优化专业结构。其二，将学科优势转化为专业优势。学科是专业的基础，专业是学科的运用。学科和专业都具有人才培养的功能，都与一定的知识相联系，都以一定的组织结构为依托。一些学科基础比较好的高校，开始探索将专业建设融入学科建设，将学科优势转化为专业优势，努力培育专业特色，培养高素质人才。其三，加大新办专业的建设力度。近几年来，由于社会发展的需要，高校一般都增设了大量新办专业。这些新专业建设的状况，直接影响着人才培养的质量。《评估方案》中，对新办专业提出了明确要求，并给予较高的权重以促进高校高度关注、重视新办专业的建设。

（2）探索人才培养模式。

人才培养模式单一、落后，是制约我国优秀人才培养的一个重大问题。不少高校已经认识到了这一问题的严重性。在本轮评估的促进下，一方面高校努力做好人才培养的"顶层设计"，不断完善人才培养方案。另一方面积极探索新的人才培养模式，努力设计、试验既符合科学技术发展规律、又符合人才成长规律的创新创业型人才培养模式。

（3）着手课程体系和课程内容改革。

课程的结构和水平，决定了专业的水平、学生培养的水平。《评估方案》中，关于对课程的评估，从教学内容与课程体系改革、教材建设与选用、教学方法与手段改革，双语教学等方面均提出了明确要求。中山大学调查组的问卷调查结果显示，90%以上的受访者认为本轮评估对课程体系、教学内容、教学方法等改革有显著促进作用。通过评估，促进了高校着手课程体系改革、精品课程建设以及高度重视实践教学。

6. 推进学校加强制度建设，建立符合校情的教学管理规范。

当受访高校谈及本轮评估成效及其带给学校的影响时，许多学校领导、院系领导和教师不约而同地以"规范"二字作答。在中山大学课题组开展的问卷调查中，当问及本轮教学评估对高校主要的促进作用时，90.53%的调查对象选择了"规范教学管理"。可见，本轮评估对推进学校加强制度建设、促进管理规范起到了十分重要的作用。

（1）加强教学制度建设。

著名教育家夸美纽斯指出，制度是学校一切工作的"灵魂"，"哪里制度稳定，那里便一切稳定；哪里制度动摇，那里便一切动摇；哪里制度松垮，那里便一切松垮和混乱"。[①] 加强教育教学工作，提高教育质量，同样需要依靠制度。但是，我国高等学校，长期以来文档意识、制度意识、规范意识薄弱。存在的主要问题有：一是已有制度陈旧、不完善，难以适应新时期高等教育发展的需要；二是制度空缺，在教育改革发展中出现了很多新事物，没有建立相应的制度；三是虽有制度，但得不到贯彻执行，形同虚设。为了改变这种状况，参评高校下了很大功夫，也取得了较好的成绩。访谈中，各类学校普遍认为，通过本轮评估，学校制度建设得到了加强。"985" 高校认为，在评估的促动下，以院系为单位的教学管理规范进一步细化了，规范了；"211" 高校认为，通过评估，高校教学管理规范更加完善了，教学管理队伍建设得到加强，教师与行政人员之间的相互理解与交流更加顺畅；一般地方本科院校、新建本科院校认为，评估为新建本科院校的办学提供了具体指导，建立了教学管理规范。教育行政主管部门领导认为，通过评估推进了学校建立和加强教学管理制度建设，促进了高校建立质量保证监控机制。

（2）促进建立高校内部质量保障体系。

高校质量保障体系有内外之分。外部质量保障主要通过法律法规、国家标准、外部评估等来体现国家对高等教育的宏观监控和保障；内部质量保障是学校自身为了保障教育质量而建立的内部质量监控、改进和提高的机制。高等学校是质量保障的主体，外部评估的目的在于推动高校内部质量保障体系的建设。各高校根据本校实际情况、依据国家标准、积极建构高校内部质量保证体系，促进形成高校内部质量保障的长效机制。评估有力地促进了高校内部质量保障体系的建立。

（3）加强教学管理队伍建设。

高水平的教学管理，需要有一支高素质的教学管理队伍。评估极大地促进了学校重视教学管理队伍建设，为建立一支整体结构合理、人员稳定、综合素质高、服务意识强的专兼职相结合的教学管理队伍做出了贡

---

① ［捷］夸美纽斯：《夸美纽斯教育论著选》，任宝祥等译，人民教育出版社 1990 年版，第 242 页。

献。首先，高校教学管理队伍结构更为合理。其次，教学管理人员专业素质提升，服务意识增强。在接受课题组访谈的师生中，近90%的师生对此持肯定态度。其三，教学管理手段更加先进，工作效率提高。

本轮评估工作不仅成效显著，而且还积累了一定的经验，主要表现在：坚持依法定期评估，以教学工作评估为切入点，是大众化初期保障高校教学质量的有效途径；坚持以"二十字方针"、"三个符合度"为指导，是促进高校科学发展、办出特色的必然要求；坚持科学制定评估方案，采用定量与定性相结合的评估方法，是提高评估工作科学性和有效性的重要手段；坚持以提高教学质量为核心，以学生受益为根本落脚点，边研究边实践，是评估工作取得成功的重要保障。这些经验为今后评估工作的开展、为具有中国特色高等教育质量保障体系的建构，提供了可资借鉴的宝贵资源。

二 教学评估存在的主要问题

本轮评估成效显著，基本达到了既定目标，积累了一定的经验，但也存在着不少问题，需要在今后评估工作中不断改进、完善。

1.对参评高校使用同一个评估标准，分层分类指导的评估思想体现不够。

综合全国各研究小组有关本轮评估存在问题的调研结果显示，近90%以上的调查对象认为：本轮评估存在的最大问题是对所有参评高校使用了同一个评估标准，没有依据学校层次和类型的不同给以分层分类指导。社会各界也普遍认为：运用同一个评估标准对不同层次、不同类型、不同学科结构的参评高校进行评估，容易在这些高校中引发不恰当的竞争，使评估过程与结论偏离评估目标与初衷。

同时，还应注意到，中国高等教育发展的区域性差异明显。不同区域的学校，由于经济发展程度存在差异性等原因，政府对高等教育的投入是不同的。如西部高校，由于长期受区位因素和地方经济发展水平的限制，办学条件和师资队伍建设的总体水平与东部高校有较大差距。同样，同一区域，内地方高校与重点高校、部属高校在资源占有、办学条件等方面也存在较大差距。对地方高校而言，在先天基础薄弱的情况下，要达到与高一层次学校同样的办学条件，必然要花费更多的精力与经费。今后的评估设计中，应该根据地区经济发展情况的不同，调整评估标准，减少高校和地方政府的压力。

2.对省级教育行政主管部门定位不明确，社会各界共同参与的程度有待提高。

本轮评估主要由教育部组织并推动实施，属于典型的政府对高校的评估，其特点是具有较强的权威性。但在评估过程中，对省级教育行政部门的定位不准确，直接导致各省教育行政主管部门的盲目攀比，导致各省之间高等教育的评优竞赛。同时，本轮评估没有充分发挥、调动省级教育行政主管部门的作用和积极性，以致省级教育行政部门参与度不够，其角色仅限于配合教育部高等教育教学评估中心及进校考察专家组的工作，这与建立"中央和省级人民政府两级管理，以省级统筹管理为主"的高等教育体制不相适应。实际上，省级教育行政主管部门对本省的高等教育状况最为熟悉，如能恰当地激发其工作积极性，将大大提高评估的工作实效。

本轮评估中，虽然专家、社会、用人单位、高校师生等有一定程度的参与，但总体上行政色彩浓厚，社会各界共同参与的程度不高。评估既是一种价值判断，也是一种价值共建。政府、社会和学生都有资格作为价值判断与构建的主体参与到评估之中，建立社会各界共同参与的评估机制是历史发展的必然趋势和必然选择。从国际上看，高等教育评估已有自身较为完善的理论、也有专门的方法，因此可以在条件成熟时，引导其走向专业化评估道路，使我国的高等教育评估真正成为常态的、专业的、权威的高等教育质量认证，并逐步形成具有中国特色的高等教育质量保证体制。

3.整改环节薄弱，没有建立起有效的整改监督与回访机制。

评建过程中，不少高校能够充分认识整改工作对于巩固评估成果、建立教学质量保障长效机制的重要性，并切实采取有效的措施，保证整改工作取得实际成效。但是，相对于学校自评和专家组进校考察两个评估环节而言，部分高校的整改环节相对薄弱。首先，部分高校对整改工作认识不到位。认为专家组进校考察结束就代表评估工作的结束，没有拓宽整改工作思路，未从学校长远发展和高等教育发展趋势出发思考整改的意义。其次，缺少评估整改的监督和回访机制。教育部要求参评学校在专家组现场考察结束后，尽快向高等教育教学评估中心和高等教育司递交整改方案。一年整改结束后，向教育部高等教育司呈报整改情况报告。但由于缺乏对学校整改情况的回访和制约监督机制，导致部分高校的整改工作流于形式，影响了评估效果的发挥。

4.组织管理工作不完善，评估结论优秀率过高，评估进度前后不均衡。

本轮评估的组织管理工作主要存在两个问题：一是评估优秀率过高，二是评估进度前后不均衡。这两个问题直接影响了评估结论的可信度，成为社会各界关注的焦点。

评估结论优秀率过高是社会各界普遍认为本轮评估存在的问题之一。2003年度参评高校的优秀率为47.6%，2004年度为55.6%，2005年度为57.3%，2006年度为75.2%，2007年度为80.8%，2008年度为81.6%。过高的优秀率导致社会各界对评估结论信度产生质疑，也与我国高等教育发展的实际不符。

对参评高校进行优、良、合格、不合格的区分，既不符合本次评估的目的，也不符合当时高校的实际状况，加之优秀率过高，造成了严重后果。主要表现在：强烈的争优愿望导致部分高校弄虚作假，败坏了校风、学风；形成一种"运动式"做法，急功近利，评估过后有的高校放松下来；容易产生形式主义，层层加码，耗费了大量人力、物力。准确认识、深入分析评估结论优秀率过高问题，将为今后本科评估工作的开展提供宝贵借鉴与启示。

本轮评估在进度方面缺乏科学合理的安排，前松后紧，尤其后期推进速度过快。在实际接受评估的589所高校中，按照五年评估周期计算，每年平均评估118所，这种评估规模已经很大了。而且，本轮评估过程中，推进速度又不均衡，其中2003年度评估42所，2004年度54所，2005年度75所，2006年度133所，2007年度198所，2008年1—7月87所。评估开始前两年总计评估不到100所，但2007年一年却将近评估了200所高校。如此密集和快速地评估节奏势必造成评估组织管理工作的简单粗放和某些方面的疏漏混乱，从而影响了评估结论的科学性和严谨性。

三 对今后教学评估的对策建议

本轮评估是针对高等教育大众化初期，高等教育质量下滑问题而采取的重大举措，是对建设具有中国特色的高等教育质量保障体系的有益探索。全面总结本轮评估的经验，深入分析本轮评估中存在的问题，是我国继续坚持并不断完善评估制度的重要前提。

1. 坚持依法评估，继续以教学工作评估为切入点，逐渐完善评估制度。

今后评估要在借鉴本轮评估经验，深刻认识存在问题的基础上，继续坚持依法评估，并在评估方式、评估标准、评估机制等方面予以完善。在政府依法对高校实施评估组织和管理的同时，还要积极创造条件培育发展多种评估主体，逐步建立多元主体参与的评估机制，营造全社会共同关注和保障高等教育质量的良好氛围。从宏观方面而言，就是要在高等教育大发展的背景下，建立高校外部的教学评估机制、高校内部的教学质量保障体系以及社会有效监督机制。从微观方面而言，即专家组中要有社会各界相关人员的参与，让社会了解学校，增加高校办学的透明度，实现社会与高校的良性互动。

今后评估应继续以教学工作评估为切入点。虽然本轮评估已取得了显著的成效，对大众化初期高校教育教学质量保障起到了重要的作用。但是，高等教育投入不足、教育教学质量不能满足社会发展需要等问题仍没有得到根本解决，因此，作为高等教育质量保障基础工作之一的教学工作，仍是高校工作的重点，也是现阶段质量保证的最基本要素。

2. 准确定位，加强省级教育行政主管部门的参与，强化评估标准的分层分类指导，提高评估工作的针对性、合理性。

评估是各级教育行政主管部门主动适应高校外部治理结构变化，尊重和扩大高校办学自主权，通过由重"过程管理"到重"目标管理"的管理方式的变革，来实现有效宏观调控的顺势举措。今后评估也应由教育部统筹安排，但要大力发挥省级教育行政主管部门的作用。未来我国评估的发展趋势应是，国家教育行政部门对高等院校实施的管理职能将由行政管理逐步转变为运用立法、拨款和其他必要手段进行宏观管理。政府通过制订有关高等教育评估的政策条例、建立质量标准，将评估工作的宏观管理和协调监督作为自己的主要工作。同时，随着中介评估机构的出现，政府可以充分发挥其作用，给予其应有的地位，并对中介机构进行宏观的管理与监督。

今后的评估应在评估标准方面体现分层分类指导的思想，不断提高评估工作的针对性和合理性。不同层次和不同类型的学校，人才培养规格不一样，社会对人才的需求也不同，因此在坚持同一的《评估方案》的同时，要有分层分类的指导，只有这样才能够促进高校办出水平、办出特色，满足社会的多元质量要求。同时，可以尝试对上轮参加过评估的高校实行审核式评估模式，评估周期可以适当延长。对新建院校，可以尝试认证式评估模式，主要考察其基本办学条件、办学规范及教学管理，评估周期可以适当缩短。除学校评估外，还应加强专业评估或专项评估。同时，针对不同区域高校发展的状况，可以尝试由同一专家组考察同一区域的高校，这样有利于体现评估结论的科学性与客观性。

3. 重视高校内部质量保障体系建设，推动高校建立教学质量保障长效机制。

评估是促进高校教学条件建设，促进教育教学改革，提高人才培养质量的有效手段。但外部评估只是一种推动力，学校只有建立起自我发展、自我约束的机制，教学评估才能成为一种学校自觉行为，才能更好地促进学校的可持续发展。通过外部质量保障方式推动高校内部建立本科教学质量的长效机制。通过本科教学工作水平评估，在高校内部，建立和完善教学质量的自我监控与保证机制，并形成随时接受外部检查评估的适应机制，使本科教学工作水平评估逐渐发展成对学校教学工作自然状态的评估。

4. 建立健全教学基本状态数据库，吸引社会各界广泛参与评估；积极开展院校研究，推动高校科学管理。

随着社会各界对高校教育教学质量的日益关注，以及高校教学基本状态数据库的建立和完善，一方面将为评估形式的改善提供有效帮助，另一方面它也将为社会各界人士广泛参与评估提供最直接的途径。因此，要进一步建立健全教学基本状态数据库，并公开发布有关的数据，让社会更多地了解学校的运行状况，从而更好地实现社会监控。同时，旨在推动高校科学管理的院校研究，也将因状态数据库的投入使用迎来新的发展阶段，为实现科学化高校管理提供决策支持。因此，在今后的评估中要大力推动院校研究，推动高校管理的科学化进程。

（本文原载《高等工程教育研究》2012年第2期，于杨、张俊超、魏署光、丁玲等参加调研与撰写）

努力推进大学的学习服务型机关建设

　　一个机构的职能决定其性质。大学的职能是教学、科研、服务社会，因而大学属学术性组织。在大学的组织体系中，教学、科研是目的性活动，行政管理是手段性活动，行政管理是为教学、科研服务的。然而，在现实运行中，往往目的与手段颠倒。由于我国长期实行干部制，一些人认为干部是管教师的、管学生的。在大学不同程度地存在以下现象：本该由行政管理人员做的事，推给了教师，教师们疲于填写各种表格，上交各种材料，教师们自嘲，我们都成为了"表兄弟"，"表姐妹"；有关教学、科研管理制度的制定，不征求教师们的意见，违背教育教学规律，严重脱离实际状况，老师们难以执行；一些行政工作人员，眼睛只盯着上面，工作不负责任；还有一些工作人员居高临下，对老师，特别是一般的老师态度傲慢，将手中的一点权力用到极致，等等。因此，要建立服务型机关，服务教学、科研，服务教师、服务学生。

　　与此同时，我们还必须认识到，管理者十分重要。在客观条件相近的两个组织中，决定管理工作好坏的关键因素是管理者。管理者素质能力的高低，对保证组织目标的实现和管理效能的提高，起着决定性的作用。特别是大学管理者，面对的是高深莫测、十分复杂的大学。每一所大学的历史传统不同、学科专业结构不同、教师和学生的状态不同、面临的环境不同，因而大学的每一项改革、每一项工作都需要创造，需要学校领导、教师、学生、管理者共同创造。因此，大学要建立学习服务型机关。学习服务型机关是通过培养整个高校行政组织的学习氛围，增强行政服务能力和学习创造力，形成一种有机的、高度柔性的、扁平的、符合人性的、可持续发展的组织机构。每一个管理者在服务中要加强学习，学习党的教育方针、政策，学习教育理论、管理理论，等等，从而创造性地为教学、科研服务，为教师、学生服务。

根据自己多年的研究、实践，本文就如何建设学习服务型机关，谈谈自己的认识和体会。

一 认识机关工作的性质及特点

建立学习服务型机关，首先，要认识自身工作的特点，认识机关工作与基层工作、教师工作有什么区别，提高管理能力，这是做好服务工作的前提。

首先，机关工作和基层工作的区别。机关工作和基层工作是有区别的，与基层工作相比，根据我的长期观察和体会，机关工作至少具有三个特点。

第一，工作目的在清晰和模糊之间，目标具有模糊性。做任何事，首先要明确目的，目的错了，也就是方向错了，走得越快，错得越狠。大学工作的目的是出人才，出成果。大学的工作只有面对教师、学生，深入到教师、学生，才是有效的，否则无效，甚至起副作用。基层工作直接面对教师和学生，目的在于提高教学质量，目标很明确。机关工作中的很大一部分是要经由基层、通过基层，有时目标显得不那么清晰，往往处于清晰与模糊之间。

例如，有的部门为了建立政绩，拍拍脑袋做出某个决定，要求院系开展某项活动。院系则认为这项活动并不是我们急需的，或者因为工作太多、无暇顾及，因而应付一下了事，年终上报一个材料。这个部门年终总结时，成绩一大堆，实际上根本没有到教师、学生，起不到什么作用。

第二，权利在有无之间，权力具有隐蔽性。无权在于，职能部门是执行机构，部长、处长不能召开学院院长、书记会议，他的决定需要分管校领导同意才能执行；但又有权，这种权利是无形的，因为机关职能部门的工作直接影响学校的决策。例如，这个干部该不该提拔，组织部门要提出考察意见。这个教师该不该聘用，人事部门要提出具体意见。而且在向领导汇报时，汇报的方式也可能影响领导的认识，从而影响到决策。因此，机关的权力在有无之间，任务具有双重性。要认识到自身虽然是职能部门，但在学校改革、发展中所肩负的重要责任，所产生的重大影响。因而有人说，一个学校的发展"成也中层，败也中层"。

第三，工作任务在清扫场地与维持秩序之间。这是和召开运动会类比，开运动会有很多工作，运动员、裁判员的组织，场地的清扫，维护秩序，等等。机关的工作任务大体处于清扫场地与维持秩序之间。因此，机关管理者要明确自己的任务，认真把握如何服务学校发展，服务教学、科研，服务教师、学生。①

其次，认识机关工作和教师工作的区别。

大学是由行政系统和学术系统两个系统组成，存在学术权力和行政权力两种权力。机关属行政系统，行政系统属科层制，强调下级服从上级，讲效益和效率。教师属学术系统，组织结构比较松散，讲学术自由，很难强调效率。例如，教师备课多长时间适合，找学生谈心能否规定不超过多长时间，科学研究能否限期一定要找到规律，这些都很难确定，因为学术工作具有很强的探索性。做好机关服务工作一定要了解机关工作和教师工作的区别，认识教师工作的特点，从而科学地、有针对性地做好服务工作。

大学机关工作的性质和特点决定了机关工作具有很强的复杂性，要求管理者具备相应的管理能力。管理能力主要包括决策能力和执行力。根据大学机关工作的性质和特点，要十分重视以下能力的提高。

1. 把握大局，确立目标的能力

首先，要关注学校发展的长远目标。虽然学校发展目标主要由学校党委、行政做出，但任何重大决策，首先要经过机关论证，机关管理者起着十分重要的参谋工作。同时学校是一个有机的整体，每项工作都与学校的总体发展目标密切相关。其次，要重视自身工作的具体目标，在清晰与模糊之间准确地加以把握。

发展是一个过程，是有明确指向的目标性运动，我们要有战略眼光，根据环境的变化，学校发展的历史、走向，确立自己的发展目标和工作目

---

① 刘献君：《大学之思与大学治》，华中理工大学出版社 2000 年版，第 187—189 页。

标。既要注重长远目标，又要善于根据长远目标制定近期目标，一年集中抓一、两件事，牵一发而动全身，引领师生，凝聚人心，推进发展。目标要有具体时间、确定的内涵，可计量的成果，明确的责任。在工作中，努力把握大局，增强确立目标的能力。

2. 调查研究、抓住问题的能力

问题是预期（目标）与现实之间的差距。实现目标，首先要找准问题。我们要有强烈的问题意识。学校的改革、发展以及每一项工作，就是为了解决问题。在长期工作实践中，我深切地体会到："工作没有做好，肯定有问题；工作做好了，同样会有问题。"发现问题，要善于调查研究，在调查的基础上，敏锐地抓住问题。一方面，通过调查研究，要发现学校在实现战略目标，在教学、科研工作中存在的问题。另一方面，要发现自身在服务工作中存在的问题，如服务意识是否确立，服务对象是否明确，服务工作是否到位，教师、学生对我们的服务是否满意，等等。我们已经进入信息社会，在管理中，要重视数据信息的作用。我们要善于掌握数据，将数据变为信息，然后将信息归纳入相应的知识，并由知识分析出存在的问题和具体的行动建议，让数据产生价值。这就更需要我们加强学习，提高能力，从而抓住问题，解决问题。

3. 锐意创新，实现转变的能力

从现实到实现目标的过程，是一个解决问题、实现转变的过程。实现转变，要锐意创新。创新是后来路上的唯一选择，唯有创新，才能实现转变。例如，华中科技大学在发展过程中，十分注重教育理念的创新，领导者、管理者共同创造，先后提出"科研要走在教学的前面"、"科学教育和人文教育相结合"、"育人为本，学研产三足鼎立，协调发展"等，对学校实现转变起到了重要作用。实现转变要"善于转化"，如由劣势转化为优势，短处转化为长处，管理转化为服务，等等。锐意创新，实现转变的能力十分重要。

4. 规划与协调能力

机关管理工作大多是执行，要提高执行力。而提高执行力，很重要的方面是提高规划与协调能力。管理是经由他人达到组织的目标。管理不是事事亲力亲为，而是"经由他人"。这里，规划和协调就十分重要。大学是组织松散的矩阵型组织，多元、多头，形成网状，更需要规划与协调。在管理工作中，绝不要以为"说了就等于做了，做了就等于完成了"。要加强学习，注重规划和协调，通过相应的制度、检查、督促，提高执行力。

二　树立四种观念

建立学习服务型机关，要转变我们的观念。旧的观念，旧的思维模式，往往会通过潜移默化的形式，限定管理人员的行为边界，影响服务的质量和效果。建立学习服务型机关，管理人员要树立服务、效率、创造、终身学习等观念。

1. 服务观念

服务观念是"以人为本"的具体体现。通过我们的服务，要让教师感到尊重、尊严，心情舒畅；要让学生感到尊重、关心，满足自己充分发展的需要，健康成长。

学校是一个系统，主要工作包括学科专业建设、教学改革、管理创新。学科专业建设、教学改革是学校的主体工作，主要依靠教师。管理创新十分重要，主要靠机关。但管理、管理创新是为教学、科研服务的。这是工作岗位、工作性质的需要，没有高低贵贱之分。服务是我们的本职。

服务是指主体对其他主体（社会、集体、他人等）需要的满足所提供的帮助、援助、促进、贡献和助益的活动过程。服务是一种活动，一种行为，也是一种关系。

做好服务工作，首先要尊重服务对象。教师是学校办学的主体，教育教学要以学生为中心，我们要信任他们，尊重他们。一些基层同志反映，机关部门的同志往往对他们不信任，总认为他们是对学校不负责任的；一些教师反映，到财务部门报账时，首先假设他们一定是会违规的。教师、学生的意见，在学校往往得不到重视。信任、尊重十分重要。

要了解教师的需求。要知道教师、学生在想什么，他们需要什么，有什么难处，从而有的放矢地做好服务工作。华中科技大学文华学院在建立学习服务型机关的过程中，提出个性化服务，意即要针对教师、学生的不同需求开展服务，以满足教师、学生的各种不同需求，这是非常好的。

服务要到位。要了解教师工作的全过程，学生学习的全过程，要追踪服务过程，全过程、全方位做好服务工作。机关工作人员要端正服务态度，满腔热情地对待教师和学生，做好本职工作；主动服务，深入师生，积极帮助解决问题，提高工作效率；高水平服务，服务是为了发展，要从学校发展、教师发展、学生成长和提高教育教学质量出发，创造性地做好服务工作。

2.效率观念

时间就是金钱，效率就是生命。在服务中，提高效率十分重要。如何提高效率，则要具体分析。机关工作中有直接服务师生和间接服务师生两个方面的工作。两个方面的服务，应采取不同的方式。机关直接服务师生的工作中，能由机关做的，不要推给教师。一位从法国某大学回来的教授介绍，她进入这所大学，要填一张非常详细的表，此后再也没有填过表了，因为需要填各种表时，工作人员都会从进校时填的表格中调取。而我们则是，每进行一项工作，教师都要重新填一次表格，效率十分低。教师、学生需要机关帮助办理的事项，要及时准确，不要拖。

间接服务的部分，即要通过基层去落实的工作，则要反复调研，要慎重。基层反映，现在会议太多、文件太多、填报的表格太多。"上面千根针，下面一根线。"各个部门的工作都要基层去落实。反思一下，大家很忙，但我们干了很多不需要干的事，不起作用的事，甚至产生副作用的事，但教师、学生、基层工作的同志还不得不去干。因此，我们对自己的工作要认真分析。例如：哪些会可以开可以不开；这个会哪些人可以参加哪些人可以不参加，可以不参加的，尽量不参加；哪些文件可以发可以不发，可以不发的尽量不要发。在间接服务的工作中，唯有简化，才能提高工作效率。

3.创造观念

在大学机关工作多年，关于创造我有三个体会。一是大学具有创新创造的广阔空间，这是由大学的性质所决定的。

二是大学的每一项工作都需要创造。这是我2004年前后在华中科技大学负责实施教师聘任的过程中得出的认识。这次实施教师聘任，成立了一个研究组。从文件的形成，到聘任的实施，自始至终和院系领导、和广大教师共同商量，共同决策。因而聘任实施顺利，130多位教师缓聘，转岗、短聘、待聘，都能正确对待，聘任取得了好的成效。由此，我认识到，大学的每一项工作都需要创造。因为每一所大学的历史、学科、人员结构、机制、体制、模式都是不同的，可以参考别人的经验以开阔思路，但决不可能照搬别人的经验，我们的每一项工作，都需要研究、创造。

三是共同创造。学校的一项创新创造，绝不是某一位领导人提出某一想法，大家照着去做了事，而是领导、教师、学生、管理人员共同创造的结果。这是我在文华学院开展个性化教育的体会。2005年，文化学院针对160多位多门考试不及格的学生，采用个别谈心、个别帮助的方式，使他们的学习都有不同程度的进步，其中3名学生还考取了研究生。从这一偶然事件，萌发了个性化教育的思想。个性化教育从哪里开始，如何选择突破口？经过研究，选择帮助学生树立自信心，发掘优势潜能入手。为此，创造了潜能导师制，帮助学生明确"我擅长什么"、"我热爱什么"，个性化教育取得了一定成效。个性化教育如何深化，我们请来了国内著名教育学者顾明远、叶澜教授，在他们的指导下，经过讨论，我们提出了立志教育。通过立志教育，使学生将自己与社会相联系，明确"我能对社会做出什么贡献？"从而产生出内生动力。在共同创造的过程中，我们又提出了"空间"，"让每个学生都能找到自由发展的空间"。这是因为"只有自主活动才充分地体现着人的自由自觉的本质；换言之，人的自由自觉的本质只有在自主活动中才获得充分而典型的表征"。[①] 我们通过自由选择专业、开设多个专业方向、创建个性化课表、建立学生创新工作室、开设个性化课程等多种方式，为学生创设自由发展的空间。在共同创造中，我们建立了"一个中心（以学生为中心）、三个关键（潜能、立志、空间）、五个注重"的个性化教育体系。个性化教育仍然在共同创造之中。

机关的同志要树立创造观念，一方面积极参与学校发展的一些重大创造，建言献策，发挥自己的作用；另一方面对于自己的服务工作，要进行创造，创造更多便捷、有效的方式、方法，为教师、学生服务。

---

① 何中华：《论马克思语境中的"自主活动"》，《新华文摘》2012年第16期。

4.终身学习观念

日本学者佐藤一斋说："少而学，则壮年有为；壮而学，则老而不衰；老而学，则死而不朽。"我们要树立终身学习观念，一生都要学习，重视学习，努力学习。

首先，要明确学习的重要性。我们处于信息社会，知识更新很快；我们处于高等学校，高等学校是学术组织，以传播、创新高深学问为己任，对我们提出了很高的要求。同时，学习可以改变自身，提升境界，增强能力。温家宝总理曾说过："书籍不能改变世界，但读书可以改变人，人可以改变世界。"

其次，要有计划地学习。世界上有很多事别人都可以替代，但学习得靠自己，谁也替代不了。学习要有一定的计划。文华学院在创建学习服务型机关的过程中，采取的办法是，学校每年指定一本必读书，如《论语》，冯友兰先生的《中国哲学简史》；各个部门根据工作需要，指定一至两本必读的书；每个工作人员根据自己的需要有选择地读书。这种学习，的确能起到较好的作用。例如，去年，机关工作人员学习《论语》，我和大家同学习，并带头谈学习体会。通过《论语》学习，在部分员工心灵中，产生了震撼。不仅学习到了教育理论、规律，而且对做好管理，提高服务质量，起到了很好的作用。例如，"政者，正也。""其身正，不气而行；其身不正，虽气不从。""举直错诸枉，则民服；举枉错诸直，则民不服。""惠则足以使人。""不患无位，患所以立。""慢会致期谓之贼。"① 这些论述都有很强的指导性、针对性。例如，最后一句的意思是，起先懈怠，突然限期叫做贼。基层、教师经常碰到这样的事，一些事情，起先不急，一件事布置下来，必须马上完成，一个表格必须一两天之内填成。孔子认为，这样的人叫做贼。

要学用结合。学习的目的是为了运用。要将学习到的新观点指导自己的工作，要将学习到的好方法改造自己的工作，要将学习到的好办法经过改造以后移植到我们的学校。更要在学习中提高自己的思想境界，个人修养，增强服务观念，提高服务的热情和自觉性。

---

① 参见杨伯峻：《论语注释》，中华书局 2000 年版。

三　处理好五个关系

学校、社会是一个相互联系的系统，我们都处于各种关系之中，这种关系既有认识上的、又有工作上的。在建设学习服务型机关中，要处理的关系很多，下面就五种关系谈谈自己的认识。

1. 工作动机与立足点的关系

人们工作的动机往往是多种多样，为国家、民族、人民服务，如雷锋所言"人的生命是有限的，为人民服务是无限的，要把有限的生命投入到为人民服务的无限中去"；自己的兴趣、爱好，热爱教育事业，对教育工作充满激情；需要一份工作"养家糊口"，工作要对得住自己的良心；寻找一个好的工作环境，快乐工作，快乐生活……工作的动机可以多种多样，这在一定的范围是允许的。但工作的立足点只能有一个，这就是聘用单位对你工作上的要求、自己工作的职责。机关工作的立足点就是有利于学校的发展，为师生服务。这一点必须十分明确。一个单位、一所学校的发展是由其成员的共同努力所形成的结果，只有立足点相同，方向一致，工作的效果才能叠加。考察一些学校的发展，考察一所学校不同的发展时期，工作好坏都与其成员的立足点有关。而且，立足点也决定了一个单位风气的好坏。诚然，动机也会对立足点产生一定的影响，在坚持立足点的同时，也应该不断端正自己的动机。

2. 复杂与简单的关系

有一句话是："小孩幸福很简单，大人简单就幸福。"简单是人生态度、人生境界和思维方式。冰心说："你简单，世界也就简单。"爱因斯坦是一位伟大的科学家，他的生活只求一张桌子、一张床、一把手提琴，他要求将他的工资从 1.6 万美元减为 3000 美元。别人不理解，他解释说："每一件多余财富，都是人生的绊脚石，唯有简单的生活，才能给我创造的原动力。"说得多深刻。

有人形容政府机关是"把简单变成复杂，把好纸变成废纸，把钞票变成发票"，这是一种讽刺。我们在工作中，不能去把简单变为复杂，而我们要化复杂为简单。比如，我原来担任学校领导工作，又当教授，还有社会工作，很忙，如果每时每刻都把这些东西放在脑子里，那么太复杂了，心里会很烦，事情也做不好。我注意把它们分解，这一天干什么，这一小时干什么，这十分钟干什么。这十分钟我讲话，或写字，或听别人说话，就简单了。但是加起来，事情都做好了。化复杂为简单十分重要。

如何将复杂变成简单，镇江焦州的郑板桥读书处有一副对联"删繁就简三秋树，领异标新二月花"，说得很透。三秋应该是深秋了，经过秋风扫落叶，最后剩下留在树上的叶子，是最坚强的，最有生命力。我们工作中要删繁就简，围绕立足点，抓住最主要的、最有特色的事不放，一抓到底，取得成就。

3. 原则性与灵活性

根据我长期机关工作的体会，做好工作原则性和灵活性缺一不可。原则性是指把学校办好，为师生服好务，在工作过程中按制度办事。灵活性是原则范围内的灵活，而且要公正、分开。20世纪90年代，华中科技大学文科人才短缺，引进人才必须要有灵活性。例如，新闻专业要引进一位博士，这位博士在中央电视台工作多年，在国外著名大学取得博士学位，基础很好，但成果不多。能不能聘其为教授，成为能否引进的关键。学校经过讨论，破格聘他为教授。事实表明，这位博士干得很好，产出了不少成果，对我校新闻学科建设做出了贡献。这就是灵活性。

工作中，首先要有原则性，没有原则性，工作毫无意义，但同时工作中要有灵活性。这种灵活性是在原则范围内的灵活性。只有将两者结合，工作才能做好。在机关工作中，经常会遇到这类问题，这就要求我们善于处理好原则性和灵活性的关系。

4. 管与不管的关系

在学习管理中，我们用得比较多的是如何"管"，很少考虑如何"不管"。实际上，在管理中，管与不管都很重要。我们要学会管，也要学会不管。该管的要管好，重要的、主要的工作要抓住不放，抓而不紧等于不抓。我们常常停留在"说了以为做了，做了以为实现了"。由于现在的社会风气不是很好，不少工作停留在"应付"状态。开会布置工作，参加会议的人听了没有？理解了没有？这是一个问题。听了、理解了，是否认真贯彻执行，更是问题。因此，主要的、关键的工作，一定要抓住不放，一抓到底，努力提高执行力。

同时，可以不管的，该由基层、教师们自己去干的事，则要放手不管。学会不管也是十分重要的。在这一方面，我们的政府是有教训的。在计划经济的时候，总以为工人不会做工，农民不会种地，老百姓不会生活，规定得死死的。例如，1997年，我作为湖北省委农村工作队成员，去湖北农村，发现山区农民种水稻，政府规定非要种三季，结果三季比两季产出的稻谷还要少，这叫劳民伤财。事实证明，越管得死，老百姓越没有饭吃。改革开放后，包产到户，农民根据自然规律，自主生产，很快老百姓丰衣足食。

我们是高等学校，学术单位，尊重学术自由，更应该放手，给学院、系、老师们充分的学术自由，这也是做好服务工作的重要方面，更是学校发展的必然要求。

5. 紧急事与重要事的关系

有人将我们面临的工作分为四类：紧急且重要，不紧急而重要，紧急而不重要，不紧急不重要。后两类可不必多关注。紧急且重要的事，如招生、课程开设、稳定、评估等，人们一般都会用心去做。工作中容易忽视的是不紧急而重要的事。对于学校而言，学科建设、专业建设、文化建设、人才培养等关涉学生成长发展的工作十分重要，但由于这些工作的效果需要比较长的时间才能检验，人们往往容易忽视。忙于紧急事而忽视重要事，是管理的大忌。在管理工作中，我们要抓住不紧急而重要的事不放。建设学习服务型机关，提高服务的质量和水平，更是看起来不十分紧急，但却是非常重要的事，我们应该引起高度重视。

（原载《高等工程教育研究》2013年第4期）

六、院校研究

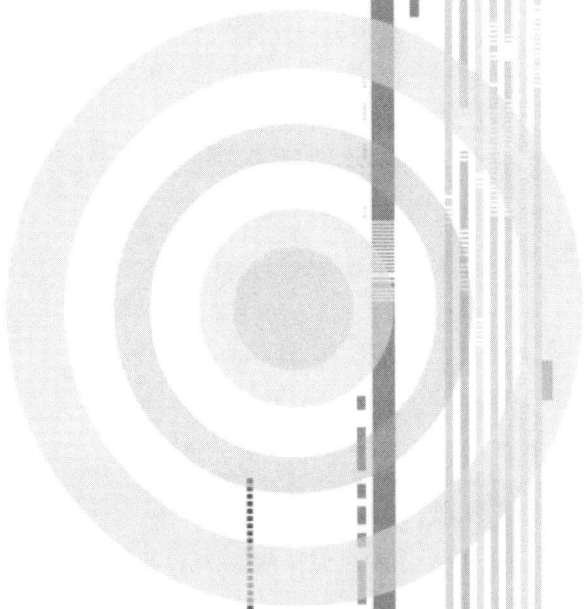

加强院校研究：
高等学校改革和发展的必然要求

一　怎样理解院校研究

院校研究（institutional research）是把现代管理科学和高等教育科学研究成果应用于高等学校管理，旨在提高高等学校管理水平的一门学科和一个实践领域。它产生于 20 世纪 60 年代的美国。由于第二次世界大战后高等教育大发展，传统的高校管理模式不能适应新的形势，美国乃至西方许多国家高校的管理陷入混乱。这导致人们开始反思传统的高等教育与高等学校管理中出现的问题，探索新的管理哲学与管理模式。此后，美国及其他西方国家的高等教育与高等学校管理都发生了根本性的变化，形成了我们今天所看到的管理模式。这场变革史称"高等教育管理革命"。院校研究就是在这场"革命"中诞生的。院校研究协会（Association for Institutional Research）于 1964 年成立。目前协会有来自北美、欧洲、澳洲、中美洲、亚洲、非洲等国家的 2873 个组织与个人会员。

院校研究协会 1999 年给院校研究下的定义是，"院校研究是促进对高等院校计划管理与运行的理解，并促使其得以改进的研究"。院校研究协会还确定了院校研究的五个领域。它们是：（1）学生事务。包括招生计划、招生策略、学生保持、学生需求评估、学生特点、学生管理、生源问题、研究生招生、学位与证书、学生资助。(2) 教学事务。包括课程审查、评估与评比、课程管理服务、非传统学习与学校氛围、研究生教育、质量管理、校友研究（教育效果、社会支持与筹资）。(3) 教师事务。包括教师计划与政策研究、教师的招聘、保持与发展、集体谈判、工资模式研究、终身制政策、教学、研究、教学评估、与教学有关的校内管理服务配合。(4) 资源管理。包括资源布局、管理与模式变更、预算与资金、筹资与募捐战略、学校资源的价格制定与成本控制、人力资源规划、资本与设备的分配与损耗、资源规划与学校发展。(5) 计划、政策与管理。包括领导、评议会、理事会与董事会、环境分析与预测、战略规划、多元化文化氛围与合作、计划分析、政策与实施、管理实施研究、决策与决策支持、学校工作结果评估、学校与政府、法律事务问题。

从院校研究的发展与实践来看,院校研究的特点主要表现在以下几个方面:第一,院校研究的重心是高等学校,侧重于微观研究而不是宏观研究。第二,院校研究着力研究一切与高校管理有关的问题。如学校年鉴编写、校友工作、学校运动队管理、学校筹资战略、校园犯罪问题等。第三,院校研究既是一个学术领域也是一个实践领域。作为学术领域,院校研究把高等学校管理作为研究对象,由此形成专门的研究方法和学术范式,培养专门的研究人才。院校研究作为一个实践领域,是各高校的院校研究人员通过研究自己学校的管理问题,把现代管理科学和高等教育科学研究成果应用于高等学校管理,为学校管理部门提供管理咨询服务。院校研究要求院校研究人员直接参与学校管理工作,与学校管理人员一起,共同解决管理问题。在院校研究领域中,只有少部分人专门从事学术性研究,大部分人从事实践研究。

二　我国为什么需要开展院校研究

院校研究的发展程度以高校所获办学自主权的大小为前提。高校办学自主权越大,对院校研究的需求就可能越大,院校研究就可能发展得越快;反之,高校办学自主权越小,甚至没有办学自主权,院校研究就很难发展。

在计划管理体制下,中央与地方政府为高校制定管理条例与管理计划,所有学校按统一模式办学,基本不存在学校需要独立地思考学校应如何办的问题。高等学校主要考虑的是如何按照政府的政策与管理条例办学。政府通过制定高校管理条例与委派学校主要领导对大学进行控制。其结果是政府办大学。在这种条件下，高等教育管理研究自然以研究宏观高等教育管理为主。高等学校管理研究则着力于解释和说明政府的高等院校管理政策与条例，以及有关的经验交流。那种结合本校实际情况，以本校发展和提高本校管理水平为目的的院校研究很少。如果政府致力于制定宏观教育政策，致力于营造良好的教育环境，各高校能够充分行使办学自主权，能够结合本校实际，制定适当的发展战略，采用适当的管理机制和管理方式，那么我们上面所说的院校研究就有了用武之地。在这种条件下，由于办学条件与办学思路不同，各高校就必须有一套班子，专门从事学校发展战略与管理效益的院校研究。

进入新世纪以来，我国高等教育总体环境正发生着三大变化：市场化、大众化、国际化。以我国加入 WTO 为标志，我国经济市场化以及社会适应经济市场化的速度将大大加快。"入世"后，我国政府将逐渐转变职能。这意味着基层单位管理自主权逐步扩大。现在政府教育管理部门也在作类似转变，即从办学校到办教育，致力于制定宏观教育政策和营造教育环境，高校办学自主权正在进一步扩大。这就为院校研究的发展提供了必要条件。

但仅有学校办学自主权是不够的，院校研究发展的充分条件是社会有对高等教育多元化的需求与高等教育买方市场的形成。目前，我国高等教育大众化与市场化趋势就是促成这两种变化的最根本的动力。随着高等教育的多元化买方市场的形成，高校间为争夺学生与办学资源而进行的竞争就会日趋激烈，高等学校需时时刻刻关注学生市场与劳动力市场的变化，小心翼翼地确定自己的市场定位，竭心尽力地追赶变化和提高办学质量，千方百计地争取外部办学资源，不遗余力地提高学校资源利用效率。否则学校发展就会受阻，甚至有关门的危险。事实上这种学校之间的竞争在我国某些地区与某些类型学校中已经出现，而且有逐渐扩大的趋势。在这种条件下，学校，尤其是规模较大的学校，有必要设立一个以收集学校内外信息，监视市场变化，组织管理效益评估，研究学校发展战略，提供管理咨询服务为主旨的院校研究机构。中国加入 WTO 将进一步促进中国高等教育国际化进程，这种影响主要反映在人才标准、培养目标、教育过程、学校组织与管理方面。尽管中国高等学校不可能也不会完全采用西方发达国家高校的模式，但其经验值得我们借鉴。其中之一就是高校管理模式如何实现从传统学校管理到以现代管理科学和教育科学为基础的科学管理的转变。

美国高等教育自 20 世纪 50 年代起大扩张，学生、教师与经费均发生了革命性变化。在校生数 1955 年为 268 万人，1960 年为 379 万人，1965 年为 592 万人，1970 年为 858 万人。[①]15 年翻了 3.2 倍。不仅学校如雨后春笋般涌现，而且各校学生爆满。第二次世界大战前美国没有万人大学，到 1967 年，美国已有 155 所万人以上高校，其中 55 所学校超过 2 万人。[②]其次是学生成分多元化。大量非传统学生，如退伍军人、黑人及其他少数民族、妇女学生涌入校园。他们提出了不同于以白人中产阶级理想为基础的传统大学理想的教育要求。

由于学生增加，合格教师严重不足，各校争相聘人，结果博士教育大发展。博士学位年授予数从 1957 年的 0.8 万人到 1973 年的 3.4 万人，17 年共培养了约 34 万博士。学校到处都是年轻教授。新生代教师把自己看成学术专家（academic professional），而不是传统意义上的学者（scholar）。他们参加反战运动与民权运动，参与学生挑战传统白人中产阶级大学理想的活动。联邦政府与州政府给大学的拨款（教育拨款、科研经费、学生贷款等）大量增加。例如，联邦政府对私立高校拨款在 1940 年时不到 1%，而 1970 年达到 23%。1950 年时州政府对公立高校的拨款不到 5 亿美元，而 1970 年的拨款达 580 亿美元。[③] 到 1962 年时，各级政府已提供了高校几乎一半（48%）的经费，还不包括学生助学贷款[④]。随着拨款的增加，政府对高校的干预能力也大大增加。

由于美国大学的规模、组织与功能发生了根本性的变化，如扩招造就了功能复杂的巨型大学，规模的扩大导致组织与管理复杂性增加，政府与

---

① Martin A. Trow, "American Higher Education: Past, Present, and Future". *In The History of Higher Education*. (2nd edition). Edited by L. Goodchild &H. Weshsler, 1997, p.572. MA: Simon & Schuster.

②④ Seymour E. Harris, *A Statistical Portrait of Higher Education*. New York: McGraw – Hill Book, 1972, p.387, p.615.

③ R. M. Freeland, "The world transformed: A golden age for American Universities: 1945–1970". *In The History of Higher Education*. (2nd edition). Edited by L. Goodchild &H. Weshsler, 1997, pp.587–609. MA: Simon &Schuster.

社会的卷入改变了大学的责任和大学与政府、社会的关系，大学从封闭系统变成开放系统，从单一目标转向目标多元化，从社会边缘走向社会中心，因此，大学必须重新思考自己的目标、功能、组织、管理等。然而不幸的是，美国许多学校没有认识到高等教育进入了一个新时代，高等学校管理必须做出相应的调整。相反，他们试图维持原有的模式与秩序。结果爆发了全国性的校园骚动。1968—1971 年间，包括公立、私立、清教、天主教等 431 所大学与学院爆发了 2362 次校园抗议活动，其中包括 420 次流血事件，[①] 震惊全美。为研究和解决这种种问题，院校研究诞生了。

自 20 世纪 60 年代起，院校研究就开始把高校作为一类特殊组织加以研究。工商管理领域的研究方法与成果，如组织分析、计划与决策研究、成本效益分析等被广泛引入。其次是行为科学方法，如教师、学生类型及其行为方式调查。再如政治学方法，它把大学看成是一个复杂的权力与利益系统来研究。还有资源管理方法，如资源调查、布局、使用与效果研究，尤其是人力资源管理研究。校际比较、声誉研究、评估评比等方法也受到重视并得到广泛使用。由于 20 世纪 70 年代美国经济萧条，经费紧张与提高效益成为高校管理面临的问题，因此，1972 年政府进一步改高校一般性拨款为学生贷款与项目拨款。学校必须彼此竞争以获得赖以生存的经费，如学费、研究经费、项目经费、捐助等。这促使高等教育市场的形成，更多的企业管理方法，如市场战略、政策分析、效益评估、成本核算、人力资源管理、管理信息系统、目标管理、人口预测、工作效益分析、评估体系研究、决策与决策支持信息系统、资源利用率分析等，进入院校研究。这些研究促进了美国高校管理的变化，也使院校研究的理论、方法与技术专门化。

由于其无可置疑的实用价值，院校研究作为一个实践领域也日益成熟。高校纷纷设立院校研究室，聘用专业研究人员。到 20 世纪 80 年代，以专业研究人员为基础的院校研究室已成了规模较大高校的标准设置。院

---

① A. Astin, H. Astin, A. Bayer, & A. Bisconti, "Overview of the unrest era". In *The History of Higher Education* (2nd edition). Edited by L. Goodchild &H. Weshsler. 1997, pp.724–738. MA: Simon & Schuster.

校研究作为一个专门职业诞生了。今天在北美，尤其是在美国，大多数高校设有一个类似我们的高教所室的院校研究组。万人以上学校的院校研究组为 4 至 7 人，5000 人以上为 3 到 4 人。院校研究组多由校长或学术副校长领导（63%），专门从事管理研究与咨询工作。[①]

改革开放 20 多年来，我国在促进高等学校管理科学化方面已经做了大量的研究工作与实践探索，也取得了很多成绩，[②] 极大地提高了高等学校的管理水平。但是由于种种原因，我国高等教育与高等学校管理中仍然存在很多与社会的变化不相适应的方面，阻碍着高等学校的进一步发展。因此，我国高校也需要进行一次"高等教育管理革命"，院校研究应当在这个变革中起主导作用。如果大多数学校的高教所室将研究重点转到院校研究方面来，积极投入到学校管理工作中去，从事管理研究与管理咨询工作，就可以在很大程度上解决高教所室如何为学校决策与发展服务的问题。

三　我国应如何开展院校研究

现在提出应积极开展院校研究，并不等于说过去我们对高等院校完全没有研究，这里我们强调的是把现代管理科学和高等教育科学研究成果应用于高等学校管理，旨在提高高等学校管理水平的这样一种院校研究。要开展这种新的意义下的院校研究，我们认为应从建立院校研究信息资料系统，进行高校管理中实际问题的科学研究以及培养院校研究人员等三个方面着手。

1. 建立院校研究信息资料系统

院校研究首先需要大量的信息资料作为基础。目前我国有关国内外院校的信息资料，一是零散，缺乏系统性；二是准确性差，对同一内容的信息，往往说法不一；三是时效性差，不少文章引用的资料，还是上个世纪 70 年代甚至 60 年代的，跟不上教育的发展。因此，系统收集院校研究信

---

① J. F. Volkwein, "The four faces of institutional research". In *What is institutional Research all about? A critical and Comprehensive Assessment of the profession*. Edited by J F. Volkwein. pp.9 – 20. New Directions for Institutional Research. No.104. Winter, 1999.

② 蔡克勇：《中国高等教育管理研究五十年》，《高等教育研究》1999 年第 3 期。

息迫在眉睫。而且在现代科学技术如此发达的今天，建立院校研究信息资料系统完全是可能的。

收集院校的有关信息资料，一是各个学校、研究人员都应做这一方面的工作，二是在全国应建立若干信息资料中心，集中进行收集，供国内外同行查询。如华中科技大学教育科学研究院从 2001 年起，正式建立中外院校信息库，多渠道收集中外大学形成、发展与改革方面的资料。具体包括：办学理念、校史、学校发展规划、学校自我评价报告、学校的政策文本、学校的基本数据、校长工作报告、学校发展研究报告、学校的专业设置、学校的人才培养方案，等等。另外还可以建立院校研究专家信息库、院校研究论文和专著信息库等。在此基础上建立院校研究网站，为所有院校研究人员服务。

2. 进行高校管理中实际问题的科学研究

院校研究关注的是高校管理中的实际问题。过去有人认为，高等教育研究是不结果实的树，这种说法当然不够全面，但应引起我们的注意。研究是从问题开始的，院校研究更是如此。在加入 WTO 以后，我国高校乃至整个高等教育系统必将在市场化的大背景下走向国际化。这将对我国高校的办学思想、发展战略、组织与管理等产生深刻的影响。因此，当前院校研究亟须研究的是市场化与国际化将对我国高校管理产生哪些主要影响。在这种影响之下，我国高校应在办学思想、发展战略、组织与管理等方面做出哪些调整改革，以促成高等学校在新的环境下健康发展。此外，大学的办学理念、战略管理、组织结构和行政管理、教学、科研和产业各自运作的规律和相互协调发展、大学德育、学生教育和管理、师资队伍建设、学科建设和发展、学位和研究生教育、后勤社会化，等等，都需要大力开展研究，以探索其规律，提出改革对策。对这些问题的研究不能仅仅停留在经验的层面上，而是要以高等教育理论和现代管理科学为基础，运用现代研究方法，特别是国外院校研究已经证明的行之有效的方法，来进行科学的研究。院校研究还应该设立自己的学会，创办自己的期刊，为院校研究人员提供交流和研讨的条件。

3. 培养院校研究人员

要发展院校研究，就要大批培养院校研究人才。目前的一个主要障碍

是，我们没有一个适合于培养院校研究人才的教育管理专业博士学位制度。首先，院校研究人员需要三类知识：（1）现代管理科学、高等教育学及各种与研究问题相关的知识。这些知识最好通过正规教育获得。（2）研究方法和分析技术知识，及运用这些知识的能力。这些知识和能力可通过正规教育与工作经验获得。（3）与研究问题相关的背景知识。这些知识主要来自于工作经验和在岗学习①。换言之，院校研究既需要较好的专业教育，又要求有丰富的院校工作经验。因此，在职学习与积累工作经验是院校研究人员专业发展的两个基本途径。当代高校组织与管理日益复杂，所涉及的知识已远远超过硕士学位教育所能达到的水平。据 1998 年对院校研究协会会员的调查，50%的院校研究人员拥有博士学位，40%的院校研究人员拥有硕士学位。目前美国高校在招聘院校研究人员时，已把博士学位作为基本要求，硕士学位拥有者一般只能作研究辅助人员。工作经验是另一个知识与能力的主要来源。在院校研究协会会员中，25%的会员有5—10 年的工作经验，31%的有 10—20 年的工作经验，12%的有 20 年以上的工作经验。所以，工作经验积累对于院校研究人员的培养非常重要。

其次，院校研究的基本任务是解决学校管理问题，创造的不是一般化的理论知识，而是与具体工作相关的实践知识。因此，其研究训练应当注重一般理论与实际工作相结合的应用研究能力培养。基于上述两点，我们认为最适合培养院校研究人才的是以在职学习为主并注重教育管理应用研究的教育博士专业学位。因此，我们建议，在充分试验的基础上，尽快建立我国的教育博士专业学位，并通过这种学位来培养院校研究专门人才。

什么是教育博士专业学位呢？教育博士专业学位起源于美国。美国的教育类博士分两类：教育学术博士（Doctor of Philosophy in Education, or PHD）和教育专业博士（Doctor of Education, or EDD）。两种学位的主要区别是，教育学术博士培养学术研究人员，而教育专业博士培养专业实践人员。美国的第一个教育学术博士学位点于 1893 年由哥伦比亚大学教师

---

① P. T. Terenzint, "On the nature of institutional research and the knowledge and skills it requires". In *New Directions for Institutional Research*. No.104. pp.21–30. W.E.Knight, M. E. Moore & C. A. Coperthwaite, *Knowledge, skills, and effectiveness in institutional research*. Ibid, 1999, pp.31–40.

学院建立，其目的是培养教育研究的学术人员。第一个教育博士专业学位点是由哈佛大学教育学院于 1920 年建立的，其目的就是培养专业实践人员，如教师、学校管理人员、政府教育管理人员、政府政策研究人员等，为他们提供高级专门训练。创立教育博士专业学位是美国学术传统注重实践的表现，新学位建立后立刻受到热烈欢迎。到 1947 年已有 31 所高校建立了教育博士专业学位点，而且大多数学校中的大多数学生选择了攻读教育博士专业学位。

在教育管理领域，教育博士专业学位更是主流学位。例如，1995 年在美国的 127 个教育管理博士点中，有 61 个只授予教育博士专业学位，43 个授予教育博士专业学位和教育学术博士学位，23 个只授予教育学术博士学位。换言之，127 个博士点中的 104 个授予教育博士专业学位。① 斯坦福大学授予两种学位，但规定只有教育管理专业可授予教育博士专业学位。

从我国教育博士的培养标准和要求来看，我们培养的是 PHD，而不是 EDD。但要发展院校研究，我们大量需要的是 EDD 而不是 PHD。因此，如果不建立教育管理 EDD 学位，而用 PHD 标准来培养和评价院校研究人才，其后果必然是延迟甚至窒息院校研究的发展。在这个问题上，我们需要学习哈佛大学当年的务实精神，创立我国的高等教育管理 EDD 学位，为提高我国高校管理水平服务。

简言之，我们认为，发展院校研究是提高我国高等学校管理水平的一个重要途径。全国大多数高校的高教所室应当拿出主要力量投入到院校研究中去，在提高高校管理水平方面发挥主导作用。为了迅速培养大批高水平的院校研究人员，我们应当在务实与充分试验的基础上，建立我国高等教育管理博士专业学位制度。

（原载《高等教育研究》2002 年第 2 期，
和赵炬明、陈敏教授共同撰写）

---

① Mike Milsten, "Progress and perils: Development of the field–based EDD program in educational administration at the University of New Mexico". *Planning and Changing*. Vol. 26, 1995.

院校研究论略

　　20 世纪 80 年代，中国高校普遍开始建立高教研究所（室），其本意是加强对学校自身发展的研究。二十多年来，高教研究所（室）做了大量的工作，其中相当一些研究是针对学校存在的问题开展的。但是，由于多年来我国实行的是政府办大学的体制，高校没有办学自主权，也没有相应的社会问责，因此，从总体上讲，我国缺乏开展院校研究所需的外部条件。同时，由于研究者自身的局限性，高教研究所（室）的研究其后大体上向两个方向发展，一是朝学科方向发展，争取博士点、硕士点，培养高校研究和管理人才；二是朝行政性方向发展，为学校领导写讲稿、写文章，进行秘书性、经验性的工作总结。因而，我国的高教研究普遍存在着"三多三少"的状况，即思辨研究多，实证研究少；宏观问题研究多，具体的实践问题研究少；经验性总结多，科学性、系统性研究少。近几年来，由于高等教育大众化，学校规模大为扩展，量的增长必然引起质的变化，学校管理中出现了许多新的问题；市场经济的确立，知识经济的发展，对高等教育和高等学校提出了许多新的问题；《高等教育法》明确规定"高等学校应当面向社会，通过自主办学，实行民主管理"，高校办学自主权开始确立。基于上述背景，进入 21 世纪以来，我国高校开始借鉴美国院校研究的经验，着手开展我们自己的院校研究。可以说，开展院校研究是我国社会政治经济发展的必然要求，是高等教育发展的内在需要，也是高等教育研究走向新阶段的重要标志。为了解决新形势下我国高等教育所面临的问题，促进高等学校的改革和发展，高校领导和高教研究工作者必须转变观念，充分了解院校研究的基本特征，认识院校研究的意义，采取有力措施，克服当前院校研究中存在的困难，把院校研究推向一个新的高度。

一　博采众长，正确把握特征

开展院校研究，首先要弄清院校研究的含义和基本特征。院校研究是一个发展的概念，对院校研究的含义，不同时期不同的学者从不同的角度提出了自己的看法，大体有：院校研究是高校进行自我研究的一种形式，目的在于帮助学院和大学广泛而全面地收集有关大学内部运行、资源利用和办学效益的数据和信息；[①] 院校研究是对高等教育组织或大学的研究，其宗旨是为高等学校提供有益的信息咨询，以改善学校的管理，为学校政策的制定出谋献策；[②] 院校研究是有组织地收集、记录和分析有关高等教育机构的计划、进程和环境方面的数据及信息的研究活动；[③] 院校研究是一个跨学科的专门领域，强调整合运用现代管理科学与教育心理学的相关知识理论和技术方法，对高等教育组织的管理和普遍性问题进行的一种新分析；[④] 院校研究是专门为改进管理（如规划、政策发展、资源配置以及所有功能领域的管理、决策或评估）提供信息支持的研究，其价值主要体现在对于高校适应变革能力的贡献，以及为帮助高校适应变革所起的关键性作用；[⑤] 院校研究是经由数据收集、分析、报告和相关的参谋工作，促进院校正确决策和有效运行的研究活动；[⑥] 院校研究旨在促进对高校的理解，并促使高校计划及其运作不断得到改进。[⑦]

---

① Francis E. Rourke & Glenn E. Brooks, *The Managerial Revolution in Higher Education*. Baltimore: John Hopkins Press, 1966, p.44.

② John A. Muffo：《美国院校研究概述》，《外国高等教育资料》1994 年第 1 期。

③ 胡森：《简明国际教育百科全书·教育管理》，教育科学出版社 1992 年版，第 300 页。

④ John M. Lyons, *Memorandum to a Newcomer to the filed Institutional Research* [EB/ OL]. Florida: The Association for institutional Research, 1976, from http://www.airweb.org.

⑤ Marvir W. Peterson, "The role of institutional research: from improvement to Redesign". *New Directions for Institutional Research*（NO.104），San Francisco: Jossey–Bass, 1999, pp.83—84.

⑥ Saupejl & Montgomery Jr, "The Nature and Role of Institutional Research: Memo to a College or University". Tallahassee, Fla. *Association for Institutional Research*, 1979, 3, 12.

⑦ 见 http://www.airweb.org "About AIR"

参照以上诸家之见，根据我国高等教育管理的实际情况及近几年来开展院校研究的实践，笔者认为，院校研究是通过对本校管理问题开展系统和科学的研究，以提高本校管理水平的一种研究。其基本特征主要表现在：

1. 院校研究是自我研究

院校研究的对象主要是单个的高等学校，是研究者对他身在其中的那所学校的研究。院校研究之所以是自我研究，大学之所以需要这种自我研究，是因为：

首先，现代大学已经变成了规模庞大、组织复杂、功能多样、对社会负有多种责任的特殊组织，需要大量的信息和专门知识才能对其进行有效管理。学校管理人员，尤其是学校主要决策部门，需要专门机构和人员帮助他们搜集信息、研究问题、提供决策咨询。这个任务不是学术性高等教育研究所能承担的。[①]

其次，每所大学的历史与传统不同、学科结构和人员结构不同、所处地域不同，其每项改革、发展、管理都是一个创造过程。任何一所大学都是具体的、独特的和不可替代的，它所具有的复杂性是其他学校的经验所不能完全覆盖的，也是任何现成理论所不能充分诠释的。院校自身的问题，院校中人最为熟悉、了解。院校自身的问题只能主要靠院校中人去解决。

再次，针对单个学校的自我研究，是院校研究与高等教育研究的重要区别之一。倘若院校研究扩大成对高校问题的一般性研究，就意味着把院校研究等同于高等教育研究，从而使院校研究失去了存在的依据。自我研究这一特性，使院校研究成为不同于学术性高等教育研究的一个独领风骚的全新研究领域。

因此，院校研究必须考虑本校的历史背景和组织文化特征，从本校所要解决的问题出发，为本校的管理与发展提供直接、有效的信息与咨询服务。由于院校研究活动具有直接服务于院校改进的职能，因而必须建立一支专职和兼职相结合的研究队伍和相应的组织机构，并进入学校的组织体系，内化到现代高等学校管理的制度之中，最终成为高等学校中一种"研

---

① 赵炬明：《中国大学与院校研究》，《高等教育研究》2005 年第 8 期。

究"与"改进"相结合的"制度安排"。①

院校研究是自我研究，但并不排除邀请校外研究人员参与。一般说来，本校研究人员负责本校的经常性研究。但在学校进行重大问题研究，如学校发展战略、定期发展评估等研究时，应当聘请校外专家参与，并组建由校内外两方面人员构成的研究组。校外人员可以带来新的思路和信息，扩大校内人员的视野；校内人员则可提供本校情况，使研究更加切合本校实际。此外，一些建校较晚、研究力量比较薄弱的学校，亦应聘请校外人员帮助研究，在此过程中，帮助建立本校的院校研究系统、培养本校的研究队伍。

2. 院校研究是管理研究

高等学校的工作大体可划分为三个方面：教学科研、后勤产业服务、组织管理信息保障。院校研究是否需要研究学校所有问题？如果不是，那么重点何在？这是一个有争议的问题。争议的焦点之一是，院校研究是否应当包括对课程和教学问题的研究。院校研究的首倡者之一考雷（W. H. Cowley）给院校研究下的定义是"关于高校一切问题的研究"，而且坚持教学研究应属于院校研究。② 另一位早期学者德雷索（Paul Dressel）在《院校研究手册》一书中给院校研究圈定了 13 个研究领域，其中也包括教学研究。③ 泰特罗（L. Tetlow）1970 年对院校研究协会会员的调查表明，当时大多数人也认为院校研究应包括学术工作研究。④ 但美国后来的实践表明，院校研究事实上基本集中在管理研究，很少涉及教学研究。根据我国现在的情况，院校研究主要是管理研究，这是因为：

首先，院校研究产生的原因很多，其中最直接的原因是高等教育大众

---

① 蔡国春：《院校研究与现代大学管理—美国院校研究模式研究与借鉴》，教育科学出版社 2006 年版，第 54—55 页。

② H. Cowley, "Two and a Half Centuries of Institutional Research", in Richard G.Axt and Hall T. Sprague（Ed.）, "College Self Study: Lecture on Institutional Research", Boulder: *The Western Interstate Commission for Higher Education*, 1960, pp.1–16. Unpublished materials.

③ Paul Dressel and Associate, *Institutional Research in the university: A Handbook*, San Francisco: Jossey–Bass, 1971, Chapter 6.

④ William Lloyd Tetlow, "Institutional Research: The Emergence of A Staff" *Function in Higher Education*, Cornell University, 1973, pp.29–31. Unpublished PhD dissertation.

化。学校规模的大幅度扩展，引起了一系列问题，例如，高校内部学生、教师、职员及领导之间的协调问题；高校与外部环境之间的协调问题；精英型管理模式向大众化管理模式转变过程中产生的目标调整和资源重新分配问题等。同时，现代大学管理面临许多新的情况，例如，社会变化节奏加快，未来将不再是过去的重演；组织规模越来越大；教育的社会功能越来越复杂；教育质量与教育资源的竞争越来越激烈；管理决策所带来的社会影响越来越大等。因而，中国高等教育和高等学校正面临一场管理革命以及与之伴生的大量管理问题，必须尽快在各方面提高管理工作水平，改进、完善和创新其管理模式，最终建立起适合中国国情的现代高等教育管理体制。在此进程中，以管理研究为特征的院校研究大有用武之地。

其次，从研究性质看，在高等学校中，教学、科研主要是教师的事，只有专业造诣比较高深的教师，才能进行改革教学、课程本身的研究。这里还有一个学术自由的问题，如何进行教学，怎样进行研究，这属于教师的学术自由范畴，只要不涉及政治方向和社会道德问题，其他人都不应干涉。当然，院校研究可以而且应当进行教学管理方面的研究，从有效管理的角度，与教师一道研究教学评估和教学资源利用等问题。

当然，只要事关兴校育人，师生员工皆有关心之责。而院校研究人员则应发挥自己的专业优势，主要研究学校管理方面的问题。

3. 院校研究是咨询研究

赫伯特·西蒙指出："管理就是决策。"现代决策体系由决策系统、智囊系统和信息系统三个部分组成。在决策体系中，院校研究人员主要从事信息系统和智囊系统方面的工作。这就意味着院校研究主要是咨询研究。咨询研究具有服务性、科学性、独立性和自由性等特点。学校的教代会、学生会、学术委员会以及职能部门，都有某种咨询功能，但院校研究机构的优势在于，它汇集了高等教育研究、规划、管理、财务、计算机网络等不同学科和不同工作领域的专家，能进行综合研究，从而促进不同视界的交流和融合，发挥科际整合作用。[①] 在学校管理决策中，院校研究的咨询

---

① William Lloyd Tetlow, "Institutional Research: The Emergence of A Staff" *Function in Higher Education*, Cornell University, 1973, pp.29—31. Unpublished PhD dissertation.

作用体现在两个方面。

一是信息中枢作用。院校研究致力于收集、归纳、比较和分析本校运行实况和环境变化等各方面的信息，建立、更新并有效管理数据库，以备决策部门之需；同时，针对学校需要解决某一问题，通过专门手段和技术获取并向有关方面提供充足的信息。

二是智囊作用。院校研究机构对于其所在高校的智囊作用，体现在三个方面：（1）帮助学校行政部门对有关本校改革和发展的重大问题做出准确的预测。例如，通过广泛而深入的调查研究，在全面、综合评价学校现状和面临的挑战的基础上，对亟待解决的重大问题做出判断和预测，对学校发展的重大战略问题进行分析和规划。（2）对具体决策的目标和价值进行论证。例如，在某一特定阶段，高校往往面临着诸多改革和发展任务，需要进行多方面的决策，这就有一个区分轻重缓急的问题。院校研究机构通过对各种决策目标进行论证和对各种价值选择进行评估，抓住关键问题和主要矛盾，帮助行政部门进行及时、必要、对症下药的决策。（3）政策环境分析。在重要政策出台之前，院校研究机构一般要根据校内外需求的变化，结合学校现有支撑、保障条件，对该政策形成和实施中可能遇到的问题做出恰如其分的分析；政策实施后，进行跟踪调研，发现和分析问题，及时形成反馈意见。①

4.院校研究是应用研究

一般来说，研究领域大体包括理论研究、应用研究和实践开发研究三类。院校研究虽以包括高等教育学和管理学等在内的众多学科为基础，但其研究的主要目的不是发展理论；另一方面，院校研究通常也不涉及教学、课程开发等实践开发工作。院校研究通过对高等学校管理方面存在的突出问题进行分析、诊断，以解决学校管理工作的实际问题为基本目的。因此，院校研究居于三类研究的中间层次，属于应用研究。

作为应用研究，院校研究强调理论指导，注重方法的科学性和学校管理问题研究的系统性。即便是解决具体的工作问题，也力求运用科学的方法，如问卷调查、深度访谈、现场观察、个案分析、测验研究、目标模拟

---

① 宋旭峰：《院校研究的功能与作用》，《高等教育研究》2003 年第 3 期。

等，通过明确问题对象、搜集并分析数据资料来得出结论、撰写报告，这就把院校研究与经验性的日常"工作研究"或"校务研究"区分开来了。①

院校研究的应用性特征，要求院校研究人员既掌握高等教育管理和一般管理学等学科的基本理论，又具备足够的应用研究能力，还熟悉学校方方面面的情况。特伦兹尼（Terenzini，1993）的研究指出，院校研究人员应具备三种能力，即"专业能力"（如对本校数据的熟悉程度及数据分析能力等）、"说服他人的能力"（如对教师解释教学评价的结果并给出教学法建议）、"背景能力"（对本校的历史和文化管理特殊性的了解程度）。院校研究的应用性特征，要求院校研究人员应具有特定的专业素养和水平。

二　拓宽思路，深入理解意义

院校研究对于推进高等学校管理现代化，推进我国高等教育发展和高等教育学的学科建设，推进国家高等教育法治建设，具有重大而深远的意义。主要体现在：

1. 有利于推进高等学校管理现代化

开展院校研究有利于推进高等学校管理的现代化，即管理的科学化、民主化和法治化。

科学化是与科学研究紧密相联系的。重视科学研究，积极探索和把握事物的客观规律，尊重事实，努力按客观规律办事，才能实现科学化。开展院校研究，能促使全校上下，特别是各级领导者和管理者学会和养成研究的习惯，参与研究、热爱研究、善于研究，真正形成研究之风，在研究中学习和提高，在研究中决策和发展，真正从经验型管理转变为科学高效的管理。中国高校在管理、发展和决策中的许多问题，其重要原因之一就是缺少研究，缺少真正的、科学的、规范的院校研究。各级领导者、管理者参与院校研究，一则会使大家的认识日益接近、逐步统一，对学校的政策和决策更加理解、熟悉和支持；二则在研究和实践过程中对本校发展的

---

① 参见周川：《院校研究的职能、功能及其条件分析》，刘献君、陈敏主编：《院校研究与现代大学管理》，中国海洋大学出版社 2006 年版。

特点、优点、问题和规律会认识得更清楚，真正使理论和实践结合起来，学会以理论指导实践；三则通过在研究中学习和提高，养成科学的思维，学会科学研究的方法，真正提高自己的工作能力和决策水平，使学校的总体管理水平上一个新的台阶；四则会在研究过程中锻炼队伍，培养出一批理论与实践相结合的有中国特色的教育家和教育工作者。[①]

民主决策是现代化管理的标志之一。院校研究重视学校数据的搜集、整理、分析，并使之公开化。这样，就有利于教师、学生、职员以及社会公众及时了解学校的真实情况并对学校工作进行民主监督；而院校研究人员采用问卷调查、访谈等多种形式听取师生对学校重大决策的意见，也使学校决策得以更好地体现师生的民主意愿。可见，院校研究能有力地推进学校管理的民主化建设。

法治化体现在诸多方面，其中之一就是对重大问题进行决策时，要严格遵循相应的法律程序。错误的决策，往往是个人说了算，或者说，是某个领导人凭借个人好恶，在对决策对象没有进行充分调研的情况下所做的主观臆断。院校研究不仅本身有严谨的程式，而且其研究工作已制度化地成为管理决策过程的必经环节和有机组成部分。因此，院校研究有利于推进高等学校管理的法治化。

2. 有利于推进高等学校的改革和发展

通过院校研究，各高校就能真正、全面地认识自身的优势，挖掘自己的潜能，看清自己的弱点，明确自己的地位，发挥自己的作用，使学校发展建设更自觉、更科学、更健康，更具个性和特色，其竞争力和适应能力也将进一步得到增强。这是一个极其重要而又长期没有得到重视和解决的问题。过去，许多学校习惯于眼睛盯着政府，把学习和贯彻上级的批示和精神当作唯一的治校良方，跳不出计划经济的思维模式，使学校变成了一个单纯贯彻执行指令的机构，一颗由上级部门指挥的棋子，很少有时间和精力，也很少主动、认真、自觉、全面地认识自己的角色和使命。一些学校不懂得自己的历史和传统，不知道自己的个性和特色，不明白自己的定

---

① 参见吴绍春：《关于院校研究的几个问题的思考》，刘献君、陈敏主编：《院校研究与现代大学管理》，中国海洋大学出版社 2006 年版。

位和发展方向，只好亦步亦趋地跟着名校走，跟着文件走。开展院校研究，可以帮助高校科学地、客观地认识自己，在不断的发展变化中认清自我、评价自我、研究自我，从而真正地发展自我、创新自我，使学校得以全面、健康、和谐地快速发展。

在这方面不乏成功的事例。有的学校通过战略研究找准了自身的定位，不去盲目追求高、精、尖，而是将自己定位在服务地方经济，努力为地方开发科技成果、培养优质人才、促进地方经济发展，这样，又反过来赢得了地方政府、企业的积极支持，从而使学校得到了快速发展。有的学校通过广泛调研和客观比较，确立了发展战略中的重点、特色学科，从而加大建设力度，使之跻身全国先进学科行列，有的学科甚至一跃而成为全国第一或唯一，这些学科的发展，又有力地带动了其他学科的发展。有的学校从治理结构出发，致力于理顺各种关系，建立良好的制度、机制，充分调动各利益相关者的积极性，从而大大推进了学校发展。还有一些学校通过研究自己的薄弱环节，分析原因，寻找对策，从而使问题不断得到解决，困难不断得到克服，学校逐步走上良性发展的轨道。

3. 有利于推进高等教育学的学科建设

我国高等教育学自创建以来，经过广大理论研究者和实践工作者的共同努力，发展很快，也产生了一批理论成果，但是，离时代和学科发展的要求仍然有很大的差距。究其原因，就在于高等教育研究自身还存在不少问题，主要是对教育实践关注和研究得不够。为了进一步推进高等教育学科建设，我们必须正确认识以下关系：

——共性和个性的关系。特殊高于普遍，个性胜于共性。特殊性寓于普遍性之中，特殊性改变普遍性。共性的丰富性，取决于个性的丰富性。每个学校都有其不可替代的特殊性，需要有针对性地加以研究。只有对单个学校研究透了，才有可能在此基础上，科学准确地归纳出一般规律。

——理论和实践的关系。首先，哲学来源于非哲学材料，教育规律来源于教育实践，只有对教育实践，特别是对具体从事教育实践的学校进行深入研究和剖析，才有可能探索教育的规律；否则，从现象到现象，从抽象到抽象，是不可能认识教育规律的。其次，国家的教育思想、教育制度、教育方式的创新，首先源于教育实践，特别是源于高等学校的创新，然后才由国家教育行政部门总结、推广和制度化。例如第二课堂、大学生文化素质教育，即由华中科技大学首倡并付诸实施，然后才推广到全国，现在，"科技教育和人文教育融合"已被公认为有创新价值的教育思想。又如大连理工大学率先开设大学生思想教育课程之后，一些大学也相继效仿，方才得到教育部的肯定、支持、推广，最终由中央政治局常委讨论并给予肯定。此外，大学生收费上学、学校办产业、后勤社会化等全国性改革，无不始于少数高校的首创。

——借鉴和创新的关系。发展高等教育理论，需要充分借鉴先进发达国家的经验，吸收其理论成果。但是，我们不可能完全照搬别国的理论，更不应言必称希腊，唯西方大师马首是瞻。实际上，我国教育实践中的很多问题，是无法完全用西方现有理论来解释的。这是因为我们的国情不同，需要我们在实践、创造、研究的基础上，形成自己的理论。西方学说只可借鉴而不能取代我们自身的理论探索。

院校研究虽然是以单个学校为对象、以实践取向为主、以解决院校具体问题为目的的自我研究，但是，它可以为高等教育学的理论研究提供生动丰富的素材，而且从单个院校总结的某些特殊规律，经过实践的检验，也有可能上升为高等教育学的一般规律。因此，开展院校研究有利于推进高等教育学的学科建设。

院校研究还在高等教育学与高等教育实践之间架起了一座桥梁。就是说，院校研究运用高等教育理论去研究、分析、解决高等学校管理中存在的问题，而用理论指导高校管理的实践，又可反过来验证、丰富和发展理论。

4.有利于推进国家高等教育法治建设

随着社会的发展，人与人之间的关系将越来越复杂，用以调节人与人关系的法律、法规、制度、政策也在不断发展变化。院校研究针对学校中的各种具体问题进行研究，寻找解决问题的对策，因此，可以检验政府有关法规、制度、政策是否符合学校发展的具体情况。例如，学校贯彻任何政策都需要付出政策成本。通过院校研究，可以了解学校政策成本支付的情况，包括付出是否恰当，学校有无能力承担等，从而对相关政策恰当与否进行检验。学校可以向政府反馈检验的结果，以便政府根据实际情况，

进行政策调整。另一方面，在院校研究中还可以发现法规、制度、政策上的空白点，提请政府及时制定相关的法律、法规、制度、政策。例如，一些独立学院的自我研究发现，投资方、举办方、办学方之间的责任、权力、义务不明确，特别是产权不明晰，是独立学院发展过程中亟待解决的突出问题，需要政府及时制定有关法规。显而易见，通过院校研究，可以推进我国高等教育的法制建设。

三　强化措施，推进研究发展

我国高校开展院校研究，既具备了一定的条件，也面临不少问题和困难。我们应当采取有效措施，努力推进这项事业。

1. 明确院校研究的主要内容

院校研究内容是多样的、变化的、发展的，但我们仍可从中找到共同点。参考美国院校研究的经验，结合我国的国情，院校研究的主要内容可体现在以下几个方面。

（1）院校信息的收集、整理、研究与报告。院校研究工作的基础是系统地收集、整理、分析学校运行状况的信息。如果把学校比作一个有机体，这些信息要能准确反映学校各主要方面的健康状况。院校研究人员应及时将情况通告学校领导和有关部门。为此，学校应建立专门的院校研究信息库。院校研究机构要负责该信息库的维护、充实和完善，并根据相关信息定期向学校决策部门汇报学校运行情况，选择和提出相关的专项课题，以及提供管理咨询意见。信息工作是院校研究中所有其他工作的基础。由于其经常性和基础性，常使人们误以为院校研究机构仅仅是一个收集、整理信息的部门，反而忽视了院校研究更为重要的工作——为学校改进管理提供管理咨询。院校信息源于、但又不同于学校运行信息。

院校信息是定期从学校运行信息中抽取出来的信息，是经过加工处理、能反映学校各主要方面运行状况的数据和信息。从院校管理的角度看，为了达到有效管理，院校信息应具有准确性、及时性、可靠性和适用性。院校信息对于院校管理的重要性主要表现在：院校信息是预测发展趋向、制定院校战略规划的基础，是院校管理者了解和评估内部运作过程的基础；院校信息的流动是进行院校管理的基本手段。院校信息搜集的范围，可以从环境、输入、过程、输出四方面来划分：环境主要包括内在环境、市场环境、公共环境、竞争环境和宏观环境；输入包括学生、教师、职员、设施和资金等；过程涉及招生、教学、科研、学生管理、教师管理、学校发展规划、质量评估、后勤保障等；输出则是反映学校各种活动结果的信息。

（2）院校年度报告的撰写与研究。自20世纪八九十年代以来，美国不少州相继立法，要求各高校每年或每几年向州政府提交以数据和数据分析为依据的年度教育报告，报告内容主要包括：①教育质量的自我评价；②招生人数和毕业率；③在校生与毕业生追踪分析；④毕业生就业率和继续升学率；⑤社会和用人单位对毕业生的评价等。年度报告的研究与写作，已成为美国院校研究者重要的工作内容之一。

我国虽然还没有以立法形式要求高校向政府提交教育报告，但也有相应的惯例：高校每年要向政府教育主管部门报送学校教学、科研、教师、学生等方面的有关数据；校长每年要向教代会报告一次学校工作；有的学校每年还要编制一份年鉴。在这些工作中，院校研究工作者应力求提供比较准确的数据资料并进行数据分析，从中了解学校工作的进展、优势和亟待解决的突出问题，并提出改进的建议。

（3）院校日常管理中的专题研究。学校改革和发展中会产生各种各样需要研究的问题，院校研究工作者要根据学校领导的意见和学校的实际情况，提出问题并对问题进行分析，分清轻重缓急，抓住主要矛盾，进行专题研究。应借助一定的理论和方法，收集与问题有关的数据和事实并加以分析和阐释，在此基础上，提出解决问题的方案和建议，供领导部门决策时参考。

专题研究主要涉及教师事务管理、学生事务管理、资源管理、专业与课程评估等方面。教师事务管理主要包括教师结构分析、教师资格准入制度和教师职务聘任制度研究、教师教学管理和科研管理研究、教师工作量计算与教师分配制度研究、教师工作成本与教师工作产出率研究。学生问题涉及招生平等、学生经济负担、学生期望与满足情况、课程与教学多元化、学生心理咨询服务、另类文化与越轨、毕业生就业、学生利益保护、学生参与管理等问题。资源管理方面涉及资源开发、规划和使用效率，如资源环境分析与预测、多种资源开发战略、资源使用效率、学校资产经营、校内资源分配、校产利用与成本核算、校园建设与维护等。

（4）院校管理中新的重大问题研究。我国社会、高等教育都处于大变革、大发展之中，高等教育领域正面临一场管理革命，许多新的重大问题需要研究。这些关键问题不解决，具体问题就难以解决，例如，高校管理体制变革，特别是并校带来的多校区管理问题，需要开展"多校区管理研究"和"异地办学研究"；由于高等教育大众化，学校利益相关主体增多，需要进行"院校治理研究"；由于市场经济发展，学校资源按市场方式配置，需要进行院校"融资渠道与方法研究"；作为一种新的办学形式，很多大学创办的独立学院遇到产权、定位、人才培养目标、师资、管理体制等一系列新的问题，需要进行"独立学院管理研究"；由于知识经济发展，学科交叉、综合的趋势越来越强，但原有管理制度很难适应这一趋势，需要进行"学科交叉与制度创新研究"、"基层学术组织改革研究"等。

（5）院校战略管理研究。几乎所有最好的大学都是因其卓越的战略领导才得以矫矫不群的。战略管理包括战略规划、战略实施和战略评估，院校战略管理研究要探讨的主要问题有：①高校战略管理的复杂性、灵活性和差异性；②外向性是战略的主要特点，面对大众化、市场化、国际化的急剧变化的外部环境，如何抓住机遇进行战略转移和变革，如何在变化中把握学校总体发展目标，如何从外在环境确立内部组织结构，如何面对变化的环境制定自己的政策、机制和措施；③定位是战略的核心，如何确定学校的身份和地位；④舍弃是制定战略的精髓，如何舍弃一些相对薄弱的领域、学科，集中发挥自己的强项，形成明显的优势；⑤战略实施是战略管理的主体，在战略管理中如何将战略规划、战略实施、战略评估有机结合起来，使之融为一体；⑥如何建立良好的制度、机制，让高水平管理人才脱颖而出，如何加强学习、培训，提高领导者的战略领导能力。[①]

综上所述，当前我国院校研究要着力研究中国现代大学管理中的一些重大实践问题，例如，学校定位与学校发展战略问题；在政府提供的经费

---

① 刘献君：《论高校战略管理》，《高等教育研究》2006 年第 2 期。

不足的情况下如何办好学校；大学教育面向学生、面向社会、面向未来的问题；大学法人治理结构等。

2. 建立机制合理、运作有效的院校研究机构

推进院校研究，应建立一个研究资料、研究活动、研究成果相统一的院校研究机构，并明确其任务，调整其设置，确立其定位，发挥其作用。

（1）明确院校研究机构的基本任务。根据国际经验和我国的现实状况，院校研究机构有四个基本任务：①全面负责学校管理信息搜集，监视与研究学校各个方面的变化与发展动向；②研究学校发展战略，为学校决策者提供决策咨询；③负责向社会有关部门提供关于学校情况的报告，公布有关信息，促进学校管理的公共参与；④配合其他业务部门研究管理问题。

（2）调整院校研究机构的设置。我国目前与院校研究相关的机构设置大体有以下几种：建立一个统一机构（如学校发展研究院），将发展规划、教学评估、高教研究等职能统一起来；学校发展规划处（办公室）和高教研究所（室）合署办公，两块牌子一套人马；学校发展规划、教学评估、高教研究三个机构分设；设立高教研究所（室）等。设置研究机构可因校制宜，不必强求统一，但应该明确该机构从事院校研究的职能，并按院校研究的要求来设置。

（3）明确定位，发挥作用。现代决策体系中的信息系统、智囊系统和决策系统是一个有机组成的整体，三者缺一不可。如前所说，其中信息系统、智囊系统的工作主要由院校研究机构来承担，这意味着院校研究机构已进入学校决策的组织体系，院校研究成为高等学校中"研究"与"改进"相结合的一种"制度设计"。

3. 建立院校研究人员培养制度

院校研究能否发挥应有的作用，还取决于院校研究者的专业素质和水平。院校研究人员需要三个方面的知识和能力：一是现代管理科学、高等教育学及各种与研究问题相关的知识；二是研究方法和分析技术知识及运用这些知识研究实际问题的应用研究能力；三是对所在学校情况的了解以及发现和分析问题的能力。这些知识的获得和能力的提高，一般可以通过正规教育、在职培训和工作锻炼三条途径进行。因此，院校研究人员培养

制度的建立也应从这三个方面来考虑：

（1）建立教育专业学位制度。系统理论知识、研究能力的获得，最好能通过正规教育。目前，在我国高等教育领域，培养高等教育专业研究生的学位点不多，培养的人数偏少；课程单一，缺少院校研究方面的课程；只有一种学术性博士学位，专业博士学位仍然处于探索之中。因此，要改革研究生学位制度，尽快建立教育博士专业学位（EDD），大力发展专业研究生的培养。培养要面向实践，课程和研究论文评审要符合实践工作的需要。有必要指出，研究人员和管理人员两者是相互促进的。教育专业学位培养的人才，还应充实到学校管理岗位，促进管理人员的专业化。

（2）建立在职培训制度。在院校研究中，会遇到各种新情况、新问题，研究人员需要不断学习、提高。一方面，各高校要有一定的制度、措施，鼓励研究人员在职学习提高；另一方面，研究协会、政府职能部门要定期举办各种培训班，为研究人员在岗学习提供机会。

（3）建立研究人员参与工作实践的制度。院校研究要研究、解决学校发展和管理中的实践问题，不了解学校，没有一定的管理工作经验，是难以胜任的。要通过挂职锻炼、兼任课程教学等方式，让研究人员了解实践，培养实践工作能力。

4.建设良好的高等教育公共治理环境

建立健全现代高等教育公共治理制度，强调高等学校的社会公责，是促进院校研究发展的基本前提。良好的高等教育公共治理环境，能激发高校领导支持院校研究的热情和积极性，进而保障院校研究的顺利开展。

（1）建立社会问责制度。中国目前尚未建立现代高等教育公共治理制度，高等学校只对其主管政府部门负责，只向主管部门提供学校运行报告，学校没有、也不必向社会公众报告学校运行状况，公众没有相应的知情权，学生、家长、社会、一般公众难以对高校进行公共监督。这样，学校受组织惰性的驱动，就失去自我改进的压力和动力。当然，部分校长可以依靠自己的责任感、办学经验和管理能力努力去改进学校工作，但人多事杂的高校管理会使校长们分身乏术，由此导致工作挂一漏万，问题得不到及时解决甚至积重难返。有了公共问责制度，高校就必须向政府部门和社会监督机构提交学校运行情况的报告及有关统计数据，从而自然而然地处于社会监督之下，持续的自我改进就有了制度上的保障。与此同时，要建立高校运行数据的公开制度，让社会公众及时了解并对高校的运作有效地进行监督，而院校研究人员及时掌握这些数据，亦可有的放矢、卓有成效地开展研究。

（2）健全校内决策的制度机制。作为非营利组织，大学是典型的利益相关者共同体，没有哪个个体或集体能全部拥有大学，也没有任何人能对大学承担全部责任。因此，高等学校管理不仅要受到社会的监督，还要受到校内多方面因素的制约，表现出复杂的治理结构，遵行着多重制约的决策程序。克拉克·克尔称现代大学为多元化的巨型大学，管理采取的是所谓"联合国形式"。在这个"联合国"里，有"教师国"（也许还可以细分为"教授国"、"讲师国"、"助教国"之类）、"学生国"、"职员国"、"董事国"等；每个"国"都代表着一种特定的甚至相对独立的利益集团，各有其领地、权力范围和特殊的管理形式，并对学校的各种决策拥有否决权。学校越大，制约就越多；学校权力越大，制约也就成正比增长。在这样的"联合国"里，按照克拉克·克尔的现身说法，校长等决策者当然是"领导者"和"掌权者"，但他主要是个"调解者"。既然如此，校长的工作模式也就必然地发生了变化："对校长而言，说服应等同于责任"，"他必须接近每一权力中心"，以便"有机会论证"其支持某项决策的"理由"。[①]也就是说，在这样的学校里，决策者主要不是靠权力，而首先是靠说明和说服去推动工作。院校研究独特的用武之地就在于使校长们的说明有根据，说服有效果。我国大学已建立教代会、学术委员会、学生会等组织，但它们在学校决策中的声音比较微弱，难以对学校的管理决策起到应有的支撑和制约作用。因此，应当构建合理高效的大学法人治理结构，健全校内决策的制度机制，充分发挥各利益群体在学校决策中的作用。

（原载《高等工程教育》2006年第5期，新华文摘全文转载）

[①]　[美]克拉克·克尔：《大学的功用》，陈学飞等译，江西教育出版社1993年版，第23、25页。

大力加强院校研究　推进现代大学管理

中国高等教育正处在大变革、大发展之中，面临着前所未有的挑战。我们正在体验高等教育大发展的历史，我们更要高度关注大学的发展，研究大学的发展，把握大学的发展，不留下历史性的遗憾。院校研究正是在这种背景下应运而生的。本文就怎样理解和推进院校研究、在中国如何开展院校研究，以及需要研究哪些发展中的重大问题以推进中国现代大学管理等问题，谈谈自己的认识。

一　深入理解院校研究

通过 2003 年 10 月在甘肃天水召开的全国首届院校研究学术研讨会，我们对院校研究的理解已达成一些初步的共识。如院校研究的对象是单个院校的实际问题，主要是本校的实际问题；研究的目的是改进管理实践；院校研究具有行动研究、咨询研究、自我研究等特点。[①] 在 2004 年 10 月由华中科技大学举办的院校研究与现代大学管理高级研讨班暨国际学术研讨会上，通过美国院校研究协会 8 位专家的讲授和与会代表的交流探讨，我们进一步加深了对院校研究的理解。

1. 为什么采用"院校研究"一词

与院校研究相关的词有机构研究、校务研究、校本研究，等等。英文"institutional research"如果直译应为机构研究，但"机构"一词包含的内容太广，对象所指不确切。校务研究容易被人理解为具体的工作研究，缺

---

① 刘献君：《关于院校研究的几个问题》，《高等工程教育研究》2004 年第 2 期。

乏学术性。校本研究，近几年来则在中小学管理研究中使用较多。相比之下，院校研究一方面对研究对象的界定比较明确，另一方面也体现了一定的学术性，因此，使用"院校研究"一词比较贴切。

2. 院校研究是一个研究领域还是一个学科

院校研究是高等教育学、高等教育管理研究的一部分，它不是一个学科，而是一个研究的专业实践领域。但在教育学中应有教育博士专业学位（EDD），以培养院校研究方面的专业研究人员和业务实践人员。美国已建立了教育专业学位制度，我国也正在探讨并在一些大学进行试点。与高等教育管理研究相比，院校研究更注重对学校实践问题的研究；与高等教育学会中其他一些二级学会的研究相比，院校研究更注重研究的科学性、综合性。

3. 院校研究是否只能研究本校问题

院校研究主要是研究本校的实际问题。由于学校的历史传统不同、学科结构和人员结构不同，每一所大学的改革、发展，都是一个创造的过程，不可能照搬别人的模式、经验，因此，每所大学都需要对自己进行研究。同时，也只有把每所学校都研究好、办好了，整个高等教育才能健康发展。但是，院校研究不排除在个案研究的基础上，对其中带普遍规律的内容进行学术性的探讨；同时，研究本校，也要与其他学校进行比较，才能认清本校的问题，抓住本质，解决问题。另外，院校研究也有责任从单个学校的研究来看政府的决策，为政府的决策提供政策性建议。

4. 领导者、管理者能否参加院校研究

有研究者认为，领导者、管理者如果参与院校研究，就会因其主观愿望和意志影响院校研究的科学性。应该看到，院校研究是行动研究、咨询研究，研究的目的在于咨询，在于提高决策的科学性，而问题的解决、决策的科学性都有赖于领导者和管理者，因此，他们不仅能够而且应该参与院校研究。只有领导者、管理者、研究者共同努力，才能有助于院校研究取得成效。

5. 中国过去有没有院校研究

20世纪80年代，中国大学普遍开始建立高教研究所（室），其本意是加强对学校自身发展的研究。20多年来，各高教研究所（室）做了大量的工作，其中的一些研究应该说是院校研究。但是，由于多年来我国实

行的是政府办大学的体制，高校没有办学自主权，也没有相应的社会问责，因此，从总体上讲，我国缺乏开展院校研究所需的外部条件。同时，由于高教研究者自身的局限性，各高教研究所（室）的研究其后大体上向两个方向发展：一是朝学科方向发展，争取博士点、硕士点，培养人才；二是为学校领导写讲稿、写文章，进行秘书性、经验性的工作总结。当前，我国的高教研究普遍存在着"三多三少"的状况，即思辨研究多，实证研究少；宏观问题研究多，实践问题研究少；经验性总结多，科学性、系统性研究少。

由于高校办学自主权的扩大，社会问责制度开始形成，近几年来，我国的高教研究工作者开始重视院校研究，把院校研究作为一个重要的研究领域。2000 年华中科技大学教育科学研究院建立了院校发展研究中心，把院校研究作为学院主要的发展方向；2001 年在全国高等教育研究所（室）联席会议上，华中科技大学教科院首次倡议通过发展院校研究来提高高校管理水平；2003 年 10 月华中科技大学教科院发起的全国首届院校研究学术研讨会在甘肃天水召开，来自全国的 95 位代表参加了会议。在那次会议上，代表们提出了两个建议，一是建立中国院校研究专业委员会，引领全国的院校研究工作；二是希望能邀请美国院校研究协会的专家来系统地介绍美国的院校研究工作。与此同时，清华大学、北京大学、复旦大学、华东师范大学、苏州大学、大连大学等高校也开始建立院校研究机构，进行院校研究。

二　探讨中国院校研究，推进现代大学管理

在中国如何开展适合我国国情的院校研究，我认为要把握以下三个方面。

1. 遵循三个基本原则

（1）借鉴与创造相结合。院校研究源于 20 世纪初的美国，在 20 世纪中期美国高等教育大发展中得到了较快发展，为美国高等教育和高等学校管理的发展做出了巨大贡献。院校研究在美国的发展引起了其他西方发达国家的关注。从 20 世纪 70 年代起，一些西方发达国家也开始从美国引进

院校研究，并发展出了适合本国国情的院校研究。在我国开展院校研究，首先要充分学习、借鉴美国及欧洲一些先进国家的经验，特别要学习其精神实质，并找出我们自身研究中存在的差距。如实证研究不够，特别是对数据重视不够；科学的、系统的研究不够；对具体实践问题研究不够等。但我们决不能照搬别人的经验，因为我们的国情不同；我国高等教育发展的阶段不同，美国第二次世界大战以后高等教育大发展，而我国现在正处于高等教育大发展、大变革之中，很多发展的关键问题不解决，具体问题就难以解决；我国高等教育的体制、高校内部治理结构和机构设置与欧美国家也不相同。因此，我们要在学习、借鉴的基础上进行创造，形成具有中国特色的院校研究。

（2）研究与实践相结合。开展院校研究，应遵循研究与实践紧密结合这一基本原则。在这里，研究与实践相结合有两层含义。一是对院校研究的研究与开展院校研究的实践相结合。我们首先要研究院校研究的性质、内涵、特点等，对其有一个基本的认识，但不能停留在这里，与此同时，我们要着手进行院校研究的实践。对一个概念的认识是逐步深化的，边研究、边实践，只有在开展院校研究的实践中，我们才能进一步深化对院校研究本质的认识。二是在开展院校研究的过程中，将对学校实践问题的研究与解决学校实践问题相结合。对学校实践问题，首先要开展研究，找出其问题的症结，提出解决问题的方案。但我们不能就此止步，还要去推动方案的实施，切实解决问题，以提高学校的管理水平。

（3）自下而上与自上而下相结合。院校研究需要领导的支持、参与，没有领导的支持、参与，不可能搞好院校研究。因此，我们要主动向教育部、向学校领导汇报，争取支持。同时，我们要从力所能及的、基础的问题入手开展研究，并着手推进解决一些问题。只有自下而上与自上而下相结合，才能有效地推进院校研究。

2. 抓住现代大学管理中的若干重大的问题开展研究

中国正在经历伟大的变革，中国高等教育也正经历着一次深刻的变革。中国的市场经济体制改革、高等教育大众化发展以及开放政策所导致的国际化趋势，给高等学校管理提出了一些前所未有的问题与挑战，高等学校将面临一场管理革命。我们正处于高等教育大变革中，我们正在体验历史，我们更要清醒地关注历史，把握历史，不留下历史性的遗憾。因此，在中国开展院校研究，首先要着力研究中国现代大学管理中的一些重大问题。

（1）学校定位与学校发展战略问题。定位是战略制定的起点，只有首先确定学校的定位，才能较好地制定学校的发展战略。事实表明，随着高等教育大众化的发展，必然出现高等学校的分化和高等教育的多元化。因此，每个学校是否能够找准自己的位置，并制定相应的发展战略，对学校的未来发展具有重大意义。在这个问题上，目前存在一种普遍的心态，这就是每个学校都希望自己在未来的发展中能多上几个台阶，最好是从一个地方性的、以教学为主的学校，变成全国性的，甚至国际知名的研究型大学。这个心态决定了目前高等学校普遍定位偏高。把学校办好办大的主观愿望是好的，但是它可能不切实际。因为未来中国高等教育发展的主要趋势是发展大众化高等教育，需要大量发展的是面向大众的大众型高等教育，而不是精英教育，这是迫使学校面对现实的力量，是制约高校盲目攀比升格的力量。从总体上讲，在美国的高等教育中并没有发生过这个现象。美国的高等学校非常注意运用市场分割的思想来确定自己学校的定位。尽管美国的高等学校在原则上可以自行确定学校的定位，但是很少看到美国的一个地方教学型院校会把自己的未来发展定位为成为全国甚至国际知名的研究型大学。因此，我们要研究的问题有：①"攀比升格风"是不是中国特有的现象；如果是，是什么机制在起作用；学校合理定位，政府的责任是什么，社会的责任是什么，学校自身的责任是什么；如何建立引导学校合理定位的机制。②学校定位的内涵是什么；由谁来定位；怎样定位。③什么是学校发展战略；战略的内涵是什么；怎样制定学校发展战略；制定战略的难点何在。

（2）在政府提供的经费不足的条件下如何办好学校。为什么要研究这个问题呢？基本理由是，国际经验表明，各国高等教育在从精英向大众以至普及化高等教育转变的过程中，政府与社会对高等教育的绝对经费投入会增加，但资助强度会下降。这是因为高等教育大众化导致教育的规模扩大，而政府与社会的经费支持不可能按同等比例增长，结果造成高等学校自筹经费比例的增加。例如，1970 年美国政府与社会对高等教育的经费支持为 138 亿美元；到 2000 年，这个数字上升到了 1141 亿美元，为 1970 年的 8.26 倍。但是它占当年高校总经费的比例，却从 1970 年的 64% 下降到了 2000 年的 40%。[①] 也就是说，在美国，1970 年高校只需筹集大约 36% 的经费，而 2000 年则需筹集 60% 的经费。类似的情况也发生在中国。以华中科技大学为例，1980 年以前，政府经费在学校经费中的比例高达 80% 以上，那时学校自筹经费很少，而今天，政府经费已经下降到了 30% 左右。其他类型的学校也大体经历了类似的过程。

中美一些学者的研究表明：当高校较少地依赖政府资源，较多地依赖自筹资源时，会使高校从一个被动的行政下属组织变成一个更有自主创业精神的组织，这将根本性地改变原有的组织与管理模式。如果这个结论具有普遍意义，那我们就必须认真思考高校组织和管理与其资源依赖结构的关系，创造出较少地依赖政府资源、较多地依赖自筹资源的学校组织与管理模式。因此，我们要研究的问题有：①政府究竟应当给高校投入多少钱；以什么方式拨款才有利于学校提高教学质量和办学效益。②政府资助力度下降对高校的管理会产生什么影响；学校的组织结构与相应的管理模式如何改变。③在计划经济时代，政府给多少钱，学校办多少事，而在市场经济条件下，则是学校需要办多少事，去找多少钱。在这种情况下，学校如何筹集资金。

（3）大学教育面向学生、面向社会、面向未来的问题。我们的社会正在发生根本性变化，我们的学生群体也发生了根本性变化。学生的变化主要是由社会的变化引起的。今天的大学生绝大多数是在改革开放的年代里出生的，他们和改革开放之前受教育的人在很多方面有着重大的区别，以至被人们称为"新新人类"。

我们要认真进行反思，主动进行改革。如果不进行这种反思，未来的发展也会迫使我们改变。如发生在 20 世纪 60 年代欧美国家的学生骚动，它最终引发的社会动荡迫使大学教育体系做出全面的调整。在这场风暴之后，美国的高等教育进入了新的发展阶段。美国现在的高等教育研究基本

---

① 赵炬明：《现代大学与院校研究——美国院校研究发展述评（下）》，《高等教育研究》2003 年第 4 期。

上就是在那一时期产生的，美国今天的院校研究机构也大多诞生于那段时间。因此，我们要研究的问题有：①大学生的愿望与理想、目标与追求；社会对大学生的期望与要求；大学生对未来社会的影响；大学生对学校教育的期望。②面对学生的变化，我们应确立什么样的教育思想、观念；如何重新思考学校与学生、教师与学生的关系；现有教育体系、工作方式中有哪些不适应时代变化的内容，应如何改革。

（4）大学法人治理结构问题。"任何组织都有一个治理问题，学校也不例外。"①"大学治理的基本问题是：用什么样的制度才能保证大学的目标和理念的实现。"②"治理"概念是从经济学领域引进来的，公司治理已是一个比较成熟的研究领域。大学是不同于公司的社会化组织，但在大学的外部和内部都存在着权、责、利的分配问题。

大学的外部关系，是大学与政府、市场的关系，其中首先是大学与政府的关系。在大学与政府的关系中，政府代表社会管理公立高校，政府对公立高校可以实施行政管理权力，政府因具有行政管理权力而处于强势地位。尽管大学具备法人地位，法律赋予了大学应有的权力，但在现实中并没有完全得到落实，从而限制了大学的办学自主权。在大学内部，大学如何用好办学自主权，恰当地行使权力和履行义务，这是大学办学自主权在大学内部的分配问题。研究大学内部的权力关系十分重要，因为大学一般作为非营利性组织，是典型的利益相关者组织，没有哪个个体或集体能全部拥有大学，也没有任何人会对大学负全部责任。因此，我们要研究的问题有：①如何在对学校与政府、市场关系的准确把握的基础上，根据我国国情，建立现代大学治理结构；如何保障大学办学自主权的落实。②如何调整学校内部治理结构，处理好各种权力关系；由谁来控制大学，以谁的利益为重进行决策，决策对谁负责。

3. 从基础抓起，从学校的具体实践问题入手

院校研究，资料（尤其是数据）是基础，因此，要抓住建立数据库这一基础性工作。"教育政策的抉择、行政的措施、校务的规划以及教学的

---

① 俞可平：《治理与善治》，社会科学出版社2000年版，第4页。
② 张维迎：《大学的逻辑》，北京大学出版社2004年版，第1页。

改进，都需要即时、完整、正确的资料做依据。没有资料，往往不能做出正确的判断与选择，也往往失去先机。所以资料即知识，知识即力量。"①我们的很多研究往往凭经验、感觉、思辨，缺乏充分的论证。在院校研究中，要善于运用数据及其他资料去说明问题，寻找对策，解决问题。现在学校一般建有业务数据库，我们要在此基础上，建立分析数据库。

院校研究，要从本校的实践问题入手，"用一个很简单的方法去回答很有意义的问题"②。近几年来，华中科技大学院校发展研究中心针对本校的问题，开展了一系列的研究，如华中科技大学何以排名第五；华中科技大学发展战略；教师聘任制实施的策略选择；专业教学中的人文教育；青年教师成长规律研究；学生贷款研究；大学生社团研究等。这些研究都取得了好的成效。

三　努力在全国推进院校研究

中国高等教育学会会长周远清同志在 2004 年 10 月华中科技大学举办的"院校研究与现代大学管理国际学术研讨会"上提出："今后大多数高校的高教研究所要以院校研究为重点。"我们要在教育部的领导下，在中国高等教育学会的指导下，在全国推进院校研究工作。

1. 培训院校研究人员

开展院校研究，关键靠人，靠一批事业心强、热心院校研究、具有院校研究能力的人。我们要采取多种方式培养院校研究人员。

（1）举办院校研究人员培训班。在 2004 年 10 月由华中科技大学联合美国院校研究协会举办的第一届院校研究与现代大学管理高级研讨班上，近 100 位相关研究人员参加了培训，大家感到收获很大。今后，我们计划每年举办一次，每次围绕一个主题进行。2005 年将在西安举办第二届培训班，主题是"高校领导与战略"。

（2）组织编写院校研究培训教材。我们将与美国院校研究协会合作，

---

① ②　彭森明：《全国高等教育资料库之建置及运用》，华中科技大学院校研究所：《院校研究与现代大学管理》2004 年 10 月。

编写《院校研究理论与方法》、《大学发展战略》、《教师事务》、《学生事务》、《教学与科研管理》、《财务管理》等教材，成熟一本，出版一本。

（3）推进建立高等教育专业学位制度，通过 EDD、MED，培养高水平的院校研究人员。

（4）各院校自己组织培训。例如青岛大学，该校组织了 20 多位中层干部，到美国的有关大学对口培训了 3 个月，效果很好。

2. 推进建立院校研究数据库

首先，推进各院校建立自己的分析数据库。如佛山科技学院的院长、党委副书记、院办主任及院校研究人员一行 4 人参加了"院校研究与现代大学管理高级研讨班暨国际学术研讨会"，他们边学习、边研究，已决定着手建立本校的院校研究数据库。我们都应该从本校做起，从自己做起。

其次，协助、支持厦门大学和华中科技大学等高校建立全国共享的院校研究数据库。

3. 开展院校研究的工作和学术交流

现代社会，信息交流十分重要，我们拟从三方面着手推进院校研究的工作和学术交流：在华中科技大学院校研究所建立院校研究网站；举办院校研究通讯；创办《院校研究》学术刊物。已于近期宣布成立的中国院校研究专业委员会（筹）将与九江学院联合创办《院校研究》刊物，有关工作正在抓紧进行。

4. 继续推进院校研究机构的建立

自 2003 年全国首届院校研究学术研讨会召开以来，部分院校已经建立了自己的院校研究机构，这一方面的工作还要继续推进。机构的形式可以多样化，应根据学校自身的特点、情况而定。

（原载《高等教育研究》2005 年第 1 期）

努力将中国院校研究推向一个新阶段

中国院校研究走到了今天。今后如何发展，是大家共同关心的问题。笔者与笔者所在的华中科技大学院校发展研究中心的同志们反复讨论后认为，深入开展院校研究要以专题研究为突破口：以案例研究为专题研究的基本方法，解决专题研究中存在的突出问题。努力提高研究水平：建立全国性院校研究案例库。充分发挥院校研究在推动全国高等学校发展中的作用。与此同时，要努力建设系统的数据信息系统和以数据为基础的研究与决策体系。科学地进行数据收集、数据分析。实现以数据为基础的决策。本文就此谈谈一些认识。

一　以专题研究为深入开展院校研究的突破口

2000年3月，华中科技大学建立院校发展研究中心，着手开展院校研究。2003年10月，华中科技大学教育科学研究院发起并组织了全国首届院校研究学术研讨会，与会代表就怎样理解院校研究，如何开展院校研究等问题进行了广泛讨论，达成了初步共识，这次会议成为我国开展院校研究的标志。此后，2004年10月、2006年6月分别举办了两次院校研究国际研讨会，共同探讨"开展院校研究，建立现代大学制度"，"高校领导与战略"等问题。通过六年的努力，我国开展院校研究的局面已经打开，这主要表现在：通过借鉴美国及欧洲部分国家开展院校研究的经验，探索中国特色院校研究的理论与方法，对院校研究的内涵、特征、主要内容以及开展院校研究的意义等，已经达成基本共识；开始开设院校研究课程，举办院校研究讲习班，编写院校研究教材，着手培养院校研究专业人员；

部分高校已开展院校研究的专题研究，为学校领导提供决策咨询（如青岛大学通过院校研究，实施战略管理，加快了学校的发展，华中农业大学在开展院校研究中制订了《院校研究科研课题管理办法》，西北大学、中国地质大学、中央财经大学、云南师范大学、辽宁工业大学、长江大学、上海对外贸易学院、空军雷达学院等部分高校通过多种方式着手开展院校研究）；院校研究得到了教育部领导、高等教育学界及部分高校领导的认同和支持。同时我们也必须看到，中国特色院校研究理论和方法的探索还有待深入；部分高校领导和高教研究人员对开展院校研究还没有引起足够的重视，认识有待加强；自觉开展院校研究的高校还不够广泛。面对这种情况，经过反复思考，我们认为，应以专题研究为突破口，通过广泛开展专题研究，将我国院校研究推向一个新的阶段。之所以以专题研究为深入开展院校研究的突破口，主要是基于以下考虑。

首先，专题研究易于展开，容易见到成效。院校研究开展过程中，遇到很多难题，如院校研究是一种新的研究范式，高校领导和高教研究人员的认识和研究能力难以适应；由于高校没有统一的、经常性的资料搜集制度和机构，研究资料和研究人员分家，院校研究难以开展；原有高教研究机构游离于学校体制之外，研究难以发挥应有的作用；缺乏新的成果认定制度，研究人员的实际贡献难以认定，专业技术职务晋升难以解决，等等。相对而言，针对学校管理实际的某一问题，进行专题研究，研究人员有比较大的自主性，也比较容易展开。专题研究的成果用于改进学校管理实践，推动学校发展，容易见到成就，取得学校领导的认同和支持。

其次，专题研究是院校研究的主要内容之一。院校研究的主要内容包括：院校信息的收集、整理、研究与报告；院校年度报告的撰写与研究；院校日常管理中的专题研究；院校管理中新的重大问题研究；院校战略管理研究。以上五项主要内容，后三项部属于专题研究，专题研究是院校研究的主要内容之一。是院校研究的题中应有之义。

再次，在专题研究中锻炼队伍。院校研究不同于一般的日常工作研究。一般的工作研究往往产生的是"工作总结"、"资料汇编"、"情况汇报"之类的成果，不能深入揭示院校发展、管理中的深层次问题，揭示产生问题的原因，获得解决问题的有效对策。院校研究需要运用科学的研究方法，遵循科学研究的程式，得出科学的结论，提出有效、可行的对策。这就要求院校研究者应能提出好的问题；是一个好的倾听者，不被自己的思维方式和先入之见所束缚；能牢牢抓住研究问题的本质。以资料收集为例，在资料收集过程中往往不断出现新问题，这些新问题与原有的理论假设可能并不一致，这就需要对原有的理论框架进行调整。"只有经验丰富的研究者才能把新出现的问题转化成取得学术突破的机会，而不是陷入其中无法自拔，也只有训练有素的学者才能在研究中不表露出任何个人的感情色彩或偏见。"[1] 任何人"在下水之前不可能学会游泳"。因此，通过开展专题研究可以帮助我们掌握院校研究的理论和方法，从而锻炼、培养院校研究队伍。

二 以案例研究为专题研究的基本方法

专题研究可以采用实验法、调查法、档案分析法、历史研究法、案例研究等多种方法。在研究中，可以根据不同的研究对象、不同的研究要求，选取相应的研究方法。院校研究中的专题研究所面对的问题都是在一定情景中，各要素之间相互联系，相互制约，高度关联。实验法在实验室环境中进行，把现象从其前后联系或背景中分割出来，把关注的焦点集中在少数几个变量上，只有研究者可以直接、精确、系统地控制事件过程时，才可能采用实验法。历史研究法十分重要，要关注相互关联的现象及其环境背景，但它所面对的不是当前正在进行的事件。调查法可以同时考察现象及其前后联系，但它对前后联系的探讨是极为有限的。相比之下，案例研究法比较适合院校研究中的专题研究。

"案例研究是探索难于从所处情境中分离出来的现象时采用的研究方法。"[2] 案例研究适合的情况是："研究问题类型是'怎么样'和'为什么'，

---

① [美] 罗伯特·K. 殷:《案例研究——设计与方法》，周海涛、李永贤、李虔译，重庆大学出版社 2004 年版，第 66 页。

② [美] 罗伯特·K. 殷:《案例研究方法的应用》，齐心、周海涛译，重庆大学出版社 2004 年版，第 13 页。

研究对象是目前正在发生的事件，研究者对于当前正在发生的事件不能控制或极少能控制。"① 案例研究是一种实证研究。它在不脱离现实生活环境的情况下研究当前正在进行的现象；待研究的现象与其所处环境背景之间的界限并不十分明显。也就是说，采用案例研究法，是因为研究者相信事件的前后联系与研究对象之间存在高度关联，要把事件的前后联系纳入研究范围之内，从而探索相应的结论。因此，案例研究与院校研究中专题研究的要求十分吻合，应当将案例研究作为专题研究的一种基本方法。

案例研究是一种要求高、难度大的研究方法，在研究过程中首先要做好研究设计。研究设计是从"需要回答的问题"到"得出的结论"的逻辑步骤，主要包括分析所需研究的问题、提出假设、界定分析单位、连接数据与假设、解释研究成果的标准等五个方面。②

分析所要研究的问题。应用研究始于问题，提出问题之后，要对所研究的问题的性质进行分析。尽管所研究问题的实质各不相同，但所有问题都可以用"5W"表示，即"什么人"（who）、"什么事"（what）、"在哪里"（where）、"怎么样"（how）、"为什么"（why）。案例研究最适合回答"怎么样"和"为什么"的问题。

提出假设。研究假设可以引导研究者集中关注所要研究的问题，而不致分散精力。只有明确提出某种具体的假设后，研究才会有正确的方向，而不致偏离。例如，某研究者在做"H大学教师职业稳定性影响因素研究"课题时，针对H大学是研究型大学的特点，在前期研究的基础上，提出了如下研究假设："教师的职业稳定性与教师的个体特征、工作满意度、工作压力、组织承诺有关。"提出了这样的研究假设，研究的范围缩小了，研究的可行性增加了。

界定分析单位。对分析单位的不同界定，会导致采用不同的研究方法或资料收集方法。界定分析单位以后，才能确定资料收集、资料分析的范围。分析单位可以是事件（如校园枪击案），或实体（如某一国家、某一学校、某一课题组），或单个的个人（如问题少年、模范学生、政治领袖）。

---

①② ［美］罗伯特·K．殷：《案例研究——设计与方法》，周海涛、李永贤、李虔译，重庆大学出版社 2004 年版，第 11 页。

界定分析单位时，要进行文献综述，在前期研究文献的基础上进行；要与研究同伴共同探索，反复分析，力求准确。

连接数据与假设，解释研究成果的标准。这两个要素是案例研究中证据分析的前期步骤，研究讨论应该为证据分析打下坚实的基础。连接数据与假设有多种形式，其中"模式匹配"是重要方法之一。同时，对一般案例而言，很难精确地设定解释这类研究结果的标准，研究者可以通过不同模式之间足够强烈、鲜明的对比，以至于可以根据至少两种相互矛盾的模式的比较来解释研究结果。

研究设计之后，在案例研究实施过程中，要经过筛选案例、收集资料、证据分析、撰写案例研究报告等步骤，才能完成一项案例研究。这些都必须在案例研究的学习、实践过程中逐步掌握、熟练。

为推进院校研究，应尽快建立全国性院校研究案例库，将符合案例研究基本要求，有一定借鉴意义的研究案例，按照一定的程序列入案例库，供高校领导、院校研究工作者学习、研究和实践时参考。

三 解决专题研究中存在的突出问题，努力提高研究水平

院校研究推进的难度较大，研究成果难以发挥应有的作用，究其原因，主要是没有突破传统的泛泛而论的研究，研究者缺乏科学的研究方法，研究没有达到应有的科学水平。从笔者多年来指导学位论文和参加学位论文答辩，参与专题研究的情况看，专题研究中存在以下四个方面的突出问题。

1. 问题偏大

问题是研究的发端，研究的目的是要解决问题，因而研究者要有强烈的问题意识。研究中，在这方面存在的主要问题是：看不出问题，没有问题，不知道研究的目的是什么；把现象当问题；把假问题当真问题；把一个领域当问题，如有的研究仅停留在"学科建设"、"学分制"、"现代大学制度"、"教师聘任制"上，没有找到所要解决的问题。其中突出的是问题偏大。由于问题偏大，研究时往往泛泛而论，抓不住要害和实质，研究结论空泛，研究起不到应有的指导作用。

2.资料偏虚

解决问题靠什么，靠证据，靠资料。研究的深度，取决于掌握资料（证据）的多少，"有多少资料，做多少东西"。要运用正确的方法去收集第一手资料。不少论文在论述中，往往是导师怎么说，经典作家怎么说，名家怎么说，或者从网上找一些第二手、第三手的资料。用这些"虚"的资料再加上看到的某个时髦说法，得出一个结论。这种结论是"贴"上去的，不是"长"出来的。我们的研究要在对大量第一手资料的分析中，"生长"出科学的结论。

3.理论偏多

科学研究就是要运用现有的理论、知识，去解决未知的问题，从而发现规律和新的知识，不能"以无知去研究未知"。理论的作用主要表现在三个方面：一是理论对经验的先行激发作用。在科学研究中，经验的产生对于理论有很强的依赖性。二是理论对经验的共时建构作用。理论参与经验的建构，即我们通常所说的观察中渗透着理论，理论成为经验的一个内在组成部分。三是理论对经验的事后解释作用。这种解释作用表现在：理论审查经验的性质，做出评价；理论解释经验的内容。[1] 人们开始认识到理论的重要性，但在研究过程中往往只是搬来一大堆理论，哲学的、心理学的、管理学的、社会学的、教育学的，将各种理论往那里一放，而没有发挥其应有的作用。在研究中，要经过反复比较、思考，找到与解决问题相适切的、具有解释力的理论。

4.方法偏乱

科学研究的明确标志就是具有科学的研究方法。方法是"船"和"桥"，没有"船"和"桥"就过不了河，没有正确的方法，就不可能研究和解决问题。由于在评价一项研究时人们强调研究方法，一些研究者在其研究报告中也会列出多种方法，但这些方法往往与研究内容脱节。究其原因，主要是对研究方法的学习、掌握不够，对一些常用的研究方法不熟悉，因而在研究中方法偏乱。在今后的院校研究中，我们要着力找到一种或多种适

---

① 蒋劲松：《经验、理论与整体主义——兼与柯志阳先生商榷》，《自然辩证法通讯》2003年第5期。

合院校研究的分析框架。分析框架是从一个理论出发，针对要研究的问题所提出的基本研究思路、工具，它是理论和问题两者之间的桥梁。面对一大堆杂乱无章的材料，没有分析框架，研究无从下手。北京大学教育学院陈学飞教授等在进行政策研究时，根据萨巴蒂尔提出的三种政策理论发展方式，提出了"以理论发展为导向的经验研究"的分析框架，值得我们借鉴。

问题、资料、理论、方法是科学研究中的四个基本要素，而且这四个要素之间是相互联系、来回穿梭式互动的。只要我们抓住这四个要素，并努力去解决研究中容易出现的关键问题，院校研究的发展可以往前跨进一大步。

四　增强责任感，努力推进院校研究

以专题研究为突破口，院校研究取得了新的进展，其主要标志是：广度，在现有基础上，更多的省市、更多的高校主动开展院校研究；深度，逐步探索、形成院校研究中专题研究的理论、分析框架和技术；影响力，通过院校研究，发现、研究、解决高校管理中存在的突出问题，推进高等教育发展。为此，我们要在以下几个方面下功夫。

1.提高认识。对一个事物的认识是无限的，对院校研究的认识要贯穿于开展院校研究的始终。要不断认识开展院校研究的意义，院校研究的特征、内涵和方法，院校研究的难点、重点，等等。要在不断学习中认识，持续研究中认识，宣传推广中认识。

2.增强责任感。高等教育质量关系国家、民族的未来。进入大众化阶段后，高等教育发展中面临大量的新问题，这些问题不解决，我国高等教育难以健康、持续发展。抓住发展中的问题，开展专题研究，探索高等教育发展的规律，提出解决问题的对策和方法，为领导决策提供强有力的管理咨询，这是我们高教研究工作者的历史责任。

3.树立研究意识。科学研究有其自身的理论、逻辑、方法，需要认真去学习、探索。在研究中，要有强烈的问题、资料、理论、方法意识，抓住并解决其中的突出问题，在研究中学会研究，不断提高我们的研究水

平。院校研究者还要有教育管理咨询意识，学会做管理咨询，主动开展管理咨询。

4.落实专题研究。"研究实践，相互推进"，一方面要研究院校研究，一方面要实践院校研究。以专题研究为突破口，就要善于抓住院校管理中的问题，列出专题，逐一开展研究。院校研究中，一定要发挥学校领导和院校研究工作者两个方面的积极性，学校领导要提出问题，提供条件，主动接受管理咨询；院校研究工作者要自觉、积极开展研究，提高研究水平，主动提供管理咨询。中国高教学会院校研究分会则应通过案例库、网络、媒体、专题研讨会等多种方式，交流、推动专题研究。我们相信，只要大家共同努力，中国的院校研究一定会走向一个新阶段。与此同时，要努力建设系统的数据信息系统和以数据为基础的研究与决策体系，科学地进行数据收集、数据分析，实现以数据为基础的决策。

（原载《高等教育研究》2007 年第 9 期）

论院校研究中的若干关系

2007 年 7 月召开的全国院校研究研讨会提出，要以专题研究为突破口，以案例研究为基本方法，将我国的院校研究推向一个新阶段。一年多来，在大家的共同努力下，院校研究取得了可喜的成绩：2008 年成功召开了院校研究第三次国际研讨会；《中国院校研究案例》（第一辑）已于 2009 年 1 月由华中科技大学出版社出版；一些高校的院校研究已经取得了初步成果；部分高校已着手开展院校研究。今后，进一步推进院校研究，领导者和研究者都要进一步提高认识，将对院校研究的研究和认识贯穿院校研究的始终；要进一步明确自己的职责，掌握科学的方法，增强责任感。具体而言，在院校研究中要处理好以下四个关系。

一 "汽车表盘" 与 "驾驶员" 的关系

现在，不少人会开汽车，不会开车者也坐过汽车，深知汽车表盘对驾驶员的重要性。汽车表盘上的各种仪表，都有自己的功能。它能告诉驾驶员，汽车行驶的速度，从而避免超速、违规、罚款；它能告诉驾驶员，汽车的存油量，什么时候该加油了，从而避免车开到半途因缺油而走不动。如果加上 GPS，它能告诉你车行驶到了什么位置，为了到达你所要去的地点，车应该怎么走。根据表盘上反映的各种参数，还可以判断汽车的内部结构是否正常。一次我乘坐的小车行驶在高速公路上，驾驶员和我说，汽车有问题了，因为车速 110 公里，而车轮转速达到了 3000 以上，两者不匹配。后来送去检修，汽车果真出了问题，要是不及时修好，会酿成大祸。

一位大学校长（党委书记），"驾驶"着乘坐几万人，甚至上十万人的

"大车"，不能没有"表盘"。院校研究就是为大学校长（党委书记）管理学校制造和提供"表盘"。

前两年，我访问澳大利亚，重点考察了维多利亚大学院校研究中心。该中心有 20 多位工作人员，其中 8 位工作人员的主要任务是深入教师、学生中了解情况，收集信息。例如，每年新生开学前，一份调查报告就会摆在校长的办公桌上。这份报告包括这一届新生中学时的状况、学习水平，他们的愿望，这一届学生与上届学生的比较，本校新生与相近学校新生的比较，等等。有了这样一份材料，校长对这一届学生的教育措施、方法，心中就有数了。院校研究的职能包括基本职能和高级职能。院校研究的基本职能是对本校及其相关环境数据进行搜集，并将这些数据描述成有用的信息，作为决策的参考或对外发布。院校研究工作者搜集的本校数据，包括学校工作各主要领域的数据，如学生事务数据、教师事务数据、财务数据、机构与设施数据等；环境数据则包括与本校相关的各种外部因素，如市场环境（生源、师资、校友、捐助人、用人单位等）、公共环境（政府、基金会、新闻媒体、公众等）、竞争环境（同类院校、同类专业）、宏观环境（人口、经济、技术、政治、文化）等方面的数据。院校研究的高级职能主要指进行专题研究，专题研究包括学校运行中各种矛盾与问题的分析、教学活动及其他项目的评估、学校各种发展规划的前期论证等。院校研究工作者针对上述问题，以数据与事实为基础，通过科学方法与程序对问题做出解释，并提出可供选择的对策和方案，以作为学校管理决策的依据。以上这些，都是一位大学校长（党委书记）领导好一所学校的前提条件。

自行车也是车，为什么不需要表盘呢？因为自行车结构简单，车速慢，面临的环境不复杂，既不可能在繁华的街道上横冲直撞，也不可能骑着自行车上高速公路。骑自行车也可能出问题，那不是因为没有表盘，而是因为自行车本身出了问题，如刹车失灵，或者车速过快。摩托车则介于自行车和汽车两者之间，需要简单的表盘即可。校长（党委书记）们管理大学，从历史发展来看，经历了"骑自行车"、"骑摩托车"阶段，现在进入了"开汽车"阶段。二三十年前的大学，规模较小，学校职能以教学为主，内部组织结构简单，在计划经济条件下，外部环境也不复杂。校长（党委书记）们像骑自行车一样，走走看看，凭自己的经验，大体上可以管理好大学。现在大学的状况发生了很大的变化，需要科学管理。

现代大学的变化主要表现在以下几个方面：一是学校规模扩大。1949年，我国普通高校20多所，年招生3.06万人；1978年普通高校598所，年招生40.15万人；1988年普通高校1016所，年招生61.92万人；1997年普通高校1020所，年招生100.04万人。①2007年普通高校1908所，年招生565.92万人，在校生1884.90万人。② 由此可见，1997年，我国普通高校校均招生人数在1000人之内，在校生3000—5000人的学校就属于人数很多的了，在1997年之前，则更少。到2007年，校均在校学生达到万人，平均算都是万人大学，有的则达到几万、上十万人，可称为多元巨型大学。量的增长，必然引起质的变化。学校规模庞大，面临的事务也会复杂多样。二是学校职能扩展。过去的大学，以教学为中心，现代大学的职能大大扩展。就教学而言，过去以本科教学为主，现在研究生教育占据了重要位置，职业教育呈半壁江山之势，而且还有网络教学、远程教学、继续教育中的教学等。由于已步入知识经济社会，知识生产、科学研究的重要性日益突出，科学研究"不仅是大学获取资源的一种渠道，也成为大学教师职业的核心任务"③。由于大学已从社会边缘步入社会中心，与社会的联系越来越密切，社会服务的职能也大大扩展，如为政府决策提供咨询，为解决社会问题提供服务，为各行各业发展培训人才，为新农村建设提供智力支持等。此外，过去是"政府给多少钱，学校办多少事"，现在则是"学校办多少事，要去找多少钱"，学校要通过多种途径去筹集资金。三是学校面临的社会环境越来越复杂。从计划经济到市场经济，大学也同样要面对市场，与社会的方方面面发生广泛的联系，否则，学校难以生存和发展。同时，高等教育国际化，带来高等学校的"脱域化"问题，如脱域经营、人员的跨域流动、资源的跨域获取、知识的跨域供给等。这就要求高

---

① 教育部：《1997年教育统计数据》[EB/OL]，见 http://www.moe.edu.en/edoas/website18/03/info//203.htm。

② 教育部：《2007年教育统计公告》[EB/OL]，见 http://www.moe.edu.en/edoas/website18/54/info//20997965475254.htm。

③ 吴合文、毛亚庆：《新自由主义、全球化与高等教育发展》，《高等教育研究》2008年第12期。

等学校通过学者互访、师生互换、学位等值、课程交流、举办学术会议等多种形式，扩大国际交流与交往，从而开阔视野，启迪智慧，推进学校发展。因而，学校所面临的环境，越来越复杂。

面对现代大学的变化，学校领导者必须清醒地认识到，现代大学管理仅凭个人的经验，进行经验管理是不行的，必须进行科学管理。学校领导者要根据院校研究人员提供的信息、数据，以及咨询研究，把握学校发展的方向，解决学校发展过程中存在的问题，对学校发展中的重大问题进行科学决策，充分发挥"汽车表盘"的作用。

二 理论与实践的关系

如果说，第一个关系是学校领导者、管理者必须首先认识和把握的关系，那么，这里所说的理论和实践的关系，则是院校研究者首先应该把握的。下面从三个方面来阐述。

1. 理论来源于实践

陶行知先生认为，"行是知之始，知是行之成。"一切理论都来源于实践和经验，并受到实践和经验的检验与矫正。同样，高等教育理论来源于高等教育实践。我们比较一下，美国的高等教育研究和我国的高等教育研究走过了两条不同的路径。美国的高等教育研究是从实践研究开始的。从1701年马瑟父子（Increase Mather & Cotton Mather）为建立耶鲁学院而进行的学校管理模式研究，1823年哈佛大学提克诺（George Ticknor）的课程设置研究，以及康奈尔大学、密歇根大学、麻省理工学院等进行的课程与教学改革研究，1909年开始的院校调查运动，一直发展到今天专业化和国际化的院校研究。而学科性的高等教育研究则出现较晚，直到1893年美国才出现了第一个高等教育专业研究生培养项目，这可以看作是学科性高等教育研究出现的标志。[①] 这个事实表明，实践是先于理论出现和发展的。只有实践发展到一定的程度，理论研究才成为可能。高等教育研究

---

① L. Goodchild, "Higher education as a field of study: Its origins, programs, and purposes, 1893–1960", *New Directions for Higher Education*, No. 76, 1991, pp.15–32.

也是如此。美国的高等教育研究注重实证研究，特别是大量采用定量研究方法，以及运用案例研究，通过这些研究来总结规律，提炼概念。伯顿·克拉克的主要著作都是建立在案例研究的基础上的。

我国的高等教育研究则走了一条相反的道路，从高等教育学科建设的探索开始，进而提出院校研究。我国从 20 世纪 80 年代初开始，着手高等教育研究，其动机也是想研究解决实践问题，而且一些具有远见卓识的校长们结合办学进行了十分有益的探索。但由于种种原因，我们走上了一条学科建设的道路，探索建立高等教育学，一时间，高等教育学、高等教育管理学、高等学校管理学，以及高等教育史、高等教育经济学、高等教育社会学、高等教育生态学、教育未来学等，如雨后春笋，大批出现。接下来，争取学位授予权，争上博士点、硕士点，培养高等教育研究人员。应该承认，这既是我国国情的需要，也对促进高等教育研究起到了极大的推动作用，其功绩应该充分肯定。但也必须看到，任何事物都是有利有弊的，这种方式也带来了副作用。这主要表现在，高等教育研究人员开始进入高校教师系列，从事学术职业，国家、学校按学术标准，以其学术性评价研究人员的成果，大家争相发表论文，出版著作，因而高等教育研究脱离实际的情况十分严重。由于远离实践，不少文章、著作没有"买家"，领导不看，教师不看，学生不看，高教研究圈子内的人员互相阅读，互相引用，其作用可想而知。

现在，倡导院校研究，从领导到研究人员都非常赞成，但由于指导思想没变，评价体系没变，因而推动起来十分困难。就是对院校研究开展状况的评价，一些人发文评价，仍然以学术为标准，如发了多少文章，在什么级别的刊物上发表文章，什么人发了文章，等等。因此，进一步推进院校研究，需要在高等教育研究的指导思想、思路、评价体系等方面来一次大的转变，否则，不仅院校研究难以推进，高等教育研究也难以深入。

2. 认识实践的特点

院校研究是面向学校管理实际，研究管理实践问题，但仍然需要以现代管理科学理论、高等教育理论为指导。理论是一个判断或一系列判断，它为研究实践问题提供一个框架，研究者以此来追寻研究问题，综合和解释研究结果。因此，在院校研究中如何认识和处理理论与实践的关系十分重要。

认识和处理理论与实践的关系，关键在于把握实践的特点。相对于理论而言，实践具有以下特点：其一，实践具有紧迫性。管理中的实践问题，都是管理者当前面临的亟须解决的问题，管理者需要在有限的时间内迅速做出决定，采取行动、解决问题，否则，贻误时机，将会产生严重的后果。理论探索则不然，理论研究可以通过反复探索和实践，并要经过实践的检验。其二，实践具有动态性。任何实践都不是静止的，都是活生生的，发展的，变化的。管理中的实践问题，不可能像出了问题的汽车拖到修理厂去修理一样，在我们研究期间，静止不动，等着我们去研究，等我们研究好了，它再运动。恰恰相反，在研究期间，实践问题照样在变化，还可能会产生新的问题。其三，实践具有模糊性。理论是认知的结果，由一个一个判断组成，边界条件比较清晰。实践属于前认知，实践的边界比较模糊，其逻辑也并非逻辑学家的逻辑。其四，实践具有总体性。与理论不同，实践、实践问题具有整体性，涉及方方面面，往往牵一发而动全身。如大学毕业生就业问题，涉及学校的办学理念、学科专业设置、教学质量、学生的价值观，社会经济发展状况、人才的需求情况、政府、社会对就业问题的重视程度、毕业生与用人单位联系渠道是否畅通等诸多方面。

实践、实践问题的上述特点，对院校研究提出了很高的要求。面对这些特点、要求，要提高院校研究的质量，院校研究者应力图从以下几个方面来把握。首先，对所在学校的历史、发展及管理的情况要十分熟悉。熟能生巧，一个优秀的汽车修理师，从汽车的响声中就可以判断问题所在。只有对学校的情况十分熟悉了，面对管理问题，经过调查考察，才能较快地抓住问题的症结，提出解决问题的对策。其次，抓事实，弄清事实。实践问题总是以某种事实呈现在我们面前。事实是客观存在的，是人们思想观点形成的基础。事实是客观事物的本来面貌、真实情况。事实和事物具有同一性，即事物本身就是事实，事实本身也是事物。但事实与事物又有差异性，原来的事物变化了，原来的事实没有变；原来的事物消失了，原来的事实依然存在。因此，面对实践问题，要弄清事实，只有"实事"，才能"求是"。再次，思维要有穿透力。面对管理中实践问题的事实，思维要穿透事实，要能透过现象，抓住本质。同时，院校研究者要有高度的责任感，从学校的发展、大局出发，认真研究管理中的实践问题，如遇突发事件之类，则应不计时间，全力以赴，快速给出咨询意见。还要有高超的文字表达能力，咨询报告应言简意赅，抓住要害，一目了然。

3. 既要"求真"，更要"求用"

美国学者威廉·维尔斯曼认为，"一般而言，教育的所有研究都有一个或两个目的，即知识的拓展和问题的解决。"[1]"知识的拓展"，属理论研究，可称之为"求真"。"问题的解决"，属实践研究，可称之为"求用"。共性和个性是紧密相连的，我们对单个的学校研究透了，就可以在此基础上，科学准确地归纳出一般的规律。院校研究可以而且应该为"求真"做出贡献。但院校研究本身是以单个学校为对象的自我研究，以实践取向为主，以解决院校中的问题为目的，属实践研究，主要是"求用"，这一点必须牢牢把握。

三 量的研究方法与质的研究方法的关系

院校研究要针对院校管理中存在的问题进行系统、科学的研究，因而离不开科学的方法。在院校研究中，量的研究方法和质的研究方法是两种最基本的研究方法，如何认识和处理这两种研究方法的关系，十分重要。

1. 研究方法的运用随着院校研究的发展而变化

以美国为例，在研究方法的运用上，美国的院校研究是从量的研究方法为主，发展到定量的方法与质的方法并重。

据美国学者芬彻（Fincher）《院校研究的艺术与科学》一文的认定，关于院校研究目的的表述，最初是由美国教育统计信息与研究委员会办公室做出的。该委员会认定，院校研究的目的在于采集统一的数据，形成统一的数据报告。因此，定量的方法在院校研究中占据了主导性地位。[2] 另一方面，当管理从经验管理转向科学管理时，数据、记录以及预测等信息成为科学化、精细化管理的基础。院校研究作为高等教育领域内的管理研

---

① ［美］威廉·维尔斯曼、斯蒂芬·G.于尔斯：《教育研究方法导论》，袁振国译，教育科学出版社 1997 年版，第 3 页。

② C. Fincher, "The art and science o f institutional research", *New Direction for Institutional Research*, No.46, San Francisco: Jossey–Bass, 1995.

究，也不例外。于是，收集数据、整理数据、分析数据，为管理提供决策依据，就成为院校研究的主要任务，定量研究方法也必然成为其主要的方法。但是，随着院校研究内容的不断变化和丰富，也由于院校研究专业化发展的需要，院校研究的方法从 20 世纪七八十年代的以"描述性的定量研究"为主，在 90 年代转向更为综合化的研究方法。[①] 其中，质的研究方法受到了更为广泛的重视。它与定量的研究方法互为补充，构成了院校研究中的主要方法之一。

对此，美国著名高等教育专家马文·彼特森（Marvin W. Peterson）也作了分析，他以图表的方式描述了随着高等学校外部和内部环境的变化，院校研究的任务也随之发生变化的过程（见表 1）。

表 1

年　代	外部环境	管理上的压力	院校与治理	绩效的焦点	院校研究的主要任务
1950—1960	增长与扩张	方向与社会公责	规范的合理的组织（科层制）与学院的范型	资源	描述，促进新的发展
1960—1970	分裂与要求	秩序、控制与入学机会	政治问题与开放系统	声誉	分析、比较
1970—1980	经济衰退	效率与市场导向	管理与市场	结果：生产能力和效率	评估和定量
1980—1990	资源约束与提高质量	缩减、重新定位与节约、功效和质量	组织性的混乱、文化密集型混合	产出：目标成就、学生的绩效、结构和新的动力	分析与比较、规划与政策分析
1990/2000—	对教育提出的挑战与新的组成	重新设计制度	企业型的网络、联盟与内涵的风险、有效的组织	重新界定产业和大学的作用，新的使命方向及其关联，重新组成程序和结构，改革工作的文化	对知识产业的分析，抢先行动、自主性

资料来源：Marvin W.Peterson. "The role of institutional research: from improvement to redesign". *New Directions for Institutional Research*, Winter, 1999.

---

① M. W. Peterson "The role of institutional research: from improvement to redesign", *New Directions for Institutional Research*, Winter, 1999.

在高等教育大众化发展的初期，也就是 20 世纪 50—60 年代，高等学校入学人数急剧增长，高等教育规模不断扩张，导致高等学校普遍感到现有的资源无法满足发展的需求，因此，高等学校绩效的关注点放在寻求更丰富的资源上。相应地，院校研究关注的主要问题是研究学生的特征、教师工作和活动、入学条件、收入与费用等。这时的院校研究在方法上以定量描述为主。这就是所谓院校研究方法以定量研究为主的来源。

彼特森同样也认为，从 20 世纪 80 年代开始，院校研究的主要任务出现了新的内容，这些内容包括：院校战略规划研究，院校使命的评述，招生、学生需求和满足的研究，学生、教师和项目的评估，重大设备的条件及其使用的研究，决策支持系统的设计，管理事务研究，政策分析，等等。彼特森指出，这些新增的任务，使得院校研究者将"更主要地依赖于质的研究手段"。

2. 定量研究与质的研究互为补充①

任何研究方法总是既有所长也有所短。定量方法主要的优势在于揭示被研究对象之间的因果关系。如，有 A 就会有 B；A 变则 B 变。但它却无法解释 A 如何导致 B 的变化。此外，定量的方法揭示的是事物之间的普遍联系，是一种共性，而无法形成更为具体的情境化的认识。质的研究方法则是深入被研究对象的内部，最终形成的是关于被研究对象的整体性的、高度情境化的认识。也就是说，这种高度整体性和情境化的研究，揭示了某个特定对象所包含的三种性质：普遍共性（everything）、局部共性（something）、个性（nothing but itself）。质言之，定量研究得到的是一种抽象的认识，而质的研究得到的则是一种具体的认识，能揭示经验实在的多元性、丰富和差异性。两种研究方法各有所长，也各有所短。在一定程度来说，质的方法弥补了定量方法的局限性。

以学生事务研究为例。过去多数采用的是通过统计分析（statistic comparisons，即设计试验）或者数据描述（也就是观测，surveys）这样一些以实证主义科学方法为基础的定量方法。定量研究的结果虽然揭示出

---

① 余东升：《质的研究方法》，刘献君：《院校研究》，高等教育出版社 2008 年版，第152 页。

事物之间的因果联系，但也必然导致脱离具体的文化环境和更为深广的情境来理解学生。因此，学生事务研究者或实际工作者越来越意识到，他们必须在特定的环境中通过深入学生生活的内部来理解学生及其文化，而这是定量研究方法所无法解决的问题。于是，质的研究方法开始进入学生事务的研究和实践之中。质的研究在高度情境化的整体性环境中，探索对对象立体性的理解。这一方法的运用，无疑极大地扩展了对学生事务理解的深度和广度。因此，在学生事务的专业（professional）发展和实践中，质的方法的训练和使用成为必不可少的内容。

3. 我国院校研究仍然要十分重视量的研究方法

我国的院校研究，仍然需要十分重视量的研究方法，这是因为：

首先，定量研究方法在院校研究中具有基础性的地位。定量研究方法是一种"用数字和度量来描述的，而不是用语言文字"来描述的科学研究方法[①]，在研究过程中，运用一定的工具或一定的法则，对所观察对象的某种特征作数量化描述。定量研究具有精确性，定量研究方法用数字描述现象，比定性研究方法用语言描述现象更为精确，能观测到现象的微小变化层面，更准确地反映现象的本质；定量研究具有可比性，定量研究方法往往按照预定的研究目的，控制某些条件，按严格的程序进行操作，其研究是可重复和可验证的；定量研究具有预测性，定量研究方法可以把现象的变化及其影响因素归结为数量表达式，据此对现象的可能变化做出预测。[②] 这些，都是院校研究所必需的。

其次，我国的院校研究仍然处在定量研究方法为主的阶段。由于我们正步入高等教育大众化阶段，高等学校所面临的情况、压力与美国20世纪五六十年代的情况相似，关注的主要问题，如在教师管理方面主要涉及教师职务聘任、教师工作量计算与薪酬分配制度、教师工作成本与教师工作产出率等问题；在学生事务管理方面主要涉及招生公平、学生经济负担、毕业生就业、课程与教学多元化、学生利益维护等问题；在资源管理

---

① ［美］威廉·维尔斯曼、斯蒂芬·G·于尔斯：《教育研究方法导论》，袁振国译，教育科学出版社 1997 年版，第 14 页。

② 陈敏：《定量研究方法》，刘献君：《院校研究》，高等教育出版社 2008 年版，第 110 页。

方面主要涉及资源获取、资源环境分析与预测、多种资源开发、资源使用效率、学校资产经营、校内资源分配、校产利用与成本核算、校园规划与建设等问题。这些问题的解决，需要描述性的定量研究。

再次，我国高教研究者、院校研究者对定量研究不习惯，不熟悉。长期以来，我国学者比较习惯于思辨研究、经验研究，对大量研究论文的统计分析表明，运用定量研究的很少。近年来，情况虽然有所变化，一部分学者开始重视定量研究，但现状仍然不能令人满意。定量研究大都停留在初级阶段。以用得比较多的问卷调查为例，在问卷设计过程中，很多问题表述不准确，致使被调查者提供的资料失去意义；在问卷调查实施中，没有遵循随机抽样的原则，却将获得的资料作为随机样本来使用，力图去推测总体的情况；在对问卷调查的分析中，大多停留在对数据的描述性分析上（如频数分析等），而更深刻的相关分析、因素分析等运用非常少。究其原因，定量研究需要研究者有数理基础，需要对研究者进行专门训练。长期以来，我国高中阶段文理分班，高考文理分科，文科学生数理基础较差，掌握定量研究有一定难度。因此，在院校研究中，要大力加强对院校研究者研究方法的培训。

此外，一部分学者认为，我国高等教育的数据分散、保密、不完整，无法开展定量研究。应该承认，这是我们面临的一个现实问题，是开展定量研究的一大障碍。关于这一方面，教育部、有关研究单位正在研究、建立相关数据库。但另一方面我们也要看到，收集数据资料的方式有两种。一种是使用经常性资料，如《中国教育统计年鉴》、学校日常的统计数据等。另一种是使用专题性资料，即进行专题性调查所获得的数据资料。其中，专题性资料是院校研究者可以主动获取的。

四　中立性与服务性的关系

在高校内部，设有各种职能部门，这些部门也要对自己的工作进行研究，那么，为什么还要院校研究中心进行研究呢？重要原因之一是，院校研究的中立性，它关注但不参与具体管理业务工作，在行政体系与学术体系，学校领导与师生员工，校内与校外之间起到一种沟通、协调的作用。

但院校研究又是在学校领导下，根据学校领导的要求，为改进学校管理服务的。"院校研究者的问题恰好是，他们在组织上属于他们的客户组织，即他们所服务的大学。更糟糕的是，院校研究室通常不仅是在组织上属于大学，而且在行政上隶属于大学行政系统，其独立性甚至不如大学中的教师和专业人员。"① 因此，处理好院校研究的中立性与服务性的关系十分重要。

1. 坚守自己的职责

院校研究不是纯粹的学术研究，主要任务不是产出学术成果；院校研究不是领导的秘书班子，仅仅作决策辩解和政策注释，完成工作总结、资料汇编、领导报告；院校研究不是一般的宣传机构，只负责对学校的工作进行解释和宣传。院校研究是通过对本校管理问题系统和科学的探索以提高本校管理水平的研究，主要职责包括：院校信息的收集、整理、研究与报告；院校年度报告的撰写与研究；院校日常管理中的专题研究；院校管理中遇到的新的重大问题的研究；院校战略管理研究。我们应该坚守自己的职责。

2. 熟悉但不介入学校管理工作

开展院校研究，对学校的历史、现状、发展必须有充分的了解，对学校的管理工作必须十分熟悉。但院校研究工作者不必介入管理过程、决策过程。一旦介入，受角色效应的影响，难以保持自己的中立性。

3. 区分对内与对外

如果一个瓶子里有半瓶水，对外，我们会说我们还有半瓶水，水不少；对内，我们则强调，我们的半个瓶子是空的，问题大得很。在院校研究中，我们也会遇到类似的问题。对学校内部，我们首要的职责是找问题。"院校研究并不是高校用来为自己歌功颂德的工具，院校研究者的使命在于运用各种手段，找出学校运行中存在的问题与缺点，并为解决这些问题和缺点提出方案和建议，为管理者决策提供依据。"② 对外，则应根据

---

① 赵炬明：《管理咨询与院校研究》，《高等工程教育研究》2007 年第 2 期。

② P. L. Dressel, "Nature of institutional research in self study", *Institutional Research in the University: A hand–book*, San Francisco: Jossey–Bass, 1971, p.23.

对学校各种数据资料的系统分析，找出比较优势，展现自己的优势，从而树立学校的良好形象，以争取更多的支持，推进学校的发展。

在院校研究中处理好中立性和服务性的关系，关键还在于院校研究者要有高度的责任感、强烈的奉献精神和严谨科学的工作态度。

（原载《高等教育研究》2009 年第 2 期）

院校研究与大学规划

大学规划是院校研究的重要内容。在大学规划中，院校研究人员承担着态势分析、专题研究、文本撰写等方面的任务，同时还要关注规划实施和规划评估。

一　大学规划是院校研究的重要内容

党中央提出了建设创新型国家和人力资源强国两大战略目标，这两大战略目标的实现，都有赖于教育的发展与创新。技术创新的主体在企业，而教育创新的主体在院校。只有各级各类院校通过教育创新，培养出一大批创新型人才，才能实现建设创新型国家和人力资源强国两大战略目标。

院校研究立足于院校，是通过对本校管理问题的系统和科学的研究，以提高本校管理水平的一种研究。[①] 院校研究的基本特征主要体现在：院校研究是自我研究，其研究的主要对象是单个的高等学校，是研究者对所在学校的研究；院校研究是管理研究，高等学校的工作内容涉及教学科研，后勤产业服务，组织管理信息保障等方面，院校研究主要研究管理问题；院校研究是咨询研究，"管理就是决策"，在学校管理决策中，院校研究主要提供决策咨询；院校研究是应用研究，研究大体包括理论研究、应用研究和实践开发研究，院校研究的主要目的不是发展理论，而是运用理论指导，采用科学方法，对学校管理问题进行系统的研究。院校研究重在系统收集资料，科学分析资料，提供决策支持。根据我国的国情，院校研

---

① 刘献君：《院校研究》，高等教育出版社 2008 年版，第 3 页。

究的主要内容包括院校信息的收集、整理、研究与报告，院校年度报告的撰写与研究，院校日常管理中的专题研究，院校管理中遇到的新的重大问题研究，院校战略管理研究。大学规划是院校研究的重要内容。

由于大学发展的特殊性、复杂性，大学规划需要院校研究。一方面，从宏观角度看，大学发展和大学规划有其特殊性。例如，大学的主要特征是围绕知识运行，要从知识的发展来把握大学发展；大学的主要产品是学生，这种产品与其他任何产品不一样，产品自己参与生产自己的过程，产品的质量检验具有滞后性，大学的发展要着眼于未来；大学组织结构的特征是学科与行政单位结合的矩阵式结构，松散关联，大学发展需要从全局整体上加以把握；大学与环境的联系是全方位的，而不是局部的，大学的发展需要对社会环境进行深刻的洞察、透析。另一方面，从微观角度看，大学发展涉及多种关系，大学规划有其复杂性。学科是大学的基本元素，学科建设规划是大学规划中的重中之重。在学科建设规划中，涉及诸多利益主体，牵一发而动全身，例如，规划涉及总体目标与具体任务的关系，重点建设学科与一般学科的关系，理、工、文、管、农、医等各学科门类之间的关系，教学与科研的关系，人才引进、培养与稳定之间的关系，建设、发展与管理之间的关系，学校领导、院系领导、各学科教师对学科建设不同认识之间关系，等等。在大学规划中，如何处理好这些关系使规划既体现学校的创新发展，形成重点和特色，又能使各利益群体各得其所，从而接受规划的基本思想，是大学规划制定中需要把握的重要方面。因此，深入开展院校研究，把握大学发展的内在规律，理顺各方面的关系，是做好大学规划的前提。

二 院校研究在大学规划中的作用

大学发展规划是一种战略规划。战略规划是一种更为积极主动、目的明确、面向未来的管理方式。[1] 战略规划既是一种文本，又是一个过程。

---

[1]　别敦荣:《论大学发展战略规划，中国院校研究案例》，华中科技大学出版社 2010 年版，第 16 页。

作为文本的战略规划，包括态势分析、战略指导思想、战略目标、战略重点和战略措施等。作为过程的战略规划，在规划制定中，要组织师生员工共同参与规划的讨论和制定，集中群体智慧，制定出高质量的规划，同时在员工中达成共识，统一思想，凝聚人心，振奋精神。院校研究在大学规划制定中的主要作用体现在以下方面。

1. 态势分析

态势分析指对学校的基本情况以及学校面临的环境机遇和挑战的分析。态势分析是制定好大学规划的基础和前提，十分重要。院校研究人员要通过收集大量有关文献、资料，召开各种形式的座谈会，从两个方面进行态势分析。

一是在动态中把握学校发展的历史方位。要想真正理解任何一个教育主题，"都必须把它放到机构发展的背景当中，放到一个演进的过程当中"（涂尔干）。任何事物的发展总是沿着历史往下走，都离不开其历史。在大学发展规划制定中，首先要考察学校发展的历史，学校发展是如何走过来的，走到了什么样的历史方位，面对新的环境，如何调整自己的理念、定位、目标和发展措施。

华中科技大学在制定"十二五"学校发展规划中，院校研究人员首先对学校发展进行了历史分析。以文科发展历史分析为例，1979年9月，我校率先在全国理工科大学中创建了第一个文科研究机构——中国语言研究所，随后开办了社会学、经济学、科技哲学、新闻学等专业，到1993年，完成了文科发展的起步，文科办起来了，有了一定的规模，而且办得比较好。1994年以经济学院和文学院成立为标志，文科发展步入了发展阶段。1994年，我校文科的状况是：没有博士点，有7个硕士点；教师中具有博士学位的2人；年科研经费最高为20多万元；文科基本上"挤"在一栋大楼。经过10多年的努力，文科完成了发展阶段，现在我校文科的状况是：有2个国家重点学科，9个湖北省重点学科；26个博士点，6个博士后流站，64个硕士点，28个本科专业；2008年科研经费2000多万元；教师中具有博士学位者150多人；8栋文科大楼。这种发展速度，应该说是不容易的，是非常好的。我校文科已经历起步、发展阶段，现在开始步入提高阶段，已建立起了发展平台形成了发展规模，学科的优势、特色开始显现，为学科水平提高打下了基础。但是我们必须清醒地看到，我校文科发展尽管具备了发展基础，但缺少大师级学者和高水平学者；学科、专业水平不高；重大研究成果和有影响力的论文不多；政府决策咨询时我校学者的声音不多；学校文科的社会知名度不高；近几年学校文科发展，有的学科处于一种徘徊，甚至停滞状态，等等。我校文科发展走到了一个新的"节点"，一个"十字路口"，再往前走必须要有突破，要有新的思路，要有重大发展举措。

二是在现状和环境分析中把握学校面临的优势、劣势、机遇、挑战（SWOT）。现状分析主要是对学校内部资源进行分析，学校内部资源涉及师资状况、教学科研设施、教育经费、学科结构、各类学生比例、地理位置、在国内高校排名位置、学校规模、科研产业、毕业生就业状态等方面。学校情况千差万别，在对自身资源信息充分全面了解的基础上，运用IEF矩阵等方法，对资源状况进行分析，找出优势和劣势，发展机遇和威胁，学校存在的主要问题等。① 战略规划的核心是考虑环境因素对组织或系统运行的影响。② 高等学校环境所涉及的范围很广，我们只能根据大学规划的信息需求来界定环境对象。根据我国的国情，可以将环境划分为：世界政治、经济、文化发展的趋势；国家政治、经济、人口及制度、政策发展变化的状况；高等教育的走向及同类高校发展的情况；学校所在地区社会、经济、文化及相关行业科学、技术发展的状况。在收集环境信息的基础上，运用EFE矩阵等方法进行环境分析。人们对学校的评价，往往将其放在同类、同水平的学校中进行。要与水平相近的学校进行同型比较。在比较中，将各项主要指标的数据列出来，运用数据去发现问题，分析问题。任何组织的管理者都不能忽视自己的竞争者，否则，他们将付出惨重的代价。

河北科技大学在制定学校规划时，院校研究人员将学校放在社会大系统中考虑，发现了其独特的优势，如学科布局的结构优势、特色鲜明的行

---

① 章明：《高等学校战略管理自我评估方案研究》，《高教探索》2002年第2期。
② 蔡国春：《院校研究与现代大学管理——美国院校研究模式与借鉴》，教育科学出版社2006年版，第158—159页。

业优势、潜力强劲的发展优势、得天独厚的地缘优势。独特优势的发现，一方面为规划制定打下了基础，另一方面也给学校师生以极大的鼓舞，增强学校领导和广大教师实现规划目标的信心。

2. 专题研究

大学发展规划应该是"问题解决型"的，即根据问题设置目标，通过实现目标来解决问题，突出以"问题"为中心的特征。[①] 大学规划制定时要抓住整体性的、影响学校发展全局的问题，如学校发展理念问题、目标定位问题、学科建设问题、师资队伍问题、资源获取和分配问题、大学精神文化问题、人才培养方式问题、治理机制问题、管理制度问题、重大发展举措问题，等等。由于各个学校的历史传统不同，发展过程不同，学科、专业结构不同，人员状态不同，因而各个学校所遇到问题也不相同。因此，院校研究人员要在分析中抓住影响学校发展的关键问题，开展专题研究，为大学发展规划的制定打下良好的基础。

牛津大学 2002—2003 年开展了教学大讨论，为大学发展规划做准备。在调查和研究的基础上制定了《牛津大学整体规划（2005—2006 学年至 2009—2010 学年）》。牛津大学所要解决的问题是"应对挑战，走向现代化大学"，《规划》中的所有策略都服务于全球范围内保持和发展牛津大学的声望。

南京大学原校长蒋树声教授在领导制定学校发展规划时，抓住"战略目标"这一核心问题开展研究。在客观分析南京大学的优势、劣势后，认为：在短期内把南京大学建成世界一流的目标是不切实际的，因而提出"分两步走"的发展目标，即第一步去建成世界知名的高水平大学，然后经过若干年努力，力争建成以综合性、研究型、国际化为重要标志的世界一流大学。围绕发展目标，形成了"注重质量，提高内涵"的指导思想，确立学科建设和队伍建设为战略重点，提出了建设"学科特区"、重视学术团队建设等战略措施。

重庆文理学院是新建地方本科院校，建校之初，在学校发展规划制定

[①] 段奕：《走向现代化大学，中国院校研究案例》，华中科技大学出版社 2010 年版，第 220 页。

中，以"提高教学质量"为核心问题。在深入研究的基础上，提出了"质量文化建设"的战略，认为"质量文化是包含理念、过程与结果为一体的完整体系"，"质量文化不仅是一种战略设计，更是一种整体运作"。[①]为此，他们在发展规划制定中，从体系上考虑，提出"质量立校"的办学方针，"教育即服务"的观念，"有思想的劳动，有创新的落实，有质量的发展"的"三有"品质要求，创造了"三标一体"教育质量模型，提出了一系列战略措施。

3. 文本撰写

大学发展规划的文件编制前期工作一般由院校研究机构负责完成。院校研究人员应发挥自己的专业智慧优势，在前期调查研究的基础上，撰写规划初稿。规划的文本应符合大学发展规划的基本要求，包含前述几个基本方面的内涵。文本初稿要在全校广泛征求意见，根据反映的意见，进行修改，基本成熟后，提供学校决策时参考。

三　院校研究要关注规划实施和规划评估

从战略、战略规划到战略管理是一个发展过程。现在，不少高校的发展规划没有发挥应有的作用，重要原因之一是没有从战略管理的高度来制定战略规划。战略管理包括战略规划、战略实施和战略评估，其实质是使组织能够适应、利用环境的变化，提高组织整体优化程度，注重组织长期、稳定的发展。院校研究人员在大学发展规划制定中，要考虑实施，将两者融为一体。在整个战略管理中，要关注战略实施和战略评估。

战略实施是将发展规划转化为现实绩效的过程，如果不重视战略实施，战略规划仅仅是一纸空文，毫无意义。与战略规划相比，战略实施是一个行动过程，是一个涉及人员众多、关注效率的更为复杂的过程。因此，战略实施是战略管理的主体。在战略实施中，院校研究人员，一方面要将规划任务分解，使规划内容体现在学校年度工作计划中；另一方面，

---

① 牟延林：《新建地方本科院校质量文化的探索与实践》，在第二届院校研究国际研讨会上的报告，2006年6月6日。

要及时收集规划实施中的各种信息，进行整理、分析，提供领导参考，使学校领导随时掌握规划实施情况。

战略评估是监控战略规划、战略实施，并对战略实施的绩效进行系统性评估的过程。战略评估是对战略实施进行评估以及争取必要纠正行动的过程，也是战略管理信息的传递和处理过程，是不断循环的反馈系统。院校研究人员，一方面要制订科学的战略评估方案；另一方面要负责组织战略评估，并对评估结果进行分析。在战略实施中，可能因为发展规划存在不科学性，或者学校内外环境发生了重大变化，因而没有达到应有的绩效。在这种情况下，要提出调整战略的建议。

院校研究人员应发挥自己的专业智慧，积极参与大学规划的制定，为提高院校管理水平和教育创新水平做出自己的贡献。

（原载《华南师范大学学报（社科版）》2010 年第 5 期）

中国院校研究将从初步形成走向规范发展

中国院校研究开展已经10年，走过了其"初步形成"阶段，未来10年，将走向"规范发展"阶段。我们正处于两个10年的交汇点上，有必要回顾已经走过的"初步形成"阶段，并探索"规范发展"阶段的背景、目标和措施。

一　初步形成阶段的院校研究

20世纪八九十年代，我国学者开始介绍美国的院校研究，但在我国开展院校研究是始于本世纪初。

通过10年研究，我国院校研究已走过了"初步形成"阶段，其主要标志是：

1. 开展对院校研究的研究，初步明确了中国院校研究的特征、职能和内容

院校研究始于美国，他们的研究已有100多年的历史。开展院校研究，首先要学习美国院校研究的经验。我们通过翻译《质的研究及设计：方法与选择》、《管理今日的大学：为了活力、变革与卓越之战略》等九部著作及有关论文，介绍美国院校研究的经验；通过举办院校研究国际研讨会，聘请兼职教授，邀请包括美国院校研究协会主席在内的数十位美国专家来华讲学等方式，了解美国院校研究的经验；通过到哈佛大学、加州大学伯克利分校、马里兰大学、威廉玛丽学院、密歇根州立大学等校进行实地考察，学习美国院校研究的经验，从中得到启示。

院校研究的必要性是深入开展院校研究的前提。从2002年开始，我

国学者从中国高等学校已经拥有办学自主权，市场化、大众化、国际化对高等教育和高等学校管理提出了众多新的问题，高等学校需要从经验管理走向科学管理，高等教育研究的发展需要在方法论上发生根本性转变等多个方面，论述了我国开展院校研究的必要性。

开展院校研究要认识和理解院校研究。院校研究开展之初，很多人并不理解，提出了一系列问题。诸如为什么采用"院校研究"一词，院校研究是一个研究领域还是一个学科，院校研究是否只研究本校问题，领导者、管理者能否参加院校研究，中国过去有没有院校研究，院校研究与高等教育学、高等教育管理、高等学校管理、校本研究有什么区别，在中国开展院校研究的意义何在，院校研究的基本特征、主要职能、主要内容是什么，院校研究中如何运用量的研究方法、质性研究方法、政策分析方法、管理咨询方法、案例研究法等研究方法，院校分析数据库怎么建设，院校研究在中国高校组织中如何定位，院校研究机构如何设置及工作职责如何界定，等等。[①] 通过对这些问题的研究，我们概括性地提出了院校研究是自我研究、管理研究、咨询研究、应用研究，对院校研究的职能、内容逐步统一了认识，并对相应理论问题进行了探索。

2. 以专题研究为突破口，有力地推动高校开始重视对自身的研究

在我国开展院校研究的条件还不充分的情况下，如何着手院校研究，尽快从院校研究的研究走向院校研究呢？在 2007 年的全国院校研究学术研讨会上，经过共同探讨，我们提出"以专题研究为突破口，将中国院校研究推向一个新阶段"。这是因为，专题研究是院校研究的主要内容之一，相比而言，专题研究容易把握、易于开展，见效比较快；高校自身有大量的问题需要研究，领导有需求，容易引起重视；通过开展专题研究可以帮助我们进一步掌握院校研究的理论和方法，从而锻炼和培养院校研究队伍，为以后院校研究的规范发展做好准备。同时提出了达到新阶段的三个标志：一是广度，即在现有基础上，更多的省市、更多的高校主动开展院校研究；二是深度，即逐步探索、形成院校研究中专题研究的理论、分析

---

① 刘献君：《华中科技大学教育科学研究院院校研究十年回顾》，《高等教育研究》2010 年第 9 期。

框架和技术；三是影响力，即通过院校研究发现、研究、解决高校管理中存在的突出问题，推进高等教育发展。

专题研究，大体包括两个方面。一是院校自身积极开展专题研究，特别是在科学发展观学习和实践活动中，在"十二五"规划制定过程中，各高校普遍开展了专题研究。院校研究人员针对本校管理问题，运用科学的方法，收集大量资料，进行科学分析，提出解决问题的对策，供决策者参考。二是院校研究人员创设由部分学校共同参与的全国性、地区性的专题研究，如清华大学组织的 NSSE 研究，北京大学组织的北京地区学生学习积极性研究等。

专题研究的开展，有力地促进了高校对自身的研究。华中科技大学、华中农业大学、长江大学、河北科技大学、青岛大学、西华师范大学、沈阳航空航天大学、云南师范大学、长沙理工大学、河南农业大学、空军雷达学院、山东交通学院、临沂大学、武汉纺织大学等一批高校的党委书记、校长经常参加院校研究分会的活动并亲自抓本校的院校研究。例如，华中农业大学每年列出若干项目，进行招标，并制定了《院校研究科研课题管理办法》。"上海交通大学院系中长期评估"，"愿景、使命与行动——清华大学创建世界一流大学案例研究"，"走向国际化——浙江大学案例研究"，"中国海洋大学教师专业化发展的组织模式研究"，"中央财经大学学院整体工作评价指标体系研究"，"中原工学院内部质量保证体系构建"，"临沂大学实施扁平化管理改革研究"等一大批高质量的专题研究，有力地推动了学校的改革和发展。①

3. 通过国际和国内学术研讨会，出版教材，进入课堂，着手培养院校研究人员

开展院校研究，关键靠人，靠一批事业心强、热心院校研究、具备院校研究能力的人。我们采取多种措施培训院校研究人员。首先，将研讨会与培训班相结合。从 2003 年起，单年举办全国性研讨会，双年举办国际研讨会。研讨会前，先举办培训班，请国内外院校研究者作学术报告。例

---

① 刘献君：《华中科技大学教育科学研究院院校研究十年回顾》，《高等教育研究》2010 年第 9 期。

如，2004 年 10 月举办了第一届院校研究国际学术研讨会，会前举办了"院校研究与现代大学管理"高级研讨班，来自国内 113 所高校的专家学者 200 余人参加了研讨班，美国院校研究协会主席及七位院校研究工作者作了学术报告。其次，每次研讨会围绕一个主题，与会代表在充分准备的基础上，共同学习、共同探讨、共同创造，在学习、探讨、创造中提高。

从 2005 年开始，在中国高等教育学会的支持下，我们用 3 年时间编写院校研究教材。在编写过程中通过多次研讨，对院校研究作了比较系统的总结。2008 年 8 月，高等教育出版社出版了我国第一本院校研究教材。教材出版后，广受好评。

与此同时，在高等教育学、教育经济与管理等研究生专业中开设《院校研究概论》、《院校研究专题》、《高校战略管理》、《统计方法》等课程，让学生了解院校研究的理论与方法，重视实践问题研究，增强实践研究能力。

4. 建立全国性、省级院校研究学会，创建院校研究案例库，搭建研究和交流平台

成立专业学术团体，是组织、推动院校研究的一种重要方式。2007 年 5 月，国家民政部正式批准成立中国高等教育学会院校研究分会。2008 年 7 月，院校研究分会第一届理事会成立。院校研究分会通过召开学术会议、举办培训班、创建中国院校研究案例库、设立院校研究网站、推动高等教育刊物开设院校研究专栏等多种方式，搭建研究和交流平台，推动院校研究。例如，院校研究案例的建设，对院校研究的开展起到了较好的促进作用。院校研究没有现成的、一成不变的研究范式，而是在实践中成熟和发展。为了提供一个学习、交流的平台，我们决定以出版"中国院校研究案例"丛书的形式，建立院校研究案例库。《中国院校研究案例》（第一辑）于 2009 年 1 月出版，该书由于案例经典、内容全面而受到广大读者欢迎。《中国院校研究案例》（第二辑）以"战略规划与战略管理"为主题，于 2010 年 6 月出版。《中国院校研究案例》（第三辑）以"学校制度建设"为主题，于 2011 年 6 月出版。大量生动、规范的案例，为专题研究的开展提供了借鉴、示范。

2009 年 10 月，四川省高等教育学会院校研究分会成立。一批高校党

委书记、校长积极参与学会工作，活跃了院校研究。华中科技大学、大连理工大学的院校研究机构被批准为省级人文社会科学重点研究基地。这些学会、基地的建立在推动院校研究开展中发挥了积极的作用。

5. 通过重视院校自身问题的研究，在推进高等教育研究方法论的转变中发挥了重要作用

我国的高等教育研究和美国的高等教育研究相比，从方法论上看，行进的路径不同。美国的高等教育研究是先出现院校研究，后出现高等教育的学术研究。我国则是从探索高等教育学的建立开始，培养了一批高等教育学研究生，出版了一批高等教育学著作。由于缺乏基础，我国高等教育学学科建设进展缓慢。而从共性和个性的关系来看，特殊高于普遍，个性胜于共性；特殊性寓于普遍性之中，特殊性改变普遍性；共性的丰富性，取决于个性的丰富性。每个学校都有其不可替代的特殊性，需要有针对性地加以研究。只有对单个学校研究透了，才有可能在此基础上，科学准确地归纳出一般规律。从理论和实践的关系来看，教育规律来源于教育实践，只有对教育实践，特别是对具体从事教育实践的学校进行深入研究和剖析，才有可能探索出教育的规律；否则，从现象到现象，从抽象到抽象，是不可能认识教育规律的。院校研究的开展，推动高等教育研究者更加关注实践问题，研究实践问题。别敦荣教授等人对近10年来刊发在《高等教育研究》上的论文进行统计，发现"与前10年相比，对高校内部管理的研究已经走出了强调宏大叙事研究的套路，⋯⋯近年来对高校管理的研究以研究具体问题为主"。[①] 研究的基本思路和方法论的根本性转变，对高等教育学学科建设将产生重大的影响。

中国院校研究开展已经10年，走过了其"初步形成"阶段。由于院校研究条件的局限，研究探索的时间还不长，院校研究缺乏规范性和应有的深度。今后10年，院校研究将进入"规范发展"阶段。"1年可能干不成任何事，10年可能干成任何事。"我们将对未来10年进行规划，明确院校研究规范发展的背景、目标和主要措施。

---

① 别敦荣、彭阳红：《近十年我国高等教育研究的现状与未来走向》，《高等教育研究》2008年第4期。

二 院校研究规范发展的背景分析

前10年院校研究之所以能初步形成，主要是因为高校有了办学自主权，有了研究的需求；之所以起步比较艰难，主要原因在于需求还不旺盛。未来10年，由于社会、教育的发展，高校领导对院校研究的需求将逐步旺盛起来，对开展院校研究提出了迫切要求，院校研究需要实现规范发展。社会、教育发展对院校研究的推动，突出表现在以下三个方面。

1. 信息技术对院校研究的推动

《国家中长期教育改革和发展规划纲要（2010—2020年)》（以下简称《教育规划纲要》）明确指出："信息技术对教育发展具有革命性影响，必须予以高度重视。"未来10年，将是信息技术在我国进一步迅猛发展，加速普及，渗透到方方面面的10年。信息技术对高等教育的影响主要表现在以下方面：挑战大学的基本功能。一方面，信息技术将推动大学从单一的教学功能，向教学、科研、社会服务的综合功能转变。另一方面，也是更重要的，信息技术将赋予大学，特别是研究型大学新的功能。信息技术加速知识更新的速度，并使知识有可能直接转换为生产力。因而大学要成为国家创新、创业人才成长的摇篮，成为国家科技创新的重要基地，大力推进科技成果的转化及其产业化，成为国家高新技术产业的孵化器和辐射源。

改变教学模式、学习方式。信息技术，特别是网络技术的发展，网络化的多媒体教学，教学、学习可以不受时间、地点、条件的限制，从时间、地点的限制中解放出来。增加了学生选择的自由度，自由选择教师、学习内容和学习进度。学生获得了参与教学过程的主动性，与世界各地的教师广泛交流，主动与教师探讨重点、难点问题，享受丰富的教学资源。模糊"边界"。网络将使世界成为地球村，每个公民随时随地可以了解世界各地的情况，与世界各地的人们交流，在一定程度上模糊了国家之间的"边界"。信息技术使大学的资源通过互联网相联系，实现共享，学生可以在学校之间自由修课，获取学分，院校之间的"边界"模糊了。信息技术更加模糊了学科之间、教学与科研之间的"边界"。

重组高校队伍。这突出表现在两个方面，一是高校队伍中技术人员的数量增长。以往，高校里主要是教师、职员、后勤人员，技术人员的数量少而且不受重视。信息技术的发展，各个方面需要大量的技术人员，美国不少高校中技术人员已经占到教职工总数的 20% 以上，而且对技术人员的要求越来越高，他们在学校中的地位也越来越重要。二是教师的流动性增加，兼职教师的数量扩大。信息技术的发展，使教师对世界各地高校的情况了如指掌，将尽力选择适合自己的岗位。由于教学不受时空限制，兼职教师的数量将大大增加。

高校信息的特点对高等学校管理产生了重大影响，其主要表现是：信息的易变性导致高校规划的困难。战略规划是面向未来的，制订规划时，需要准确把握学校未来发展的有关信息。但信息时代，信息瞬息万变，给规划的制订和实施带来了困难。

信息的模糊性导致高校决策的困难。高校有关信息难以获取，具有局限性、模糊性。例如，社会对人才需求状况的信息、学生学习效果的信息、教师对学校工作满意度的信息，都难以准确获取。信息是决策的基础，信息的模糊性导致决策的困难。信息传播的多维度导致高校管理的民主化。以往社会，信息传播是单向度的，从上到下。老百姓通过报纸、广播、电视了解外界信息。信息技术发展以后，特别是博客、微博的创生，每个人都可以发布信息，传播信息。老百姓可以通过多种渠道获取信息，增加了对官员的监督，对决策的参与，无形中推进了民主化的进程。

信息的广泛性导致决策模式的转变。信息与数据紧密相连，信息的广泛性是建立在数据广泛性基础之上的。数据、信息的广泛性，形成了数据驱动决策模式。决策者首先要掌握大量的数据，对数据的加工形成信息，对决策者有用的信息成为知识，对知识的思考产生智慧，因而形成一种新的"数据→信息→知识→智慧"决策模式。

信息技术对高等教育产生了深刻影响，对高等学校管理提出了新的要求，高等学校管理必须从经验管理走向科学管理。在这一过程中，领导者十分需要院校研究。如果没有规范的院校研究，犹如开汽车时驾驶员没有表盘，领导者将寸步难行。

2. 建设高等教育强国对院校研究的推动

建设高等教育强国是我们崇高的历史使命。《教育规划纲要》明确提出建设教育强国、建设高等教育强国。高等教育强国是指一个国家的高等教育培养的人才、提供的科技成果和社会服务，能够基本独立自主地解决本国在经济、社会及科学技术发展中所出现的重大理论和实践问题。"基本"——主要是指对外国技术的依存度在 20% 以下。[1] 建设高等教育强国，关键是人才培养的数量和质量。

建设高等教育强国是一个庞大的社会工程，需要政府、社会、大学共同努力。在建设高等教育强国中，高等学校面临的主要挑战是：

合理定位，办出特色，在本层次上达到一流，其中建设若干所世界一流大学。首先，高等教育强国必须拥有世界一流大学，若干所研究型大学必须承担建设世界一流大学的重任。同时，建设高等教育强国，必须培养各类、各层次高素质的人才，这就要求每一所大学合理定位，办出特色，在本层次上达到一流。现在，虽然大家都在说特色，在制定"十二五"规划时，规划中出现了不少办学特色的字样，但规划的内容中却没有特色。特色是需要创建的，每所学校要明确自己创建特色的方向、目标、内容、项目，然后逐步去创建。这需要院校研究者去研究、提炼，给决策者提出咨询意见。

如何凝炼自己的核心教育理念。大学是一个理念组织，尽管学校并不完全等同于某个理念，但理念却是学校的力量之所在。大学的教育理念与大学的精神、使命、功能等有着密切联系，同时又对具体的教育目标、教育制度、教育活动、教育方法以及学生的成长等产生直接影响或施以无形制约。在大学教育理念方面，我国大学的主要问题不是缺乏理念，而是没有形成自己的核心理念。大学罗列出了不少理念，但大多没有一条清晰的主线，理念要素之间缺乏应有的逻辑关系；有的本末倒置，将局部性的职能理念凌驾于全局性的核心理念之上；有的子理念之间相互矛盾，甚至与核心理念冲突背离；理念与办学实践、学生成长脱节，没有起到应有的作用。凝炼学校的核心教育理念，是十分艰巨的任务。

此外，如何培养一批拔尖创新人才和大批各级各类优秀人才；如何产生原创性及解决社会经济文化实际问题的科研成果，提供一流的服务；如

---

[1] 蔡克勇：《关于建设高等教育强国的若干问题》，《高等教育研究》2008 年第 5 期。

何培养一批具有国际领先水平的学科带头人和具有国际竞争力的教学科研队伍；如何形成一流的科学管理，创建民主、宽松、开放、和谐的学术氛围，等等，都是大学在建设高等教育强国中面临的重大问题。

3.《教育规划纲要》对院校研究的指导和促进

《教育规划纲要》明确了今后10年我国教育发展的指导思想、工作方针、战略目标、战略主题、发展任务、保障措施等，对高等学校的改革、发展提出了明确要求，研究任务十分繁重。

《教育规划纲要》不仅为院校研究的开展指明了方向，提出了问题，而且创造了十分有利的条件：进一步强调要落实和扩大办学自主权。《教育规划纲要》中进一步明确了高等学校按照国家法律法规和宏观政策，行使办学自主权。这些办学自主权的获得，使高校可以自主制定自己的发展规划与战略重点。在摆脱了束缚自身发展的行政干预后，高校开始拥有独立的主体意识和内在的利益诉求，可以独立自主地配置内部资源，而这恰恰是开展院校研究的必备条件。

要推进政校分开、管办分离。随着政府教育管理职能的转变，政府主要进行宏观管理，如政策法规、发展规划等的制定，而从干预高校办学的微观领域中撤出。这虽然有利于高校办学自主权的实现，但对于长期以来高校习惯于政府"红头文件"的管理方式而言，会导致其在发展中的不适应和管理中的盲目性。高校要想尽快走出行政管理的思维方式，必须依靠院校研究工作来更多地为决策提供咨询服务。

要完善社会问责机制。社会问责制度的建立与完善，使得高校在管理中必须以科学决策取代经验决策，而高校进行科学决策的前提就是通过开展院校研究来为高校提供决策服务。否则，仍然沿袭以往的管理观念，必将受到社会的批评。

要构建国家教育管理信息系统。以往开展院校研究的一个现实问题就是数据的缺失。《教育规划纲要》中明确规定，要加快学校管理的信息化进程，促进学校管理标准化、规范化；推进政府教育管理信息化，积累基础资料，掌握总体状况，加强动态监测，提高管理效率。这说明政府已经开始意识到数据信息系统在教育管理中的重要性，在政府的重视与引导下，高校必将更加重视数据库的建设，而这为院校研究的开展提供了必不可少的条件。

倡导教育家办学。《教育规划纲要》中明确指出，创造有利条件，鼓励教师和校长在实践中大胆探索，创新教育思想、教育模式和教育方法，形成教学特色和办学风格，造就一批教育家，倡导教育家办学。教育家校长在高校管理中必将更加尊重教育规律，充分发挥院校研究在高校管理中的重要作用。未来 10 年，高校面对信息社会，肩负着建设高等教育强国的崇高历史使命，承担落实《教育规划纲要》提出的任务，责任重大，需要智慧，迫切需要院校研究。

三 院校研究规范发展的目标

未来 10 年，是院校研究规范发展的 10 年，总体目标是："以院校研究信息系统建设为重点，大力发展院校研究，使之逐步走向规范化。"其具体目标如下：

1. 促进建立院校研究信息系统

美国学者 Maassen 认为，"院校研究是基于以下环节的研究活动：收集一所高校的内部状况资料；收集该校的环境资料；分析整理这些资料以便转换为有用信息；根据这些信息对学校的计划、政策、决策进行论证。"[1] 院校研究的核心是为管理和决策提供有效和可靠的信息依据。充足的数据，科学的院校研究信息系统，是院校研究规范发展的前提。数据和信息的关系十分密切。信息是客观事物属性的反映，是经过加工处理并对人类客观行为产生影响的数据表现形式。任何事物的属性都是通过数据来表示的。数据经过加工处理之后，便成为信息。信息 = 数据 + 处理。而且，信息必须通过数据才能传播，才能对人类产生影响。因而，数据、信息是开展院校研究的前提和基础。

院校研究信息系统主要包括：从国家高等教育综合数据系统中取得的信息；从各类专题数据库中取得的信息；从学校业务数据库中取得的信息；

---

[1] P. A. M. Maassen, *Institutional Research and Organizational Adaptation*, Paper Presented at the Eighteenth European AIR Forum, Loughborough, England, 1986.

从专题调查中取得的信息；为院校管理和研究建立的分析数据库。从以上几个方面获得的信息，能大体满足院校研究的需要。

近一年来，华中科技大学院校发展研究中心对我国院校研究信息系统建设现状进行了初步调查。调查发现，我国国家级高等教育数据库系统正在建立，如"全国高等学校教学基本状态数据库系统"已初步建成。建立了几个专业性数据库，如高校招生管理系统、NSSE 系统等。各校分散独立的业务数据库已运行多年，部分学校已开始建立系统统一的业务数据库，个别学校，如中国人民大学、常熟理工学院，着手建立了自己的分析数据库。但与发达国家相比，我们仍有极大的差距，主要问题是：

由于国家级有关信息系统正在建设之中，而且数据保密、不公开，院校研究不能从中获得比较性数据。校内处于"信息孤岛"状态，信息分散，院校研究不能从中获得应有的数据。没有建立分析数据库，难以对数据进行有效分析。信息技术落后，数据汇报、在线分析处理、数据挖掘等在我国院校研究中几乎处于空白。更为重要的是思想观念和体制方面的差距，人们缺少运用数据、信息来解决问题的意识和观念，条块分割、部门独立，各自为政，强调自己的利益和需要，严重阻碍了系统统一的业务数据库和分析数据库的建立。

数据、信息缺乏，信息技术落后，已成为制约我国院校研究规范发展的瓶颈。因此，推进建立院校研究信息系统，特别是加强系统统一的业务数据库和分析数据库建设，是未来十年院校研究十分重要而又艰难的任务。这个问题解决了，将一通百通。

2. 深化院校研究的专题研究

从 2007 年提出以专题研究为突破口以来，专题研究在高校中迅速开展，但仍存在两个突出的问题：一是缺乏广度，一方面还有不少高校没有重视和开展专题研究；另一方面专题研究的内容还比较窄。二是缺乏规范，还没有熟练掌握院校研究的科学方法，特别是案例研究达不到应有的水平。因此，深化院校研究的专题研究，应在这两方面下功夫。

在广度方面，专题研究的范围应该逐步扩大，应从三个方面着手：一是教师的教学和学生的学习，包括教学和学习方法改进、教学和学习效果评价、教师发展和学生成长、创新创业人才培养，等等。其中特别要关注对学生的研究，如大学生的愿望与理想、目标与追求；社会对大学生的期望与要求；大学生对学校教育的期望；面对学生的变化，我们应该确立什么样的教育思想、观念；如何重新思考学校与学生、教师与学生的关系；现有教育体系、工作方式中有哪些不适应时代变化的内容，应如何改革。二是院系的管理，包括学科专业建设和课程建设，学术自由和学术发展，教师管理和学生管理，院长角色定位和职责，等等。三是学校的决策与治理，包括治理结构，战略规划，学校的定位、特色与理念，重大问题决策，学校的变革与发展，等等。同时，推动越来越多的高校开展专题研究。

院校研究专题研究的规范，首先要遵循社会科学研究的一般规律，同时要考虑院校研究的特殊性。院校研究是自我研究，管理研究，咨询研究，应用研究。在专题研究中，要突出把握以下三个方面：一是在充分调查本校状况的基础上确立问题。问题不是想当然地在那里，而是研究者艰苦建构的结果。抓住的问题应该是真问题，而不是自己想象出来的问题；应该是学校管理和发展中需要解决的主要问题，而不是枝节问题；问题要明确、具体。二是分析问题要建立在大量数据的基础上。院校研究就是要运用大量的数据去发现问题、分析问题、解决问题，让数据成为管理和决策的基本依据。收集大量真实可靠的数据，是院校研究的基本要求。三是创造性提出解决问题的对策，为决策提供依据。

3. 探索院校研究理论

作为一种研究范式，同任何一个理论流派一样，在积累了大量的实证研究或案例研究以后若长时期没有新的突破，就会面临危机和衰落。[①] 院校研究的规范发展需要理论指导。科学研究是要运用现有理论、知识，去解决未知问题，从而发现规律，形成新的知识。经验的产生对理论有一定的依赖性，因而理论对经验具有先行激发作用。科学观察、测量中渗透着理论，因而理论对经验具有共时建构作用。理论审查经验的性质并做出评价，因而理论对经验具有事后解释作用。因此，探索院校研究理论十分重要。

---

① 周雪光：《方法、思想、社会科学研究》，《读书》2001 年第 7 期。

理论的探索有一个过程，在院校研究中，我们要借鉴制度理论，围绕组织的变革与发展，在大量案例研究的基础上，寻求突破，探索中层理论，以指导院校研究的实践，实现院校研究的规范化。

4.培训院校研究人员

院校研究能否实现规范发展，在我国高等教育改革和发展中发挥应有的作用，还取决于院校研究人员的素质和水平。

由于院校研究的特殊性，院校研究人员队伍具有自身的特征：一是多学科性。院校研究的对象是综合的，因而开展院校研究需要多学科的知识，如教育学、管理学、经济学、社会学、信息技术、统计学等。这并不是要求每一位院校研究人员都具备这些学科的知识，而是说院校研究需要多学科人员的组合。在院校研究中，多学科人员的相互理解、相互支持、相互融合是十分重要的问题。二是综合性的专业素质。无论哪一个学科的人员，都应有综合性专业素质，如理解分析能力、实践问题分析能力以及熟悉学校情况和运行规则的背景能力。三是社会责任感和奉献精神。高等教育大众化之后，高校面临大量新的问题，这些问题不解决，我国高等教育难以健康、持续发展。而在研究这些问题时，会面临大量非学术事务，成果也难以发表。这就需要院校研究者具有高度的社会责任感和奉献精神。

我国院校研究工作者大多来自教育学、管理学领域，尽管近10年在实践中探索，有所提高，但仍然与院校研究的要求有很大差距。我们需要通过专业学位、正规培训、在职学习、在实践中成长等多种方式，培养一支高素质的院校研究专业人员队伍。

四　院校研究规范发展的主要措施

我们正处在院校研究"初步形成"10年和"规范发展"10年的交汇点上，根据今后10年院校研究规范发展的目标，要采取有力措施，逐年规划，共同努力，推进我国院校研究的规范发展。

1.就建设与开放高等学校综合数据系统向国家主管部门提出建议

中国高等教育学会院校研究分会经过广泛调查和深入研究，并经第四次全国院校研究学术研讨会讨论，就建设"国家高等学校综合数据系统"，建立高校信息公开制度以逐步实现高等教育信息的全面开放，以及规范高校综合数据系统建设，形成了《关于建设"国家高等学校综合数据系统"并逐步开放相关信息的建议书》，拟送教育部等有关部门。我们期望通过"国家高等学校综合数据系统"的建立，规范数据标准，如收集哪些数据，如何使其具有可比性，如何分析和解读这些数据，等等，并逐步公开数据，以推动高校系统统一的业务数据库和分析数据库的建设，从而推动我国院校研究工作的开展，提升高校科学管理水平。

2. 与国家综合数据系统相结合，按照统一的指标体系建设高等学校综合数据系统

高等学校综合数据系统包括系统统一的业务数据库、分析数据库、专题数据库，其建设既要与国家综合数据系统相结合，按照统一的指标体系进行设计，同时，它又是建设国家综合数据系统的基础。因此，首先要提高高校领导者的认识，解决实际存在的思想观念问题，以及有关技术问题，努力推进高校系统统一数据库的建设。

推广典型经验，推进分析数据库的建设。目前，少数学校已建成分析数据库，并开始发挥作用，如中国人民大学的管理数据库——中国人民大学事业发展数据库、常熟理工学院的高校管理决策系统等。院校研究分会将进一步调查、了解、发现更多的好的典型。近一年内，选择在一所学校举办分析数据库建设的初级研讨班，让大家实地考察、参观、感受，从而学习分析数据库的建设。

推动建立专题数据库、区域数据库，实现局部的数据共享。在现有专题数据库的基础上，推进建立更多的专题数据库。如华中科技大学院校发展研究中心拟建立通过测量学生批判性思维以检测学生学习效果的数据库。倡导有条件的同一类型的学校，如农业院校、艺术院校、师范院校，同一地区的学校，建立区域数据库，实现数据共享。

推进高等学校综合数据系统逐步实现向全社会开放。除推进国家高等学校综合数据系统开放外，也要推动每个学校的综合数据库向社会开放。开放高等学校数据库，有利于提高高等学校决策的科学性、管理的有效性。高等学校可以利用数据库进行校际比较、区域比较研究，还可以进行

财务比较、教师管理比较、学生事务比较、发展战略比较研究，等等，从而发现自己的优势和不足，取他人之长补自己之短，制定科学的战略规划，改进学校管理工作，推进学校教育事业的改革和发展。

3. 通过创建常模参照、深化案例库建设、创办院校研究刊物，进一步推进专题研究规范化

专题研究始终是院校研究的重要组成部分，是院校研究的高级职能。院校研究信息系统的建设将有助于专题研究的开展和规范化，因而必须进一步大力加强专题研究。

院校研究分会将采取有效措施，组织全国院校研究工作者探索案例研究，开展院校问题诊断与决策咨询，形成若干典型模式，为院校研究提供常模参照。

精心建设院校研究案例库。要在全国范围内广泛征集高水平的案例研究，选择符合研究规范的案例，继续出版"中国院校研究案例"丛书，以交流、推进专题研究。案例集以突出主题与兼顾一般相结合。近期拟编辑出版以"专题调查与数据库建设"为主题的案例集。

积极筹备创办院校研究刊物，为院校研究成果发表提供阵地，并起到引导院校研究成果评价、建立院校研究成果评价体系的作用。与此同时，积极推进现有高等教育刊物开设院校研究专栏，广泛发表专题研究成果。

4. 采用多种方式，探索院校研究理论

理论指导实践，同时理论又来源于实践。实践越丰富，越有可能创建理论。我们要借鉴中医理论形成的方法。中医在医治大量疾病的过程中，借鉴传统文化中的经典，归纳、总结出自己十分精辟的理论，形成中医自己的经典，以指导行医。我们要借鉴制度理论，围绕学校组织的变革与发展，在大量案例研究的基础上，寻求突破，探索中层理论。

举办多种形式的小型研讨会，每次研讨会围绕一个问题，组织对该问题有深入思考的学者，运用头脑风暴法，进行深入交流、碰撞，从而产生思想火花，为院校研究理论的形成创造条件。修订《院校研究》一书。2008 年由高等教育出版社出版的《院校研究》一书，体现了当时学者们对院校研究理论、方法的探索，但这种探索仅仅是初步的。随着理论探索的深入，我们将修订、再版《院校研究》一书。

5.有针对性地举办院校研究培训班，系统培养院校研究人员

院校研究需要大批多学科的研究人员，因此，培训的基础在高校、在基层、在实践。要通过专业学位以及其他多种学位点，开设院校研究相关课程，从学生开始培训，使他们掌握院校研究的基本理论与方法，转变研究的思路与方式，为以后从事院校研究做好准备。要鼓励在实践中学习、研究，在实践探索中掌握院校研究的理论与方法。

院校研究分会则应进行整体规划，根据院校研究的实际，确立若干研究方向、领域。每个方向、领域建立各自的课程模块，并编写相应的教材。在此基础上，借助美国院校研究协会的力量，共同有针对性地举办院校研究培训班，培养一批院校研究骨干人员。

6.推进建立省级院校研究分会，发挥群体力量和智慧，分工合作，推进10年发展目标的实现

四川省高等教育学会院校研究分会建立之后，发挥了很好的作用，积累了一定的经验。在此基础上，我们拟推进在其他省市建立院校研究分会。近一年内，争取在河北、陕西、广东、重庆等省市建立院校研究分会，以后逐步推开。这样，在各省市院校研究分会之间进行合理分工，发挥各自的优势和智慧，形成各自的重点和特色，从而全面推进院校研究的规范发展。

与此同时，院校研究分会还要做好院校研究的信息交流、宣传工作，让更多的领导、学者理解院校研究，参与院校研究，推动院校研究。我们要有坚定的信念、坚忍不拔的毅力，将10年发展的目标与近期研究紧密结合，扎扎实实地推进中国院校研究的规范发展。

（原载《高等教育研究》2011年第7期）

论高等教育研究的规范化

我国高等教育研究经过三十余年的努力，走过了起步、发展阶段，现已步入提高阶段。提高阶段的研究任务更为复杂、艰巨，我们需抓住主要问题，突破节点，才能将高等教育研究推向一个新的阶段。

一　高等教育研究是一个长期探索的过程

经过三十多年的共同努力，我国高等教育研究取得了令人瞩目的成绩，主要体现在：(1) 1983 年国务院学位委员会颁布的学科专业目录将高等教育学确定为二级学科，同时高等教育学的博士学位和硕士学位授予点获得批准，从而使高等教育学在国家学科体系中具有自身位置，为高等教育专业人才的培养、学科的发展创造了条件。现在，我国已有高等教育学博士学位授予点超过20个[①]，硕士学位授予点96个[②]，厦门大学、华中科技大学、北京师范大学、华东师范大学四所大学的高等教育学已成为国家重点学科。(2) 中国高等教育学会及其分支机构，在提升教育科学研究水平、服务高等教育科学决策、参与高等教育公共治理、推进高等教育研究国际合作等方面发挥了重要作用。(3) 自 2000 年华中科技大学教育科学研究院率先开展并在全国推进院校研究以来，中国院校研究已初步形成，正走向规范发展阶段。(4) 教育部、各省市及高校创办了一批高等教育研究刊

---

① 　王洪才：《高等教育学：成就、难题与展望》，《高校教育管理》2013 年第 2 期。
② 　李硕豪、李文平：《我国高等教育硕士点布局相关因素分析——兼论其布局的均衡性》，《中国高教研究》2013 年第 6 期。

物，据南京大学中国社会科学研究评价中心的数据，《高等教育研究》、《中国高教研究》、《高等工程教育研究》等 15 种期刊已成为 CSSCI 来源期刊。

经过高等教育研究工作者的共同努力，产生了一批研究成果，对推进我国高等教育的改革和发展起到了重要作用。

高等教育研究和高等教育学学科建设虽然取得了很大成绩，但我们也要清醒地认识到，我国高等教育研究已经走到了一个节点。我们只有看到差距，抓住主要问题，采取有效措施，共同创造，突破节点，才能把高等教育研究、高等教育学学科建设推向一个新的阶段。这是因为：

1. 高等教育学的研究对象十分复杂

鲁迅先生说过，谁能弄清中国历来的教育是怎样陶冶人的，"则其功德，当不在禹下"。教育的根本问题是人的问题，人的发展问题。教育的对象是人，人的复杂性决定了教育的复杂性，从而导致教育研究的复杂性。而且，教育研究过程是研究者与被研究者相互理解、相互作用、相互影响的过程；教育研究既要研究教育，又要研究办学，这进一步增加了教育研究的复杂性。高等教育的职能多样，包括教学、科研和社会服务等，高等教育机构承负传承文化，传播高深知识，扩大高深学问领域，并运用其成果直接为社会服务等任务，导致高等教育组织的极其复杂性。今天，高等教育已从社会的边缘走向社会的中心，并和政府、企业、社会各方面发生着广泛的联系，导致高等教育活动的极其复杂性。因而，高等教育比一般教育更为复杂。高等教育的复杂性，导致高等教育研究和高等教育学学科建设具有艰巨性。

2. 高等教育学学科创立的时间短

从人文社会科学学科的创立和发展看，哲学的创立以亚里士多德创立逻辑学为标志，至今已有 2300 多年的历史[①]；法学以盖尤斯发表《法学阶梯》为标志，至今已有 1480 年的历史[②]；经济学以亚当·斯密发表《国富论》为标志，至今已有 237 年的历史[③]；社会学以孔德提出"社会学"的学科

---

① 《中国大百科全书·哲学》，中国大百科全书出版社 1987 年版，第 10—55 页。

② ［古罗马］盖尤斯：《法学阶梯》，[EB/OL]，(2011 年 7 月 9 日)，见 http://baike.baidu.com/history/id=21589741。

③ 刘仲亨：《社会科学与当代社会》，辽宁人民出版社 1986 年版，第 23—24 页。

名称及社会学学科体系的创立为标志，至今已有 174 年的历史①；心理学以冯特建立世界上第一个心理学科研机构、创建实验心理学为标志，至今已有 134 年的历史②；教育学以夸美纽斯发表《大教学论》为标志，至今已有 381 年的历史③；高等教育学以纽曼发表《大学的理想》为标志，至今有 161 年的历史④；我国的高等教育学以 1984 年潘懋元先生主编的《高等教育学》一书出版为标志，有 29 年的历史⑤。相对而言，高等教育学学科，特别是我国高等教育学学科建立的时间还很短。笔者认为，一个学科的建设，大体要经过起步、发展和提高三个阶段。我国高等教育学学科的建设已经走过了起步、发展阶段，现在开始进入提高阶段。在提高阶段，学科建设所面临的任务更为复杂、艰巨。

3. 学科建设有其自身的逻辑，需要一个长期的过程

学科演进的基本线索是由知识建构到方法建构，再到社会建制。知识建构包括对本学科的知识进行归类、提炼和结构化，从而使之成为一种知识体系。方法建构是指对适用于本学科的研究方法、教学方法、习练方法和应用方法进行筛选、评价和规范。社会建制建构是指学科要有特定的组织形式并得到社会的广泛认可和支持。费孝通先生认为学科的社会建制包括学会、专业研究机构、大学的学系、图书资料中心、出版机构（含刊物）五个方面。知识建构、方法建构和社会建制建构并不是孤立进行的，而是交错重叠，并需要一个长期的过程才能完成。根据以上分析，笔者认为，我国高等教育研究在提高阶段面临的主要问题是：

第一，基础研究薄弱。一个学科的建设和发展，必须建立在对其基础性问题的深入研究之上。只有对基础性问题研究透彻了，才能建立起本学科的基本范畴、理论体系和方法体系，形成公认的基本范式。三十多年来，我们已经对若干基础性问题进行了研究，但还远远不够，主要表现在：

（1）对高等教育的基本问题研究不够。例如，大学、中学和小学生的

---

①③　王正萍、柏毓田：《社会科学简史》，社会科学文献出版社 1989 年版，第 24 页，第 105 页。

②　心理学百科全书编辑委员会：《心理学百科全书》，浙江教育出版社 1995 年版，第 62—63 页。

④⑤　王建华：《高等教育学的建构》，广东教育出版社 2009 年版，第 199 页。

身心发展，大学生学习过程，学科、专业、课程，大学生的自我认识、自我建构、内化；教学的目的，德育与智育的区别，人为什么会产生思想问题，在教育中教师能够干什么；大学生的愿望与理想、目标与追求，社会对大学生的期望与要求，大学生对未来社会的影响，大学生对学校教育的期望，面对学生的变化，我们应该确定什么样的教育思想、观念和工作方式等。2012 年，湖北省组织撰写、出版"学习型党组织建设"丛书，笔者担任社会建设系列的主编，并撰写有关教育方面的书稿。在撰写"教育的基础性地位"时，查找相关文献资料，却只有一些口号性的材料，找不到有关教育基础性地位的研究性资料。近半年来，笔者发现，很少有学者对高等学校的课程建设和大学领导决策两个基本问题进行研究。课程是学生和学校的结合点、学校和社会的结合点、教学和科研的结合点、大学生个体和文化的结合点，是大学教育最重要的事，也是最容易被忽视的事。大学校长很少关注课程，高等教育研究者很少研究课程。管理就是决策，大学领导决策是大学管理中的基础性问题，但我们也很少进行研究。

（2）缺乏对分支学科的研究。一个学科的发展与分支学科发展紧密相连，只有对分支学科进行比较充分的研究，这个学科才能走向成熟。高等教育学的分支学科有高等教育哲学、高等教育心理学、高等教育经济学、高等教育社会学、高等教育政治学、高等教育文化学等。这些分支学科中，除张楚廷等学者对高等教育哲学有比较深入的研究之外，其他方面的研究都还比较欠缺。

（3）缺乏对高等教育史的深入研究。涂又光先生认为，文、史、哲三者，史是内容，哲是方法，文是表达。论从史出。研究一个学科，对其研究对象的发展历史要有深入研究，例如中世纪大学的历史，德国 19 世纪高等教育发展史，美国、英国、日本、俄罗斯等国高等教育发展史，我国近一百年来高等教育的历史等，都有待深入研究。

第二，院校研究有待深入。高校是实施高等教育的机构，高等教育主要通过高校来实现。只有对一所一所的高校进行了比较深入的研究，才能对高等教育有具体、深入的认识。经过十多年的努力，院校研究虽然有了一定的进展，但还远远没有达到应有的要求，不少高校仍然是经验管理，其决策没有建立在科学的院校研究基础之上。究其原因，从外部来看，院校研究的需求还不旺盛，数据系统建设的落后，数据分散、保密、缺乏等，给院校研究带来了困难。从自身来看，院校研究人员的观念、能力、水平尚未完全达到院校研究的要求。院校研究还需进一步推进。

第三，研究尚未走向规范化。高等教育研究的不规范已成为制约高等教育研究发展的突出问题。

二 高等教育研究中存在的不规范问题

学科演进的特点是，首先在学者的知识交流和知识争论中进行知识建构，由此形成"标准问题"和"基本范畴"，进而在知识的传播和应用中，进行方法建构，形成"标准语言"和"标准方法"。可见，学科建设中，学术共同体形成共同的"标准"，建立学科范式十分重要。现在，在高等教育研究中，评价一个项目、一本著作、一篇论文质量的高低，以及评价研究中所选择的问题是否恰当，理论、方法的运用是否适切等，普遍缺乏一种共同的标准，随意性很大，因而问题丛生。这些问题突出表现在：

1. 问题偏大

研究是为了解决问题，问题是研究的发端，所以研究者要有强烈的问题意识。随着高等教育研究的深入，研究者已经意识到"问题"的重要性，但对问题的认识和把握，仍然存在不少问题，主要是问题偏大。[1] 其主要表现在：第一，把领域当问题。研究中寻找问题从方向、领域开始，但领域并不等于问题。从已发表的论文看，我们常常见到"地方大学研究"、"学分制研究"、"中国教育的现代化问题研究"、"中国素质教育问题研究"等标题。这些选题都属于领域，不是问题。第二，把现象当问题。确立问题应关注现象，但不能停留在现象层面，要透过现象，去发现和抓住问题。例如，"学生学习积极性不高"，这是现象，研究中要透视现象，分析导致学生学习积极性不高的原因，进而抓住问题。第三，热衷于热点问题。近三十年来，每当热点出现以后，大家就此写文章，随即出现几百篇，甚至上千篇文章。例如，高等教育如何适应市场经济的发展，高等教

---

[1] 刘献君：《教育研究中的四个基本要素》，《高等工程教育研究》2011 年第 5 期。

育如何适应知识经济，高等教育如何适应信息化社会，大众化条件下的高等教育，世纪之交的高等教育，高等学校去行政化等。第四，问题模糊，致使研究无从下手。例如"学生适应性问题"，"网络教育的理论与实践问题"。第五，问题的边界不确定。例如，研究高校教学与科研关系问题需要界定：是研究型大学，还是教学型大学；是部属大学，还是地方大学；是公办大学，还是民办大学。第六，研究中列举了多个问题，但没有抓住核心问题。

2. 理论偏多

科学研究就是要运用现有理论、知识，去解决未知问题，从而发现规律和新的知识。理论对经验具有先天激发作用，经验的产生对于理论有很强的依赖性；理论对经验具有共时建构作用，观察、访谈和试验中渗透着理论；理论对经验具有事后解释作用，理论审查经验的性质，解释经验的内容。理论有多种类型，如哲学理论（基本假设和前提），宏大理论（形式理论、非指向理论），实体性理论（指向性理论）。在研究中，特别是学位论文写作时，由于有"理论"方面的要求，大家比较重视理论，但很多研究并没有找到具有解释力的理论，突出的问题是理论偏多。其主要表现在：研究中为了增强理论性，避免给人"以无知去研究未知"的感觉，因而列举了一大堆理论，但这些理论仅仅停留在哲学理论、宏大理论层面，如某个哲学流派、心理学理论、社会学理论、管理学理论等，并不能指导自己的研究。

2012 年，笔者在某大学作关于"以学生为中心"的讲座，在提问环节中，一位老师问："如何用'以学生为中心'的理论去解释和解决大学生人格分裂的问题？"笔者回答他，解释不了。理论具有解释力，但任何理论都不可能解决所有问题。我们要根据问题的性质，去寻找适切的具体的指向性理论。

3. 资料偏虚

科学研究就是要通过数据（资料）去发现问题，分析问题，解决问题。"有多少资料做多少东西"。资料收集一定要全面、翔实、客观。在研究资料方面存在的主要问题是资料偏虚。其主要表现在：第一，不重视第一手资料的收集。资料即从特定的环境中发现有价值的信息。用于论证的资料，主要是研究者自己去发现、发掘的第一手资料。在定性研究中，通过将研究者本人作为材料收集的工具，以访谈、观察等方法来获得人工制品和文献材料。在定量研究中，主要是依靠一些无生命的工具，如测量、观测、问卷、调查，来获取数据材料。但现有研究中，不少高等教育研究者喜欢走捷径，如从领导人讲话、著名学者的言论中寻找相关资料，从其他学者已发表的文章、网上的材料中寻找相关资料。这些都是第二手资料，不能作为论证的主要资料来源。第二，忽视定量数据的分析。用数字和度量来描述的，而不是用语言文字来描述的定量研究方法，[①] 具有客观性、严密性、简约性、精确性、可比性等特点，是教育研究中十分重要的研究方法。但长期以来，在高等教育研究中，比较重视理论思辨法、经验总结法，忽视定量数据的分析。别敦荣等人对 1997—2006 年间《高等教育研究》发表的各类论文所使用的研究方法进行统计，结果表明，理论思辨法占 76.5%，经验研究法占 7.6%，与定量研究相关的调查研究法、数学分析法仅占 8.2%。[②]

4. 方法偏乱

方法是从已知过渡到未知的桥梁，是人们实现特定活动的途径。方法既是一种理论，也是一种工具，还是一套严谨的程序。作为理论的方法是方法论。作为工具的方法，是指搜集资料、分析资料从而得出科学结论的技术手段。程序即从提出问题或假设开始，经过分析论证，最后得出结论。在高等教育研究中存在的主要问题是方法偏乱，其主要表现在：第一，没有方法。不少研究没有运用科学的方法，只是拍拍脑袋，进行一般性的经验总结。第二，方法不适切。方法无所谓好坏，关键是适切，适合所要解决的问题，用一个很简单的方法回答很有意义的问题。例如，对一些难于从情境中分离出来的现象进行研究时，不宜采用定量研究方法，而案例研究、扎根理论研究、叙事研究等定性研究方法较为适切。第三，缺乏程序意识。方法是一套严格的程序，但研究者往往缺乏程序意识。一是

---

① ［美］威廉·维尔斯曼、斯蒂芬·G.于尔斯：《教育研究方法导论》，袁振国译，教育科学出版社 1997 年版，第 14 页。

② 别敦荣、彭阳红：《近 10 年我国高等教育研究的现状与未来走向——以〈高等教育研究〉刊发论文为样本》，《高等教育研究》2008 年第 4 期。

没有遵循研究过程总的程序。一般的研究过程包括确定问题、查阅文献、提出假设、收集资料、分析资料、验证假设、得出结论等重要环节。二是每一个具体环节的实施，没有遵循一定的程序。例如，抽样调查应有一套严格的程序。但笔者发现不少研究者在抽样调查时，通过熟人随意找几所学校，找一些班级的学生填写问卷，然后收集、统计，得出结论，再简单地把这些结论推广到全省、全国。有的访谈也只是随便找几个人问问，就得出了结论。这样没有严格按程序开展的研究，所得出的结论是极不可靠的。第四，没有建立分析框架。对任何事物进行分类，首先要有标准，如对人分类，必须按性别、年龄、学历、籍贯等标准，否则分类无法进行。研究也是如此，面对一大堆杂乱无章的材料，没有分析框架，研究也就无从下手。分析框架是从一个理论出发，针对研究问题所提出的基本思路，它是理论和问题之间的桥梁。例如，关于大学与城市互动的研究，可以运用"三维九要素"分析框架，三维即城市政府、产业组织和市民，九要素即土地、税收、知识、技术、人才、住房、交通、社区环境、文化教育。[1] 有了这个分析框架，研究便可以顺利着手。

根据笔者多年指导博士研究生撰写论文的经验，学生撰写论文存在四个方面的不规范问题。学术论文的写作本应是两种问题、两种意义、两种理论、两种文献，但往往只有一种问题、一种意义、一种理论、一种文献。具体来讲，体现为：

第一，两种问题。学术论文的写作，首先是"问题提出"。"问题提出"应表达两种问题：一是为什么要研究，即研究的背景；二是研究什么，明确阐述所要研究的核心问题和子问题。不少论文，仅仅表达了为什么要研究，没有阐明要研究什么。

第二，两种意义。研究意义有理论意义和现实意义，这两种意义一般在学术论文的撰写过程中都表达出来了。但还有另外两种意义，一是问题的意义，二是对该问题进行研究的意义。许多学生在论文撰写过程中，往往说了前者，忽略后者。

第三，两种理论。两种理论：一是理论视角，对一个问题，从不同的

---

① 刘献君：《教育研究方法高级讲座》，华中科技大学出版社 2010 年版，第 19 页。

理论视角出发进行研究，会产生不同的结论。例如，对"教育规模为什么越来越大"这一问题，从社会学的符号互动论、冲突理论、理性选择理论、功能主义等不同理论视角出发，会得出不同的解释。因此，在选择理论时，首先要考虑从什么理论视角出发来研究这一问题。二是研究过程中，解释具体问题的理论。诚然，有时这两种理论，也可以是一种理论，但多数情况下是两种理论。而我们的研究，往往只注意到了一种理论。

第四，两种文献。研究中存在两种文献，一是文献综述中的文献，这种文献是前人通过研究已经发表了的，是第二手的资料，通过对这些文献的综述，明确自己研究的起点和创新的空间。二是论证中需要的文献，这种文献应该是研究者在研究过程中获取的第一手资料，而不是别人已经发表了的第二手资料。不少研究者在学术论文撰写时，仅仅使用了第一种文献。

三　高等教育研究如何实现规范化

学术规范包括学术研究规范、学术写作规范和学术评价规范等。事实上，学术规范的过程，伴随整个学术研究、学科建设的过程。

三十多年来，高等教育研究界一直在关注、探索这一问题，也取得了一定的进展。我国高等教育研究已经进入提高阶段，应该更加高度地重视这一问题，努力推进高等教育研究的规范化。下面谈谈自己的一些认识和体会，与高等教育研究界同仁共勉。

1. 走出常识

教育研究和其他学科研究有很大的区别。一般情况下，有一定文化基础的人都可以写教育方面的文章。因为人人都受过教育，每一个人周围的家人、亲属、同事、朋友中，都会有正在上学的学生或正在教书的老师。每个人对教育都具有一定的常识。教育研究者当然也具有教育的常识，但我们的研究是要探索理论，发现规律，不能停留在常识层面上。常识和理论是有区别的。太阳从东边升起，这是每个人都知道的常识，但"地球围绕太阳转"才是反映事物真实性、规律性的理论。"苹果落地"是每一个人都知道的常识，但只有牛顿创造了"万有引力"定律这一理论。学术知识不能违背常识，但应高于常识，是常识的理论化。

教育，特别是高等教育，十分复杂，我们不能仅凭常识来判断。例如，教育行政化问题，全社会从大学的行政机构、干部的行政级别、干部和教师在大学里地位的差别等方面进行了批判，这样的批判不无道理。但高等教育研究者不能停留于此，要从教育中应遵循的学术自由、大学自治、以学生为中心等理论和规律出发，明了教育与办学的区别（教育与办学既有联系，又有区别，教育离不开办学，但学校可以兴教也可以灭教育，同时，也不能以办学中的问题来否定教育）；大学教育和办学受一个国家的国体、政体、传统文化等因素的影响，必须对此进行深入探索，发现规律。总之，教育研究不能停留在感受、经验、舆论、政策和常识层面。

2. 要有程序意识

任何学科都必须形成自己的范式。范式的核心是本学科学者所共同接受的一系列的基本假说、基本概念和基本方法。科学和人文学科由于其研究对象的性质不同，其范式亦有区别。但不管什么学科，都必须有自己的范式，研究中应遵循相应的程序和标准。但科学范式的程序和标准相对而言要"硬"一些，人文范式的程序和标准相对较"软"。在人文、教育学科研究中，正因为程序和标准相对"软"一些，容易导致人们在研究中忽视标准和程序。因此，在高等教育研究中，我们要有强烈的程序意识。

程序正确，结论才能正确。以经常遇到的抽样调查为例，抽样调查是根据随机的原理从总体中抽取部分实际数据进行调查，并运用概率估计方法，根据样本数据推算总体相应的数据指标的一种统计分析方法。其程序为，界定总体，制定抽样框，实施抽样调查并推测总体、分割总体，决定样本规模，决定抽样方式，确定调查的信度和效度。在抽样调查中，这些步骤都必须落实，每一个步骤都有相应的规定，这些规定也一定要遵循。否则，研究的结论不可靠，更无法推算到总体。

研究一定要遵循特有的程序。"为了真理的探求，无论对象是魔鬼还是蛇蝎，该走的程序要走，该看的东西要看，该听的也必须听。如果做不到这一点，就不要靠学问立身处世。"

3.对象化的对象化

对象化的对象化即将构建研究对象（问题）的过程本身作为对象来研究。研究对象(问题)不是想当然"在哪儿"，而是研究者艰苦构建的结果，这也是一种元认知。

大家已普遍认识到，研究始于问题，问题十分重要，但在研究中仍然普遍存在"问题偏大"或没有问题的现象，究其原因在于缺乏将构建研究对象（问题）的过程本身作为对象来研究。这种研究主要包括：

（1）发现问题。马克思指出："主要的困难不是答案，而是问题。因此，真正的批判要分析的不是答案，而是问题。"[①] 问题从何而来？问题主要来自实际经验和文献资料。首先，问题来自实际经验。实践是生动的、深刻的、发展变化的。实际的问题往往以偶然状态出现，要善于抓住偶然，进而提升到必然。例如，笔者 2005 年在华中科技大学文华学院发现，160 多名学生多门功课不及格，面临退学。面对他们，怎么办？笔者组织了一个研究小组，分别逐个找这些学生谈心，发现每个人的状态不同，学习困难的原因不同。学校根据学生不同的情况，采取不同措施来帮助他们。结果，这些学生的学习都取得了进步，还有 3 人考上了硕士研究生。从这一事例出发，笔者提出了开展"个性化教育"的设想，并组织开展研究和采取一系列措施推进个性化教育。现在，个性化教育已成为该校的办学特色。其次，问题从文献中来，"文献史就是问题史"（海德格尔）。有了一定的研究指向、形成了基本问题意向以后，研究者要尽可能搜索较为完整的相关文献资料，对文献进行分类、阅读，并回答以下问题：有哪些重要的文献资料？这些文献重点讨论了哪些核心问题？还有哪些没有研究到？这些没有研究到的，就是我们所要研究和解决的问题。

（2）从论题到问题。"问题偏大"的一个突出表现是研究对象停留在论题上。论题是指一个具体的研究领域，如课程体系中的文化素质教育课程设置。研究的问题则是研究者必须明确回答的问题，其方式包括是什么（What），如何（how），为什么（why）等，如开设大学文化素质教育课程的目的、内容、存在的主要问题以及解决问题的方法。研究不能停留在

---

① 《马克思恩格斯全集》第一卷，人民出版社 1995 年版，第 203 页。

论题层面，必须找出所要解决的问题。

（3）把实际问题转化为理论思维的课题。在实践中发现的问题都是具体的问题，作为学术研究者，不能仅仅就这些具体问题进行研究，还要把实际问题转化为理论思维的课题。例如，打老婆是现实中存在的问题，但我们不能将其作为研究课题，要进行转化，如转化为"家庭暴力"，就成为了学术研究的课题。一位博士生研究教代会、学术委员会，发现了大量实际问题，研究中她将其转化为"教师利益、权利表达"，就形成了理论思维的课题。这种转化要求研究者具有理论思维能力，同时，也要求研究者进行深入的探究。

4. 重视验证

研究就是用资料来回答问题，"有多少资料做多少东西"，否则，是"空口说白话"，研究缺乏信度。重视事实验证，要重视收集资料，分析资料，从而得出科学的结论。它主要包括三个方面：

（1）收集资料。收集资料是事实验证的前提。资料来源主要有两个方面：一是文献，包括历史、政策文本、个人资料等；二是实地调研，包括定量数据、定性数据的收集等。在收集资料的过程中，要注重克服以下问题：不重视第一手资料的收集，资料偏虚；只重视选取自己所需要的数据，摒弃与自己假设结论相悖的事实；影响研究对象，引导其按照自己的需要提供资料；改变或编造数据来支持自己的假设。

（2）分析资料。不同研究方法分析资料的程序不同。以质的研究方法为例，其分析资料包括整理材料；阅读，做备忘录；描述，分类，阐释；再现，直观；呈现等流程。分析资料的核心是建构范畴，在建构范畴的过程中，应尽可能运用参与者的词汇或语言为范畴命名。张俊超博士在研究"大学青年教师发展现状及应对策略"时，进行了多次深度访谈，从访谈中选择被访谈者所说的词汇为范畴，有利于对问题的深入剖析。例如，一位被访谈者说："我是边缘人群，你看看，首先，我在 H 大学 Y 所，院系学科属于边缘吧；其次，在文科里我们又是上公修课的，我又是边缘吧；再次，我个人也很边缘啊，别人呢或赚钱或评职称，我对这个不感兴趣，还只是个讲师；在讲师里面，又有的有房子，有家庭，我呢，什么都没有。你说，哪里不边缘呢？游离于主流社会之外，主流遗弃之外。当然是边缘人群。"① 张俊超博士从中抓住"边缘"、"游离"两个词，作为论文的范畴之一，深刻反映了高校青年教师的生存状态。

(3) 得出科学的结论。结论要在分析资料的基础上"长"出来。结论要与资料相一致，要有大量的资料来支撑，从而令人信服。要避免用"虚"的资料，加上看到的某个时髦说法，"贴"出一个结论。

5. 研究的特质是创造

科学研究就是运用已有理论，通过收集大量资料去分析和解决问题，从而得出新的理论。研究的特质是创造，创造新知识、新理论。教育研究的目的在于丰富教育科学理论，服务教育工作实践。但我国相当多的教育研究论文缺少观点，思想贫乏，内容雷同，没有吸引力。

将创造贯穿研究的全过程。创造，首先要提出具有创造性的问题。要走在学术前沿，深入高等教育实践，抓住有影响的重大问题。院校研究会每两年举行一次国际学术研讨会，我们按照上述思路，选择会议主题，收到了很好的效果。例如，2006 年的国际学术研讨会，针对"为什么学校战略规划没有发挥应有的作用"这一问题，选择"战略管理"作为会议主题，倡导站在战略管理的高度，开展战略规划。学术会议产生了创造性的成果，对此后高校普遍进行的战略规划工作起到了指导作用。

2012 年的国际学术研讨会，针对以"教"为中心的教学模式严重影响了教学质量这一问题，提出围绕"以学生为中心"的主题进行研究，也起到了非常好的作用。同时，要创造性地收集和分析资料。

要善于提出新概念。理论由概念组成，概念之间不同的联系，构成不同的理论。概念是对事物本质属性的概括，是学术探索的结果。提出一个重大的创新性的概念，往往会影响一个时代，影响几代人。例如，马克思在《资本论》中提出的"异化"，涂尔干在《自杀论》中提出的"失范"，布迪厄提出的"场域"等，影响十分广泛、深远。在高等教育研究中，我们要勇于和善于提出新概念。规律是简单的，现象是复杂的。我们要运用抽象思维，善于运用创新性、简洁的语言去表述结论。如果我们得出的结

---

① 张俊超：《大学场域的游离部落——大学青年教师发展现状及应对策略》，中国社会科学出版社 2009 年版，第 103 页。

论十分复杂，那么，研究仍然是停留在现象上，没有深入到规律的层面。

6. 知识发展要有源流

知识发展要有源流，只有与主流知识发展相关的知识，才最有可能做出有价值的贡献。笔者认为，一方面，我们要熟悉中国高等教育研究的历史，在老一辈研究成果的基础上，"接着往下讲"。另一方面，高等教育研究是一个领域，需要从多学科的视角进行研究。但每一位学者应熟悉某一个学科，如哲学、心理学、教育学、社会学、管理学、经济学等，并从某一学科视角出发，研究高等教育问题，这样才能深化对高等教育问题的认识并形成多姿多彩的研究局面。笔者出身工科，但后来系统研读社会学，指导过社会学的研究生。多年来，从社会学的视角，运用社会学的理论和方法，研究高等教育问题，收到了一定的效果。

高等教育研究规范化，不仅学者们要做出努力，学术共同体（学会、研究机构、刊物等）亦应尽到自己的责任。学术共同体的主要责任是：广泛宣传，形成舆论，在倡导树立规范意识上下功夫；探索建立有关规范的标准和相应的制度；在研究生教学中，以严格的规范培养人才。

高等教育研究规范化，关系到高等教育学学科的健康发展，也关系到每一位高等教育研究工作者的成长与发展，十分重要。我们要立足高等教育实践，抓住前沿，遵循规范，共同创造，努力将具有中国特色的高等教育研究推向一个新阶段。

（原载《高等教育研究》2013 年第 11 期）

图书在版编目（CIP）数据

大学之道——刘献君教育论丛 / 刘献君 著 .
　—北京：人民出版社，2015.4
ISBN 978 - 7 - 01 - 014726 - 0

I.①大…　II.①刘…　III.①高等教育－教育研究－中国－文集
　IV.① G649.2-53

中国版本图书馆 CIP 数据核字（2015）第 065062 号

大学之道——刘献君教育论丛（上、下册）

刘献君　著

责任编辑：孙　涵　王　淼
出版发行：人 民 出 版 社
地　　址：北京市东城区隆福寺街 99 号
邮政编码：100706
邮购电话：（010）65250042　65289539
印　　刷：北京瑞古冠中印刷厂
经　　销：新华书店
版　　次：2015 年 4 月第 1 版　2015 年 4 月北京第 1 次印刷
开　　本：710 毫米 × 1000 毫米　1/16
印　　张：54.75
字　　数：820 千字
书　　号：ISBN 978 - 7 - 01 - 014726 - 0
定　　价：118.00 元（上、下册）